粤 知 丛 书

广东省专利无效案件数据与案例分析

新一代信息技术、生物和家电产业

广东省知识产权保护中心　组织编写

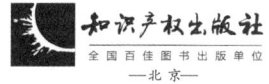

图书在版编目（CIP）数据

广东省专利无效案件数据与案例分析：新一代信息技术、生物和家电产业／广东省知识产权保护中心组织编写. —北京：知识产权出版社，2022.9

（粤知丛书）

ISBN 978-7-5130-8387-4

Ⅰ. ①广… Ⅱ. ①广… Ⅲ. ①专利权法-审判-案例-中国 Ⅳ. ①D923.425

中国版本图书馆 CIP 数据核字（2022）第 178522 号

内容提要

本书以广东省数据为例，针对特定产业开展专利无效案件、专利无效行政诉讼案件和专利侵权诉讼案件研究，以期辅助政府、产业和企业全面掌握专利确权/侵权纠纷案件的总体情况，并为市场主体应对专利侵权纠纷提供数据支持、案例指导和经验借鉴。

责任编辑：李叶　　　　　　　　　　责任印制：刘译文

粤知丛书

广东省专利无效案件数据与案例分析
——新一代信息技术、生物和家电产业

GUANGDONG SHENG ZHUANLI WUXIAO ANJIAN SHUJU YU ANLI FENXI
—— XINYIDAI XINXI JISHU 、SHENGWU HE JIADIAN CHANYE

广东省知识产权保护中心　组织编写

出版发行：知识产权出版社有限责任公司		网　　址：http://www.ipph.cn	
电　　话：010-82004826		http://www.laichushu.com	
社　　址：北京市海淀区气象路 50 号院		邮　　编：100081	
责编电话：010-82000860 转 8745		责编邮箱：laichushu@cnipr.com	
发行电话：010-82000860 转 8101		发行传真：010-82000893	
印　　刷：三河市国英印务有限公司		经　　销：新华书店、各大网上书店及相关专业书店	
开　　本：720mm×1000mm　1/16		印　　张：30.75	
版　　次：2022 年 9 月第 1 版		印　　次：2022 年 9 月第 1 次印刷	
字　　数：637 千字		定　　价：180.00 元	
ISBN 978-7-5130-8387-4			

出版权专有　侵权必究

如有印装质量问题，本社负责调换。

"粤知丛书"编辑委员会

编委会
主　任　马宪民
副主任　邱庄胜　谢　红　温镇西　刘建新　黄光华
编　委　廖汉生　耿丹丹　陈　蕾　赵　飞　彭雪辉
　　　　陈宇萍　魏庆华　岑　波　张甫筠　黄少晖

编辑部
组　长　彭雪辉
副组长　崔国振　许　妍　尹　昕　谢虹霞
成　员　何　谦　刘西西　王　科　葛　亮　何莉莉
　　　　张亚东　王　哲　王　涛　黄皓骞　李俊华
　　　　董海媚　江晓慧　李　俏　吴海华　麦雪华

专利无效宣告程序是专利授权后的行政确权程序,这项制度安排是审查机构在社会公众的辅助和支持下对已授权专利是否符合相应规定及授予的专利权权利范围是否适当进行再次审查,以弥补授权不当,从而提升专利制度正当性。专利无效宣告程序前接专利授权审批程序,并常与专利侵权诉讼相交融,其承上启下的制度功能不言而喻。因此,在各国的立法实践中,赋予被控侵权人或者专利权人的竞争对手请求宣告相关专利无效的权利也几乎成了各国专利法的"必然选择"。

目前,国内针对重点产业的知识产权研究工作主要集中在产业专利数据统计分析、专利导航、专利分析评议及高价值专利挖掘培育等方面,缺乏专门针对重点产业的专利无效宣告程序、专利无效行政诉讼程序、专利侵权诉讼程序开展相关数据研究及案例解析;也没有通过数据的深度标引和加工,将专利基本信息、产品信息、技术信息、专利无效信息、专利无效行政诉讼信息、专利侵权诉讼信息关联起来,实现专利行政、司法保护和技术、产业融合,以弥补因关注角度不同而导致产业技术创新与专利保护之间的数据断层的研究。

本书针对特定产业开展专利无效案件、专利无效行政诉讼案件和专利侵权诉讼案件的关联数据研究和分析工作，以期辅助政府、产业和企业全面掌握专利确权/侵权纠纷案件的总体情况，并为市场主体应对专利侵权纠纷提供数据支持、案例指导和经验借鉴，充分发挥知识产权行政和司法保护在我国构建新发展格局、促进经济高质量发展方面的重要支撑作用。本书以广东省数据为例，期待借此可以提升广东省重点产业知识产权保护水平。

本书由广东省知识产权保护中心维权援助部部长彭雪辉负责总体策划，由知识产权出版社有限责任公司崔国振、王科负责全书的统稿工作。各章节的具体撰写人员为：前言和绪论由彭雪辉撰写；第1章由刘西西、王哲、黄皓骞撰写；第2章由王科、何谦、董海媚撰写；第3章由何谦、王科、李俊华撰写；第4章由何莉莉、江晓慧、吴海华撰写；第5章由葛亮、李俏、麦雪华撰写；第6章由张亚东、尹昕、刘西西撰写；第7章由许妍、葛亮、王涛、何莉莉撰写。

  2008年6月5日，国务院印发《国家知识产权战略纲要》，该纲要的主要目的是"提升我国知识产权创造、运用、保护和管理能力，建设创新型国家，实现全面建设小康社会目标"。2020年11月30日，习近平总书记在中央政治局第二十五次集体学习时指出："创新是引领发展的第一动力，保护知识产权就是保护创新。全面建设社会主义现代化国家，必须更好推进知识产权保护工作。知识产权保护工作关系国家治理体系和治理能力现代化，只有严格保护知识产权，才能完善现代产权制度、深化要素市场化改革，促进市场在资源配置中起决定性作用、更好发挥政府作用。"2021年9月23日，为统筹推进知识产权强国建设，全面提升知识产权创造、运用、保护、管理和服务水平，充分发挥知识产权制度在社会主义现代化建设中的重要作用，中共中央、国务院印发了《知识产权强国建设纲要（2021—2035年）》。随后，为贯彻落实党中央、国务院关于知识产权工作的决策部署，全面加强知识产权保护，高效促进知识产权运用，激发全社会创新活力，推动构建新发展格局，国务院于2021年10月9日印发《"十四五"国家知识产权保护和运用规划》。可以看出，2008年以来，我国为了建设创新型国家，贯彻新发展理念，构建新发展格局，为推动高质量发展提供有力保障，把加强知识产

权保护放到了非常重要的位置。

按照我国当前法律制度的设计，我国知识产权保护制度中与专利保护相关的行政程序和司法程序包括专利申请、专利审查、专利无效宣告、专利无效行政诉讼和专利侵权诉讼等。在上述程序中，作为专利保护的重要环节，专利无效宣告程序越来越得到重视和关注。专利权的无效宣告程序是在专利授权公告后，任何单位或个人认为其授予不符合专利法规定的授权条件时，向专利行政机关申请启动的确权程序。无效宣告程序是专利法中的重要程序之一，是一种专业化的行政审查程序，通常为双方当事人参加的行政确权程序。除了审查涉案双方当事人之间的争议，这一行政确权程序还向社会确认符合法律规定、权利范围稳定清晰的专利权，为社会公众、专利权人等各方权益的平衡提供保障。

随着我国专利数量的急剧增加和专利保护制度的日益完善，市场主体的知识产权保护意识逐步提升，专利诉讼案件数量也不断增长。据《中国法院知识产权司法保护状况》记载，2003—2019年，无论是专利民事诉讼案件还是专利行政诉讼案件，均呈现不断增加的趋势，且民事诉讼案件的增加占主导地位。2019年，我国地方各级人民法院共新收专利案件23 933件，较2003年增长了近9倍，诉讼案件的激增引发社会关注，同时成为研究热点。专利无效宣告案件、专利无效行政诉讼案件和专利侵权诉讼案件往往涉及企业重大经济利益，在整个知识产权保护体系中具有十分重要的地位和作用，并且在当前的司法实践中，被控侵权人请求宣告涉案专利无效也几乎成了专利侵权诉讼的"必然环节"。

专利无效宣告程序与专利侵权诉讼程序、专利无效行政诉讼程序相互交织、密切相关。专利无效宣告程序决定了专利权效力及保护范围，与专利授权程序和专利侵权诉讼程序共同筑起专利制度，既保护发明创造权利人利益，又兼顾社会公平正义的整体利益平衡格局。专利无效宣告程序因赋予社会公众质疑专利权有效性的权利而与涉案专利权的侵权审判程序形成了专利权保护的合力，并对专利保护产生直接影响。高水平的专利权司法保护离不开高质量的专利权授权、确权。

我国采用专利行政确权和侵权司法保护相分离的制度设置，因此专利无效宣告请求审查决定与专利侵权诉讼、专利无效行政诉讼裁决文书来源于不同的机构，相关数据只能在不同的数据公开系统或平台上获取。此外，目前国内重点产业知识产权研究工作主要集中在产业统计、导航、评议及高价值专利培育挖掘等方面，没有专门针对重点产业专利无效宣告程序、专利侵权诉讼程序开展相关数据研究及案例解析，尚未实现专利基本信息、产品信息、技术信息、专利无效宣告信息、专利无效行政诉讼信息、专利侵权诉讼信息的关联和有效融合。本书既是在特定领域对专利无效宣告请求审查决定及行政诉讼判决数据的回顾，又是将相关数据信息关联融合的一次尝试。考虑到研究范围内各种数据的公开及可获得性，本书仅对知识产权出版社有限责任公司收集到的专利无效宣告请求审查决定和相关行政诉讼判决、司法判决数据进行深度标引和分析。本书的目标是为广东省新一代信息技术、生物和家电产业的专利无效和侵权诉讼画一张数据全景图，并致力于通过数据和具体案例为各级政府、相关产业和市场主体提供有价值的信息，但受数据的可获得性、研究能力和时间等原因限制，尚无法对每一起纠纷进行细致入微地分析。

本书有助于专利权人通过借鉴专利纠纷相关案例的处理方式获取专利文件撰写、知识产权管理、专利诉讼策略和技巧及证据收集的相关经验，提高自身维权的专业性，降低维权成本，有效保护自身的合法权益。同时，专利权的无效宣告作为确认专利权效力的专利行政确权程序，对专利权的保护产生直接影响，一直以来在实现高质量审查、向社会传递正向信息以保护创新主体和促进科技进步等方面发挥着重要作用。

对重点产业发展而言，本书通过解析重点产业专利纠纷的特点，能充分发挥专利纠纷典型案例的示范作用，对宣传专利保护制度，提高重点产业的知识产权保护意识和运用能力，进而对创新的保护和激励带来积极影响，为构建新发展格局、提高产业发展质量提供支撑，为营造国际一流创新法治环境、建设粤港澳大湾区和深圳中国特色社会主义先行示范区提供助力。

对专利纠纷行政审查和司法审判机关而言，本书一方面可以从宏观的角度帮助其了解广东省近些年新技术、新业态和新商业模式下的专利纠纷现状，另一方面可以通过专利无效宣告案件和侵权纠纷相关联的典型案例解析，进一步明晰专利制度实施过程中专利确权和专利侵权之间的关系及专利确权纠纷中对权利有效性的认定方式，借鉴具有典型意义和示范价值的裁判方法和审理思路，提升广东省的知识产权保护能力和案件审理效能。

上编　数　据

第1章　产业背景 / 003

　　1.1　新一代信息技术产业发展概况 / 003

　　1.2　生物产业发展概况 / 020

　　1.3　家电产业发展概况 / 036

第2章　广东省重点产业专利无效案件数据分析 / 056

　　2.1　新一代信息技术产业 / 056

　　2.2　生物产业 / 082

　　2.3　家电产业 / 103

第3章　广东省重点产业专利无效与行政诉讼案件数据关联分析 / 127

　　3.1　新一代信息技术产业 / 127

　　3.2　生物产业 / 138

　　3.3　家电产业 / 147

第4章　广东省重点产业专利无效与民事诉讼案件数据关联分析 / 159

　　4.1　新一代信息技术产业 / 159

4.2　生物产业 / 183

4.3　家电产业 / 203

下编　案　例

第 5 章　广东省新一代信息技术产业典型案例解析 / 253

5.1　共享充电宝专利侵权诉讼案 / 253

5.2　云台相机外观设计专利侵权诉讼案 / 266

5.3　产生按压声音的键盘开关专利侵权诉讼案例 / 277

5.4　多旋翼无人驾驶飞行器专利行政诉讼案例 / 289

第 6 章　广东省生物产业典型案例解析 / 305

6.1　沙库巴曲缬沙坦钠专利无效行政诉讼案 / 305

6.2　监护仪专利侵权诉讼案 / 327

6.3　颈椎按摩器专利侵权诉讼案 / 349

6.4　口炎清专利无效行政诉讼案 / 364

第 7 章　广东省家电产业典型案例解析 / 379

7.1　慢炖锅专利侵权诉讼案 / 379

7.2　电吹风机专利侵权诉讼案 / 390

7.3　手持式吸尘器专利侵权诉讼案 / 403

7.4　榨汁机专利侵权诉讼案 / 421

7.5　吸油烟机专利侵权诉讼案 / 446

7.6　迷你电风扇专利侵权诉讼案 / 463

上编 数据

第1章 产业背景

1.1 新一代信息技术产业发展概况

1.1.1 新一代信息技术产业简介

新一代信息技术作为九大战略性新兴产业的重要组成部分,应用横跨国民经济中的农业、工业和服务业等三大产业,包括下一代信息网络产业、电子核心产业、新兴软件和新型信息技术服务、云计算服务、大数据服务、人工智能6个细分产业(见图1-1-1)。整体看,新一代信息技术产业具有科技含量高、联动效应强等特点,往往涉及材料、能源、交通、信息、自动化等多个产业领域,是促进产业升级、科技进步的决定性力量。❶

下一代信息网络产业	电子核心产业	新兴软件和新型信息技术服务	云计算服务	大数据服务	人工智能
• 网络设备制造 • 新型计算机及信息终端设备 • 信息安全设备制造 • 新一代移动通信网络服务 • 其他网络运营服务 • 计算机和辅助设备修理	• 新型电子元器件及设备制造 • 电子专用仪器设备制造 • 高储能和关键电子材料制造 • 集成电路制造	• 新兴软件开发(VR/AR)等 • 网络与信息安全软件开发 • 互联网安全服务 • 新型信息技术服务(物联网等)	• 互联网平台服务(互联网+) • 云计算服务	• 工业互联网及支持服务 • 大数据服务(区块链相关) • 互联网相关信息服务	• 人工智能软件开发 • 智能消费相关设备制造 • 人工智能系统服务

图1-1-1 新一代信息技术产业分类

---

❶ 朱文奇,等. 从"十四五"规划看战略性新兴产业系列 | 新一代信息技术产业[EB/OL]. (2022-01-17)[2022-05-10]. https://new.qq.com/omn/20220117/20220117A09X6H00.html.

新一代信息技术产业的基本特征大致可归纳为以下几个方面：第一，新一代信息技术产业以重大技术突破为基础，具有知识技术密集的特征，是科技创新的深度应用和产业化平台，还具备技术、资金密集，研发周期长，投资风险较大，市场需求针对性较强，产品周期较短的特征，对技术创新的要求更高。第二，新一代信息技术产业带动效应显著，信息技术是产业结构优化升级的最核心技术之一，当前信息技术逐渐成为引领其他领域创新不可或缺的重要动力和支撑，正在深层次上改变工业、交通、医疗、能源和金融等诸多社会经济领域。第三，新一代信息技术在经济效益和社会效益两方面均具备长期可持续增长的能力。第四，新一代信息技术具备高渗透性，可以与多个行业融合发展。第五，新一代信息技术创新人力投入占比较高，对创新人才的需求大。❶

1.1.2 全球产业概况

近年来，以互联网、物联网、大数据、云计算、人工智能、区块链、5G等为代表的全球新一代信息技术迅速崛起，供给加快，推动农业、制造业、交通、物流、能源、金融、教育、健康、文化、旅游、政府管理等各行业数字化、网络化与智能化进程加剧，全球进入新一轮科技和产业革命。

物联网、云计算、大数据、人工智能、区块链等新技术由概念孵化逐步迈向实际应用，加速促进物理世界和数字世界深度融合，驱动网络空间从人人互联向万物互联演进。一方面，资源快速数字化，信息技术持续向社会、经济各个领域渗透；另一方面，智能终端与装备加速普及应用——工业机器人、智能机床和基础制造装备、智能仪器仪表、三维打印装备、新型传感器、自动化成套生产线等重点领域快速发展并突破创新。其中，信息通信技术（ICT）服务业（包含电信业、软件和信息技术服务业、互联网行业）成为信息产业中发展速度最快、技术创新最活跃、增值效应最大的组成部分。❷ 从区位发展的规模来看，发达国家与地区仍占优势，美国、欧洲和日本产业规模位居全球前三位，总和约占全球的80%。其中软件与电信业表现尤为突出，保持着相对平稳的增长趋势。

1.1.2.1 ICT服务业规模大，欧美国家领先

全球范围内并没有新一代信息技术产业的严格定义，通常所指的为广义的信息产业，即包括信息设备制造、软件与系统集成及服务业、信息（知识）内容提供业三大部分。概括来说，信息产业是有关信息采集、储存、加工处理、传输、服务与相应的信息设备制造及服务部门的总称。通常情况下美国和欧洲国家将该产业称为ICT产业，突出通信技术的地位。

---

❶ YANYI. 新一代信息技术产业 [EB/OL]. (2022-03-03) [2022-05-10]. https://www.sgpjbg.com/info/31083.html.

❷ 王进. 世界信息服务业的发展现状与趋势 [J]. 科海故事博览·科教创新, 2010 (3): 86.

从规模看，全球的 ICT 服务业规模较大。2018 年，世界主要国家 ICT 服务业（包含电信业、软件和信息技术服务业、互联网行业）规模为 10 亿美元至 14 000 亿美元。其中，美国 ICT 服务业规模最大，为 1.3081 亿美元，中国位居第二位，为 4243 亿美元，日本为 2425 亿美元，位列第三。德国、英国、法国、印度等 4 国 ICT 服务业规模也超过 1000 亿美元。在 ICT 制造业（包含大量具有高科技含量中间产品的进口活动）方面，中国 ICT 制造业规模最大，为 5446 亿美元，美国位列第二位，为 2155 亿美元，韩国、日本位列第三位、第四位，分别为 1687 亿美元和 1123 亿美元。整体看，ICT 服务业规模领先国家仍以欧美国家为主，但亚洲和南美部分国家也具备一定规模。ICT 制造业集中表现为亚洲国家规模的大幅领先。值得一提的是，中国在两项统计中均排名全球前二位，ICT 产业发展高速、有效（见图 1-1-2）。

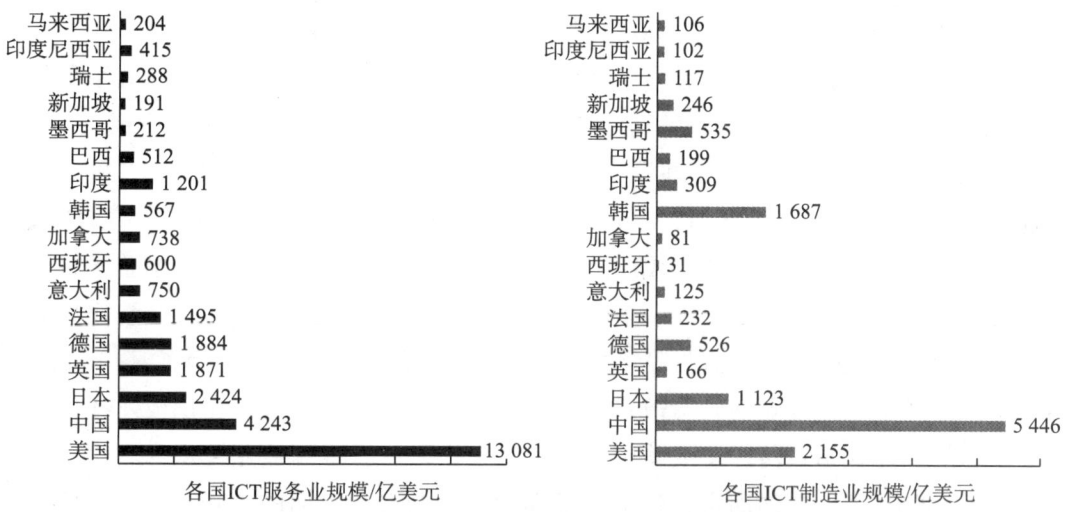

图 1-1-2　2018 年全球主要国家 ICT 服务业和制造业规模

资料来源：ICInsights 调研报告，数据检索时间 2022 年 5 月 10 日。

从占比看，全球 ICT 服务业在数字产业化中占据主导地位。2018 年，绝大部分国家的 ICT 服务业在数字产业化中的占比超过 ICT 制造业。塞浦路斯、新西兰、葡萄牙、荷兰、英国、拉脱维亚、芬兰、土耳其、澳大利亚等 16 个国家 ICT 服务业占数字产业化的比重超过 90%，仅有中国、新加坡、墨西哥、韩国、越南等 5 个国家 ICT 服务业占比低于 50%，其余国家 ICT 服务业占比均在 60%~90%。

1.1.2.2　产业趋于多技术融合，渗透领域多

尽管新一代信息技术产业未有明确的概念，但当前全球各国早已将 ICT 产业视为开启下一代工业革命发展先机的重要战略性技术抓手。诸如人工智能、5G、区块链、物联网、云计算、网络安全、智能制造、虚拟现实/增强现实、量子计算、3D 打印、边缘计算、智慧城市、大数据、无人驾驶等热点 ICT 技术被高度关注，新服务、新产品呈井喷态势。全球范围内，信息技术的快速发展，从产业模式与运营模式到消费结

构与思维方式，信息技术对城市地区，甚至对国家的发展进程的影响程度也越来越深。❶ 概括而言，新一代信息技术产业发展目前主要呈现以下几种发展趋势：①多种ICT技术融合发展；②ICT产品智能化、广连接；❷ ③信息服务的个性化和共性化。

1.1.2.3 美日欧把握先机，政策倾向性显露

①美国。2008年7月，美国下一代互联网组织"Internet2"通过了新的5年战略规划。2010年3月，美国联邦通信委员会（FCC）公布《美国宽带计划》，促进宽带技术发展，提出到2020年实现1亿个家庭接入100兆以上的高速宽带。2011年起，美国陆续出台了《美国先进制造业国家战略计划》等多项战略规划，确定了先进制造企业、智能机器、先进分析3个投资方向，建设网络物理安全、"数字制造公用平台"两个重点任务。2015年发布的《国家创新战略》强调建设新一代数字基础设施，2016年发起"全民联网"宽带，旨在向美国2000万低收入人群提供高速网络服务。2015年，奥巴马政府制定了智慧城市计划，大力发展电子信息制造业，着力打造物联网应用所需的试验床，制造基于前沿技术的电子信息产品引领全球电子信息制造产业的发展。

②日本。2005年11月，日本最大电信运营商NTT公司发表了中期经营战略，提出了NGN发展计划。2006年1月，日本IT战略本部推出《IT新改革战略》；6月IT战略本部又发布《新一代宽带战略2010》，促进宽带发展。2009年3月，日本总务省通过面向未来3年的物联网项目；7月总务省发布《i-Japan战略2015》，旨在强化物联网在交通、医疗、教育、环境监测等领域的应用。近几年，日本先后出台了《i-Japan战略》《2015年版制造白皮书》等政府纲领性文件。该白皮书指出，在积极发挥信息化作用方面，日本制造业落后于欧美国家，建议在未来将日本制造业转型为利用大数据的新下一代制造业。具体而言，日本通过大量培养制造业方面的人才，有保留性地向海外转移生产，积极发挥信息技术的作用，重点利用大数据技术、物联网技术及软件技术发展下一代制造业，加快制造业的升级换代，推动制造业中不同行业的融合，以此促进日本电子信息产业的发展。

③欧盟。早在2009年6月，欧盟委员会就正式提出了"欧盟物联网行动计划"。该行动计划提出了促进物联网发展的一些具体措施：严格执行对物联网的数据保护立法，建立政策框架使物联网能应对信用、承诺及安全方面的问题。2010年，欧盟委员会公布为期5年的"数字化议程"计划，将在欧盟27个成员国部署高速宽带，并将促进电信领域增长定为首要任务。2004年10月，欧盟正式启动了"用于信息通讯技术与照明设备的高亮度有机发光二极管"项目（COLLA），该项目持续到2008年7月，使

---

❶ FABIE产业研究. 新一代信息技术产业发展新趋势：数字、智能、跨界、融合［EB/OL］. (2019-07-29)［2022-05-10］. https://www.sohu.com/a/330149807_100017659.

❷ GSMA. Intelligent Connectivity［EB/OL］. (2022-01)［2022-05-10］. https://www.gsma.com/ic/wp-content/uploads/2022/01/22209-intelligent-connectivity-report.pdf.

有机发光二极管的效率最终达到 50 流明/瓦。2010 年 7 月，欧盟第七框架计划（FP7）发布了 2011 年工作计划，包括 ICT 领域的工作计划。该计划确立了 2011 至 2012 年 ICT 领域项目招标重点。2010 年，欧盟委员会推出了信息化战略行动计划，这一行动计划是欧洲数字计划几项旗帜举措中的一项，信息化战略行动计划包括统一数字市场的建立、更强的互操作性、更强互联网的信任度和安全性、更快的互联网接入、更多的研发投资、增强数字化技能和包容性。

1.1.2.4 全球产业规模稳中有升，增速放缓

近年，全球电子信息产业总体规模稳中有升，产销值持续增长，增速有所放缓。发达国家加快在信息基础设施、核心技术产业、以智能制造为核心的经济体系等方面的战略部署，谋求在技术、产业方面继续领先的优势，占据高端制造领域全球价值链的有利位置。美国、日本、西欧等发达经济体依然是电子信息产业的主导，在技术研发和产品设计等方面拥有极大优势，但其市场份额逐步微弱下调。以中国、印度、巴西、东欧等为代表的新兴经济体依托电子信息产业生产能力和工艺的提升，在世界电子信息产业中的地位不断上升，市场份额持续增长。在电子制造业领域，电子元器件市场份额最大，电子数据处理设备、无线通信设备等紧随其后。信息技术服务在产业整体中占比提高，云计算、大数据、移动互联网等新兴信息技术服务蓬勃发展，物联网、可穿戴设备、智能制造等领域快速发展❶，全球范围内不乏美国高通公司、三星电子、万国商业机器公司（IBM）、英伟达公司（NVDIA）和微软股份有限公司（Microsoft）这样的规模领先的企业。

1.1.3 中国产业概况

1.1.3.1 产业集聚展现，布局聚集东南沿海

新一代信息技术产业对资源及工业基础要求较低，但是行业的准入门槛较高，因此明显体现出资本密集与技术密集的特点，产业集聚现象逐步展现。如表 1-1-1 所示，从全国城市布局来看，虽然新一代信息技术企业遍及全国，但多数企业明显聚集于特定区域。集聚在同一区域范围内更有利于信息交流、协同发展、产业创新。超过一半的新一代信息技术企业聚集在头部 5% 的城市里，京津冀、长三角、粤港澳、成渝四大都市圈中的北京、上海、深圳、广州、重庆、成都聚集度最高。根据工业和信息化部（以下简称"工信部"）2021 年公布的国家先进制造业集群，从全国布局来看，新一代信息技术产业先进制造业集群集中在南部沿海经济区、东部沿海经济区，同时特色产业集群在山东、安徽、四川等省也有分布。

---

❶ 陶于祥，袁野，樊自甫，等. 全球电子信息制造业发展趋势与经验借鉴［J］. 重庆邮电大学学报（社会科学版），2018，30（1）：89-95.

表 1-1-1　国家先进制造业集群——新一代信息技术产业

区域	先进制造业集群
南部沿海经济区	广东省深圳市新一代信息通信集群
	广东省广佛惠超高清视频和智能家电集群
	广东省东莞市智能移动终端集群
东部沿海经济区	江苏省无锡市物联网集群
	上海市集成电路集群
	江苏省南京市软件和信息服务部集群
	浙江省杭州市数字安防集群
长江中游经济区	安徽省合肥市智能语音集群
北部沿海经济区	山东省青岛市智能家电集群
西南经济区	四川省成都市软件和信息服务集群

根据中华人民共和国国家发展和改革委员会（以下简称"国家发改委"）2019年公布的首批国家级战略新兴产业集群（见表1-1-2），从全国布局来看，信息技术产业集群主要分布于北部沿海经济区、东部沿海经济区、长江中游经济区、黄河中游经济区。其中，人工智能、集成电路等高端电子科技产业集群主要集中于北京、上海、合肥、武汉、西安等地；信息技术服务产业集群在全国分布最广，各经济区均有涉及；网络安全产业集群仅在天津。

表 1-1-2　国家级战略新兴产业集群——新一代信息技术产业

区域	先进制造业集群	细分产业
南海沿海经济区	海南省澄迈县信息技术服务产业集群	信息技术服务
	深圳市人工智能产业集群	人工智能
东部沿海经济区	浙江省杭州市信息技术服务产业集群	信息技术服务
	上海杨浦区信息服务产业集群	信息技术服务
	上海市徐汇区人工智能产业集群	人工智能
	上海市浦东集成电路产业集群	集成电路
长江中游经济区	江西省鹰潭市下一代信息网络产业集群	下一代信息网络
	湖北省武汉市下一代信息网络产业集群	下一代信息网络
	湖北省武汉市集成电路产业集群	集成电路
	安徽省合肥市人工智能产业集群	人工智能
	安徽省合肥市集成电路产业集群	集成电路

续表

区域	先进制造业集群	细分产业
北部沿海经济区	山东省济南市信息技术服务产业集群	信息技术服务
	天津市网络信息安全和产品服务产业集群	网络安全
	北京市海淀区人工智能产业集群	人工智能
	北京经开区集成电路产业集群	集成电路
西南经济区	贵州省贵阳市信息技术服务产业集群	信息技术服务
黄河中游经济区	河南省郑州市信息服务产业集群	信息技术服务
	河南省郑州市下一代信息网络产业集群	下一代信息网络
	陕西省西安市集成电路产业集群	集成电路
东北经济区	辽宁省大连市信息技术服务产业集群	信息技术服务

1.1.3.2 政策促进新一代信息技术快速发展

2015—2021年，国务院对新一代信息技术产业作出系列重要部署（见图1-1-3）。

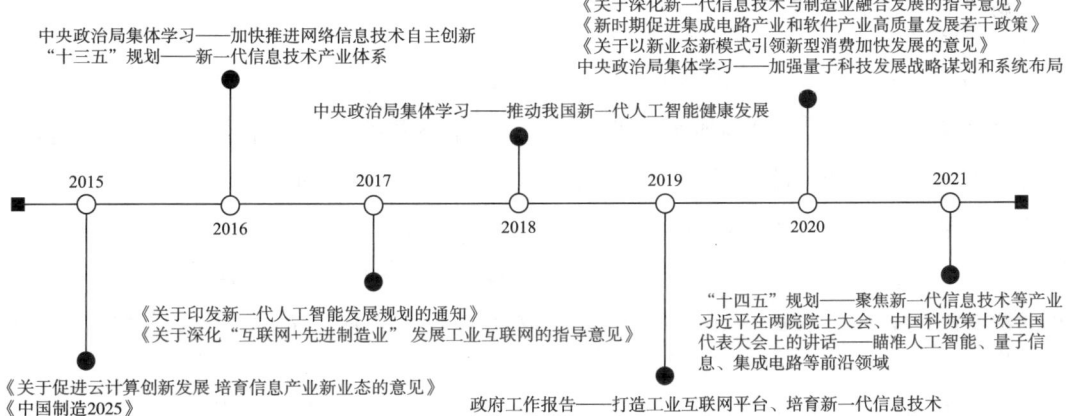

图1-1-3　我国新一代信息技术产业政策梳理

2015年，国务院发布《关于促进云计算创新发展 培育信息产业新业态的意见》，提出促进云计算创新发展，培育信息产业新业态，使信息资源得到高效利用。❶ 同年，国务院发布《中国制造2025》，明确强调以促进制造业创新发展为主题，以提质增效为中心，以加快新一代信息技术与制造业深度融合为主线，以推进智能制造为主攻方向，以满足经济社会发展和国防建设对重大技术装备的需求为目标。❷

---

❶ 国务院. 国务院关于促进云计算创新发展 培育信息产业新业态的意见［EB/OL］. （2015-01-30）［2022-05-11］. http：//www.gov.cn/zhengce/content/2015-01-30/content_9440.htm.

❷ 国务院. 国务院关于印发《中国制造2025》的通知［EB/OL］. （2015-05-19）［2022-05-11］. http：//www.gov.cn/zhengce/content/2015-05-19/content_9784.htm.

2016年，国务院在中央政治局集体学习中强调，加快推进网络信息技术自主创新，朝着建设网络强国目标不懈努力。国务院印发的《"十三五"国家战略性新兴产业发展规划》指出，推动物联网、云计算和人工智能等技术向各行业全面融合渗透，构建万物互联、融合创新、智能协同、安全可控的新一代信息技术产业体系。❶

2017年，国务院《关于印发新一代人工智能发展规划的通知》提出，要抢抓人工智能发展的重大战略机遇，构筑我国人工智能发展的先发优势，加快建设创新型国家和世界科技强国。❷ 同年，在《关于深化"互联网+先进制造业"发展工业互联网的指导意见》中提到，打造与我国经济发展相适应的工业互联网生态体系，使我国工业互联网发展水平走在国际前列，争取实现并跑乃至领跑。❸

2018年，在中央政治局集体学习中，习近平总书记明确要深刻认识加快发展新一代人工智能的重大意义，加强领导，做好规划，明确任务，夯实基础，促进其同经济社会发展深度融合，推动我国新一代人工智能健康发展。

2019年，国务院政府工作报告中提到新一代信息技术产业，即打造工业互联网平台，拓展"智能+"，为制造业转型升级赋能。深化大数据、人工智能等研发应用，培育新一代信息技术、高端装备、生物医药、新能源汽车、新材料等新兴产业集群，壮大数字经济。

2020年，中央全面深化改革委员会审议通过《关于深化新一代信息技术与制造业融合发展的指导意见》，强调加快推进新一代信息技术和制造业融合发展，要顺应新一轮科技革命和产业变革趋势。❹ 同年，国务院发布的《新时期促进集成电路产业和软件产业高质量发展若干政策》点明，进一步优化集成电路产业和软件产业发展环境，深化产业国际合作，提升产业创新能力和发展质量。❺《关于以新业态新模式引领新型消费加快发展的意见》指出，加快5G网络建设推动更多企业"上云上平台"。❻ 2020年

---

❶ 国务院. 国务院关于印发"十三五"国家战略性新兴产业发展规划的通知［EB/OL］. (2016-12-19)［2022-05-11］. http://www.gov.cn/zhengce/content/2016-12/19/content_5150090.htm.

❷ 国务院. 国务院关于印发新一代人工智能发展规划的通知［EB/OL］. (2017-07-20)［2022-5-11］. http://www.gov.cn/zhengce/content/2017/07/20/content_5211996.htm.

❸ 国务院. 国务院关于深化"互联网+先进制造业"发展工业互联网的指导意见［EB/OL］. (2017-11-27)［2022-05-11］. http://www.gov.cn/zhengce/content/2017-11/27/content_5242582.htm.

❹ 国务院. 国务院关于深化制造业与互联网融合发展的指导意见［EB/OL］. (2016-05-20)［2022-05-11］. http://www.gov.cn/zhengce/content/2016-05/20/content_5075099.htm.

❺ 新华社. 国务院印发《新时期促进集成电路产业和软件产业高质量发展的若干政策》［EB/OL］. (2020-08-04)［2022-05-11］. http://www.gov.cn/xinwen/2020/08/04/content_5532393.htm.

❻ 国务院办公厅. 国务院办公厅关于以新业态新模式引领新型消费加快发展的意见［EB/OL］. (2020-09-21)［2022-05-11］. http://www.gov.cn/zhengce/content/2020-09/21/content_5545394.htm.

中央政治局集体学习中强调，认识推进量子科技发展重大意义，加强量子科技发展战略谋划和系统布局。

2021年，全国人大表决通过的"十四五"规划聚焦新一代信息技术、生物技术、新能源、新材料、高端装备、新能源汽车、绿色环保，以及航空航天、海洋装备等战略性新兴产业。❶ 5月，习近平总书记在"两院"院士大会、中国科协第十次全国代表大会上的讲话中强调，要从国家急迫需要和长远需求出发，在石油天然气、基础原材料、高端芯片、工业软件、农作物种子、科学试验用仪器设备、化学制剂等方面关键核心技术上全力攻坚，加快突破一批药品、医疗器械、医用设备、疫苗等领域关键核心技术。要在事关发展全局和国家安全的基础核心领域，瞄准人工智能、量子信息、集成电路、先进制造、生命健康、脑科学、生物育种、空天科技、深地深海等前沿领域，前瞻部署一批战略性、储备性技术研发项目，瞄准未来科技和产业发展的制高点。

1.1.3.3 市场规模逐年突破，企业表现抢眼

近年来，我国新一代信息技术产业获得长足发展。在以网络安全、人工智能、云计算、集成电路等为代表的新一代信息技术领域，涌现出了一大批创新型企业，有效拓宽了经济发展新空间。数据显示，新一代信息技术领域股权投资金额占总投资金额的比例从2013年的16.1%波动上涨至2021年上半年的38.8%。❷ 由此可见，作为资本市场重要组成部分的中国股权投资机构偏爱投资科技领域企业，对促进新一代信息技术领域企业发展，提升经济发展质量有着不可忽视的推动作用。

2018年，新一代信息技术产业规模突破23万亿元；2019年，新一代信息技术产业增加值增速为9.5%，高于整个战略性新兴产业的增速。❸ 中国互联网协会发布《中国互联网发展报告（2021）》，反映我国2020年互联网行业发展情况，其中，新一代信息技术各领域发展成为亮点。❹ 报告显示，在云计算方面，2020年，我国云计算整体市场规模达到1781.8亿元，增速为33.6%。其中，公有云市场规模达到990.6亿元，增长43.7%，私有云市场规模达791.2亿元，增长22.6%。在大数据方面，2020年，我国大数据产业规模达到718.7亿元，增长16.0%，增幅领跑全球大数据市场。在人工智能方面，2020年，我国人工智能产业规模为3031亿元，增长15%，增速略高于全

---

❶ 新华社. 中华人民共和国国民经济和社会发展第十四个五年规划和2035年远景目标纲要[EB/OL].（2021-03-13）[2022-05-11]. http://www.gov.cn/xinwen/2021/03/13/content_5592681.htm.

❷ 36氪研究院. 2021年中国新一代信息技术创投生态研究报告[EB/OL].（2021-11-30）[2022-05-10]. https://www.36kr.com/p/1506833111797509.

❸ 前瞻产业研究院. "十四五"中国新一代信息技术产业发展前瞻助力十大产业数字化转型升级[EB/OL].（2021-04-01）[2022-05-11]. https://www.sohu.com/a/458488697_473133.

❹ 中国互联网协会. 中国互联网发展报告（2021）[EB/OL].（2021-07-16）[2022-05-11]. https://mp.weixin.qq.com/s/H-Zl9avqjJp_zYBcwwuvEQ?.

球增速。我国人工智能企业共计1454家，居全球第二位，仅次于美国的2257家，主要集中在北京、上海、广东、浙江等省市，北京和上海分别以537家和296家居前两位。在物联网方面，2020年，我国物联网产业迅猛发展，产业规模突破1.7万亿元。预测到2025年，我国移动物联网连接数将达到80.1亿，年复合增长率14.1%。

根据中国企业联合会、中国企业家协会发布的"2020中国战略性新兴产业领军企业100强榜单"，有28家新一代信息技术产业企业上榜，数量位列产业第一，其中华为技术有限公司以8588.3亿元的收入居榜单之首（见图1-1-4）。❶ 中国三大运营商作为国内该领域的龙头，其未来业务布局同样值得关注。一定程度上，梳理龙头企业的业务布局可以得出资本对于该产业的关注重点。

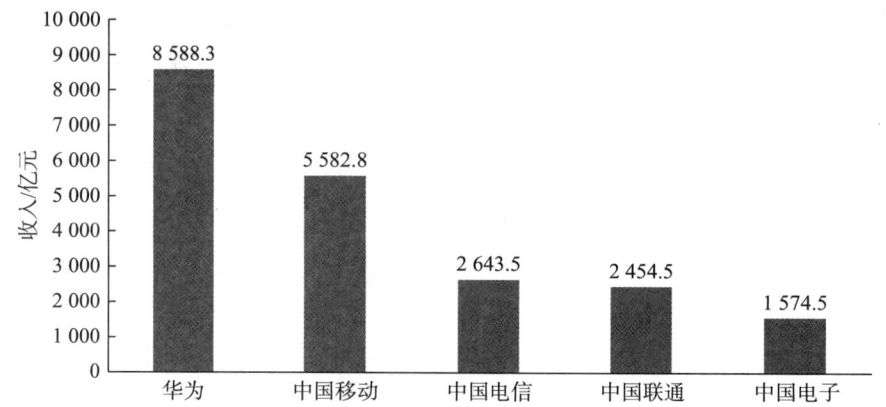

图1-1-4　2020年中国新一代信息技术产业领域领军企业（TOP 5）战略性新兴业务收入

资料来源：前瞻产业研究院，数据检索时间2022年5月11日。

1.1.4　广东省产业概况

1.1.4.1　产业总量占比较高，效益优势明显

新一代电子信息产业企业数量多、总量规模大，是广东主要支柱产业之一。全省新一代电子信息产业发展呈现如下特点。

1. 总量占比高，增速快于全省规模以上工业增速

新一代电子信息产业总量占比高、市场主体多、发展速度较快，是推动全省工业增长的重要引擎。2020年前三季度，新一代电子信息产业实现工业总产值、增加值分别占全省规模以上工业的29.1%和26.6%，是广东省工业占比最大的行业。全省新一代信息技术产业累计完成工业总产值29 630.14亿元，下降0.1%，高于全部规模以上工业增速2.9个百分点；实现增加值6111.12亿元，增长0.7%，高于全省规模以上工

---

❶ 腾讯网. 2021中国战略性新兴产业领军企业100强榜单［EB/OL］.（2021-09-28）［2022-05-11］. https://new.qq.com/omn/20210928/20210928A086PZ00.html.

业增速 1.9 个百分点。从近年数据看，新一代信息技术产业发展速度明显快于全省规模以上工业增速，如 2017 年新一代信息技术产业增速 12.6%，比全省规模以上工业增速高 5.4 个百分点。

从企业数量看，前三季度，全省新一代电子信息产业规模以上工业企业数为 7146 家，占全部规模以上工业企业数的 12.9%，比第二大行业电气机械和器材制造业（6294 家）多 13.5%。

从产品产量看，前三季度，全省规模以上工业共生产微型计算机设备 3209.30 万台，其中平板电脑 1717.50 万台，打印机 1348.46 万台，程控交换机 476.39 万线，手机 43 985.07 万台（其中智能手机 36 686.46 万台），彩色电视机 8144.98 万台，液晶显示屏 14.40 亿片。部分产品占全国比重较高，如微型计算机设备和智能手机产量分别占全国产量的 12.5% 和 48.4%。

2. 产业聚集明显，区域分布集中

新一代电子信息产业集群主要集中在通信设备制造业，产业聚集明显。2020 年前三季度，在新一代信息产业 9 个中类行业中，通信设备制造业实现工业总产值 15 367.56 亿元，增长 5.6%，实现增加值 3367.03 亿元，增长 6.1%，占新一代电子信息产业的比重分别为 51.9%、55.1%，拉动该产业集群增长 3.2 个百分点。其他拉动增长较快的行业还有广播电视设备制造和智能消费设备制造，分别增长 56.8%、20.9%，拉动新一代电子信息产业增长 0.6 个和 0.4 个百分点。

全省新一代电子信息产业主要分布在珠三角地区，粤东粤西北占比较少，区域分布相对集中。2020 年前三季度，珠三角地区新一代电子信息产业实现工业增加值 5965.20 亿元，增长 1.3%，占全省该产业集群的比重高达 96.7%。分地市看，增加值总量较大地市主要有深圳（3706.31 亿元）、东莞（1017.06 亿元）、惠州（456.59 亿元）和广州（304.58 亿元）。

3. 效益优势较为明显，高于全省平均水平

从主要效益指标看，新一代信息技术产业经济效益明显好于全部规模以上工业企业。据统计，2020 年前三季度新一代信息技术产业集群实现营业收入 30 489.66 亿元，同比增长 4.3%，实现利润总额 1605.53 亿元，增长 3.8%，实现税金总额 590.34 亿元，增长 2.4%，分别比全部规模以上工业高 7.0 个、6.2 个和 10.8 个百分点；新一代信息计算产业集群平均资产负债率为 59.0%，比上年同期下降 1.3 个百分点，降幅高于全部规模以上工业 1.1 个百分点，其中降幅较为明显的行业有电子元件及电子专用设备制造（下降 4.1 个百分点）、计算机制造（下降 2.6 个百分点）。从行业种类看，除计算机制造、非专业视听设备制造、其他电子设备制造营业收入下降外，其他行业均为正增长，其中增长拉动较大的主要有电子元件及电子专业材料制造业（增长 10.9%，拉动该集群产业营收增长 1.8 个百分点）、通信设备制造（增长 3.3%，拉动增长 1.6 个百分点）等行业，其余增长速度较快的行业还有智能消费设备制造（增长

24.0%）。从利润总额看，亏损的行业只有雷达及配套设备制造业一个行业，且亏损额减少1.27亿元，利润总额下降的行业仅电子元件及电子专业材料制造业（下降19.1%），其余行业利润总额均为增长，其中增长拉动较大的行业主要有非专业视听设备制造（增长68.2%，拉动该集群产业利润总额增长1.5个百分点），通信设备制造（增长2.6%，拉动增长1.5个百分点），其他电子设备制造等（增长73.5%，拉动增长1.4个百分点）。

4. 龙头企业增速较快，产业集中度进一步提升

2020年前三季度，新一代电子信息产业集群百强企业（按营业收入排序）合计完成工业增加值4090.44亿元，同比增长5.3%，高于该产业平均增速4.6个百分点，拉动全省规模以上工业增长0.9个百分点；实现营业收入20 266.79亿元，增长8.7%；实现利润总额1141.68亿元，增长1.9%。

分行业看，百强企业中通信设备制造业工业增加值、营业收入和利润总额占比最高，分别占72.5%、67.7%和79.1%；电子器件制造、电子元件及电子专用材料制造，计算机制造营业收入均超过了1000亿元，分别为1923.76亿、1873.59亿、1256.34亿元；计算机制造和其他电子设备制造增加值增速分别下降2.2%和4.3%，其余行业均为增长，增速最快的是智能消费设备制造，增长57.2%。

根据近年统计数据不难发现，广东新一代信息技术产业在产业规模、经济效益、研发创新等方面表现不俗，但同时存在部分问题。首先，产业发展虽优于全部规模以上工业，但是在疫情等多方面因素影响下，离既定发展目标仍存在差距。其次，产业结构发展均衡性欠佳，电子元件等细分行业高收入占比客观反映了部分基础性行业发展滞后的问题，行业整体呈现"小""散"等特点。同时广东新一代电子信息产业相关企业营利能力不足，自主品牌市场占有率并不高，缺乏具有国际竞争力和影响力的品牌。最后，全省新一代电子信息产业发展面临"卡脖子"问题，高性能通用芯片、关键核心技术等方面受制于国外。❶

1.1.4.2 政策瞄准技术研发，梯度培育企业

广东省政府多年来始终将新一代信息技术产业的地位摆到前列，在政策文件中反复强调发展新一代电子信息战略性支柱产业集群的决心，大力在省内推动产业数字化和数字产业化的进程。在部署基础教育、建筑业、科技服务业、气象防灾减灾等工作时，新一代信息技术产业高频出现。广东省政府正通过完善人才培养体系、技术创新突破基金扶持、建立健全制度环境等方面助力产业高速发展。

《广东省发展新一代电子信息战略性支柱产业集群行动计划（2021—2025）》聚焦以补齐短板做强产业链、以市场为导向提升价值链、以核心技术发展创新链，选准

---

❶ 王慧艳. 广东新一代电子信息战略性支柱产业集群发展现状和对策研究 [EB/OL]. (2020-12-09) [2022-05-12]. http://stats.gd.gov.cn/attachment/0/406/406846/3146078.pdf.

"六项"主攻方向,实施"六大"重点工程,将广东建设成为全球新一代通信设备、新型网络、手机及新型智能终端、半导体元器件、新一代信息技术创新应用集聚区。❶

2022年4月,广东省工业和信息化厅印发《2022年广东省数字经济工作要点》,从优化升级数字基础设施、发挥数据要素作用、大力推动数字产业化、加快推进产业数字化、提升公共服务数字化水平、健全完善治理和安全体系、加强统筹指导和政策保障等7个方面提出30条具体举措。其中,工作要点强调大力推动数字产业化,全面加快制造业数字化转型,支持骨干企业打造行业应用标杆示范,推动中小工业企业"上云上平台",开展产业数字化复合型人才改革试点。❷

2021年9月,广东省政府办公厅印发《中国(广东)自由贸易试验区发展"十四五"规划》。该规划提出,要把广东自贸试验区打造成金融开放创新示范窗口,鼓励区内符合条件的创新型企业赴港澳融资、上市。广东自贸试验区将立足现有产业基础及资源禀赋,重点发展新一代信息技术、高端装备制造、现代海洋产业等战略性新兴产业,促进产业转型升级和技术更新。要加快发展新一代信息技术产业,重点发展物联网、云计算、大数据、光电子信息、人工智能等新一代信息技术应用,加速5G产业集聚,吸引5G产业龙头项目落户,引进5G高新技术研究机构,培育本土5G制造企业,开展5G应用试点示范,打造世界级5G产业集聚区。推动"国际数据传输枢纽"粤港澳大湾区广州南沙节点等项目建设,打造粤港澳数据传输枢纽,建设粤港澳大湾区数据合作试验区。建设澳门科技大学下一代互联网国际研究院南沙分院、全球IP测试中心,推动人工智能重点关键技术、人工智能产品核心关键部件和应用场景开发等领域发展。❸

2021年6月,广东省工业和信息化厅印发《广东省制造业数字化转型实施方案(2021—2025年)》和《广东省制造业数字化转型若干政策措施》,在实施方案中新一代信息技术被多次提及。文件强调聚焦战略性支柱产业集群和战略性新兴产业集群,以深化新一代信息技术与制造业融合发展为主线,以工业互联网创新应用为着力点,深入推进制造业数字化转型和高质量发展,为加快建设制造强省、网络强省和数字经济强省,打造新发展格局战略支点提供有力支撑。广东将新一代电子信息产业集群作为重要转型及赋能方向,率先在新一代电子信息行业开展新型工业软件研发与应用示

---

❶ 广东省工业和信息化厅.《广东省发展新一代电子信息战略性支柱产业集群行动计划(2021—2025年)》政策解读[EB/OL].(2020-10-09)[2022-05-12]. http://www.gd.gov.cn/zwgk/zcjd/snzcsd/content/post_3097931.html.

❷ 广东省工业和信息化厅. 关于印发《2022年广东省数字经济工作要点》的通知[EB/OL].(2022-04-13)[2022-05-12]. http://gdii.gd.gov.cn/zwgk/tzgg1011/content/post_3911821.html.

❸ 广东省人民政府办公厅. 关于印发中国(广东)自由贸易试验区发展"十四五"规划的通知[EB/OL].(2021-09-22)[2022-05-12]. https://www.gd.gov.cn/zwgk/wjk/qbwj/yfb/content/post_3533834.html.

范,推动产业链、供应链自主可控。围绕广州、深圳、河源、惠州、东莞等终端产业基地,支持行业龙头骨干企业针对研发设计、生产管理、质量检测、供应链管理等环节实施数字化转型,加快系统集成互通和数据分析应用;围绕深圳、汕头、梅州、肇庆、潮州等电子元器件产业基地,支持企业针对研发设计、质量检测等环节实施数字化升级,提升与终端厂商的协同研发和产品交付能力。此外,要深化简政放权、放管结合、优化服务改革,放宽制造业数字化相关产品和服务的准入限制,扩大市场主体平等进入市场范围。进一步清理制约人才、资本、技术、数据等要素自由流动的制度障碍,营造有利于新一代信息技术与制造业融合发展的良好制度环境。❶

2020年11月,广东省政府提出《广东省建设国家数字经济创新发展试验区工作方案》,指出要抓住建设粤港澳大湾区国际科技创新中心的有利机遇,坚持问题导向,围绕要素流通、核心技术产业发展、数字化转型、数字治理、数字经济基础设施建设等关键环节,强化数字经济创新要素高效配置,充分发挥数据作为数字经济关键生产要素的重要价值,适度超前布局新型基础设施体系,着力提升数字化生产力,深化5G、移动互联网、物联网、人工智能、大数据、云计算、区块链等新一代信息技术的融合应用,大力培育新业态新模式,加快经济社会各领域数字化转型步伐,探索数字经济创新发展新思路、新模式、新路径,总结形成一批可复制推广的创新发展经验,引领带动我国数字经济加快发展。具体任务包括形成高速、泛在、融合的基础网络设施,推动传统基础设施数字化、智能化升级,加强重点领域核心技术攻关,加快建设人工智能、区块链等新一代通用信息技术生态体系等。❷

2020年9月,广东省政府颁布《关于加快推进质量强省建设的实施方案》,意在全面实施质量强省战略,大力推进质量治理体系和治理能力现代化,深入开展质量提升行动。该方案提出的2025年目标包括:质量链、产业链深度融合,技术研发、专利布局和标准研制协同推进,群众性质量创新活动普遍开展,大数据智慧监管等融合新一代信息技术的现代化监管方法手段在质量管控领域广泛运用;此外,要广泛运用现代信息技术,利用5G、人工智能、区块链、增强现实/虚拟现实等新一代信息技术和物联网等信息化手段,实施传统业态数字化改造,提高质量信息的采集、追踪、分析和处理能力,加强质量大数据分析运用,提升产品、工程和服务质量安全动态监管、质量风险预警、突发事件应对、质量信用管理的效能;建立"质量广东"综合服务平台,收集、响应企业质量服务需求,发布质量权威信息,提供质量专业知识网络培训,促

---

❶ 广东省人民政府. 关于印发广东省制造业数字化转型实施方案及若干政策措施的通知 [EB/OL]. (2021-07-06) [2021-05-12]. http://www.gd.gov.cn/zwgk/wjk/qbwj/yf/content/post_3338922.html.

❷ 广东省人民政府. 关于印发广东省建设国家数字经济创新发展试验区工作方案的通知 [EB/OL]. (2020-11-28) [2022-05-12]. http://www.gd.gov.cn/zwgk/wjk/qbwj/yfh/content/post_3137605.html.

进企业与专业机构、技术专家交流合作。❶

2020年5月,《广东省人民政府关于培育发展战略性支柱产业集群和战略性新兴产业集群的意见》发布。该意见谈到广东产业集群化发展具备一定基础：新一代电子信息、绿色石化、智能家电等十大战略性支柱产业集群2019年营业收入合计达15万亿元,具有坚实发展基础和增长趋势,是广东经济的重要基础和支撑；半导体与集成电路、高端装备制造、智能机器人、区块链与量子信息等十大战略性新兴产业集群2019年营业收入合计达1.5万亿元,集聚效应初步显现,增长潜力巨大,对广东经济发展具有重大引领带动作用。因此要重点发展新一代通信设备、新型网络、手机与新型智能终端、高端半导体元器件、物联网传感器、新一代信息技术创新应用等产业,以补齐短板做强产业链、以市场导向提升价值链、以核心技术发展创新链,基本解决"缺芯少核"问题。继续做强做优珠江东岸电子信息产业带,推动粤东粤西粤北地区主动承接珠三角产业转移发展配套产业。保持全球领先地位,实现从"世界工厂"向"广东创造"转变,形成世界级新一代电子信息产业集群。❷

1.1.4.3 产业基础扎实，珠三角为布局重点

数据显示,2017年广东新一代信息技术核心产业规模约260亿元,约占全国1/3,带动机器人及智能装备等相关产业规模超2000亿元。新一代信息技术核心产业及相关产业规模均居全国前列,产业链条基本建立,科技创新能力持续提升,创新企业规模不断扩大。预计到2025年,广东新一代信息技术产业规模有望突破7万亿元,其中电子信息制造业总产值达到6万亿元,软件和信息技术服务业业务收入超过1.8万亿元。事实上,广东新一代信息技术领域本身存在技术瓶颈,广东新一代信息技术原创性理论研究基础薄弱,大多数行业仍处于应用层,仅有几个领域实现了低水平突破,缺乏多学科、多行业、多领域的深度融合和应用,也尚未形成体系化、标准化发展格局。另外,新一代信息技术的发展也面临着较大挑战,如新一代信息技术发展带来对个人隐私、法律伦理、就业结构、基础设施建设等方面的不确定性,相关产品、技术缺乏规则和标准,各应用的接口不一等,都迫切需要在建设开放共性平台、推动政府数据开放、鼓励行业和龙头企业主动介入、培育以数据交易为核心的社会化专业公司和孵化器等方面推动体制机制创新。❸

---

❶ 广东省人民政府. 广东省人民政府印发《关于加快推进质量强省建设的实施方案》的通知[EB/OL]. (2020-09-23) [2022-05-12]. http://www.gd.gov.cn/zwgk/wjk/qbwj/yf/content/post_3091270.html.

❷ 广东省人民政府. 广东省人民政府关于培育发展战略性支柱产业集群和战略性新兴产业集群的意见[EB/OL]. (2020-05-20) [2022-05-12]. http://www.gd.gov.cn/zwgk/wjk/qbwj/yfh/content/post_2997541.html.

❸ 南方都市报. 广东新一代信息技术产业链规模2025年有望突破7万亿元[EB/OL]. (2020-10-25) [2022-05-12]. https://www.sohu.com/a/427113389_161795.

1. 产业链

广东已基本形成以产业应用为引导、以技术攻关为核心、以基础软硬件为支撑的较为完整的新一代信息技术产业链条。广东基础软硬件支撑实力较强,拥有高水平的云计算支撑平台,广州、深圳、珠海三大集成电路产业集群具备较强的竞争优势,智能传感器技术水平居全国前列。❶ 广东在技术攻关方面加速布局,科技专项支持力度不断提升,一大批科技创新成果成功落地转化,产品应用前景广阔。

2. 产业布局

广东省新一代信息技术产业细分领域空间布局基本可拆解为四大部分:①半导体元器件,以广州、深圳、珠海为核心,打造涵盖设计、制造、封测等环节的半导体及集成电路全产业链。支持广州开展"芯火"双创基地建设,建设制造业创新中心。支持深圳、汕头、梅州、肇庆、潮州建设新型电子元器件产业集聚区,推进粤港澳大湾区集成电路公共技术研究中心建设。推动粤东粤西粤北地区主动承接珠三角地区产业转移,发展半导体元器件配套产业。②新一代通信与网络,以广州、深圳、珠海、佛山、东莞、惠州、江门等市为依托,重点发展5G器件、5G网络与基站设备、5G天线及终端配件等优势产业,补齐补强第三代半导体、滤波器、功率放大器等基础材料与核心零部件产业,打造万亿级5G产业集群。支持沿海经济带发展5G基础材料、通信设备等产业,北部生态发展区发展5G融合应用。③智能终端,以广州、深圳、惠州、东莞、河源为依托建设高端化智能终端产业集聚区。深圳、东莞、河源发展5G智能手机;深圳、东莞、佛山、珠海、中山发展智能空调、智能冰箱、智能洗衣机、智能照明、智能音响、智能可穿戴设备等智能家居设备;广州、深圳发展健康监测仪器和检测设备;深圳、广州、惠州、东莞发展前装和后装车载设备;深圳、广州、东莞发展智能水电气表和智能传感器;支持广州、深圳等市发挥通信和卫星技术优势,发展新型应急指挥通信装备。④信息技术应用创新硬件,以深圳、广州、珠海、云浮为依托,加快推进信息技术应用创新产业发展。深圳重点建设中国鲲鹏产业源头创新中心,建设全国鲲鹏产业示范区,打造鲲鹏生态体系总部基地;广州重点建设"鲲鹏+昇腾"生态创新中心和通用软硬件适配测试中心,布局建设若干信息技术应用创新产业园;珠海建设新一代信息技术应用联合创新中心,发展鲲鹏产业生态,以南方软件园为抓手,促进信息技术应用创新产业集聚;云浮以省市共建方式打造信创产业园区,引进重大项目,培育信息技术骨干企业;广州、深圳打造网络安全产业集聚区。❷

---

❶ 广东省人民政府. 广东省人民政府关于印发广东省新一代人工智能发展规划的通知[EB/OL]. (2018-07-23)[2022-05-12]. https://www.gd.gov.cn/zwgk/gongbao/2018/23/content/post_3366009.html.

❷ 广东省人民政府. 广东省制造业高质量发展"十四五"规划[EB/OL]. (2020-12-25)[2022-05-12]. http://www.gd.gov.cn/attachment/0/438/438152/3458462.pdf.

3. 重点企业

在科技创新能力方面，广东省新一代信息技术创新基础扎实，聚集了一批高校基础科研平台和企业深度研发平台，拥有广州和深圳两家国家超级计算中心。其中，国家超级计算广州中心的天河二号超级计算机世界排名第二。同时，广东技术创新成果陆续涌现，深圳市腾讯计算机系统有限公司旗下人工智能实验室团队研发的"绝艺"、华为技术有限公司的网络大脑、佳都科技集团股份有限公司发布的人脸识别等技术水平居世界前列，一大批技术已进入广泛的实际应用阶段。

在创新企业规模方面，随着新一代信息技术进入蓬勃发展期，广东陆续涌现了一大批创新创业企业，初步形成了以深圳市腾讯计算机系统有限公司、华为技术有限公司等大型龙头企业为引领，众多中小微企业蓬勃发展的格局。2017年，广东新一代信息技术企业数量超过300家，主要集聚在广州、深圳两地，包括深圳市大疆创新科技有限公司、深圳市柔宇科技股份有限公司等5家独角兽企业。其中，深圳市大疆创新科技有限公司占全球消费级无人机50%以上的市场份额，2017年营业收入达180亿元。❶ 华为技术有限公司、中兴通讯股份有限公司、深圳市腾讯计算机系统有限公司、网易（杭州）网络有限公司等一大批软件和互联网企业在广东省生根。

1.1.5 知识产权概况

2019年1月1日，最高人民法院设立知识产权法庭，建立起国家层面知识产权案件上诉审理机制。最高人民法院日前发布的数据显示，2019年1月1日至2022年3月31日，知识产权法庭共受理技术类知识产权案件和垄断上诉案件10 454件，审结8355件。统计发现，这些案件涉及的技术前沿领域日益扩展，新型纠纷大量涌现，超1/4案件涉及新一代信息技术、生物医药、高端装备制造、节能环保、新材料、新能源等战略性新兴产业，且增速明显加快，显示出法庭案件审理与我国科技创新实践同频共振，能够为关键核心技术和重点领域科技创新提供有效服务保障。案件来源的地域性更趋分化，案件多集中于经济发达和产业聚集地区，法庭受理案件中超过一半来自北京、上海、广州三家知识产权法院，但也有一些中西部地区（如郑州、成都、武汉）案件数量快速增长。各地法院审理的关联案件和需要准确把握多层次价值取向的案件明显增多，在全国范围加强政策指导、工作统筹的重要性和紧迫性日益增强。

聚焦专利行政案件，其特点可总结为以下几点。①涉诉专利类型以发明为主。新收发明专利申请驳回复审行政纠纷与发明专利权无效行政纠纷740件，占新收专利授权确权案件总数的66.4%。②涉新领域、新业态发明专利纠纷增多。③除医药（含中医药）、通信领域仍为诉讼热点领域外，涉互联网、大数据、电子商务、人工智能、区

---

❶ 中国科学报. "新一代信息技术高端科学论坛"在广东珠海举行［EB/OL］.（2020-10-25）［2022-05-12］. https://news.sciencenet.cn/htmlnews/2020/10/447472.shtm.

块链等技术发明专利案件越来越多。④案件争点多为创造性和新颖性的认定。❶

1.2 生物产业发展概况

1.2.1 生物产业简介

生物产业是 21 世纪创新最为活跃、影响最为深远的新兴产业，是我国战略性新兴产业的主攻方向，对于我国抢占新一轮科技革命和产业革命制高点，加快壮大新产业、发展新经济、培育新动能，建设"健康中国"具有重要意义。❷ 新型冠状病毒肺炎疫情的暴发进一步提高了生物产业的重要性，使生物安全上升为国家战略。生物产业指以生命科学理论和生物技术为基础，结合信息学、系统科学、工程控制等理论和技术手段，通过对生物体及其细胞、亚细胞和分子的组分、结构、功能与作用机理开展研究并制造产品，或改造动物、植物、微生物等并使其具有所期望的品质特性，为社会提供商品和服务的行业的统称，包括生物医药、生物农业、生物能源、生物环保、生物制造等（见图 1-2-1）。❸ 生物产业具有高投入、高产出、高风险等特点。

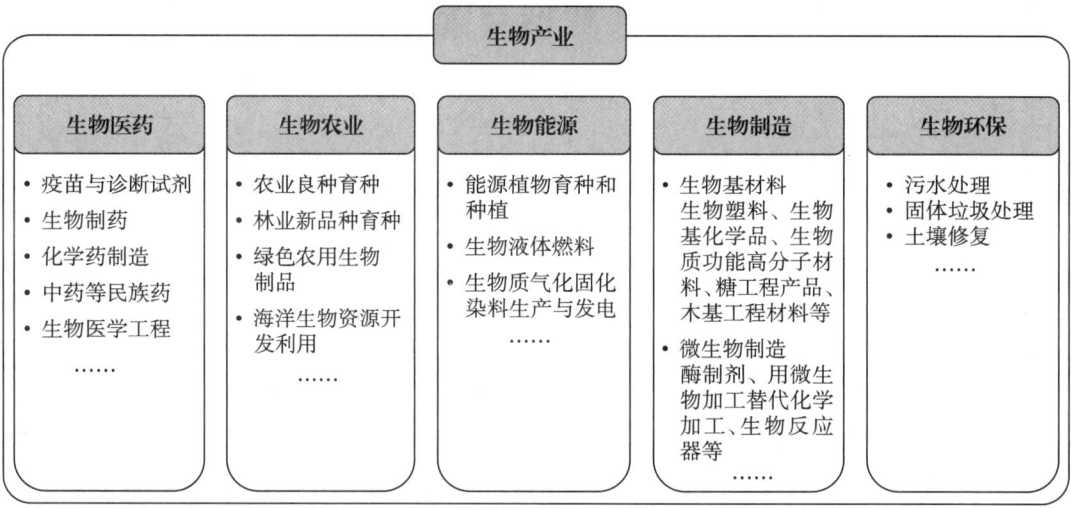

图 1-2-1 生物产业分类

---

❶ 最高人民法院知识产权法庭. 最高人民法院知识产权法庭年度报告（2021）[EB/OL]. (2022-02-28) [2022-05-13]. https://www.court.gov.cn/zixun-xiangqing-347361.html.

❷ 中华人民共和国国家发展和改革委员会. "十三五"生物产业发展规划 [Z]. 2016-12-20.

❸ 张晔. 中国生物技术产业发展研究 [D]. 武汉：武汉大学，2014：7-8.

1.2.2 全球产业概况

1.2.2.1 发达国家居主导地位，美国独占鳌头

生物产业起源于美国，而后逐渐扩展至欧洲及日本、加拿大、澳大利亚等国家和地区，发展至今已超过50年。生物产业发展经历了以下4个发展阶段：第一阶段，20世纪70年代，DNA重组技术的成功，标志着生物技术的诞生及其新纪元的开始。第二阶段，20世纪80年代，第一个基因工程药物——重组人胰岛素的上市，标志着生物产业的崛起，生物技术在医药领域经历了一段快速发展时期，被称为生物技术应用的第一次浪潮。第三阶段，20世纪90年代，以转基因食品为标志，生物技术在农业领域迅速应用，形成了生物产业的第二次浪潮。第四阶段，进入21世纪，以生物材料聚乳酸、生物能源燃料乙醇等相继上市为标志，生物技术在工业等领域的广泛应用与融合，形成了生物产业的第三次浪潮。目前，由于全球性的化石能源紧缺，生物能源作为一种可再生的替代能源，成为生物产业中发展最快的一个热点。但目前，生物产业中生物医药产品仍占主导地位，约占70%以上。[1]

各国政府高度重视生物产业，将其作为21世纪优先发展的战略性产业，纷纷对生物产业作出部署，使得该产业已经由一个新兴的初创产业发展成全球大规模集群化发展的产业，并呈现加快发展的态势。目前，发达国家在生物产业中占主导地位，美国独占鳌头，约占全球生物产业市场的36.1%，欧洲约占27.4%，日本约占11.2%。印度的年度生产值以14%～17%的速度迅速增长，在全球市场所占比例逐年提高。美国、欧洲、日本、印度、韩国等国家和地区的具体发展情况如下。[2][3][4][5][6][7]

①美国。为了进一步在生物产业保持全面领先优势，美国针对不同的发展阶段制定不同的战略措施，通过建立高层协调机制和产业组织体系，实施专项计划，加大政府支持力度，如《美国创新战略》《国家生物经济蓝图》《植物遗传资源、基因组学和

---

[1] 白京羽，张领先，林晓峰. 中国生物产业竞争力研究 [M]. 北京：中国农业大学出版社，2022：21.

[2] 林巧，王晓梅，何微，杨小薇. 全球生物技术产业集群建设情况综述 [J]. 全球科技经济瞭望，2020，35（2）：26-31.

[3] 东莞市发展和改革局. 东莞市生命科学和生物技术产业发展规划（2021—2035年）[Z]. 2021-03-01.

[4] 生物产业国内外发展分析 [EB/OL]. (2018-09-30) [2022-05-30]. https://www.163.com/dy/article/DT02T69M0518WMF4.html.

[5] 董兰军. 日本生物技术产业创新发展分析 [J]. 高科技与产业化，2021（305）：46-48.

[6] 王明明，李静潭. 美国、欧盟和日本生物技术产业政策研究 [J]. 生产力研究，2006（10）：173-174.

[7] 程俊峰，徐志宏，林雄，黄洁容. 国外生物产业发展成功经验浅析 [J]. 科技管理研究，2013（9）：113-115.

遗传改良行动计划2018—2022》《纳米农业技术研发资助》《2018—2023年战略计划》《国家微生物组计划》等。美国生命科学和生物技术产业占GDP比重超过15%，现已形成相对完善的生物产业集群，技术先进，产业链成熟完整，数量和规模居世界之首，具体包括波士顿、旧金山、圣地亚哥、北卡三角研究地带、西雅图、纽约、费城、洛杉矶、华盛顿和芝加哥共10个生物产业集群。目前，美国在生物医药、生物能源、转基因作物等领域和产业化方面均处于世界领先地位。

②欧洲。欧盟把"生命科学、有利于人类健康的基因技术和生物技术"确定为7个优先发展领域之一，并将其放到了首要位置。2010年，英国生物技术与生物科学研究理事会（BBSRC）发布了发展生物技术的5年规划《生物科学时代：2010—2015战略计划》，将尖端生物科学与技术作为首要优先支持领域。2012年，欧盟制定了《创新以实现可持续增长：欧洲的生物经济》战略，提出发展生物农业、生物健康产业和生物工业。此外，还制定了《生物经济在行动的哥本哈根宣言》《全球发展大趋势评估报告》《2030年全球趋势及欧盟政策挑战》等政策支持产业发展。欧洲的许多生物产业集群形成于在20世纪90年代中期，主要分布在英国、丹麦、法国、德国、意大利、西班牙、瑞典和瑞士，形成了英国伦敦、德国莱茵河上游三角地带、法国巴黎"基因谷"、丹麦-瑞典生物谷、挪威挪瓦姆生物医学科技园等多个生物产业集群。

③日本。日本将生物产业上升到国家战略高度，将"生物技术产业立国"战略作为日本新的国家目标，通过强大的财政支持发展生物产业，颁布的主要政策和战略有《生物技术大纲》《科学技术创新综合战略》《人类微生物组研究的战略建议》《2030年研究战略》等。作为日本科研的重要支柱产业，2001—2017年，其研发投入一直稳定在3万亿日元左右，约占总研发投入的16%。2001年，日本经济产业省启动产业集群计划，促进了生物产业园区的快速发展，共形成高科技的主题园区18个，覆盖大部分领域，其中11个是以生命科学为主题的产业园区，如大阪生命科技产业园、神户医药产业园和北海道生命科技产业园等。

④印度。印度是世界十大生物技术国家之一，早在1983年就制定了生物产业发展的长期计划，并将其作为国家发展目标。1986年，印度成立了生物技术部，投入的经费不断增加，还出台了一系列相关政策措施，如《国家生物技术发展战略》《国家生物信息技术政策》《生物技术产业伙伴计划》等。印度自20世纪80年代就开始建设生物产业园，主要分布于班加罗尔、浦那、海德拉巴、新德里、勒克瑙等地区。目前，印度的生物技术基础设施正经历从传统集群向生物科技园等专业化工业基础设施的转变，卡纳塔克邦、安得拉邦、马哈拉施特拉邦、泰米尔纳德邦和喀拉拉邦是世界级生物科技园的有力推动者。

⑤韩国。韩国政府非常重视生物产业，政府颁布了一系列政策措施，如科技部公布的长期科技发展规划《2025年构想》、制定的国家规划《Bio-Vision 2016（2006—2016）》，指导和推动韩国生物科技的发展。韩国的"五松生命科学园区"是韩国规模

最大、水平最高的生物集群,赛尔群生物制药公司、可隆生命科学公司等知名药企也都落户于此。

1.2.2.2　产业规模快速增长,生物医药最重要

近年来,全球生物产业规模始终保持以接近 GDP 平均增速两倍的速度增长。据估计,以生物技术为基础的产品销售额在 30 年内将超过 15 万亿美元,从而成为经济发展的重要驱动力。生物技术最先发展起来的是生物医药产业,该产业同时也是生物产业中最重要的细分产业,约占 70% 以上,其次是生物农业,生物能源位居第三,生物制造和生物环保是较为新兴的产业。部分分支产业具体情况如下。❶❷❸

①生物医药产业。全球经济发展、人口总量增长、社会老龄化程度的提高和人们健康意识的增强,推动了生物医药产业的快速发展。智研咨询发布的《2019—2025年中国医药品行业市场需求预测及投资未来发展趋势报告》显示,2012—2017 年,全球医药市场的年均复合增长率约为 3.2%,2018 年全球医药市场规模为 1.63 万亿美元,增速为 4.8%。报告显示,东南亚和东亚、拉丁美洲、非洲、南亚等新兴市场年均复合增长率预计将超过 10%,成为全球医药行业的主要驱动力。

②生物农业产业。生物农业是生物产业的重要领域之一。目前,生物农业进入产业化的产品有转基因作物、转基因动物、生物农药、生物肥料等,但产业发展的焦点在于转基因作物是否在全球范围内大面积推广种植。农业投资机构 AgFunder 发布的《2018 年农业食品科技投资报告》显示:2018 年全球农业与食品领域的投资总额达到了 169 亿美元,较上年增长 11%;投资交易达到 1450 笔,较上年增长了 10.5%。其中,包含农业生物技术领域在内的上游产业投资金额为 69 亿美元,较 2017 年投资增长了 44.3%,成为全球农业投资的主要动力源。相对于 2017 年,2018 年全球农业各细分领域的年融资额有增有减,但农业生物科技领域增长了 59%,呈现高增长趋势,总融资金额高达 15.2 亿美元,这也使得农业生物科技成为 2018 年全球农业融资金额最大的一个领域。

③生物能源产业。在能源短缺和环境压力的大背景下,可持续、绿色低碳发展已成为全球经济和社会发展新模式。以燃料乙醇、生物柴油、生物沼气及生物质气化或液化产品为主要代表的生物能源,已成为可再生能源发展战略的重要组成部分,在世界多个国家得到了快速发展。国际能源署(IEA)在其发布的《2020 年可再生能源:2020—2023 年市场分析和预测》中指出,未来生物能源将成为全球增长最快的可再生

---

❶ 白京羽,林晓锋,尹政清. 全球生物产业发展现状及政策启示 [J]. 生物工程学报,2020,36(8):1528-1535.

❷ 白京羽,张领先,林晓峰. 中国生物产业竞争力研究 [M]. 北京:中国农业大学出版社,2022:35-52.

❸ 国家发展和改革委员会创新和高技术发展司,中国生物工程学会. 中国生物产业发展报告 2020—2021 [M]. 北京:化学工业出版社,2021:127.

能源。欧美等发达国家的生物质能源已是成熟产业，以生物质为燃料的热电联产甚至成为主要发电和供热手段。根据世界生物能源协会（WBA）2019年发布的全球生物能源产量分布统计数据，美洲（美国和巴西）在液体生物能源方面所占份额最高，占全球总供应量的70%以上。欧洲在沼气供应方面处于领先地位，占全球供应量的50%以上。由于焚烧、气化等垃圾焚烧发电技术的广泛应用，欧洲城市垃圾产生的生物能源供应量居世界首位。

1.2.2.3 美国继续领跑全球，中国公司发展快

从技术研发能力和市场集中度看，生物产业欧美跨国公司研发实力强，市场集中度高，呈现垄断局面。全球生物技术公司主要集中在欧美，大的跨国公司主导了世界专利药市场。跨国企业在全球医药市场中的地位日益攀升，所占比重不断增长，现代医药产业的集中度逐年上升，跨国企业的垄断程度不断加大。❶

从世界生物产业龙头公司的市值分布（见表1-2-1）来看，美国正领跑全球，中国公司发展较快。截至2019年年底，从公开数据（纽约证券交易所、美国纳斯达克、东京证券交易所、中国香港证券交易所、泛欧交易所、伦敦证券交易所）中可以看出，市值排名前25家的生物技术公司的总市值达到9634.95亿美元，相比上年同期9188.50亿美元的总市值增长了4.9%。在这25家公司中，美国占据了11家，合计市值达5039亿美元，在全部25家公司市值中的占比为50.43%；中国占据5家，合计市值1191亿美元，占比为12.36%。可以看出，美国生物产业的发展领先全球，中国生物产业的龙头公司市场规模仅次于美国，但市值总量仍远落后于美国。❷

表1-2-1 2019年全球市值排名前25家生物技术公司

排名	公司	市值/亿美元	涨幅/%	国家
1	Amgen	1265	3.1	美国
2	Novo Nordisk	1035	27.1	丹麦
3	CSL	803	33.2	澳大利亚
4	Gilead Sciences	800	-13.4	美国
5	Celgene	760	51.7	美国
6	Allergan	577	-2.0	爱尔兰
7	江苏恒瑞医药股份有限公司	566	83.2	中国
8	Biogen	541	-12.0	美国

---

❶ 生物医药产业发展亟需创新突破 [EB/OL]. (2018-03-15) [2022-05-30]. https:/baijiahao. baidu. com/s? id=15949659016511 03419 & wfr=spider & for=pc.

❷ 白京羽，张领先，林晓峰. 中国生物产业竞争力研究 [M]. 北京：中国农业大学出版社，2022：23-24.

续表

排名	公司	市值/亿美元	涨幅/%	国家
9	Vertex Pharmaceuticals	512	−18.2	美国
10	Regeneron Pharmaceuticals	342	−6.8	美国
11	Alexion Pharmaceuticals	238	−4.8	美国
12	Samsung Biologics	219	−5.2	韩国
13	Celltrion	218	−12.1	韩国
14	上海药明康德新药开发有限公司	189	51.2	中国
15	Incyte	180	42.9	美国
16	江苏豪森药业集团有限公司	178	—	中国
17	Seattle Genetics	169	101.2	美国
18	UCB	158	−5.7	比利时
19	云南白药集团股份有限公司	152	38.1	中国
20	Genmab	141.4	76.2	丹麦
21	Sun Pharmaceutical Industries	141.3	−23.0	印度
22	BioMarin Pharmaceutical	132	−19.0	美国
23	Galapagos	114	107.3	比利时
24	中国医药集团有限公司	106	−17.2	中国
25	Mylan	100	−37.1	美国

1.2.3 中国产业概况

1.2.3.1 发展速度快，部分领域具有一定优势

1982年，我国首次将生物技术列为培育发展的八大重点科技之一，"863计划"中更是将生物技术列为重点发展领域之首。经过40多年的发展，我国生物产业取得了较大的进步，在部分领域与发达国家水平相当，甚至具备一定优势。生物技术是目前我国与世界先进水平差距最小的一个高技术领域。

在生物医药方面，我国基因检测服务能力在全球已处于领先地位，广州华大生物科技有限公司、广州达安基因股份有限公司等55个新型冠状病毒检测试剂盒获批；在新冠病毒疫苗研发方面，国药中生生物技术研究院有限公司、北京科兴生物制品有限公司等5款新冠病毒疫苗附条件上市或紧急使用，国药中生生物技术研究院有限公司新冠病毒疫苗获得世界卫生组织紧急使用授权，纳入全球"紧急使用清单"；出口药品已从原料药向技术含量更高的制剂拓展，从中药中研制的青蒿素获得我国第一个自然科学的诺贝尔奖；高端医疗器械核心技术的突破大幅降低了相关产品和服务的价格，2020年，727件国产一类创新药临床申请获批准，较2019年增长114%。联影医疗等8

个医疗人工智能产品获批医疗器械三类证书，实现该领域零的突破。❶

在生物农业和生物制造方面：超级稻亩产突破1000公斤，达到国际先进水平；主要生物基材料品种产量和技术水平处于世界领先地位，多种传统石油化工产品和精细化学品已经可以实现生物质路线生产替代；生物发酵产业产品年产量超过3000万吨，占据全球70%以上的市场份额，居世界第一。❷❸

在生物能源方面，生物能源年替代化石能源量超过3300万吨标准煤，处于世界前列。❹ 2020年，我国生物质年发电量达到1326亿千瓦时，增长19.35%。❺

同时，也应该注意到，我国生物产业发展成果还不能满足人民群众对健康、生态等方面的迫切需要，开拓性、颠覆性的技术创新还不多。

1.2.3.2 产值增长快，为我国经济重要增长点

我国生物产业真正形成和发展是在"十一五"期间。"十二五"以来，我国生物产业复合增长率达到15%以上。2011年，我国生物产业实现总产值约2万亿元，2012年，总产值达2.4万亿，增长20%，大幅度超过全球生物产业发达地区8%的增长速度；2015年，我国生物产业总产值已超3.5万亿元，同2011年的2万亿元相比，增长幅度高达一倍，且占高科技产业总产值的30%，主营业务收入和实现利润总额增速远高于同期工业和高技术产业平均增速❻❼❽；2018年，我国规模以上制药工业企业主营业务收入近2.6万亿元人民币，增长12.7%，实现利润3364.5亿元人民币❾；预计"十四五"末期生物经济规模有望达到15万亿元，占GDP比重超过10%❿。可见，生物产业在推动我国经济增长方面发挥着越来越重要的作用，已成为我国经济的重要增长点之一。

目前，我国已经形成一批年产值超百亿元的生物企业，上市企业主要聚集在经济发达的省份或城市，如广东、浙江、北京等地。截至2018年，上市生物企业最多的地

---

❶ 国家发展和改革委员会创新和高技术发展司，中国生物工程学会. 中国生物产业发展报告2020—2021 [M]. 北京：化学工业出版社，2021：5.

❷ 中华人民共和国国家发展和改革委员会."十三五"生物产业发展规划 [Z]. 2016-12-20.

❸ 同❶.

❹ 同❷.

❺ 许雯，吴菲菲. 环保行业深度报告：双碳助推生物质发电发展，行业未来可期 [EB/OL]. (2021-09-29) [2022-05-30]. https：//baijiahao.baidu.com/s? id=1712226413581891911&wfr=spider&for=pc.

❻ 张晔. 中国生物技术产业发展研究 [D]. 武汉：武汉大学，2014：34.

❼ 同❷.

❽《中国生物产业报告2016》发布：我国生物产业规模已达4万亿元 [EB/OL]. (2017-07-05) [2022-05-30]. http：//gd.ifeng.com/a/20170705/5795416_0.shtml.

❾ 2018年我国生物医药行业市场规模已经超过3500亿元 [EB/OL]. [2022-05-30]. http：//epaper.hljnews.cn/hljrb/20191104/447203.html.

❿ 韩祺. 生物产业发展战略与政策——把握疫情带来的窗口机遇期"面向人民生命健康"加快发展生物经济 [J]. 中国生物工程杂志，2021，41（6）：1-3.

区为广东省,有52家上市企业,占比14.3%。其次为浙江省,有42家上市企业,占比8.6%。北京市、江苏省、山东省和上海市,分别有32家、28家、26家、24家生物产业上市企业。❶我国生物产业上市公司主要有北京天坛生物制品股份有限公司、华兰生物工程股份有限公司、重庆智飞生物制品股份有限公司、深圳康泰生物制品股份有限公司、云南沃森生物技术股份有限公司、上海莱士血液制品股份有限公司、江苏辉丰生物农业股份有限公司、浙江嘉澳环保科技股份有限公司、华西能源工业股份有限公司等。

1.2.3.3 产业结构类似国外,生物医药最重要

我国生物产业结构与国外发达国家大体相似,首先发展起来的是生物医药产业,该产业在生物产业中的比重也最大,占比超过80%。生物农业、生物质能分别占比8%和6%。生物工业行业份额最小,仅占比3%。可见,我国生物产业内部行业发展极不均衡,尤其是生物工业还有很大发展空间。❷部分主要分支产业具体情况如下所述。

①生物医药产业。我国大健康产业市场规模从2015年的49 985亿元人民币,增加到2020年的87 306亿元人民币,增长达到37 321亿元人民币,年平均增幅将近15%,其中药品产业增幅达到9.4%,器械则超过30%(见表1-2-2)。近几年,随着抗体药物、高值耗材、体外诊断领域的不断成熟,我国生物医药产业不论技术研发,还是市场化程度均不断推进,产业化成果不断涌现,部分产品实现国产替代。❸

表1-2-2 我国生物医药产业市场规模　　　　单位:亿元人民币

年份	大健康产业	药品产业	医疗器械产业
2015	49 985	12 207	3 080
2016	56 073	13 294	2 700
2017	62 000	14 304	4 425
2018	70 100	15 334	5 304
2019	78 162	16 407	6 365
2020	87 306	17 919	7 765

②生物农业产业。经过30多年的努力,我国在生物农业的研究开发和产业化方面取得了显著进展。总体来说,目前中国转基因水稻和转基因棉花的研究和开发已达到

---

❶ 白京羽,林晓锋,丁俊琦. 我国生物产业发展现状及政策建议[J]. 政策与管理研究,2020,35(8):1053-1060.

❷ 白京羽,张领先,林晓峰. 中国生物产业竞争力研究[M]. 北京:中国农业大学出版社,2022:59.

❸ 中华人民共和国国家发展和改革委员会创新和高技术发展司,中国生物工程学会. 中国生物产业发展报告2020—2021[M]. 北京:化学工业出版社,2021:8-9.

世界前沿水平，农业生物技术研究的整体实力在发展中国家处于领先地位。❶

③生物能源产业。从消费占比来看，2000年我国清洁能源的消费比重为9.5%，2019年这一比重达到20.8%，提升了11.3个百分点。从增长占比来看，我国天然气的占比最大，而以水电、风电、核电和生物质发电为主导的可再生能源在近10年得到快速发展。专家测算，从2019年到2060年，中国能源消费中可再生能源从5%上升到53%。生物能源是最大的可再生能源资源，是最具可持续发展潜力的石油替代选择之一，是引领未来运输业发展的驱动力。从具体的生物能源产品来看，除了生物质发电和生物沼气外，以燃料乙醇、生物柴油为代表的液体车用生物能源仍然具有重大发展前景。❷

④生物制造产业。我国生物制造产业基础雄厚，近年发展势头良好。当前，我国生物制造产业规模居全球第一，并在继续扩大，近年来保持年均12%以上增速。生物发酵制品、生物基精细化学品及生物基材料等主要生物制造产品产量超过7000万吨，产值超过8000亿元（不含传统酿造业），影响下游产业规模超过10万亿元。❸

⑤生物环保产业。当前，环保产业总体发展项目发展规模壮大，技术水平显著提升，服务模式不断创新。2019年全国环保产业营业收入约1.78万亿元，增长11.3%，远高于同期的国民经济增长速度，和国际先进水平的差距持续缩小。❹

1.2.3.4 产业集聚发展，各产业集群各具特色

产业集聚是全球生物产业发展的特点之一，也是我国产业发展的主要趋势。目前，我国生物产业发展空间格局已基本形成，主要集中在环渤海、长三角、珠三角及中西部一些地区。其中，环渤海地区生物技术领域的高科技储备最丰厚，拥有众多优质的临床和人才资源。长三角地区生物技术产业的创新和国际化水平最高。珠三角地区交通发达，毗邻港澳，小微企业比较活跃。中西部生物技术产业集群也逐渐形成了各自的发展特色。其中，北京国家生物产业基地、上海国家生物产业基地和武汉光谷生物城是极具我国特色、创新能力强、产业发展迅速的生物产业基地。这些生物产业集群已拥有一定的国际影响力，部分领域的研发实力达到了国际一流水平，形成了良好的产业发展格局。部分产业基地情况如下。❺

---

❶ 白京羽，张领先，林晓峰. 中国生物产业竞争力研究［M］. 北京：中国农业大学出版社，2022：79.
❷ 中华人民共和国国家发展和改革委员会创新和高技术发展司，中国生物工程学会. 中国生物产业发展报告2020—2021［M］. 北京：化学工业出版社，2021：128-129.
❸ 同❷.
❹ 同❷.
❺ 林巧，王晓梅，何微，等. 全球生物技术产业集群建设情况综述［J］. 全球科技经济瞭望，2020，35（2）：26-31.

①北京国家生物产业基地由中关村生命科学园、北京经济技术开发区和中关村大兴生物医药基地3个核心区构成，核心区规划总面积16.5平方公里。近年来，相继建成了生物芯片、中药复方药物开发、病毒生物技术、新型疫苗等国家或市级工程研究中心和工程实验室。生物服务和生物农业等领域逐渐成为北京生物产业发展的新亮点。

②上海是我国生物医药的研发和生产中心，全球五百强企业中有14家生物医药企业在上海设立了地区总部、研发中心或生产基地。目前上海已形成以浦东张江、周康、闵行和徐汇为中心的生物医药研发基地，以奉贤、金山、青浦为中心的生物医药制造基地。张江生物医药基地已成为国内生物医药领域研发水平、创新实力和新药创制成果最突出的基地之一。

③武汉国家生物产业基地（即光谷生物城）位于武汉东湖国家自主创新示范区，重点围绕生物农业、生物医药、生物医疗器械、生物制造、生物健康服务和生物能源6大领域，建设生物创新园、生物医药园、生物农业园、生物制造园、医疗器械园、医学健康园6大园区，是集研发、孵化、生产、物流、行政、居住为一体的生物产业新城。

1.2.3.5 产业政策规划层出不穷，发展环境好

我国政府非常重视生物产业发展，《生物产业发展"十一五"规划》就将生物产业作为国民经济和社会发展的一个重要战略产业进行整体规划部署。《生物产业"十二五"规划纲要》则进一步把生物技术作为科技发展的5个战略重点之一，并不断制定规划和各种政策推动该产业发展。

2012年12月29日，国务院印发了《生物产业发展规划》，指出"生物产业是国家确定的一项战略性新兴产业，预计到2020年生物产业将成为我国经济的支柱产业"。

2016年3月17日发布的《"十三五"规划纲要》强调：支持生物技术等的产业发展壮大，加强前瞻性布局，在生命科学领域培养一批战略性产业；大力推进精准医疗等新兴前沿领域创新和产业化，形成新增长点。2016年7月28日，国务院印发了《"十三五"国家科技创新规划》，指出重点发展先进高效生物技术，加快前沿技术突破。同年12月20日，发改委印发了《"十三五"生物产业发展规划》，进一步提出生物产业的发展重点。

2021年12月20日，发改委印发了《"十四五"生物经济发展规划》，部署了大力夯实生物经济创新基础、培育壮大生物经济支柱产业、积极推进生物资源保护利用、加快建设生物安全保障体系、努力优化生物领域政策环境等5方面重点任务，提出了生物经济创新能力提升工程、生物医药技术惠民工程、现代种业提升工程等生物经济7项重大工程。

1.2.4 广东省产业概况

1.2.4.1 起步略晚于其他发达省市，但发展速度快

广东省现代生物产业的发展起步于20世纪80年代中期，与该领域国内技术发达地区和省市相比，起步略晚。20世纪80年代末，改革开放已十多年，广东省区域经济发展迅速，与国内其他地区相比，具有明显优势，因此吸引了一部分生物技术专家来广东工作或创业，特别是在珠江三角洲地区，开始涌现出深圳科兴药业有限公司等一批生物技术企业，现代生物技术产业初见端倪。此后，生物产业逐渐与资本相结合，生物产业的投资呈现多样性。同时，生物技术开始向农业、食品、环保、轻工业等领域渗透，有力地推动了传统产业的升级，产生了显著的经济、社会效益。❶

1.2.4.2 产业化进程快，为广东新支柱产业

广东省采取全方位、多层次的创新战略，建立"大生物产业"体系，把生物产业打造成具有国际竞争力的战略性新兴产业。目前，广东省在生物医药、食品工程、农业生物技术、海洋生物技术等领域取得了长足的进步，产业化的水平与规模迅速提高，生物产业在广东高新技术产业中所占的比重日益上升。

从产值上看，1996—2000年的4年时间里，广东的生物技术产品产值平均以40%的速度增长。到2000年，广东省生物产业产品产值达到104.78亿元，是1996年的3.7倍，与北京、上海两地相比，不相上下。❷ "十二五"期间，广东省生物产业年均增长速度超过15%，2016年广东省生物产业实现产值超过3000亿元。❸ 广东省人民政府办公厅发布的《广东省战略性新兴产业发展"十三五"规划》提到："强化生物产业创新发展技术基础，加快基因检测、再生医学、分子育种、生物基材料、生物质能源等新技术转化应用，加快产业化进程。力争到2020年，全省生物产业产值规模突破6000亿元。"

从企业数量上看，截至2018年，广东省的生物产业上市企业数量最多，有52家，占全国生物产业上市企业总数的14.3%，比位居第二的浙江省多10家；从上市企业领域分布角度看，主要有医疗器械企业15家，占省内全部生物医药企业的34.1%，再就是化学制剂和中药，各有8家企业。此外，从生物产业上市企业2018年末资产总额来

---

❶ 刘琦晖，李霆，何艳喜. 广东生物技术产业的现状与趋势分析［J］. 科技管理研究，2009（4）：91-93.

❷ 同❶.

❸ 广东：精准医疗产业爆发增长，剑指全球生物产业创新高地［EB/OL］.（2017-08-20）［2022-05-31］. http://www.managershare.com/post/446574.

看，广东以5173.23亿元位列第一位。❶

①深圳迈瑞生物医疗电子股份有限公司。该公司是面向全球的高科技医疗设备和解决方案供应商，在QMED发布的"2019年医疗器械企业百强榜单"中排名第34位，在"2019中国战略性新兴产业领军企业100强榜单"中排名第96位，在"2019中国制造业企业500强榜单"中排名第415位。2020年3月18日，该公司以2910亿元人民币市值位列《2020胡润中国百强大健康民营企业》第2位。该公司在中国31个省市自治区设有分公司，境外拥有40家子公司。全球员工近万人，其中研发人员占比达25%，外籍员工超过12%，来自全球30多个国家及地区，形成了全球研发、营销和服务网络。该公司的业务涉及生命信息与支持、体外诊断、医学影像三大领域，产品远销全世界190多个国家。该公司研发出多个"中国第一"的高端医疗装备产品，逐步跻身世界高端医疗装备研发制造商的前列。2013年，该公司自主研发的发明专利"一种流式细胞检测装置及其实现的流式细胞检测方法"荣获中国专利金奖，实现了医疗设备行业在中国发明专利金奖上零的突破。2021年，该公司实现总营收为252.7亿元，同比增长20.18%；净利润80亿元，同比增幅达20.19%。❷

②深圳康泰生物制品股份有限公司。该公司为华南地区首个上市疫苗企业，专注于人用疫苗的研发、生产、销售，研发品种齐全、产品线丰富、技术优势明显，具备病毒疫苗、细菌疫苗、基因工程疫苗、结合疫苗、多联多价疫苗等研发和生产能力，已上市及获得药品注册批件的产品6种，其中60微克乙型肝炎疫苗为全球首创，无细胞百白破b型流感嗜血杆菌联合疫苗（四联疫苗）为国内独家。该公司拥有5大研发产业基地，生产规模位居国内疫苗行业前列，营销及配送网络覆盖中国31个省（自治区、直辖市）。国际合作方面，该公司与美国默克公司、法国赛诺菲巴斯德公司等国际知名生物制药企业开展广泛的技术合作，并在消化、吸收的基础上加以创新，为中国疫苗登上世界舞台、参与国际竞争打下坚实基础。在抗击疫情方面，该公司自主研发的新冠灭活疫苗于2021年5月获批紧急使用，国际引进的腺病毒载体新冠疫苗正在积极推进国内临床注册、生产及商业化。2021年，深圳康泰生物制品股份有限公司实现总营收为36.5亿元，同比增长61.51%；净利润12.6亿元，同比增幅达86.01%。❸

③广东甘化科工股份有限公司。该公司控股四川升华电源科技有限公司及沈阳含能金属材料制造有限公司两家子公司，并于2019年成立四川甘华电源研究院。目前，公司形成以电源系统、智能弹药核心零部件为中心的两大军工业务板块，同时参股多家企业，涉及电源、制导、半导体板块等。该公司利用甘蔗、玉米等可再生性糖料资

---

❶ 白京羽，林晓锋，丁俊琦. 我国生物产业发展现状及政策建议[J]. 政策与管理研究，2020，35（8）：1053-1060.
❷ 深圳迈瑞生物医疗电子股份有限公司官网，访问时间2022年5月31日。
❸ 深圳康泰生物制品股份有限公司官网，访问时间2022年5月31日。

源生产燃油精，成为汽油代替品。❶❷ 2021年，该公司实现总营收为5.4亿元，同比增长4.83%；净利润3200万元，同比减少95.3%。❸

1.2.4.3 技术水平先进，生物医药尤为突出

广东省生物产业综合实力居全国前列，形成门类较齐全的全产业结构体系，部分领域达到全国一流水平，甚至某些领域已达国际先进水平，研究内容、设备和技术含量都与国际基本同步。广东省的基因工程与发酵处于国内先进水平，生物医药发展基础雄厚，发展迅速。2016年，广东省生物产业产值超过3000亿元，其中，医药制造业实现产值1500亿元，在现代中药、化学合成药、生物制药、海洋药物、基因诊断试剂、医疗器械等领域均具有一定优势。❹❺ 虽然广东省生物产业发展迅速，产业规模仍需进一步提升，还存在产业链不健全、缺乏关键技术、影响力较大的龙头骨干企业较少等问题。

1.2.4.4 产业集群形成，广深引领作用强劲

广东省作为国际一流的生命科学和生物技术产业高地，基础雄厚，其中广州、深圳龙头引领作用强劲，珠海、中山、佛山等城市迅速崛起，产业规模不断壮大，形成了广州科学城、广州国际生物岛、珠海金湾生物医药基地、中山国家健康科技产业基地等聚集群，大型企业集团和产业基地不断发展壮大。各主要地市发展特点如下。❻❼❽❾❿⓫⓬

---

❶ 广东甘化科工股份有限公司官网，访问时间2022年5月31日。

❷ 陈天杰. 最新生物质能源上市公司一览 [EB/OL]. (2014-12-15) [2022-05-31]. https://www.caiguu.com/gegu/xinwen/98326.html.

❸ 同❶.

❹ 广东：精准医疗产业爆发增长，剑指全球生物产业创新高地 [EB/OL]. (2017-08-20) [2022-05-31]. http://www.managershare.com/post/446574.

❺ 刘琦晖，李霆，何艳喜. 广东生物技术产业的现状与趋势分析 [J]. 科技管理研究，2009 (4)：91-93.

❻ 东莞市发展和改革局. 东莞市生命科学和生物技术产业发展规划（2021—2035年）[Z]. 2021-03-01.

❼ 白京羽，张领先，林晓峰. 中国生物产业竞争力研究 [M]. 北京：中国农业大学出版社，2022：61-63.

❽ 广州生物产业布局雄心，打造全球生物医药产业高地 [EB/OL]. (2019-06-30) [2022-05-31]. https://www.sohu.com/a/320029884_100272654.

❾ 陈远鹏. 生物产业加快集聚式发展 [J]. 小康（中旬刊），2018 (8)：42-43.

❿ 先行引领再出发——中山致力健康医药产业高质量发展 [EB/OL]. (2019-11-27) [2022-05-31]. http://zsforum.nhtp.org/xinwendongtai/2019-11-28/21.html.

⓫ 三生制药华南总部落户松山湖——生物技术产业助力广深科创走廊建设 [EB/OL]. (2017-11-14) [2022-05-31]. https://news.bioon.com/article/6712971.html.

⓬ 刘广平. 粤港澳大湾区生物医药产业发展概览：东莞篇 [EB/OL]. (2019-08-29) [2022-05-31]. https://www.iyiou.com/news/20190829110774.

①广州市。广州市作为国家生物产业基地城市和国家医药出口基地城市,生物产业创新优势明显,集聚全省80%的高校资源、30%的医疗资源,以及两院院士、诺贝尔奖获得者等一批顶尖人才,是国内重要的医药及生物技术创新源头。广州市生物产业规模不断扩大,产业特色日益凸显,形成了以现代中药、医疗器械、健康服务等为主导,以再生医学、精准医疗、体外诊断等优势产业为辅的产业集群。研发在生物岛、中试在科学城、制造在知识城的"三中心辐射多区域"发展格局,使广州拥有从技术研发、临床研究和转化中试到产业化的完整产业链,已吸引一批龙头企业重大项目落地建设。生物医药产业是广州市最有基础、最有条件、最有潜力培育成未来新兴支柱产业的战略性新兴产业领域之一。近年来,生物医药产业保持年均10%左右的增速。2018年,广州市医药制造业实现产值313.84亿元;2019年,广州全市医药制造业高技术产值达到342.72亿元,比2018年同期增长10.2%,翼医疗设备及仪器制造业技术产值达到265.31亿元,比2018年同期增长53.5%。❶❷

②深圳市。深圳市作为首批国家生物产业基地和国家自主创新示范区,定位于打造深圳市生物产业核心集聚区、全国领先的综合型生物产业示范区、产城融合的现代生物科技新城。依托自身区位优势、土地资源,基地重点发展生物制药、医疗器械、生物服务等三大领域。深圳市已发展成为国内市场化程度最高、功能设施最齐全的高新技术和科技成果转化基地,是我国最具竞争力的创新药物研发及产业化基地和技术含量最高的医疗器械产品生产基地。目前,深圳市的生物医疗设备、生物制药企业规模全国领先,以创新药物研发和产业化、药品制剂出口和生物医药研发外包为核心的产业体系发展较快。截至2019年,基地已集聚生物企业430家,其中2/3为医疗器械企业,1/3为制药企业和服务平台、机构企业,医药龙头企业集聚,医疗器械企业产品覆盖面广,自主研发生产的各类医疗器械产品销往全球200多个国家和地区。此外,深圳建成世界最大、国内唯一的国家基因库,基因测序能力与超大规模生物信息计算与分析能力位居世界第一。2019年,深圳生物医药产业增加值为337.81亿元,增长13.3%,医药制造业增加值增长10.2%。❸❹❺

③中山市。2016年6月,发改委与德国经济和能源部签署《中德生物技术和医药经济合作工作组第六次会议纪要》,将中山市纳入德国生物技术与医药经济重点合作城

---

❶ 白京羽,张领先,林晓峰. 中国生物产业竞争力研究 [M]. 北京:中国农业大学出版社,2022:63-64.

❷ 广州生物产业布局雄心,打造全球生物医药产业高地 [EB/OL]. (2019-06-30) [2022-05-31]. https://www.sohu.com/a/320029884_100272654.

❸ 东莞市发展和改革局. 东莞市生命科学和生物技术产业发展规划(2021—2035年)[Z]. 2021-03-01.

❹ 白京羽,张领先,林晓峰. 中国生物产业竞争力研究 [M]. 北京:中国农业大学出版社,2022:64-65.

❺ 陈远鹏. 生物产业加快集聚式发展 [J]. 小康(中旬刊),2018(8):42-43.

市。《粤港澳大湾区发展规划纲要》也提出"支持中山市推进生物医疗科技创新",中山市未来生物产业发展前景广阔。中山市拥有国家健康医药产业基地,引进与培育了一批细分领域领先的龙头企业,带动产业规模快速增长。2018年,中山市健康医药产业实现总产值800多亿元,成为中山市三大重点发展产业之一。❶

④东莞市。2012年,东莞市政府决定建设两岸生物技术产业合作基地,正式布局生物技术产业。东莞市生命科学和生物技术产业发展虽然起步较晚、整体规模不大,但作为广深科技创新走廊的腹地,区位条件优越、经济基础雄厚,并且拥有大科学装置等重大战略性创新平台,集聚着大批制造企业和工业园区,具备高端发展的潜力。目前,东莞市逐步形成以生物医药为主体,创新研发和成果转化为核心,新药及医疗器械、基因产业、中药研发、健康产业为重点的产业布局。东莞市已逐步建立起政、学、研、产、检、销一体的生物产业链,包括东莞中山大学研究院、广东医科大学、华南协同创新研究院、广州中医药大学研究院等一批生物技术教学和科研机构,广东医疗器械质量检测中心东莞分中心、东莞食品药品检测中心、联捷药物全分析平台、南方医科大学动物实验基地、小动物实验动物模型公共服务平台、松山湖生物医药孵化器、松山湖保健品分析中心、广东省医学分子诊断重点实验室、生物医药及生物活性蛋白公共服务平台等9大生物产业公共平台,东莞市产业母基金和松山湖基金小镇的百亿级规模资金支持等金融支持。❷❸

1.2.4.5 营造良好政策环境,推动产业发展

为了将生物产业打造成具有国际竞争力的战略性新兴产业,广东省制定了一系列政策措施、规划,通过引导、支持、激励等方式推动产业发展。生物医药产业作为广东省生物产业发展重点,近几年多项产业政策出台,给该产业带来了新一轮引导和激励。

2020年4月8日,广东省科技厅等9部门联合印发《关于促进生物医药创新发展的若干政策措施》,提出"以广州市、深圳市为核心,打造布局合理、错位发展、协同联动、资源集聚的广深港、广珠澳生物医药科技创新集聚区",明确勾勒出大湾区生命科学和生物技术产业发展布局。

2020年5月18日,广东省人民政府印发《广东省人民政府关于培育发展战略性支柱产业集群和战略性新兴产业集群的意见》,提出要培育生物医药与健康产业集群,推动精准医疗、智慧医疗、海洋医药、医养融合等新业态发展壮大,在岭南中药、化学

---

❶ 先行引领再出发——中山致力健康医药产业高质量发展 [EB/OL]. (2019-11-27)[2022-05-31]. http://zsforum.nhtp.org/xinwendongtai/2019-11-28/21.html.

❷ 三生制药华南总部落户松山湖——生物技术产业助力广深科创走廊建设 [EB/OL]. (2017-11-14)[2022-05-31]. https://news.bioon.com/article/6712971.html.

❸ 刘广平. 粤港澳大湾区生物医药产业发展概览:东莞篇 [EB/OL]. (2019-08-29)[2022-05-31]. https://www.iyiou.com/news/20190829110774.

药、生物药、高端医疗器械、生物医用材料、体外诊断、医疗服务、公共卫生等领域形成若干个优势产业。在精准医学与干细胞、新药创制、生物安全、生物制造等领域突破一批关键核心技术。打造广州、深圳、珠海、佛山、惠州、东莞、中山等创新集聚区。布局建设化学原料药生产基地、道地药材和岭南特色中药材原料产业基地。加快进位赶超，建成具有国际影响力的产业高地。重点发展生物医用材料等前沿新材料。推进生物质能综合开发利用，助推能源清洁低碳化转型。

2020年9月25日，为贯彻落实《广东省人民政府关于培育发展战略性支柱产业集群和战略性新兴产业集群的意见》《关于促进生物医药创新发展的若干政策措施》相关要求，加快进位赶超，建成具有国际影响力的生物医药与健康产业高地，广东省科技厅等9部门联合印发了《广东省发展生物医药与健康战略性支柱产业集群行动计划（2021—2025年）》，提出了四个目标（产业规模持续壮大，集聚效应显著增强；产业结构优化完善，培育一批龙头企业；产业创新能力大幅提升，支撑服务体系更加完善；产业发展生态不断优化，国际合作水平显著提高）和五大任务（完善双核多节点产业空间布局，打造生物医药与健康产业集聚区；推动上下游企业协同发展，提升生物医药与健康产业集群价值链；强化科技创新支撑，提升生物医药与健康产业发展动能；加强公共卫生应急管理体系建设，提升生物安全治理水平；深化体制机制改革，打造一流的粤港澳大湾区产业创新生态），力争到2025年实现生物医药与健康产业规模、集聚效应、创新能力国内一流，打造万亿级产业集群，建设具有国际影响力的产业高地。

2021年4月6日，广东省人民政府印发了《广东省国民经济和社会发展第十四个五年规划和2035年远景目标纲要》，提出以下几点要求。支持企业在生命健康、生物育种等前沿领域加强研发布局，有序推进生物育种产业化应用；加快发展生物医药产业，在生物药、化学药、现代中药、高端医疗器械、医疗服务等领域形成竞争优势；推进生物质能综合开发利用；建设国家生物信息中心粤港澳大湾区节点，提升公共卫生管理和医疗机构数字化、智能化水平；加快建设大动物模型研究中心、高级别生物安全实验室、疫苗研制等高水平生物医药创新平台。

2021年6月30日，广东省人民政府印发了《广东省制造业数字化转型实施方案及若干政策措施》，提出重点打造万亿级的生物医药与健康战略性产业集群，推动生物信息技术发展。具体为：围绕广州、深圳、珠海、佛山、惠州、东莞、中山、肇庆等生物医药产业基地，推动生物信息技术发展，促进生命科学和信息技术交叉融合；支持龙头骨干企业和产业链上下游企业加快数字化转型升级，支持5G、大数据、人工智能等技术在监测预警、病毒溯源、新药筛选、防控救治等方面的拓展应用，推进"互联网+医疗健康""智慧医疗"关键技术研发及相关成果的转化与应用；运用大数据技术靶点发现系统、人工智能化合物合成系统、人工智能化合物筛选系统等，缩短实验室研发周期；建立完善药物研发和健康管理平台，及时反馈药品使用数据，助力新药品研发优化。

1.2.5 知识产权概况

生物产业属于科技含量高、技术储备精、更新换代快的高新技术领域，具有高技术、高投入、高风险、高收益、长周期的特点，其发展更加依托于知识产权保护尤其是专利保护，生物技术的发展与专利保护密不可分。

发达国家生物产业技术水平较高，专利制度较为成熟，拥有较多核心技术和核心专利。包括广东在内的我国生物产业虽然发展较快，且不乏突出的例子，但在世界范围内还处于"跟随"阶段，专利质量不高、核心专利技术拥有量不足。生物产业是专利侵权纠纷的高发地，国外企业越来越多地采用专利无效、诉讼等手段打压和排挤竞争对手、垄断市场，以保持竞争优势、谋取商业利益。例如，法国制药巨头赛诺菲公司对美国默克公司提起专利侵权诉讼，称美国默克公司向美国食品药品监督管理局（FDA）提出的新药侵犯了赛诺菲公司持有的十多件专利，以此来拖延仿制药上市的时间。以专利侵权去起诉竞争对手是全球基因测序巨头因美纳公司（Illumina）的惯用手法，作为曾经的合作伙伴，因美纳公司与深圳华大集团股份有限公司之间的"专利战"始于2019年6月27日，因美纳公司向深圳华大集团股份有限公司及旗下子公司（深圳华大智造科技有限公司、完整基因有限公司）发起专利诉讼，主要针对华大智造测序仪产品DNBSEQ-G400、BGISEQ-500和其他类似产品展开诉讼，两家公司的"专利战"非常激烈。

在生物产业，不只是国外企业，中国企业也开始拿起专利武器保护自己的合法权益，"专利战"不断。例如，同以医疗器械为主营业务的深圳理邦精密仪器股份有限公司和深圳迈瑞生物医疗电子股份有限公司之间的专利纠纷，自前者于2011年上市开始因专利而引起的纠纷就不曾间断过。

1.3 家电产业发展概况

1.3.1 家电产业简介

家用电器主要指在家庭及类似场所中使用的各种电器和电子器具，又称民用电器、日用电器。家用电器使人们从繁重、琐碎、费时的家务劳动中解放出来，为人类创造了更为舒适优美、更有利于身心健康的生活和工作环境，提供了丰富多彩的文化娱乐方式，已成为现代家庭生活的必需品。家用电器的分类方法在世界上尚未统一，但按产品的功能、用途分类较常见，大致分为8类，分别为制冷电器、空调器、清洁电器、

厨房电器、电暖器具、整容保健电器、声像电器和其他电器。❶

家用电器产业是一个高度竞争的产业，具有技术密集、产品更新快、规模化生产等特点。家电企业一般追求规模经济，通过扩大规模降低生产成本。家用电器产业也是一个高资本投入的产业，由于投入高，大家电行业的新进入者正在逐步减少。

1.3.2 全球产业概况

1.3.2.1 全球销售规模波动，亚太占比最高

回顾全球家电产业发展历史，大致可以划分为三个阶段。第一阶段从1860年开始，第二次工业革命使得照明行业有了飞速发展，同时，收音机、冰箱、电视开始逐步进入生产阶段；第二阶段开始于1945年，家用电器开始在全球范围内普及，消费类电子产品开始被广泛应用；第三阶段从1970年开始，小家电开始在全球范围内流行，个性化、便携化的小家电产品逐渐受到消费者青睐（见图1-3-1）。❷

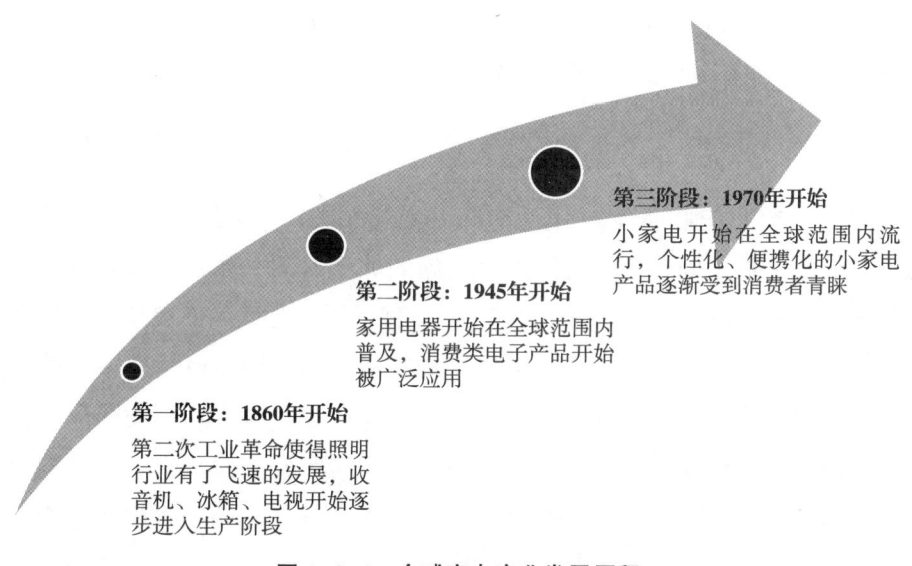

图1-3-1 全球家电产业发展历程

资料来源：前瞻产业研究院。

华经情报网2010—2019年全球主要家用电器销售规模及增长情况数据显示，2019

---

❶ 中国报告大厅. 家用电器行业定义及分类［EB/OL］.（2015-03-17）［2022-05-16］. http://m.chinabgao.com/k/jiayongdianqi/15503.html.

❷ 张鑫. 家电行业百科：产业链、发展历程及行业发展环境分析［EB/OL］.（2021-05-10）［2022-05-16］. https://www.huaon.com/channel/baike/714091.html.

年,全球主要家电(包括9类,洗衣机、滚筒式烘干机、洗碗碟机、冰箱、冰柜、炊具/烤炉、炉灶、抽油烟机、微波炉)的销售规模约为2031亿美元,同比增长3.4%(见图1-3-2)。2020年全球受疫情影响,家电生产、销售等经营活动受到不小的冲击,初步统计全球家用电器零售额下降至4218亿美元下降约3%。

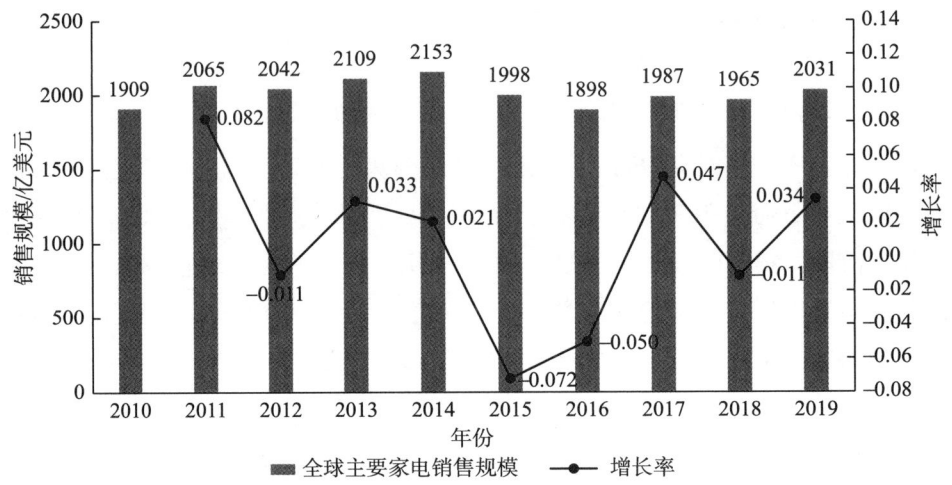

图1-3-2　2010—2019年全球主要家用电器销售规模及增长情况

资料来源:华经情报网,数据检索时间2022年5月16日。

1.3.2.2　欧美产业体系完备,政策精准有效

①美国。在20世纪后期及21世纪初期,美国家电市场迎来以智能化、环保化为主题的消费升级。1990—2000年,美国先后实施的关于空调、冰箱、洗衣机等大家电及小家电制造商的能效强制标准(见表1-3-1),促进了家电产品向更加节能和环保的方向创新和发展。2000年后,迅速发展的互联网技术带动美国家电行业向智能、互联方向创新,更多20世纪50年代和60年代发明的家用电器产品都被重新赋予了互联网的新特性。美国各级政府对家电产业的节能问题投入前所未有的重视,充分利用法律和经济杠杆,通过市场机制积极推进先进的节能技术,在节能标准、法规及相关政策的制定和实施及节能相关认证和管理方面开展工作。❶

表1-3-1　美国能效标准提升过程

年份	相关政策
1992	美国国会制定了空调能源效率比为8.9的联邦标准
2002	美国能源部将中央空调的强制执行标准提高到12(Btu/w.h)

---

❶ 华创证券. 家用电器行业深度研究报告:美国白电市场专题分析[EB/OL]. (2020-02-01)[2022-05-16]. https://www.vzkoo.com/document/da1c47509cd6cd24cbea7534ba3df1b9.html.

续表

年份	相关政策
2006	美国能源部决定家用中央空调的季节能效比标准强制提升至 13（Btu/w.h）
2015	美国能源部决定生产或进口到美国的家用中央空调器和热泵产品的空调制冷能效 SEER 从 13 提高到 14

②欧洲。欧洲各国经济形势差别较大，部分国家通过消费者补贴等政策稳定家电产业市场。例如，在意大利，政府实施的节能产品补贴及税收减免等激励措施，极大地推动了高能效家电产品的销售，扩大了高效产品的市场占有率。欧盟通过修订家电能效标识，引入 A 到 G 的原始类别，旨在自动将产品升到更高水平，更好地考虑产品的能耗效率和技术进步，消费者在作出选择时只需比较等级，清晰易懂。此外，欧盟委员会将 EuP 指令范围扩大到能源相关产品的提案，已于 2009 年 10 月 21 日获得欧洲议会通过并发布，欧盟委员会可以对影响家庭最终能源消费的产品制定最低能效标准。

1.3.2.3 美日欧产业发展成熟，代表企业多

2018 年全球大家电市场规模分布情况显示，全球大家电市场以亚太、北美、西欧等地区为主。2018 年，亚太地区为全球最大家电市场，占比为 36.8%；其次为北美市场，占比为 26.3%；西欧市场占比 19.5%；亚太、西欧、北美也是小家电销售主场（见图 1-3-3）。❶ 随着全球经济一体化进程的加快，家用电器产业的竞争逐步打破国与国之间的界限，大型家电厂商在全球范围内进行生产及市场战略部署，家电企业间的竞争已经由过去的国内企业之间的竞争演变为跨国集团之间的较量。最后，全球范围内家用电器产业的资产重组步伐日益加快，企业由过去的单一品牌发展到多品牌及副品牌，家用电器产业的特性发生了巨大变化。

①美国。美国的家用电器行业包括两个主要类别：大型家用电器（大家电）和小型家用电器（小家电）。大型家电，如冰箱、冰柜、炉灶、洗衣机和洗碗机，小家电包括食品加工机、烤面包机和咖啡机等。2016—2020 年，美国家电市场营收规模总体呈上升趋势。根据 Statista 出具的《美国家用电器》报告中披露的数据，2020 年，美国家电营收规模达到 527 亿美元，同比上升 16%。按品类来分，美国小家电的销售数量为 514.1 百万台，大家电的销售数量为 62.7 百万台，小家电的销售数量远多于大家电。美国家电市场较为成熟，微波炉、冰箱、真空吸尘器、炊具、烤箱和洗衣机的渗透率均超过 78%，其他品类，如烤面包机、食品加工机、榨汁机和咖啡机的渗透率也超过 70%。美国大家电公司在生产、营销和分销方面具有规模经济优势，包括美国的伊斯曼公司（EASTMAN）、通用电气公司（GE）、惠而浦公司。据统计，2020 年美国市场占有率最高的品牌为 EASTMAN，占 16%；其次为 GE，占 12%。

---

❶ 华经情报网. 2019 年全球及中国家用电器行业现状分析，产品升级朝高端化、智能化和健康化发展［EB/OL］.（2020-07-02）［2022-05-16］. http://huaon.com/channel/trend/627976.html.

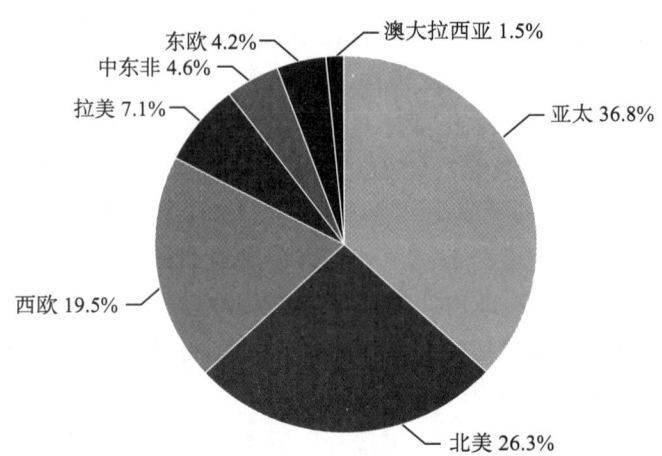

图 1-3-3　2018 年全球大家电市场规模分布情况

资料来源：华经情报网，数据检索时间 2022 年 5 月 16 日。

2016—2020 年，美国家电平均支出呈不断上升趋势。根据美国劳工统计局披露的数据，2020 年，美国主要家电平均支出为 324 美元，较 2016 年上升 25%，美国小家电的支出为 135 美元，较 2016 年上升 10%。❶

美国智能家电市场已初具规模，行业增势迅猛。美国是全球住宅自动化系统和设备最大的市场，目前，其智能家电产业已发展得较为成熟，市场也初具规模，产业链完整。根据 Statista 数据，美国作为全球智能家电市场规模增长最快和普及率最高的国家之一，近年来其智能家电市场规模增速迅猛，2011 年智能家电销售额仅为 2.66 亿美元，2018 年即已达到 74.81 亿美元，复合年均增长率高达 61%。美国智能家居领域参与者众多，大量企业共同推动行业发展。

②日本。根据日本电机工业会（JEMA）的统计数据，2018 年，日本家电销售额为 20 074 亿日元，同比增长 5.0%；2019 年 1—10 月，日本家电销售额为 17 066 亿日元，同比增长 1.6%。日本家电市场竞争激烈，这是由于日本家电行业经过长期的发展已经处于成熟阶段，整个日本国内家电市场发展平稳，每户居民家电保有量相对高，使得家电企业之间的竞争更加激烈。家电企业之间的竞争从两个方面展开：一是现存产品的低价格竞争，特别是来自海外企业生产的低价产品竞争。二是通过开发新产品来开发新市场。低价竞争要求企业建立低成本的营销渠道，而新产品竞争要求企业的营销渠道能迅速地与零售商沟通并让产品迅速地到达消费者。家电企业之间更加激烈的竞争也推动家电企业与零售商建立合作伙伴关系。

欧睿信息咨询公司数据显示，2018 年，日本大家电市场占有率前五品牌分别为松

---

❶ 白静尧. 2022 年美国家电市场供需现状和竞争格局分析 [EB/OL]. （2022-01-05）[2022-05-16]. https://www.qianzhan.com/analyst/detail/220/220105-5de1e5a1.html.

下电器产业株式会社、株式会社日立制作所、鸿海精密工业股份有限公司（夏普）、海尔集团公司、广东美的集团股份有限公司，市场占有率分别为21.5%、14.5%、10.6%、10.2%和9.1%。业务规模前五名的公司所占的市场份额（CR5）超过60%。2018年，日本大家电市场中电器专营渠道占比达61.6%，紧随其后的为工程渠道，占比为21.6%。工程渠道的高占比主要来源于日本厨电品类的带动。而日本小家电市场中电器专营渠道份额优势更为明显，2018年整体份额达67.1%，而混合零售渠道占比达14.1%。❶

③欧洲。近年来，欧洲地区正在经历低利率和回暖的经济形势，家用电器市场规模也随之增长。该市场中的产品不仅包括大家电（如大型炊具和制冷设备），还包括小家电（如小型炊具和吸尘器）。根据Statista提供的数据，2016—2020年，欧洲家电交易数量总体呈上升趋势，2020年欧洲主要家电交易数量最高，高达9250万台。目前，欧洲主要国家中，德国主要家电的渗透率排名首位，高达41%，法国主要家电渗透率为33%，西班牙渗透率为32%。事实上，根据《欧洲家用电器》披露的数据，德国的研发支出为75.6百万欧元，占比37%，法国的研发支出为34.9百万欧元，占比17%，意大利的研发支出为16.2百万欧元，占比8%，其余国家研发支出均较小。欧洲大家电中，较为流行的品类为洗衣机、冰箱、洗碗机和烤箱。2019年，洗衣机销售额为2830万欧元，冰箱紧随其后，销售额为2330万欧元。❷

2020年，全球主要家电制造商前五排名为海尔集团公司、韩国LG集团、惠而浦公司、广东美的集团股份有限公司和博西家用电器集团（BSH）。根据Statista披露的数据，2020年全球主要家电制造商收入排名第一的是海尔集团公司，家电营收为321亿美元，其次为LG，家电营收为205亿美元。欧洲高端家电品牌有意大利Smeg、德国美诺电器（Miele）、瑞典雅士高（ASKO）和德国嘉格纳（Gaggenau），其品牌多发源于19世纪，历史悠久，多为大型高端家电企业，产品线涵盖大家电，包括洗碗机、洗衣机、冰箱等，小家电产品线涵盖搅拌机、榨汁机和吐司机等。

1.3.3 中国产业概况

1.3.3.1 市场收入稳定，生产规模世界首位

如图1-3-4所示，2020年我国家电市场零售额规模为8333亿元，同比下降6.5%，跌幅高于我国社会消费品平均水平2.6个百分点。这是继2019年以来，我国家电市场持续下挫的第二年，降幅比2019年扩大2.7个百分点。在家电消费渐趋饱和的

---

❶ 李明俊. 2020年日本家电市场发展现状与趋势分析［EB/OL］.（2020-02-20）［2022-05-16］. https：//www. qianzhan. com/analyst/detail/220/200219-a4756fec. html.

❷ 陈佳怡. 2022年欧洲家电行业市场现状与竞争格局分析［EB/OL］.（2022-01-10）［2022-05-16］. https：//www. qianzhan. com/analyst/detail/220/220110-6f47ac81. html.

大背景下,新型冠状病毒肺炎疫情加大了对家电市场的冲击。

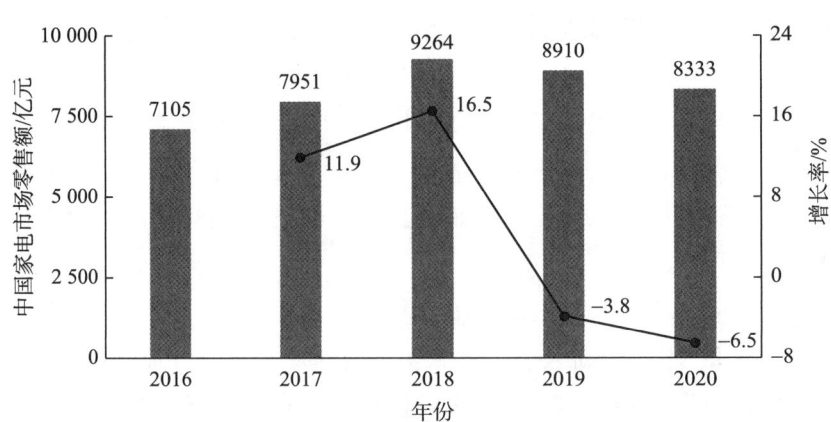

图 1-3-4　2016—2020 年中国家电市场零售额及增长情况

资料来源:赛迪,数据检索时间 2022 年 5 月 17 日。

2020 年,在一季度行业运行形势严峻情况下,家电行业企业营业收入自 2020 年 4 月以来持续好转,基本弥补了第一季度的损失。2020 年后半年,中国家电行业稳步恢复。据工信部消费品工业司数据,2020 年全国家用电器行业营业收入为 1.48 万亿元,同比下降 1.1%(见图 1-3-5)。

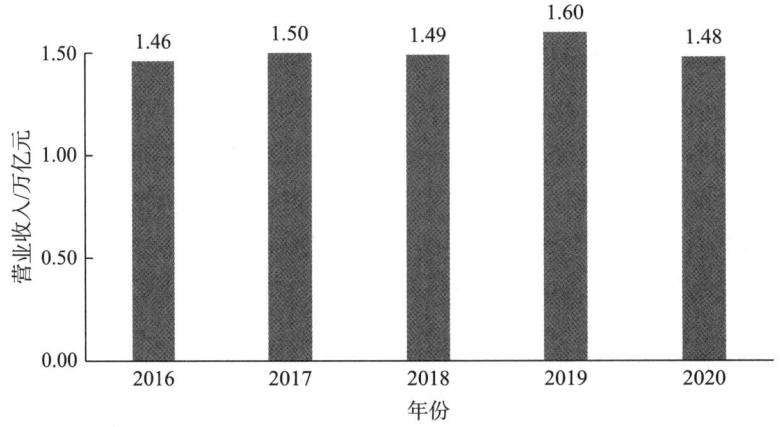

图 1-3-5　2016—2020 年中国家电行业营业收入统计情况

资料来源:家电协会,数据检索时间 2022 年 5 月 17 日。

传统的消费模式正在发生改变,流量向线上进一步集中,家电企业纷纷加大拓展线上渠道。在家电线下需求缓慢恢复的背景下,龙头企业更为积极主动地运用线上渠道,2020 年家电产品消费也整体由线下零售向线上转移。从各类家电产品来看,2020 年彩电、冰箱、洗衣机等线上零售占比已超过 60%,小家电对线上渠道依赖程度更高,其中吸尘器线上零售量已占总零售量的 90% 以上(见图 1-3-6)。这说明家电市场已经

适应疫情并孵化出新的供需结构。❶

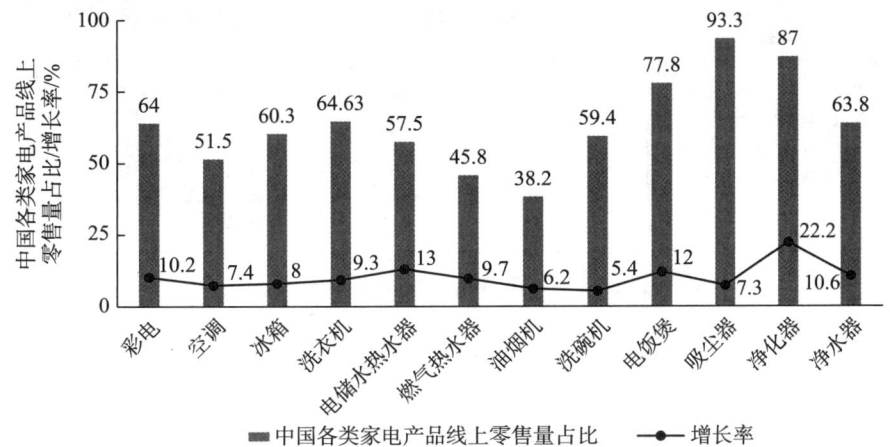

图1-3-6　2020年中国各类家电产品线上零售量占比及增长情况

资料来源：前瞻研究院，数据检索时间2022年5月17日。

2021年，中国家电产业生产规模持续稳居世界首位。其中，空调、冰箱、洗衣机的出口量较去年同期均有所上升，彩电出口量较同期略有下降。数据显示，2021年中国家电进口数量达3477万台，同比增长1.9%；进口金额达30.74亿美元，同比增长1.9%。家电出口数量达387 341万台，同比增长10.1%；出口金额达987.22亿美元，同比增长22.3%。

1.3.3.2　政策催生消费需求，树立品牌标杆

如图1-3-7所示，"十二五"规划时期，政策将节能环保电光源、绿色智能家电列为制造业创新能力建设重点；"十三五"规划中，政策推动智能家电、智能汽车、生活服务机器人、可穿戴设备等智能化产品消费，积极拓展智能消费领域；"十四五"规划中提出要大力建设5G产业，随着5G的应用场景和产业生态的不断拓宽，基于5G的应用场景中智能家电的应用水平也不断提高。❷

在消费刺激政策带动下，我国市场呈复苏态势，国内家电零售端市场逐渐被激活。出台政策以金融支持为推手，鼓励消费者淘汰旧家电，提升智能家居市场占有率，切实有效地催生出家电需求。对于行业内企业，政策强调自有品牌的技术水平和国际影响力，并在产品内外销渠道方面给予必要支持（见表1-3-2）。

---

❶ 中国电子信息产业发展研究院. 2020年中国家电市场报告［EB/OL］.（2021-03）［2022-05-17］. http://www.cena.com.cn/special/2020jdscbg.html.

❷ 李佩娟. 2022年中国及31省市智能家电行业政策汇总及解读［EB/OL］.（2022-01-01）［2022-05-17］. https://www.qianzhan.com/analyst/detail/220/211231-e8ccf733.html.

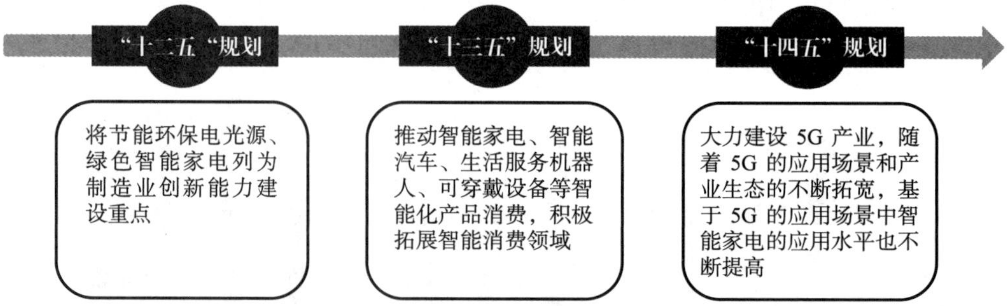

```
"十二五"规划 → "十三五"规划 → "十四五"规划
```

- "十二五"规划：将节能环保电光源、绿色智能家电列为制造业创新能力建设重点
- "十三五"规划：推动智能家电、智能汽车、生活服务机器人、可穿戴设备等智能化产品消费，积极拓展智能消费领域
- "十四五"规划：大力建设5G产业，随着5G的应用场景和产业生态的不断拓宽，基于5G的应用场景中智能家电的应用水平也不断提高

图 1-3-7　中国智能家电行业政策历程

表 1-3-2　近年中国家电行业政策一览表

时间	政策名称	具体内容
2021年5月	中国家用电器工业"十四五"发展指导意见	"十四五"中国家电工业的总体发展目标是，持续提升行业的全球竞争力、创新力和影响力
2021年3月	中华人民共和国国民经济和社会发展第十四个五年规划和2035年远景目标纲要	将应用感应控制、语音控制、远程控制等技术手段，发展智能家电、智能照明、智能安防监控、智能音箱、新型穿戴设备、服务机器人等
2021年1月	关于提振大宗消费重点消费促进释放农村消费潜力若干措施的通知	促进家电家居装消费。激活家电家居市场，鼓励有条件的地区对淘汰旧家电家居并购买绿色智能家电、环保家居给予补贴。鼓励发展家电家居租赁等模式
2020年10月	近期扩内需促消费的工作方案	开展"大家电安全使用年限提醒"活动，鼓励相关社会团体制定家用电器安全使用和更新换代的团体标准，促进相关标准有效实施，推动超龄大家电更新换代
2020年6月	家电"以旧换新"倡议书	呼吁广大消费者通过以旧换新等方式，推动家电更新消费
2020年5月	关于完善废旧家电回收处理体系推动家电更新消费的实施方案	提出用三年时间完善行业标准规范、政策体系，基本建成规范有序、运行顺畅、协同高效的废旧家电回收处理体系。促进家电加快更新升级，提高家电供给水平
2019年8月	关于加快发展流通促进商业消费的意见	拓展出口产品内销渠道。推动扩大内外销产品同线同标同质实施范围，引导出口企业打造自有品牌，拓展内销市场网络
2019年6月	推动重点消费品更新升级畅通资源循环利用实施方案（2019—2020年）	要求着力推动绿色智能家电研发和产业化，支持节能、智能型家电研发，鼓励开发基于互联网、人工智能技术的家电组合产品和一体化产品；持续推动家电和消费电子产品更新换代
2019年4月	中国家用电器协会团体标准管理办法	促进家电产业的科技进步和技术创新。推动新技术、新产业、新业态和新模式的发展，填补标准空白，同时提高家电产业的经济效益、社会效益、生态效益

续表

时间	政策名称	具体内容
2019年1月	进一步优化供给推动消费平稳增长促进形成强大国内市场的实施方案	支持绿色、智能家电销售。有条件的地方可对产业链长、带动系数大、节能减排协同效应明显的新型绿色、智能化家电产品销售,给予消费者适当补贴
2018年9月	关于完善促进消费体制机制进一步激发居民消费潜力的若干意见	优化质量标准满足消费结构升级需求。围绕消费需求旺盛、与群众日常生活息息相关的新型消费品领域,充分发挥市场机制与企业主体作用,构建新型消费品标准体系,以标准实施促进质量提升。引领智能家居、智慧家庭等领域消费品标准制定,加大新技术新产品等创新成果的标准转化力度
2017年11月	关于发挥民间投资作用推进实施制造强国战略的指导意见	鼓励支持制造业民营企业提升创新发展能力、两化融合水平、工业基础能力和质量品牌水平,推动绿色制造升级、产业结构布局优化、服务化转型以及国际化发展
2016年8月	轻工业发展规划(2016—2020年)	推动家用电器工业向智能、绿色、健康方向发展。加强质量品牌建设,进一步提高家电产品性能、可靠性和工业设计水平,提高中国家电产品美誉度

2021年5月,中国家用电器协会发布《中国家用电器工业"十四五"发展指导意见》❶,提出中国家电工业需要立足新发展阶段、贯彻新发展理念、构建新发展格局,坚持创新驱动发展,推进效率、质量和品牌升级,全面提升中国家电工业的全球竞争力。"十四五"期间,家电行业总体发展目标如表1-3-3所示。

表1-3-3 "十四五"时期家电行业发展目标梳理

主要目标	具体内容
1. 成为全球家电科技创新的领导者	在家电前沿科技领域实现布局,显著提升家电关键核心技术、颠覆性技术的创新突破能力和水平,基本实现关键核心技术自主研发及产业化突破,实现家电产业链自主可控;家电相关发明专利数量和水平达到世界领先水平,在重点家电产品领域实现国际标准话语权的突破
2. 构建智能家电生态,提升智能产品用户使用体验	推动人工智能、大数据、云计算、物联网、5G等新技术与家电产品深度融合。紧密结合用户需求和应用场景,显著提高家电产品智能化水平,优化用户体验;构建可多设备接入、多场景联动,跨品牌、跨产业、跨平台的智能家电应用场景,为用户提供多样化智能家电及服务解决方案

---

❶ 中国家用电器协会. 中国家用电器工业"十四五"发展指导意见[EB/OL]. (2021-05-24)[2022-05-17]. http://upload.cheaa.com/2021/0524/1621844892682.pdf.

续表

主要目标	具体内容
3. 推动产业链绿色发展节能环保水平再上新台阶	推动产业链绿色转型，推进绿色制造，指定行业2030年碳达峰行动方案；主要家电产品的节能环保水平继续居全球前列，实现节能、节水与产品性能的优化平衡；达成制冷剂、发泡剂HCFC替代和HFC削减的国际履约目标；促进产品绿色设计和轻量化设计，引导绿色消费，完善废旧家电回收体系，实现资源有效回收和循环利用
4. 加强全球市场拓展，自有家电品牌全球影响力显著提升	坚持全球化发展战略，形成面向全球的贸易、投融资、生产、服务网络；进一步优化全球生产基地、研发中心及营销网络等资源布局；深化全球品牌战略，深耕目标市场；培育一批高端品牌，全面提升中国家电品牌的口碑和竞争力，自有品牌全球市场份额、美誉度、用户满意度明显提高
5. 加强数字化转型，推进智能制造水平进一步提高	逐步推进全产业链数字化运营，到2025年，重点家电产品工业智能制造水平领先，龙头企业积极构建家电智能制造生态体系，实现全价值链数字化运营及大规模个性化定制，全行业自动化、信息化、数字化、智能化水平显著提高
6. 倡导优秀企业文化，提升家电行业的社会价值	鼓励和倡导更多家电企业重视企业文化和价值观建设，培育一批具有优秀企业文化的典型代表；强化企业社会责任感，爱护环境，与各相关方和谐共生，共同推动社会进步；通过引导全行业树立企业公民意识和社会责任感，全面提升家电行业的社会价值和声誉

1.3.3.3 产业链处于优势，广东为布局重点

中国的家电行业是在20世纪70年代末期，从国外引进生产线而发展起来的，经过几十年的迅猛发展，尤其是最近十几年，已在全球同类产业中取得显著地位。目前，中国家电行业已经建立起了比较完备的制造体系，从最初引进和购买技术、直接引进生产线到现在形成海尔集团公司、珠海格力电器股份有限公司、广东美的集团股份有限公司、海信集团有限公司、四川长虹电器股份有限公司等一大批具有自主开发能力的中华民族家电企业集团，各类产品在国内拥有近80%的市场份额，销量达到世界第一。

影响家电行业发展的重要因素主要是竣工的景气周期、出口超预期和线上电商渠道的崛起，我国家电行业的发展还是处于优势地位。经初步核算，2021年我国GDP比去年增长8.1%，全国居民人均可支配收入实际增长8.1%，社会消费品零售总额比去年实际增长10.7%，消费潜力不断释放。❶ 城镇化进程加快为家电行业提供原动力，消费品线上渗透率大幅增长，家电产业市场需求不断扩大。

---

❶ 中商产业研究院. 年度总结：2021年中国家电市场回顾及2022年发展趋势预测分析［EB/OL］.（2022-02-09）［2022-05-18］. https://www.askci.com/news/chanye/20220209/1052231744858_3.shtml.

1. 产业链

家电行业是重要的中游行业,从宏观层面看,家电行业上游承载大宗原材料电机、面板、集成电路等零部件制造业,其下游主要为互联网销售平台和线下商业平台(见图1-3-8)。家电行业在经营上主要采取专营中间产品、终端产品拼装加工和终端产品全产业链制造等业务模式。历经多年的发展,依托于规模巨大的本地产业,我国家用电器制造已经形成了完整的供应链。在海外生产供给受到疫情大幅冲击下,中国家用电器全产业品类、完整供应链可形成闭环的国内生产供应体系,保障自身生产优势。在针对海外出口方面,国内完整上游优势使输出更具保障,在相对稳定的寡头竞争格局下,家用电器龙头企业对上游议价能力较强,在进行原材料和核心部件规模采购的时候往往具有一定议价空间,形成产业链优势。❶

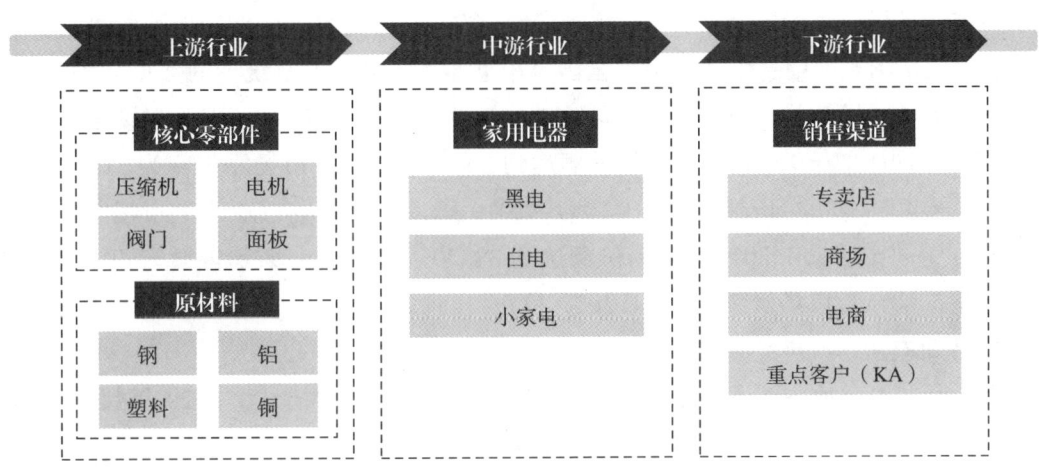

图1-3-8 中国家电产业链

资料来源:华经产业研究院。

①上游行业。原材料成本是家电行业生产成本的主要构成,其中小家电、白色家电(以下简称"白电")原材料主要以铜、钢、塑料等为主,黑色家电(以下简称"黑电")(以液晶电视为例)主要以面板为主。2016—2018年,家电制造业生产所需的冷轧板、硅钢、不锈钢、铜等原材料价格均处于高位,产品包装费用及物流成本也呈现上涨态势。2019年以来,去产能及环保限产政策对钢铁、有色金属供应形成的影响正逐步减弱,加上房地产投资增速的回落、汽车产业的低景气度运行,市场需求量下降,钢材、铝材、铜材全年价格呈现前高后低走势。原材料价格下降一定程度上缓解了成本端的压力。但激烈的行业竞争使得终端产品销售价格存在下行压力,如原材料(面板)价格的降幅小于彩电整机价格的降幅,彩电厂商的营利状况更加严峻。由

---

❶ 联合资信.【行业研究】家用电器行业研究报告[EB/OL]. (2020-12-25)[2022-05-18]. https://www.sohu.com/a/440537528_238300.

于家电制造业市场竞争充分、平均净利润率低，原材料价格和运输成本波动对整个行业利润水平的影响就会比较明显。

②下游行业。我国家电进入了线上线下市场同时推进的阶段，线上市场不断分流线下规模；2019年苏宁易购以22.8%的市场份额领跑全渠道，并在线下市场占据绝对优势；线上渠道京东市场份额第一，其次是苏宁易购、天猫。目前我国的家电消费已经进入了更新换代期，高端产品市场份额不断提升。从市场渠道来看，目前家电线上渠道集中度较高，苏宁易购、京东、天猫三家已经占据了90%以上的市场份额。短期来看，线上市场渠道格局不会有太大的改变。线下市场虽然受线上影响，整体规模在收缩，但仍是彩电、空调、冰洗、厨卫产品等家电销售的主流渠道。

近年来，我国家电市场整体面临的压力较大。一方面，居民购买需求以更新换代需求为主，且释放缓慢；另一方面，受政策空窗、经济放缓、房地产遇冷等外部因素影响，家电市场规模增长失速。根据全国家用电器工业信息中心统计的数据，2018年，中国家电市场规模达到8104亿元，同比增幅仅为1.90%。其中，线上市场零售额为2945亿元，同比增长15.30%，市场份额达到36.30%；线下市场零售额为5159亿元，同比下降4.40%，市场份额达到63.70%。2019年，我国家电行业线上市场零售额为3108亿元，同比增长4.20%，市场份额达到38.70%；线下市场零售额为4924亿元，同比下降5.80%，市场份额达到61.30%。❶

2. 产业布局

中国家电生产地主要集中在安徽、广东、江苏、浙江等省份。2020年数据显示，空调生产主要集中在广东、安徽两省，合计占比46.00%，其中广东生产空调6691.42万台，占比30.60%，安徽生产空调3366.45万台，占比15.40%。冰箱生产主要集中在安徽、广东、江苏三省，合计占比65.86%，其中安徽生产冰箱2505.89万台，占比31.70%，广东生产冰箱1631.42万台，占比20.64%，江苏生产冰箱1068.08万台，占比13.51%。洗衣机生产主要集中在安徽、江苏、浙江三省，合计占比76.50%。

①白电方面。当前我国家电行业产品普及率较高，市场已转向存量市场，行业步入相对成熟阶段，行业集中度呈现持续抬升阶段。作为典型的地产后周期的耐用消费品，在房地产的黄金时代过去之后，整个地产后周期行业均面临着行业结构的调整。当前中国白电的行业集中度较高。细分来看，空调行业自2009年起业务规模前三名的公司所占的市场份额（CR3）上升趋势放缓，并在之后一直维持在70%左右，2019年洗衣机CR3集中度约为78%。受空调行业价格战及疫情影响，空调行业的行业集中度进一步上升，三大空调品牌在线上都出现以价换量的情况。奥维云网数据显示，2020年上半年线上空调CR3达到77.4%，线下CR3达到83.0%。新能效标准预计将

---

❶ 中国家用电器研究院. 2018年中国家电行业年度报告［EB/OL］.（2019-02-28）［2022-05-18］. http://www.199it.com/archives/842977.html.

推动产品结构升级,削弱长尾品牌低价优势,行业集中度有望进一步提升。

②厨电方面。销售渠道份额变化带动品牌市占率变化是该行业集中度提升的主要逻辑。近几年受益于精装楼盘开盘数增加,精装修厨电配置率高,厨电工程渠道销售占比逐年上升。油烟机、灶具等品类精装配置率超过95%。2019年,厨电精装配置率约占全渠道销售的8.4%。由于工程渠道有着行业门槛高、市场集中度高的特点,因此精装楼盘份额上升带动工程渠道销售占比提升,进而推动行业集中度上行是未来行业集中的主要方向。

③小家电方面。集中度结构分化,传统小家电集中度较高,创意类小家电集中度较低。当前小家电线上销售渠道占比日益提升,2020年上半年线上占比高达65%。在线上渠道主导的时代,线上电商采用千人千面算法向用户推荐商品,即通过精准定位用户画像以针对性推荐商品,新兴品牌曝光流量得到增加,长尾市场或被开拓,创意类小家电的集中度有所分散。❶

3. 重点企业

2020年以来,受国内经济下行影响,中国家电行业企业业绩集体承压。通过对2020年中国家电行业上市公司营收情况汇总,根据各公司2020年报,超过1000亿元的家电企业有3家,超过500亿元的有5家。从2020年家电行业上市企业营业收入来看,广东美的集团股份有限公司、海尔集团公司和珠海格力电器股份有限公司依然稳坐家电行业收入前三。分领域来看,白电领域的市场主要由广东美的集团股份有限公司、珠海格力电器股份有限公司、海尔智家股份有限公司三家上市公司垄断,而以彩电为主的黑电代表公司有海信集团有限公司、TCL科技集团股份有限公司等。厨电代表公司包括杭州老板电器股份有限公司、华帝股份有限公司、浙江美大实业股份有限公司等,小家电代表包括传统的广东美的集团股份有限公司、浙江苏泊尔股份有限公司、九阳股份有限公司,以及后来者小熊电器股份有限公司、广东新宝电器股份有限公司等。

1.3.4 广东省产业概况

1.3.4.1 中国家电制造强省,企业优势突出

广东已发展成中国家电制造强省,家用电器产业是广东省改革开放以来发展最快的产业。1978年,广东省仅有几家生产电风扇、电饭锅、黑白电视机和收音机的小工厂,行业基础十分薄弱。经过40多年的改革开放,如今广东省家用电器产业已取得翻天覆地的变化,广东省生产的彩电占全球总销量的三分之一,生产的家用空调器占全球总销量的六成多,小家电产品产销量占全球半壁江山。此外,还培育出一大批具有

---

❶ 国金证券研究. 家电、家具行业:产业格局集中——中国产业聚集地图系列 [EB/OL]. (2020-10-15) [2022-05-19]. https://www.sohu.com/a/424820461_120014261.

国际先进水平的自主家电品牌和龙头企业。❶

①广东美的集团股份有限公司。作为中国家电产业首个跻身世界500强的企业，广东美的集团股份有限公司是当之无愧的行业巨头，在整个家电产业链中具有举足轻重的地位。经过50多年的发展，已成为一家集智能家居、楼宇科技、工业技术、机器人与自动化、数字化创新5大业务板块为一体的全球化科技集团。2017—2021年，该公司研发投入超过450亿元，2021年研发投入达到120亿元。该公司在包括中国在内的12个国家设立有35个研究中心，逐步形成"2+4+N"全球化研发网络，建立研发规模优势。广东美的集团股份有限公司已形成美的、小天鹅、东芝、华凌、布谷、COLMO、Clivet、Eureka、库卡、GMCC、威灵、菱王、万东在内的多品牌组合。2021年度实现营业收入3412亿元，首次超3000亿元，同比增长20.2%；实现净利润285.74亿元，同比增长5.5%。其中，暖通空调业务营收为1418亿元，增幅为17.05%；消费电器营收为131亿元，增长了15.78%；机器人及自动化系统营收为272亿元，增长了26.37%。❷

②珠海格力电器股份有限公司。珠海格力电器股份有限公司于2019年首次上榜世界500强，是国内家用空调行业的龙头企业。该公司现有近9万名员工，其中有近1.6万名研发人员和3万多名技术工人。在国内外建有15个空调生产基地，6个再生资源基地，覆盖从上游生产到下游回收全产业链，实现了绿色、循环、可持续发展。珠海格力电器股份有限公司现有16个研究院，有126个研究所、1045个实验室、1个院士工作站（电机与控制），拥有国家重点实验室、国家工程技术研究中心、国家级工业设计中心、国家认定企业技术中心、机器人工程技术研发中心各1个，同时成为国家通报咨询中心研究评议基地。2021年，珠海格力电器股份有限公司实现营业收入1879亿元，同比增长11.69%；净利润230.64亿元，同比增长4.01%。其中，空调产品营收金额为1317亿元，占营业总收入比例达到70.11%。❸

③TCL科技集团股份有限公司。从最初磁带的生产制造，到布局智能终端产品、半导体显示及材料、半导体及新能源等领域，TCL科技集团股份有限公司业务范围不断拓展，目前，旗下主要有TCL科技、TCL实业两大主体，包括半导体显示、新能源光伏与半导体材料、智能终端三大核心产业。2021年，TCL科技集团股份有限公司营业收入为2523亿元，同比增长65%，净利润171亿元，同比增长129%，都创下历史

---

❶ 广东家电40年打造全球竞争力［EB/OL］．（2018-12-20）［2022-06-02］．http：//news.eeworld.com.cn/szds/2018/ic-news122014315.html.

❷ 美的集团去年营收超三千亿，今年推动国内与海外业务双重质［EB/OL］．（2022-04-30）［2022-06-02］．https：//news.ifeng.com/c/8FdGN36k2SS.

❸ 格力电器2021年营收同比增长11.69%［EB/OL］．（2022-04-29）［2022-06-02］．https：//cj.sina.com.cn/articles/view/1988645095/768850e7020012njv?finpagefr=p_104.

最佳成绩，整体规模已经达到世界500强的水准。❶

此外，还有年度主营业收入超百亿元的创维集团有限公司、海信家电集团股份有限公司、万宝集团集团公司、康佳集团股份有限公司、广东格兰仕集团有限公司等大型企业。广东省家用电器龙头企业在创新发展中形成的"羊群效应"，带动着广东省一大批中小微家电企业的发展。

1.3.4.2 市场规模持续增长，部分产品全国第一

2019年广东省家电制造业主营业务收入1.3万亿元，工业增加值2700亿元，规模占全国总额的比重超40%。同时，据海关提供的数据，2019年广东省家用电器出口总值为1933.8亿元，同比增长6.4%。其中，广东省的电视机、空调、冰箱、厨房电器、照明灯饰等产品规模全国第一。❷ 当前，广东省家电产业呈现智能化、节能环保、绿色健康的发展趋势。

广东省智能家电产业发展显露如下特点：一是总量占比较高。2019年广东省智能家电产业实现增加值2731.35亿元，占全省规模以上工业的8.1%，实现工业总产值12417.78亿元，占比为8.5%。2020年前三季度，全省智能家电产业实现增加值1946.17亿元，占全省规模以上工业的8.5%，实现工业总产值8900.24亿元，占比为8.7%，分别比2019年提高0.4个和0.2个百分点。二是发展速度较快。2018和2019年，全省智能家电产业保持高速增长，增加值分别增长8.6%和9.1%，高于当年全省规模以上工业增加值增速2.3个和4.4个百分点。2020年前三季度，全省智能家电产业增加值增长3.0%，高于全省规模以上工业增速4.2个百分点。三是重点产品在全国占据重要地位。如表1-3-4所示，2019年，全省共生产彩色电视机10442.30万台，占全国产量的54.9%，生产房间空气调节器6691.42万台，占全国的30.6%，这两类产品占比都位列全国第一；生产家用电冰箱1631.42万台，占全国的20.6%，占比仅次于安徽省（31.7%）；生产家用洗衣机672.56万台，占全国的9.0%，占比在全国位列第四。2020年前三季度，面对新冠肺炎疫情冲击，部分产品仍能实现较高增速，部分产品出现一定下滑。全省共生产彩色电视机8144.98万台，增长5.9%；生产房间空气调节器4972.49万台，下降4.4%；生产家用电冰箱1646.43万台，增长12.0%；生产家用洗衣机501.66万台，下降2.3%。❸

---

❶ TCL集团2021营收突破2500亿元，李东生判断面板价格接近底部［EB/OL］．（2022-05-09）［2022-06-02］．https：//www.jiemian.com/article/7441505.html．

❷ 智能家电：万亿级产业集群再升级广东有"新招"［EB/OL］．（2020-12-03）［2022-06-02］．https：//kb.southcn.com/kb/3f7dbb6d4a.shtml．

❸ 2020年广东省智能家电产业发展现状分析：工业总产值大产品产量高［EB/OL］．（2020-12-29）［2022-06-03］．https：//baijiahao.baidu.com/s？id=1687388733214184494&wfr=spider&for=pc．

表 1-3-4　2019 年智能家电产业重点省（市）部分主要产品产量情况

地区	彩色电视机 /万台	占比/%	房间空气调节器 /万台	占比/%	家用电冰箱 /万台	占比/%	家用洗衣机 /万台	占比/%
全国	18 999.06	—	21 866.16	—	7 904.25	—	7 432.99	—
广东	10 442.30	54.9	6 691.42	30.6	1 631.42	20.6	672.56	9.0
上海	135.75	0.7	314.20	1.4	33.81	0.4	147.75	2.0
江苏	1 383.46	7.3	499.97	2.3	1 068.08	13.5	2 239.39	30.1
浙江	193.43	1.0	1 939.20	8.9	567.89	7.2	1 118.46	15.0
安徽	1 941.85	10.2	3 366.45	15.4	2 505.89	31.7	2 328.32	31.3
山东	1 580.57	8.3	876.36	4.0	732.5	9.3	513.71	6.9

1.3.4.3　依托龙头企业，产业集中度越来越高

广东省家电产业具有规模优势、集聚优势、产业化配套优势及成本优势，其发展有着自己的特色。由于紧紧抓住"加快行业转型升级，建设广东家电强省"这个核心，企业不断优胜劣汰，产业集中度越来越高，规模越来越大。依托大品牌家电企业发展的珠江三角洲，已形成佛山、深圳、珠海、中山、惠州、东莞、湛江为聚集地的家电产业集群，同时还聚集着众多中小型家电制造厂、配套厂和服务商，具有全球规模最大、品类最齐全的产业链，是全球最大的家电制造业中心。❶ 各主要地市具体情况如下。

①佛山市。佛山市顺德区这个"中国家电之都"已发展成为全国最大的空调器、电冰箱、燃气热水器、微波炉、洗碗机、电饭锅和电风扇等的生产基地。拥有广东美的集团股份有限公司、海信家电集团股份有限公司、广东新宝电器股份有限公司等多家上市公司。伴随着市场经济的大潮，顺德家电行业生产，一直在市场竞争中保持优势。

②深圳市。深圳市是我国重要的家电制造基地，康佳集团股份有限公司、创维集团有限公司等龙头企业带动上千家配套企业发展，形成了以大型企业集团为中心，相关配套产业为基础的庞大产业群。

③珠海市。珠海市家电产业是以格力电器为龙头，以空调制造业、家用电器配套产业、小家用电器制造业为主的珠海市支柱产业，是我国最重要的空调生产基地之一。珠海市全球首创国际领先的超低温热泵中央空调，填补了国内空白，打破了美、日等制冷巨头的技术垄断。

④中山市。中山市家电产业基础雄厚、产业链配套完善，集群产值超千亿元，是

---

❶ 陈学东. 广东家电 40 年打造全球竞争力 [EB/OL]. (2018-12-20) [2022-06-03]. http://news.cheaa.com/2018/1220/547152.shtml.

广东省乃至全国重要的家电制造集聚区域之一。在TCL空调器、奥马冰箱、长虹电子等带动下，中山市南头镇现已建立起一个完整的家电产业体系。南头镇经过多年的精心培育和打造，全镇家电制造及配件生产企业的数量目前有600多家。这里既生产空调、彩电、冰箱、冷柜等大家电，又生产各类小家电，品牌和种类之多居全国县级地区之冠。目前，中山市正在全力打通家电产业生产链、金融链、人才链、信息链，引导企业进行全流程智能化改造，推动家电产业加快转型升级。❶

1.3.4.4 不断调整政策措施，大力支持家电产业

广东省是我国家电大省，家电制造业在广东省经济中占比相对较高。广东省大力支持家电产业发展，不断制定和调整产业政策，推动产业升级和技术进步，增强广东省家电产业的国际竞争力。

2020年4月13日，广东省发展改革委、广东省工业和信息化厅、广东省公安厅等联合印发《广东省关于促进农村消费的若干措施》。该措施积极应对疫情影响，大力推动农村消费提质升级。在家电方面，开展2020年家电下乡专项行动，鼓励家电生产企业依托销售网点开展家电下乡活动，省级财政对本省农村居民购买4K电视机、空调、洗衣机、冰箱、电脑、手机、电饭煲、热水器等八类家电下乡产品给予补贴。

2020年5月，《广东省人民政府关于培育发展战略性支柱产业集群和战略性新兴产业集群的意见》正式印发。培育发展战略性支柱产业集群和战略性新兴产业集群是提升广东省经济竞争力的内在要求，是广东省抢占未来经济发展先机的必然选择，对于广东省实现经济高质量发展具有重要战略意义。对于智能家电产业集群而言，强调巩固扩大空调、冰箱、电饭锅、微波炉等家电产品世界领先地位，做优做强电视机、照明灯饰等优势产业。推动传统家电、小家电与互联网深度融合，实现数字化、智能化转型。打造以广州、深圳、佛山为核心的创新网络和生产性服务业网络，以深圳、珠海、佛山、惠州、中山、湛江等为核心的制造网络，形成全球领先的智能家电产业集群。

2020年9月25日，广东省工业和信息化厅制定了《广东省发展智能家电战略性支柱产业集群行动计划（2021—2025年）》，通过顶层设计，结合省内产业规模现状，统筹推进广东智能家电产业发展。该行动计划在创新能力、产业规模、产业布局、品牌质量、国际化水平五个方面提出了发展的具体目标。①加强创新和产业化发展方面：针对广东省家电产品创新仍存在的发展空间，提出依托市场主体，开展应用基础与前沿技术研究，高端智能家电产品研发，加快卫生健康家电发展，支持智能家电创新中心建设。②加快转型升级方面：针对广东省家电制造企业在数字化、网络化、智能化、绿色化建设领域仍存在不足，提出培育推动重大项目建设，开展智能制造、绿色制造、

---

❶ 中山家电产业集群产值超千亿［EB/OL］.（2019-07-16）［2022-06-03］. https://finance.sina.com.cn/roll/2019-07-16/doc-ihytcitm2253523.shtml.

工业互联网试点示范。③优化集群布局方面：以粤港澳大湾区建设为契机，提出打造以广州、深圳为核心的电子商务、金融服务、检验检测认证、国际贸易、品牌推广、技术交流和标准化等生产性服务业网络；以深圳、佛山、珠海、惠州、中山、湛江为核心，以电视机、空调、冰箱、洗衣机、小家电、厨房电器等为主要产品的制造基地，健全和优化压缩机、电机、五金、模具等核心零部件和配件产业链。推动信息产业和家电产业深度融合，支持广州（梅州）等产业转移园建立以家电为核心的产业集聚区。④推动标准质量品牌建设方面：根据高质量发展要求，提出提升标准水平，加强质量管理，强化品牌建设，完善公共服务支撑体系。⑤加速全球化布局方面：顺应国际化发展趋势，上述行动计划提出支持龙头企业"走出去"，支持国际知名企业和机构"引进来"，提升国际贸易服务能力。

2021年7月30日，广东省政府发布《广东省制造业高质量发展"十四五"规划》。该规划提出：巩固扩大空调、冰箱、电饭锅、微波炉等家电产品世界领先地位，做优做强电视机、照明灯饰等优势产业；健全和优化压缩机、电机、五金、模具等核心零部件和配件产业链，提升原材料和零配件质量与供应水平；推动大数据、云计算、人工智能、5G等新技术与家电产品深度融合应用，以个性化、数字化、智能化、绿色化、健康化、高端化等为重点方向，支持开发高端新型智能家电和特殊用途家电，建立和完善与国际接轨的智能家电标准体系；到2025年，家电产业营业收入突破1.9万亿元，形成全球领先的智能家电产业集群。

2022年4月27日，广东省人民政府办公厅印发《广东省进一步促进消费若干措施》，特意提到要推动家电消费。具体措施包括：鼓励各地市组织家电生产、销售企业推出惠民让利促消费活动，重点鼓励加大对绿色智能家电的让利力度，推动广东省家电升级换代；各地应采取企业让利一点、政府支持一点的激励政策，制定具体考核办法和评价机制，加大对家电生产、销售企业的支持力度；省政府对家电促消费成效显著的地市根据销售业绩给予奖励。

1.3.5 知识产权概况

近年来，随着国家改革开放政策的不断深入，中国家用电器行业由小到大、由弱到强，实现了从早期的技术引进、模仿跟随向自主创新的转变。我国已成为全球家电制造第一大国，企业对于知识产权的保护也随之重视起来。目前，我国已成为智能家电产业专利申请第一大国。通过梳理各大家电上市公司财报及公开披露信息发现，截至2021年6月底，珠海格力电器股份有限公司累计申请专利87 298件，其中发明专利43 765件，发明专利授权11 846件。广东美的集团股份有限公司（含东芝家电）专利授权维持量超过6.6万件。截至2021年年底，海尔智家股份有限公司累计专利申请7.5万余件，其中发明专利占比超过63%。截至2022年3月，海信集团有限公司的激

光电视累计申请国内外专利 1713 件，授权专利合计 708 件。❶

海尔智家股份有限公司在 2021 年年报中指出，"白电行业充分竞争、产品同质化较高"，且"技术飞速发展，产品寿命周期缩短、易于模仿"，这些因素不仅让家电公司越来越难获益，同时也让侵权事件更易发生，家电产能也已成为知识产权侵权的"重灾区"。❷ 2021 年广东美的集团股份有限公司的机电事业群与某国外世界 500 强巨头的专利维权案、珠海格力电器股份有限公司与奥克斯空调专利案一审被判 1.67 亿大额赔偿吸引了大量关注。进入 2022 年后，先后有宁波海石电器科技有限公司状告淘宝、苏宁易购，广东美的集团股份有限公司洗涤电器状告天猫、华帝股份有限公司，案由均系涉嫌侵害实用新型专利权纠纷。

---

❶ 叶碧华，赵婧轩. "数智化"升级：家电知识产权体系亟待重构 [EB/OL]. （2022-04-26）[2022-05-19]. http://www.21jingji.com/article/20220426/herald/be2cd8b0cb8a0e83dde86b50fbd-972e2.html.

❷ 海尔智家. 海尔智家股份有限公司 2021 年年度报告 [EB/OL]. （2022-03-30）[2022-05-19]. https://quotes.money.163.com/f10/ggmx_600690_7942532.html.

第 2 章 广东省重点产业专利无效案件数据分析

本章对广东省重点产业专利无效案件数据进行整体情况分析,包括专利无效历年结案数量和发展趋势分析、专利类型分布情况分析、广东省无效宣告请求专利的来源地域(含国家和省市)分析、无效宣告结果分析、无效法律依据分析、技术领域分析等,帮助政府、企业总体掌握广东省重点产业的专利无效案件情况。

2.1 新一代信息技术产业

2.1.1 广东省专利无效案件结案总体情况

审查决定发文日截至 2021 年 12 月 31 日,广东省新一代信息技术产业中,国家知识产权局共发布专利权无效审查决定 2892 件❶(涉及专利共计 2319 件),其中请求人来自广东省的专利无效审查决定有 2150 件(涉及专利 1715 件),专利权人为广东省的专利无效审查决定有 1882 件(涉及专利 1472 件)(见图 2-1-1)。从专利无效数据统计结果可以看出,新一代信息技术为广东省重点产业,专利纠纷较为频繁,广东省作为无效请求人的专利无效案件稍多一些。

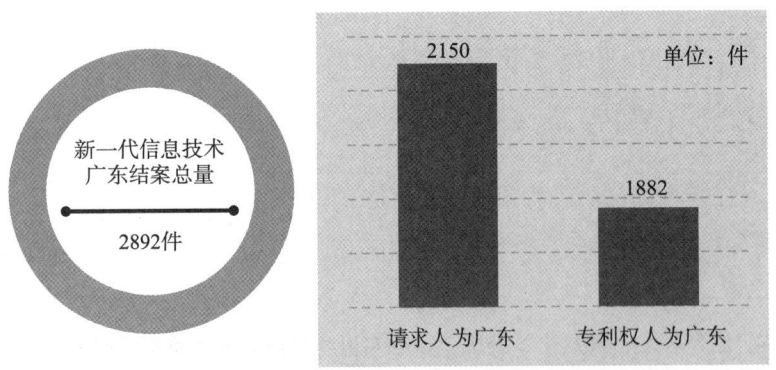

图 2-1-1 广东省新一代技术产业专利无效案件结案总体情况

---

❶ "件"代表的是作出专利无效宣告审查决定的案件数量(案件编号)。

2.1.2 广东省专利无效案件结案量变化趋势

从总体案件数量来看，广东省新一代信息技术产业无效案件年度结案数量总体呈上升的趋势。2013年以前，该领域每年专利无效的结案量低于100件，2014年专利无效结案量陡增至高位，2018年、2020年专利无效结案数量达到最高峰，为344件。从增长率来看，2014年增长率最为突出，达到273.5%（见图2-1-2）。上述情况一定程度表明新一代信息技术领域广东省企业在2014年左右通过专利维护自身权益日益增多，进而导致请求宣告广东省专利权无效的案件数量陡增至高位。

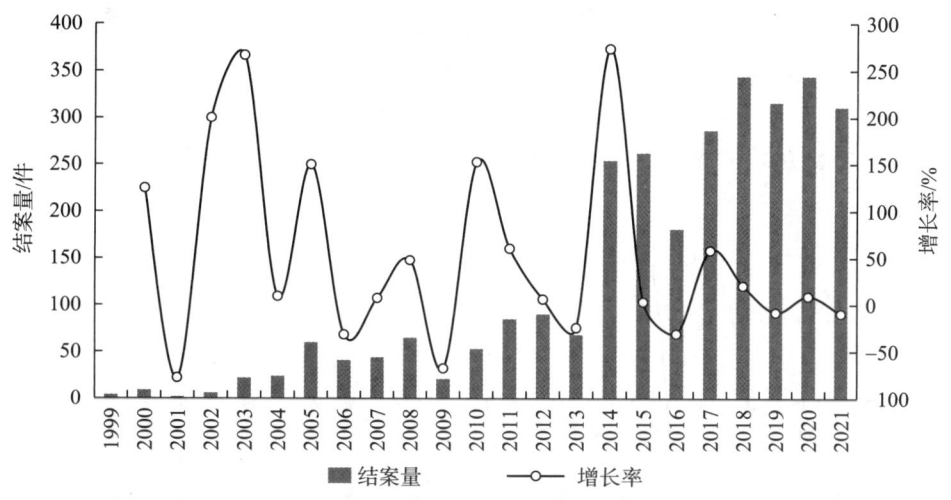

图2-1-2 广东省新一代信息技术产业无效案件结案量变化趋势

2.1.2.1 广东省请求人专利无效案件结案量变化趋势

从请求人案件数量来看，广东省新一代信息技术产业请求人无效案件年度结案数量总体呈逐年上升的趋势，2018年、2020年结案数量达到高峰，为265件。从增长率来看，近几年来2014年增长率最为突出，达到452.5%（见图2-1-3）。可以看出，自2014年起广东省新一代信息技术领域企业与其他市场主体的专利纠纷增至高位。

2.1.2.2 广东省专利权人专利无效案件结案量变化趋势

从专利权人案件数量来看，广东省新一代信息技术产业专利权人无效案件年度结案数量总体呈上升的趋势，2021年结案数量达到高峰，为242件。从增长率来看，近几年来2014年增长率最为突出，达到207.7%（见图2-1-4）。广东省在该领域专利被请求无效的数量猛增至高位。

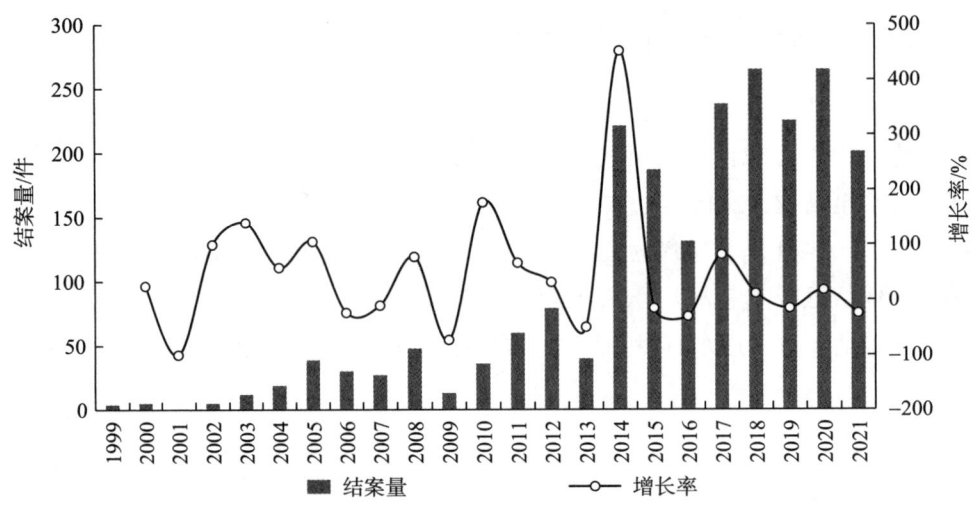

图 2-1-3　广东省新一代信息技术产业请求人无效案件结案量变化趋势

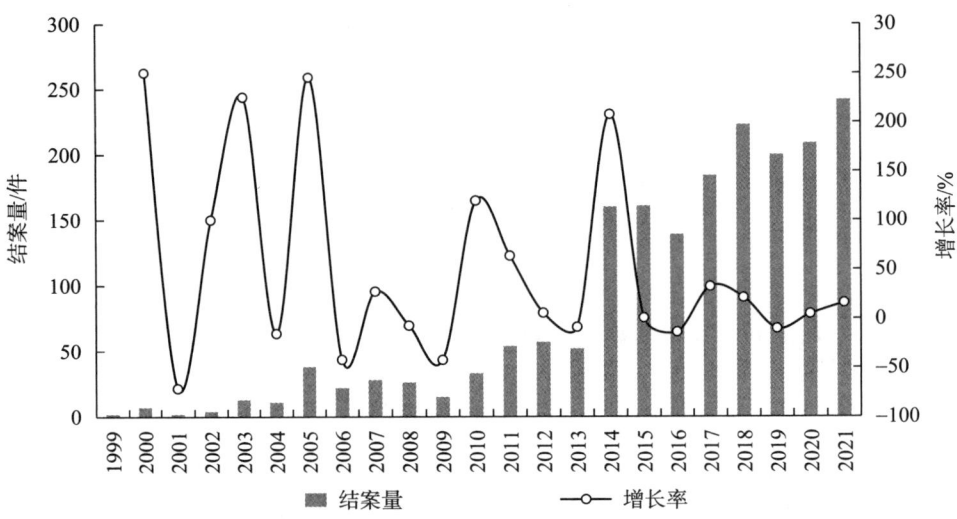

图 2-1-4　广东省新一代信息技术产业专利权人无效案件结案量变化趋势

2.1.3　广东省专利无效案件专利类型分析

如图 2-1-5 所示，从总体专利类型来看，广东省新一代信息技术产业专利无效结案案件外观设计数量最少，为 493 件，占总结案量的 17.0%；实用新型专利数量最多，为 1258 件，占总结案量的 43.5%；发明专利为 1141 件，占总结案量的 39.5%。广东省在该领域的专利无效案件中，以发明专利和实用新型专利为主，外观设计专利占比少。

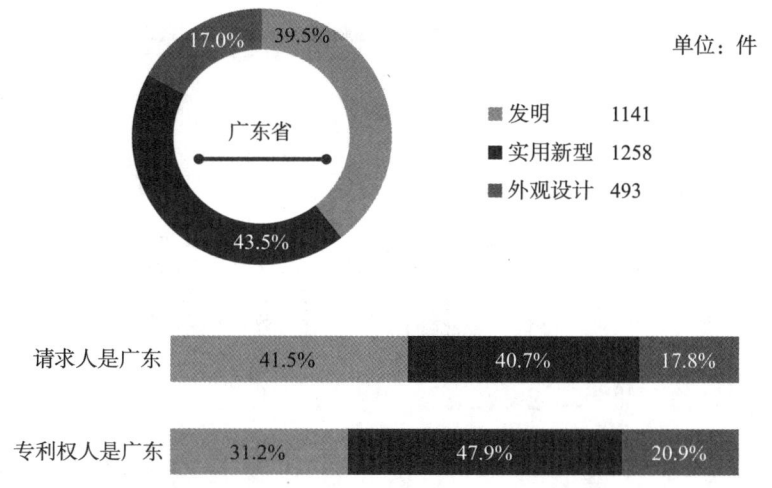

图 2-1-5　广东省新一代信息技术产业专利无效案件专利类型

从请求人的专利类型占比来看，广东省新一代信息技术产业专利无效结案案件外观设计数量占比最低，为 17.8%；发明专利数量占比最高，为 41.5%；实用新型专利数量占比为 40.7%。广东省请求人请求他人无效同样以发明专利和实用新型专利为主。

从专利权人的专利类型占比来看，广东省新一代信息技术产业专利无效结案案件外观设计数量占比最低，为 20.9%；实用新型专利数量占比最高，为 47.9%；发明专利数量占比为 31.2%。广东省被请求无效的专利类型主要是实用新型专利。

从广东省新一代信息技术产业专利无效案件三种类型结案量变化趋势来看，数量方面：发明专利无效结案数量早期少，2014 年结案数量激增，当年结案数量为 166 件，2015 年、2016 年结案量迅速下滑，此后呈上升态势，2020 年结案量达到峰值，为 157 件；实用新型专利无效结案数量整体呈波动上升态势，2018 年结案量达到峰值，为 165 件；外观设计专利结案量呈缓慢发展态势，2020 年结案量达到峰值，为 68 件。结案量占比方面：近年来发明专利无效案件结案量占比增长较为明显，其中 2014 年占比最为突出，如图 2-1-6 所示。数据统计可以看出，新一代信息技术领域各类型的专利无效案件呈增长态势，专利无效以技术类型的发明和实用新型专利为主，这与新一代信息技术的产业特点有关。

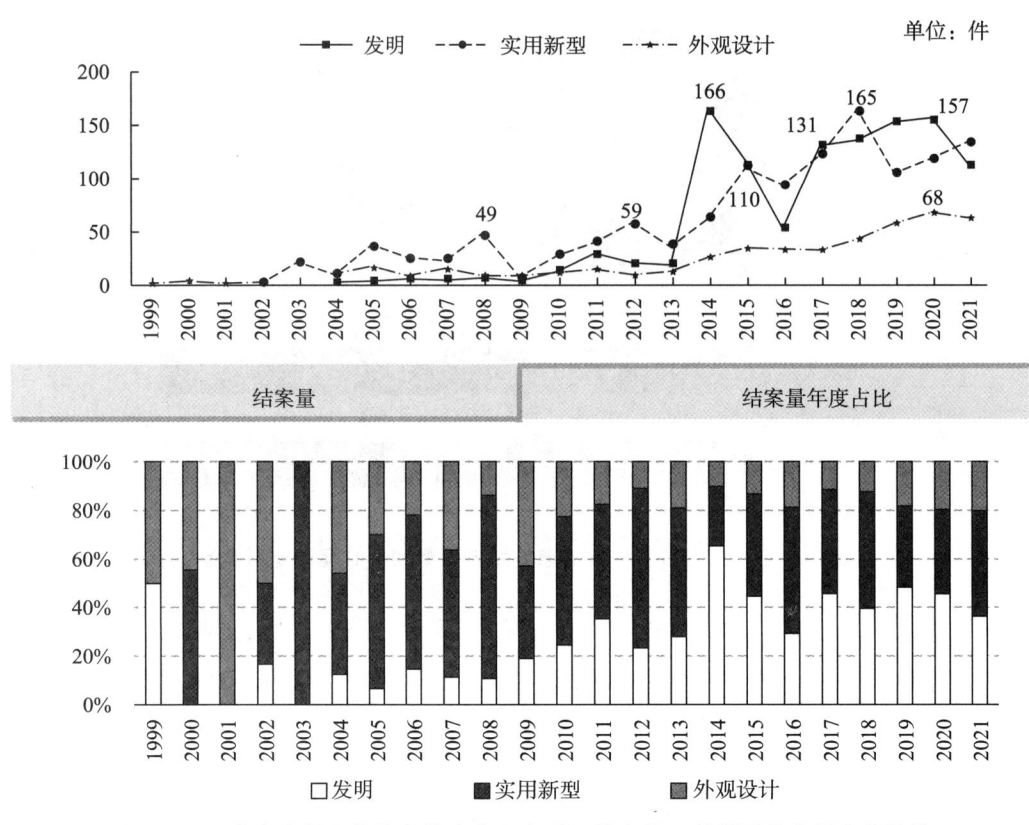

图 2-1-6　广东省新一代信息技术产业专利无效案件三种类型结案量变化趋势

2.1.4　广东省专利无效案件专利来源地分析

2.1.4.1　广东省专利无效案件专利请求人来源地

从广东省新一代信息技术产业请求人的专利无效案件地市分布来看，请求人来自深圳市的无效案件数量最多，有1513件，这与新一代信息技术产业在广东省的区域分布有关（见图2-1-7）。无效请求案件数量超过100件的还有东莞市（234件）、广州市（176件）和惠州市（117件），分列第二至第四位。

从广东省新一代信息技术产业请求人的专利无效案件专利权人的区域分布来看：中国本土有1697件，占比为78.9%，占绝对多数；国外在华专利有453件，占比21.1%。中国本土方面：广东省外的专利有560件，占比32.9%，主要来自台湾地区（127件）、北京市（78件）、江苏省（63件）、上海市（61件）和山东省（59件）；国外在华专利，主要来自美国（106件）、日本（93件）、瑞典（79件）、芬兰（69件）和韩国（49件）（见图2-1-8）。

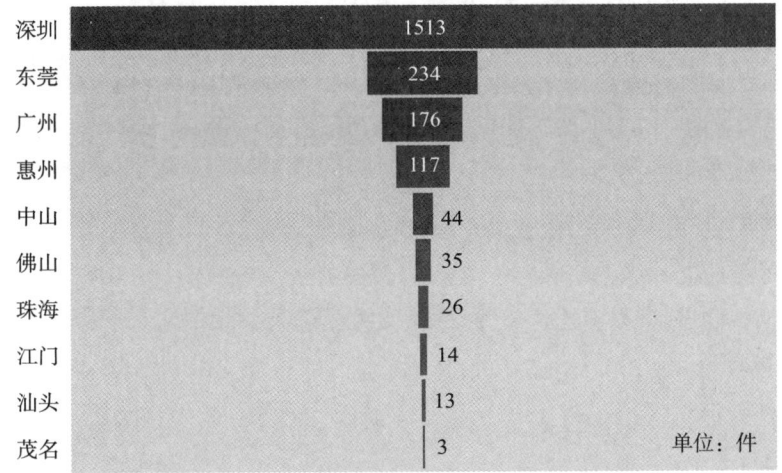

图 2-1-7　广东省新一代信息技术产业请求人的专利无效案件主要地市分布

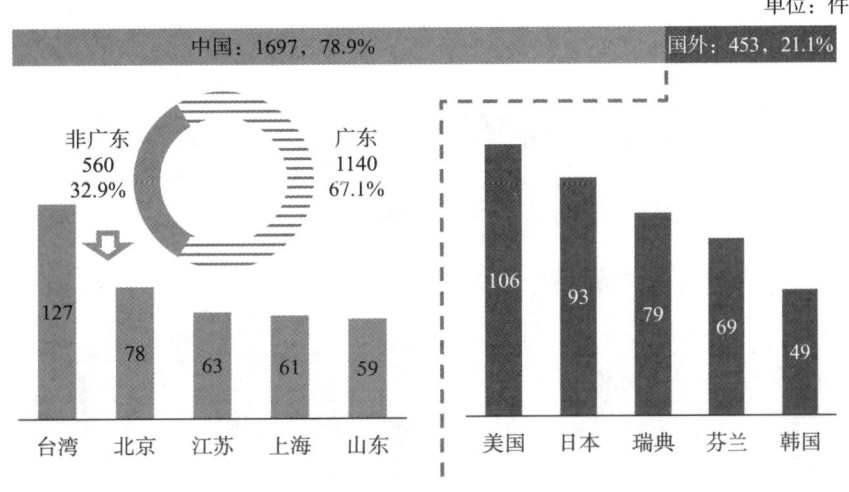

图 2-1-8　广东省新一代信息技术产业请求人的专利无效案件专利权人的区域分布

2.1.4.2　广东省专利无效案件专利权人来源地

从广东省新一代信息技术产业专利权人的专利无效案件地市分布来看，专利权人来自深圳市的无效案件数量最多，有 1149 件，可以看出深圳市是广东省新一代信息技术产业的主要布局区域。无效案件数量超过 100 件的还有东莞市（205 件）、广州市（168 件）和珠海市（119 件），分列第二至第四位（见图 2-1-9）。

如图 2-1-10 所示，无效请求人以中国本土为主的有 1835 件，占比高达 97.5%；外国请求广东省专利无效案件仅有 47 件，占比 2.5%。中国本土方面，广东省外请求人的专利无效案件有 647 件，占比 36.2%，主要来自上海市（94 件）、浙江省（53 件）、江苏省（49 件）、天津市（47 件）和台湾地区（44 件）。广东省新一代信息技专利无效请求人主要为国内竞争者，并且本省内的竞争者占比高。

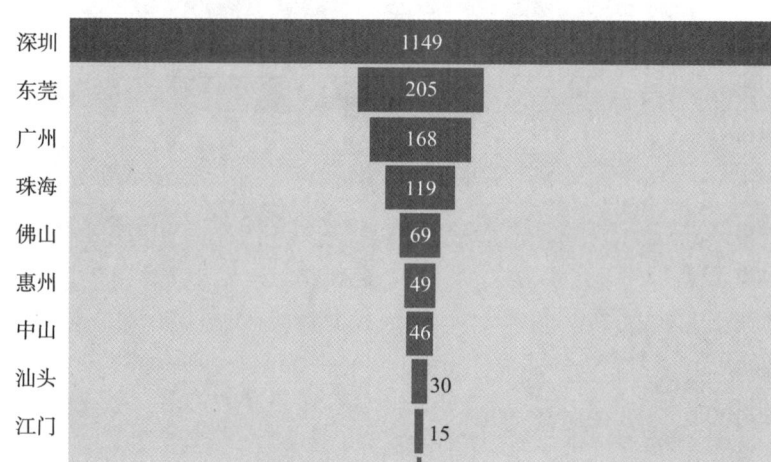

图 2-1-9　广东省新一代信息技术产业专利权人的专利无效案件主要地市分布

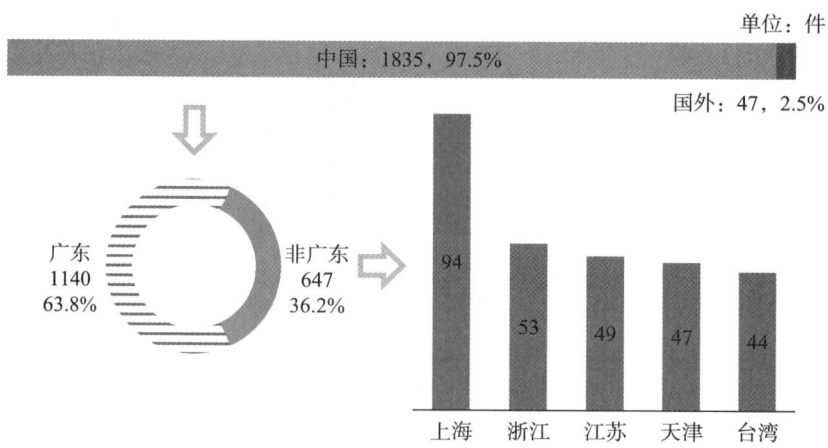

图 2-1-10　广东省新一代信息技术产业专利权人的专利无效案件请求人的区域分布

2.1.5　广东省专利无效案件当事人分析

2.1.5.1　广东省专利无效案件请求人分析

从广东省新一代信息技术产业专利无效案件请求人的类型来看，以企业类型的请求人为主，涉及无效案件 1792 件，其次是个人请求人，涉及无效案件 396 件（见图 2-1-11）。

如表 2-1-1 所示，请求人案件数量排名第一位的为华为技术有限公司，请求专利无效案件数量为 243 件，其请求的专利无效案件的主要专利权人有艾利森电话股份有限公司（56件）、中兴通讯股份有限公司（37件）、康文森无线许可有限公司（35件）和三星电子株式会社（22件）。排名第二位的为中兴通讯股份有限公司，请求专利无效的案件数量为159件，其请求的专利无效案件的主要专利权人有华为技术有限公司（41件）、维睿格基础设施公司（37件）、康文森无线许可有限公司（33件）、美商内数位科技公司（13件）。排名第三位的为惠州三星电子有限公司，请求专利无效的案件数量为87件，其请求的专利无效案件的主要专利权人是华为技术有限公司（49件）。值得注意的是，请求人排名第五位的罗水江的39件专利无效案件涉及的专利权人均为珠海市杰理科技股份有限公司，以及排名并列第八位的周艳兰的27件专利无效案件涉及专利权人也均为珠海市杰理科技股份有限公司。

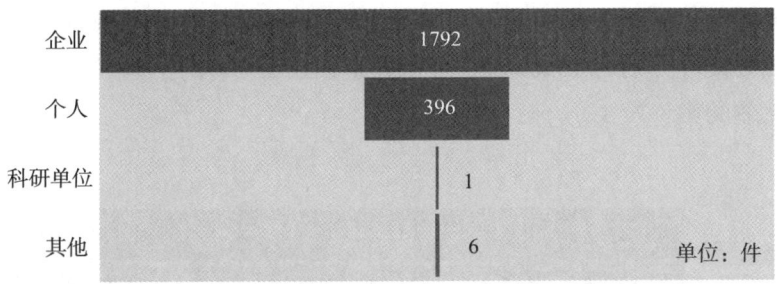

图2-1-11　广东省新一代信息技术产业专利无效案件请求人的类型构成

表2-1-1　广东省新一代信息技术产业专利无效案件主要请求人（TOP 10）

广东省请求人	总结案量/件	地市	专利权人数量/个	主要专利权人	结案量/件
华为技术有限公司	243	深圳	25	艾利森电话股份有限公司	56
				中兴通讯股份有限公司	37
				康文森无线许可有限公司	35
				三星电子株式会社	22
中兴通讯股份有限公司	159	深圳	22	华为技术有限公司	41
				维睿格基础设施公司	37
				康文森无线许可有限公司	33
				美商内数位科技公司	13
惠州三星电子有限公司	87	惠州	10	华为技术有限公司	49
OPPO广东移动通信有限公司	57	东莞	8	夏普株式会社	24
				三菱电机株式会社	11
罗水江	39	深圳	1	珠海市杰理科技股份有限公司	39
深圳市大疆创新科技有限公司	36	深圳	3	高域（北京）智能科技研究院有限公司	34
富准精密工业（深圳）有限公司	29	深圳	3	珍通科技股份有限公司	28

续表

广东省请求人	总结案量/件	地市	专利权人数量/个	主要专利权人	结案量/件
腾讯科技（深圳）有限公司	27	深圳	9	侯万春	16
周艳兰	27	深圳	1	珠海市杰理科技股份有限公司	27
鸿富锦精密工业（深圳）有限公司	19	深圳	13	建兴电子科技股份有限公司	3
				邱雯雯	3

2.1.5.2 广东省专利无效案件专利权人分析

从广东省新一代信息技术产业专利无效案件专利权人的类型来看，以企业和个人为主，专利无效案件分别为1540件和343件（见图2-1-12），科研院所和大专院校的专利被请求无效的案件较少。

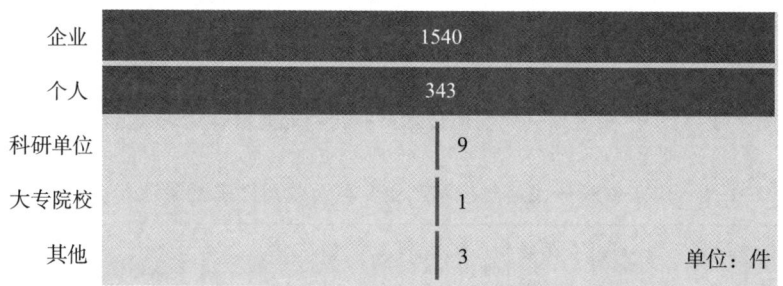

图2-1-12 广东省新一代信息技术产业专利无效案件专利权人的类型构成

如表2-1-2所示，专利权人案件数量排名第一位的为华为技术有限公司，专利被请求无效宣告的案件数量为119件，宣告专利无效案件涉及的主要请求人有惠州三星电子有限公司（49件）、三星（中国）投资有限公司（46件）、中兴通讯股份有限公司（41件）和天津三星通信技术有限公司（45件）。排名第二位的为珠海市杰理科技股份有限公司，专利被请求无效宣告的案件数量为80件，宣告专利无效案件涉及的主要请求人有罗水江（39件）、周艳兰（27件）。排名第三位的为中兴通讯股份有限公司，专利被请求无效宣告的案件数量为41件，宣告专利无效案件涉及的主要请求人是华为技术有限公司（37件）。

第 2 章 广东省重点产业专利无效案件数据分析

表 2-1-2 广东省新一代信息技术产业专利无效案件主要专利权人（TOP 10）

广东省专利权人	总结案量/件	地市	请求人数量/个	主要请求人	结案量/件
华为技术有限公司	119	深圳	11	惠州三星电子有限公司	49
				三星（中国）投资有限公司	46
				中兴通讯股份有限公司	41
				天津三星通信技术有限公司	45
珠海市杰理科技股份有限公司	80	珠海	4	罗水江	39
				周艳兰	27
中兴通讯股份有限公司	41	深圳	9	华为技术有限公司	37
深圳市韶音科技有限公司	26	深圳	13	深圳朗凡创新科技有限公司	6
				深圳市亿音科技有限公司	5
深圳市汇顶科技股份有限公司	24	深圳	9	上海思立微电子科技有限公司	9
番禺得意精密电子工业有限公司	21	广州	6	富士康（昆山）电脑接插件有限公司	12
深圳来电科技有限公司	21	深圳	4	深圳街电科技有限公司	13
广东天波教育科技有限公司	16	佛山	7	深圳市司诺贸易有限公司	7
深圳敦骏科技有限公司	16	深圳	9	三星（中国）投资有限公司	4
				惠州三星电子有限公司	4
广东顺德施瑞科技有限公司	13	佛山	2	周璇丽莎	10
				谢小彬	5

2.1.6 广东省专利无效案件无效宣告结果分析

2.1.6.1 广东省请求人专利无效案件无效宣告结果分析

请求人方面：广东省新一代信息技术产业无效案件审查结果全部无效案件数量最多，为 959 件；维持有效案件数量第二，为 833 件；部分无效案件数量第三，为 353 件（见图 2-1-13）。从趋势来看，近几年来，全部无效的占比高于维持有效的占比。上述结果一定程度表明，新一代信息技术产业作为请求人，广东的无效案件成功率占优。

广东省请求人在新一代信息技术产业无效宣告请求案件中，发明专利、实用新型专利全部无效的占比高，其中实用新型发明专利全部无效的占比达到 50.3%。外观设计专利维持有效的占比高，为 55.5%（见图 2-1-14）。上述结果一定程度表明无效案件实用新型专利来自广东省的请求人的成功率占优，而外观设计专利来自广东省的请求人成功率较低。

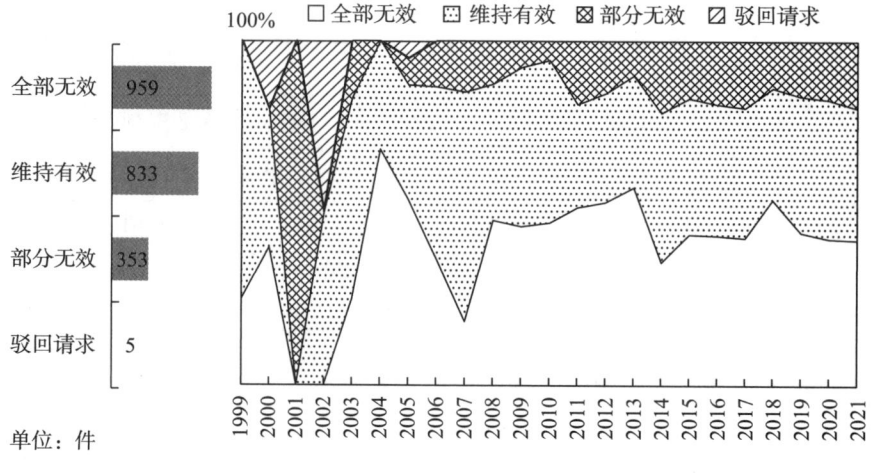

图 2-1-13　广东省新一代信息技术产业无效案件审查结果（请求人）

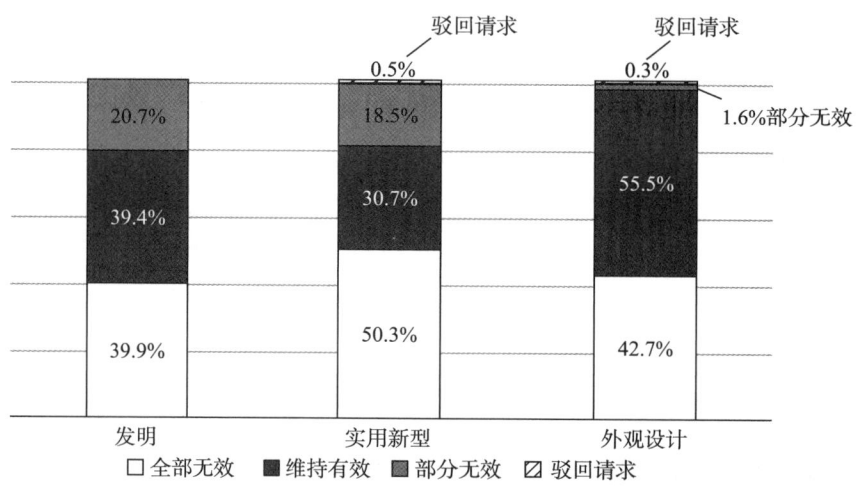

图 2-1-14　广东省新一代信息技术产业三种类型专利无效案件审查结果对比（请求人）

2.1.6.2　广东省专利权人专利无效案件无效宣告结果分析

专利权人方面：广东省新一代信息技术产业无效案件审查结果全部无效案件数量最多，为830件；维持有效案件数量其次，为759件；部分无效案件数量最少，为288件（见图2-1-15）。上述结果一定程度表明广东新一代信息技术产业专利授权质量、专利稳定性有待进一步提高。

从趋势来看，全部无效的占比变化并不稳定，呈波动状态。2004年广东省新一代信息技术领域全部无效率高达81.8%，同时，该领域专利维持有效的占比也呈波动状态，其中2003年和2008年的无效案件中维持有效率最高，为61.5%。

专利权人方面：广东省新一代信息技术产业无效案件实用新型专利全部无效的占比高，达到50.3%；外观设计专利和发明专利维持有效的占比高，分别为51.4%和50.3%（见图2-1-16）。上述结果一定程度表明广东省在该领域的实用新型专利被无效的难度较小，而外观设计专利和发明专利被宣告全部无效的难度较大。

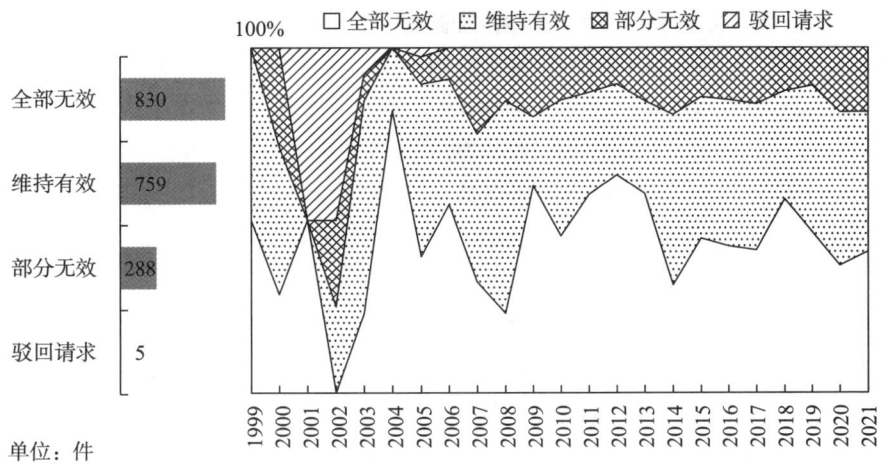

图2-1-15　广东省新一代信息技术产业无效案件审查结果（专利权人）

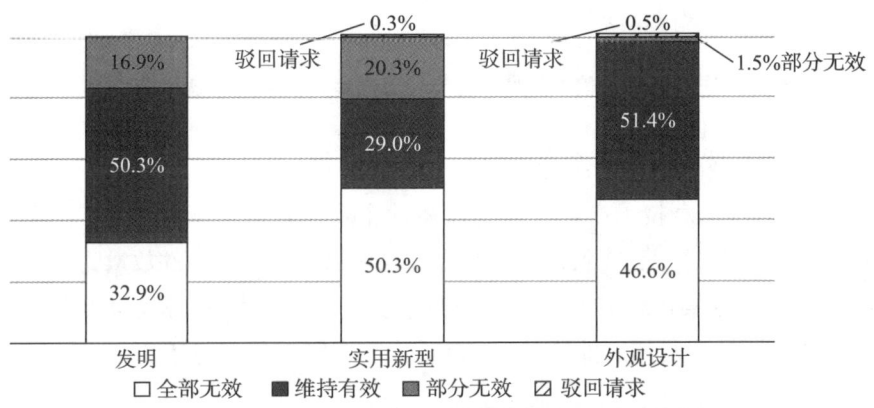

图2-1-16　广东省新一代信息技术产业三种类型专利无效案件审查结果对比（专利权人）

2.1.7　广东省专利无效案件无效理由分析

2.1.7.1　广东省请求人专利无效案件无效理由分析

从广东省新一代信息技术产业专利无效案件主要无效理由来看：广东省请求人以《专利法》❶第22条第3款创造性为理由最多，涉及的案件数量为1608件；其次是

---

❶ 为便于阅读，本书所涉及的《中华人民共和国专利法》《中华人民共和国专利法实施细则》分别用简称《专利法》《专利法实施细则》表述。

利法》第26条第4款不支持、不清楚的问题，涉及的案件数量为573件；《专利法》第22条第2款新颖性涉及的案件数量为470件，排名第三位（见图2-1-17）。

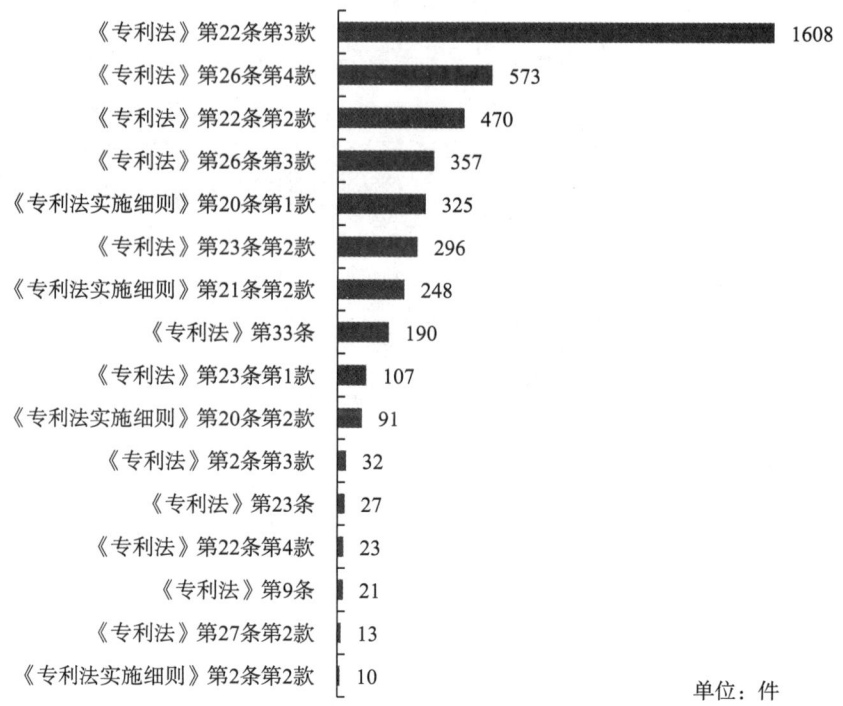

图 2-1-17 广东省新一代信息技术产业专利无效案件主要无效理由分析（请求人）

2.1.7.2 广东省专利权人专利无效案件无效理由分析

从广东省新一代信息技术产业专利无效案件主要无效理由来看：对广东省专利请求无效也主要以《专利法》第22条第3款创造性为理由，涉及的案件数量为1380件；其次是《专利法》第26条第4款不支持、不清楚问题，涉及的案件数量为418件；《专利法》第22条第2款新颖性涉及的案件数量为390件，排名第三位（见图2-1-18）。

2.1.8 广东省专利无效案件的沉寂期

专利沉寂期❶的分析能帮助观察专利技术的生命力和活跃程度，专利权人的技术储备策略，以及扫清市场障碍、提起侵权诉讼的时机等。

广东省请求人的新一代信息技术产业专利无效案件的沉寂期的总体年限为3.41年。从类型来看：发明专利的沉寂期年限最长，为4.65年；外观设计专利的沉寂期年限最短，为2.01年（见图2-1-19）。

---

❶ "沉寂期"是指专利被授权以后至被提起无效宣告请求时的年限（即授权日到无效宣告请求日的差值）。

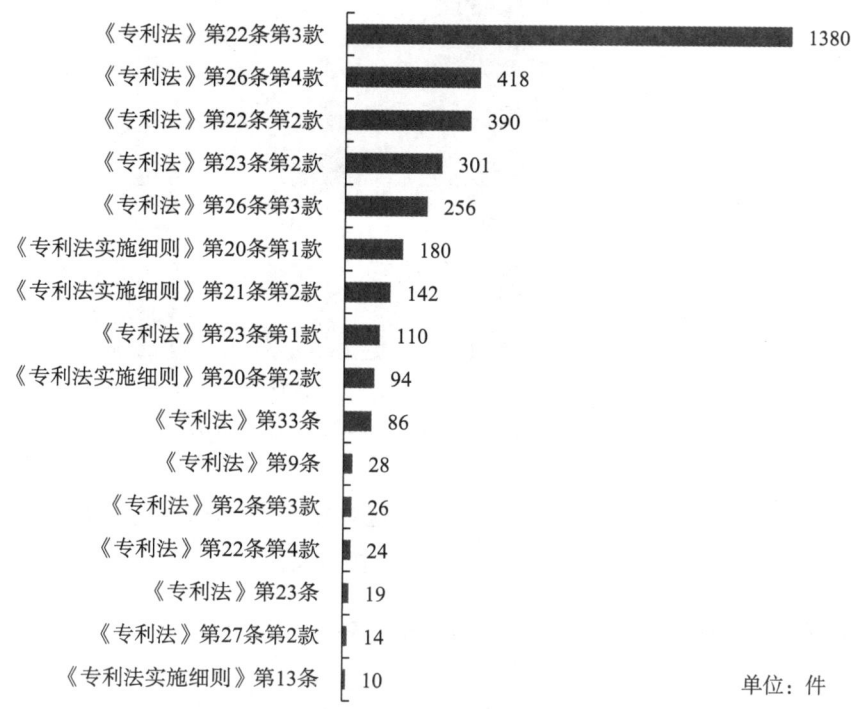

图 2-1-18　广东省新一代信息技术产业专利无效案件主要无效理由分析（专利权人）

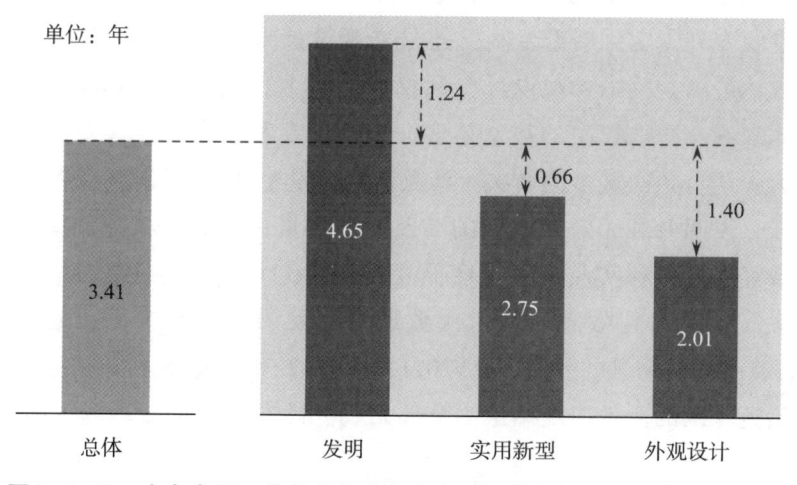

图 2-1-19　广东省新一代信息技术产业专利无效案件的沉寂期（请求人）

广东省专利权人的新一代信息技术产业专利无效案件的专利沉寂期的总体年限为 2.85 年。从专利类型来看：发明专利的沉寂期年限最长，平均为 3.82 年；外观设计专利的沉寂期年限最短，平均为 1.92 年（见图 2-1-20）。

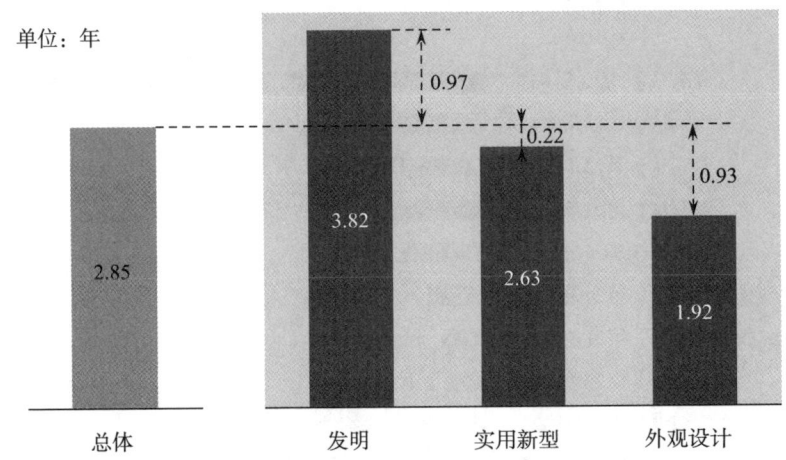

图 2-1-20　广东省新一代信息技术产业专利无效案件的沉寂期（专利权人）

外观设计专利与实用新型专利和发明专利这些技术类专利相比专利沉寂期短，这与外观设计专利关联产品进入市场更加迅速和直接有关。

2.1.9　广东省专利无效案件无效请求频次分布

2.1.9.1　广东省请求人专利无效案件无效请求频次分布

广东省请求人的新一代信息技术产业无效结案案件请求频次❶总体来看，仅被提起1次无效宣告请求的专利数量最多，涉及专利1392件，占比为81.2%；从专利类型来看，无论是发明专利、实用新型专利，还是外观设计专利，仅被提起1次无效宣告请求的专利量占比最高，其中外观设计专利仅被提起1次无效宣告请求的专利占比达到84.1%。整体来看：请求频次的数量越多，涉及的专利数量越少，专利被宣告全部无效的难度越大；请求频次最多为8次，涉及专利数量1件（见图2-1-21）。

横向比较，发明专利无效频次多的涉及专利数量占比高于实用新型专利、外观专利。这与其曾经经过专利实质审查程序而获得授权、专利稳定性较高、专利权被无效的难度大有关。被提出无效宣告请求次数最多的发明专利有1件，是余耀国拥有的"贴片机的贴装结构和贴装方法"（CN201110189382.3）。该专利共被提出了8次无效宣告请求，最近1次的无效决定结论为全部无效，具体信息如表2-1-3所示。

---

❶ 在此需要说明的是，"请求频次"为国家知识产权局专利局复审与无效审理部作出审查决定的无效请求案件数，如三个无效请求合并审查作出一份审查决定，请求频次为三次；再如当事人提出一次无效请求，复审与无效审理部作出无效决定后又被法院撤销，判令重新作出审查决定的案件，在数据中也会显示为被提出两次无效请求。

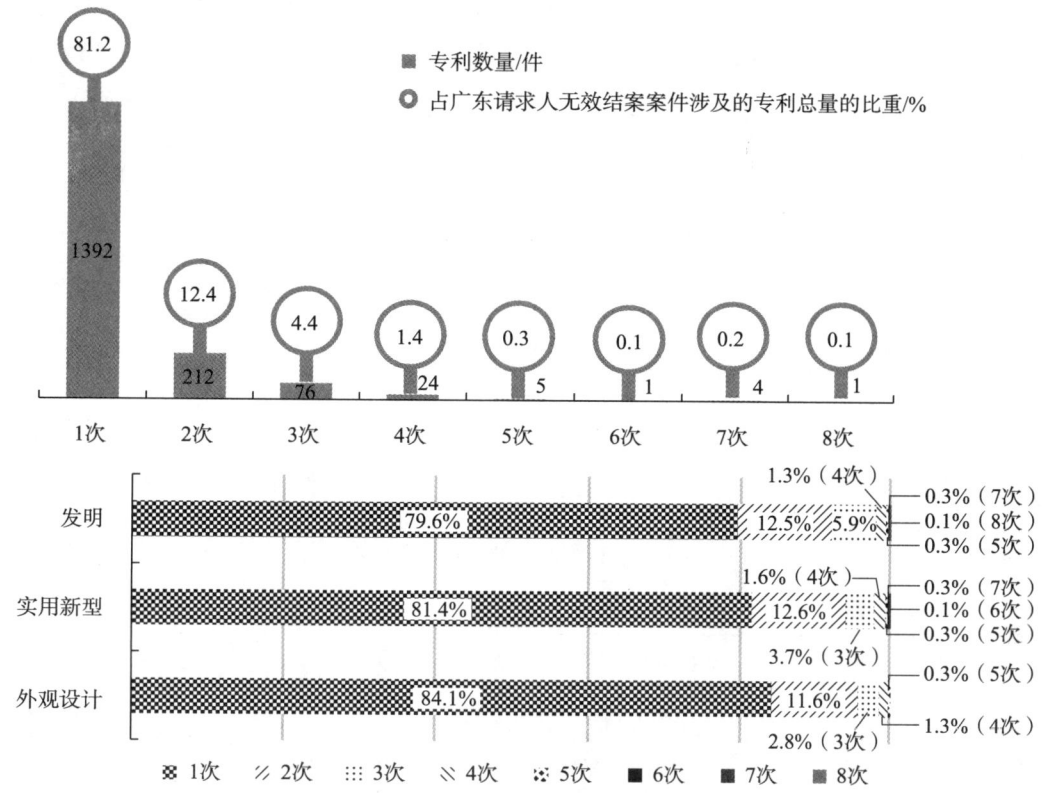

图 2-1-21 广东省新一代信息技术产业无效结案案件请求频次分布（请求人）

表 2-1-3 广东省新一代信息技术产业无效请求频次高代表发明专利相关信息（请求人）

决定日	案件号	请求人	案件结论
20211228	4W113552	深圳市朋科自动化设备有限公司	全部无效
20211228	4W113548	深圳市森阳智能制造装备有限公司	全部无效
20211228	4W110590	深圳市朋科自动化设备有限公司	全部无效
20200709	4W109944	深圳市朋科自动化设备有限公司	部分无效
20200709	4W109943	深圳市森阳智能制造装备有限公司	部分无效
20191126	4W109041	深圳市朋科自动化设备有限公司	维持有效
20191126	4W108986	深圳市森阳智能制造装备有限公司	维持有效
20150429	4W103359	深圳市森阳流体自动化有限公司	维持有效

被提出无效宣告请求次数最多的实用新型专利共计 2 件，都被提出了 7 次无效宣告请求，分别是徐孝海拥有的"空心对管轴键盘"（CN201520064963.8），最近 1 次的无效决定结论为部分无效，以及东莞欧陆电子有限公司拥有的"多国型转接器"（CN200620015634.5），最近 1 次的无效决定结论为维持有效，具体信息如（见表 2-1-4）。

表 2-1-4　广东省新一代信息技术产业无效请求频次高代表实用新型专利相关信息（请求人）

决定日	案件号	请求人	专利号及专利权人	案件结论
220211129	5W123980	东莞市名键电子科技有限公司	CN201520064963.8，徐孝海	部分无效
20211129	5W120128	李梓煜		部分无效
20211129	5W118099	深圳市鼎隆盛塑胶模具有限公司		部分无效
20211129	5W117919	丘舒逸		部分无效
20190304	5W115933	深圳市宝安区沙井本手电子厂		部分无效
20190304	5W115477	深圳市跬步电子有限公司		部分无效
20170731	5W111710	深圳市跬步电子有限公司		维持有效
20170703	5W112092	东莞市万旅电器有限公司	CN200620015634.5，东莞欧陆电子有限公司	维持有效
20150818	5W108111	赵云		维持有效
20150818	5W108033	深圳市华美兴泰科技有限公司		维持有效
20150129	5W106879	深圳市华美兴泰科技有限公司		维持有效
20150129	5W106744	东莞市灿烨电器有限公司		维持有效
20141225	5W106545	东莞市商旅宝电子科技有限公司		维持有效
20140403	5W105221	东莞市商旅宝电子科技有限公司		维持有效

被提出无效宣告请求次数最多的外观设计专利共计 1 件，总被提出了 5 次，是深圳高迪数码有限公司拥有的"打猎相机（H8W）"（CN201530297448.X），最近 1 次的无效决定结论为维持有效，具体信息如表 2-1-5 所示。

表 2-1-5　广东省新一代信息技术产业无效请求频次高代表外观设计专利相关信息（请求人）

决定日	案件号	请求人	案件结论
20210317	6W116944	深圳市启越智能科技有限公司	维持有效
20210317	6W116381	深圳市泽行科技有限公司	维持有效
20200804	6W115070	深圳市启越智能科技有限公司	维持有效

续表

决定日	案件号	请求人	案件结论
20200514	6W114532	深圳市泽行科技有限公司	维持有效
20200113	6W113412	深圳市启越智能科技有限公司	维持有效

2.1.9.2 广东省专利权人专利无效案件无效请求频次分布

广东省新一代信息技术产业的专利无效结案案件请求频次总体来看，仅被提起1次无效宣告请求的专利数量最多，涉及专利1203件，占比为81.7%；从专利类型来看，无论是发明专利、实用新型专利，还是外观设计专利，仅被提起1次无效宣告请求的专利占比最高，其中外观设计专利仅被提起1次无效宣告请求的专利量占比高达85.8%。整体来看：请求频次的数量越多，涉及的专利数量越少，专利被无效难度越大；请求频次最多为8次，涉及专利数量1件（见图2-1-22）。从横向比较来看，发明专利无效频次多的涉及专利数量占比高于实用新型专利、外观专利，这与发明专利经实质审查程序而获得授权、无效难度大有关。

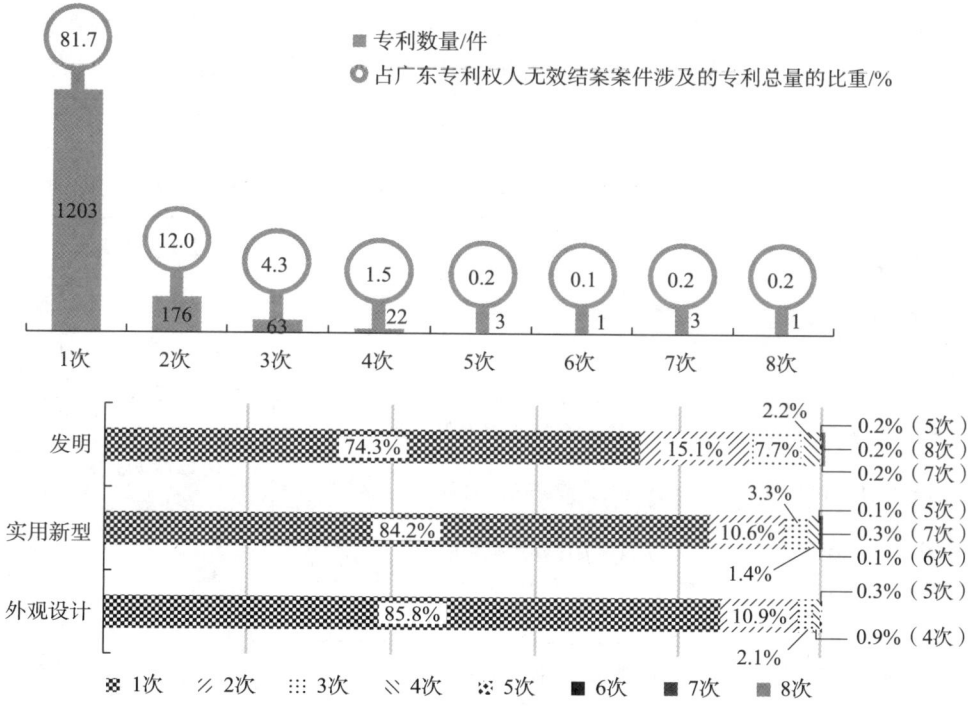

图2-1-22 广东省新一代信息技术产业无效结案案件请求频次分布（专利权人）

被提出无效宣告请求次数最多的发明专利有1件，也是余耀国拥有的"贴片机的贴装结构和贴装方法"（CN201110189382.3），该专利共被实际提出了8次无效宣告请求，最近1次的无效决定结论为全部无效，具体信息如表2-1-6所示。

表 2-1-6　广东省新一代信息技术产业无效请求频次高代表发明专利相关信息（专利权人）

决定日	案件号	请求人	案件结论
20211228	4W113552	深圳市鹏科自动化设备有限公司	全部无效
20211228	4W113548	深圳市森阳智能制造装备有限公司	全部无效
20211228	4W110590	深圳市鹏科自动化设备有限公司	全部无效
20200709	4W109944	深圳市鹏科自动化设备有限公司	部分无效
20200709	4W109943	深圳市森阳智能制造装备有限公司	部分无效
20191126	4W109041	深圳市鹏科自动化设备有限公司	维持有效
20191126	4W108986	深圳市森阳智能制造装备有限公司	维持有效
20150429	4W103359	深圳市森阳流体自动化有限公司	维持有效

被提出无效宣告请求次数最多的实用新型专利共计 2 件，都被提出了 7 次无效宣告请求，分别是徐孝海拥有的"空心对管轴键盘"（CN201520064963.8），最近 1 次的无效决定结论为部分无效，以及东莞欧陆电子有限公司拥有的"多国型转接器"（CN200620015634.5），最近 1 次的无效决定结论为维持有效，具体信息如表 2-1-7 所示。

表 2-1-7　广东省新一代信息技术产业无效请求频次高代表实用新型专利相关信息（专利权人）

决定日	案件号	请求人	专利号及专利权人	案件结论
20211129	5W123980	东莞市名键电子科技有限公司		部分无效
20211129	5W120128	李梓煜		部分无效
20211129	5W118099	深圳市鼎隆盛塑胶模具有限公司	CN201520064963.8，徐孝海	部分无效
20211129	5W117919	丘舒逸		部分无效
20190304	5W115933	深圳市宝安区沙井本手电子厂		部分无效
20190304	5W115477	深圳市跬步电子有限公司		部分无效
20170731	5W111710	深圳市跬步电子有限公司		维持有效

续表

决定日	案件号	请求人	专利号及专利权人	案件结论
20170703	5W112092	东莞市万旅电器有限公司	CN200620015634.5，东莞欧陆电子有限公司	维持有效
20150818	5W108111	赵云		维持有效
20150818	5W108033	深圳市华美兴泰科技有限公司		维持有效
20150129	5W106879	深圳市华美兴泰科技有限公司		维持有效
20150129	5W106744	东莞市灿烨电器有限公司		维持有效
20141225	5W106545	东莞市商旅宝电子科技有限公司		维持有效
20140403	5W105221	东莞市商旅宝电子科技有限公司		维持有效

被提出无效宣告请求次数最多的外观设计专利共计 1 件，总被提出了 5 次无效宣告请求，是深圳高迪数码有限公司拥有的"打猎相机（H8W）"（CN201530297448.X），最近 1 次的无效决定结论为维持有效，该专利的权利稳定性较强，具体信息如表 2-1-8 所示。

表 2-1-8 广东省新一代信息技术产业无效请求频次高代表外观设计专利相关信息（专利权人）

决定日	案件号	请求人	案件结论
20210317	6W116944	深圳市启越智能科技有限公司	维持有效
20210317	6W116381	深圳市泽行科技有限公司	维持有效
20200804	6W115070	深圳市启越智能科技有限公司	维持有效
20200514	6W114532	深圳市泽行科技有限公司	维持有效
20200113	6W113412	深圳市启越智能科技有限公司	维持有效

2.1.10 广东省专利无效案件技术领域分析

2.1.10.1 广东省请求人专利无效案件技术领域分析

从广东省新一代信息技术产业❶无效结案案件专利技术布局（请求人）来看，通

---

❶ 新一代信息技术产业具有知识密集、技术迭代快速频繁、与其他行业融合交叉较多的特点，专利无效和侵权诉讼案件一般发生在专利授权之后，案件体现的相关技术往往滞后于新一代信息技术产业的最新技术，因此本项目新一代信息技术产业分类采用自下而上的方式，通过案件的标引，结合新一代信息技术产业细分领域特点对标引结果进行归类形成，具体包括通信、计算机设备、电连接、耳机扬声器、语音视频图像技术、电子电路、显示装置、检测控制装置、智能设备及系统、电源、车载设备、半导体、机器人飞行器等。

信领域最多,为768件;计算机设备排名第二位,为309件。专利无效案件数量超过100件的细分领域还有语音视频图像技术(180件)、耳机扬声器(165件)、电连接(157件)和显示装置(106件),分列第三至第六位(见图2-1-23)。上述结果一定程度表明通信领域、计算机设备领域在广东省新一代信息技术产业中关注度高、产业基础好、专利纠纷发生频繁。

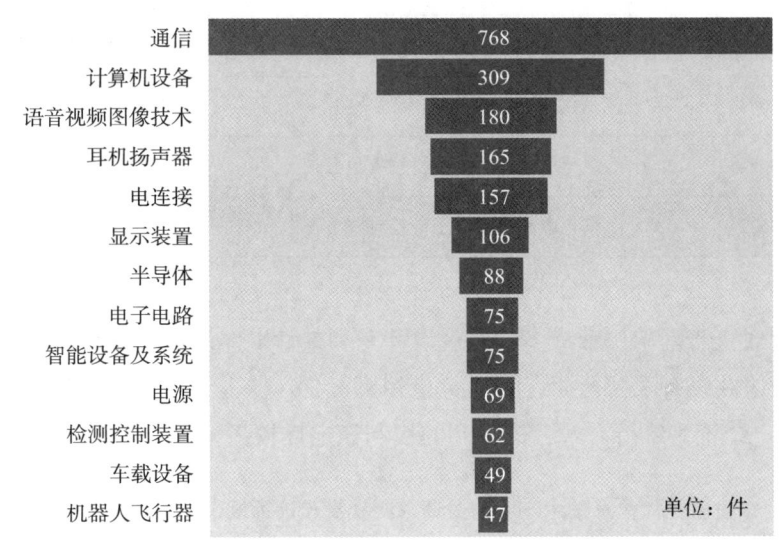

图2-1-23　广东省新一代信息技术产业无效结案案件专利技术布局(请求人)

从广东省新一代信息技术产业各技术分支无效结案案件量变化趋势(请求人)来看(见图2-1-24),通信领域早期结案案件数量少,2014年专利结案量激增,达到138件,此后又迅速下降,2017年又有一定幅度增加,为100件,此后呈平稳上升态势,2020年专利无效结案量为108件。

半导体领域专利无效结案量2008年最多,为22件;机器人飞行器集中在2017年和2018年,分别为20件和12件;其他主要技术分支无效结案案件数量变化趋势波动不大,趋于较为平稳态势。整体来看,近年来无效结案案件数量相对较多。

从广东省新一代信息技术产业各技术分支无效结案案件专利类型(请求人)来看,通信领域以发明专利为主,计算机设备、语音视频图像技术、电连接、显示装置、半导体、电子电路、检测控制装置、机器人飞行器领域实用新型专利数量多(见图2-1-25)。

从广东省新一代信息技术产业各技术分支无效结案案件审查结果(请求人)来看,通信领域、计算机设备、语音视频图像技术、显示装置、检测控制装置机器人飞行器领域全部无效案件数量多(见图2-1-26),表明广东省请求人在这些领域宣告对方当事人专利无效案件的成功率高。

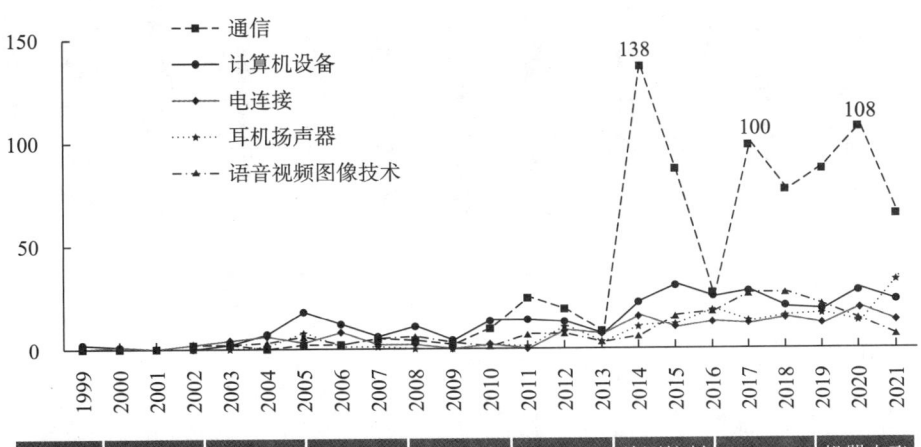

决定年	显示装置	半导体	电子电路	智能设备及系统	电源	检测控制装置	车载设备	机器人飞行器
1999	1	—	—	1	—	—	—	—
2000	—	—	—	1	—	—	—	—
2001	—	—	—	—	—	—	—	—
2002	—	—	—	—	—	—	1	—
2003	—	1	—	—	—	1	—	—
2004	—	1	—	1	—	—	—	—
2005	—	2	—	—	—	—	—	—
2006	—	3	—	2	—	—	—	—
2007	2	4	—	—	—	2	—	—
2008	—	22	—	1	—	2	—	—
2009	—	1	—	3	—	—	—	—
2010	4	1	2	—	—	—	—	—
2011	2	1	2	—	—	2	6	—
2012	5	5	3	—	—	—	7	—
2013	1	—	3	2	2	2	2	—
2014	4	1	3	2	10	4	3	—
2015	9	6	3	3	5	3	3	1
2016	11	—	5	1	8	5	1	—
2017	9	1	7	—	9	8	4	20
2018	25	12	15	14	13	11	8	12
2019	9	9	9	13	10	9	5	3
2020	16	10	16	19	—	6	3	6
2021	8	8	7	12	7	7	6	5

图 2-1-24 广东省新一代信息技术产业各技术分支无效结案量变化趋势（请求人）

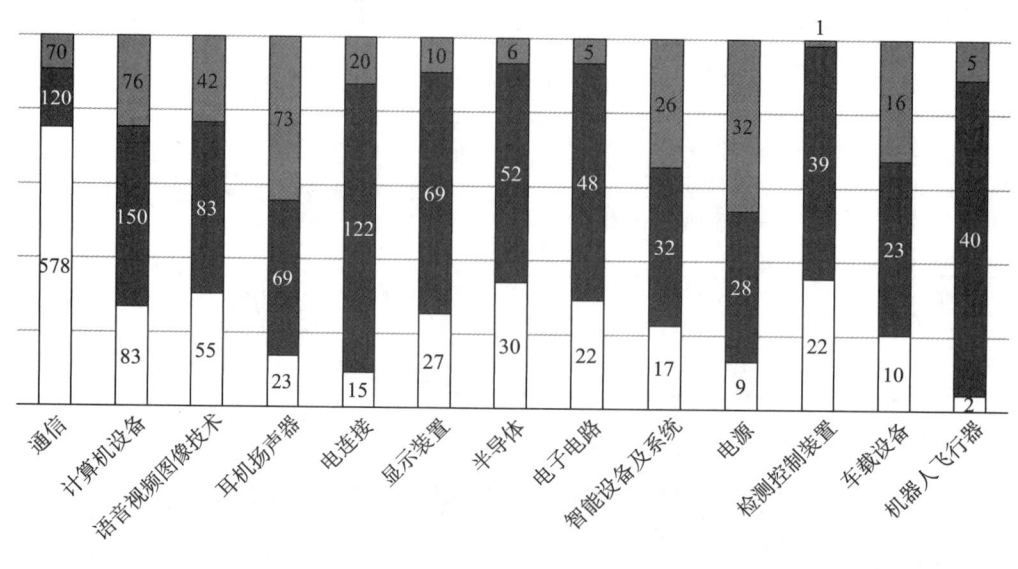

图 2-1-25　广东省新一代信息技术产业各技术分支专利无效结案案件专利类型（请求人）

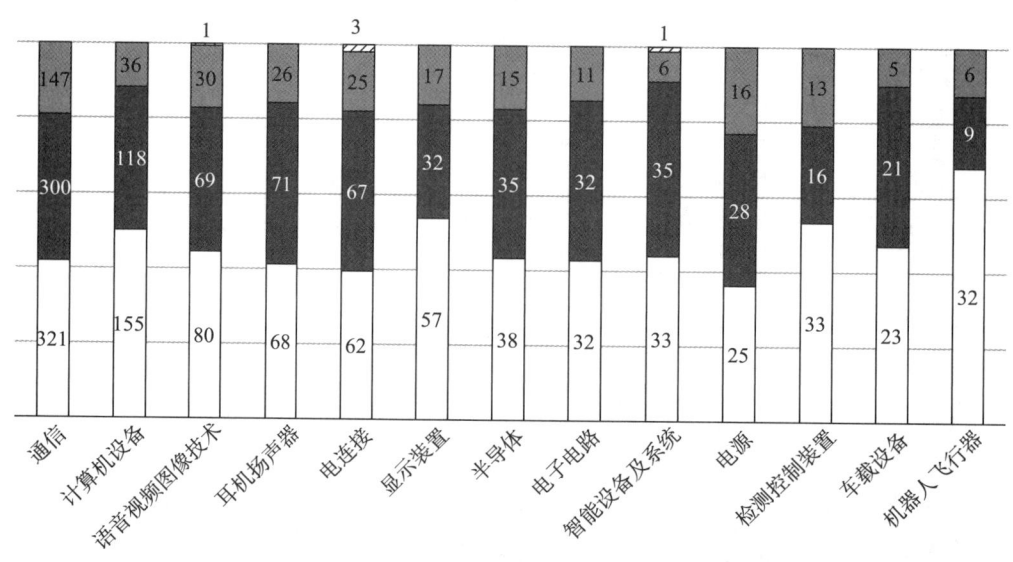

图 2-1-26　广东省新一代信息技术产业各技术分支专利无效结案案件审查结果（请求人）

2.1.10.2　广东省专利权人专利无效案件技术领域分析

从广东省新一代信息技术产业无效结案案件专利技术布局（专利权人）来看，通信领域最多，为 498 件，计算机设备第二，为 286 件。技术布局案件数量超过 100 件的还有电连接（172 件）、耳机扬声器（168 件）、语音视频图像技术（157 件）、电子电路（114件）和显示装置（112件），分列第三至第七位（见图2-1-27）。上述结果一定程度表明广东省新一代信息技术产业中的通信领域、计算机设备领域专利技术布局量大，市场关注度高，专利纠纷较多。

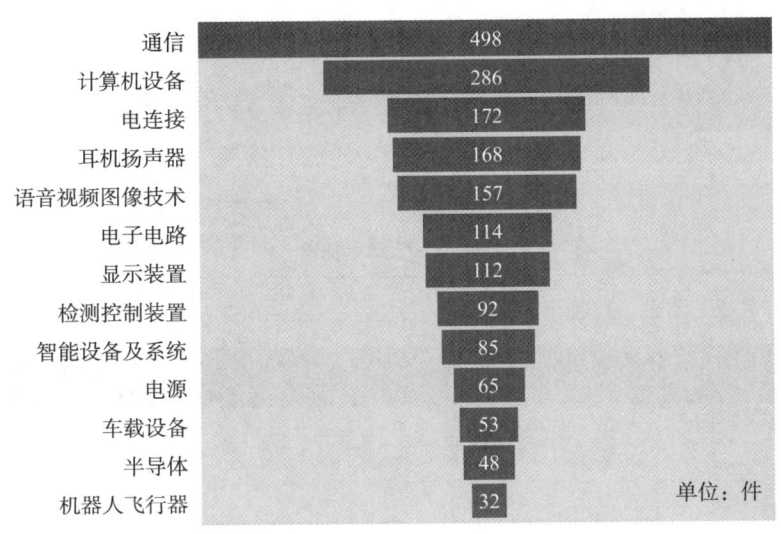

图2-1-27 广东省新一代信息技术产业无效结案案件专利技术布局（专利权人）

从广东省新一代信息技术产业各技术分支无效结案案件量变化趋势（专利权人）来看，通信领域专利无效案件震荡式增长，早期专利无效结案案件数量少，2014年专利无效结案量激增，达到78件，之后迅速下降，2017年又有一定幅度增加，为70件，此后呈平稳上升态势。其他主要技术分支无效结案案件专利变化趋势波动不大，趋于平稳态势，整体来看近年来无效结案案件数量相对较多（见图2-1-28）。

从广东省新一代信息技术产业各技术分支无效结案案件专利类型（专利权人）来看，通信领域发明专利占主体，计算机设备、电连接、语音视频图像技术、电子电路、显示装置、检测控制装置、智能设备及系统、车载设备、机器人飞行器领域实用新型专利数量多（见图2-1-29）。

从广东省新一代信息技术产业各技术分支无效结案案件审查结果（专利权人）来看，通信领域、电连接、耳机扬声器领域维持有效专利案件数量多（见图2-1-30），一定程度表明广东省新一代信息技术产业这些领域专利授权质量高，专利无效程序中权利维持有效率占优。

显示装置、语音视频图像技术、电子电路、显示装置、检测控制装置、智能设备及系统、车载设备、半导体、机器人飞行器领域全部无效专利案件数量多，表明广东省新一代信息技术产业在这些领域专利授权质量和专利权维持有效率有待提高。

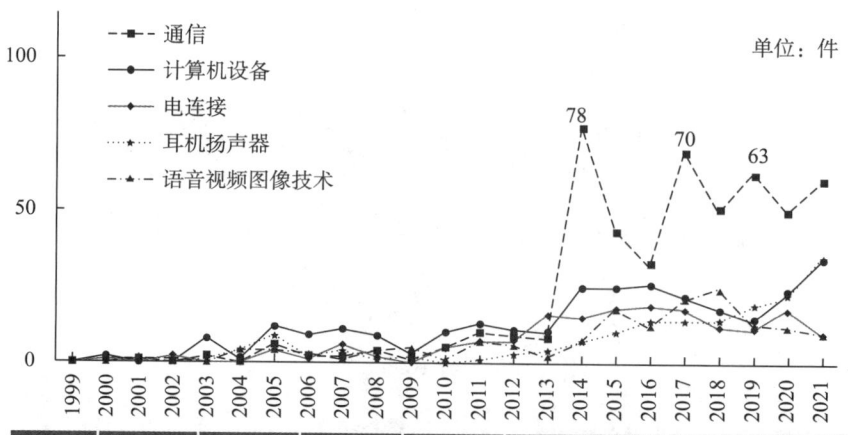

决定年	电子电路	显示装置	检测控制装置	智能设备及系统	电源	车载设备	半导体	机器人飞行器
1999	—	1	—	1	—	—	—	—
2000	—	1	—	—	—	—	—	—
2001	—	—	—	—	—	—	—	—
2002	—	—	—	—	—	1	—	—
2003	—	—	2	—	—	—	—	—
2004	—	1	1	—	—	—	—	—
2005	—	—	—	1	—	1	1	—
2006	—	—	1	3	1	—	—	—
2007	—	—	3	1	—	—	—	—
2008	—	—	3	3	—	—	—	—
2009	—	1	1	1	—	—	1	—
2010	3	3	—	1	—	1	4	—
2011	3	2	5	—	—	5	1	—
2012	3	5	—	2	—	6	5	—
2013	2	1	3	3	2	—	—	—
2014	6	4	7	2	7	1	—	1
2015	10	12	7	4	5	1	6	1
2016	8	11	5	—	7	2	2	1
2017	11	8	4	—	8	4	1	2
2018	24	23	10	10	15	10	8	4
2019	13	13	9	16	9	8	8	4
2020	20	16	8	19	5	5	4	7
2021	11	11	23	16	6	7	7	12

图 2-1-28 广东省新一代信息技术产业各技术分支无效结案量变化趋势（专利权人）

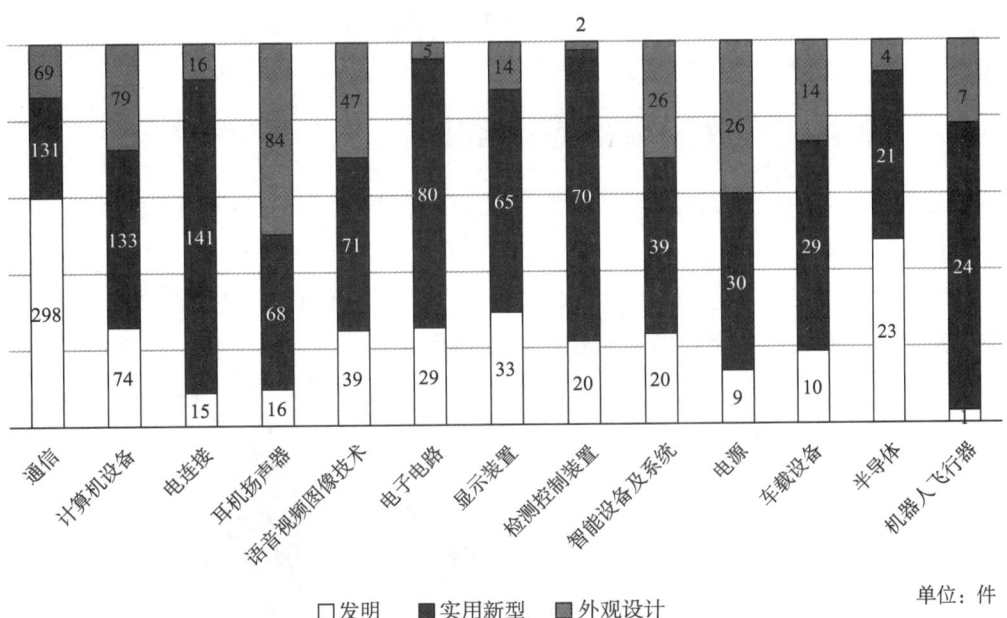

图 2-1-29　广东省新一代信息技术产业各技术分支专利无效结案案件专利类型（专利权人）

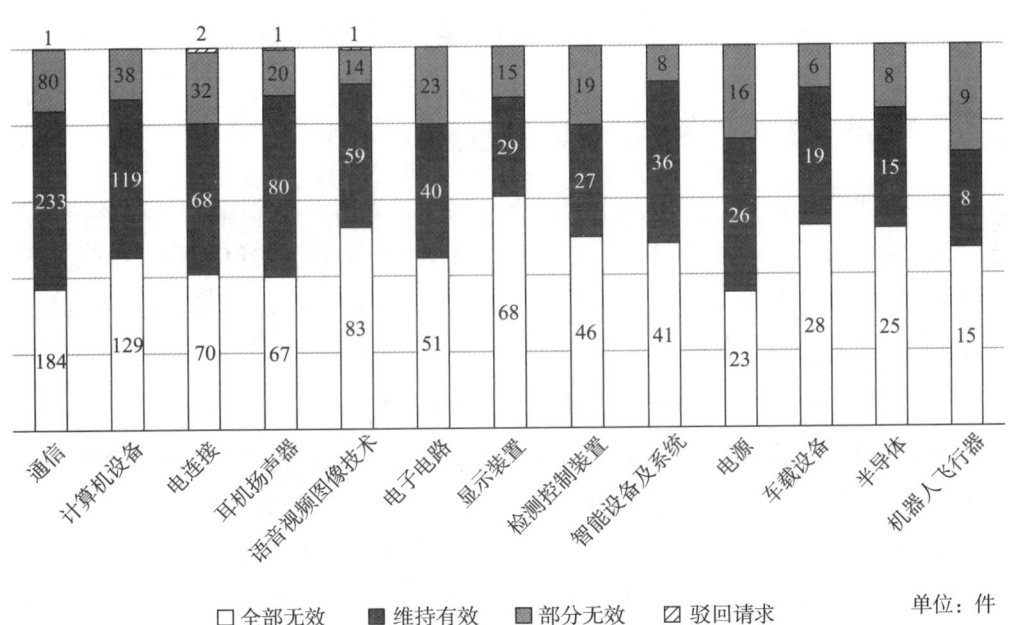

图 2-1-30　广东省新一代信息技术产业各技术分支专利无效结案案件审查结果（专利权人）

2.2 生物产业

2.2.1 广东省专利无效案件结案总体情况

审查决定发文日截至 2021 年 12 月 31 日，广东省生物产业专利无效决定共计 886 件❶（涉及专利共计 744 件），其中请求人来自广东省的专利无效决定有 533 件（涉及专利 455 件），专利权人为广东省的有 651 件（涉及专利 538 件）（见图 2-2-1）。生物领域广东省请求他人专利无效的数量比广东被请求无效的专利多一些。

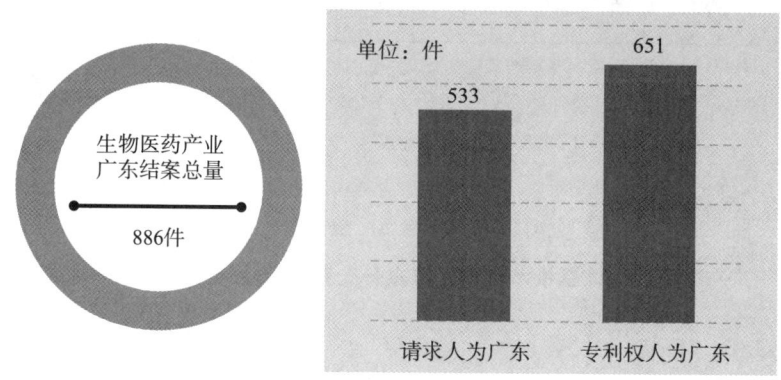

图 2-2-1 广东省生物产业专利无效案件结案总体情况

2.2.2 广东省专利无效案件结案量变化趋势

从总体案件数量来看，广东省生物产业专利无效案件年度结案数量总体呈上升的趋势，2021 年结案数量达到高峰，为 132 件；从增长率来看，2014 年增长率最为突出，达到 109.5%（见图 2-2-2）。随着生物技术的进一步成熟和应用，未来广东省生物产业专利无效案件将持续增长。

2.2.2.1 广东省专利无效案件结案量请求人变化趋势

从请求人案件数量来看，广东省生物产业请求人专利无效案件年度结案数量总体呈上升趋势，2017 年结案数量达到高峰，为 83 件，此后有所下降，2020 年又达到 80 件；从增长率来看，2017 年增长率最为突出，达到 88.6%（见图 2-2-3）。

2.2.2.2 广东省专利无效案件结案量专利权人变化趋势

从专利权人案件数量来看，广东省生物产业专利权人专利无效案件年度结案数量总体呈上升的趋势，2021 年结案数量达到高峰，为 112 件；从增长率来看，2016 年增

---

❶ "件"代表的是专利无效结案案件数量（案件号）。

长率最为突出,达到112.5%(见图2-2-4)。未来随着该领域的竞争加剧,广东省生物产业领域专利被请求宣告无效的案件数量将持续增加。

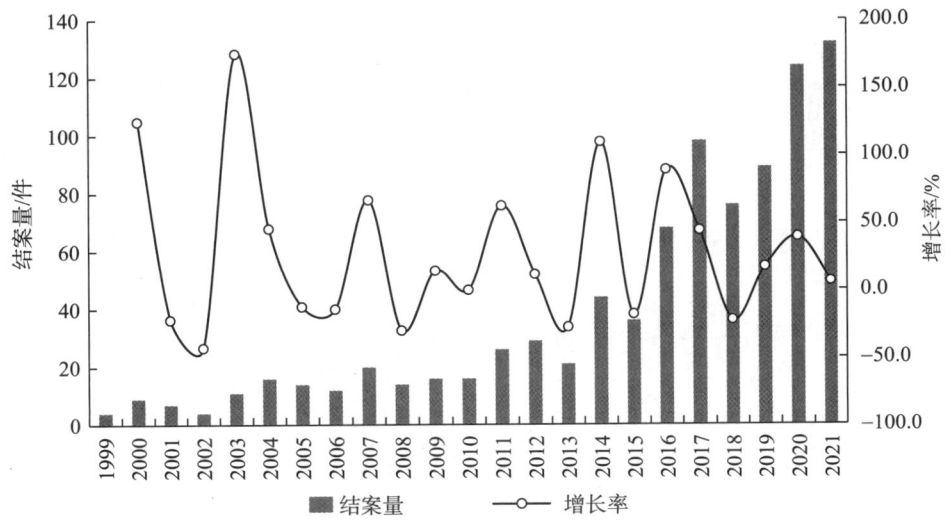

图 2-2-2 广东省生物产业无效案件结案量变化趋势

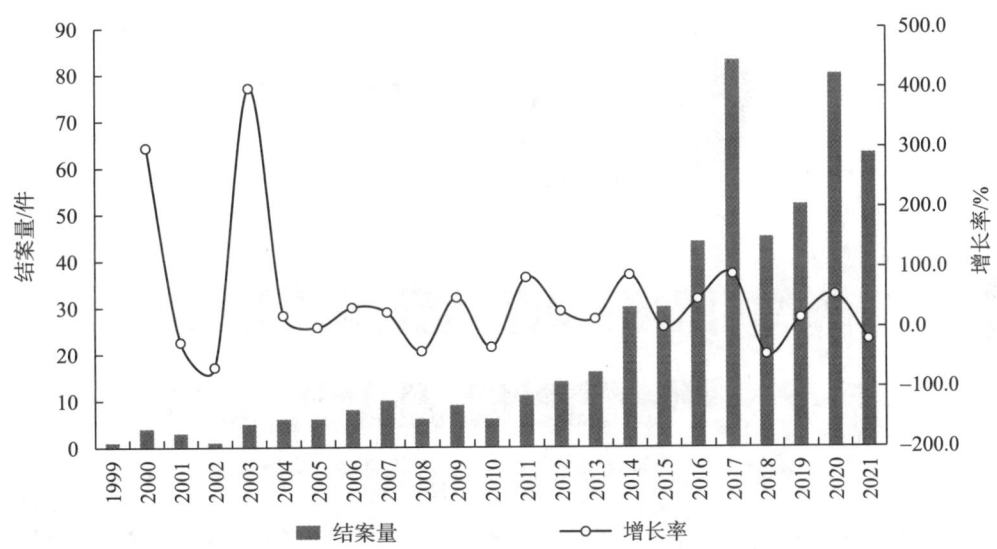

图 2-2-3 广东省生物产业请求人无效案件结案量变化趋势

2.2.3 广东省专利无效案件专利类型分析

如图 2-2-5 所示,从总体专利类型来看,广东省生物产业专利无效结案发明专利数量最少,为 228 件,占总结案数量的 25.7%;实用新型专利数量最多,为 417 件,占总结案量的 47.1%;外观设计专利无效案件数量为 241 件,占总结案量的 27.2%。生物产业涉及无效宣告的专利中实用新型专利较多。

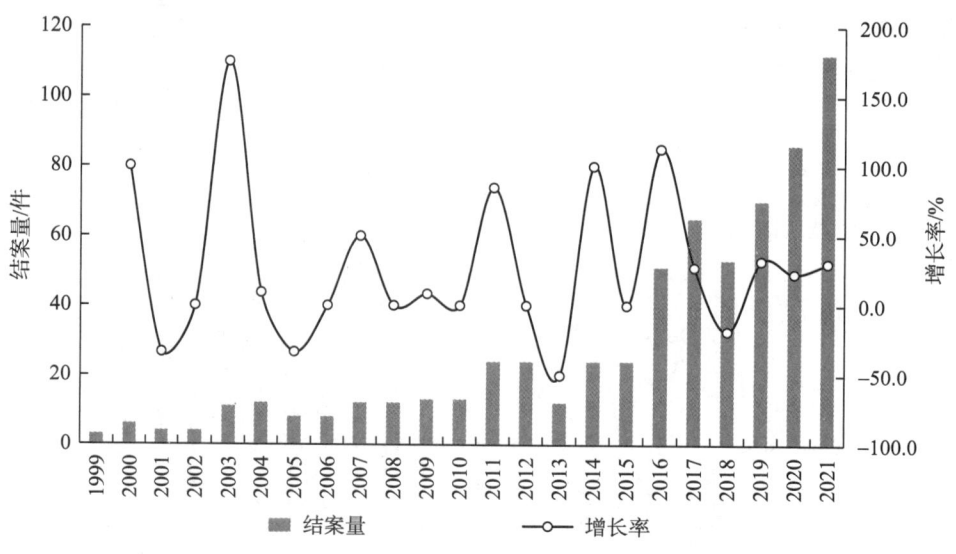

图 2-2-4　广东省生物产业专利权人无效案件结案量变化趋势

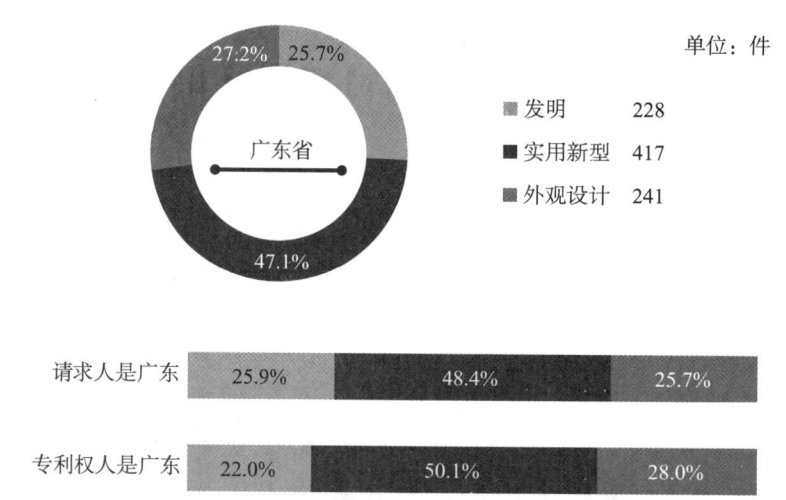

图 2-2-5　广东省生物产业专利无效案件专利类型分析

从请求人的专利类型占比来看：广东省生物产业专利无效结案外观专利数量占比最低，为 25.7%；实用新型专利数量占比最高，为 48.4%；发明专利数量占比为 25.9%。广东省请求他人专利无效也以实用新型专利为主。

从专利权人的专利类型占比来看：广东省生物产业专利无效结案发明专利数量占比最低，为 22.0%；实用新型专利数量占比最高，为 50.1%；外观设计专利数量占比为 28.0%。广东省被请求无效的专利类型也是以实用新型专利为主。

从广东省生物产业专利无效案件三种类型结案量变化趋势来看：发明专利无效结案数量早期少，整体呈波动上升态势，2020 年结案量达到峰值，为 35 件；实用新型专利无效结案数量整体呈波动上升态势，2016年结案数量迅速增长，为43件，此后略有下降，2021年结案量达到峰值，为71件；外观设计专利结案量呈缓慢发展态势，2017年结案数量迅速增长，为40件，此后略有下降。结案量年度占比方面：整体来看，实用新型专利结案的占比明显高于其他两种专利类型的结案占比，2010年和2012年发明专利结案量的占比较为突出（见图2-2-6）。

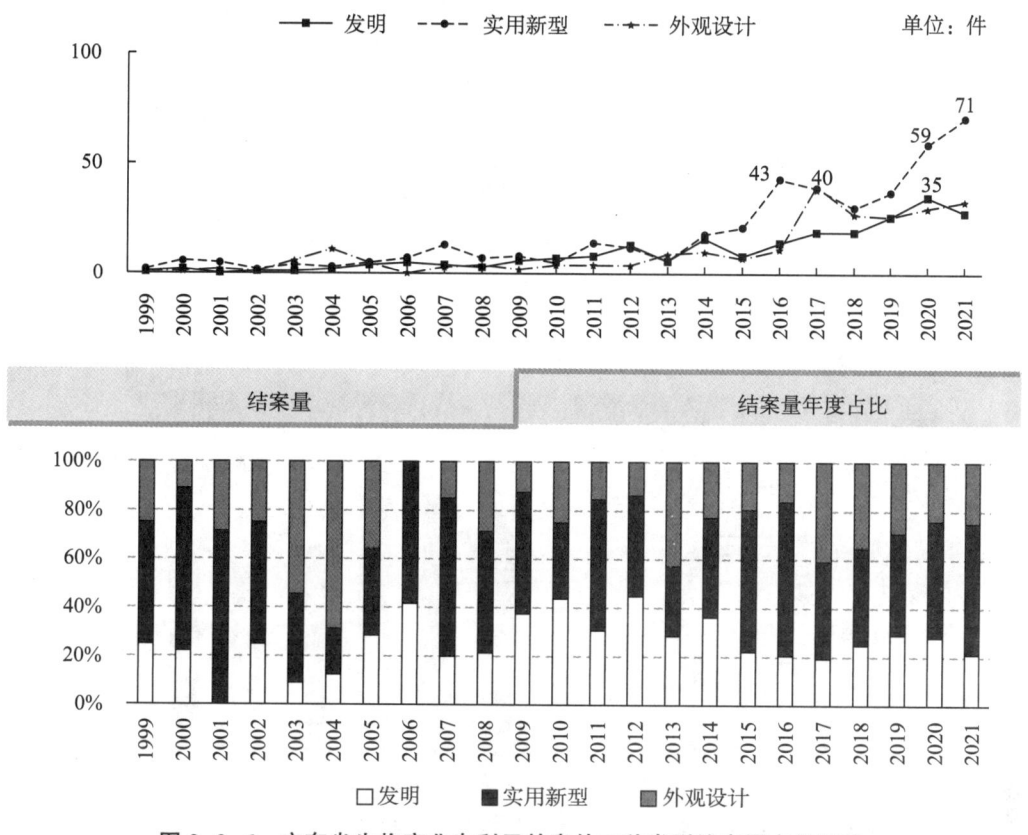

图2-2-6　广东省生物产业专利无效案件三种类型结案量变化趋势

2.2.4　广东省专利无效案件专利来源地分析

2.2.4.1　广东省专利无效案件专利请求人来源地

从广东省生物产业请求人的专利无效案件地市分布来看：案件数量排名第一位的请求人来自深圳市，有211件；请求人来自广州市的专利无效案件146件，排名广东省第二位，专利无效案件数量均超过100件；排名第三到第五位的分别为佛山市（48件）、东莞市（44件）和中山市（35件）（见图2-2-7）。

从广东省生物产业请求人的专利无效案件专利权人的区域分布来看：中国本土有473件，占比为88.7%；国外来华60件，占比11.3%。中国本土方面，非广东有176件，占比37.1%，主要来自北京（17件）、四川（15件）、安徽（15件）（见图2-2-8）。

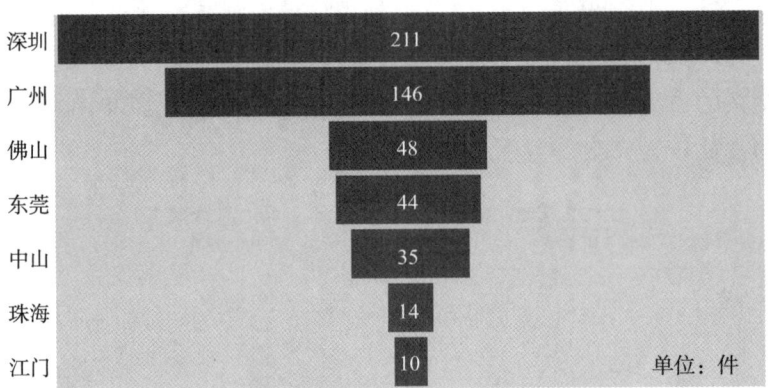

图 2-2-7　广东省生物产业请求人的专利无效案件主要地市分布

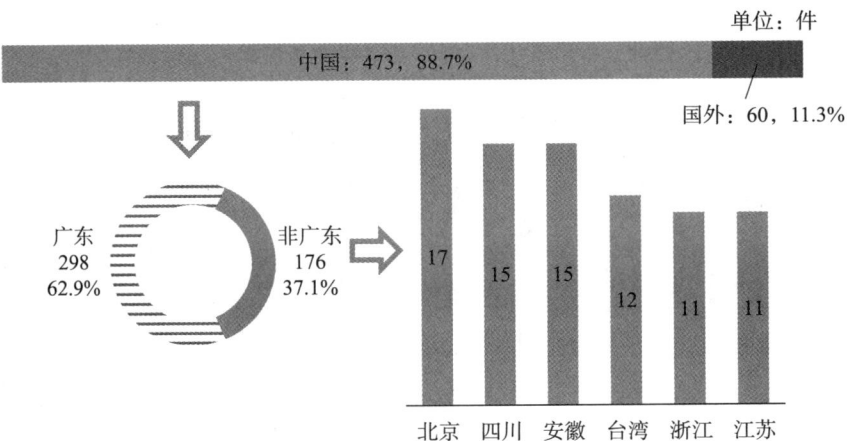

图 2-2-8　广东省生物产业请求人的专利无效案件专利权人的区域分布

2.2.4.2　广东省专利无效案件专利权人来源地

从广东省生物产业专利权人的专利无效案件地市分布来看：专利权人来自深圳的最多，为 291 件；专利权人来自广州 168 件，排名第二，案件数量均超过 100 件。排名第三到第五的分别为东莞（57 件）、佛山（55 件）和珠海（23 件）（见图 2-2-9）。

从广东省生物产业专利权人的专利无效案件请求人的区域分布来看：中国本土非常突出，有 630 件，占比为 96.8%；国外来华仅 21 件，占比 3.2%。中国本土方面，非广东有 272 件，占比 47.7%，主要来自北京（47 件）、江苏（27 件）、浙江（25 件）（见图 2-2-10）。

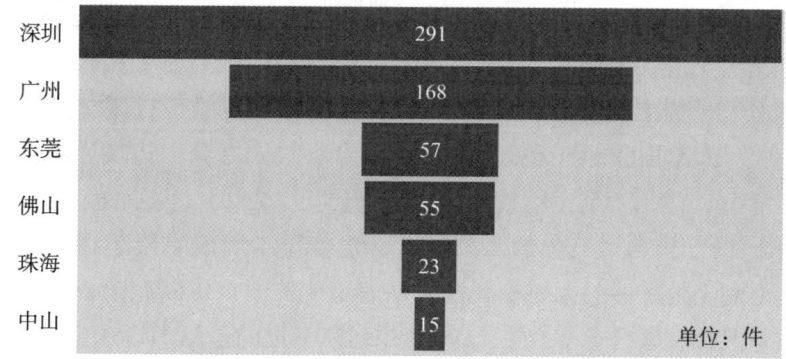

图 2-2-9　广东省生物产业专利权人的专利无效案件主要地市分布

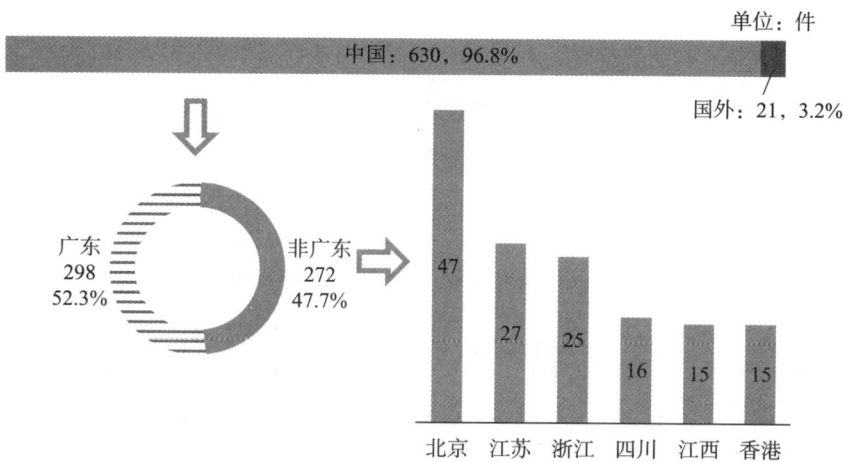

图 2-2-10　广东省生物产业专利权人的专利无效案件请求人的区域分布

2.2.5　广东省专利无效案件当事人分析

2.2.5.1　广东省专利无效案件请求人分析

从广东省生物产业专利无效案件请求人的类型来看：以企业类型的请求人为主，涉及无效案件 426 件，其次是个人请求人，涉及无效案件 116 件（见图 2-2-11）。

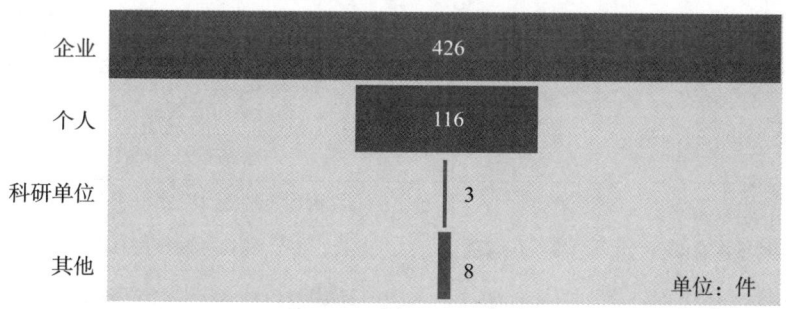

图 2-2-11　广东省生物产业专利无效案件请求人的类型构成

如表 2-2-1 所示，请求人案件数量排名第一位的为中山市中智药业集团有限公司，请求专利无效案件数量为 20 件，其请求的专利无效案件的主要专利权人均为广州今典精方药业有限公司。排名第二位的为深圳市理邦精密仪器股份有限公司，专利无效案件数量为 12 件，其请求的专利无效案件的主要专利权人有深圳迈瑞生物医疗电子股份有限公司（10 件）、广州万孚生物技术股份有限公司（2 件）、深圳迈瑞生物医疗电子股份有限公司（2 件）。排名第三位的为广州万孚生物技术股份有限公司，案件数量为 11 件，其请求的专利无效案件的主要专利权人是理邦（美国）诊断有限公司（6 件）、深圳市理邦精密仪器股份有限公司（5 件）。排名并列第三位的是深圳迈瑞生物医疗电子股份有限公司，其请求的专利无效案件的主要专利权人是深圳市科曼医疗设备有限公司（8 件）、深圳市理邦精密仪器股份有限公司（2 件）、深圳市帝迈生物技术有限公司（1 件）。

表 2-2-1 广东省生物产业专利无效案件主要请求人（TOP 10）

广东省请求人	总结案量/件	地市	专利权人数量/个	专利权人	结案量/件
中山市中智药业集团有限公司	20	中山	1	广州今典精方药业有限公司	20
深圳市理邦精密仪器股份有限公司	12	深圳	3	深圳迈瑞生物医疗电子股份有限公司	10
				广州万孚生物技术股份有限公司	2
				深圳迈瑞科技有限公司	2
广州万孚生物技术股份有限公司	11	广州	2	理邦（美国）诊断有限公司	6
				深圳市理邦精密仪器股份有限公司	5
深圳迈瑞生物医疗电子股份有限公司	11	深圳	3	深圳市科曼医疗设备有限公司	8
				深圳市理邦精密仪器股份有限公司	2
				深圳市帝迈生物技术有限公司	1
广州南沙龙沙有限公司	10	广州	1	安徽瑞邦生物科技有限公司	10
深圳国控医疗有限公司	10	深圳	4	深圳市瑞驰智能系统有限公司	5
				朱桂容	3
				朱桂荣	1
				深圳市瑞驰致远科技有限公司	1
广东一方制药有限公司	9	佛山	1	四川新绿色药业科技发展有限公司	9
深圳市宝安区松岗人民医院	8	深圳	2	东莞麦可龙医疗科技有限公司	8
				广东光阵光电科技有限公司	2
深圳市帝迈生物技术有限公司	8	深圳	3	深圳迈瑞生物医疗电子股份有限公司	8
				深圳迈瑞科技有限公司	2
				成都深迈瑞医疗电子技术研究院有限公司	1
深圳市科曼医疗设备有限公司	7	深圳	1	深圳迈瑞生物医疗电子股份有限公司	7

2.2.5.2 广东省专利无效案件专利权人分析

广东省生物产业专利无效案件专利权人以企业为主,涉及专利无效案件465件,其次是个人,涉及专利无效案件185件,科研院所和大专院校的专利被请求无效的案件较少(见图2-2-12)。

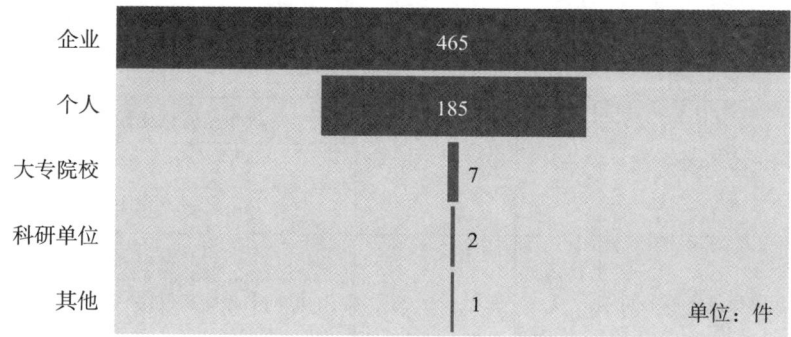

图2-2-12　广东省生物产业专利无效案件专利权人的类型构成

如表2-2-2所示,专利权人案件数量排名第一位的为深圳迈瑞生物医疗电子股份有限公司,被请求宣告专利无效案件数量为35件,案件涉及的主要请求人有深圳市理邦精密仪器股份有限公司(10件)、深圳市帝迈生物技术有限公司(8件)、深圳市科曼医疗设备有限公司(7件)。排名第二的为广州今典精方药业有限公司,案件数量为20件,案件涉及的请求人均为中山市中智药业集团有限公司。排名第三的分别为广东一方制药有限公司、深圳市科曼医疗设备有限公司和未来穿戴健康科技股份有限公司,案件数量为13件。

表2-2-2　广东省生物产业专利无效案件主要专利权人(TOP 10)

广东省专利权人	总结案量/件	地市	请求人数量/个	主要请求人	结案量/件
深圳迈瑞生物医疗电子股份有限公司	35	深圳	10	深圳市理邦精密仪器股份有限公司	10
				深圳市帝迈生物技术有限公司	8
				深圳市科曼医疗设备有限公司	7
广州今典精方药业有限公司	20	广州	1	中山市中智药业集团有限公司	20
广东一方制药有限公司	13	佛山	3	四川新绿色药业科技发展有限公司	9
				杨程	3
				于秦波	1
深圳市科曼医疗设备有限公司	13	深圳	4	深圳迈瑞生物医疗电子股份有限公司	8
				刘恩如	3

续表

广东省专利权人	总结案量/件	地市	请求人数量/个	主要请求人	结案量/件
未来穿戴健康科技股份有限公司	13	深圳	7	陈蜜	6
				温州脊安适科技有限公司	2
深圳市理邦精密仪器股份有限公司	12	深圳	4	广州万孚生物技术股份有限公司	5
				王晓阳	3
东莞麦可龙医疗科技有限公司	9	东莞	3	深圳市宝安区松岗人民医院	8
				王金美	7
				重庆金山科技（集团）有限公司	6
深圳市灸大夫医疗科技有限公司	9	深圳	3	深圳百川艾科技有限公司	6
				深圳七星蕲艾健康科技有限公司	3
				河北亿方医疗器械有限公司	2
深圳市非兔健康科技有限公司	8	深圳	2	李芝松	7
				艾力斯特健康科技有限公司	1
深圳市顺腾商务有限公司	8	深圳	1	嘉信康和（北京）科技有限公司	8

2.2.6 广东省专利无效案件无效宣告结果分析

2.2.6.1 广东省专利无效案件无效宣告结果分析（请求人）

请求人方面，广东省生物产业专利无效案件审查结果全部无效案件数量最多，为257件；维持有效案件数量第二位，为189件；部分无效案件数量最少，为85件。从趋势来看，近几年来，全部无效的审理结果占比高于维持有效的审理结果占比（见图2-2-13）。上述结果一定程度表明广东省请求人请求专利无效成功率较高。

此外，广东省生物产业无效案件实用新型专利和外观设计专利全部无效的占比高，其中外观专利全部无效的占比达到61.3%；发明专利维持有效占比高，占比为43.5%（见图2-2-14）。上述结果一定程度表明生物产业中广东省请求人请求外观专利无效成功率高，而发明专利无效成功率不高。

2.2.6.2 广东省专利无效案件无效宣告结果分析（专利权人）

专利权人方面：广东省生物产业专利无效审查结果全部无效的案件数量最多，为305件；其次是维持有效案件数量，为236件；部分无效案件数量最少，为102件（见图2-2-15）。上述结果一定程度表明广东生物产业专利授权质量有待提高。

从趋势来看，全部无效的早期占比低，2003年急剧增加，占比达到54.5%。近年来呈波动状态，2015年开始全部无效的占比均高于维持有效的占比（见图2-2-16）。

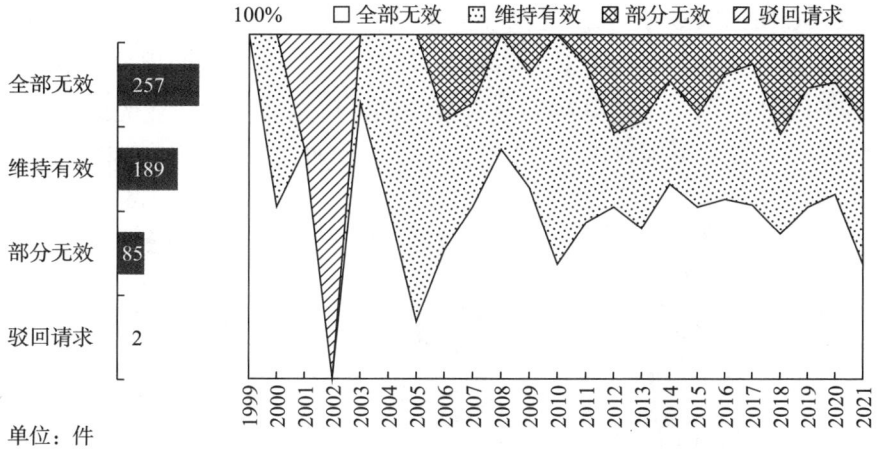

图 2-2-13　广东省生物产业无效案件审查结果（请求人）

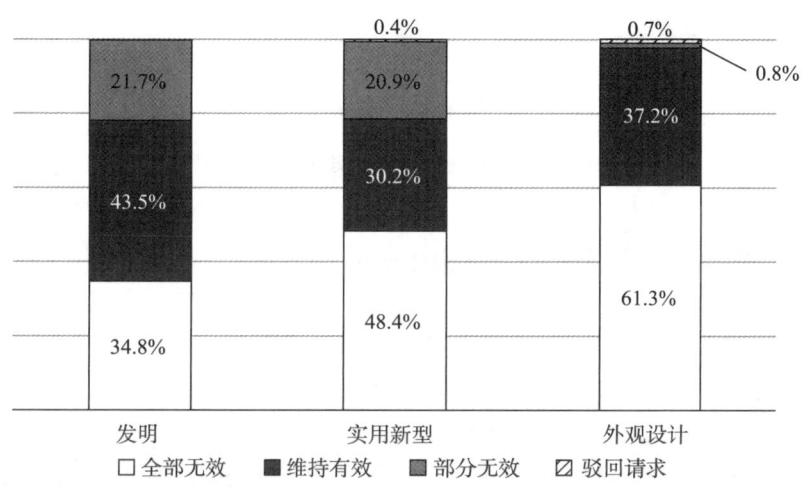

图 2-2-14　广东省生物产业三种类型专利无效案件审查结果对比（请求人）

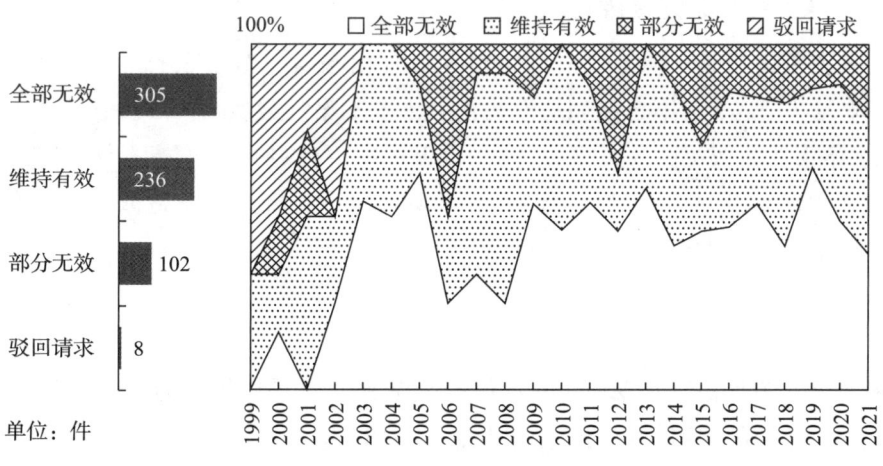

图 2-2-15　广东省生物产业无效案件审查结果（专利权人）

专利权人方面：广东省生物产业专利无效案件外观设计专利全部无效的占比最高，达到66.5%，其次是实用新型专利，占比为43.9%；发明专利的维持有效占比高，为49.0%（见图2-2-16）。上述结果一定程度表明，广东省生物产业无效案件外观设计专利和实用新型专利权人来自广东省的维持有效率较低，而发明专利维持有效率较高。

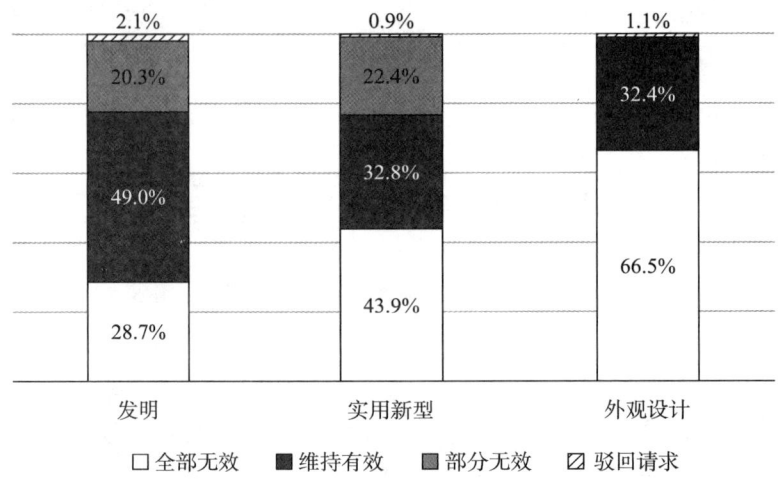

图 2-2-16 广东省生物产业三种类型专利无效案件审查结果对比（专利权人）

2.2.7 广东省专利无效案件无效理由分析

2.2.7.1 广东省专利无效案件无效理由分析（请求人）

从广东省生物产业专利无效案件主要无效理由来看：广东请求人以《专利法》第22条第3款创造性为由最多，涉及的案件数量为358件；其次是《专利法》第23条第2款新颖性（外观设计），涉及的案件数量为104件；《专利法》第26条第4款不支持、不清楚问题涉及的案件数量为90件，排名第三位（见图2-2-17）。

2.2.7.2 广东省专利无效案件无效理由分析（专利权人）

从广东省生物产业专利无效案件主要无效理由来看：对广东省专利请求无效也主要以《专利法》第22条第3款创造性为由，涉及的案件数量为433件；其次是《专利法》第23条第2款新颖性（外观设计），涉及的案件数量为23件；《专利法》第22条第2款（新颖性）及《专利法》第26条第4款的不支持、不清楚涉及的案件数量为110件，排名第三（见图2-2-18）。

2.2.8 广东省专利无效案件沉寂期

广东请求人的生物产业专利无效案件专利沉寂期的平均年限为3.16年。从专利类型来看：发明专利的专利沉寂期年限最长，为4.83年；外观设计专利的专利沉寂期年限最短，为1.95年（见图2-2-19）。

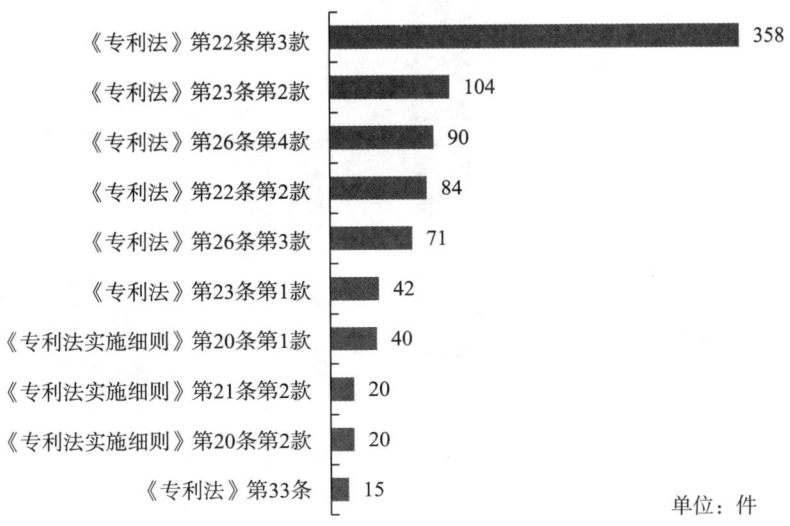

图 2-2-17　广东省生物产业专利无效案件主要无效理由分析（请求人）

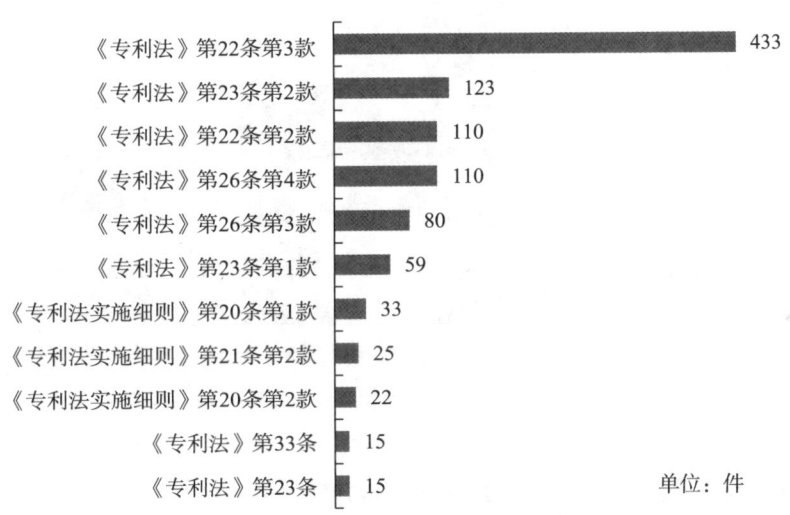

图 2-2-18　广东省生物产业专利无效案件主要无效理由分析（专利权人）

专利权人来自广东省的生物产业专利无效案件的沉寂期的总体年限为 2.63 年。从类型来看：发明专利的沉寂期年限最长，为 3.57 年；外观专利的沉寂期年限最短，为 1.68 年（见图 2-2-20）。外观设计专利与实用新型专利和发明专利这些技术类专利相比专利沉寂期短，这与外观设计专利关联产品进入市场更加迅速和直接有关。

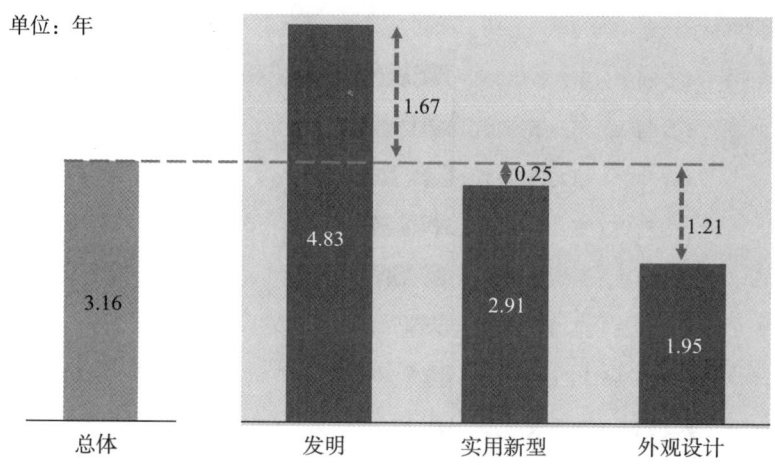

图 2-2-19　广东省生物产业专利无效案件的沉寂期（请求人）

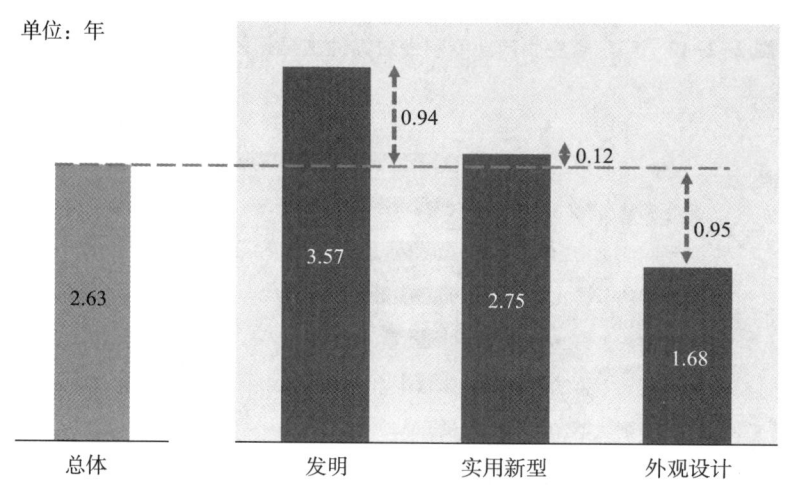

图 2-2-20　广东省生物产业专利无效案件的沉寂期（专利权人）

2.2.9　广东省专利无效案件无效请求频次分布

2.2.9.1　广东省请求人专利无效案件无效请求频次分布

总体来看，广东省请求人的生物产业专利无效结案案件请求频次，仅被提起 1 次无效宣告请求的专利数量最多，涉及专利 387 件，占比为 85.1%；从专利类型来看，无论是发明专利、实用新型专利，还是外观设计专利，仅被提起 1 次无效宣告请求的专利量占比最高，其中外观设计专利仅被提起 1 次无效宣告请求的专利量占比达到 91.3%。整体来看：请求频次的数量越多、涉及的专利数量越少，专利被宣告全部无效的难度越大；请求频次最多为 6 次，涉及专利数量 3 件（见图 2-2-21）。

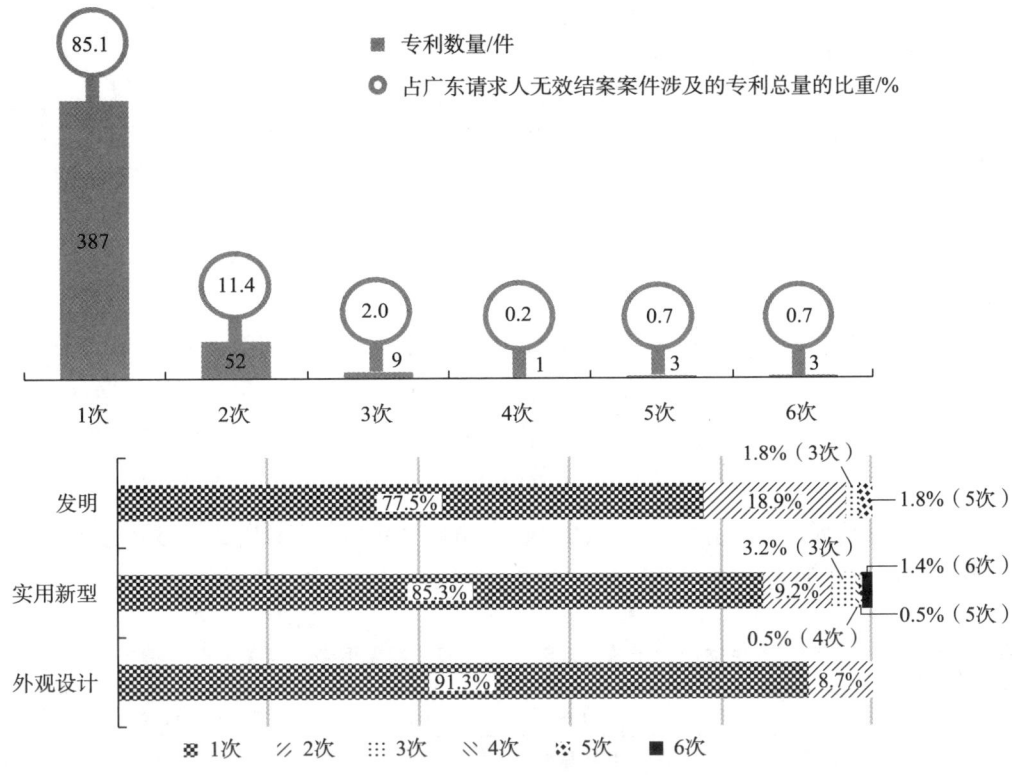

图 2-2-21　广东省生物产业无效结案案件请求频次分布（请求人）

被提出无效宣告请求次数最多的发明专利有 2 件，均有 5 次无效宣告请求，分别是未来穿戴技术有限公司（原专利权人为广东艾诗凯奇智能科技有限公司）拥有的"挂脖式颈部按摩器"（CN201810275506.1），1 次的无效决定结论为维持有效，以及尤妮佳股份有限公司拥有的"带有装饰元件的吸收性物品"（CN03820674.9），该发明专利最近 1 次的无效决定结论为全部无效，具体信息如表 2-2-3 所示。

表 2-2-3　广东省生物产业无效请求频次高代表发明专利相关信息（请求人）

决定日	案件号	请求人	专利号及专利权人	案件结论
20210527	4W111530	温州脊安适科技有限公司	CN201810275506.1，未来穿戴技术有限公司	维持有效
20201130	4W110391	深圳创峰知识产权顾问有限公司		维持有效
20201130	4W110091	陈蜜		维持有效
20201130	4W109968	湖南皓广机械有限公司		维持有效
20200310	4W109638	徐文宏		维持有效

续表

决定日	案件号	请求人	专利号及专利权人	案件结论
20200507	4W109569	广东露安适健康护理用品有限公司	CN03820674.9，尤妮佳股份有限公司	全部无效
20200507	4W109388	广东昱升个人护理用品股份有限公司		全部无效
20200507	4W109312	广州市康贝妇婴用品有限公司		全部无效
20200507	4W109311	广州市汉氏卫生用品有限公司		全部无效
20200507	4W109310	广州市泰迪熊婴幼儿用品有限公司		全部无效

被提出无效宣告请求次数最多的实用新型专利有3件，均有6次无效宣告请求。一是李晖军拥有的"一种颈椎按摩仪"（CN201420088110.3），最近1次的无效决定结论为维持有效。二是东莞麦可龙医疗科技有限公司拥有的"一种改进的微距可视内窥管"（CN200820135633.3），最近1次的无效决定结论为维持有效。三是付志洪拥有的"玻镁、竹、木、植物纤维复合板"（CN200420017642.4），最近1次的无效决定结论为维持有效。具体信息如表2-2-4所示。

表2-2-4 广东省生物产业无效请求频次高代表实用新型专利相关信息（请求人）

决定日	案件号	请求人	专利号及专利权人	案件结论
20210428	5W122686	郭春水	CN201420088110.3，李晖军	维持有效
20191014	5W118101	平阳县康运来健身器材有限公司		维持有效
20190130	5W115755	深圳市奥斯拓科技有限公司		维持有效
20180727	5W114019	温州臻尚创意家居用品有限公司		维持有效
20180727	5W113945	宁波悦翔电器有限公司		维持有效
20161026	5W110902	江苏纽唯盛机电有限公司		维持有效
20160229	5W109235	重庆金山科技（集团）有限公司	CN200820135633.3，尤妮佳股份有限公司	维持有效
20160229	5W108858	深圳市宝安区松岗人民医院		维持有效
20160229	5W108277	王金美		维持有效
20200817	5W120793	深圳市宝安区松岗人民医院		全部无效
20200817	5W119958	王金美		全部无效
20200817	5W119203	重庆金山科技（集团）有限公司		全部无效
20140729	5W106030	台山先驱建材有限公司	CN200420017642.4，付志洪	维持有效
20140311	5W104873	台山先驱建材有限公司		维持有效
20140311	5W104469	台山先驱建材有限公司		维持有效
20120303	5W102267	台山先驱建材有限公司		全部无效
20110309	5W100820	台山先驱建材有限公司		维持有效
20071206	W508912	台山先驱建材有限公司		维持有效

外观设计专利被提出无效宣告请求次数最多的为2次,共有11件。可以看出,在生物产业中,外观设计专利多次被请求无效的情况并不多见,这与生物产业偏向技术保护有关。

2.2.9.2 广东省专利权人专利无效案件无效请求频次分布

从来自广东省的专利权人生物产业专利无效结案案件请求频次总体来看,仅被提起1次无效宣告请求的案件数量最多,涉及专利461件,占比为85.7%;从专利类型来看,无论是发明专利、实用新型专利,还是外观设计专利,仅被提起1次无效宣告请求的专利量占比最高,其中外观设计专利仅被提起1次无效宣告请求的专利量占比达到89.5%。整体来看,请求频次的数量越多,涉及的专利数量越少;请求频次最多为6次,涉及专利数量3件(见图2-2-22)。

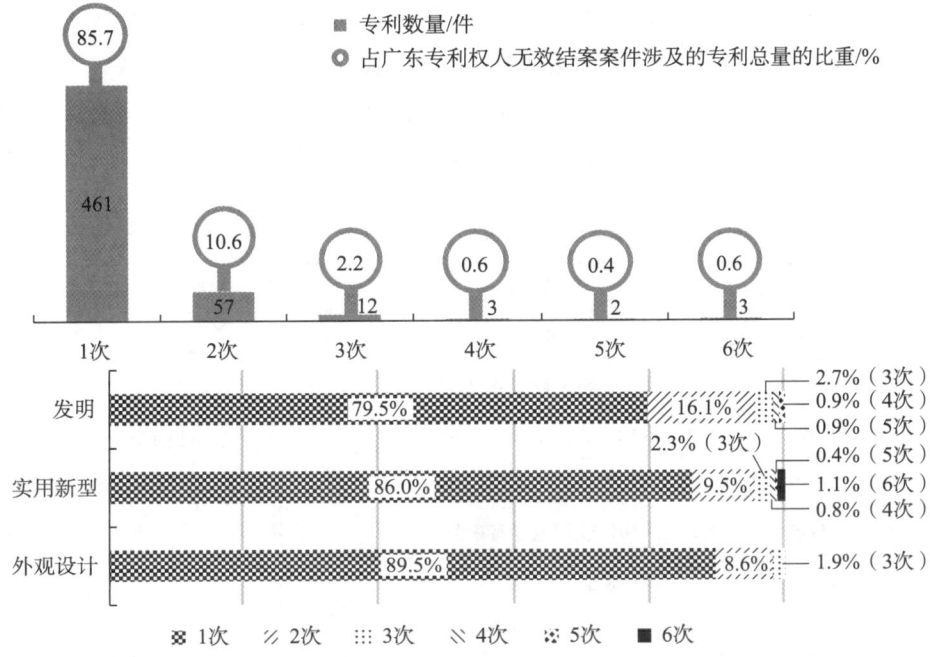

图2-2-22 广东省生物产业无效结案案件请求频次分布(专利权人)

横向比较,发明专利无效频次多的涉及专利数量占比高于实用新型专利、外观设计专利。这与发明专利在生物产业中地位重要,且专利经过专利实质审查,宣告发明专利无效难度大有关。

被提出无效宣告请求次数最多的发明专利有1件,有5次无效宣告请求,是未来穿戴技术有限公司拥有的"挂脖式颈部按摩器"(CN201810275506.1),最近1次的无效决定结论为维持有效。具体信息如表2-2-5所示。

表 2-2-5 广东省生物产业无效请求频次高代表发明专利相关信息（专利权人）

决定日	案件号	请求人	案件结论
20210527	4W111530	温州脊安适科技有限公司	维持有效
20201130	4W110391	深圳创峰知识产权顾问有限公司	维持有效
20201130	4W110091	陈蜜	维持有效
20201130	4W109968	湖南皓广机械有限公司	维持有效
20200310	4W109638	徐文宏	维持有效

被提出无效宣告请求次数最多的实用新型专利有 3 件，具有 6 次无效宣告请求。一是李晖军拥有的"一种颈椎按摩仪"（CN201420088110.3），最近 1 次的无效决定结论为维持有效，二是东莞麦可龙医疗科技有限公司拥有的"一种改进的微距可视内窥管"（CN200820135633.3），最近 1 次的无效决定结论为全部无效，三是付志洪拥有的"玻镁、竹、木、植物纤维复合板"（CN200420017642.4），最近 1 次的无效决定结论为维持有效。具体信息如表 2-2-6 所示。

表 2-2-6 广东省生物产业无效请求频次高代表实用新型专利相关信息（专利权人）

决定日	案件号	请求人	专利号及专利权人	案件结论
20210428	5W122686	郭春水	CN201420088110.3，李晖军	维持有效
20191014	5W118101	平阳县康运来健身器材有限公司		维持有效
20190130	5W115755	深圳市奥斯拓科技有限公司		维持有效
20180727	5W114019	温州臻尚创意家居用品有限公司		维持有效
20180727	5W113945	宁波悦翔电器有限公司		维持有效
20161026	5W110902	江苏纽唯盛机电有限公司		维持有效
20200817	5W120793	深圳市宝安区松岗人民医院	CN200820135633.3，东莞麦可龙医疗科技有限公司	全部无效
20200817	5W119958	王金美		全部无效
20200817	5W119203	重庆金山科技（集团）有限公司		全部无效
20160229	5W109235	重庆金山科技（集团）有限公司		维持有效
20160229	5W108858	深圳市宝安区松岗人民医院		维持有效
20160229	5W108277	王金美		维持有效

续表

决定日	案件号	请求人	专利号及专利权人	案件结论
20140729	5W106030	台山先驱建材有限公司	CN200420017642.4，付志洪	维持有效
20140311	5W104873	台山先驱建材有限公司		维持有效
20140311	5W104469	台山先驱建材有限公司		维持有效
20120303	5W102267	台山先驱建材有限公司		全部无效
20110309	5W100820	台山先驱建材有限公司		维持有效
20071206	W508912	台山先驱建材有限公司		维持有效

被提出无效宣告请求次数最多的外观设计专利有3件，均有3次无效宣告请求，分别是朱志华拥有的"按摩手柄控制器"（CN201330449317.X），最近1次的无效决定结论为全部无效，广州市香雪制药股份有限公司拥有的"包装盒（抗病毒口服液）"（CN02360149.3），最近1次的无效决定结论为全部无效，孙明杰（原专利权人为广州威尔曼药业有限公司）拥有的"药品包装盒（治菌必妥）"（CN98316654.4），最近1次的无效决定结论为维持有效。具体信息如表2-2-7所示。

表2-2-7　广东省生物产业无效请求频次高代表外观专利相关信息（请求人）

决定日	案件号	请求人	专利号及专利权人	案件结论
20200819	6W115216	汤莹	CN201330449317.X，朱志华	全部无效
20180314	6W109611	汤莹		全部无效
20160419	6W106593	潍坊正通电子科技有限公司		维持有效
20050829	6W04867	蒋华	CN02360149.3，广州市香雪制药股份有限公司	全部无效
20031125	6W03769	江苏聚荣制药集团有限公司		维持有效
20031125	6W03585	江苏聚荣制药集团有限公司		维持有效
20010727	6W01751	安徽威尔曼制药有限公司	CN98316654.4，孙明杰	维持有效
20010727	6W01565	安徽威尔曼制药有限公司		维持有效
20000831	6W01161	安徽威尔曼制药有限公司		维持有效

2.2.10　广东省专利无效案件技术领域分析

2.2.10.1　广东省请求人专利无效案件技术领域分析

从广东省生物产业无效结案案件专利技术分布（请求人）来看：生物医药领域案件数量最多，为505件；其次是生物制造领域，案件数量为15件；生化环保领域案件数量排名第三位，为 8 件（见图 2-2-23）。可见，生物产业专利纠纷中生物医药领域占据主导地位。生物医药领域在广东省生物产业关注度高、产业基础好。

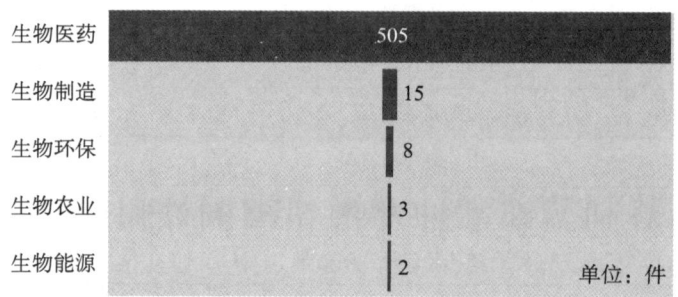

图 2-2-23　广东省生物产业无效结案案件专利技术布局（请求人）

从广东省生物产业各技术分支无效结案案件量变化趋势（请求人）来看，生物医药领域整体呈波动上升态势，早期结案案件数量少，年结案案件数量不超过 10 件。2012 年开始专利无效结案量增长较快，2020 年达到峰值，为 79 件。其他领域的历年专利无效结案量较为分散（见图 2-2-24）。

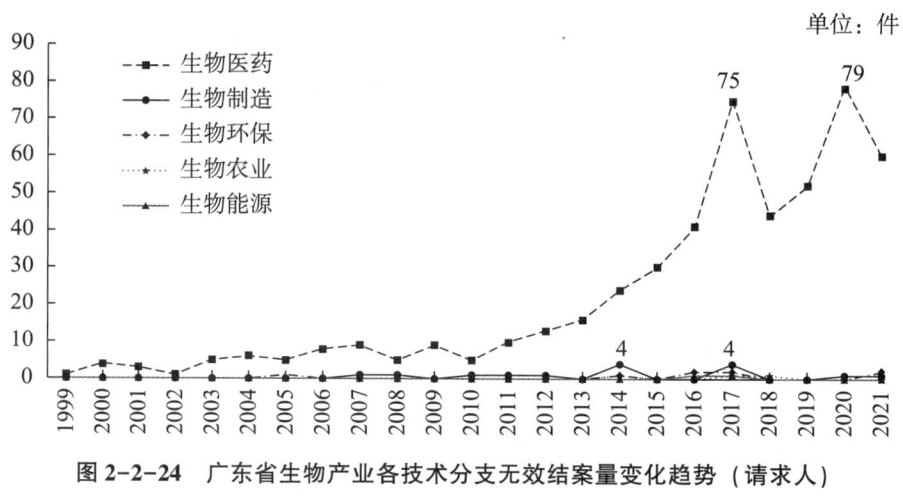

图 2-2-24　广东省生物产业各技术分支无效结案量变化趋势（请求人）

从广东省生物产业各技术分支无效结案案件专利类型（请求人）来看，生物医药领域、生物制造领域专利无效案件实用新型专利占主体，生物环保领域专利无效案件中涉及发明专利数量多（见图 2-2-25）。

从广东省生物产业各技术分支专利无效结案案件审查结果（请求人）来看，生物医药领域宣告全部无效案件数量多，生物制造领域维持有效案件数量多（见图 2-2-26），这在一定程度表明生物医药领域作为广东请求人宣告他人专利无效成功率高，而在生物制造领域作为广东请求人宣告他人专利成功率低。

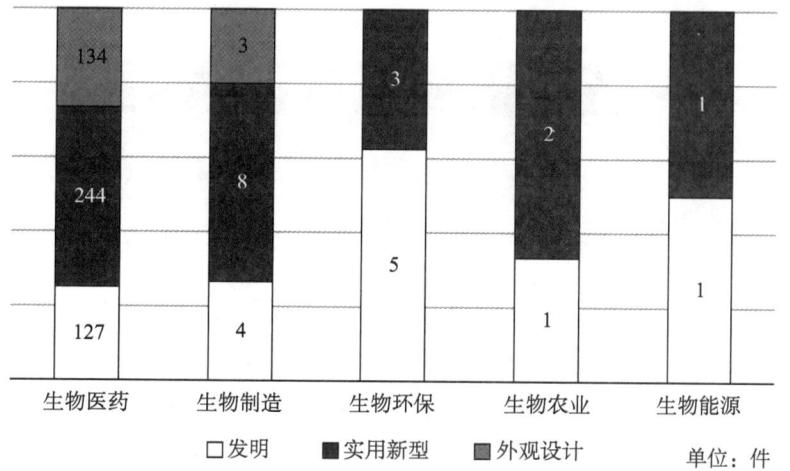

图 2-2-25　广东省生物产业各技术分支专利无效结案案件专利类型（请求人）

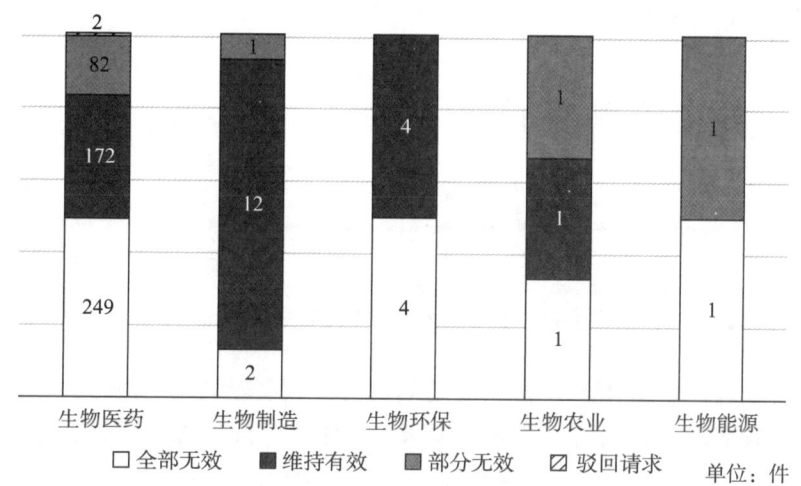

图 2-2-26　广东省生物产业各技术分支专利无效结案案件审查结果（请求人）

2.2.10.2　广东省专利权人专利无效案件技术领域分析

从广东省生物产业专利无效结案案件专利技术分布（专利权人）来看，也以生物医药领域的专利案件为主，为612件，其次为生物环保领域，为16件，生物制造领域为13件，排名第三位（见图2-2-27）。广东省生物产业中生物医药也是专利纠纷的重点领域，市场关注度高。

从广东省生物产业各技术分支专利无效结案案件专利变化趋势（专利权人）来看，生物医药领域整体呈波动上升态势，早期结案案件数量少，年结案案件数量不超过20件。从2011年开始专利结案量增长较快，2020年达到峰值，为106件（见图2-2-28）。预计生物医药领域专利无效案件还将持续快速增长。

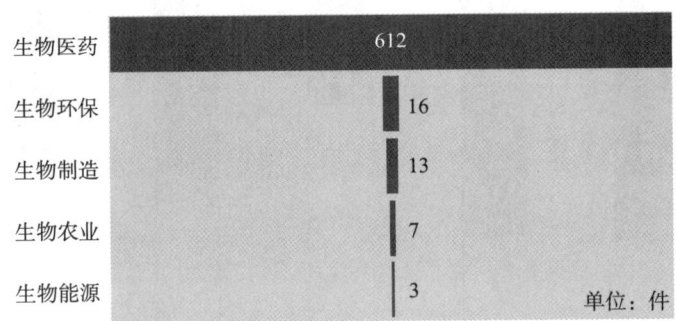

图 2-2-27　广东省生物产业无效结案案件专利技术布局（专利权人）

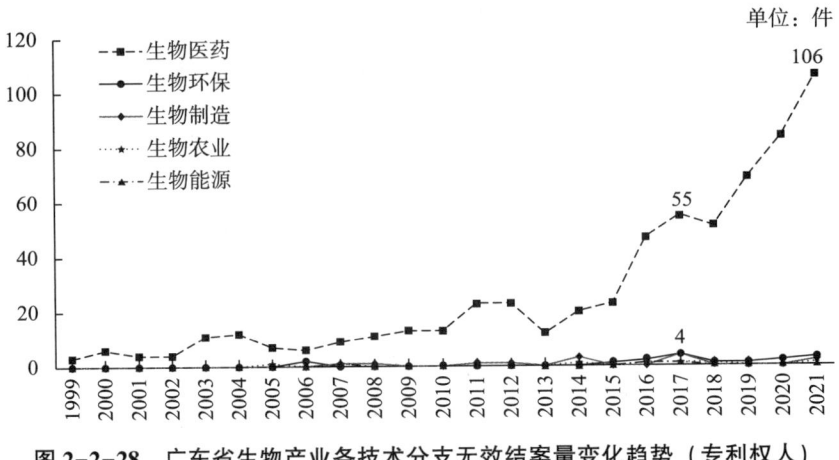

图 2-2-28　广东省生物产业各技术分支无效结案量变化趋势（专利权人）

从广东省生物产业各技术分支无效结案案件专利类型（专利权人）来看，生物医药领域、生物制造领域实用新型专利占主体，生物环保领域发明专利数量多（见图2-2-29），外观设计专利较少，这与生物产业各细分领域的技术特点有关。

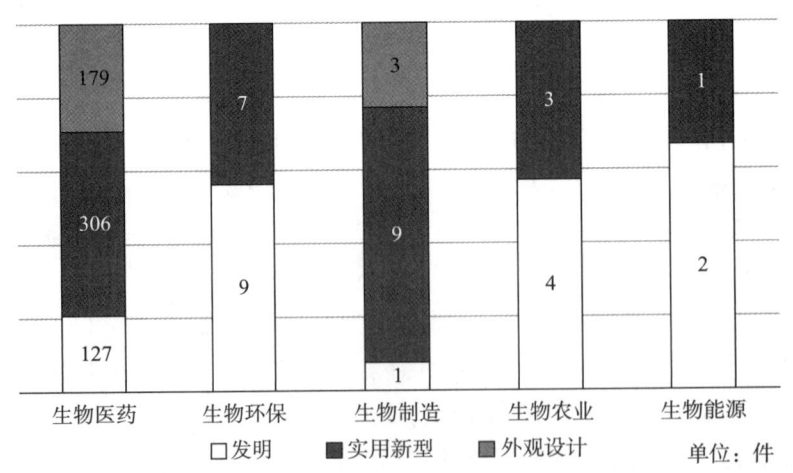

图 2-2-29　广东省生物产业各技术分支专利无效结案案件专利类型（专利权人）

从广东省生物产业各技术分支专利无效结案案件审查结果（专利权人）来看，生物医药领域全部无效案件数量多（见图 2-2-30），这在一定程度表明广东省生物产业生物医药领域专利授权质量有待提高。

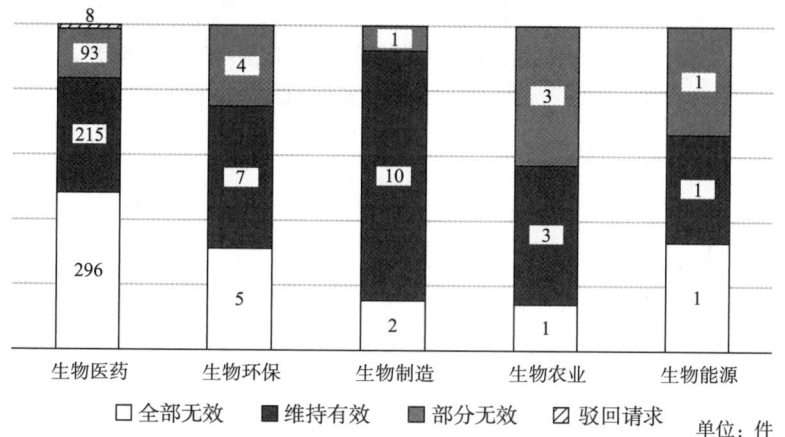

图 2-2-30 广东省生物产业各技术分支专利无效结案案件审查结果（专利权人）

2.3 家电产业

2.3.1 广东省专利无效案件结案总体情况

审查决定发文日截至 2021 年 12 月 31 日，广东省家电产业专利无效宣告决定共计 2991 件（涉及专利共计 2435 件），其中请求人来自广东省的专利无效决定有 2033 件（涉及专利 1671 件），专利权人为广东的专利无效决定 2312 件（涉及专利 1863 件），如图 2-3-1 所示。

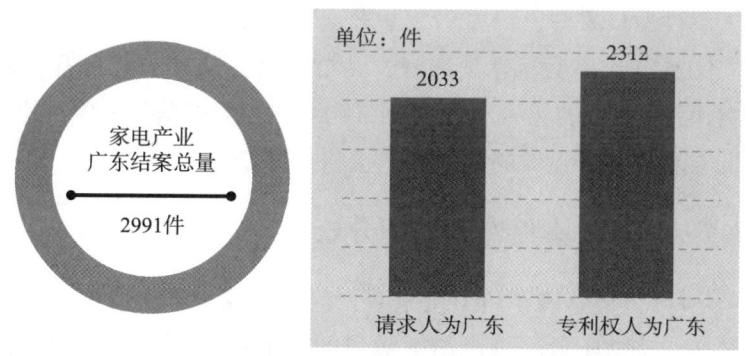

图 2-3-1 广东省家电产业专利无效案件结案总体情况

2.3.2 广东省专利无效案件结案量变化趋势

从总体案件数量来看,广东省家电产业专利无效案件年度结案数量总体呈上升的趋势,2021年专利无效结案数量达到高峰,为344件;从增长率来看,2011年增长率最为突出,达到117.0%,如图2-3-2所示。随着家电市场规模的扩大、市场竞争的进一步加剧,预计未来广东省家电领域的专利无效案件数量将持续增长。

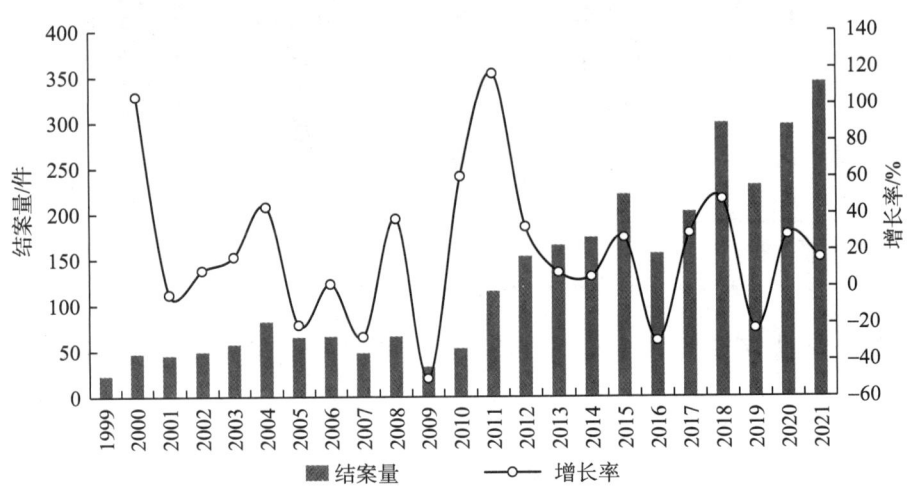

图 2-3-2　广东省家电产业无效案件结案量变化趋势

2.3.2.1　广东省专利无效案件结案量请求人变化趋势

从请求人的专利无效案件数量来看,广东省家电产业请求人无效案件年度结案数量总体呈上升趋势,2020年结案数量达到高峰,为241件;从增长率来看,近几年来2011年增长率最为突出,达到92.3%(见图2-3-3)。由此可见,广东省家电领域企业被诉专利侵权的案件也在持续增长。

2.3.2.2　广东省专利无效案件结案量专利权人变化趋势

从专利权人案件数量来看,广东省家电产业专利权人的无效案件年度结案数量总体呈上升趋势,2021年结案数量达到高峰,为285件;从增长率来看,近几年来2011年增长率最为突出,达到107.0%(见图2-3-4)。随着家电市场竞争的日益激烈,广东省家电产业的专利被宣告无效的案件数量也将持续增长。

2.3.3　广东省专利无效案件专利类型分析

如图2-3-5所示,从总体专利类型来看,广东省家电产业专利无效案件中涉及发明专利的数量最少,为271件,占总结案数量的9.1%,涉及外观设计专利数量最多,为1369件,占总结案量的45.8%,实用新型专利为1351件,占总结案量的45.2%。

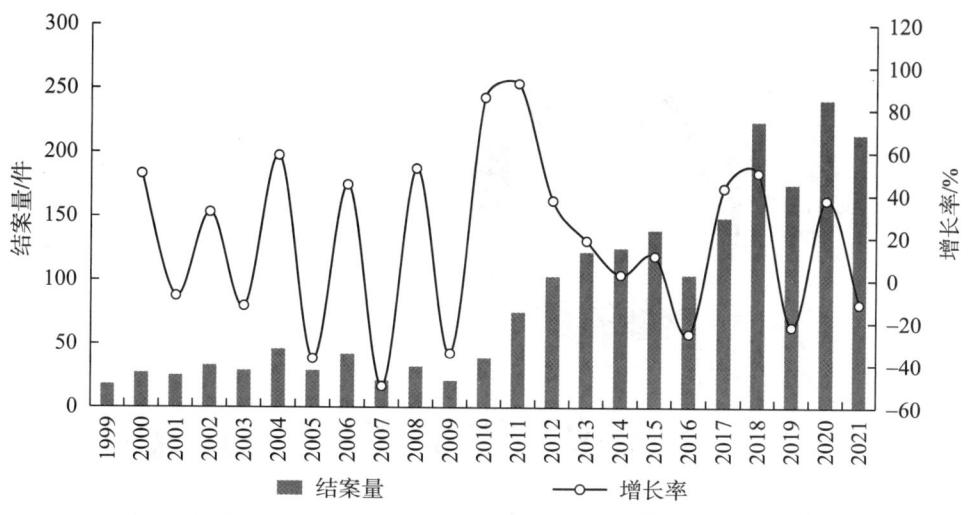

图 2-3-3　广东省家电产业请求人无效案件结案量变化趋势

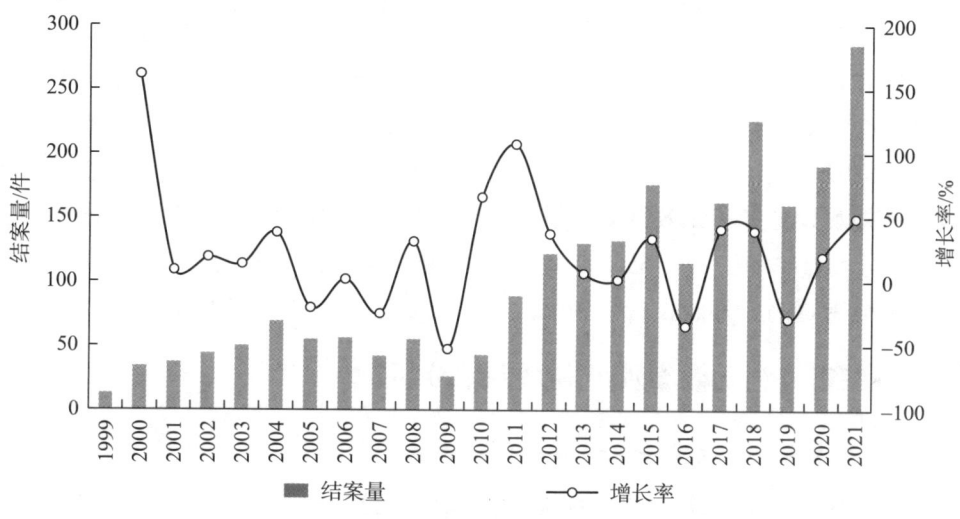

图 2-3-4　广东省家电产业专利权人无效案件结案量变化趋势

从请求人的专利类型占比来看，广东省家电产业专利无效结案发明专利数量占比最少，为 9.3%，外观设计专利数量占比最高，为 46.7%，实用新型专利数量占比为 44.0%。

从专利权人的专利类型占比来看，广东省家电产业专利无效结案发明专利数量占比最低，为 7.0%，外观设计专利数量占比最高，为 47.6%，实用新型专利数量占比为 45.4%。

家电产业专利无效以外观设计专利和实用新型专利为主，主要是由于家电产业技术相对成熟，产品更新迭代较快，更适合外观设计和实用新型两种类型专利进行快速保护。

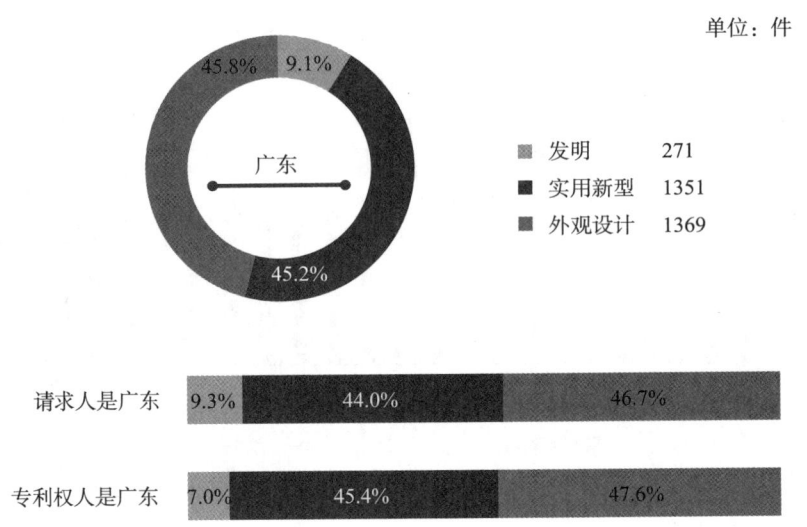

图 2-3-5　广东省家电产业专利无效案件专利类型分析

从广东省家电产业专利无效案件三种专利类型结案量变化趋势来看，数量方面：发明专利无效结案数量早期少，近几年专利数量有所增加，2018 年结案量达到峰值，为 43 件；实用新型专利无效结案数量整体呈波动上升态势，2021 年结案量达到峰值，为 147 件；外观设计专利无效结案数量趋势与实用新型相似，近几年结案量增长较快，2020 年结案量达到峰值，为 165 件。结案量年度占比方面：发明专利无效案件结案量占比近年来略有增高，外观设计专利无效案件结案量早期占比较大（见图 2-3-6）。

2.3.4　广东省专利无效案件专利来源地分析

2.3.4.1　广东省专利无效案件专利请求人来源地

从广东省家电产业请求人的专利无效案件地市分布来看，排名第一位的请求人来自深圳市，专利无效案件有 519 件，排名第二位的请求人来自中山市，专利无效案件有 405 件，排名第三到第五位的地市分别为佛山市（390 件）、广州市（265 件）和东莞市（203 件），专利无效案件数量均超过 100 件（见图 2-3-7）。

从广东省家电产业请求人的专利无效案件专利权人的区域分布来看，中国本土占据多数，专利无效案件有 1974 件，占比为 95.8%，国外在华专利 86 件，占比 4.2%。中国本土方面，广东省外专利无效案件有 593 件，占比 30.5%，主要来自浙江省（180 件）、台湾地区（44 件）、江苏省（44 件）、山东省（42 件）和上海市（36 件），请求宣告无效的国外在华专利主要来自法国（22 件）、美国（17 件）、英国（11 件）和日本（10 件）（见图 2-3-8）。

第2章 广东省重点产业专利无效案件数据分析

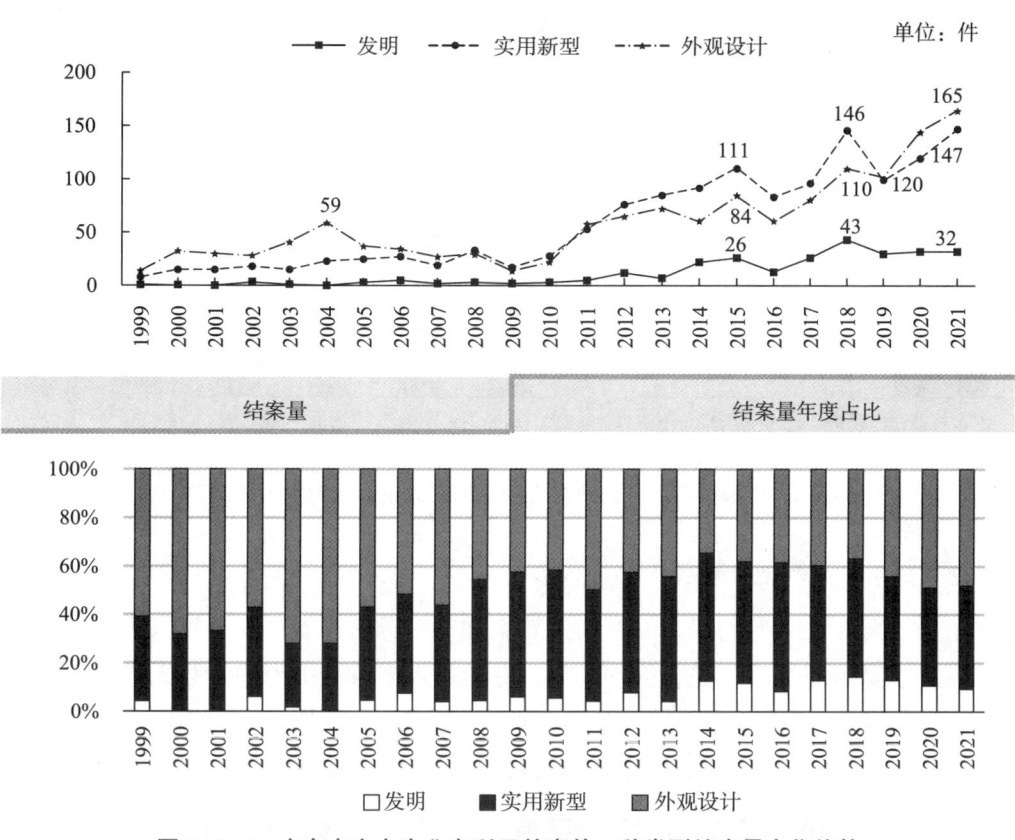

图 2-3-6 广东省家电产业专利无效案件三种类型结案量变化趋势

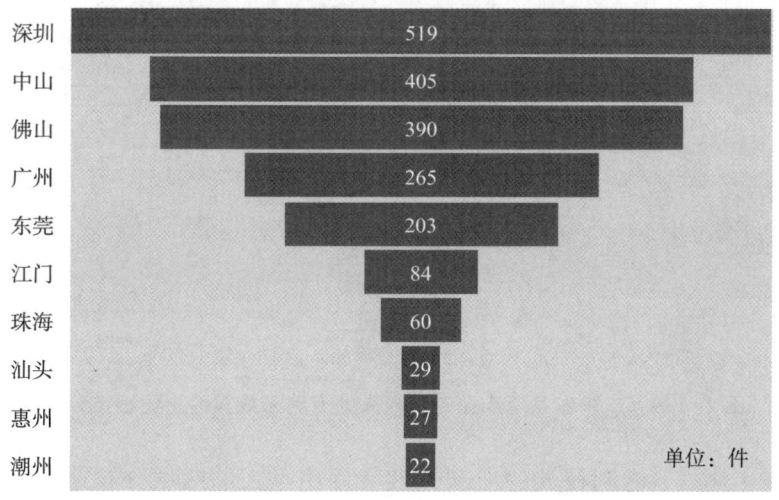

图 2-3-7 广东省家电产业请求人的专利无效案件主要地市分布

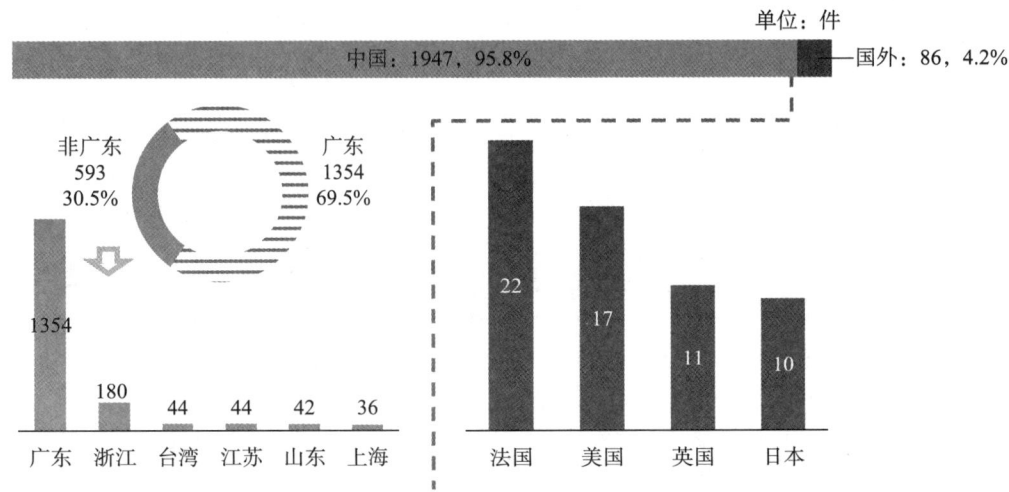

图 2-3-8　广东省家电产业请求人的专利无效案件专利权人的区域分布

2.3.4.2　广东省专利无效案件专利权人来源地

从广东省家电产业专利权人的专利无效案件地市分布来看，专利权人来自深圳市的专利无效案件数量排名第一位，为 545 件，专利权人来自佛山市的专利无效案件数量为 543 件，排名第二，排名第三到第五位的分别为中山市（436 件）、广州市（197 件）和东莞市（180 件）。此外，案件数量超过 100 件的还有珠海市（155 件）（见图 2-3-9）。

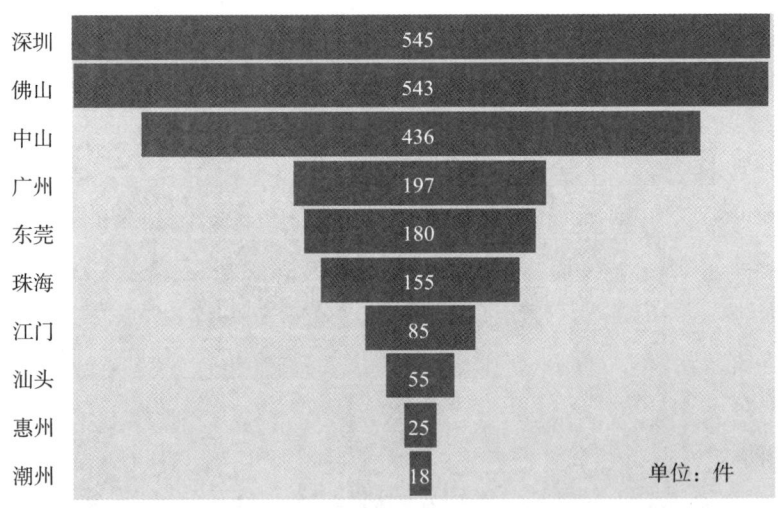

图 2-3-9　广东省家电产业专利权人的专利无效案件主要地市分布

从广东省生物产业专利权人的专利无效案件请求人的区域分布来看，中国本土专利无效案件有 2156 件，占比为 93.1%，国外在华专利无效案件 160 件，占比 6.9%。中国本土请求人方面，非广东省请求无效的专利案件有 642 件，占比 32.2%，主要来自浙江省（221 件）、北京市（96 件）、上海市（64 件）、江苏省（45 件）和山东省

(31件），国外来华方面主要是英国（75件）、日本（35件）、美国（16件）（见图2-3-10）。

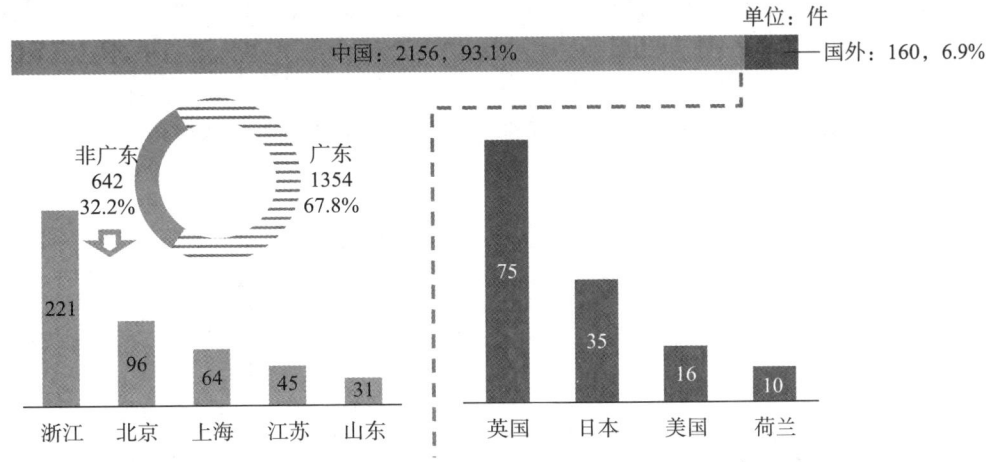

图2-3-10 广东省家电产业专利权人的专利无效案件请求人的区域分布

2.3.5 广东省专利无效案件当事人分析

2.3.5.1 广东省专利无效案件请求人分析

从广东省家电产业专利无效案件请求人的类型来看，企业是主体，涉及专利无效案件1541件，其次是个人，涉及专利无效案件545件，其他类型的请求人涉及专利无效案件较少（见图2-3-11）。

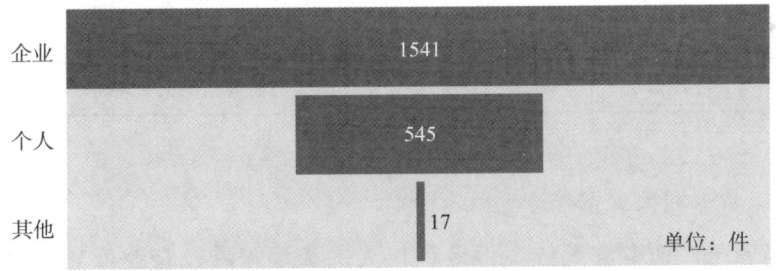

图2-3-11 广东省家电产业专利无效案件请求人的类型构成

如表2-3-1所示，请求人案件数量排名第一位的是广东美的制冷设备有限公司，专利无效案件数量为21件，请求无效专利涉及的主要专利权人有珠海格力电器股份有限公司（11件）、奥克斯空调有限公司（7件）。排名第二位的为珠海格力电器股份有限公司，专利无效案件数量为19件，请求无效专利涉及的主要专利权人有奥克斯空调有限公司（9件）、宁波吉通信息技术有限公司（3件）。排名并列第三位的有3个：乐伯特（东莞）餐饮设备有限公司，专利无效案件数量为17件，请求无效专利涉及的主要专利权人有佛山市南海力灏工具设备制造有限公司（14件）；佛山市云米电器科技有限公司，请求无效专利涉及的主要专利权人为佛山市顺德区美的洗涤电器制造有限公司（13件）；佛山市百斯特电器科技有限公司，请求无效专利涉及的主要专利权人是佛山市顺德区美的洗涤电器制造有限公司（17件）。

表 2-3-1 广东省家电产业专利无效案件主要请求人（TOP 10）

广东省请求人	总结案量/件	地市	专利权人数量/个	主要专利权人	结案量/件
广东美的制冷设备有限公司	21	佛山	4	珠海格力电器股份有限公司	11
				奥克斯空调股份有限公司	7
珠海格力电器股份有限公司	19	珠海	7	奥克斯空调股份有限公司	9
				宁波吉通信息技术有限公司	3
乐伯特（东莞）餐饮设备有限公司	17	东莞	3	佛山市南海力灏工具设备制造有限公司	14
佛山市云米电器科技有限公司	17	佛山	4	佛山市顺德区美的洗涤电器制造有限公司	13
佛山市百斯特电器科技有限公司	17	佛山	2	佛山市顺德区美的洗涤电器制造有限公司	17
江门市贝尔斯顿电器有限公司	15	江门	6	珠海格力电器股份有限公司	9
				梁永健	4
宏柏家电（深圳）有限公司	12	深圳	1	SEB公司	12
江门市恒天科技有限公司	12	江门	3	李成志	7
				江门市西点电器科技有限公司	4
广东美的生活电器制造有限公司	11	佛山	5	九阳股份有限公司	5
				北京利仁科技股份有限公司	3
深圳市安吉尔电子有限公司	11	深圳	2	深圳新世纪饮水科技有限公司	10

2.3.5.2 广东省专利无效案件专利权人分析

从广东省家电产业专利无效案件专利权人的类型来看，企业依然是主体，涉及专利无效1366件，个人专利权人涉及专利无效案件959件，位居第二位，涉及其他类型的专利权人较少（见图2-3-12）。

如表2-3-2所示，专利权人案件数量排名第一的为美的集团股份有限公司，专利无效案件数量为90件，专利无效案件涉及的主要请求人有刘晓峰（10件）、周纪军（8件）、宁波奥克斯空调有限公司（5件）。排名第二位的为珠海格力电器股份有限公司，专利无效案件数量为85件，案件涉及的主要请求人有宁波奥克斯空调有限公司（27件）、广东美的制冷设备有限公司（11件）、江门市贝尔斯顿电器有限公司（9件）。排名第三位的为佛山市顺德区美的洗涤电器制造有限公司，专利无效案件数量为

43件，案件涉及的主要请求人有佛山市百斯特电器科技有限公司（17件）、佛山市云米电器科技有限公司（13件）、刘晓峰（9件）。

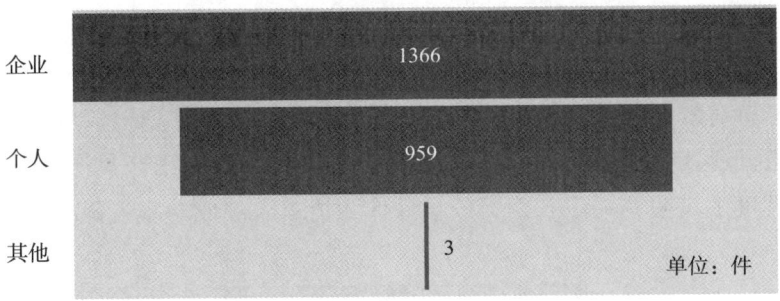

图2-3-12 广东省家电产业专利无效案件专利权人的类型构成

表2-3-2 广东省家电产业专利无效案件主要专利权人（TOP 10）

广东省专利权人	总结案量/件	地市	请求人数量/个	主要请求人	结案量/件
美的集团股份有限公司	90	佛山	47	刘晓峰	10
				周纪军	8
				宁波奥克斯空调有限公司	5
珠海格力电器股份有限公司	85	珠海	31	宁波奥克斯空调有限公司	27
				广东美的制冷设备有限公司	11
				江门市贝尔斯顿电器有限公司	9
佛山市顺德区美的洗涤电器制造有限公司	43	佛山	8	佛山市百斯特电器科技有限公司	17
				佛山市云米电器科技有限公司	13
				刘晓峰	9
广东美的制冷设备有限公司	30	佛山	8	宁波奥克斯空调有限公司	13
				李锋	7
深圳新世纪饮水科技有限公司	18	深圳	6	深圳市安吉尔电子有限公司	10
潘家红	17	中山	3	孙正群	10
				孙小勇	6
珠海市杰理科技股份有限公司	15	珠海	4	周艳兰	5
				罗水江	5
东莞市旭尔美电器科技有限公司	14	东莞	1	戴森有限公司	14
佛山市南海力灏工具设备制造有限公司	14	佛山	1	乐伯特（东莞）餐饮设备有限公司	14
佛山市麦尔电器有限公司	14	佛山	11	上海域桥电器有限公司	5

2.3.6 广东省专利无效案件无效宣告结果分析

2.3.6.1 广东省请求人专利无效案件无效宣告结果分析

请求人方面，广东省家电产业专利无效案件审查结果中全部无效案件数量最多，为 897 件，维持有效案件数量其次，为 842 件，部分无效案件数量较少，为 255 件。从趋势来看，近几年来，全部无效的占比略高于维持有效的占比（见图 2-3-13）。上述结果从一定程度上表明，在广东，无效案件作为请求人的成功率占优。

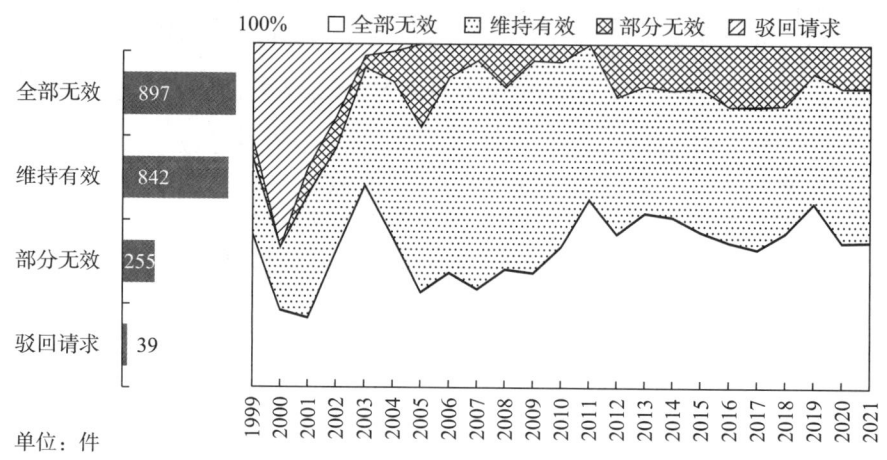

图 2-3-13 广东省家电产业无效案件审查结果（请求人）

请求人方面，广东省家电产业专利无效案件发明专利、外观设计专利维持有效占比高，分别为 43.4%、54.5%；实用新型专利全部无效的占比高，为 48.7%（见图 2-3-14）。上述结果一定程度上表明广东省请求实用新型专利无效的成功率较高。

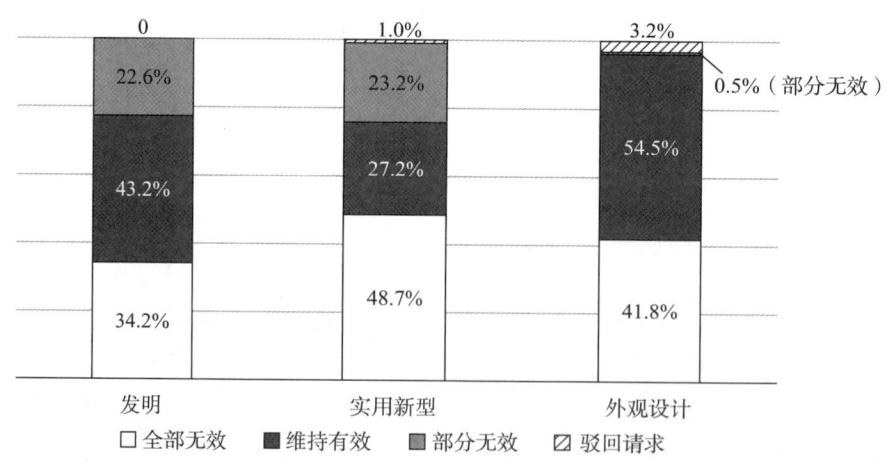

图 2-3-14 广东省家电产业三种类型专利无效案件审查结果对比（请求人）

2.3.6.2 广东省专利权人专利无效案件无效宣告结果分析

专利权人方面,广东省家电产业无效案件审查结果为全部无效的案件数量最多,有1034件,维持有效案件数量第二位,为952件,部分无效案件数量较少,为269件(见图2-3-15)。上述结果从一定程度上表明广东省家电产业专利质量、维权率有待提高。

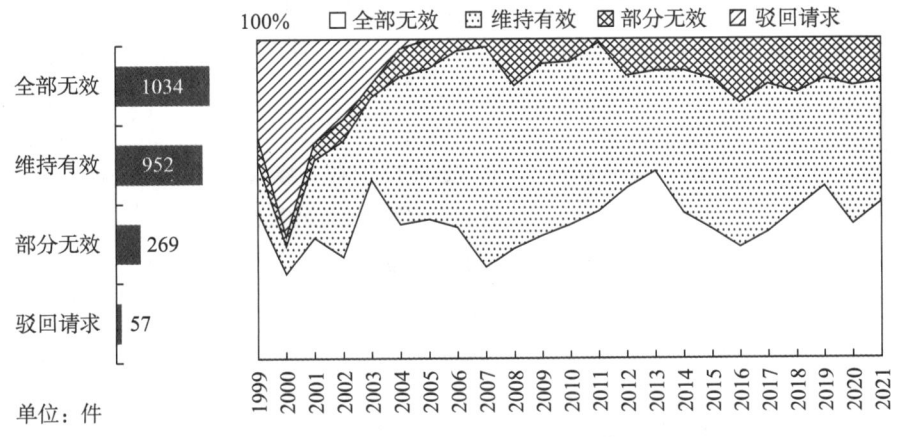

图2-3-15 广东省家电产业无效案件审查结果(专利权人)

从趋势来看,全部无效整体来看比呈波动状态,2013年全部无效的占比最高,达到58.5%;相应维持有效的案件占比也呈波动状态,2007年维持有效占比最高,为69.0%。

专利权人方面,广东省家电产业专利无效案件实用新型专利全部无效的占比最高,为46.5%;发明专利、外观设计专利维持有效占比高,分别为43.2%、50.4%(见图2-3-16)。上述结果从一定程度上表明广东省家电产业专利无效案件中实用新型专利权人来自广东省的案件维持有效率较低。

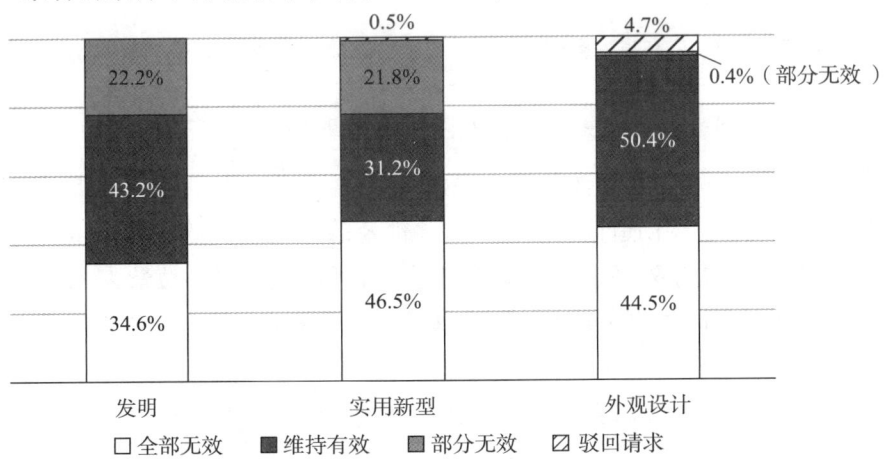

图2-3-16 广东省家电产业三种类型专利无效案件审查结果对比(专利权人)

2.3.7 广东省专利无效案件无效理由分析

2.3.7.1 广东省请求人专利无效案件无效理由分析

从广东省生物家电产业专利无效案件主要无效理由来看，请求人来自广东省的以《专利法》第 22 条第 3 款创造性为由的最多，涉及的无效案件数量为 1008 件，其次是《专利法》第 23 条第 2 款外观设计新颖性问题，涉及的案件数量为 722 件，《专利法》第 22 条第 2 款发明或实用新型新颖性问题涉及的案件数量为 312 件，排名第三位（见图 2-3-17）。

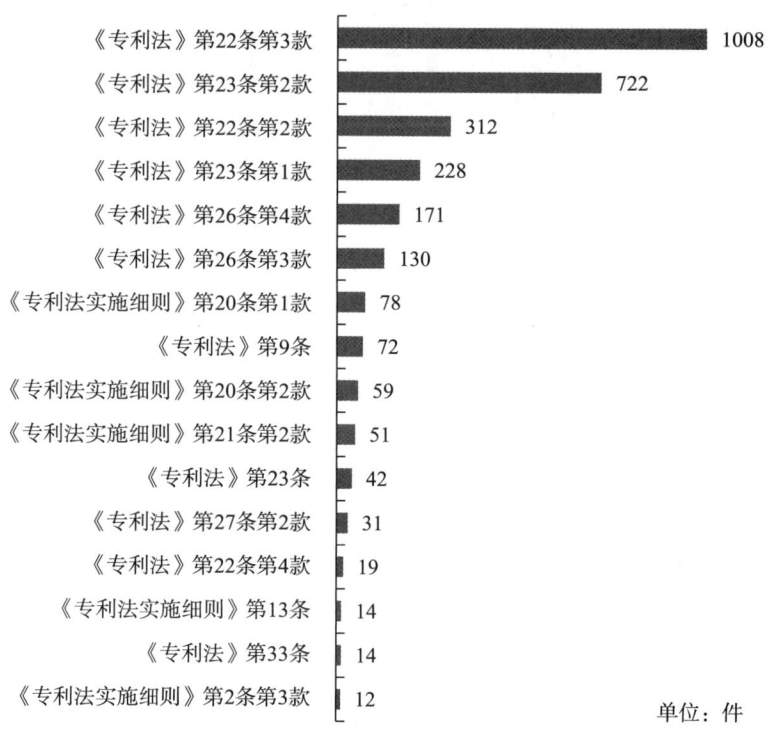

图 2-3-17 广东省家电产业专利无效案件主要无效理由分析（请求人）

2.3.7.2 广东省专利权人专利无效案件无效理由分析

从广东省家电产业专利无效案件主要无效理由来看，专利权人来自广东省的以《专利法》第 22 条第 3 款创造性为由的最多，涉及的无效案件数量为 1146 件，其次是《专利法》第 23 条第 2 款外观设计新颖性问题，涉及的无效案件数量为 825 件，《专利法》第 22 条第 2 款发明或实用新型新颖性涉及的案件数量为 347 件，排名第三位（见图 2-3-18）。

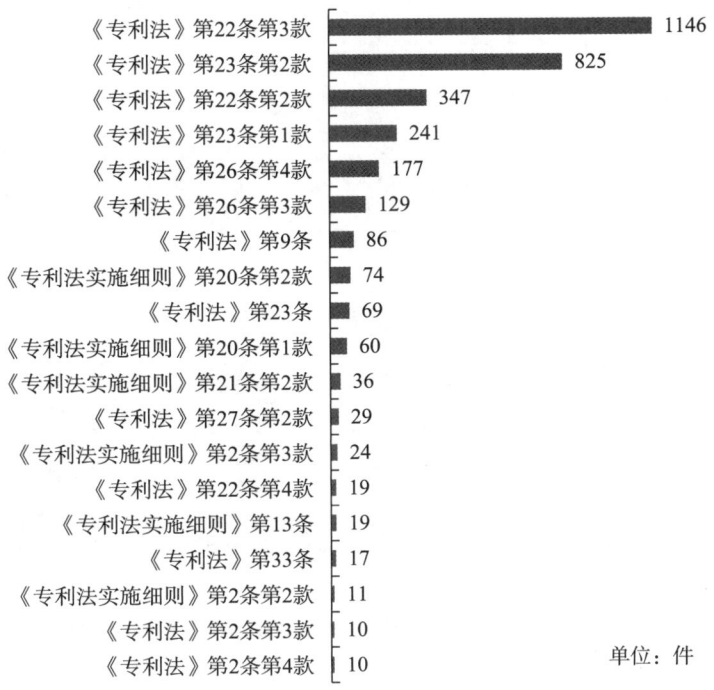

图 2-3-18　广东省家电产业专利无效案件主要无效理由分析（专利权人）

2.3.8　广东省专利无效案件沉寂期

请求人来自广东省的家电产业专利无效案件的专利沉寂期的平均年限为 2.57 年。从专利类型来看：发明的专利沉寂期年限最长，为 4.6 年；外观设计的专利沉寂期年限最短，为 2.12 年（见图 2-3-19）。

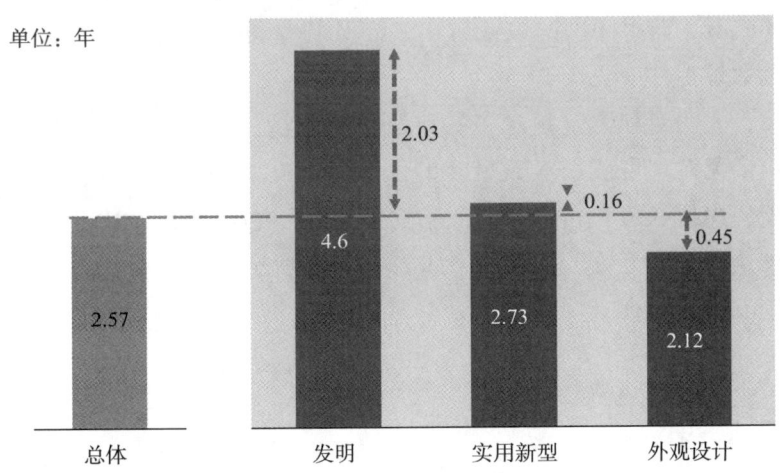

图 2-3-19　广东省家电产业专利无效案件的沉寂期（请求人）

专利权人来自广东省的家电产业专利无效案件的专利沉寂期的平均年限为2.3年。从专利类型来看：发明的专利沉寂期年限最长，为3.57年；外观设计的专利沉寂期年限最短，为2.60年（图2-3-20）。

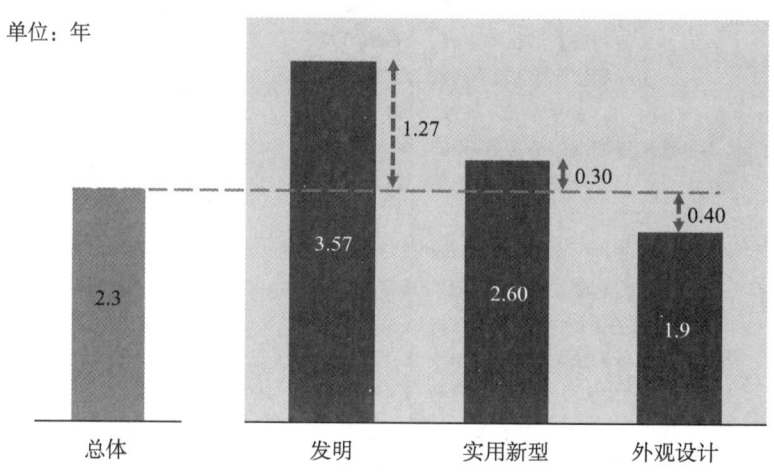

图2-3-20　广东省家电产业专利无效案件的沉寂期（专利权人）

2.3.9　广东省专利无效案件无效请求频次分布

2.3.9.1　广东省请求人专利无效案件无效请求频次分布

总体来看，请求人来自广东省的家电产业专利无效结案案件请求频次，仅被提起1次无效宣告请求的专利数量最多，涉及专利1382件，占比为81.9%；从专利类型来看，无论是发明专利、实用新型专利，还是外观设计专利，仅被提起1次无效宣告请求的专利量占比最高，其中外观设计专利仅被提起1次无效宣告请求的专利占比达到85.2%。整体来看，请求频次的数量越多，涉及的专利数量越少，请求频次最多为11次，涉及专利数量1件（见图2-3-21）。

横向比较，发明专利无效频次多的涉及专利数量占比高于实用新型专利、外观设计专利。被提出无效宣告请求次数最多的发明专利有1件，有9次无效宣告请求，是塞伯股份有限公司拥有的"自动涂覆油脂的煎炸锅"（CN200580018875.3），最近1次的无效决定结论为全部无效。具体信息如表2-3-3所示。

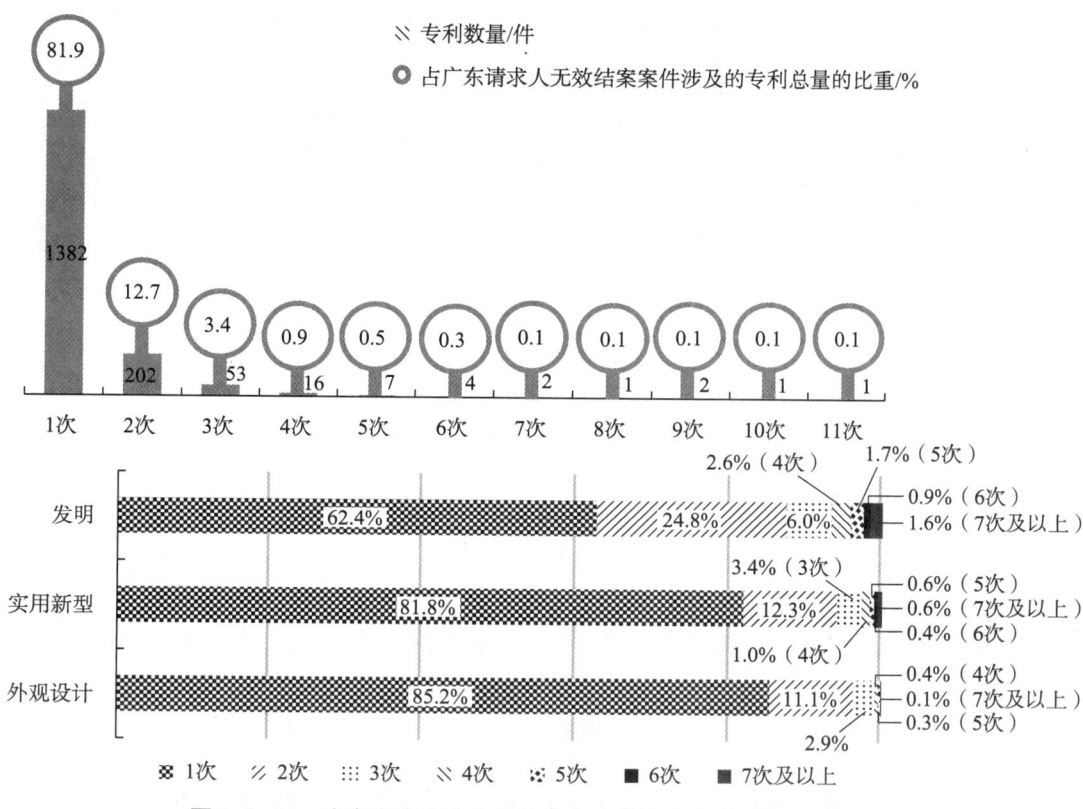

图 2-3-21 广东省家电产业无效结案案件请求频次分布（请求人）

表 2-3-3 广东省家电产业无效请求频次高代表发明专利相关信息（请求人）

决定日	案件号	请求人	案件结论
20170224	4W104661	中山市金朗宝电器有限公司	全部无效
20170224	4W104650	中山市华腾电器有限公司	全部无效
20151020	4W103705	东莞德龙健伍电器有限公司	维持有效
20150605	4W103173	宏柏家电（深圳）有限公司	维持有效
20150605	4W103128	东莞汇勋电器制品有限公司	维持有效
20150605	4W103091	中山市金朗宝电器有限公司	维持有效
20141023	4W102592	宏柏家电（深圳）有限公司	维持有效
20130427	4W101733	宏柏家电（深圳）有限公司	维持有效
20120516	4W101158	佛山市顺德区德朗电器制造有限公司	维持有效

被提出无效宣告请求次数最多的实用新型专利有 1 件，有 11 次无效宣告请求，是深圳唐恩科技有限公司拥有的"一种麦克风音箱一体设备"（CN201620118413.4），最近 1 次的无效决定结论为部分无效。具体信息如表 2-3-4 所示。

表 2-3-4　广东省家电产业无效请求频次高代表实用新型专利相关信息（请求人）

决定日	案件号	请求人	案件结论
20211124	5W122488	深圳市拓步全民互娱技术有限公司	部分无效
20211124	5W118447	广州汉蒙贸易有限公司	部分无效
20211103	5W124741	深圳市拓步电子科技有限公司	部分无效
20211123	5W120160	苍南县龙港瑞雪音响设备厂	部分无效
20211123	5W117745	贵州奥斯科尔科技实业有限公司	部分无效
20211123	5W116443	李燕娜	部分无效
20210817	5W123700	冉红梅	部分无效
20180627	5W114826	刘传云	部分无效
20180627	5W114502	深圳市益时尚科技有限公司	部分无效
20180627	5W114205	杭州星波电声有限公司	部分无效
20180627	5W114064	冉红梅	部分无效

被提出无效宣告请求次数最多的外观设计专利包括 1 件，有 7 次无效宣告请求，是朱育标拥有的"LED 充电式手电筒（YG-3260）"（CN200930251412.2），最近 1 次的无效决定结论为维持有效。具体信息如表 2-3-5 所示。

表 2-3-5　广东省家电产业无效请求频次高代表外观设计专利相关信息（请求人）

决定日	案件号	请求人	案件结论
20140505	6W103675	吴泽钗	维持有效
20140505	6W103674	吴泽钗	维持有效
20140505	6W103672	吴泽钗	维持有效
20130503	6W102963	朱洪洲	维持有效
20130503	6W102962	朱楚洪	维持有效
20130502	6W102961	吴泽钗	维持有效
20130428	6W102547	朱耿森	维持有效

2.3.9.2　广东省专利权人专利无效案件无效请求频次分布

从专利权人来自广东省的家电产业专利无效案件请求频次总体来看，仅被提起 1 次无效宣告请求的专利数量最多，涉及专利 1576 件，占比为 84.4%。从专利类型来看，无论是发明专利、实用新型专利，还是外观设计专利，仅被提起 1 次无效宣告请求的专利占比最高，其中外观设计专利仅被提起 1 次无效宣告请求的专利量占比达到 86.5%。整体来看，请求频次的数量越多，涉及的专利数量越少，请求频次最多为 11 次，涉及专利数量 1 件（见图 2-3-22）。

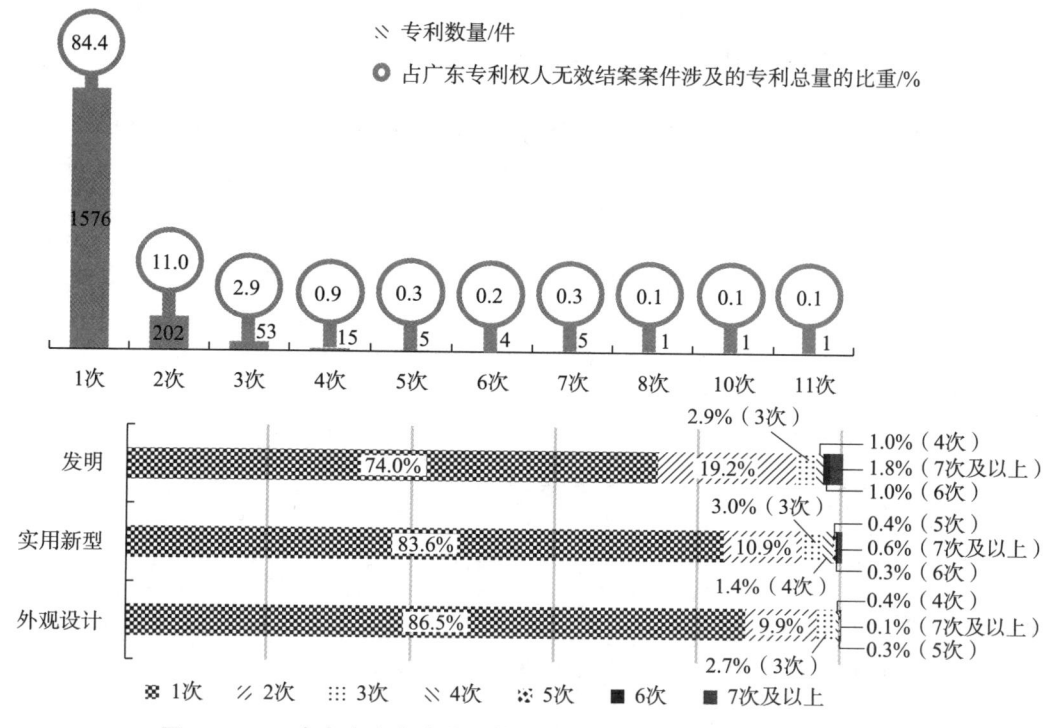

图 2-3-22 广东省家电产业无效结案案件请求频次分布（专利权人）

横向比较，发明专利被请求无效的频次多的涉及专利数量占比高于实用新型专利、外观设计专利。

被提出无效宣告请求次数最多的发明专利有 1 件，被实际提出了 9 次无效宣告请求，是塞伯股份有限公司拥有的"自动涂覆油脂的煎炸锅"（CN200580018875.3），最近 1 次的无效决定结论为全部无效。具体信息如表 2-3-6 所示。

表 2-3-6 广东省家电产业无效请求频次高代表发明专利相关信息（专利权人）

决定日	案件号	请求人	案件结论
20170224	4W104661	中山市金朗宝电器有限公司	全部无效
20170224	4W104650	中山市华腾电器有限公司	全部无效
20151020	4W103705	东莞德龙健伍电器有限公司	维持有效
20150605	4W103173	宏柏家电（深圳）有限公司	维持有效
20150605	4W103128	东莞汇勋电器制品有限公司	维持有效
20150605	4W103091	中山市金朗宝电器有限公司	维持有效
20141023	4W102592	宏柏家电（深圳）有限公司	维持有效
20130427	4W101733	宏柏家电（深圳）有限公司	维持有效
20120516	4W101158	佛山市顺德区德朗电器制造有限公司	维持有效

被提出无效宣告请求次数最多的实用新型专利有1件,被提出11次无效宣告请求,是深圳唐恩科技有限公司拥有的"一种麦克风音箱一体设备"(CN201620118413.4),最近1次的无效决定结论为部分无效。具体信息如表2-3-7所示。

表2-3-7 广东省家电产业无效请求频次高代表实用新型专利相关信息(专利权人)

决定日	案件号	请求人	案件结论
20211124	5W122488	深圳市拓步全民互娱技术有限公司	部分无效
20211124	5W118447	广州汉蒙贸易有限公司	部分无效
20211103	5W124741	深圳市拓步电子科技有限公司	部分无效
20211123	5W120160	苍南县龙港瑞雪音响设备厂	部分无效
20211123	5W117745	贵州奥斯科尔科技实业有限公司	部分无效
20211123	5W116443	李燕娜	部分无效
20210817	5W123700	冉红梅	部分无效
20180627	5W114826	刘传云	部分无效
20180627	5W114502	深圳市益时尚科技有限公司	部分无效
20180627	5W114205	杭州星波电声有限公司	部分无效
20180627	5W114064	冉红梅	部分无效

被提出无效宣告请求次数最多的外观设计专利共计1件,被提出了7次无效宣告请求,是朱育标拥有的"LED充电式手电筒(YG-3260)"(CN200930251412.2),最近1次的无效决定结论为维持有效。具体信息如表2-3-8所示。

表2-3-8 广东省家电产业无效请求频次高代表外观设计专利相关信息(专利权人)

决定日	案件号	请求人	案件结论
20140505	6W103675	吴泽钗	维持有效
20140505	6W103674	吴泽钗	维持有效
20140505	6W103672	吴泽钗	维持有效
20130503	6W102963	朱洪洲	维持有效
20130503	6W102962	朱楚洪	维持有效
20130502	6W102961	吴泽钗	维持有效
20130428	6W102547	朱耿森	维持有效

2.3.10 广东省专利无效案件技术领域分析

2.3.10.1 广东省请求人专利无效案件技术领域分析

从广东省家电产业无效结案案件专利技术分布（请求人）来看，照明电器领域最多，专利无效案件为 710 件，厨房电器无效案件数量排名第二位，为 571 件。技术布局案件数量超过 100 件的还有空调电器（232 件）、声像电器（215 件），分列第三、第四位（见图 2-3-23）。上述结果一定程度上表明，照明电器、厨房电器领域在广东省家电产业关注度高、产业基础好。

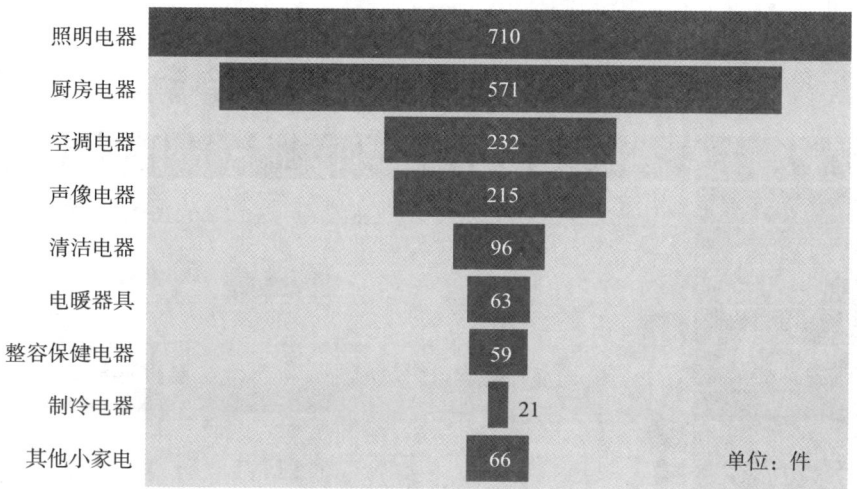

图 2-3-23 广东省家电产业无效结案案件专利技术布局（请求人）

从广东省家电产业各技术分支无效结案案件量变化趋势（请求人）来看，照明电器领域整体呈波动上升态势，早期结案案件数量较少，近几年专利结案案件数量增长较快，2020 年达到峰值，为 84 件（见图 2-3-24）。

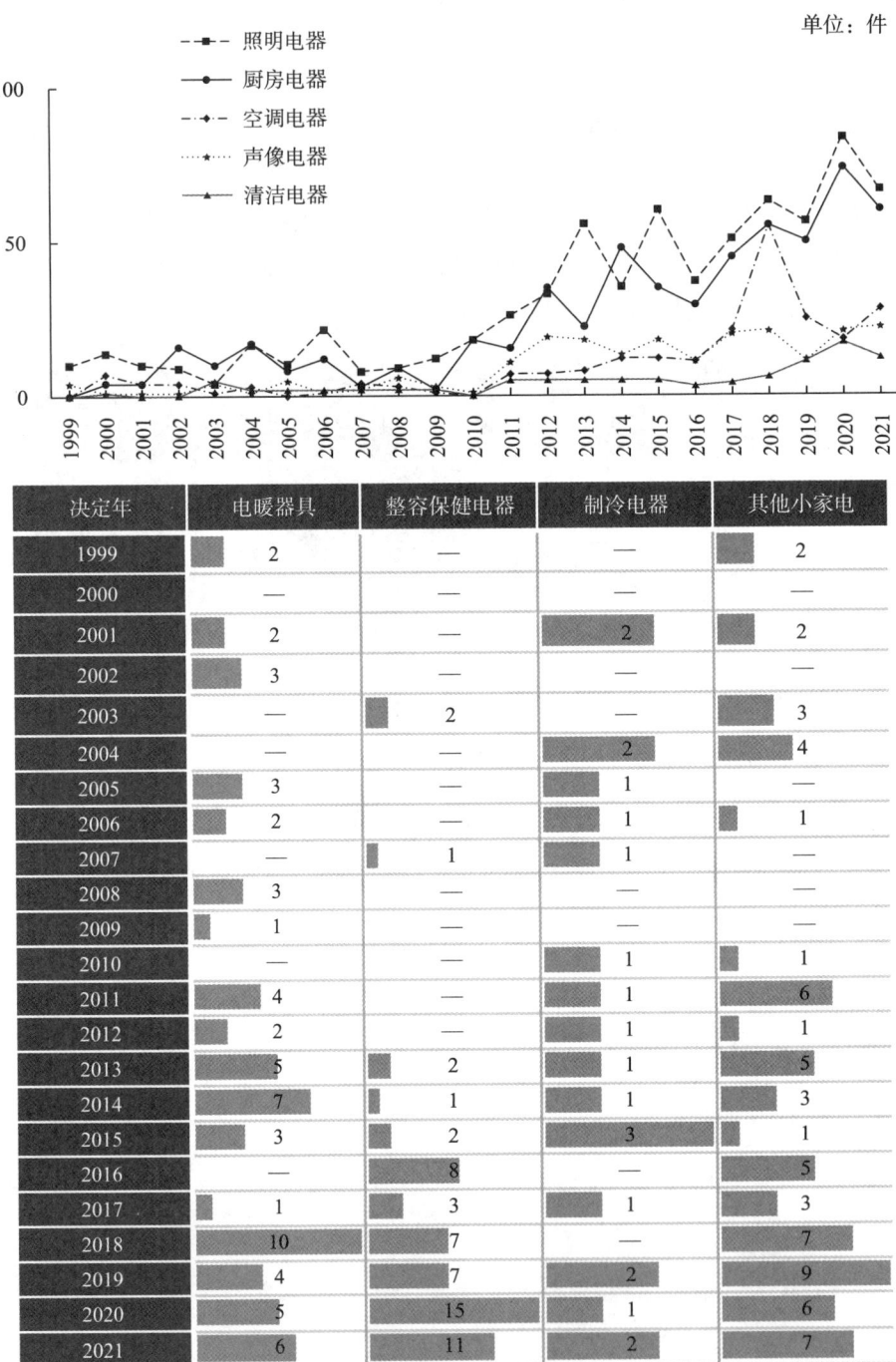

图 2-3-24 广东省家电产业各技术分支无效结案量变化趋势（请求人）

厨房电器领域整体呈波动上升态势，早期结案案件数量较少，近几年专利结案案件数量增长较快，2020年达到峰值，为74件。其他主要技术分支专利无效结案案件数量变化趋势波动不大，较为平稳。整体来看，近年来专利无效结案案件数量相对较多。

从广东省家电产业各技术分支无效结案案件专利类型（请求人）来看：照明电器、声像电器、整容保健电器领域、其他小家电外观设计专利数量多；厨房电器、空调电器、清洁电器、电暖器具、制冷电器实用新型专利数量多（见图2-3-25）。

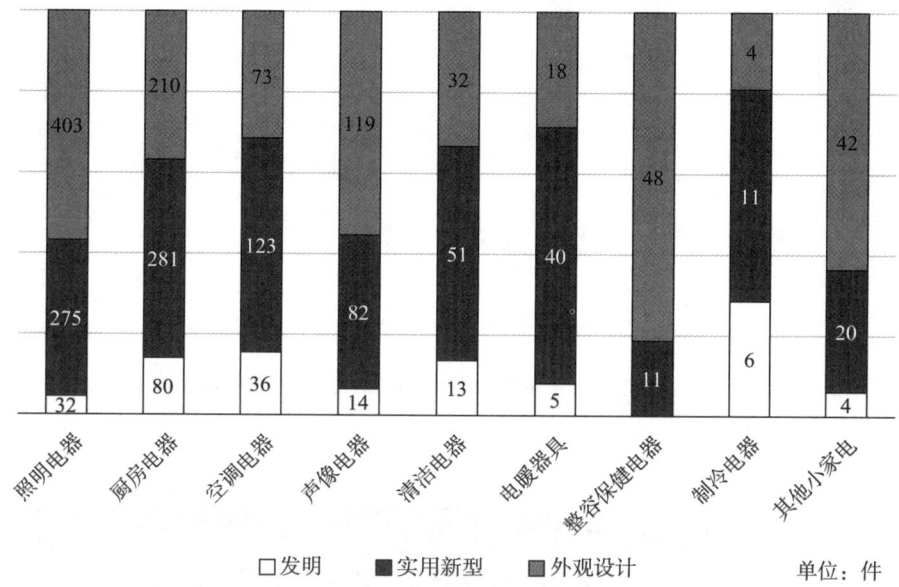

图2-3-25 广东省家电产业各技术分支专利无效结案案件专利类型（请求人）

从广东省家电产业各技术分支无效结案案件审查结果（请求人）来看，厨房电器、空调电器、电暖器具、整容保健电器、制冷电器领域全部无效案件数量多（见图2-3-26），一定程度表明广东省请求人宣告他人专利无效的成功率较高。

2.3.10.2 广东省专利权人专利无效案件技术领域分析

从广东省家电产业无效结案案件专利技术分布（专利权人）来看，照明电器领域最多，为742件，厨房电器领域第二，为622件。技术布局案件数量超过100件的还有空调电器（380件）、声像电器（232件），分列第三、第四位（见图2-3-27）。上述结果一定程度上表明广东省家电产业中的照明电器领域、厨房电器领域专利技术布局量大，市场关注度高。

从广东省家电产业各技术分支无效结案案件专利变化趋势（专利权人）来看，照明电器领域整体呈波动上升态势，早期结案案件数量较少，近几年专利无效结案数量增长较快，2021年达到峰值，为70件（见图2-3-28）。

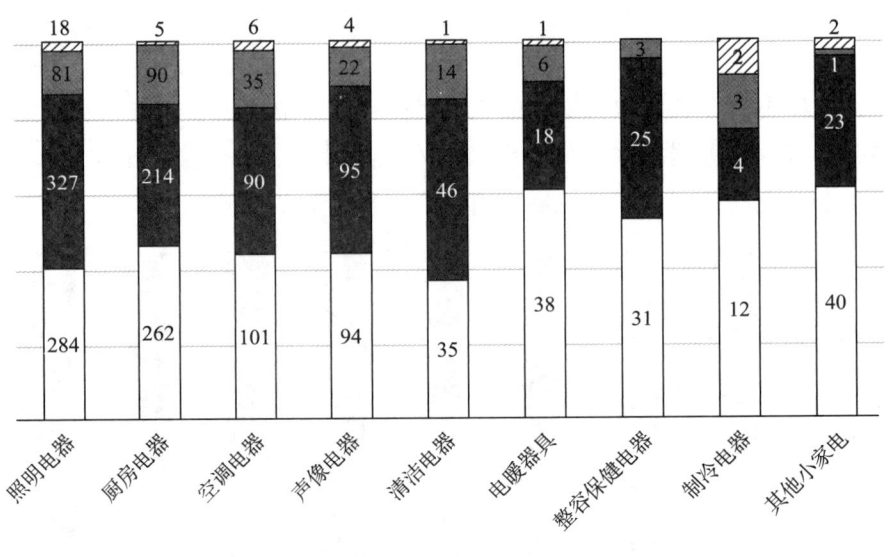

图 2-3-26　广东省家电产业各技术分支专利无效结案案件审查结果（请求人）

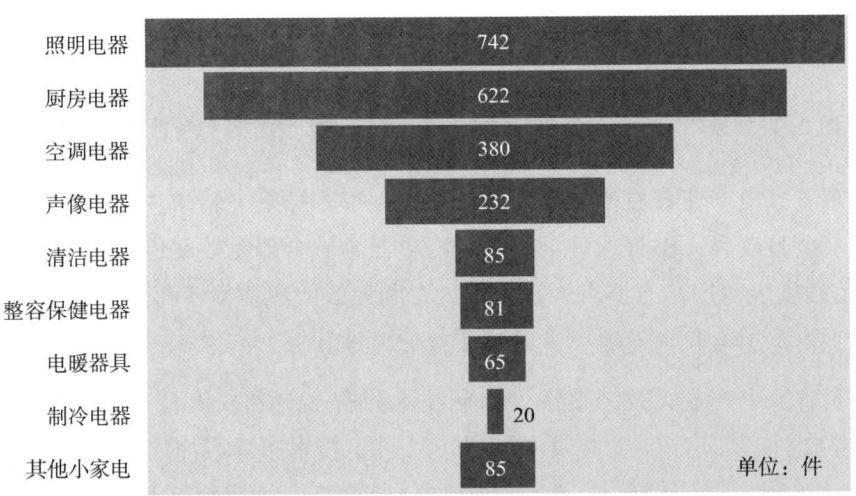

图 2-3-27　广东省家电产业无效结案案件专利技术布局（专利权人）

厨房电器领域整体呈波动上升态势，早期结案案件数量较少，近几年专利结案案件数量增长较快，2021年达到峰值，为79件。其他主要技术分支无效结案案件专利变化趋势波动不大，较为平稳。整体来看，近年来无效结案案件数量相对较多。

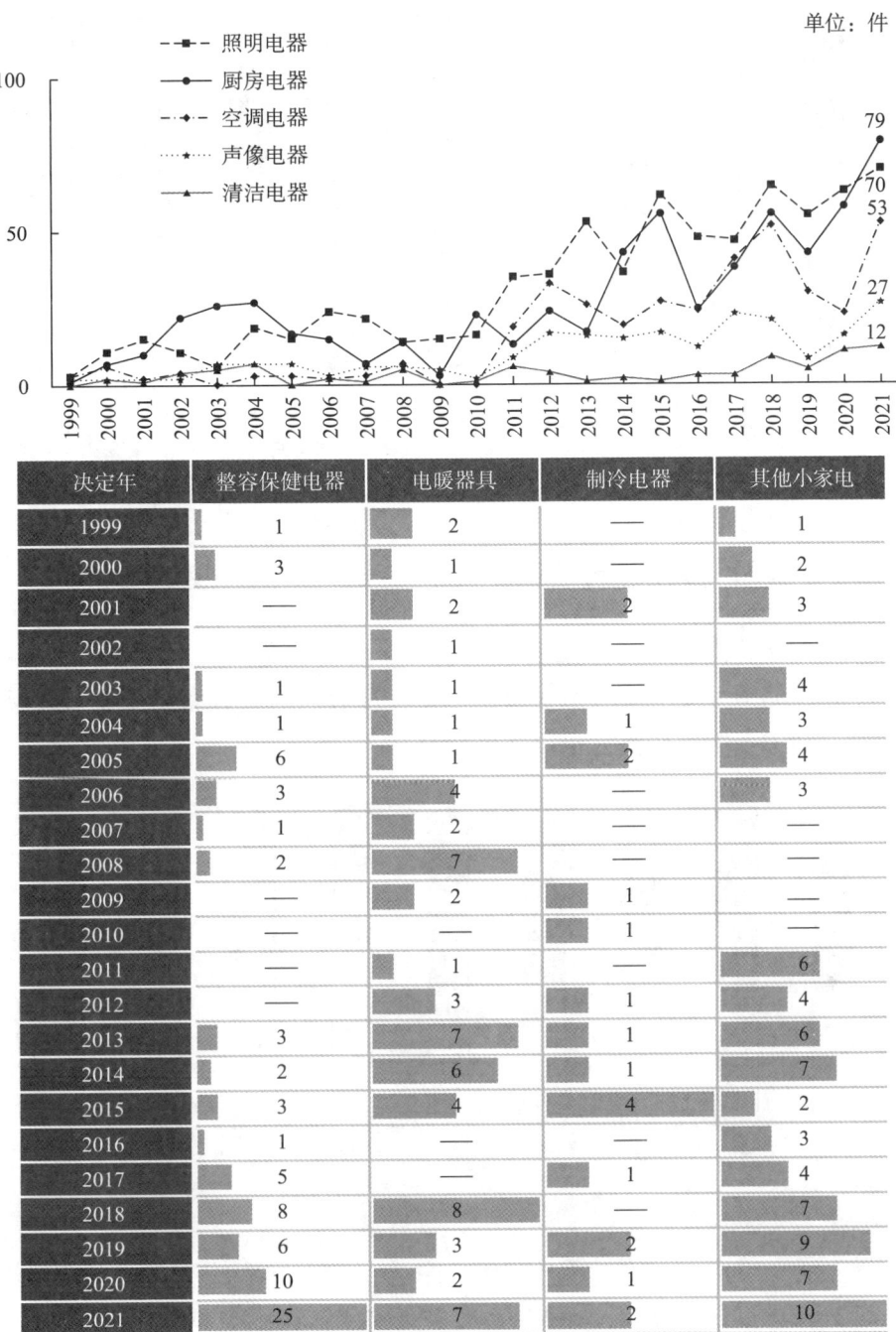

图 2-3-28　广东省家电产业各技术分支无效结案量变化趋势（专利权人）

从广东省家电产业各技术分支无效结案案件专利类型（专利权人）来看：照明电器、声像电器、整容保健电器领域、其他小家电领域无效案件涉及外观设计专利数量多；厨房电器、空调电器、清洁电器、电暖器具、制冷电器领域无效案件涉及实用新型专利数量多（见图 2-3-29）。

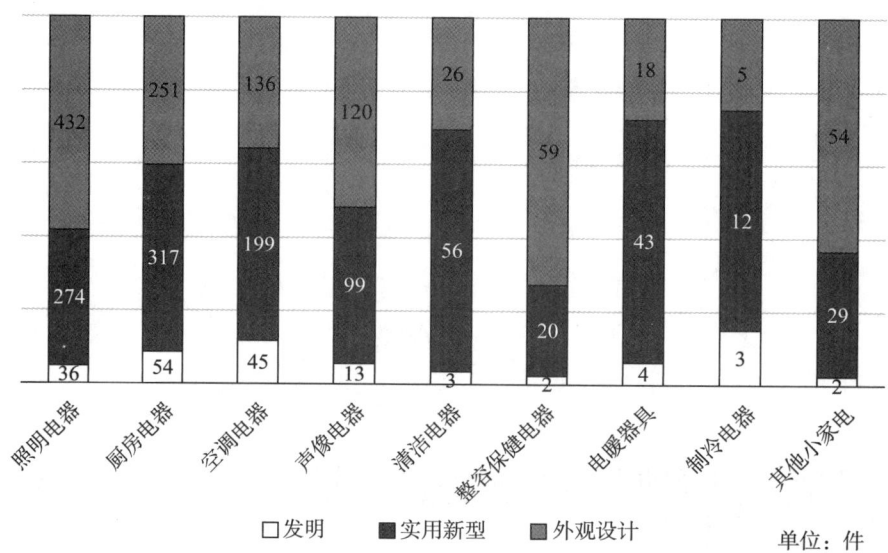

图 2-3-29　广东省家电产业各技术分支专利无效结案案件专利类型（专利权人）

从广东省家电产业各技术分支无效案件审查结果（专利权人）来看，照明电器、清洁电器领域维持有效专利案件数量多，一定程度表明广东省家电产业这些领域专利授权质量高，维持有效率较高（见图2-3-30）。

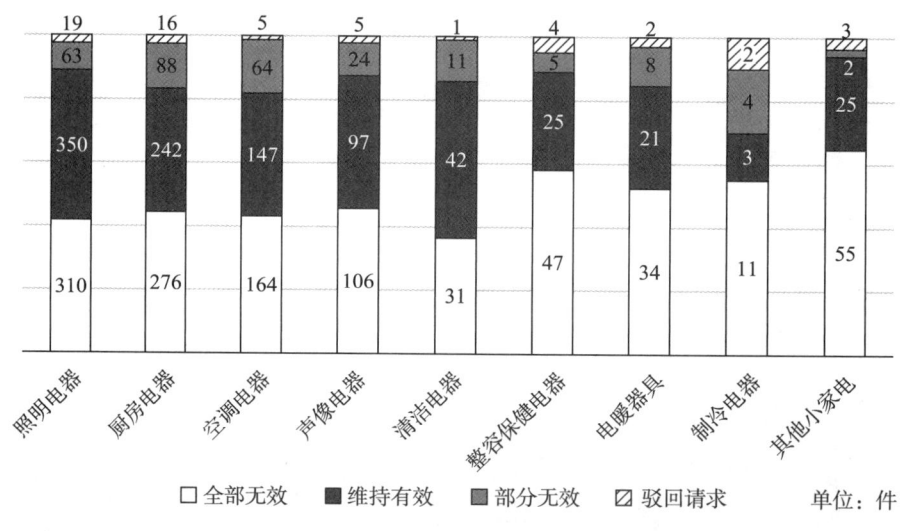

图 2-3-30　广东省家电产业各技术分支专利无效结案案件审查结果（专利权人）

厨房电器、空调电器、声像电器、电暖器具、其他小家电、整容保健电器、制冷电器领域全部无效专利案件数量多，一定程度表明广东省家电产业这些领域专利质量有待提高。

第3章 广东省重点产业专利无效与行政诉讼案件数据关联分析

本章对广东省专利无效案件与专利无效行政诉讼案件数据进行关联分析,包括专利行政诉讼立案情况分析,涉及的专利类型分析,当事人情况分析,审理程序(初审、再审、终审)分析,专利行政诉讼判决结果分析,诉讼次数分析,技术领域分析等,帮助政府、企业总体掌握广东省重点产业的专利无效行政诉讼情况。

3.1 新一代信息技术产业

3.1.1 广东省专利无效行政诉讼案件总体情况分析

截至2021年12月,广东省新一代信息技术产业专利无效行政诉讼案件586件(涉及专利共计411件,占整个新一代信息技术产业无效专利总量的17.7%),如图3-1-1所示。

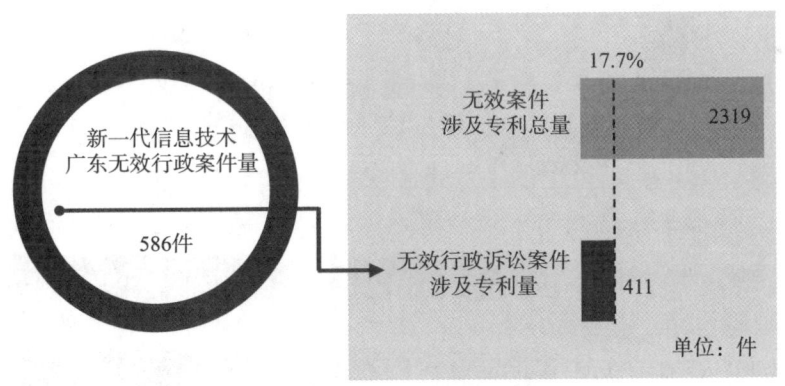

图3-1-1 广东省新一代信息技术产业专利无效行政诉讼案件总体情况

从广东省新一代信息技术产业专利无效行政诉讼案件数量变化趋势来看,案件数量呈波动态势,整体来看早期案件数量较少,近几年案件数量维持在高位,2019年达到峰值160件。增长率方面,2017年最为突出,达到245.5%,这与2016年案件数量少有关(见图3-1-2)。

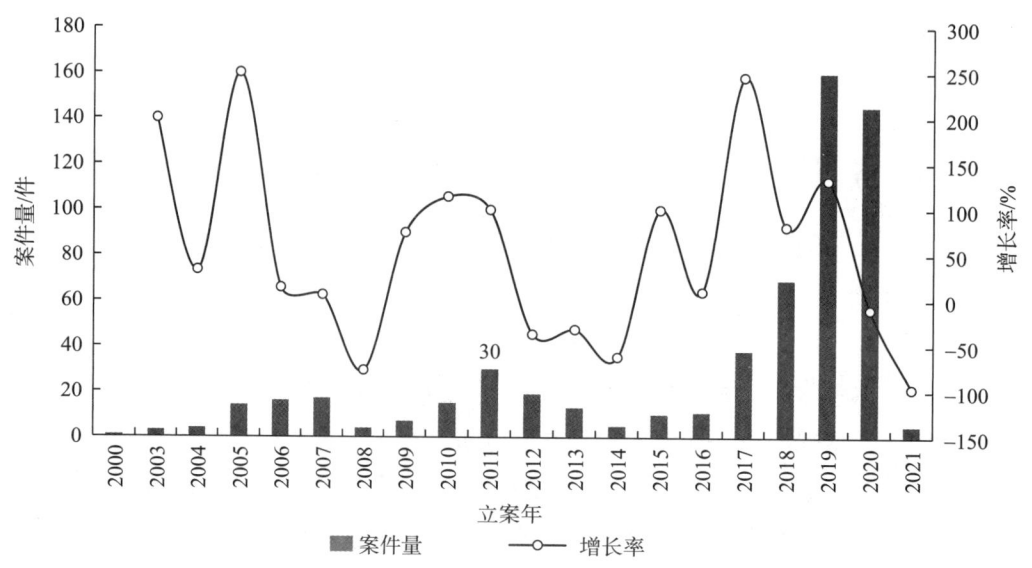

图 3-1-2　广东省新一代信息技术产业专利无效行政诉讼案件数量变化趋势

如图 3-1-3 所示，从广东省新一代信息技术产业专利无效行政诉讼案件专利类型构成来看，涉及发明专利案件数量最多，有 339 件，占比为 57.8%，涉及实用新型专利案件数量第二位，有 210 件，占比为 35.8%，涉及外观设计专利案件数量最少，仅 37 件，占比为 6.3%。

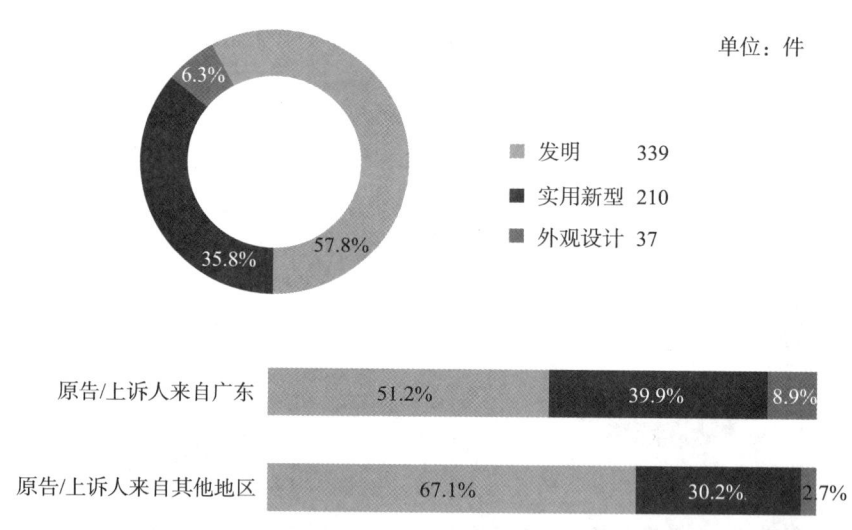

图 3-1-3　广东省新一代信息技术产业专利无效行政诉讼案件专利类型构成

从原告/上诉人地域来看，属于广东省的原告/上诉人涉及发明专利案件数量占比高，为 51.2%，不属于广东省的原告/上诉人也是涉及发明专利占比高，为 67.1%。从上述内容可知，发明专利在新一代信息技术领域是专利无效行政诉讼程序中的主要专利类型。

3.1.2 广东省专利无效行政诉讼案件审理程序分析

从广东省新一代信息技术产业专利无效行政诉讼案件审理程序来看,初审程序案件数量最多,为 445 件,占总案件数量的 75.9%,终审程序案件数量为 133 件,占总案件数量的 22.7%,再审程序案件数量仅为 8 件,占总案件数量的 1.4%(见图 3-1-4)。可见,多数专利无效行政诉讼在初审阶段裁决后终止,因为终审和再审案件数量占比不足四分之一。

图 3-1-4 广东省新一代信息技术产业专利无效行政诉讼案件审理程序

3.1.3 广东省专利无效行政诉讼案件原告/上诉人分析

从广东省新一代信息技术产业专利无效行政诉讼案件原告/上诉人的区域分布来看,来自中国本土的原告/上诉人案件数量占比为 85.5%,主要来自广东省,国外原告/上诉人占比较小,为 14.5%。原告/上诉人地域是广东省的有 331 件,其中来自深圳市的有 231 件,排名第一位,案件数量明显高于其他地市,第二是东莞市,为 27 件(见图 3-1-5)。

从广东省新一代信息技术产业专利无效行政诉讼案件原告/上诉人的类型来看,企业涉及案件数量多,为 509 件,占比高达 86.3%,这与专利纠纷主要是企业之间的利益之争有关。个人涉及案件数量较少,为 72 件,占比 12.2%(见图 3-1-6)。

从广东省新一代信息技术产业专利无效行政诉讼案件原告/上诉人与无效当事人对应情况来看,原告/上诉人为无效专利权人的案件数量相对较多,有 362 件,占比为 61.0%,其中原告/上诉人地域来自广东省的 184 件。原告/上诉人为无效请求人的案件数量相对较少,有 228 件,占比 37.6%,其中原告/上诉人地域来自广东省的有 154 件。上诉人为国家知识产权局的有 8 件,占比为 1.3%(见图 3-1-7)。

从广东省新一代信息技术产业专利无效行政诉讼案件原告/上诉人涉及的案件数量来看:华为技术有限公司排名第一,为 48 件,涉案无效专利专利权人作为原告/上诉人的有 18 件,作为无效请求人的有 30 件;高域(北京)智能科技研究院有限公司排名第二位,为 27 件,在无效阶段均作为专利权人;艾利森电话股份有限公司排名第三位,为 22 件,均作为专利权人参与专利无效宣告程序(见图 3-1-8)。

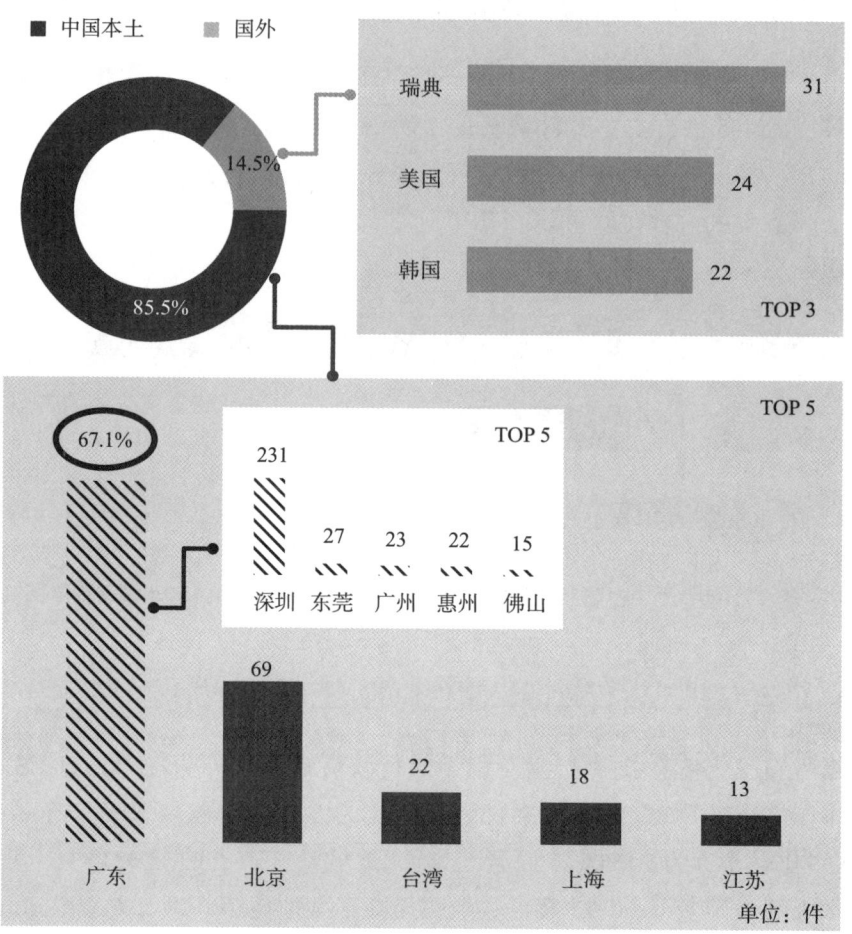

图 3-1-5 广东省新一代信息技术产业专利无效行政诉讼案件原告/上诉人的区域分布

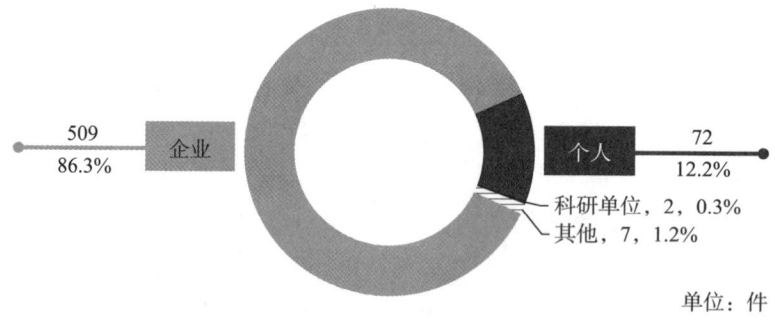

图 3-1-6 广东省新一代信息技术产业专利无效行政诉讼案件原告/上诉人的类型构成

第 3 章 广东省重点产业专利无效与行政诉讼案件数据关联分析

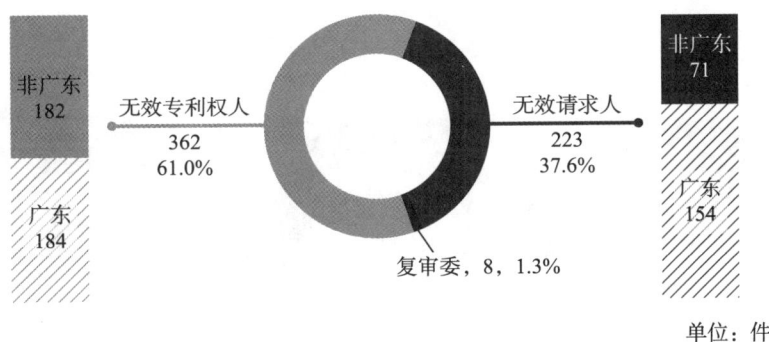

图 3-1-7 广东省新一代信息技术产业无效行政诉讼案件原告/上诉人与无效当事人对应情况

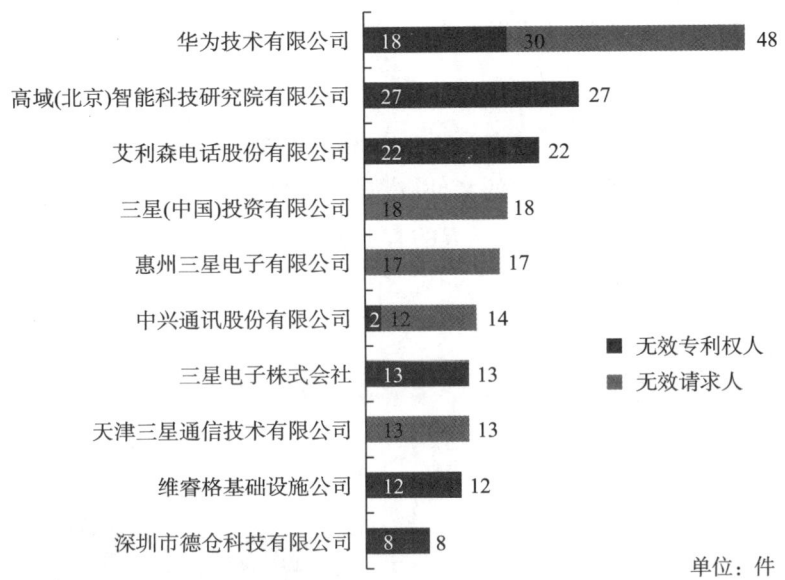

图 3-1-8 广东省新一代信息技术产业专利无效行政诉讼案件主要原告/上诉人（TOP 10）

3.1.4 广东省专利无效行政诉讼案件判决结果分析

从广东省新一代信息技术产业专利无效行政诉讼案件判决结果[1]来看：败诉的案件数量多，有 522 件，占比达 89.1%，其中初审涉及案件数量 398 件，终审涉及案件数量 117 件，再审 74 件；胜诉案件数量少，仅 64 件，占比为 10.9%，其中初审涉及案件数量 47 件，终审涉及案件数量 16 件，再审 1 件（见图 3-1-9）。可以看出，国家知识产权局专利无效宣告决定质量较高，在无效行政诉讼程序中扭转结果难度较大。

---

[1] 本节胜诉、败诉指原告/上诉人胜诉、败诉，败诉代表与无效案件无效宣告结果一致（国家知识产权局为被告）。

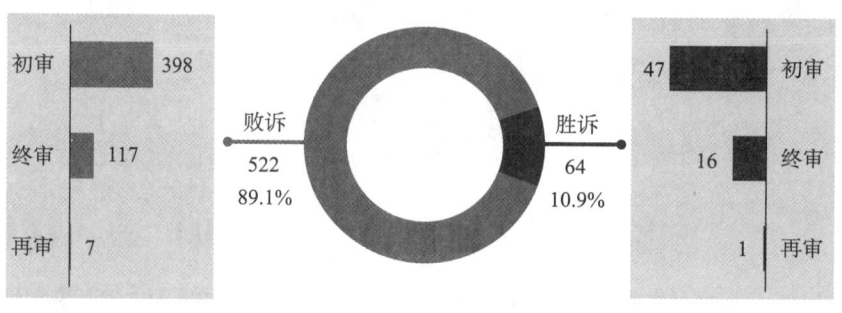

图 3-1-9　广东省新一代信息技术产业专利无效行政诉讼案件判决结果情况

注：胜诉、败诉指原告/上诉人胜诉、败诉。

从广东省新一代信息技术产业专利无效行政诉讼案件不同判决结果原告/上诉人情况来看：败诉案件中，来自广东省的案件有 296 件，其中无效请求人作为原告/上诉人的有 131 件，专利权人作为原告/上诉人的有 165 件；胜诉案件中，来自广东省的有 40 件，其中无效请求人作为原告/上诉人的有 23 件，专利权人作为原告/上诉人的有 19 件（见图 3-1-10）。

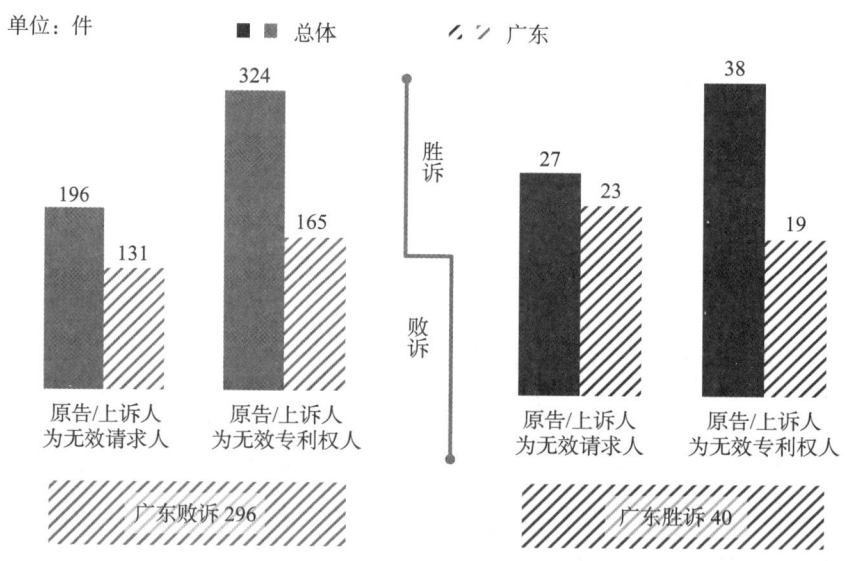

图 3-1-10　广东省新一代信息技术产业专利无效行政诉讼案件判决结果原告/上诉人情况

注：胜诉、败诉指原告/上诉人胜诉、败诉。

3.1.5 广东省专利无效行政诉讼案件诉讼次数分析

总体来看,从广东省新一代信息技术产业专利无效行政诉讼案件诉讼次数,提起 1 次诉讼次数的专利数量最多,有 282 件,占比为 68.6%。从专利类型来看,无论是发明专利、实用新型专利,还是外观设计专利,被提起 1 次诉讼的专利数量占比最高,其中外观设计专利被提起 1 次诉讼的专利量占比达 83.9%。整体来看,被提起诉讼次数的数量越多,涉及的专利数量越少,被提起无效次数最多为 8 次,涉及专利数量 1 件(见图 3-1-11)。

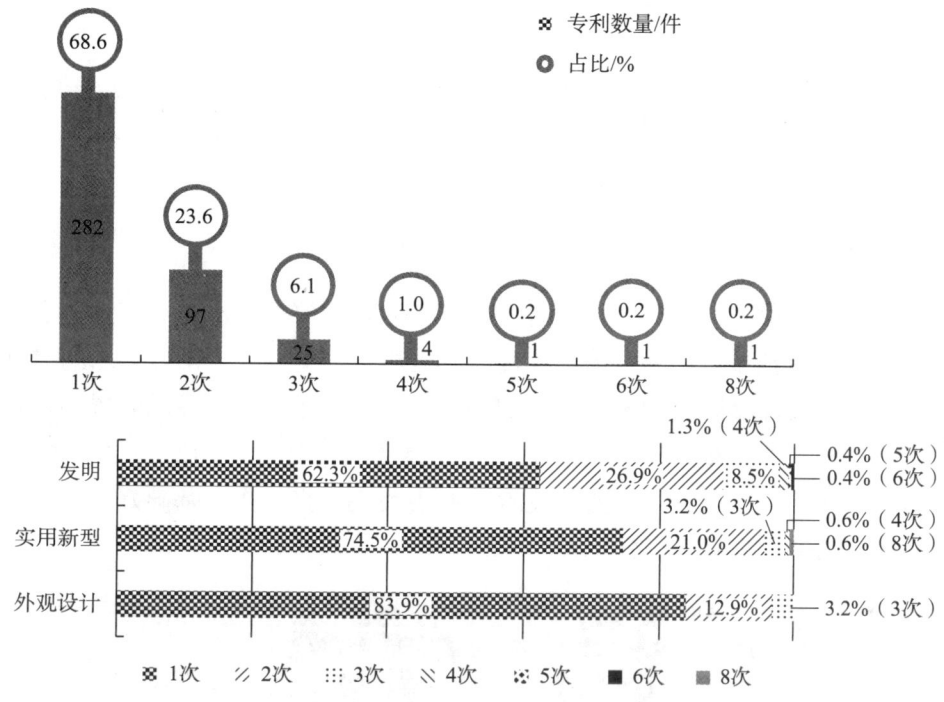

图 3-1-11 广东省新一代信息技术产业专利无效行政诉讼案件诉讼次数分布

横向比较,发明专利被提起行政诉讼次数多的专利数量占比高于实用新型专利、外观设计专利。

被提起诉讼次数最多的涉案专利有 1 件,是东莞市超弦电子有限公司拥有的实用新型专利"一种全自动伸缩屏车载影音多媒体播放机的伸缩屏驱动装置"(CN200820048217.X),被提了 8 次诉讼,审理程序为终审 4 次、初审 4 次,最近一次终审结果是上诉人东莞市超弦电子有限公司、东莞华盛音响制品有限公司败诉。涉案专利 CN200820048217.X 被请求宣告无效 4 次,最近一次的无效决定结论为全部无效。具体情况如表 3-1-1 所示。

表 3-1-1　广东省新一代信息技术产业无效行政诉讼案件诉讼次数多代表专利相关信息

案号	审理程序	判决结果	原告/上诉人
（2011）高行终字第 1511 号	终审	败诉	东莞市超弦电子有限公司，东莞华盛音响制品有限公司
（2011）高行终字第 1394 号	终审	败诉	邵泽锋
（2011）高行终字第 1315 号	终审	败诉	东莞市超弦电子有限公司
（2011）高行终字第 1292 号	终审	败诉	东莞华盛音响制品有限公司
（2011）一中知行初字第 1621 号	初审	败诉	东莞市超弦电子有限公司
（2011）一中知行初字第 1620 号	初审	败诉	东莞市超弦电子有限公司
（2011）一中知行初字第 1433 号	初审	败诉	邵泽锋
（2011）一中知行初字第 1121 号	初审	败诉	东莞华盛音响制品有限公司

3.1.6　广东省专利无效行政诉讼案件技术领域分析

从广东省新一代信息技术产业专利无效行政诉讼案件的技术布局情况来看，通信领域涉及的案件数量排名第一，为 256 件，明显高于其他领域。排名第二的是计算机设备领域，涉及案件数量为 84 件。语音视频图像技术、电连接和显示装置领域排名第三和并列第四位，涉及案件数量分别为 35 件、34 件（见图 3-1-12）。这与通信领域、计算机设备领域在广东省新一代信息技术产业中关注度高、产业基础好、专利技术布局量大、市场关注度高密不可分。

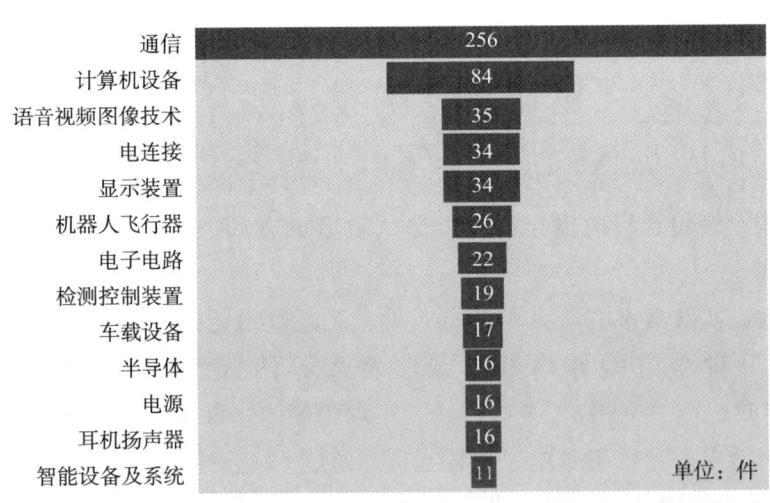

图 3-1-12　广东省新一代信息技术产业专利无效行政诉讼案件技术布局情况

第3章 广东省重点产业专利无效与行政诉讼案件数据关联分析

从广东省新一代信息技术产业各技术分支专利无效行政诉讼案件变化趋势来看,通信领域早期呈波动态势,2017年开始案件数量快速增长,2019年激增到87件,达到峰值,此后呈下降态势(见图3-1-13)。

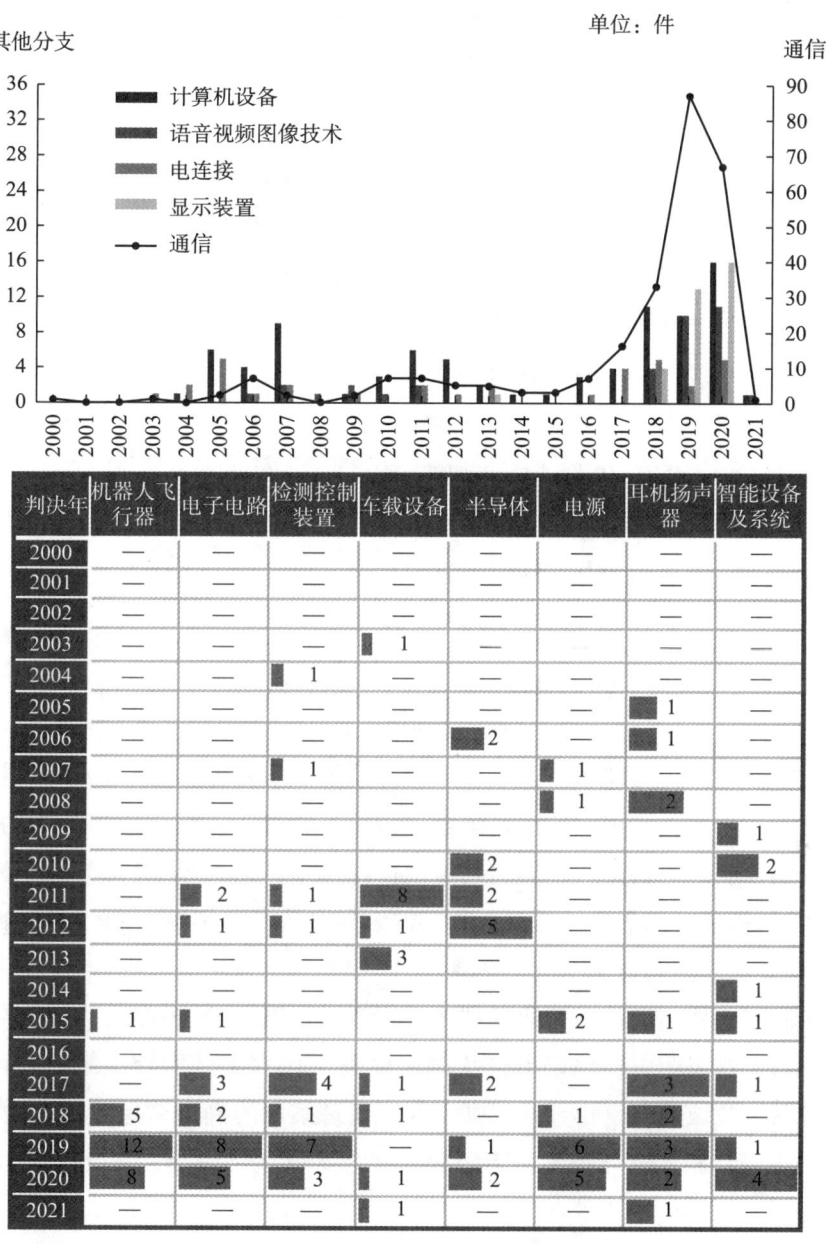

判决年	机器人飞行器	电子电路	检测控制装置	车载设备	半导体	电源	耳机扬声器	智能设备及系统
2000	—	—	—	—	—	—	—	—
2001	—	—	—	—	—	—	—	—
2002	—	—	—	—	—	—	—	—
2003	—	—	—	1	—	—	—	—
2004	—	—	1	—	—	—	—	—
2005	—	—	—	—	—	—	1	—
2006	—	—	—	—	2	—	1	—
2007	—	—	1	—	—	1	—	—
2008	—	—	—	—	—	1	2	—
2009	—	—	—	—	—	—	—	1
2010	—	—	—	—	—	—	—	2
2011	—	2	1	8	2	—	—	—
2012	—	1	1	1	5	—	—	—
2013	—	—	—	3	—	—	—	—
2014	—	—	—	—	—	—	—	1
2015	1	1	—	—	2	—	—	—
2016	—	—	—	—	—	—	—	—
2017	—	3	4	1	—	—	3	—
2018	5	2	1	1	—	—	2	—
2019	12	8	7	—	1	6	3	1
2020	8	5	3	1	2	5	2	4
2021	—	—	—	1	—	1	—	—

图3-1-13 广东省家电产业各技术分支专利无效行政诉讼案件变化趋势

计算机设备领域从2018年开始结案量突破10件,2020年达到峰值,为16件。其他主要技术分支专利无效行政诉讼案件数量变化趋势波动不大,趋于平稳。整体来看,近年来专利无效行政诉讼案件数量相对较多。

3.1.7 广东省专利无效行政诉讼案件代理机构分析

从广东省新一代信息技术产业专利无效行政诉讼案件原告/上诉人的主要代理机构来看，北京市柳沈律师事务所代理的案件数量排名第一位，为51件。排名第二位的为北京市金杜律师事务所，代理的案件数量为38件；中国专利代理（香港）有限公司排名第三位，代理的案件数量为27件（见图3-1-14）。

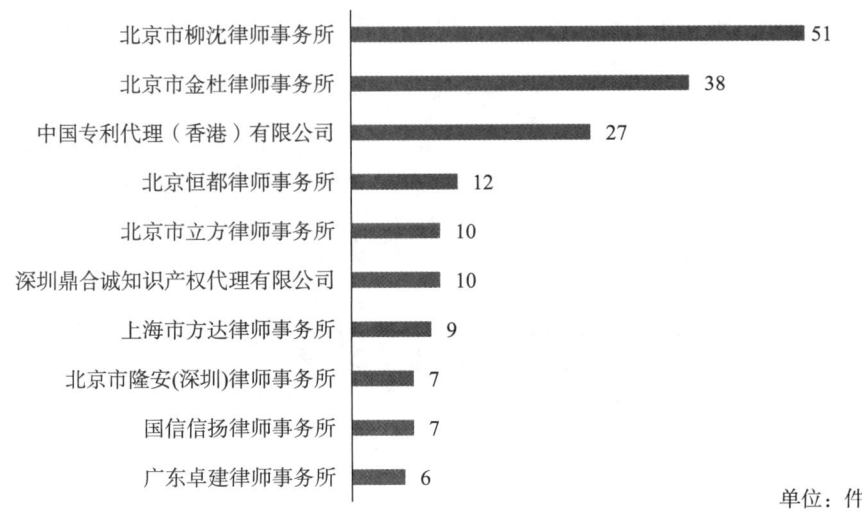

图3-1-14 广东省新一代信息技术产业专利无效行政诉讼案件代理机构情况（TOP 10）

从广东省新一代信息技术产业专利无效行政诉讼案件原告/上诉人的主要代理机构所代理专利类型来看，代理案件数量排名第一位的北京市柳沈律师事务所的51件案件全部涉及发明专利。排名第二位的北京市金杜律师事务所代理38件案件中涉及发明专利34件、实用新型专利3件、外观专利1件。排名第三的中国专利代理（香港）有限公司27件案件全部涉及发明专利（见图3-1-15）。

从广东省新一代信息技术产业专利无效行政诉讼案件原告/上诉人的主要代理机构判决结果来看，排名第一的北京市柳沈律师事务所代理案件的判决结果败诉占比达到96.1%，排名第二位的北京市金杜律师事务所代理案件的判决结果败诉占比为81.6%，排名第三的中国专利代理（香港）有限公司代理案件的败诉结果占比为77.8%（见图3-1-16）。

从广东省新一代信息技术产业专利无效行政诉讼案件原告/上诉人的主要代理机构代理案件所在技术领域来看：排名第一的北京市柳沈律师事务所代理案件集中在通信领域，占比达94.1%；排名第二的北京市金杜律师事务所通信领域占比最多，为78.9%，计算机设备领域和电源领域各占7.9%；排名第三的中国专利代理（香港）有限公司通信领域占比最多，为70.4%，其次是计算机设备领域，占比为18.5%。此外，排名并列第五的深圳鼎合诚知识产权代理有限公司所代理的 12 件案件全部为显示装置领域（见表 3-1-2）。

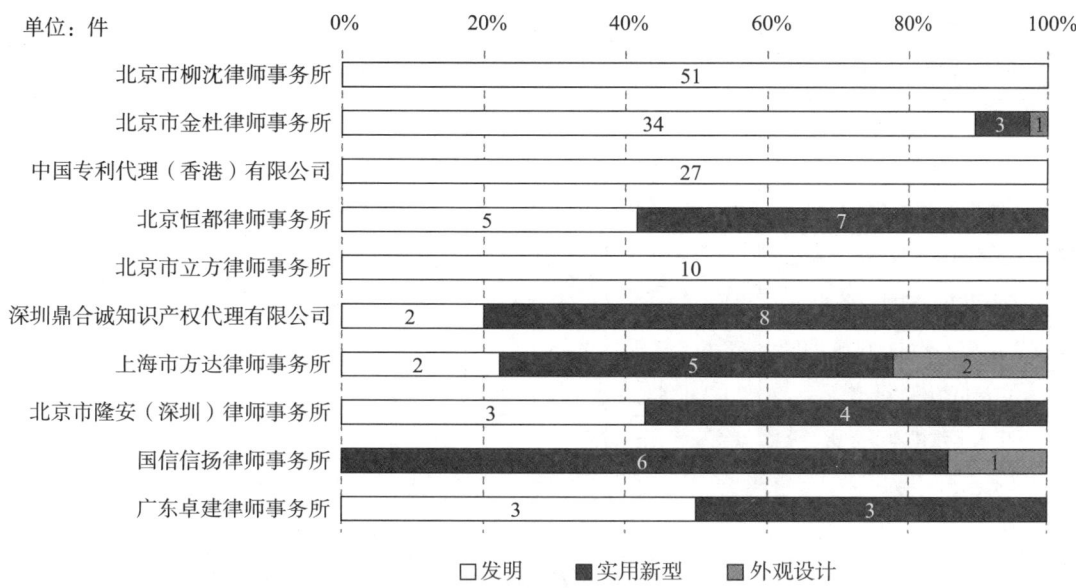

图 3-1-15　广东省新一代信息技术产业专利无效行政诉讼案件主要代理机构专利类型

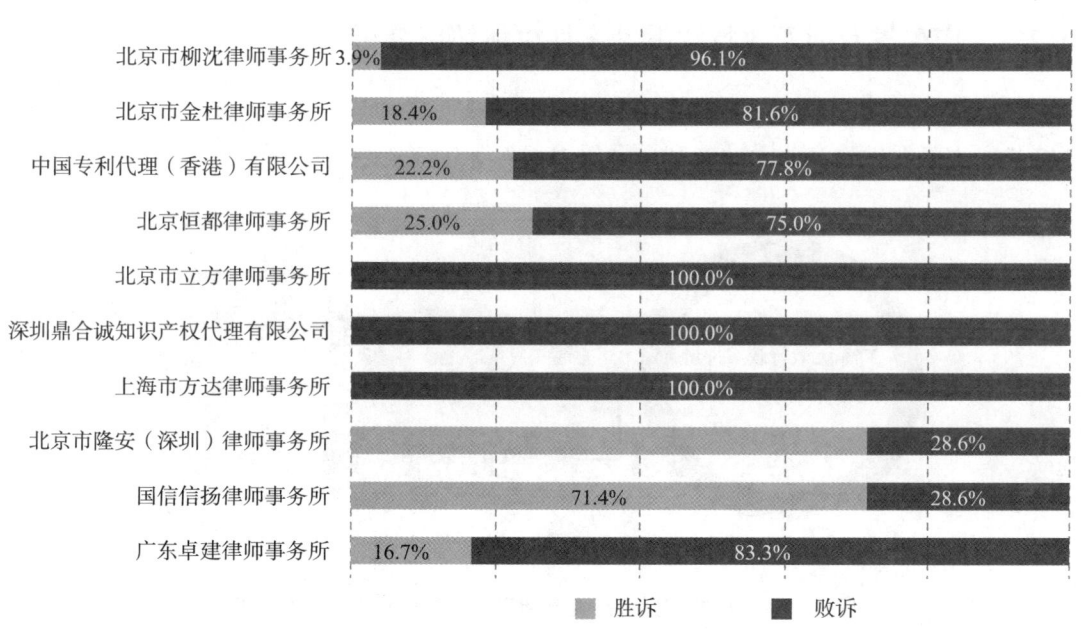

图 3-1-16　广东省新一代信息技术产业专利无效行政诉讼案件主要代理机构判决结果

表 3-1-2　广东省新一代信息技术产业专利无效行政诉讼案件主要代理机构技术领域　　单位：%

原告/上诉人代理机构	通信	显示装置	计算机设备	电子电路	电源	检测控制装置	耳机扬声器	语音视频图像技术	车载设备	电连接
北京市柳沈律师事务所	94.1	2.0	2.0	—	—	—	—	2.0	—	—
北京市金杜律师事务所	78.9	2.6	7.9	—	7.9	2.6	—	—	—	—
中国专利代理（香港）有限公司	70.4	—	18.5	—	—	—	—	3.7	7.4	—
北京恒都律师事务所	25.0	8.3	—	25.0	8.3	25.0	—	—	—	8.3
北京市立方律师事务所	70.0	—	10.0	—	—	10.0	—	10.0	—	—
深圳鼎合诚知识产权代理有限公司	—	100.0	—	—	—	—	—	—	—	—
上海市方达律师事务所	44.4	—	—	55.6	—	—	—	—	—	—
北京市隆安（深圳）律师事务所	28.6	—	14.3	—	57.1	—	—	—	—	—
国信信扬律师事务所	14.3	42.9	—	42.9	—	—	—	—	—	—
广东卓建律师事务所	16.7	—	16.7	—	—	—	66.7	—	—	—

3.2　生物产业

3.2.1　广东省专利无效行政诉讼案件总体情况分析

截至 2021 年 12 月，广东省生物产业专利无效行政诉讼案件 208 件（涉及专利共计 143 件，占整个生物产业无效专利总量的 19.2%），如图 3-2-1 所示。

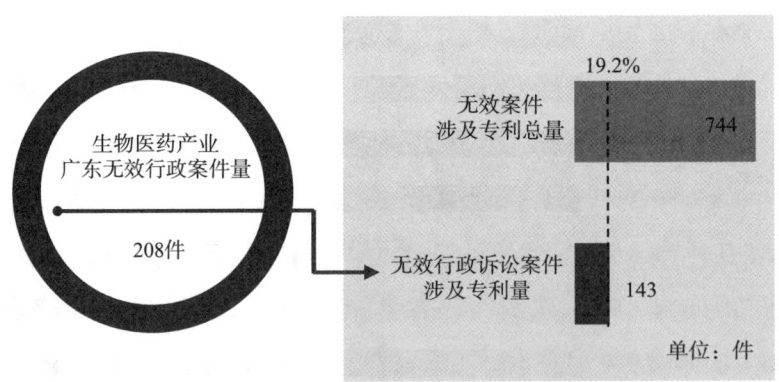

图 3-2-1　广东省生物产业专利无效行政诉讼案件总体情况

从广东省生物产业专利无效行政诉讼案件数量变化趋势来看，案件数量呈波动增长态势。整体来看早期案件数量较少，近几年案件数量维持较高值。增长率方面，2017 年最为突出，达到 500.0%，这与 2016 年案件数量少有关（见图 3-2-2）。

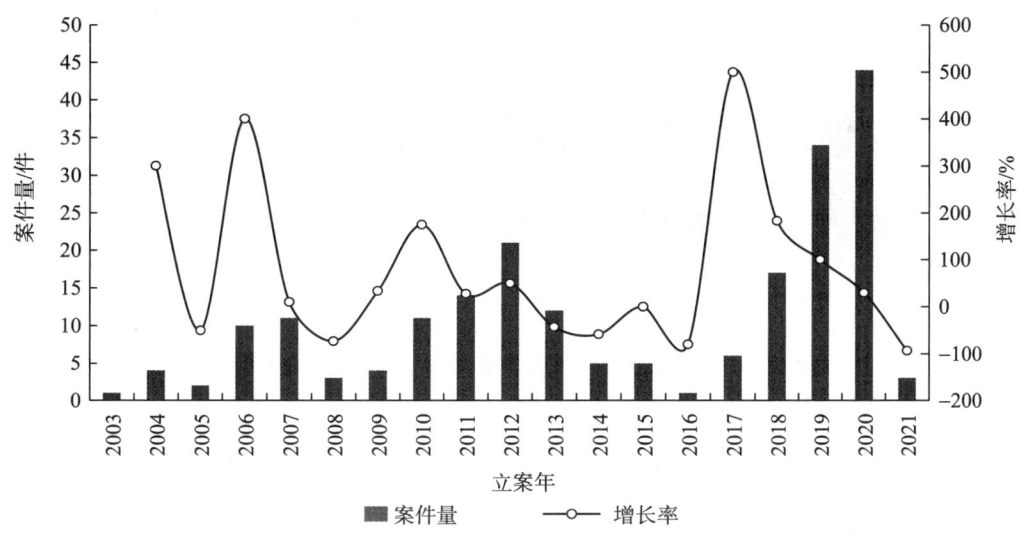

图 3-2-2　广东省生物产业专利无效行政诉讼案件数量变化趋势

从广东省生物产业专利无效行政诉讼案件专利类型构成来看：涉及发明专利案件数量最多，有 93 件，占比为 44.7%；涉及实用新型专利案件数量第二，有 82 件，占比为 39.4%；涉及外观设计专利案件数量最少，仅 33 件，占比为 15.9%（见图 3-2-3）。

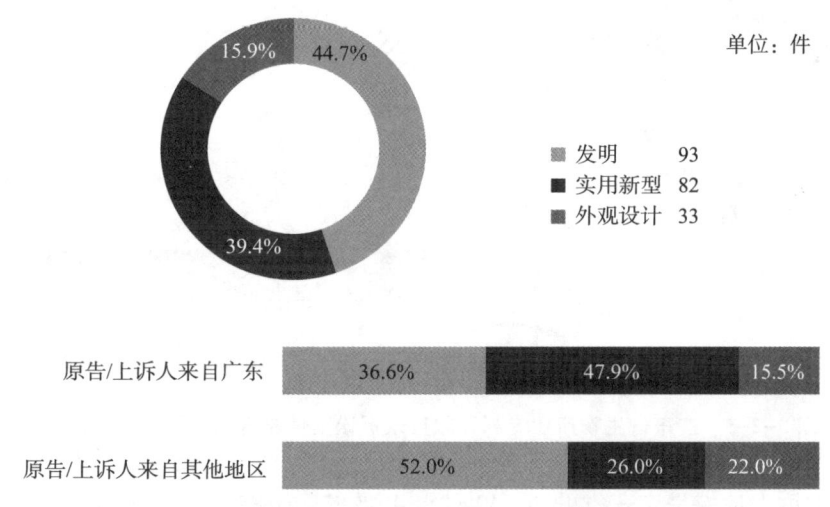

图 3-2-3　广东省生物产业专利无效行政诉讼案件专利类型构成

从原告/上诉人地域来看：属于广东省的原告/上诉人涉及实用新型专利案件数量占比高，为 47.9%；不属于广东省的原告/上诉人涉及发明专利占比高，为 52.0%。

3.2.2　广东省专利无效行政诉讼案件审理程序分析

从广东省生物产业专利无效行政诉讼案件审理程序来看：初审程序案件数量最多，为 144 件，占总案件数量的 69.2%；终审程序案件数量为 60 件，占总案件数量的

28.8%；再审程序案件数量仅为 4 件，占总案件数量的 1.9%（见图 3-2-4）。生物产业专利无效行政诉讼较为复杂，经过终审程序和再审程序的案件数量占比超过 30.0%。

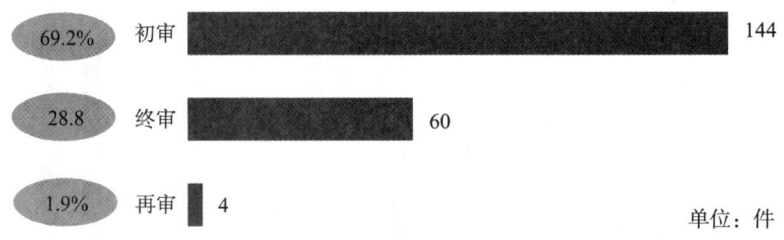

图 3-2-4　广东省生物产业专利无效行政诉讼案件审理程序

3.2.3　广东省专利无效行政诉讼案件原告/上诉人分析

从广东省生物产业专利无效行政诉讼案件原告/上诉人的区域分布来看，中国本土为主体，占比为 91.8%，主要来自广东省，国外案件数量占比为 8.2%（见图 3-2-5）。

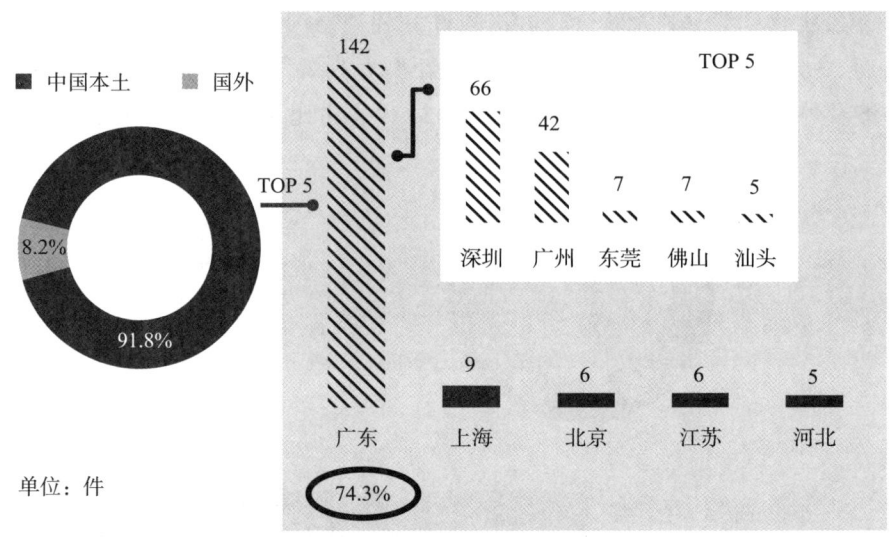

图 3-2-5　广东省生物产业专利无效行政诉讼案件原告/上诉人的区域分布

原告/上诉人地域是广东省的有 142 件，主要来自深圳市和广州市，其中来自深圳市的有 66 件，排名第一，案件数量明显高于其他地市，广州市有 42 件。

从广东省生物产业专利无效行政诉讼案件原告/上诉人的类型来看，企业涉及案件数量多，为 238 件，占比高达 82.9%，个人涉及案件数量较少，为 49 件，占比为 17.1%（见图 3-2-6）。

从广东省生物产业专利无效行政诉讼案件原告/上诉人与无效当事人对应情况来看：原告/上诉人为无效专利权人的案件数量相对较多，有 130 件，占比为 61.9%，其中原告/上诉人地域来自广东省的有 91 件；原告/上诉人为无效请求人的案件数量相对较少，有78件，占比为37.1%，其中原告/上诉人地域来自广东省的有51件；上诉人为国家知识产权局的有2件，占比为1.0%（见图3-2-7）。

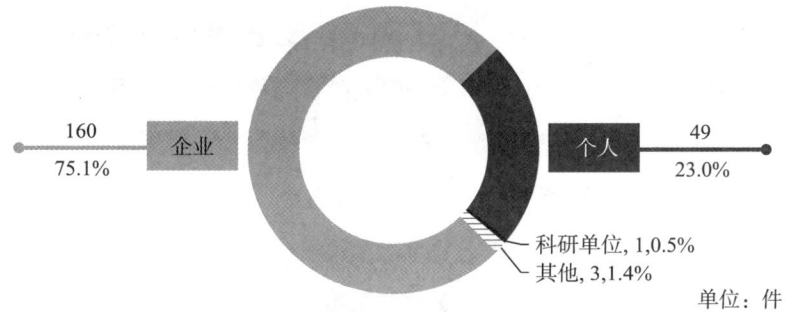

图3-2-6　广东省生物产业专利无效行政诉讼案件原告/上诉人的类型构成

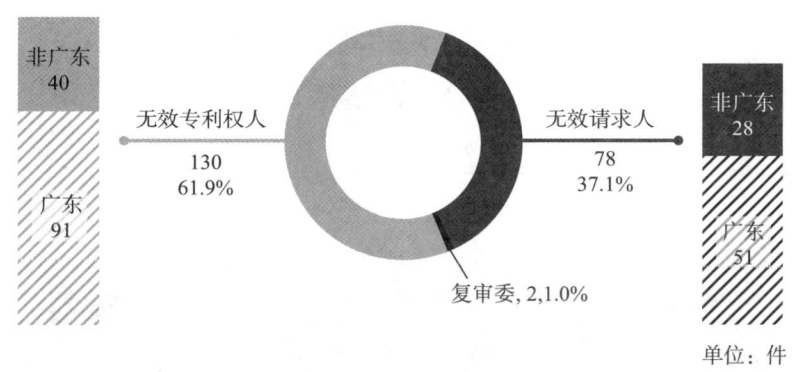

图3-2-7　广东省生物产业专利无效行政诉讼案件原告/上诉人与无效当事人对应情况

从广东省生物产业专利无效行政诉讼案件原告/上诉人的涉及的案件数量来看：深圳迈瑞生物医疗电子股份有限公司排名第一，为12件，涉案无效专利专利权人作为原告/上诉人的有11件，作为无效请求人的有1件；深圳市理邦精密仪器股份有限公司排名第二，为11件，涉案无效专利专利权人作为原告/上诉人的有5件，作为无效请求人的有6件；广州龙沙制药有限公司排名第三，为9件，均作为无效请求人（见图3-2-8）。

3.2.4　广东省专利无效行政诉讼案件判决结果分析

从广东省生物产业专利无效行政诉讼案件判决结果❶来看：败诉的案件数量多，有177件，占比达到85.1%，其中初审涉及案件数量119件，终审涉及案件数量54件，再审4件；胜诉案件数量少，仅31件，占比为14.9%，其中初审涉及案件数量25件，

---

❶ 本小节中胜诉、败诉指原告/上诉人胜诉、败诉，败诉代表与无效案件无效宣告结果一致（国家知识产权局为被告）。

终审涉及案件数量 6 件（见图 3-2-9）。这些结果一定程度上表明当事人推翻国家知识产权局的无效决定难度较大。

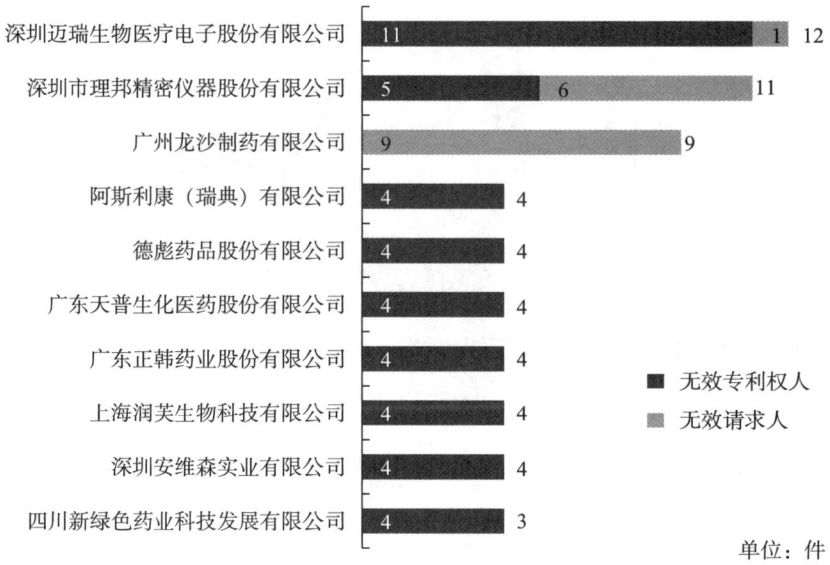

图 3-2-8　广东省生物产业专利无效行政诉讼案件主要原告/上诉人（TOP 10）

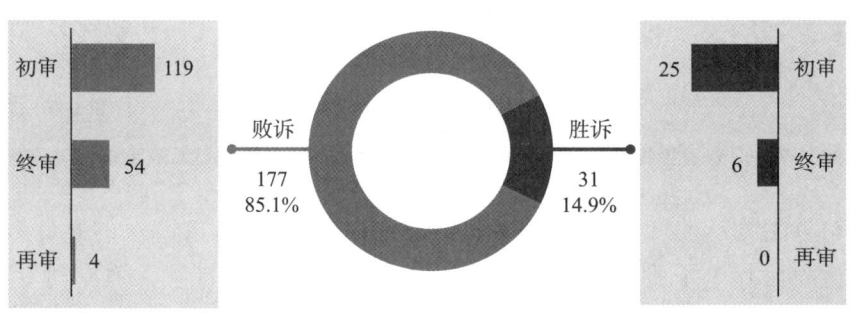

图 3-2-9　广东省生物产业专利无效行政诉讼案件判决结果情况
注：胜诉、败诉指原告/上诉人胜诉、败诉。

从广东省生物产业专利无效行政诉讼案件不同判决结果原告/上诉人情况来看：败诉方面，地域来自广东省涉及案件 122 件，其中无效请求人作为原告/上诉人的有 40 件，专利权人作为原告/上诉人的有 82 件；胜诉方面，地域来自广东省的有 20 件，其中无效请求人作为原告/上诉人的有 11 件，专利权人作为原告/上诉人的有 9 件（见图 3-2-10）。

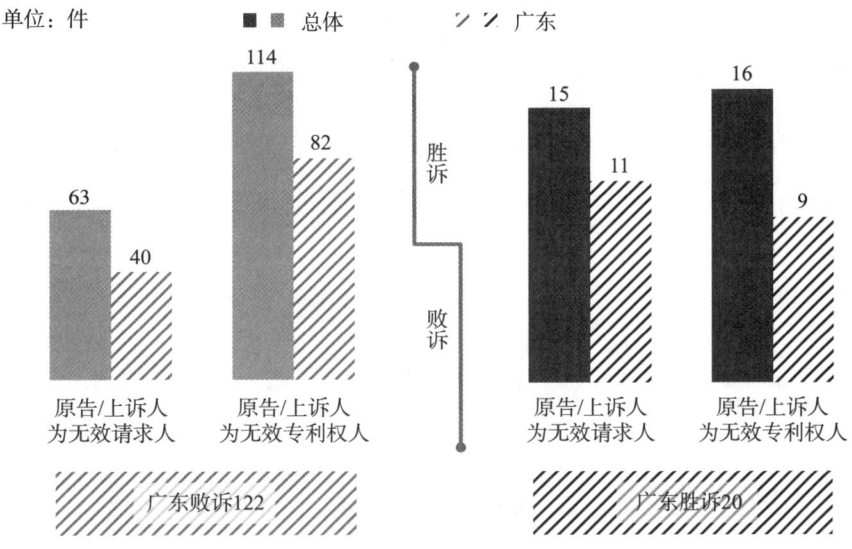

图 3-2-10　广东省生物产业专利无效行政诉讼案件判决结果原告/上诉人情况

注：胜诉、败诉指原告/上诉人胜诉、败诉。

3.2.5　广东省专利无效行政诉讼案件诉讼次数分析

总体来看，广东省生物产业专利无效行政诉讼案件诉讼次数，提起 1 次诉讼次数的专利数量最多，涉及专利 96 件，占比为 67.1%；从专利类型来看，无论是发明专利、实用新型专利，还是外观设计专利，被提起 1 次诉讼次数的专利数量占比最高，其中实用新型专利占比达 71.7%。整体来看：被提起诉讼次数的数量越多，涉及的专利数量越少；被提起无效次数最多为 5 次，涉及专利数量 2 件（见图 3-2-11）。

横向比较，发明专利被提起专利无效行政诉讼次数多的专利数量占比高于实用新型专利、外观设计专利。被提出无效行政诉讼次数最多的涉案专利有两件，一是德彪药品股份有限公司拥有的发明专利"一种药学上稳定的奥沙利铂制剂"（CN95194443.6），被提了 5 次诉讼，其中审理程序为终审 2 次，初审 3 次，最近一次终审结果是上诉人德彪药品股份有限公司败诉，该专利被请求宣告无效 1 次，最近 1 次的无效决定结论为部分无效。二是东莞威德电子科技有限公司拥有的实用新型专利"一种按摩器结构"（CN02250262.9），也被提了 5 次无效行政诉讼，审理程序为终审的 3 次，初审 2 次，最近一次终审结果是上诉人东莞威德电子科技有限公司败诉，该专利被请求宣告无效 2 次，最近一次的无效决定结论为全部无效。具体如表 3-2-1 所示。

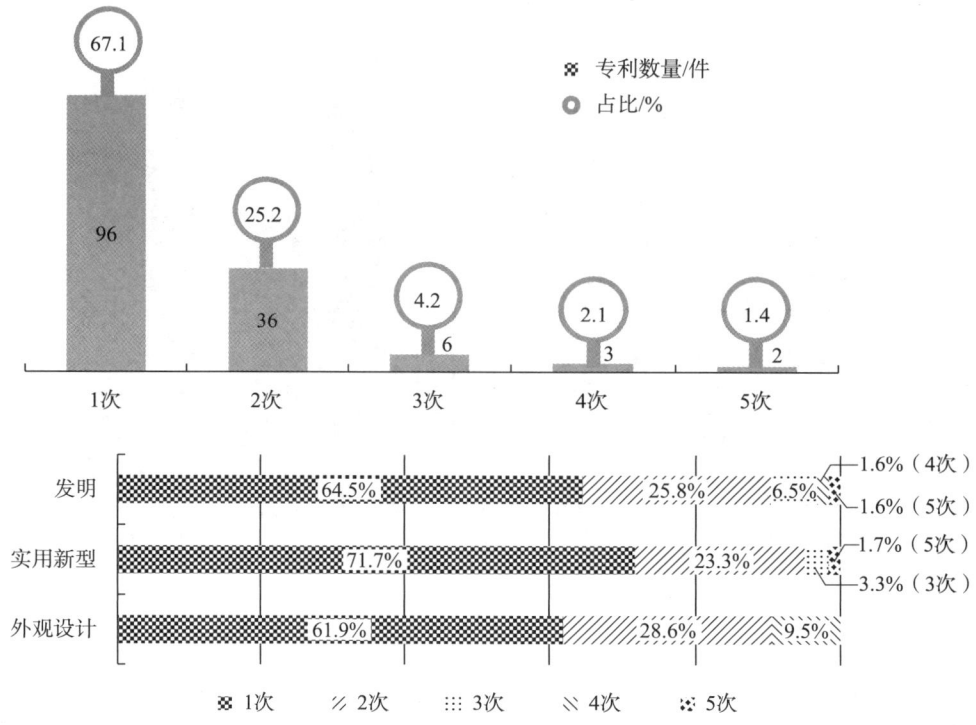

图 3-2-11　广东省生物产业专利无效行政诉讼案件诉讼次数分布

表 3-2-1　广东省生物产业无效行政诉讼案件诉讼次数多的代表专利相关信息

案号	审理程序	判决结果	专利号及专利权人	原告/上诉人
（2011）高行终字第 726 号	终审	败诉	CN95194443.6，德彪药品股份有限公司	德彪药品股份有限公司
（2009）高行终字第 2 号	终审	败诉		德彪药品股份有限公司
（2010）一中知行初字第 1169 号	初审	败诉		深圳海王药业有限公司
（2010）一中知行初字第 1657 号	初审	败诉		德彪药品股份有限公司
（2008）一中行初字第 198 号	初审	败诉		德彪药品股份有限公司
（2012）高行终字第 1699 号	终审	败诉	CN02250262.9，东莞威德电子科技有限公司	东莞威德电子科技有限公司
（2010）高行终字第 800 号	终审	胜诉		东莞东城威仪塑胶电子制品厂
（2009）高行终字第 222 号	终审	败诉		厦门蒙发利科技（集团）股份有限公司
（2012）一中知行初字第 224 号	初审	败诉		东莞威德电子科技有限公司
（2010）一中知行初字第 352 号	初审	败诉		东莞东城威仪塑胶电子制品厂

3.2.6　广东省专利无效行政诉讼案件技术领域分析

从广东省生物产业专利无效行政诉讼案件的技术分布情况来看，生物医药领域涉及的案件数量排名第一，为 182 件，明显高于其他领域，这与生物医药专利无效案件多有关。排名第二的为生物制造领域，涉及案件数量为 11 件。生物环保领域排名第三，涉及案件数量为 8 件（见图 3-2-12）。

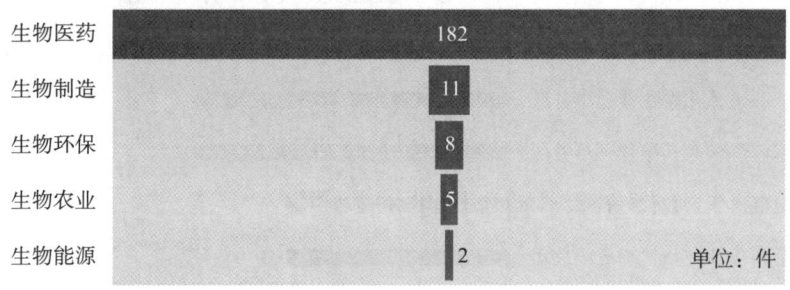

图 3-2-12　广东省生物产业专利无效行政诉讼案件技术布局情况

从广东省生物产业各技术分支专利无效行政诉讼案件变化趋势来看，生物医药领域专利无效行政诉讼案件呈波动上升态势，2020 年达到峰值，有 37 件。其他主要技术分支专利无效行政诉讼案件数量较少，历年专利无效行政诉讼案件数量较为分散（见图 3-2-13）。

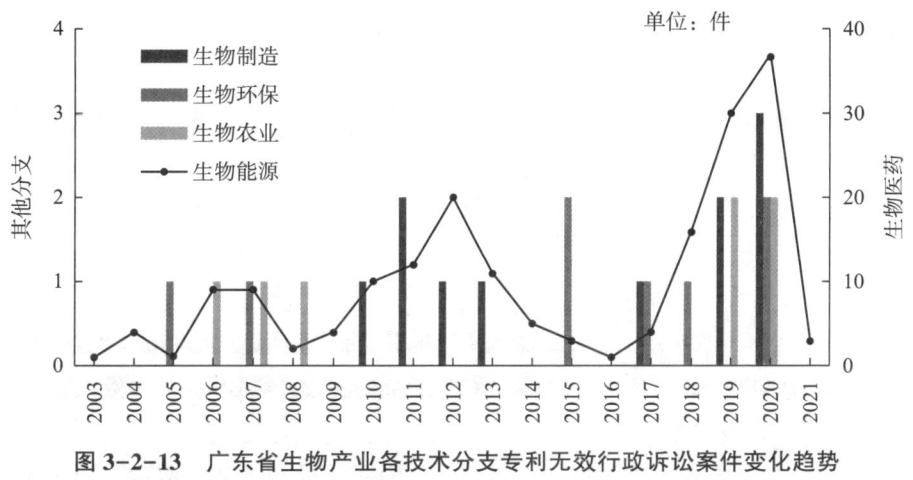

图 3-2-13　广东省生物产业各技术分支专利无效行政诉讼案件变化趋势

3.2.7　广东省专利无效行政诉讼案件代理机构分析

从广东省生物产业专利无效行政诉讼案件原告/上诉人的主要代理机构来看，它们代理的案件数量不多，相互之间差别不大。北京市金杜律师事务所代理的案件数量排名第一位，为 12 件；上海天翔知识产权代理有限公司、上海段和段律师事务所代理的案件数量并列第二位，为 9 件；北京市柳沈律师事务所、北京易聚律师事务所代理的案件数量并列第三位，为 7 件（见图 3-2-14）。

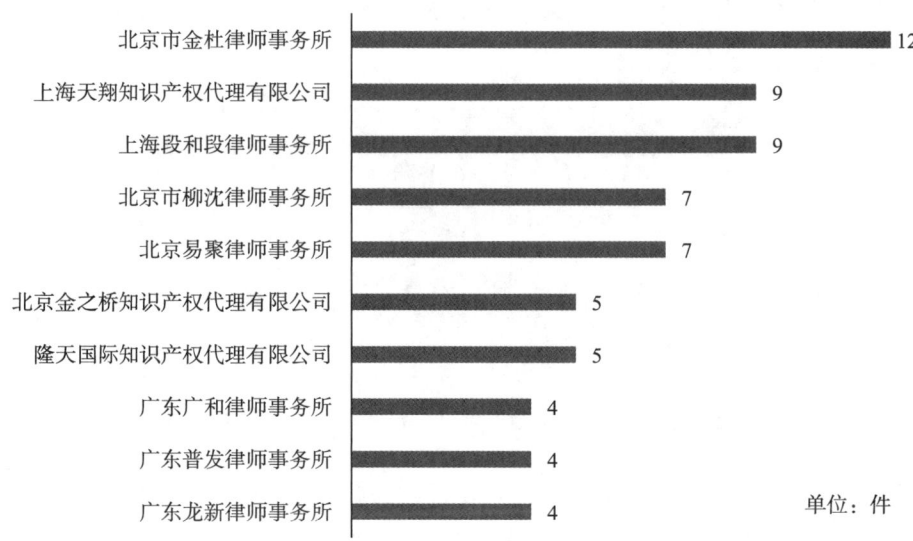

图 3-2-14 广东省生物产业专利无效行政诉讼案件代理机构情况（TOP 10）

从广东省生物产业专利无效行政诉讼案件原告/上诉人的主要代理机构代理的专利类型来看，北京市金杜律师事务所代理的 12 件案件均为发明专利，上海天翔知识产权代理有限公司、上海段和段律师事务所代理的 9 件案件均为实用新型专利，北京市柳沈律师事务所代理的 7 件案件涉及专利均为发明专利，北京易聚律师事务所代理的 7 件案件中涉及 2 件发明专利，5 件实用新型专利（见图 3-2-15）。

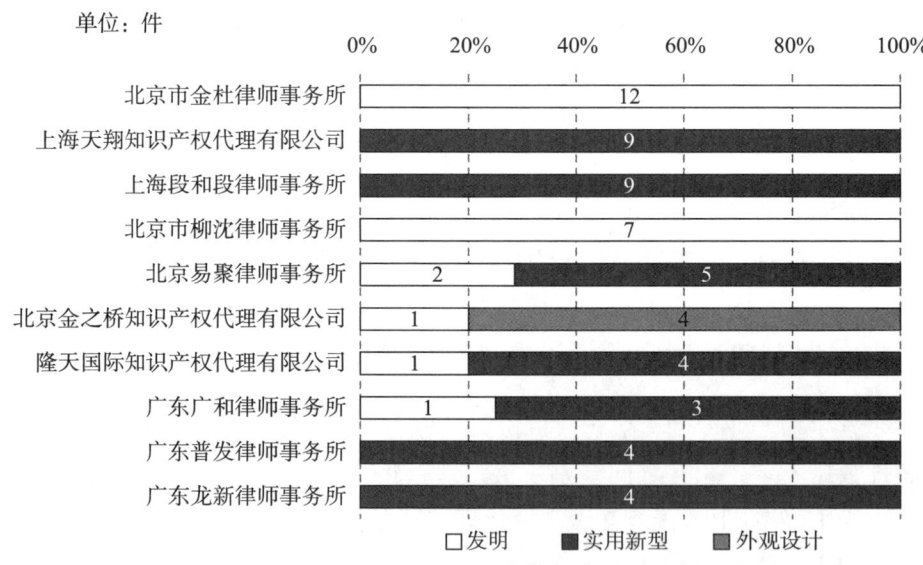

图 3-2-15 广东省生物产业专利无效行政诉讼案件主要代理机构专利类型

从广东省生物产业专利无效行政诉讼案件原告/上诉人的主要代理机构所获判决结果来看，排名第一位的北京市金杜律师事务所代理案件结果为败诉的占比为 91.7%，上海天翔知识产权代理有限公司、上海段和段律师事务所代理的 9 件案件均为败诉，北京市柳沈律师事务所代理案件结果为败诉占比达到 85.7%，北京易聚律师事务所代理案件结果为败诉占比达到 71.4%。由此可以看出，当事人在专利无效行政诉讼中取得胜诉难度较大，选择代理机构时需选择代理案件数量多且有诉讼代理经验的机构（见图 3-2-16）。

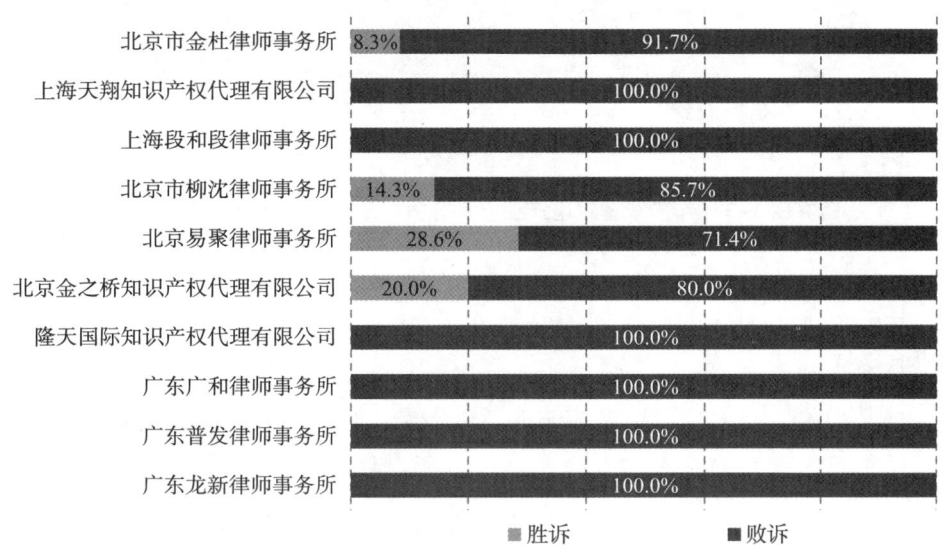

图 3-2-16　广东省生物产业专利无效行政诉讼案件主要代理机构判决结果

从广东省生物产业专利无效行政诉讼案件原告/上诉人的主要代理机构代理案件所涉技术领域来看，均为生物医药领域，这与生物医药领域案件数量在生物产业中占主体地位有关。

3.3　家电产业

3.3.1　广东省专利无效行政诉讼案件总体情况分析

截至 2021 年 12 月，广东省家电产业专利无效行政诉讼案件 409 件（涉及专利共计 290 件，占全国整个家电产业无效专利总量的 11.9%）（见图 3-3-1）。

从广东省家电产业专利无效行政诉讼案件数量变化趋势来看，案件数量呈波动上升态势，整体来看早期案件数量较少，近几年案件数量维持较高值；增长率方面，2017 年最为突出，达到 142.9%，随着家电产业竞争日趋激烈，专利纠纷的增多，专利无效及无效行政诉讼的案件数量将持续增长（见图 3-3-2）。

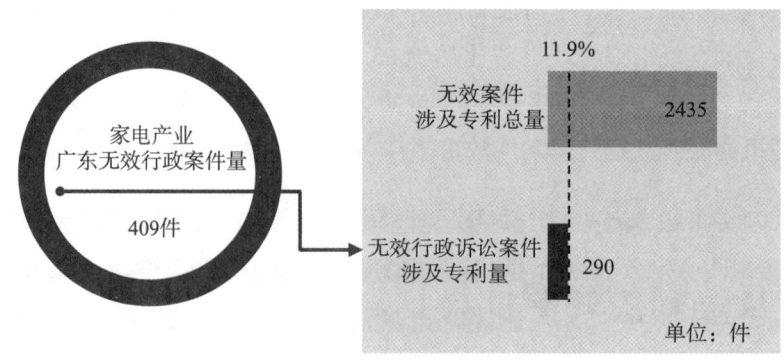

图 3-3-1　广东省家电产业专利无效行政诉讼案件总体情况

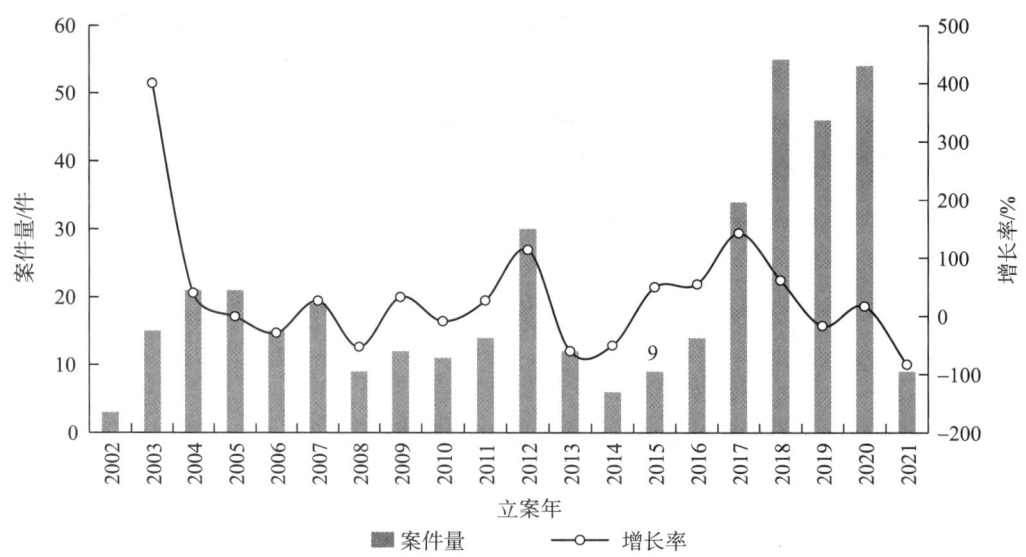

图 3-3-2　广东省家电产业专利无效行政诉讼案件数量变化趋势

从广东省家电产业专利无效行政诉讼案件专利类型构成来看：涉及实用新型专利案件数量最多，有 198 件，占比为 48.4%；涉及外观设计专利案件数量第二位，有 146 件，占比为 35.7%；涉及发明专利案件数量最少，仅 65 件，占比为 15.9%。从原告/上诉人地域来看，属于广东省的原告/上诉人涉及实用新型专利案件数量占比高，为 44.9%；不属于广东的原告/上诉人涉及实用新型专利占比高，为 54.9%（见图 3-3-3），这与家电产业技术门槛较低、产品迭代快有关。

3.3.2　广东省专利无效行政诉讼案件审理程序分析

从广东省家电产业专利无效行政诉讼案件审理程序来看：初审程序案件数量最多，为 281 件，占总案件数量的 68.7%；终审程序案件数量为 124 件，占总案件数量的 30.3%；再审程序案件数量仅为 4 件，占总案件数量的 1.0%。终审和再审程序案件占比超过30%，如图3-3-4所示。

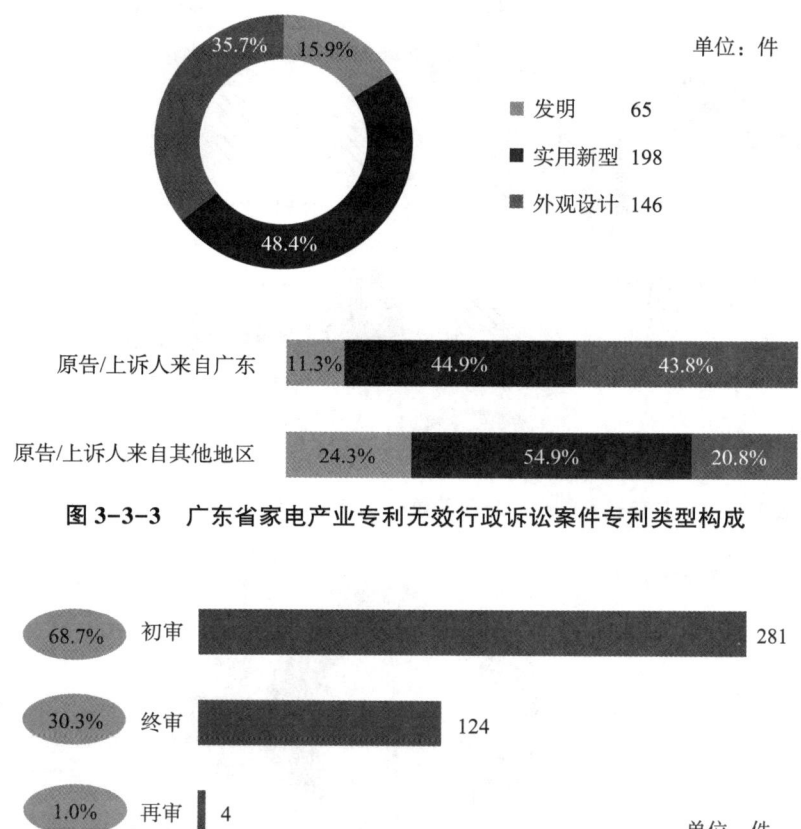

图3-3-3　广东省家电产业专利无效行政诉讼案件专利类型构成

图3-3-4　广东省家电产业专利无效行政诉讼案件审理程序

3.3.3　广东省专利无效行政诉讼案件原告/上诉人分析

从广东省家电产业专利无效行政诉讼案件原告/上诉人的区域分布来看，中国本土为主体，占比为92.9%，主要来自广东省，国外占比为7.1%。原告/上诉人地域是广东省的有265件，其中来自佛山市的有70件，排名第一位；排名第二位的是深圳市，案件数量为56件；中山市排名第三位，有47件（见图3-3-5）。可以看出，广东省当事人比较重视专利无效行政诉讼程序，相关案件与家电产业较为集中的佛山市、深圳市和中山市有关。

从广东省家电产业专利无效行政诉讼案件原告/上诉人的类型来看：企业涉及专利无效行政诉讼案件数量多，为280件，占比高达68.3%；个人涉及专利无效行政诉讼案件数量较少，为230件，占比为31.7%（见图3-3-6）。由于专利纠纷主要在企业之间、企业与个人之间，因此无效行政诉讼的原告主要为企业。

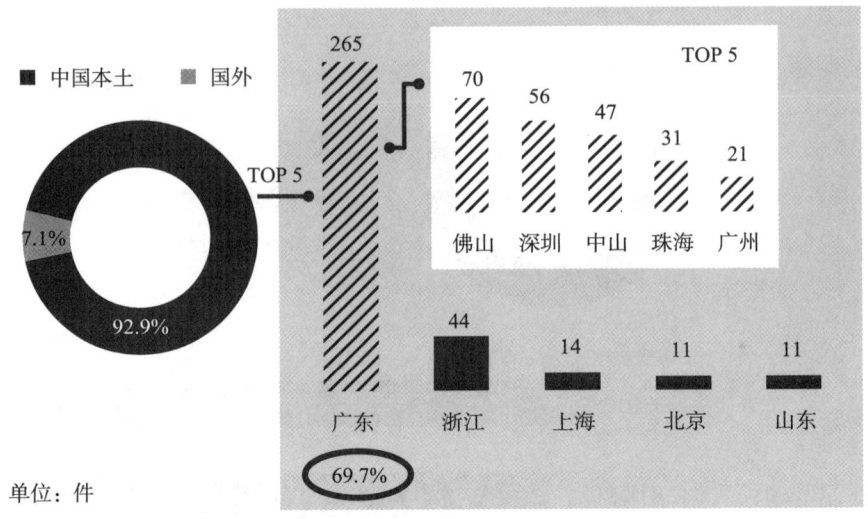

图 3-3-5 广东省家电产业专利无效行政诉讼案件原告/上诉人的区域分布

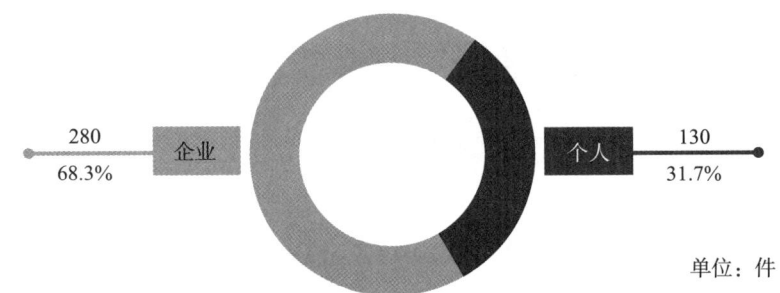

图 3-3-6 广东省家电产业专利无效行政诉讼案件原告/上诉人的类型构成

从广东省家电产业专利无效行政诉讼案件原告/上诉人与无效当事人对应情况来看：原告/上诉人为无效专利专利权人的案件数量相对较多，有 237 件，占比为 57.7%，其中原告/上诉人地域来自广东省的有 155 件；原告/上诉人为专利无效请求人的案件数量相对较少，有 173 件，占比为 42.1%，其中原告/上诉人地域来自广东省的有 111 件；上诉人为国家知识产权局的有 1 件，占比为 0.2%（见图 3-3-7）。上述结果表明，在家电领域中，专利权人被宣告专利无效和部分无效的案件较多。

从广东省家电产业专利无效行政诉讼案件原告/上诉人涉及的案件数量来看：珠海格力电器股份有限公司排名第一位，为 25 件，涉案无效专利专利权人作为原告/上诉人 22 件，作为无效请求人 3 件；宁波奥克斯空调有限公司排名第二位，为 18 件，均作为无效请求人；SEB 公司排名第三位，案件数量为 8 件，均作为专利权人（见图 3-3-8）。由此可以看出，珠海格力电器股份有限公司是该领域专利无效行政诉讼案件的主要上诉人。

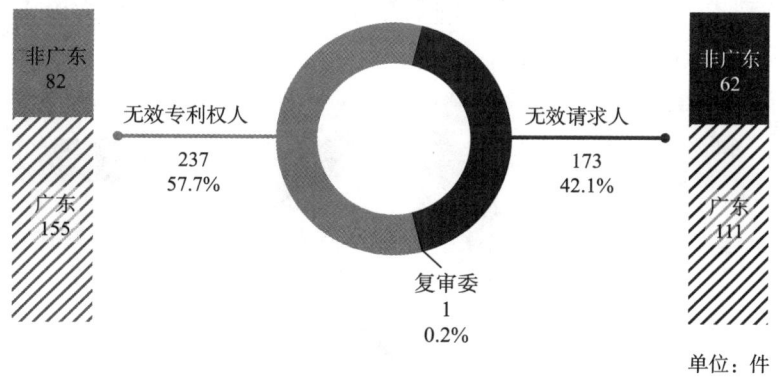

图 3-3-7 广东省家电产业专利无效行政诉讼案件原告/上诉人与无效当事人对应情况

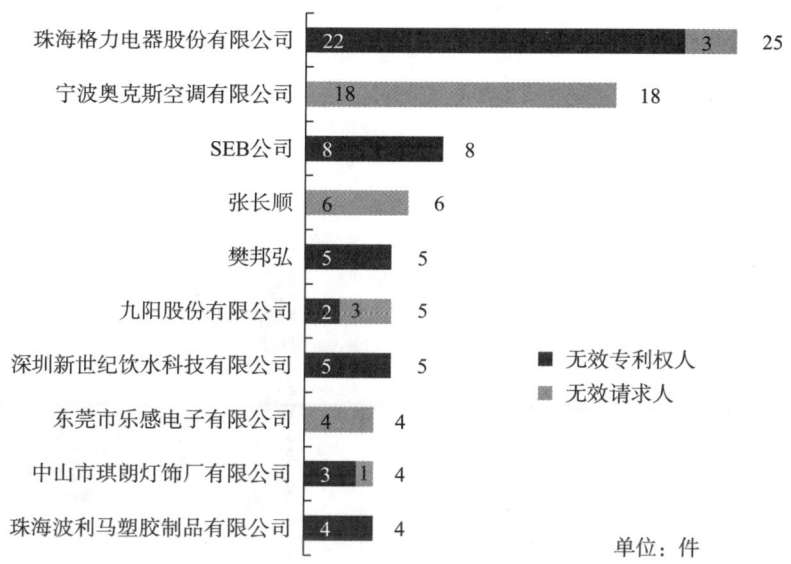

图 3-3-8 广东省家电产业专利无效行政诉讼案件主要原告/上诉人（TOP 10）

3.3.4 广东省专利无效行政诉讼案件判决结果分析

从广东省家电产业专利无效行政诉讼案件判决结果来看：败诉的案件数量多，有 376 件，占比达 91.9%，其中初审涉及案件数量为 259 件，终审涉及案件数量为 114 件，再审涉及案件数量 3 件；胜诉案件数量少，仅有 33 件，占比为 8.1%，其中初审涉及案件数量 22 件，终审涉及案件数量 10 件，再审 1 件（见图 3-3-9）。可以看出，在专利无效行政诉讼中推翻专利无效审查决定结果的难度较大。

从广东省家电产业专利无效行政诉讼案件不同判决结果原告/上诉人情况来看，败诉方面，来自广东省的有 247 件，其中无效请求人作为原告/上诉人的案件为 101，无效专利权人作为原告/上诉人的案件有 146 件。胜诉方面，来自广东省的案件数量为

18，其中无效请求人作为原告/上诉人的案件有 10 件，专利权人作为原告/上诉人的案件有 9 件（见图 3-3-10）。

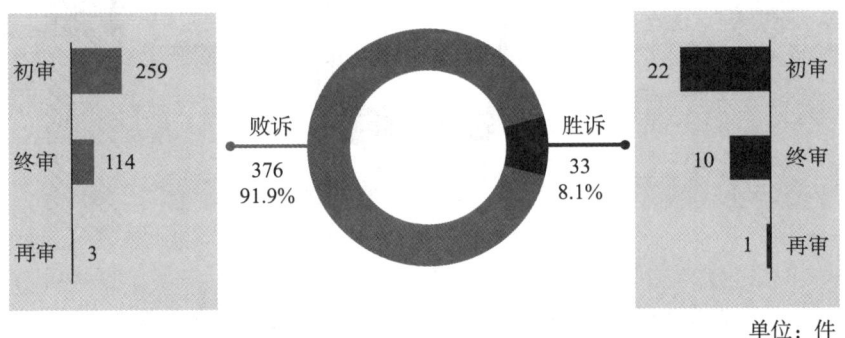

图 3-3-9　广东省家电产业专利无效行政诉讼案件判决结果情况

注：胜诉、败诉指原告/上诉人胜诉、败诉。

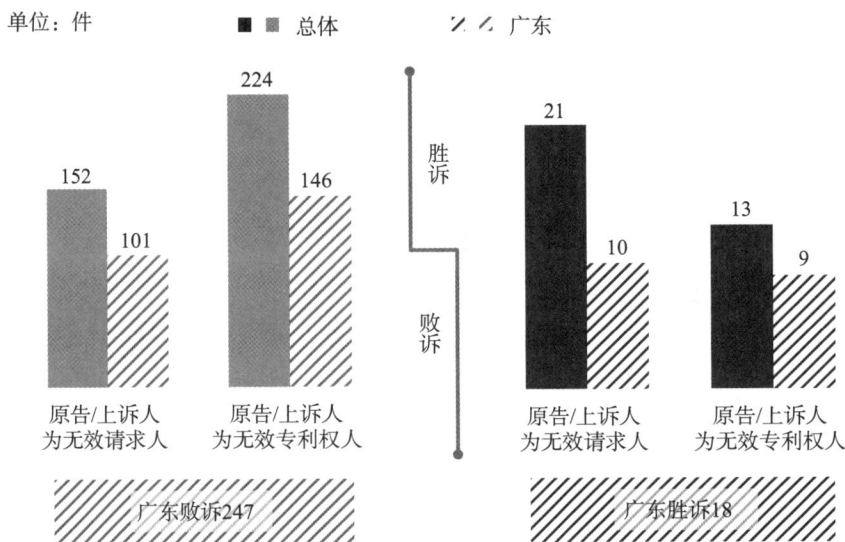

图 3-3-10　广东省家电产业专利无效行政诉讼案件判决结果原告/上诉人情况

注：胜诉、败诉指原告/上诉人胜诉、败诉。

3.3.5　广东省专利无效行政诉讼案件诉讼次数分析

从广东省家电产业专利无效行政诉讼案件诉讼次数总体来看，提起 1 次诉讼的专利数量最多，有 193 件，占比为 66.6%；从专利类型来看，无论是发明专利、实用新型专利，还是外观设计专利，被提起 1 次诉讼的专利占比最高，其中发明专利占比最多，为 67.4%。整体来看：被提起诉讼次数的数量越多，涉及的专利数量越少；被提起无效次数最多为 5 次，涉及专利数量 3 件（见图 3-3-11）。

第 3 章　广东省重点产业专利无效与行政诉讼案件数据关联分析

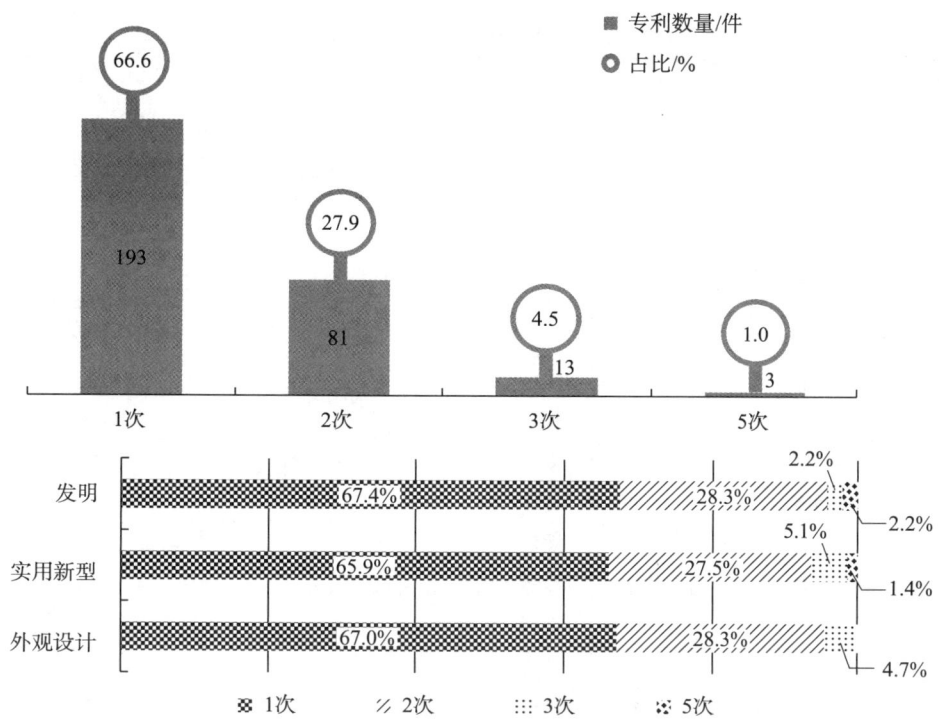

图 3-3-11　广东省家电产业专利无效行政诉讼案件诉讼次数分布

横向比较，发明专利、实用新型专利和外观设计专利被提起行政诉讼次数多的专利占比差别不大。

被提出专利无效行政诉讼次数最多的涉案专利有 3 件：一是塞伯股份有限公司拥有的发明专利"自动涂覆油脂的煎炸锅"（CN200580018875.3），被提了 5 次诉讼，其中审理程序为终审 1 次，初审 4 次，终审程序结果是上诉人 SEB 公司败诉，该专利被请求宣告无效 9 次，最近一次的无效决定结论为全部无效。二是方展崇拥有的实用新型专利"锅盖上有旋翻手的连体式电压力锅"（CN200720139859.6），也被提了 5 次诉讼，其中审理程序为再审 1 次，终审 2 次，初审 2 次，再审程序结果是上诉人九阳股份有限公司败诉；该专利被请求宣告无效 6 次，最近 1 次的无效决定结论为全部无效。三是珠海格力电器股份有限公司拥有的实用新型专利"空调面板体及具有其的空调器"（CN201220055977.X），也被提了 5 次诉讼，其中审理程序为终审 2 次，初审 3 次，终审程序结果是上诉人宁波奥克斯空调有限公司败诉；该专利被请求宣告无效 4 次，最近 1 次的无效决定结论为全部无效。具体如表 3-3-1 所示。

表 3-3-1 广东省家电产业无效行政诉讼案件诉讼次数多代表专利相关信息

案号	审理程序	判决结果	专利号及专利权人	原告/上诉人
（2019）最高法知行终 184 号	终审	败诉	CN200580018875.3，塞伯股份有限公司	SEB 公司
（2019）京 73 行初 1490 号	初审	败诉		SEB 公司
（2017）京 73 行初 5126 号	初审	胜诉		SEB 公司
（2015）京知行初字第 6598 号	初审	败诉		东莞汇勋电器制品有限公司；中山市金朗宝电器有限公司
（2015）京知行初字第 6597 号	初审	败诉		东莞汇勋电器制品有限公司；中山市金朗宝电器有限公司
（2018）最高法行申 672 号	再审	败诉	CN200720139859.6，方展崇	九阳股份有限公司
（2016）京行终 4946 号	终审	败诉		鲍光明
（2016）京行终 4945 号	终审	败诉		九阳股份有限公司
（2015）京知行初字第 5310 号	初审	败诉		鲍光明
（2015）京知行初字第 4710 号	初审	败诉		九阳股份有限公司
（2018）京行终 1250 号	终审	败诉	CN201220055977.X，珠海格力电器股份有限公司	宁波奥克斯空调有限公司
（2018）京行终 1248 号	终审	败诉		珠海格力电器股份有限公司
（2017）京 73 行初 1274 号	初审	败诉		珠海格力电器股份有限公司
（2017）京 73 行初 848 号	初审	败诉		宁波奥克斯空调有限公司
（2016）京 73 行初 3937 号	初审	败诉		宁波奥克斯空调有限公司

3.3.6 广东省专利无效行政诉讼案件技术领域分析

从广东省家电产业专利无效行政诉讼案件的技术分布情况来看：厨房电器领域涉及的案件数量排名第一位，为 121 件；排名第二位的为照明电器领域，涉及案件数量为 108 件；空调电器领域排名第三位，涉及案件数量为 84 件（见图 3-3-12）。这与厨房电器领域、照明电器领域、空调电器领域在广东省家电产业关注度高、产业基础好、专利布局量大等密不可分。

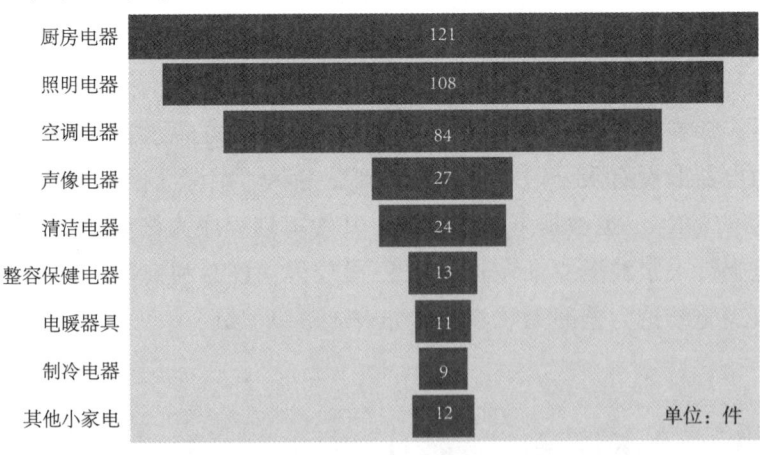

图 3-3-12 广东省家电产业专利无效行政诉讼案件技术布局情况

从广东省家电产业各技术分支专利无效行政诉讼案件变化趋势来看,厨房电器领域呈波动增长态势,2018年案件数量最多,为16件。照明电器领域近年来案件数量比较大,2020年案件数量达到19件。空调电器领域近年来案件数量比较突出,2018年案件数量达到24件。其他主要技术分支专利无效行政诉讼案件总量少,较为分散,趋势不明显(见图3-3-13)。

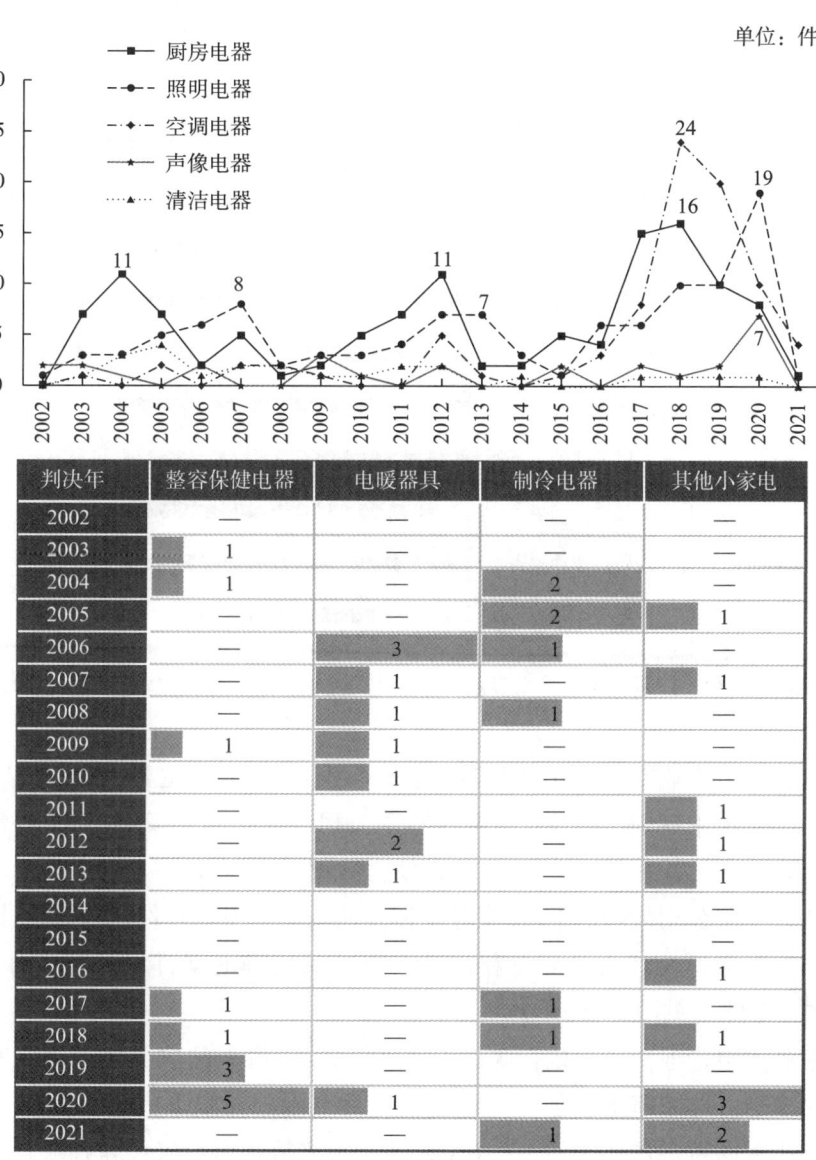

判决年	整容保健电器	电暖器具	制冷电器	其他小家电
2002	—	—	—	—
2003	—	1	—	—
2004	—	1	2	—
2005	—	—	2	1
2006	—	3	1	—
2007	—	1	—	1
2008	—	1	1	—
2009	1	—	—	—
2010	—	1	—	—
2011	—	—	—	1
2012	—	2	—	1
2013	—	1	—	1
2014	—	—	—	—
2015	—	—	—	—
2016	—	—	—	1
2017	1	—	1	—
2018	1	—	1	1
2019	3	—	—	—
2020	5	1	—	3
2021	—	—	1	2

图3-3-13 广东省生物产业各技术分支专利无效行政诉讼案件变化趋势

3.3.7 广东省专利无效行政诉讼案件代理机构分析

从广东省家电产业专利无效行政诉讼案件原告/上诉人的主要代理机构来看，代理案件数量不多，相互之间差别不大。北京市中联创和知识产权代理有限公司、广东三环汇华律师事务所代理的案件数量排名并列第一，为 12 件；北京金之桥知识产权代理有限公司代理的案件数量第三，为 11 件；广东中亿律师事务所、广州三环专利代理有限公司代理的案件数量并列第四，为 107 件（见图 3-3-14）。

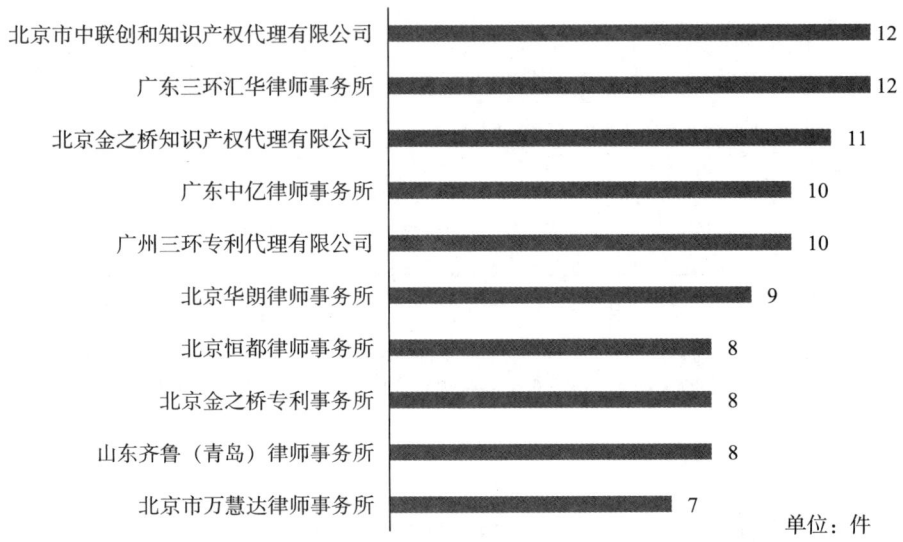

图 3-3-14 广东省家电产业专利无效行政诉讼案件代理机构情况（TOP 10）

从广东省家电产业专利无效行政诉讼案件原告/上诉人的主要代理机构所代理专利类型来看，北京市中联创和知识产权代理有限公司代理的 12 件案件有 11 件涉及实用新型专利，广东三环汇华律师事务所的 12 件案件有 10 件涉及外观设计专利，北京金之桥知识产权代理有限公司代理的 10 件案件中涉及实用新型专利 8 件、外观设计专利 2 件，广东中亿律师事务所、广州三环专利代理有限公司代理的案件以外观设计专利为主，分别为 8 件、7 件（见图 3-3-15）。

从广东省家电产业专利无效行政诉讼案件原告/上诉人的主要代理机构所代理案件的判决结果来看，北京市中联创和知识产权代理有限公司败诉占比为 66.7%，广东三环汇华律师事务所败诉占比达到 100.0%，北京金之桥知识产权代理有限公司败诉占比为 90.9%，广东中亿律师事务所、广州三环专利代理有限公司代理的案件结果败诉占比分别为 70.0%、87.5%（见图 3-3-16）。

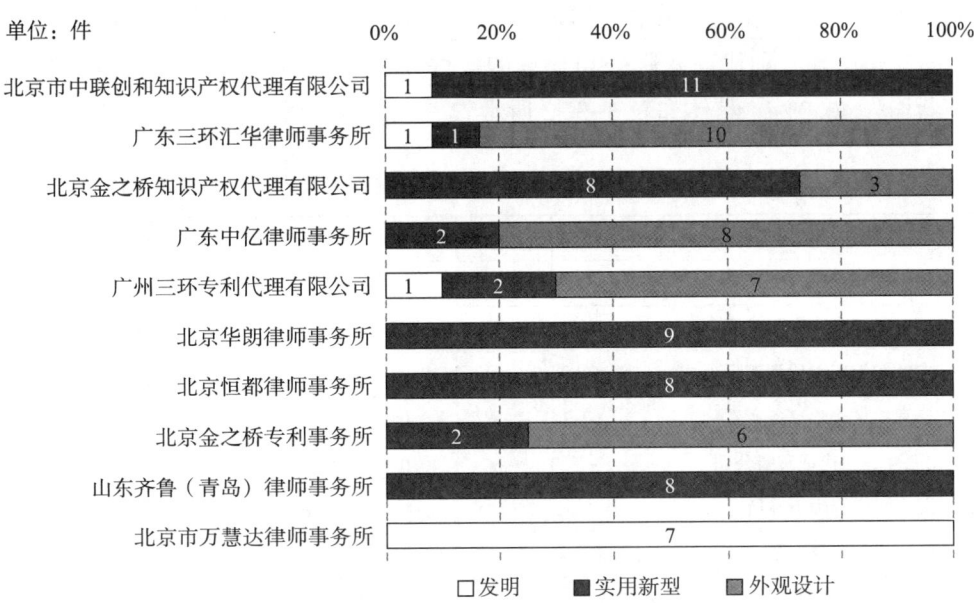

图 3-3-15　广东省家电产业专利无效行政诉讼案件主要代理机构专利类型

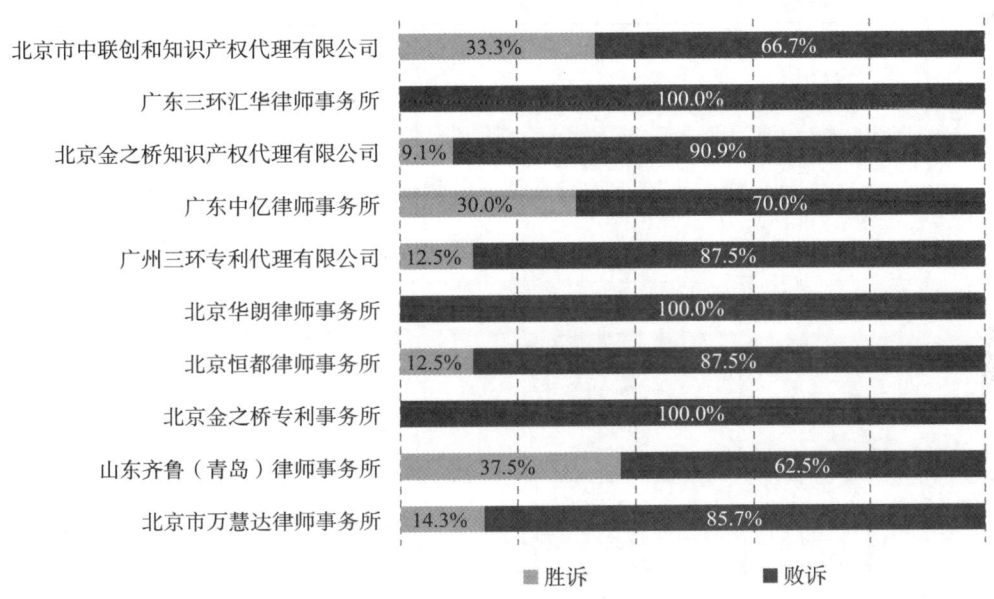

图 3-3-16　广东省家电产业专利无效行政诉讼案件主要代理机构判决结果

从广东省家电产业专利无效行政诉讼案件原告/上诉人的主要代理机构所代理案件所属技术领域来看：北京市中联创和知识产权代理有限公司代理案件全部为空调电器领域；广东三环汇华律师事务所代理案件涉及领域较为分散，厨房电器领域最多，占比为41.7%，其次是空调电器领域和清洁电器领域，占比为16.7%；北京金之桥知识产权代理有限公司代理案件领域以厨房电器领域为主，占比为63.6%，其次是照明电器领域，占比为 18.2%；广东中亿律师事务所代理案件集中在照明电器领域，占比为 90.0%；广州三环专利代理有限公司代理的案件涉及领域较为分散，照明电器领域和声像电器均为 40.0%。具体如表 3-3-2 所示。

表 3-3-2　广东省家电产业专利无效行政诉讼案件主要代理机构技术领域

原告/上诉人代理机构	厨房电器	空调电器	照明电器	清洁电器	声像电器	制冷电器	其他小家电
北京市中联创和知识产权代理有限公司	—	100.0%	—	—	—	—	—
广东三环汇华律师事务所	41.7%	16.7%	8.3%	16.7%	—	16.7%	—
北京金之桥知识产权代理有限公司	63.6%	—	18.2%	9.1%	—	—	9.1%
广东中亿律师事务所	10.0%	—	90.0%	—	—	—	—
广州三环专利代理有限公司	—	—	40.0%	10.0%	40.0%	10.0%	—
北京华朗律师事务所	—	77.8%	—	22.2%	—	—	—
北京恒都律师事务所	50.0%	12.5%	25.0%	—	—	—	12.5%
北京金之桥专利事务所	87.5%	—	—	—	12.5%	—	—
山东齐鲁（青岛）律师事务所	—	100.0%	—	—	—	—	—
北京市万慧达律师事务所	100.0%	—	—	—	—	—	—

第 4 章 广东省重点产业专利无效与民事诉讼案件数据关联分析

本章对广东省专利无效案件与专利民事诉讼案件数据进行关联分析，包括专利民事诉讼立案情况、涉及的专利类型、当事人情况、审理程序（初审、再审、终审）、专利民事诉讼次数、技术领域等，帮助政府、企业总体掌握广东省重点产业的专利无效与民事诉讼关联情况。本章的专利民事诉讼案件是指涉及专利无效的民事诉讼案件。

4.1 新一代信息技术产业

4.1.1 广东省专利民事诉讼案件情况分析

截至 2021 年 12 月，广东省新一代信息技术产业专利民事诉讼案件 1589 件（涉及专利共计 482 件，占整个新一代信息技术产业无效专利总量的 20.8%），如图 4-1-1 所示。

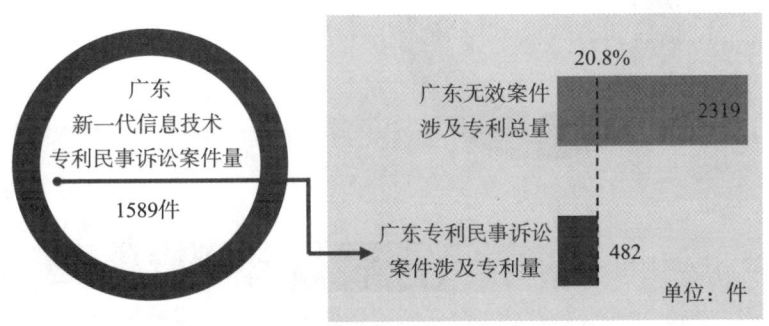

图 4-1-1 广东省新一代信息技术产业专利民事诉讼案件总体情况

从广东省新一代信息技术产业专利民事诉讼案件数量变化趋势来看，案件数量呈波动增长态势，整体来看早期案件数量较少，近几年案件数量维持较高值，2019 年结案量达到 351 件。增长率方面，2014 年最为突出，达到 214.3%，专利民事诉讼案件数量明显增高（见图 4-1-2）。

如图 4-1-3 所示，从广东省新一代信息技术产业专利民事诉讼案件专利类型构成来看，涉及外观设计专利案件数量最多，有 692 件，占比为 43.5%；涉及实用新型专利案件数量第二位，有 512 件，占比为 32.2%；涉及发明专利案件数量最少，为 385

件，占比为 24.2%。可见，广东省新一代信息技术产业专利侵权民事诉讼案件以外观设计专利和实用新型专利为主。

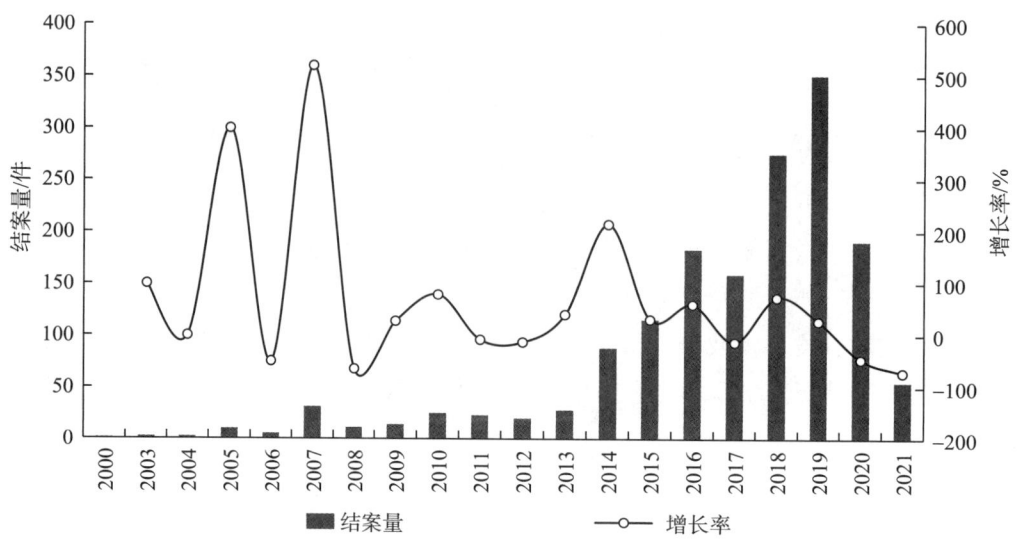

图 4-1-2 广东省新一代信息技术产业专利民事诉讼案件数量变化趋势

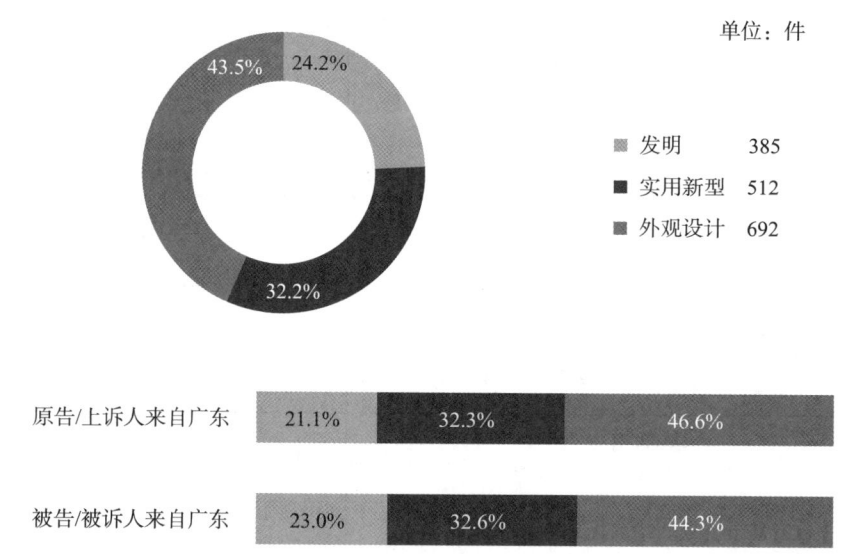

图 4-1-3 广东省新一代信息技术产业专利民事诉讼案件专利类型构成

从原告/上诉人来看，来自广东省的原告/上诉人涉及外观设计专利案件数量占比高，为 46.6%；从被告/被诉人来看，来自广东省的被告/被诉人也是涉及外观设计专利案件数量占比高，为 44.3%。外观设计专利侵权纠纷在广东省新一代信息技术领域中占据主导地位。

从广东省新一代信息技术产业专利民事诉讼案件专利类型结案量变化趋势来看，

数量方面：涉及发明专利无效的民事诉讼结案数量早期少，近年来缓慢增长，2018年结案数量达到峰值，为68件；涉及实用新型专利无效的民事诉讼结案数量整体呈震荡上升态势，2018年结案量达到峰值，为102件；涉及外观设计专利的民事诉讼结案量早期少，近年来呈快速增长态势，2019年结案量达到峰值，为205件。历年专利类型占比方面：近年来，涉及外观设计专利无效的侵权民事诉讼案件数量占比较高，2019年该占比达到58.4%（见图4-1-4）。

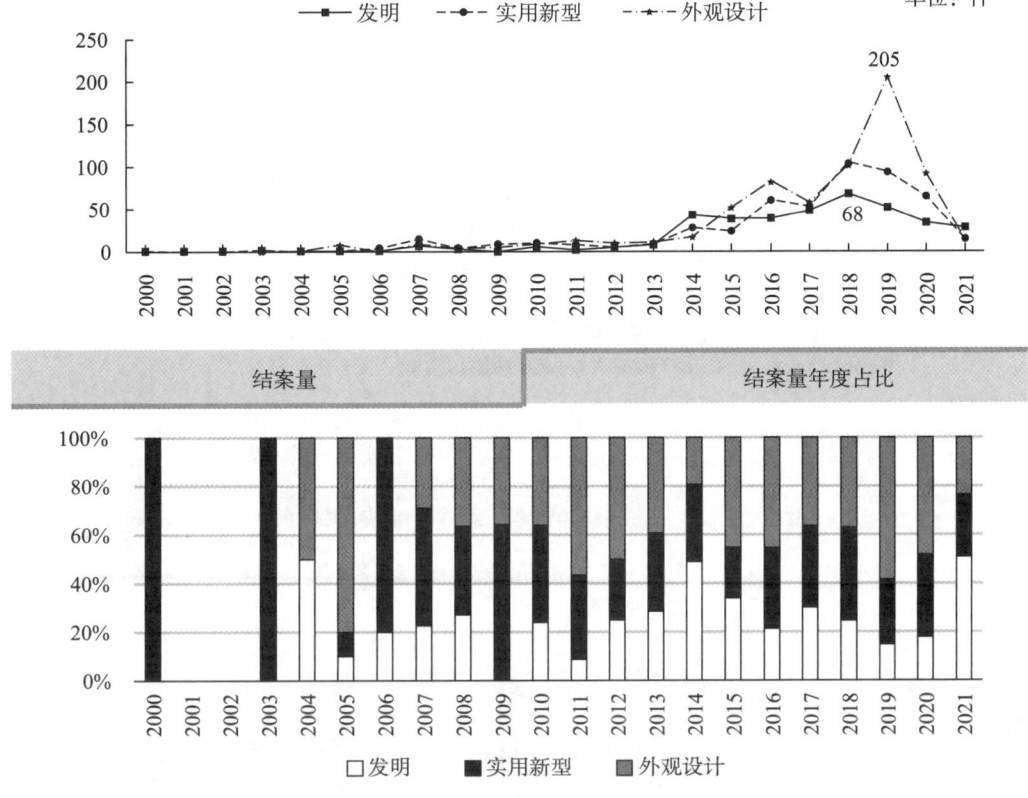

图4-1-4　广东省新一代信息技术产业专利民事诉讼案件专利类型结案量变化趋势

4.1.2　广东省专利民事诉讼案件审理程序分析

从广东省新一代信息技术产业专利无效相关的民事诉讼案件审理程序来看：初审程序案件数量最多，为1016件，占总案件数量的63.9%；终审程序案件数量为553件，占总案件数量的34.8%；再审程序案件数量仅为10件，占总案件数量的1.3%（见图4-1-5）。可以看出，专利民事诉讼案件进入终审和再审程序的案件占35%左右。

图 4-1-5　广东省新一代信息技术产业专利民事诉讼案件审理程序

4.1.3　广东省专利民事诉讼案件审理法院所属地分析

从广东省新一代信息技术产业专利民事诉讼案件审理法院所属地来看，广东省案件数量最多，为 1253 件。其中，广东省深圳市中级人民法院 654 件，广东省高级人民法院 399 件，广州知识产权法院 146 件。北京案件数量排在第二位，为 258 件，其中，北京知识产权法院 93 件，最高人民法院 88 件，北京市高级人民法院 65 件（见图 4-1-6）。

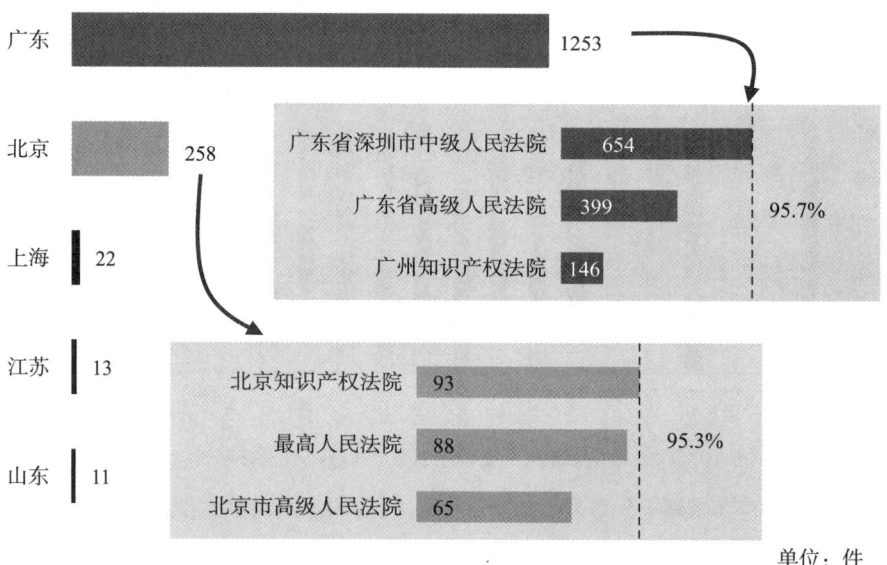

图 4-1-6　广东省新一代信息技术产业专利民事诉讼案件法院所属地

4.1.4　广东省专利民事诉讼案件当事人分析

4.1.4.1　广东省专利民事诉讼案件原告/上诉人分析

从广东省新一代信息技术产业专利民事诉讼案件原告/上诉人的类型来看，企业作为原告/上诉人涉及专利民事诉讼案件数量最多，为 1378 件。其次是个人当事人，案件数量为 215 件（见图 4-1-7）。广东省该领域的民事诉讼由企业发起为主。

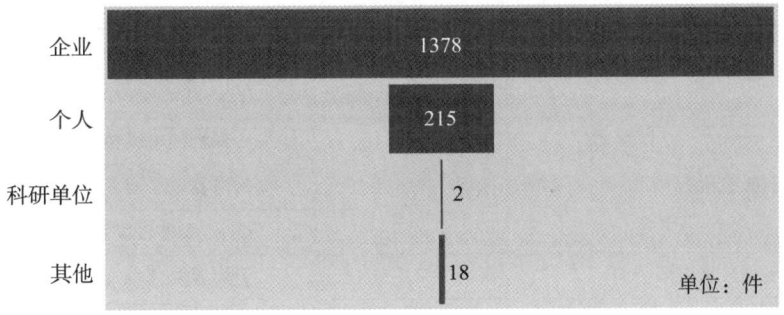

图 4-1-7 广东省新一代信息技术产业专利民事诉讼案件原告/上诉人类型

如表 4-1-1 所示,从广东省新一代信息技术产业专利民事诉讼案件原告/上诉人的结案数量来看,案件数量排名第一位的是东莞市律点法商实业投资有限公司,案件数量为 114 件,案件涉及的主要被告/被上诉人有北京东兴联永同昌投资管理有限公司(6 件)、浙江天猫网络有限公司(4 件)。相对较为分散。案件数量排名第二位的是万魔声学股份有限公司,案件数量为 69 件,案件涉及的主要被告/被上诉人有客天下(深圳)科技有限公司(2 件)、深圳市火商科技有限公司(2 件)、王健健(2 件),较为分散。案件数量排名第三位的为深圳南拓投资有限公司,案件数量为 35 件,案件涉及的主要被告/被上诉人有魏鑫(2 件)。值得注意的是,排名第四位的是深圳来电科技有限公司,案件数量为 27 件,但是案件涉及的主要被告/被上诉人深圳街电科技有限公司有 19 件,占比为 70.4%,相对比较集中。此外,排名第六位的是华为技术有限公司,案件数量为 23 件,案件涉及的主要被告/被上诉人三星电子株式会社有 14 件,占比为 60.9%,集中度也较高。可以看出,专利民事诉讼的主要原告的起诉对象有所不同,有的较为分散,有的较为集中。

表 4-1-1 广东省新一代信息技术产业专利民事诉讼案件主要原告/上诉人(TOP 10)

原告/上诉人	结案量/件	地市	被告或被上诉人数量/个	主要被告或被上诉人	结案量/件
东莞市律点法商实业投资有限公司	114	东莞	118	北京东兴联永同昌投资管理有限公司	6
				浙江天猫网络有限公司	4
				深圳市新桥股份合作公司	3
				北京五方天雅互联网加汽车产品市场有限责任公司	2
万魔声学股份有限公司	69	深圳	90	客天下(深圳)科技有限公司	2
				深圳市火商科技有限公司	2
				王健健	2
深圳南拓投资有限公司	35	深圳	40	魏鑫	2

续表

原告/上诉人	结案量/件	地市	被告或被上诉人数量/个	主要被告或被上诉人	结案量/件
深圳来电科技有限公司	27	深圳	12	深圳街电科技有限公司	19
				湖南海翼电子商务股份有限公司	6
				深圳市布鲁餐饮管理有限公司	4
深圳市阿拉町科技发展有限公司	27	深圳	31	上海寻梦信息技术有限公司	4
华为技术有限公司	23	深圳	9	三星电子株式会社	14
				三星(中国)投资有限公司	4
				中兴通讯股份有限公司	4
				惠州三星电子有限公司	4
深圳市朗科科技股份有限公司	21	深圳	17	北京京东叁佰陆拾度电子商务有限公司	6
				美光消费产品集团公司	6
				深圳市大乘科技股份有限公司	5
深圳市金誉田电子有限公司	20	深圳	20	广州启源信息科技有限公司	1
				深圳嘉得升电子有限公司	1
				深圳市元电科技有限公司	1
深圳市韶音科技有限公司	18	深圳	20	上海翰临电子科技有限公司	4
				深圳市微运动信息科技有限公司	4
				深圳市红鑫发电子商贸有限公司	3
深圳街电科技有限公司	18	深圳	3	深圳来电科技有限公司	15

4.1.4.2 广东省专利民事诉讼案件被告/被上诉人分析

从广东省新一代信息技术产业专利民事诉讼案件被告/被上诉人的类型来看,被告/被上诉人为企业涉及案件数量最多,为1393件,个人第二,为225件(见图4-1-8)。

如表4-1-2所示,从广东省新一代信息技术产业专利民事诉讼案件被告/被上诉人的结案数量来看,案件数量排名第一的为东莞市律点法商实业投资有限公司,案件数量为30件,案件涉及的主要原告/上诉人有深圳市方向通科技有限公司、深圳市易图数码科技有限公司、深圳市格仕特科技有限公司等,均为1件,较为分散。案件数量排名第二的为深圳来电科技有限公司,案件数量为29件,案件涉及的主要原告/上诉人有深圳街电科技有限公司(15件)、深圳市云充吧科技有限公司(10件),集中度较高。排名并列三的分别为华为技术有限公司,案件数量为23件,案件涉及的主要原告/上诉人有三星(中国)投资有限公司(14件)、惠州三星电子有限公司(14件)、天津三星通信技术有限公司(12件)。深圳市朗科科技股份有限公司的案件数量为23件,案件涉及的主要原告/上诉人有深圳市大乘科技股份有限公司(7件)、广州友拓数码科技有限公司（6件）、威刚科技（苏州）有限公司（3件）。

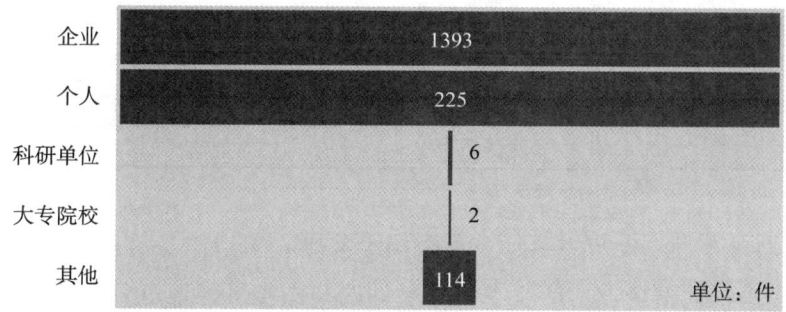

图 4-1-8　广东省新一代信息技术产业专利民事诉讼案件被告/被上诉人类型

表 4-1-2　广东省新一代信息技术产业专利民事诉讼案件主要被告/被上诉人（TOP 10）

被告/被上诉人	结案量/件	地市	原告或上诉人数量/个	主要原告或上诉人	结案量/件
东莞市律点法商实业投资有限公司	30	东莞	30	深圳市方向通科技有限公司	1
				深圳市易图数码科技有限公司	1
				深圳市格仕特科技有限公司	1
深圳来电科技有限公司	29	深圳	6	深圳街电科技有限公司	15
				深圳市云充吧科技有限公司	10
华为技术有限公司	23	深圳	10	三星（中国）投资有限公司	14
				惠州三星电子有限公司	14
				天津三星通信技术有限公司	12
深圳市朗科科技股份有限公司	23	深圳	9	深圳市大乘科技股份有限公司	7
				广州友拓数码有限公司	6
				威刚科技（苏州）有限公司	3
深圳市超频三科技股份有限公司	22	深圳	11	扎尔曼技术株式会社	8
				中山市国丰光电科技有限公司	3
深圳街电科技有限公司	20	深圳	2	深圳来电科技有限公司	19
				深圳市拓特电子有限公司	1
中山市格美通用电子有限公司	12	中山	11	广州舒耳电子有限公司	2
				深圳市奥可维科技有限公司	2
深圳市韶音科技有限公司	12	深圳	7	深圳市微运动信息科技有限公司	3
				深圳市飞猫电子有限公司	3
				深圳瑞迪恩科技有限公司	2
东莞欧陆电子有限公司	11	东莞	14	东莞市商旅宝电子有限公司	2

续表

被告/被上诉人	结案量/件	地市	原告或上诉人数量/个	主要原告或上诉人	结案量/件
惠州三星电子有限公司	11	惠州	4	华为技术有限公司	4
				华为终端有限公司	3
				深圳敦骏科技有限公司	3

4.1.4.3 广东省专利民事诉讼案件当事人地市分布

从广东省新一代信息技术产业专利民事诉讼案件当事人地市分布来看,原告/上诉人方面,来自深圳涉及的案件数量最多,为889件,其次是东莞,案件数量为229件。被告/被上诉人方面,也是在深圳涉及的案件数量最多,为1003件,其次是东莞,案件数量为155件(见图4-1-9)。

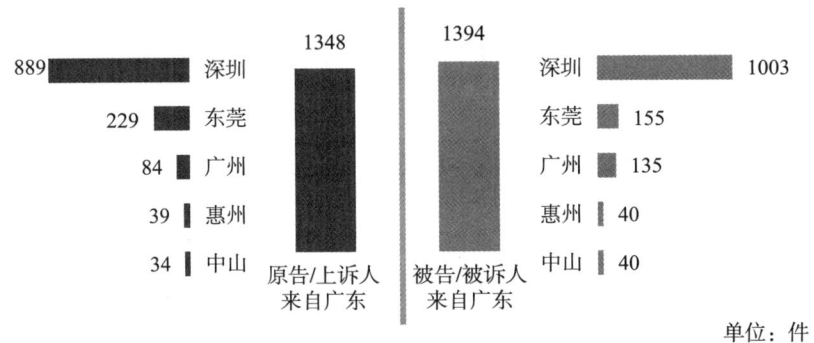

图4-1-9 广东省新一代信息技术产业专利民事诉讼案件当事人地市分布

4.1.4.4 广东省专利民事诉讼案件当事人区域关系

从广东省新一代信息技术产业专利民事诉讼案件区域关系图来看,原告/上诉人与被告/被上诉人均来自广东省的涉及案件数量最多,为1153件,原告/上诉人来自广东与被告/被上诉人来自其他省市涉及案件数量为313件,原告/上诉人来自广东与被告/被上诉人来自国外涉及案件数量为41件;原告/上诉人来自其他省市与被告/被上诉人来自广东涉及案件数量为217件,原告/上诉人来自国外与被告/被上诉人来自广东涉及案件数量为55件(见图4-1-10)。

4.1.5 广东省专利民事诉讼案件诉讼次数分析

原告/上诉人来自广东省的新一代信息技术产业专利民事诉讼案件诉讼次数❶总体来看,提起1~5次诉讼的涉及的专利数量最多,为363件,占比为87.5%。从专利类

---

❶ 本节需要说明的是,"诉讼次数"为各级法院针对专利侵权诉讼案件或专利无效行政诉讼案件作出的判决或裁定的次数。

型来看，无论是发明专利、实用新型专利，还是外观设计专利，提起1~5次诉讼的涉及的专利数量占比最高，其中利用发明专利提起1~5次诉讼的涉及的专利量占比达到91.8%。整体来看，涉及民事诉讼次数的数量越多，涉及的专利数量越少，提起诉讼次数最多为146次，涉及专利数量1件（见图4-1-11）。

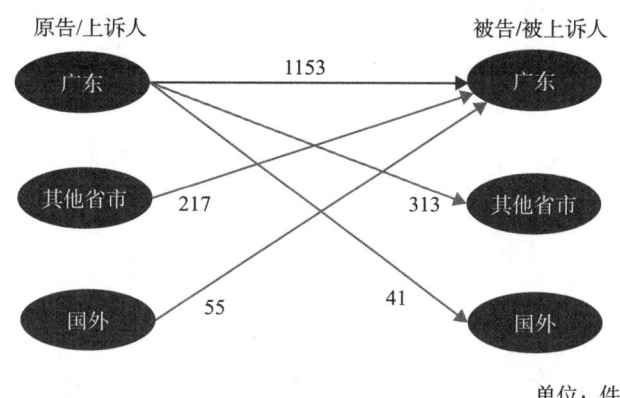

图4-1-10　广东省新一代信息技术产业专利民事诉讼案件区域关系图

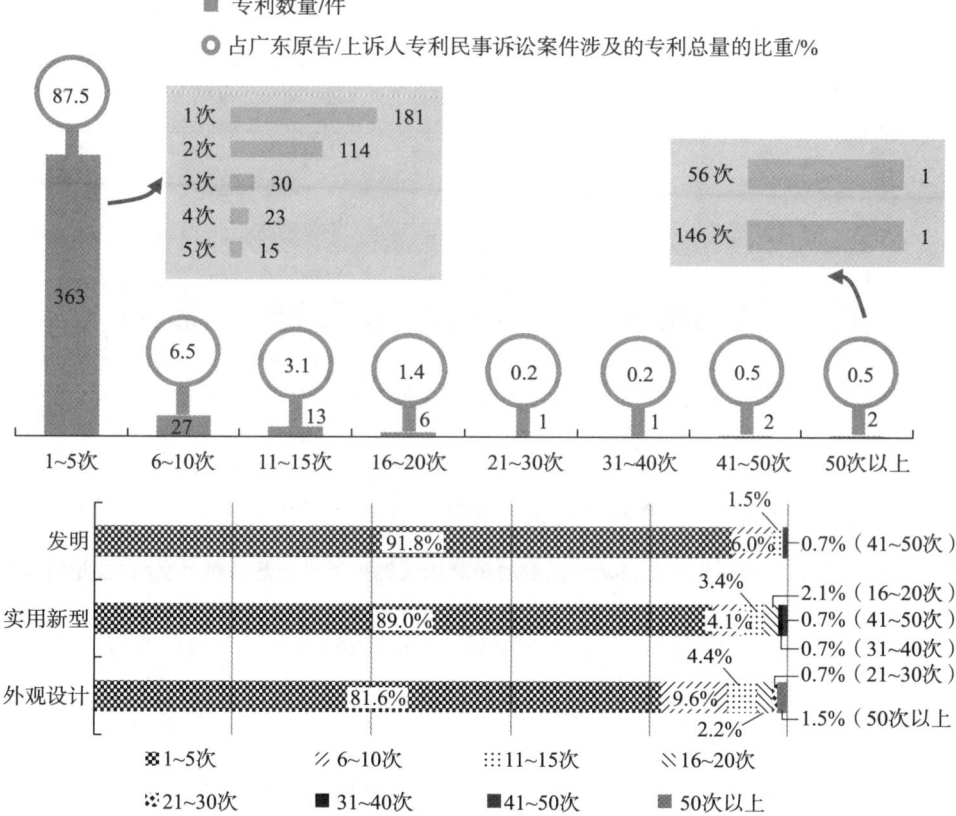

图4-1-11　广东省新一代信息技术产业专利民事诉讼案件诉讼次数分布（原告/上诉人）

从横向比较来看，专利民事诉讼的涉及外观设计专利数量占比高于实用新型专利、发明专利。

从被告/被上诉人来自广东省的新一代信息技术产业专利民事诉讼案件诉讼次数总体来看，提起1~5次诉讼次数的涉及的专利数量最多，为379件，占比87.7%；从专利类型来看，无论是发明专利、实用新型专利，还是外观设计专利，被提起1~5次诉讼次数涉及的专利数量占比最高，其中发明专利被提起1~5次诉讼次数涉及的专利量占比达91.2%；整体来看，被提起诉讼次数的数量越多，涉及的专利数量越少，被提起无效次数最多为146次，涉及专利数量1件（见图4-1-12）。

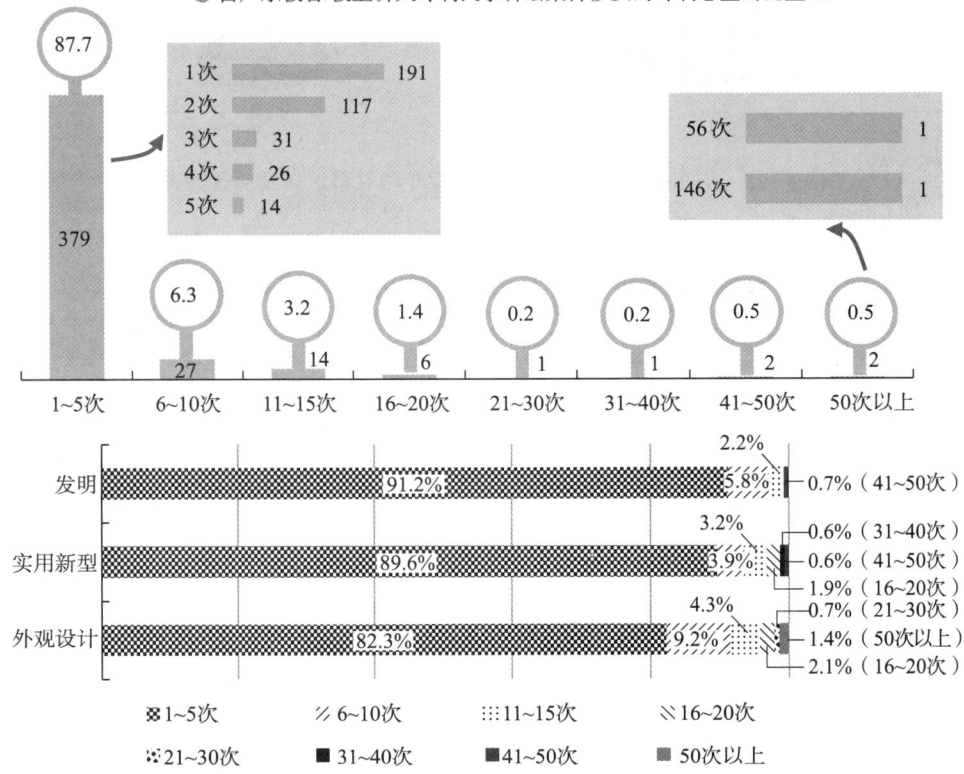

图4-1-12 广东省新一代信息技术产业专利民事诉讼案件诉讼次数分布（被告/被上诉人）

从横向比较来看，外观设计专利被提起诉讼的涉及专利数量占比高于实用新型专利、发明专利。

无论是原告/上诉人还是被告/被上诉人，涉及专利民事诉讼次数最多的均为深圳市朗迅塑胶制品有限公司拥有的外观设计专利"纯触屏汽车导航通用机"（CN201630019862.9），与该专利相关的民事诉讼达146次，其中审理程序为终审的有43次，初审103次，具体情况如表4-1-3所示。涉案专利CN201630019862.9被请求宣告无效 4 次，最近 1 次的无效决定结论为全部无效。

表 4-1-3 广东省新一代信息技术产业专利民事诉讼案件诉讼次数多代表专利相关信息

案号	法院名称	审理程序	原告/上诉人	被告/上诉人
（2019）粤民终 2722 号	广东省高级人民法院	终审	东莞市律点法商实业投资有限公司	中山市一力汽车用品销售服务有限公司
（2019）粤民终 2685 号	广东省高级人民法院	终审	东莞市律点法商实业投资有限公司	惠州市仲恺高新区鑫车缘汽车影音商行
（2019）粤民终 1717 号	广东省高级人民法院	终审	东莞市律点法商实业投资有限公司	惠州市仲恺高新区陈江新创新汽车用品店
（2019）粤民终 1720 号	广东省高级人民法院	终审	东莞市律点法商实业投资有限公司	惠州市仲恺高新区陈江飞乐汽车电子用品店
（2019）粤民终 1721 号	广东省高级人民法院	终审	东莞市律点法商实业投资有限公司	惠州市仲恺高新区标歌汽车音响商行
（2019）粤民终 1716 号	广东省高级人民法院	终审	东莞市律点法商实业投资有限公司	惠州市德利行汽车销售有限公司
（2019）粤民终 1918 号	广东省高级人民法院	终审	东莞市律点法商实业投资有限公司	佛山市顺德区大良车有福汽车用品商行
（2019）粤民终 2683 号	广东省高级人民法院	终审	东莞市律点法商实业投资有限公司	佛山市南海区罗村金亿丰汽车用品经营部
（2019）粤民终 2723 号	广东省高级人民法院	终审	东莞市律点法商实业投资有限公司	佛山市南海区华桥永达汽车用品中心
（2019）粤民终 1718 号	广东省高级人民法院	终审	东莞市律点法商实业投资有限公司	佛山市南海区亨利行汽车用品经营部
（2019）粤民终 1719 号	广东省高级人民法院	终审	东莞市律点法商实业投资有限公司	佛山市南海区车之剑汽车用品经营部
（2019）粤民终 1722 号	广东省高级人民法院	终审	东莞市律点法商实业投资有限公司	佛山市禅城区享声汽车影音店
（2019）京民终 1467 号	北京市高级人民法院	终审	北京卓越之风商贸中心	东莞市律点法商实业投资有限公司
（2019）京民终 1469 号	北京市高级人民法院	终审	北京豫辉顺达商贸有限公司	东莞市律点法商实业投资有限公司
（2019）京民终 1468 号	北京市高级人民法院	终审	北京欣粤汽车装饰用品商行	东莞市律点法商实业投资有限公司
（2019）京民辖终 291 号	北京市高级人民法院	终审	北京德仁源汽车装饰服务中心	东莞市律点法商实业投资有限公司

续表

案号	法院名称	审理程序	原告/上诉人	被告/上诉人
（2019）京民终 1493 号	北京市高级人民法院	终审	北京鑫弘宇鹏科技有限公司	东莞市律点法商实业投资有限公司
（2019）京民终 1494 号	北京市高级人民法院	终审	北京昌亿诚商贸有限公司	东莞市律点法商实业投资有限公司
（2019）粤民辖终 309 号	广东省高级人民法院	终审	惠城区中顺汽车饰品经营部	东莞市律点法商实业投资有限公司
（2019）粤民终 2367 号	广东省高级人民法院	终审	东莞市寮步创丰汽车用品行	东莞市律点法商实业投资有限公司
（2019）粤民终 2364 号	广东省高级人民法院	终审	东莞市常平车饰界汽车用品店	东莞市律点法商实业投资有限公司
（2019）粤民终 2365 号	广东省高级人民法院	终审	东莞市常平车来车往汽配商行	东莞市律点法商实业投资有限公司
（2019）粤民终 2369 号	广东省高级人民法院	终审	佛山市禅城区信利达汽配经营部	东莞市律点法商实业投资有限公司
（2019）粤民终 2266 号	广东省高级人民法院	终审	东莞航圣环保科技有限公司	东莞市律点法商实业投资有限公司
（2019）粤民终 1844 号	广东省高级人民法院	终审	深圳市方向通科技有限公司	东莞市律点法商实业投资有限公司
（2019）粤民终 1845 号	广东省高级人民法院	终审	深圳市易图数码科技有限公司	东莞市律点法商实业投资有限公司
（2019）粤民终 2366 号	广东省高级人民法院	终审	东莞市常平锦鸿汽车用品店	东莞市律点法商实业投资有限公司
（2019）粤民终 2370 号	广东省高级人民法院	终审	惠州市惠城区聚顺鑫汽车精品商行	东莞市律点法商实业投资有限公司
（2019）粤民终 2371 号	广东省高级人民法院	终审	中山市永南汽车广场物业管理有限公司	东莞市律点法商实业投资有限公司
（2019）粤民终 2454 号	广东省高级人民法院	终审	东莞市常平黄秀琴汽车用品商行	东莞市律点法商实业投资有限公司
（2019）粤民终 3040 号	广东省高级人民法院	终审	蓬江区龙鼎汽车用品商行	东莞市律点法商实业投资有限公司
（2019）粤民终 3042 号	广东省高级人民法院	终审	蓬江区柏香汽车用品店	东莞市律点法商实业投资有限公司
（2019）粤民终 3039 号	广东省高级人民法院	终审	江门市蓬江区仓后行运汽车用品行	东莞市律点法商实业投资有限公司

续表

案号	法院名称	审理程序	原告/上诉人	被告/上诉人
（2019）粤民终 3037 号	广东省高级人民法院	终审	清远市海美汽车饰品配件有限公司	东莞市律点法商实业投资有限公司
（2019）粤民终 3043 号	广东省高级人民法院	终审	江门市蓬江区志意汽车用品有限公司	东莞市律点法商实业投资有限公司
（2019）粤民终 3038 号	广东省高级人民法院	终审	惠州市仲恺高新区佳艺邦汽车音响商行	东莞市律点法商实业投资有限公司
（2019）粤民终 3041 号	广东省高级人民法院	终审	江门市蓬江区锦晖汽车用品店	东莞市律点法商实业投资有限公司
（2019）粤民终 2464 号	广东省高级人民法院	终审	清远市清城区小市信联汽车装饰行	东莞市律点法商实业投资有限公司
（2019）粤民终 2825 号	广东省高级人民法院	终审	深圳市格仕特科技有限公司	东莞市律点法商实业投资有限公司
（2018）粤民终 1299 号	广东省高级人民法院	终审	广州芭迪电子科技有限公司	东莞市律点法商企业管理顾问有限公司
（2018）粤民终 1411 号	广东省高级人民法院	终审	广州市越秀区集嘉汽配经营部	东莞市律点法商企业管理顾问有限公司
（2018）粤民终 1412 号	广东省高级人民法院	终审	广州众市达汽车用品有限公司	东莞市律点法商企业管理顾问有限公司
（2019）粤民终 3146 号	广东省高级人民法院	终审	东莞市律点法商实业投资有限公司	东莞市大朗驰骋汽车配件店
（2019）粤民终 2722 号	广东省高级人民法院	终审	东莞市律点法商实业投资有限公司	中山市一力汽车用品销售服务有限公司
（2019）粤民终 2685 号	广东省高级人民法院	终审	东莞市律点法商实业投资有限公司	惠州市仲恺高新区鑫车缘汽车影音商行
（2019）粤民终 1717 号	广东省高级人民法院	终审	东莞市律点法商实业投资有限公司	惠州市仲恺高新区陈江新创新汽车用品店
（2019）粤民终 1720 号	广东省高级人民法院	终审	东莞市律点法商实业投资有限公司	惠州市仲恺高新区陈江飞乐汽车电子用品店
（2019）粤民终 1721 号	广东省高级人民法院	终审	东莞市律点法商实业投资有限公司	惠州市仲恺高新区标歌汽车音响商行
（2019）粤民终 1716 号	广东省高级人民法院	终审	东莞市律点法商实业投资有限公司	惠州市德利行汽车销售有限公司
（2019）粤民终 1918 号	广东省高级人民法院	终审	东莞市律点法商实业投资有限公司	佛山市顺德区大良车有福汽车用品商行

续表

案号	法院名称	审理程序	原告/上诉人	被告/上诉人
（2019）粤民终 2683 号	广东省高级人民法院	终审	东莞市律点法商实业投资有限公司	佛山市南海区罗村金亿丰汽车用品经营部
（2019）粤民终 2723 号	广东省高级人民法院	终审	东莞市律点法商实业投资有限公司	佛山市南海区华桥永达汽车用品中心
（2019）粤民终 1718 号	广东省高级人民法院	终审	东莞市律点法商实业投资有限公司	佛山市南海区亨利行汽车用品经营部
（2019）粤民终 1719 号	广东省高级人民法院	终审	东莞市律点法商实业投资有限公司	佛山市南海区车之剑汽车用品经营部
（2019）粤民终 1722 号	广东省高级人民法院	终审	东莞市律点法商实业投资有限公司	佛山市禅城区享声汽车影音店
（2019）京民终 1467 号	北京市高级人民法院	终审	北京卓越之风商贸中心	东莞市律点法商实业投资有限公司
（2019）京民终 1469 号	北京市高级人民法院	终审	北京豫辉顺达商贸有限公司	东莞市律点法商实业投资有限公司
（2019）京民终 1468 号	北京市高级人民法院	终审	北京欣粤汽车装饰用品商行	东莞市律点法商实业投资有限公司
（2019）京民辖终 291 号	北京市高级人民法院	终审	北京德仁源汽车装饰服务中心	东莞市律点法商实业投资有限公司
（2019）京民终 1493 号	北京市高级人民法院	终审	北京鑫弘宇鹏科技有限公司	东莞市律点法商实业投资有限公司
（2019）京民终 1494 号	北京市高级人民法院	终审	北京昌亿诚商贸有限公司	东莞市律点法商实业投资有限公司
（2019）粤民辖终 309 号	广东省高级人民法院	终审	惠城区中顺汽车饰品经营部	东莞市律点法商实业投资有限公司
（2019）粤民终 2367 号	广东省高级人民法院	终审	东莞市寮步创丰汽车用品行	东莞市律点法商实业投资有限公司
（2019）粤民终 2364 号	广东省高级人民法院	终审	东莞市常平车饰界汽车用品店	东莞市律点法商实业投资有限公司
（2019）粤民终 2365 号	广东省高级人民法院	终审	东莞市常平车来车往汽配商行	东莞市律点法商实业投资有限公司
（2019）粤民终 2369 号	广东省高级人民法院	终审	佛山市禅城区信利达汽配经营部	东莞市律点法商实业投资有限公司
（2019）粤民终 2266 号	广东省高级人民法院	终审	东莞航圣环保科技有限公司	东莞市律点法商实业投资有限公司

续表

案号	法院名称	审理程序	原告/上诉人	被告/上诉人
（2019）粤民终 1844 号	广东省高级人民法院	终审	深圳市方向通科技有限公司	东莞市律点法商实业投资有限公司
（2019）粤民终 1845 号	广东省高级人民法院	终审	深圳市易图数码科技有限公司	东莞市律点法商实业投资有限公司
（2019）粤民终 2366 号	广东省高级人民法院	终审	东莞市常平锦鸿汽车用品店	东莞市律点法商实业投资有限公司
（2019）粤民终 2370 号	广东省高级人民法院	终审	惠州市惠城区聚顺鑫汽车精品商行	东莞市律点法商实业投资有限公司
（2019）粤民终 2371 号	广东省高级人民法院	终审	中山市永南汽车广场物业管理有限公司	东莞市律点法商实业投资有限公司
（2019）粤民终 2454 号	广东省高级人民法院	终审	东莞市常平黄秀琴汽车用品商行	东莞市律点法商实业投资有限公司
（2019）粤民终 3040 号	广东省高级人民法院	终审	蓬江区龙鼎汽车用品商行	东莞市律点法商实业投资有限公司
（2019）粤民终 3042 号	广东省高级人民法院	终审	蓬江区柏香汽车用品店	东莞市律点法商实业投资有限公司
（2019）粤民终 3039 号	广东省高级人民法院	终审	江门市蓬江区仓后行运汽车用品行	东莞市律点法商实业投资有限公司
（2019）粤民终 3037 号	广东省高级人民法院	终审	清远市海美汽车饰品配件有限公司	东莞市律点法商实业投资有限公司
（2019）粤民终 3043 号	广东省高级人民法院	终审	江门市蓬江区志意汽车用品有限公司	东莞市律点法商实业投资有限公司
（2019）粤民终 3038 号	广东省高级人民法院	终审	惠州市仲恺高新区佳艺邦汽车音响商行	东莞市律点法商实业投资有限公司
（2019）粤民终 3041 号	广东省高级人民法院	终审	江门市蓬江区锦晖汽车用品店	东莞市律点法商实业投资有限公司
（2019）粤民终 2464 号	广东省高级人民法院	终审	清远市清城区小市信联汽车装饰行	东莞市律点法商实业投资有限公司
（2019）粤民终 2825 号	广东省高级人民法院	终审	深圳市格仕特科技有限公司	东莞市律点法商实业投资有限公司
（2018）粤民终 1299 号	广东省高级人民法院	终审	广州芭迪电子科技有限公司	东莞市律点法商企业管理顾问有限公司
（2018）粤民终 1411 号	广东省高级人民法院	终审	广州市越秀区集嘉汽配经营部	东莞市律点法商企业管理顾问有限公司

续表

案号	法院名称	审理程序	原告/上诉人	被告/上诉人
(2018) 粤民终 1412 号	广东省高级人民法院	终审	广州众市达汽车用品有限公司	东莞市律点法商企业管理顾问有限公司
(2019) 粤民终 3146 号	广东省高级人民法院	终审	东莞市律点法商实业投资有限公司	东莞市大朗驰骋汽车配件店
(2019) 粤 73 民初 176 号	广州知识产权法院	初审	东莞市律点法商实业投资有限公司	中山市永南汽车广场物业管理有限公司
(2019) 粤 73 民初 166 号	广州知识产权法院	初审	东莞市律点法商实业投资有限公司	中山市康电汽车用品有限公司
(2019) 粤 73 民初 157 号	广州知识产权法院	初审	东莞市律点法商实业投资有限公司	中三市三猫汽车用品有限公司
(2020) 粤 03 民初 100 号	广东省深圳市中级人民法院	初审	东莞市律点法商实业投资有限公司	智道网联科技（深圳）有限公司；浙江天猫网络有限公司
(2018) 粤 03 民初 2553 号	广东省深圳市中级人民法院	初审	深圳市朗迅塑胶制品有限公司	行影通（深圳）电子科技有限公司；行影通（深圳）科技有限公司
(2018) 鄂 01 民初 4855 号	湖北省武汉市中级人民法院	初审	东莞市律点法商实业投资有限公司	武汉市硚口区上承汽车用品商行
(2018) 鄂 01 民初 3718 号	湖北省武汉市中级人民法院	初审	东莞市律点法商实业投资有限公司	武汉市硚口区晶奥汽车用品商行
(2018) 鄂 01 民初 3716 号	湖北省武汉市中级人民法院	初审	东莞市律点法商实业投资有限公司	武汉市硚口区嘉诚伟鹏商贸有限公司
(2019) 粤 03 民初 2745 号	广东省深圳市中级人民法院	初审	东莞市律点法商实业投资有限公司	深圳市掌科科技有限公司
(2019) 粤 03 民初 3978 号	广东省深圳市中级人民法院	初审	东莞市律点法商实业投资有限公司	深圳市永视电子有限公司
(2019) 粤 03 民初 4666 号	广东省深圳市中级人民法院	初审	东莞市律点法商实业投资有限公司	深圳市鑫兴驰科技有限公司；深圳市新桥股份合作公司
(2019) 粤 03 民初 3968 号	广东省深圳市中级人民法院	初审	东莞市律点法商实业投资有限公司	深圳市鑫基恒贸易有限公司
(2019) 粤 03 民初 4736 号	广东省深圳市中级人民法院	初审	东莞市律点法商实业投资有限公司	深圳市新桥股份合作公司；深圳市宝安区沙井精致汽车精品店

续表

案号	法院名称	审理程序	原告/上诉人	被告/上诉人
（2019）粤03民初4737号	广东省深圳市中级人民法院	初审	东莞市律点法商实业投资有限公司	深圳市新桥股份合作公司；深圳市宝安区沙井车饰轩汽车用品店
（2018）粤03民初4123号	广东省深圳市中级人民法院	初审	东莞市律点法商实业投资有限公司	深圳市思百德科技有限公司；浙江天猫网络有限公司
（2019）粤03民初3970号	广东省深圳市中级人民法院	初审	东莞市律点法商实业投资有限公司	深圳市盛日新科技有限公司
（2018）粤03民初3501号	广东省深圳市中级人民法院	初审	东莞市律点法商企业管理顾问有限公司	深圳市赛音卡电子科技有限公司
（2019）粤03民初3975号	广东省深圳市中级人民法院	初审	东莞市律点法商实业投资有限公司	深圳市启辰汽车科技有限公司
（2019）粤03民初3989号	广东省深圳市中级人民法院	初审	东莞市律点法商实业投资有限公司	深圳市美健环球贸易有限公司
（2019）粤03民初3979号	广东省深圳市中级人民法院	初审	东莞市律点法商实业投资有限公司	深圳市迈维智能科技有限公司
（2019）粤03民初3971号	广东省深圳市中级人民法院	初审	东莞市律点法商实业投资有限公司	深圳市路网科技有限公司
（2019）粤03民初3976号	广东省深圳市中级人民法院	初审	东莞市律点法商实业投资有限公司	深圳市龙跃腾电子有限公司
（2019）粤03民初3310号	广东省深圳市中级人民法院	初审	东莞市律点法商实业投资有限公司	深圳市靓跃进科技有限公司
（2018）粤03民初3752号	广东省深圳市中级人民法院	初审	东莞市律点法商实业投资有限公司	深圳市汇导科技有限公司
（2019）粤03民初3972号	广东省深圳市中级人民法院	初审	东莞市律点法商实业投资有限公司	深圳市华瑞通科科技有限公司
（2019）粤03民初968号	广东省深圳市中级人民法院	初审	东莞市律点法商实业投资有限公司	深圳市宕桐阁贸易有限公司；浙江天猫网络有限公司
（2019）粤03民初3977号	广东省深圳市中级人民法院	初审	东莞市律点法商实业投资有限公司	深圳市大丰科技有限公司
（2019）粤03民初3973号	广东省深圳市中级人民法院	初审	东莞市律点法商实业投资有限公司	深圳市春和信科技有限公司
（2019）粤03民初4664号	广东省深圳市中级人民法院	初审	东莞市律点法商实业投资有限公司	深圳市宝安区新桥雅轩车饰经营部

续表

案号	法院名称	审理程序	原告/上诉人	被告/上诉人
(2019) 粤 03 民初 4669 号	广东省深圳市中级人民法院	初审	东莞市律点法商实业投资有限公司	深圳市宝安区新桥兴广龙汽车用品店
(2019) 粤 03 民初 4665 号	广东省深圳市中级人民法院	初审	东莞市律点法商实业投资有限公司	深圳市宝安区新桥深华奥汽车用品店
(2019) 粤 03 民初 4662 号	广东省深圳市中级人民法院	初审	东莞市律点法商实业投资有限公司	深圳市宝安区新桥宏力汽车音响店
(2019) 粤 03 民初 4663 号	广东省深圳市中级人民法院	初审	东莞市律点法商实业投资有限公司	深圳市宝安区沙井信森汽车用品店
(2019) 粤 03 民初 4668 号	广东省深圳市中级人民法院	初审	东莞市律点法商实业投资有限公司	深圳市宝安区沙井文乐汽车用品店
(2019) 粤 03 民初 4667 号	广东省深圳市中级人民法院	初审	东莞市律点法商实业投资有限公司	深圳市宝安区沙井诚惠车保姆汽车用品店
(2018) 粤 03 民初 2552 号	广东省深圳市中级人民法院	初审	深圳市朗迅塑胶制品有限公司	深圳市八方达电子有限公司
(2019) 粤 03 民初 3993 号	广东省深圳市中级人民法院	初审	东莞市律点法商实业投资有限公司	深圳米博仕科技有限公司
(2019) 粤 03 民初 3974 号	广东省深圳市中级人民法院	初审	东莞市律点法商实业投资有限公司	深圳卡比视讯科技有限公司
(2019) 粤 73 民初 143 号	广州知识产权法院	初审	东莞市律点法商实业投资有限公司	清远市清城区小市声越汽车音响商行
(2019) 粤 73 民初 175 号	广州知识产权法院	初审	东莞市律点法商实业投资有限公司	清远市清城区小市荣华汽车用品商行
(2019) 粤 73 民初 145 号	广州知识产权法院	初审	东莞市律点法商实业投资有限公司	清远市海美汽车饰品配件有限公司
(2019) 粤 73 民初 149 号	广州知识产权法院	初审	东莞市律点法商实业投资有限公司	蓬江区龙鼎汽车用品商行
(2019) 粤 73 民初 152 号	广州知识产权法院	初审	东莞市律点法商实业投资有限公司	江门市蓬江区志意汽车用品有限公司
(2019) 粤 73 民初 150 号	广州知识产权法院	初审	东莞市律点法商实业投资有限公司	江门市蓬江区锦晖汽车用品店
(2019) 粤 73 民初 148 号	广州知识产权法院	初审	东莞市律点法商实业投资有限公司	江门市蓬江区仓后行运汽车用品行
(2019) 粤 73 民初 147 号	广州知识产权法院	初审	东莞市律点法商实业投资有限公司	惠州市仲恺高新区佳艺邦汽车音响商行

续表

案号	法院名称	审理程序	原告/上诉人	被告/上诉人
（2019）粤 73 民初 138 号	广州知识产权法院	初审	东莞市律点法商实业投资有限公司	惠州市惠城区畅顺发汽车饰品店
（2017）粤 73 民初 3952 号	广州知识产权法院	初审	东莞市律点法商企业管理顾问有限公司	广州市越秀区科诺汽车用品商行
（2019）粤 73 民初 1000 号	广州知识产权法院	初审	东莞市律点法商实业投资有限公司	广州市艾酷电子科技有限公司；浙江天猫网络有限公司
（2019）粤 73 民初 170 号	广州知识产权法院	初审	东莞市律点法商实业投资有限公司	佛山市南海区细金汽车用品经营部
（2019）粤 73 民初 168 号	广州知识产权法院	初审	东莞市律点法商实业投资有限公司	佛山市南海区炜源汽车用品店
（2019）粤 73 民初 177 号	广州知识产权法院	初审	东莞市律点法商实业投资有限公司	佛山市南海区君君汽车用品经营部
（2019）粤 73 民初 171 号	广州知识产权法院	初审	东莞市律点法商实业投资有限公司	佛山市南海区杰能汽车配件经营部
（2019）粤 73 民初 182 号	广州知识产权法院	初审	东莞市律点法商实业投资有限公司	佛山市南海区红成汽车用品商行
（2019）粤 73 民初 165 号	广州知识产权法院	初审	东莞市律点法商实业投资有限公司	佛山市南海区恒德信汽车服务部
（2019）粤 73 民初 181 号	广州知识产权法院	初审	东莞市律点法商实业投资有限公司	佛山市南海区车堡姆汽车用品有限公司
（2019）粤 73 民初 103 号	广州知识产权法院	初审	东莞市律点法商实业投资有限公司	佛山市快捷汽车配件市场管理有限公司
（2019）粤 73 民初 123 号	广州知识产权法院	初审	东莞市律点法商实业投资有限公司	佛山市禅城区信利达汽配经营部
（2019）粤 73 民初 114 号	广州知识产权法院	初审	东莞市律点法商实业投资有限公司	佛山市禅城区顺彬汽车用品店
（2019）粤 73 民初 1112 号	广州知识产权法院	初审	东莞市律点法商实业投资有限公司	佛山市禅城区桦驰汽车音响经营部

此外，万魔声学科技有限公司拥有的外观设计专利"耳机（一）"（CN201330212506.5）涉及 56 次专利民事诉讼，审理程序均为初审。涉案专利 CN201330212506.5 被请求宣告无效 2 次，最近 1 次的无效决定结论为维持有效。该专利已成为专利权人"攻击"竞争对手的有力"武器"。

4.1.6 广东省专利民事诉讼案件技术领域分析

从广东省新一代信息技术产业专利民事诉讼案件的技术分布情况来看，通信领域涉及的案件数量排名第一位，为 354 件，明显高于其他领域，这是由于广东省在通信领域的专利密集、专利申请数量大、产业化程度高、专利纠纷发生频繁。排名第二位的是计算机设备领域，涉及案件数量为 285 件。耳机扬声器领域排名第三位，涉及案件数量为 240 件（见图 4-1-13）。这与通信领域、计算机设备领域在广东省新一代信息技术产业关注度高、产业基础好、专利数量大等密不可分。

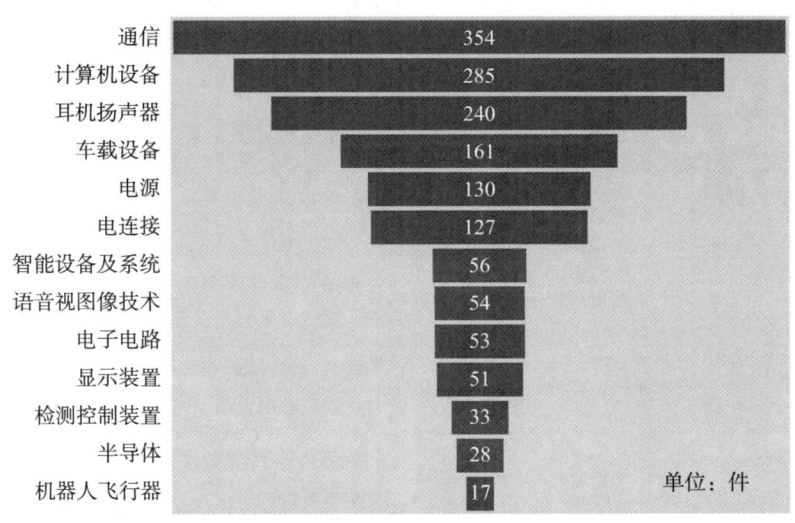

图 4-1-13　广东省新一代信息技术产业专利民事诉讼案件技术布局情况

如图 4-1-14 所示，从广东省新一代信息技术产业各技术分支专利民事诉讼案件变化趋势来看，通信领域早期专利民事诉讼案件数量少，随着我国通信技术的崛起，2014 年开始结案数量开始增长，2018 年达到峰值，为 101 件，此后又迅速下降。

计算机设备领域早期结案案件数量少，近年来每年的民事诉讼案件结案数量变化不大，较为稳定。耳机扬声器领域早期结案案件数量少，2015 年开始诉讼结案量增长较为明显，2016 年达到峰值，为 53 件。车载设备领域 2019 年专利民事诉讼结案量急剧增长，达到 126 件，此后又迅速下降。其他主要技术分支专利民事诉讼结案量变化趋势波动不大，趋于较为平稳态势，整体来看近年来专利民事诉讼结案数量相对较多。

4.1.7　广东省专利民事诉讼案件代理机构分析

4.1.7.1　广东省专利民事诉讼案件原告/上诉人代理机构分析

从广东省新一代信息技术产业专利民事诉讼案件原告/上诉人的主要代理机构来看，广东律点律师事务所代理的案件数量排名第一位，为 116 件；排名第二位的为广东君龙律师事务所，代理的案件数量为 100 件；深圳市国科知识产权代理事务所排名第三位，代理的案件数量为 60 件（见图 4-1-15）。

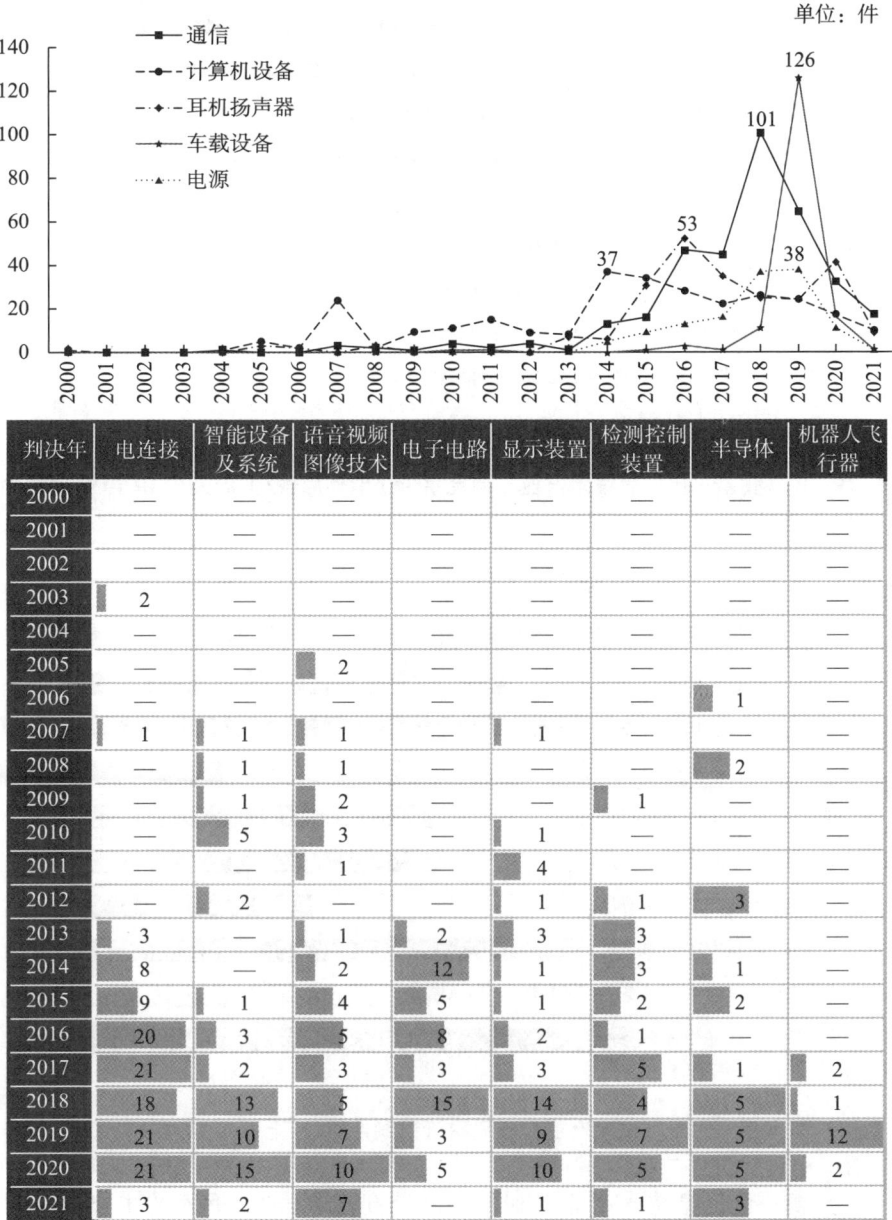

判决年	电连接	智能设备及系统	语音视频图像技术	电子电路	显示装置	检测控制装置	半导体	机器人飞行器
2000	—	—	—	—	—	—	—	—
2001	—	—	—	—	—	—	—	—
2002	—	—	—	—	—	—	—	—
2003	2	—	—	—	—	—	—	—
2004	—	—	—	—	—	—	—	—
2005	—	—	2	—	—	—	—	—
2006	—	—	—	—	—	—	1	—
2007	1	1	1	1	—	—	—	—
2008	—	1	—	—	—	—	2	—
2009	—	1	2	—	—	1	—	—
2010	—	5	3	—	1	—	—	—
2011	—	—	1	—	4	—	—	—
2012	—	2	—	—	—	1	—	3
2013	3	—	—	2	3	—	—	—
2014	8	—	2	12	1	3	1	—
2015	9	1	4	5	1	2	2	—
2016	20	3	5	8	2	1	—	—
2017	21	2	3	3	3	5	1	—
2018	18	13	5	15	14	4	5	1
2019	21	10	7	3	9	7	5	12
2020	21	15	10	5	10	5	5	2
2021	3	2	7	—	1	1	3	—

图 4-1-14　广东省新一代信息技术产业各技术分支专利民事诉讼案件变化趋势

从广东省新一代信息技术产业专利民事诉讼案件原告/上诉人的主要代理机构专利类型来看，代理的案件数量排名第一位的广东律点律师事务所代理的 116 件民事诉讼案件涉及专利全部为发明专利；排名第二位的广东君龙律师事务所代理的 100 件案件中涉及发明专利 14 件，实用新型专利 6 件，外观设计专利 80 件；排名第三位的深圳市国科知识产权代理事务所代理的 60 件案件涉及实用新型专利 41 件，外观设计专利 19 件（见图 4-1-16）。

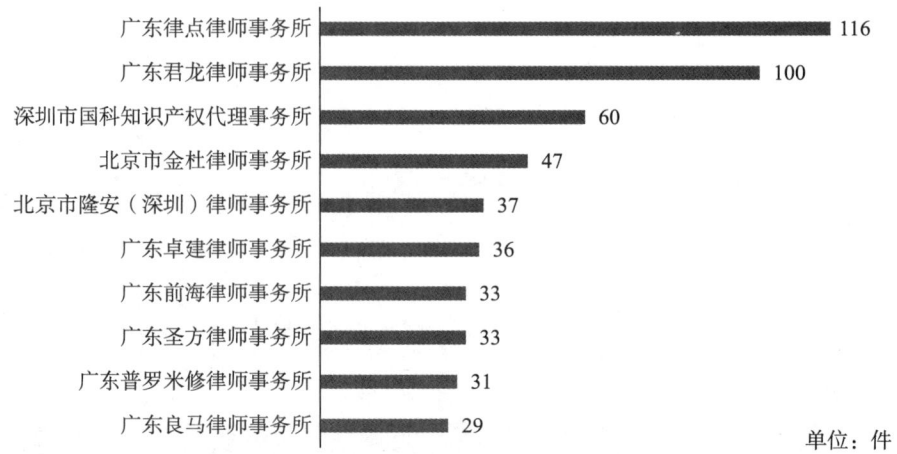

图 4-1-15 广东省新一代信息技术产业专利民事诉讼案件原告/上诉人 TOP 10 代理机构情况

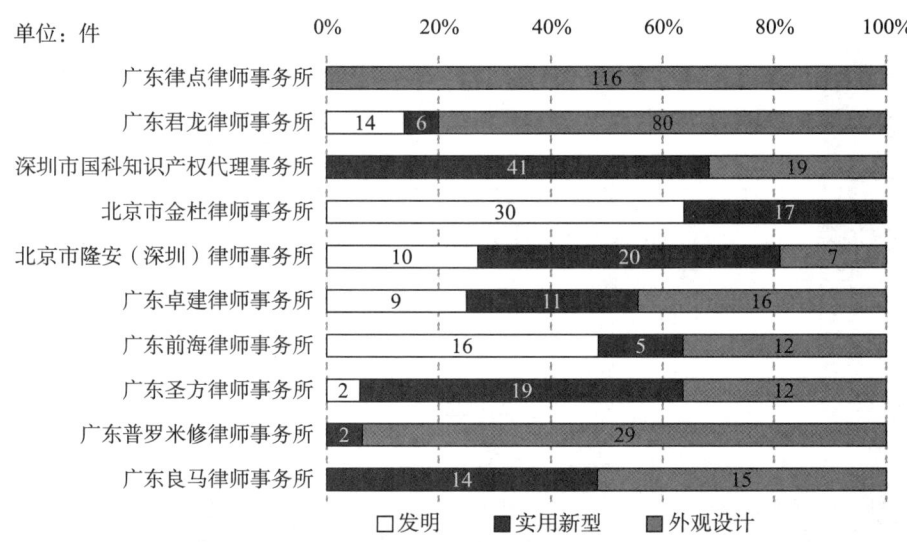

图 4-1-16 广东省新一代信息技术产业专利民事诉讼案件原告/上诉人 TOP 10 代理机构专利类型

从广东省新一代信息技术产业专利民事诉讼案件原告/上诉人的主要代理机构技术领域来看，排名第一位的广东律点律师事务所代理案件全部为车载设备领域；排名第二位的广东君龙律师事务所耳机扬声器领域占比最多，为 87.0%；排名第三位的深圳市国科知识产权代理事务所通信领域占比最多，为 78.3%，其次是电源领域，占比为 21.7%（见表 4-1-4）。

表 4-1-4　广东省新一代信息技术产业专利民事诉讼案件原告/上诉人 TOP 10 代理机构技术领域

原告/上诉人代理机构	耳机扬声器	车载设备	通信	电源	计算机设备	智能设备及系统	电子电路	语音视频图像技术	机器人飞行器	其他
广东律点律师事务所	—	100.0%	—	—	—	—	—	—	—	—
广东君龙律师事务所	87.0%	—	4.0%	2.0%	4.0%	1.0%	—	—	—	2.0%
深圳市国科知识产权代理事务所	—	—	78.3%	21.7%	—	—	—	—	—	—
北京市金杜律师事务所	—	—	34.0%	27.7%	2.1%	10.6%	—	14.9%	2.1%	8.5%
北京市隆安（深圳）律师事务所	—	—	16.2%	64.9%	—	—	—	—	18.9%	—
广东卓建律师事务所	41.7%	—	11.1%	—	22.2%	—	—	19.4%	—	5.6%
广东前海律师事务所	—	6.1%	15.2%	18.2%	9.1%	9.1%	42.4%	—	—	—
广东圣方律师事务所	3.0%	—	93.9%	—	3.0%	—	—	—	—	—
广东普罗米修律师事务所	61.3%	—	6.5%	—	9.7%	22.6%	—	—	—	—
广东良马律师事务所	58.6%	6.9%	3.4%	6.9%	10.3%	10.3%	—	—	—	3.4%

4.1.7.2　广东省专利民事诉讼案件被告/被上诉人代理机构分析

从广东省新一代信息技术产业专利民事诉讼案件被告/被上诉人的主要代理机构来看，北京市金杜律师事务所代理的案件数量排名第一位，为 43 件；排名第二位的为北京市隆安（深圳）律师事务所，代理的案件数量为 30 件；广东君龙律师事务所排名第三位，代理的案件数量为 26 件（见图 4-1-17）。

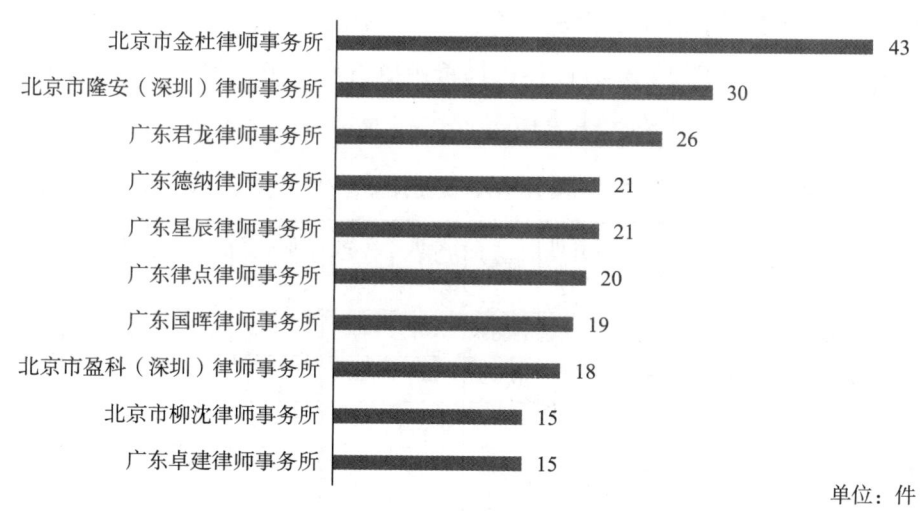

图 4-1-17　广东省新一代信息技术产业专利民事诉讼案件被告/被上诉人 TOP 10 代理机构情况

从广东省新一代信息技术产业专利民事诉讼案件被告/被上诉人的主要代理机构专利类型来看，代理的案件数量排名第一位的北京市金杜律师事务所的 48 件案件涉及发明专利 23 件，实用新型专利 20 件；排名第二位的北京市隆安（深圳）律师事务所代理的 30 件案件中涉及发明专利 8 件、实用新型专利 20 件、外观设计专利 2 件；排名第三位的广东君龙律师事务所代理的 26 件案件涉及发明专利 16 件、实用新型专利 2 件，外观设计专利 8 件（见图 4-1-18）。

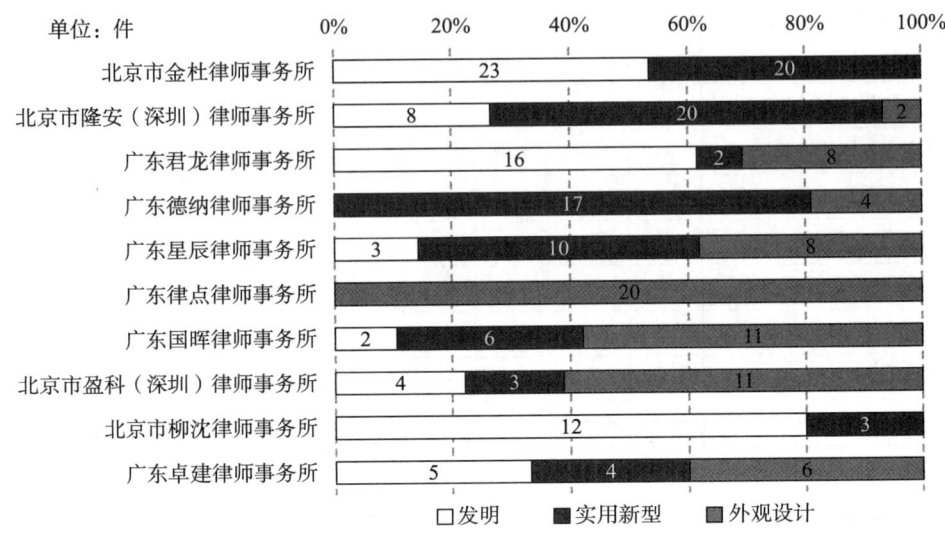

图 4-1-18 广东省新一代信息技术产业专利民事诉讼案件被告/被上诉人 TOP 10 代理机构专利类型

从广东省新一代信息技术产业专利民事诉讼案件被告/被上诉人的主要代理机构技术领域来看，排名第一位的北京市金杜律师事务所代理案件技术领域比较分散，占比最多的为通信领域，为 32.6%，其次是电源领域，为 27.9%；排名第二位的北京市隆安（深圳）律师事务所电源领域占比最多，为 63.3%，其次为通信领域，为 26.7%；排名第三位的广东君龙律师事务所计算机设备领域占比最多，为 50.0%，其次是耳机扬声器领域，为 42.3%（见表 4-1-5）。

表 4-1-5 广东省新一代信息技术产业专利民事诉讼案件被告/被上诉人 TOP 10 代理机构技术领域

被告/被上诉人代理机构	电源	计算机设备	通信	耳机扬声器	车载设备	智能设备及系统	电子电路	语音视频图像技术	检测控制装置	其他
北京市金杜律师事务所	27.9%	9.3%	32.6%	—	—	2.3%	4.7%	9.3%	11.6%	2.3%
北京市隆安（深圳）律师事务所	63.3%	—	26.7%	—	—	—	—	—	3.3%	6.7%
广东君龙律师事务所	—	50.0%	—	42.3%	—	3.8%	—	—	—	3.8%
广东德纳律师事务所	9.5%	—	—	76.2%	—	—	4.8%	—	—	9.5%
广东星辰律师事务所	—	52.4%	4.8%	—	—	28.6%	4.8%	—	—	9.5%
广东律点律师事务所	—	—	—	5.0%	95.0%	—	—	—	—	—
广东国晖律师事务所	26.3%	42.1%	5.3%	5.3%	—	—	—	10.5%	—	10.5%
北京市盈科（深圳）律师事务所	44.4%	—	27.8%	11.1%	5.6%	—	—	—	—	11.1%

续表

被告/被上诉人代理机构	电源	计算机设备	通信	耳机扬声器	车载设备	智能设备及系统	电子电路	语音视频图像技术	检测控制装置	其他
北京市柳沈律师事务所	—	—	80.0%	—	—	—	—	13.3%	6.7%	—
广东卓建律师事务所	—	46.7%	6.7%	6.7%	—	—	—	20.0%	—	20.0%

4.2 生物产业

4.2.1 广东省专利民事诉讼案件情况分析

截至2021年12月，广东省生物产业专利民事诉讼案件466件（涉及专利共计126件，占整个生物产业无效专利总量的16.9%），如图4-2-1所示。

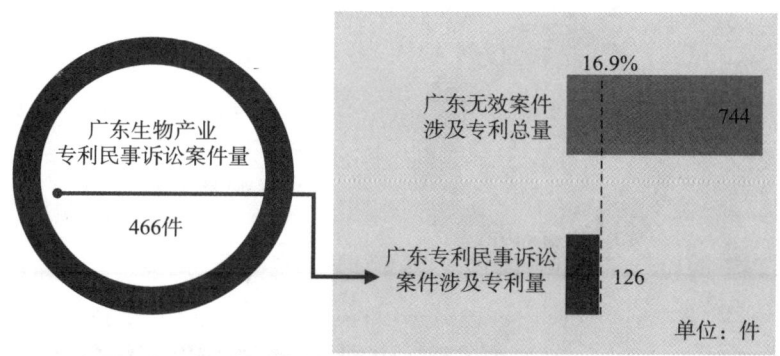

图4-2-1 广东省生物产业专利民事诉讼案件总体情况

从广东省生物产业专利民事诉讼案件数量变化趋势来看，案件数量呈波动态势，整体来看早期案件数量较少，近几年案件数量维持较高值，2018年结案量达到129件。增长率方面，近几年来2016年最为突出，达到282.4%（见图4-2-2）。

从广东省生物产业专利民事诉讼案件专利类型构成来看，涉及实用新型专利案件数量最多，有318件，占比为68.2%；涉及外观设计专利案件数量排名第二位，有82件，占比为17.6%；涉及发明专利案件数量最少，为66件，占比为14.2%（见图4-2-3）。

从原告/上诉人来看，来自广东省的原告/上诉人涉及实用新型专利案件数量占比高，为70.5%；从被告/被诉人来看，来自广东省的被告/被诉人也是涉及实用新型专利案件数量占比高，为67.7%。

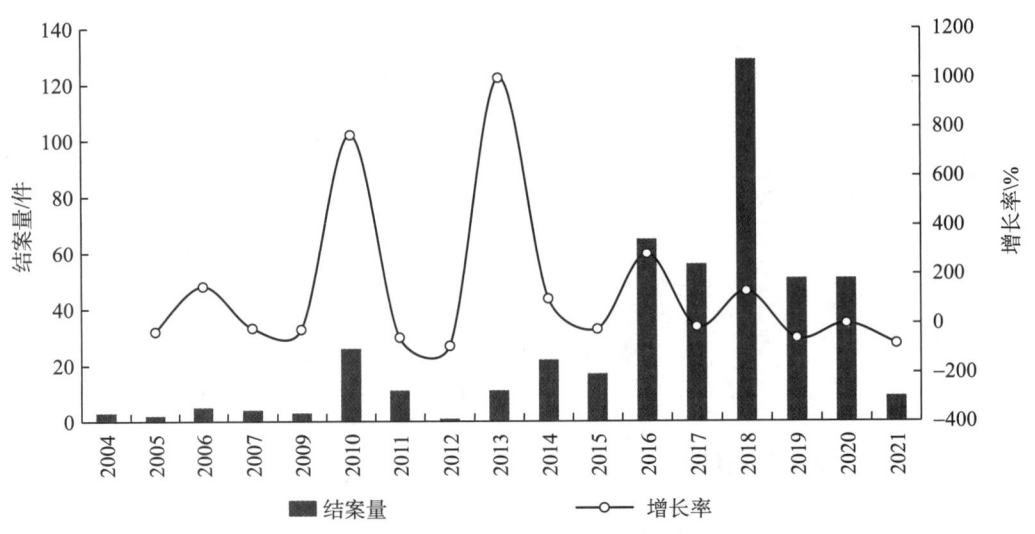

图 4-2-2　广东省生物产业专利民事诉讼案件数量变化趋势

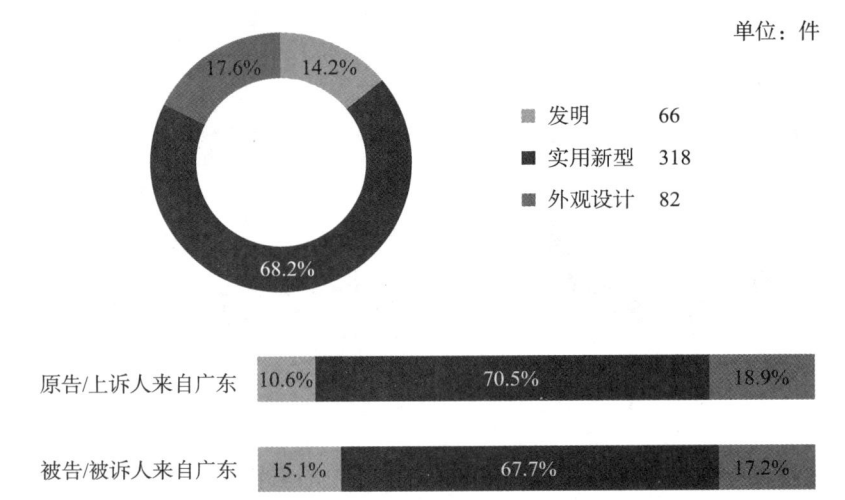

图 4-2-3　广东省生物产业专利民事诉讼案件专利类型构成

从广东省生物产业专利民事诉讼案件专利类型结案量变化趋势来看，数量方面，涉及发明专利无效的民事诉讼结案数量早期少，近年来缓慢增长；涉及实用新型专利无效的民事诉讼结案数量整体呈波动上升态势，2018 年结案量达到峰值，为 98 件；涉及外观设计专利的民事诉讼结案量早期少，近年来增长相对较快，2017 年结案量达到峰值，为 28 件。占比方面，近年来涉及实用新型无效专利的民事诉讼案件数量占比优势较为明显，2021 年占比达到 88.9%（见图 4-2-4）。

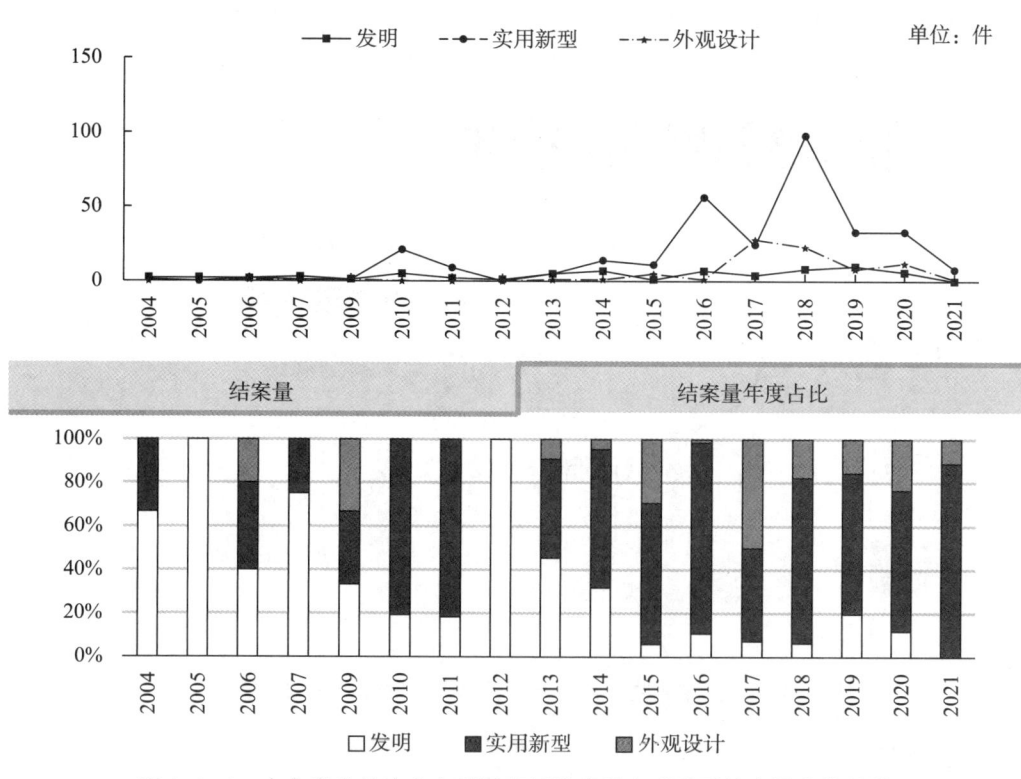

图 4-2-4　广东省生物产业专利民事诉讼案件专利类型结案量变化趋势

4.2.2　广东省专利民事诉讼案件审理程序分析

从广东省生物产业专利民事诉讼案件审理程序来看，初审程序案件数量最多，为323件，占总案件数量的69.3%；终审程序案件数量为130件，占总案件数量的27.9%；再审程序案件数量仅为13件，占总案件数量的2.8%（见图4-2-5）。

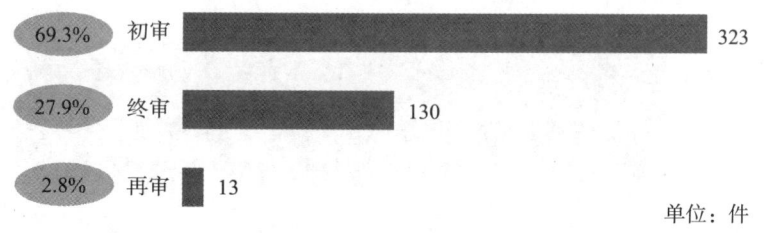

图 4-2-5　广东省生物产业专利民事诉讼案件审理程序

4.2.3　广东省专利民事诉讼案件审理法院所属地分析

从广东省生物产业专利民事诉讼案件审理法院所属地来看，广东本省案件数量最多，为323件，其中，广东省深圳市中级人民法院120件，广州知识产权法院83件，广东省高级人民法院 80 件；北京案件数量排在第二位，为 57 件，其中，最高人民法院 27 件，北京知识产权法院 14 件，北京市高级人民法院 10 件（见图 4-2-6）。

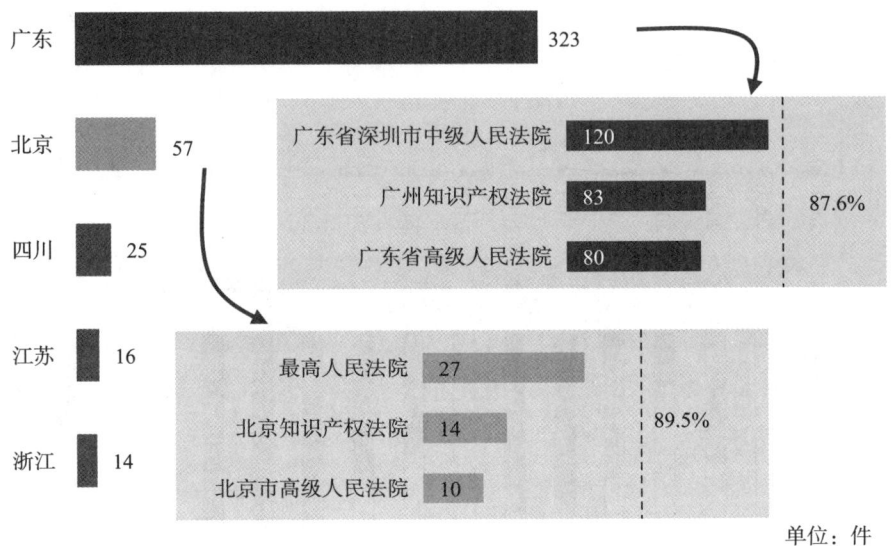

图 4-2-6 广东省生物产业专利民事诉讼案件审理法院所属地

4.2.4 广东省专利民事诉讼案件当事人分析

4.2.4.1 广东省专利民事诉讼案件原告/上诉人分析

从广东省生物产业专利民事诉讼案件原告/上诉人的类型来看，原告/上诉人为企业的涉及案件数量最多，为 197 件，其次是个人，案件数量为 188 件，即广东省生物产业专利民事诉讼案件的原告以企业和个人为主（见图 4-2-7）。

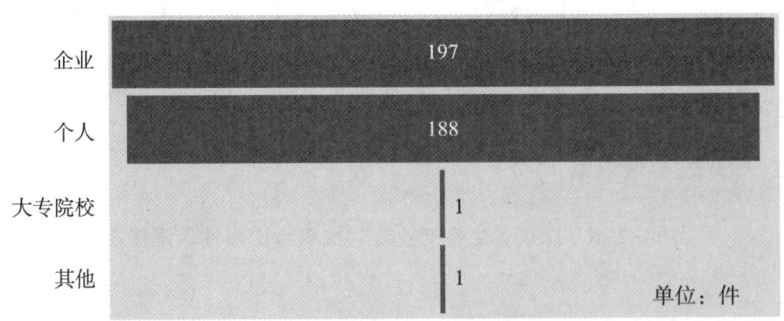

图 4-2-7 广东省生物产业专利民事诉讼案件原告/上诉人类型

从广东省生物产业专利民事诉讼案件原告/上诉人的结案数量来看,案件数量排名第一位的为个人申请人王明海,案件数量为 92 件,涉及的被告/被上诉人数量达到 122 个,案件涉及的主要被告/被上诉人有杭州阿里巴巴广告有限公司(16 件)、浙江淘宝网络有限公司(10 件)、北京京东叁佰陆拾度电子商务有限公司(7 件);案件数量排名第二位的为李伟敏,案件数量为 37 件,案件涉及的主要被告/被上诉人有济南国大商贸有限公司(3 件)、北京京东叁佰陆拾度电子商务有限公司(2 件),相对较为分散;案件数量并列排名第二位的还有深圳前海艾艾贴生物科技有限公司,案件数量为 37 件,案件涉及的主要被告/被上诉人有郑州立金商贸有限公司(3 件)、深圳市晶鑫茂业有限公司(2 件)、深圳市葵鸿星电子有限公司(2 件),相对较为分散(见表 4-2-1)。

表 4-2-1 广东省生物产业专利民事诉讼案件主要原告/上诉人(TOP 10)

原告/上诉人	结案量/件	地市	被告或被上诉人数量/个	主要被告或被上诉人	结案量/件
王明海	92	清远	122	杭州阿里巴巴广告有限公司	16
				浙江淘宝网络有限公司	10
				北京京东叁佰陆拾度电子商务有限公司	7
李伟敏	37	佛山	40	济南国大商贸有限公司	3
				北京京东叁佰陆拾度电子商务有限公司	2
深圳前海艾艾贴生物科技有限公司	37	深圳	32	郑州立金商贸有限公司	3
				深圳市晶鑫茂业有限公司	2
				深圳市葵鸿星电子有限公司	2
蔡建平	28	广州	20	卢建军	2
				曹鹏飞	2
				李静	2
深圳攀高医疗电子有限公司	22	深圳	28	杭州阿里巴巴广告有限公司	8
				深圳弗犹彻电子有限公司	8
				北京京东叁佰陆拾度电子商务有限公司	7
深圳迈瑞生物医疗电子股份有限公司	11	深圳	9	深圳市理邦精密仪器股份有限公司	3
				深圳华声医疗技术股份有限公司	2
陈顺兴	8	广州	11	广州壹颜科技有限公司	4
				广州九美电子科技有限公司	2
				深圳伊颜美业贸易有限公司	2
深圳市英沃特技术开发有限公司	7	深圳	7	苏州市相城区望亭镇锋棱五金厂	5
				苏州市相城区棱峰医疗用品有限公司	5

续表

原告/上诉人	结案量/件	地市	被告或被上诉人数量/个	主要被告或被上诉人	结案量/件
深圳市洋沃电子有限公司	5	深圳	4	杭州由莱科技有限公司	5
				深圳由莱智能电子有限公司	5
				义乌洋沃电子商务有限公司	3
东莞麦可龙医疗科技有限公司	4	东莞	2	深圳市宝安区松岗人民医院	2
				重庆金山科技（集团）有限公司	2

4.2.4.2 广东省专利民事诉讼案件被告/被上诉人分析

从广东省生物产业专利民事诉讼案件被告/被上诉人的类型来看，被告/被上诉人为企业的涉及案件数量最多，为232件。个人第二，为130件（见图4-2-8）。

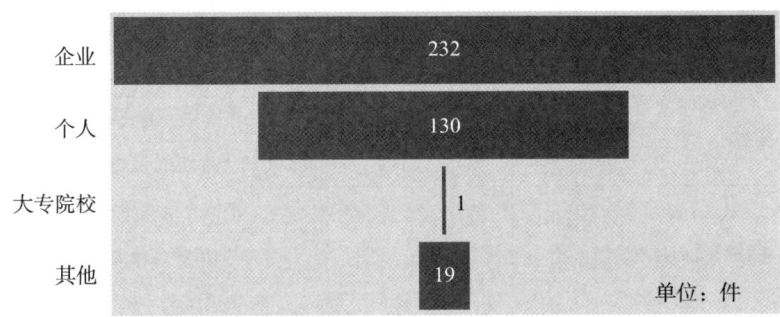

图4-2-8 广东省生物产业专利民事诉讼案件被告/被上诉人类型

从广东省生物产业专利民事诉讼案件被告/被上诉人的结案数量来看，案件数量排名第一的为李伟敏，案件数量为17件，案件涉及的主要原告/上诉人有成都乐伟医疗器械有限公司、西安互邦医疗器械保健品有限公司、青羊区英达医疗器械经营部等，均为1件，较为分散。案件数量排名第二的为王明海，案件数量为29件，案件涉及的主要原告/上诉人有上海骞氏生物科技有限公司、广州利荣生物科技有限公司、南阳市水木荣春生物技术有限公司等，均为1件，较为分散。值得注意的是，排名第四的深圳弗犹彻电子有限公司，案件数量为8件，但是案件涉及的主要被告/被上诉人均为深圳市攀高电子有限公司。此外，排名第六的深圳由莱智能电子有限公司，案件数量为5件，案件涉及被告/被上诉人均为深圳市洋沃电子有限公司；广州壹颜科技有限公司，案件数量为4件，案件涉及被告/被上诉人均为陈顺兴；广州迪澳生物科技有限公司，案件数量为4件，案件涉及被告/被上诉人均为荣研化学株式会社；深圳市理邦精密仪器股份有限公司，案件数量为3件，案件涉及被告/被上诉人均为深圳迈瑞生物医疗电子股份有限公司（见表4-2-2）。

表 4-2-2 广东省生物产业专利民事诉讼案件主要被告/被上诉人（TOP 10）

被告/被上诉人	结案量/件	地市	原告或上诉人数量/个	主要原告或上诉人	结案量/件
李伟敏	17	佛山	17	成都乐伟医疗器械有限公司	1
				西安互邦医疗器械保健品有限公司	1
				青羊区英达医疗器材经营部	1
王明海	12	清远	15	上海骞氏生物科技有限公司	1
				广州利荣生物科技有限公司	1
				南阳市水木荣春生物技术有限公司	1
蔡建平	10	广州	10	卢建军	1
				尹国湘	1
				曹鹏飞	1
深圳弗犹彻电子有限公司	8	深圳	1	深圳市攀高电子有限公司	8
深圳迈瑞生物医疗电子股份有限公司	8	深圳	6	深圳华声医疗技术股份有限公司	2
				深圳市科曼医疗设备有限公司	2
深圳由莱智能电子有限公司	5	深圳	1	深圳市洋沃电子有限公司	5
广州壹颜科技有限公司	4	广州	1	陈顺兴	4
广州迪澳生物科技有限公司	4	广州	1	荣研化学株式会社	4
深圳攀高医疗电子有限公司	4	深圳	5	深圳市奥斯拓科技有限公司	1
				深圳市盛阳康科技有限公司	1
				深圳星通医疗设备科技有限公司	1
深圳市理邦精密仪器股份有限公司	3	深圳	1	深圳迈瑞生物医疗电子股份有限公司	3

4.2.4.3 广东省专利民事诉讼案件当事人地市分布

从广东省生物产业专利民事诉讼案件当事人地市分布来看，原告/上诉人方面，来自深圳涉及的案件数量最多，为 133 件，其次是清远，案件数量为 92 件。被告/被上诉人方面，也是在深圳涉及的案件数量最多，为 140 件，其次是广州，案件数量为 114 件（见图 4-2-9）。

4.2.4.4 广东省专利民事诉讼案件当事人区域关系

从广东省生物产业专利民事诉讼案件区域关系图来看，原告/上诉人与被告/被上诉人均来自广东省的涉及案件数量最多，为 252 件，原告/上诉人来自广东与被告/被上诉人来自其他省市涉及案件数量为 215 件，原告/上诉人来自广东与被告/被上诉人来自国外涉及案件数量仅 1 件。原告/上诉人来自其他省市与被告/被上诉人来自广东涉及案件数量为 70 件，原告/上诉人来自国外与被告/被上诉人来自广东涉及案件数量为 10 件（见图 4-2-10）。

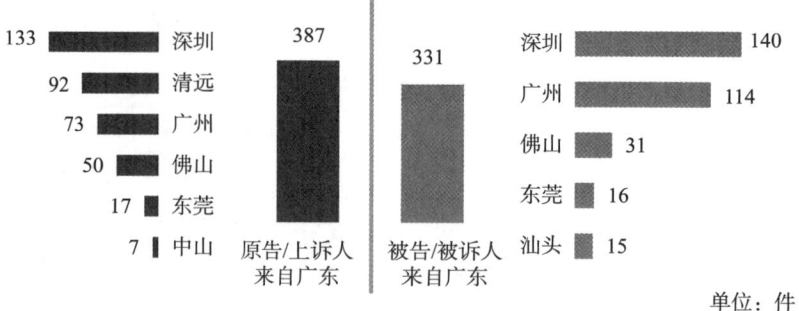

图 4-2-9 广东省生物产业专利民事诉讼案件当事人地市分布

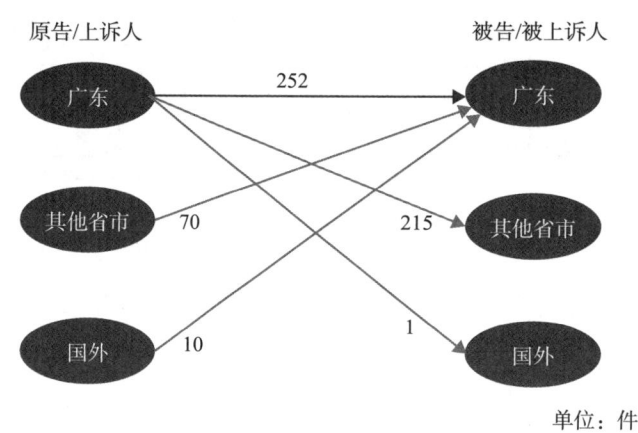

图 4-2-10 广东省生物产业专利民事诉讼案件区域关系图

4.2.5 广东省专利民事诉讼案件诉讼次数分析

从原告/上诉人来自广东省的生物产业专利民事诉讼案件诉讼次数❶总体来看，1次的案件涉及的专利数量最多，有56件，占比为55.4%；从专利类型来看，无论是实用新型专利、外观设计专利，提起1次诉讼涉及的专利占比最高，其中外观设计专利提起1次诉讼涉及的专利占比达到66.7%；发明专利提起1次诉讼和2次诉讼的占比一样，均为40.0%。整体来看，提起专利民事诉讼次数的数量越多，涉及的专利数量越少，提起专利民事诉讼次数最多为102次，涉及专利数量1件（见图4-2-11）。

从横向比较来看，实用新型专利相关专利民事诉讼涉及的专利占比高于外观设计专利、发明专利。

---

❶ 本节需要说明的是，"诉讼次数"为各级法院针对专利侵权诉讼案件或专利无效行政诉讼案件作出的判决或裁定的次数。

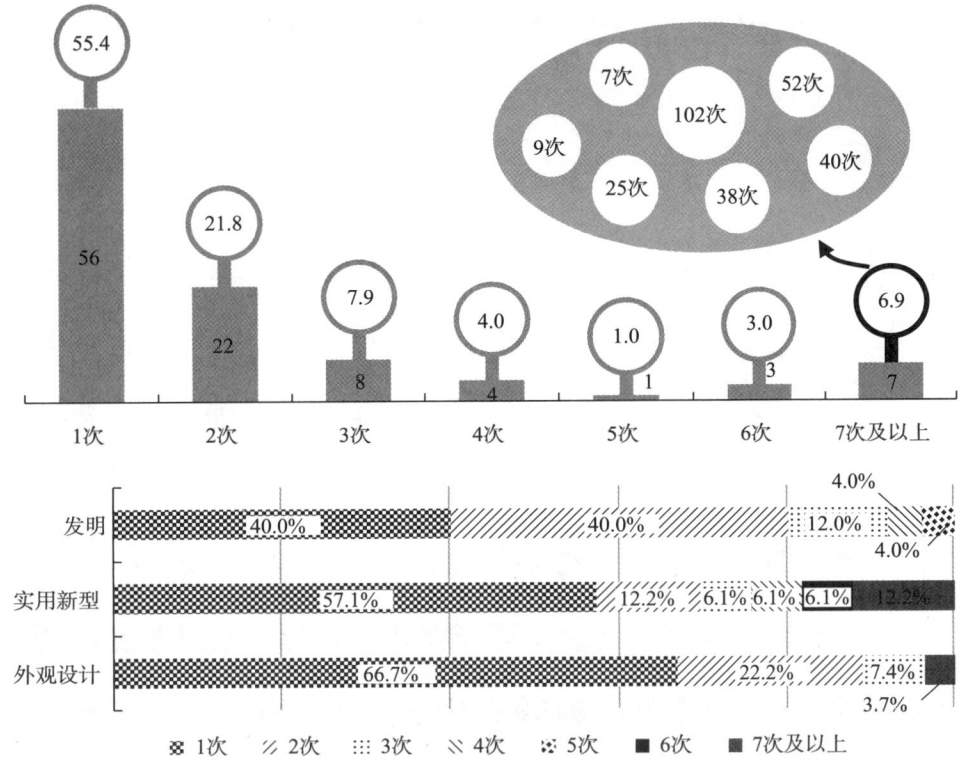

图 4-2-11　广东省生物产业专利民事诉讼案件诉讼次数分布（原告/上诉人）

从被告/被上诉人来自广东省的生物产业专利民事诉讼案件诉讼次数总体来看，提起 1 次诉讼的涉及的专利数量最多，为 57 件，占比为 55.3%；从类型来看，无论是发明专利、实用新型专利，还是外观设计专利，1 次民事诉讼涉及的专利数量占比最高，其中实用新型专利涉及 1 次民事诉讼的专利占比达到 58.3%。整体来看，民事诉讼次数的数量越多，涉及的专利数量越少，专利民事诉讼次数最多为 102 次，涉及专利数量为 1 件（见图 4-2-12）。

从横向比较来看，实用新型专利民事诉讼的涉及专利占比高于外观设计专利、发明专利。

无论是原告/上诉人还是被告/被上诉人，提出民事诉讼次数最多的专利是王明海拥有的实用新型专利"艾灸底座结构及艾灸装置"（CN201420492182.4），提起 5 次专利民事诉讼，其中审理程序为终审 12 次，再审 2 次，初审 88 次，具体如表 4-2-3 所示。涉案专利 CN201420492182.4 被请求宣告无效 4 次，最近 1 次的无效决定结论为全部无效。

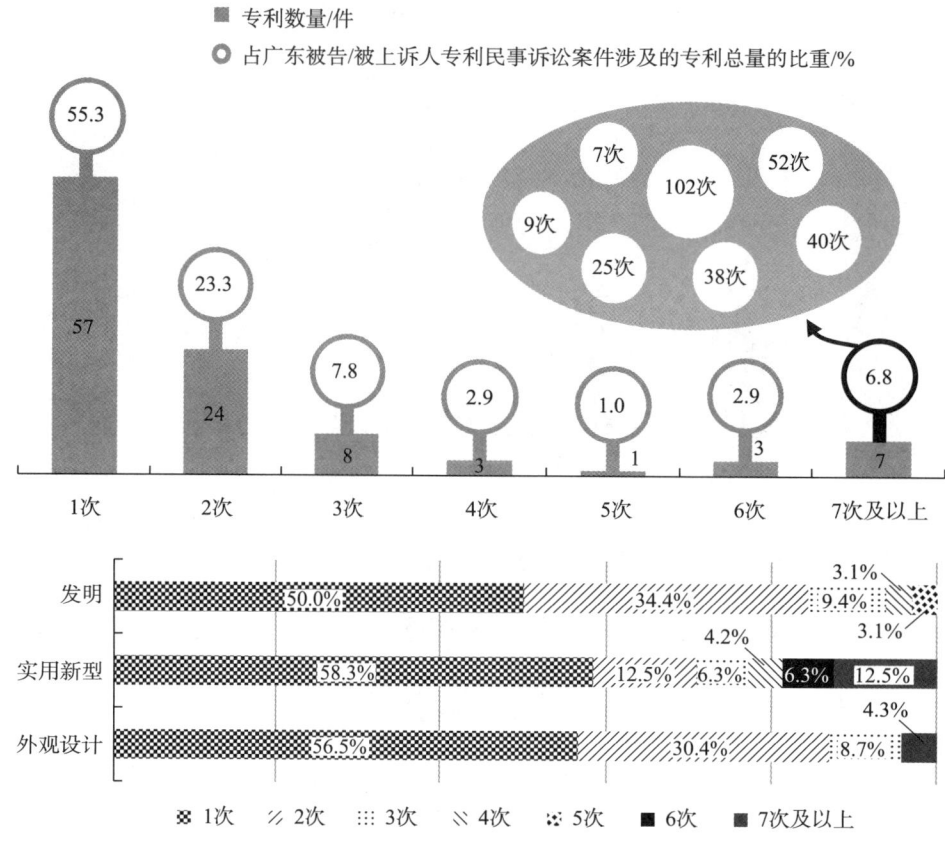

图 4-2-12 广东省生物产业专利民事诉讼案件诉讼次数分布（被告/被上诉人）

表 4-2-3 广东省生物产业专利民事诉讼案件诉讼次数多代表专利相关信息

案号	法院名称	审理程序	原告/上诉人	被告/被上诉人
（2019）京民终 81 号	北京市高级人民法院	终审	王明海	嵊州市起帆服饰有限公司；浙江古宁堂保健用品有限公司；南阳市御尚艾艾草制品有限公司；孙先晓；北京京东叁佰陆拾度电子商务有限公司
（2019）京民终 36 号	北京市高级人民法院	终审	青岛劲腾电子商务有限责任公司	王明海
（2018）粤民终 1456 号	广东省高级人民法院	终审	广州佰丽生物科技有限公司	广东巨爱巨美生物科技集团有限公司
（2017）粤民终 2949 号	广东省高级人民法院	终审	南阳市艾之岛生物制品科技有限责任公司	王明海

续表

案号	法院名称	审理程序	原告/上诉人	被告/上诉人
（2017）粤民终 2947 号	广东省高级人民法院	终审	湖北省蕲春县蕲牌养生艾制品有限公司；湖北鼎艾科技有限公司	王明海
（2017）粤民终 2946 号	广东省高级人民法院	终审	广州她蜜生物科技有限公司；广州暨南生物医药研究开发基地有限公司	王明海
（2018）粤民终 2133 号	广东省高级人民法院	终审	广州市邦善医疗器械有限公司	王明海
（2018）粤民终 2131 号	广东省高级人民法院	终审	广州喜妆生物科技有限公司	王明海
（2018）粤民终 2576 号	广东省高级人民法院	终审	广州利荣生物科技有限公司	王明海
（2019）豫民终 326 号	河南省高级人民法院	终审	南阳玖灸久艾业有限公司	王明海
（2019）豫民终 74 号	河南省高级人民法院	终审	南阳颐元艾草制品有限公司	王明海
（2019）豫民终 551 号	河南省高级人民法院	终审	南阳艾嘉源艾草科技有限公司	王明海
（2019）沪民申 280 号	上海市高级人民法院	再审	上海骞氏生物科技有限公司；南阳市艾济堂生物有限公司	王明海
（2019）浙 01 民再 59 号	浙江省杭州市中级人民法院	再审	南阳市水木荣春生物技术有限公司	王明海
（2018）粤 03 民初 2835 号	广东省深圳市中级人民法院	初审	王明海	艾中堂（深圳）生物科技有限公司；杭州阿里巴巴广告有限公司
（2017）粤 03 民初 681 号	广东省深圳市中级人民法院	初审	王明海	福安市康禾电子有限公司
（2017）粤 03 民初 680 号	广东省深圳市中级人民法院	初审	王明海	衡水燊亿科技有限公司

续表

案号	法院名称	审理程序	原告/上诉人	被告/上诉人
（2016）粤 03 民初 1416 号	广东省深圳市中级人民法院	初审	王明海	湖北蕲春艾之宝制品有限公司
（2018）粤 03 民初 1618 号	广东省深圳市中级人民法院	初审	王明海	麦德信生物科技（深圳）有限公司；杭州阿里巴巴广告有限公司
（2016）粤 03 民初 1298-1 号	广东省深圳市中级人民法院	初审	王明海	南阳仙草药业有限公司
（2018）粤 03 民初 3628 号	广东省深圳市中级人民法院	初审	王明海	秦亚朋；浙江淘宝网络有限公司
（2018）粤 03 民初 1624 号	广东省深圳市中级人民法院	初审	王明海	深圳艾魅科技有限公司；北京京东世纪贸易有限公司
（2018）粤 03 民初 1747 号	广东省深圳市中级人民法院	初审	王明海	深圳市嫚筱生物科技有限公司；杭州阿里巴巴广告有限公司
（2017）粤 03 民初 2047 号	广东省深圳市中级人民法院	初审	王明海	深圳市百姓大药房连锁有限公司；深圳市时珍艾相缘健康管理有限公司；裴治国
（2018）粤 03 民初 3630 号	广东省深圳市中级人民法院	初审	王明海	深圳市宝安区福永锐达美容仪器用品厂；杭州阿里巴巴广告有限公司
（2018）粤 03 民初 1745 号	广东省深圳市中级人民法院	初审	王明海	深圳市宝安区西乡茶来茶去贸易商行
（2018）粤 03 民初 2834 号	广东省深圳市中级人民法院	初审	王明海	深圳市宝安区新桥左耳右耳贸易商行；杭州阿里巴巴广告有限公司
（2018）粤 03 民初 928 号	广东省深圳市中级人民法院	初审	王明海	深圳市哈斯福科技有限公司；北京京东世纪贸易有限公司
（2018）粤 03 民初 929 号	广东省深圳市中级人民法院	初审	王明海	深圳市哈斯福科技有限公司；浙江天猫技术有限公司
（2018）粤 03 民初 1449 号	广东省深圳市中级人民法院	初审	王明海	深圳市华森发科技有限公司；浙江天猫技术有限公司
（2018）粤 03 民初 1447 号	广东省深圳市中级人民法院	初审	王明海	深圳市华升利杰贸易有限公司；浙江天猫技术有限公司

续表

案号	法院名称	审理程序	原告/上诉人	被告/上诉人
（2018）粤03民初1746号	广东省深圳市中级人民法院	初审	王明海	深圳市龙岗区艾郎中艾草制品厂；杭州阿里巴巴广告有限公司
（2018）粤03民初1012号	广东省深圳市中级人民法院	初审	王明海	深圳市龙岗区安迪娜美妆护理用品厂；杭州阿里巴巴广告有限公司
（2018）粤03民初1617号	广东省深圳市中级人民法院	初审	王明海	深圳市龙岗区挚卿春化妆品厂；杭州阿里巴巴广告有限公司
（2018）粤03民初1744号	广东省深圳市中级人民法院	初审	王明海	深圳市南山区艾奕阁保健用品商行
（2017）粤03民初2544-1号	广东省深圳市中级人民法院	初审	王明海	深圳市欧芙美科技有限公司；蕲春存济堂艾制品有限公司；深圳市红杉电子商务有限公司
（2018）粤03民初1450号	广东省深圳市中级人民法院	初审	王明海	深圳市伟鸿胜科技有限公司；浙江淘宝网络有限公司
（2017）粤03民初2543号	广东省深圳市中级人民法院	初审	王明海	深圳市益民机电设备有限公司；蕲春艾老头艾制品有限公司；广州星成生物科技有限公司；周如意；浙江天猫网络有限公司
（2018）粤03民初1249号	广东省深圳市中级人民法院	初审	王明海	深圳市元聚电子有限公司；北京京东世纪贸易有限公司
（2018）粤03民初1615号	广东省深圳市中级人民法院	初审	王明海	深圳市跃活科技有限公司；杭州阿里巴巴广告有限公司
（2018）粤03民初3629号	广东省深圳市中级人民法院	初审	王明海	尹建君
（2018）粤03民初1608号	广东省深圳市中级人民法院	初审	王明海	郑州有福电子商务有限公司；李俊飞；深圳有福气科技有限公司

续表

案号	法院名称	审理程序	原告/上诉人	被告/上诉人
（2017）粤 03 民初 2044 号	广东省深圳市中级人民法院	初审	王明海	郑州有福电子商务有限公司；李俊飞；深圳有福气科技有限公司；南阳市天正药业有限公司
（2018）豫 01 民初 1855 号	河南省郑州市中级人民法院	初审	王明海	河南青森药业有限公司
（2018）豫 01 民初 3777 号	河南省郑州市中级人民法院	初审	王明海	南阳艾嘉源艾草科技有限公司
（2018）豫 01 民初 3789 号	河南省郑州市中级人民法院	初审	王明海	南阳艾派艾草制品有限公司
（2018）豫 01 民初 1857 号	河南省郑州市中级人民法院	初审	王明海	南阳颐元艾草制品有限公司
（2018）豫 01 民初 1863 号	河南省郑州市中级人民法院	初审	王明海	菩艾堂（湖北）蕲艾科技有限公司
（2018）豫 01 民初 1864 号	河南省郑州市中级人民法院	初审	王明海	社旗县广发艾业有限公司；陈喜彬；南阳玖灸久艾业有限公司
（2018）豫 01 民初 3775 号	河南省郑州市中级人民法院	初审	王明海	王跃梅
（2017）鄂 01 民初 4415 号	湖北省武汉市中级人民法院	初审	王明海	蕲春李时珍地道中药材有限公司；李时珍蕲艾集团（蕲春）健康产业有限公司
（2017）鄂 01 民初 4413 号	湖北省武汉市中级人民法院	初审	王明海	蕲春天罡御艾制品有限公司；文民
（2017）苏 01 民初 2005 号	江苏省南京市中级人民法院	初审	王明海	江苏康伴医疗器械有限公司；南阳艾康美艾业有限公司；李杨
（2018）浙 01 民初 994 号	浙江省杭州市中级人民法院	初审	王明海	常德市鼎城区三环保健品有限公司
（2017）浙 01 民初 1152 号	浙江省杭州市中级人民法院	初审	王明海	杭州展赫电子商务有限公司；南阳市艾尚艾制品有限公司
（2018）浙 01 民初 961 号	浙江省杭州市中级人民法院	初审	王明海	河南省雨雯商贸有限公司；杭州阿里巴巴广告有限公司

续表

案号	法院名称	审理程序	原告/上诉人	被告/上诉人
（2018）浙01民初964号	浙江省杭州市中级人民法院	初审	王明海	南阳弘圣艾草制品有限公司；杭州阿里巴巴广告有限公司
（2018）浙01民初958号	浙江省杭州市中级人民法院	初审	王明海	南阳市艾美实业有限公司；杭州阿里巴巴广告有限公司
（2017）浙01民初1146号	浙江省杭州市中级人民法院	初审	王明海	南阳市灸天下艾草制品有限公司；高智凤
（2017）浙01民初1145号	浙江省杭州市中级人民法院	初审	王明海	南阳中艾生物科技有限公司；熊培莹
（2018）浙01民初992号	浙江省杭州市中级人民法院	初审	王明海	蕲春县言闻明艾坊有限公司
（2017）京73民初1627号	北京知识产权法院	初审	王明海	河南楚仙实业有限公司；刘永丽；桐柏县淮源镇蕲康艾绒厂；付东亮；北京京东叁佰陆拾度电子商务有限公司
（2017）京73民初1621号	北京知识产权法院	初审	王明海	青岛劲腾电子商务有限责任公司；北京京东叁佰陆拾度电子商务有限公司
（2017）京73民初1620号	北京知识产权法院	初审	王明海	青岛中远博纳商业运营管理有限公司；南阳中艾生物科技有限公司；熊培莹
（2017）京73民初1622号	北京知识产权法院	初审	王明海	嵊州市起帆服饰有限公司；浙江古宁堂保健用品有限公司；南阳市御尚艾艾草制品有限公司；孙先晓；北京京东叁佰陆拾度电子商务有限公司
（2017）京73民初1626号	北京知识产权法院	初审	王明海	泰安市德昂商贸有限公司；董富雨；北京京东叁佰陆拾度电子商务有限公司
（2017）京73民初1624号	北京知识产权法院	初审	王明海	郑州一家人电子商务有限公司；湖北蕲仁堂科技有限公司；北京京东叁佰陆拾度电子商务有限公司

续表

案号	法院名称	审理程序	原告/上诉人	被告/上诉人
（2018）粤73民初1635号	广州知识产权法院	初审	王明海	XX玉；浙江淘宝网络有限公司
（2018）粤73民初1646号	广州知识产权法院	初审	王明海	陈军
（2018）粤73民初2380号	广州知识产权法院	初审	王明海	佛山市南海区桂城昊轩制衣厂；广州市粤成市场经营管理有限公司
（2018）粤73民初1047号	广州知识产权法院	初审	王明海	广州艾芙琳生物科技有限公司；杭州阿里巴巴广告有限公司
（2017）粤73民初2819号	广州知识产权法院	初审	广东巨爱巨美生物科技集团有限公司	广州佰丽生物科技有限公司
（2018）粤73民初1551号	广州知识产权法院	初审	王明海	广州草本堂生物科技有限公司
（2018）粤73民初1048号	广州知识产权法院	初审	王明海	广州黛迪生物科技有限公司；杭州阿里巴巴广告有限公司
（2018）粤73民初1556号	广州知识产权法院	初审	王明海	广州福元生物科技有限公司
（2018）粤73民初1043号	广州知识产权法院	初审	王明海	广州嘉晏信息科技有限公司；杭州阿里巴巴广告有限公司
（2018）粤73民初792号	广州知识产权法院	初审	王明海	广州利荣生物科技有限公司
（2018）粤73民初1548号	广州知识产权法院	初审	王明海	广州隆欣医疗器械有限公司
（2018）粤73民初1051号	广州知识产权法院	初审	王明海	广州诺顿科技发展有限公司
（2018）粤73民初1543号	广州知识产权法院	初审	王明海	广州市白云区三元里川藏源美容用品商行
（2018）粤73民初1049号	广州知识产权法院	初审	王明海	广州市护康医疗器械有限公司
（2018）粤73民初1041号	广州知识产权法院	初审	王明海	广州市疗康医疗器械有限公司

续表

案号	法院名称	审理程序	原告/上诉人	被告/上诉人
（2018）粤73民初2222号	广州知识产权法院	初审	王明海	广州市柔丽化妆品有限公司
（2018）粤73民初2227号	广州知识产权法院	初审	王明海	广州市越秀区晶创美容用品商行
（2018）粤73民初1553号	广州知识产权法院	初审	王明海	广州顺昇昌化妆品有限公司
（2018）粤73民初2224号	广州知识产权法院	初审	王明海	广州穗文贸易有限公司
（2018）粤73民初1545号	广州知识产权法院	初审	王明海	广州巽颜堂生物科技有限公司
（2018）粤73民初1044号	广州知识产权法院	初审	王明海	广州颐养轩化妆品有限公司；杭州阿里巴巴广告有限公司
（2018）粤73民初1565号	广州知识产权法院	初审	王明海	广州益茂堂化妆品有限公司
（2018）粤73民初1549号	广州知识产权法院	初审	王明海	广州中朗医疗器械有限公司
（2018）粤73民初1691号	广州知识产权法院	初审	王明海	韩霞
（2018）粤73民初1637号	广州知识产权法院	初审	王明海	黄国科；浙江淘宝网络有限公司
（2018）粤73民初1633号	广州知识产权法院	初审	王明海	廖楚遂；浙江淘宝网络有限公司
（2018）粤73民初1634号	广州知识产权法院	初审	王明海	廖佳伟；浙江淘宝网络有限公司
（2018）粤73民初1651号	广州知识产权法院	初审	王明海	刘庆如
（2018）粤73民初2230号	广州知识产权法院	初审	王明海	欧平辉；广州市粤成市场经营管理有限公司
（2018）粤73民初1643号	广州知识产权法院	初审	王明海	圣晓艳；浙江淘宝网络有限公司
（2018）粤73民初2231号	广州知识产权法院	初审	王明海	陶瑾；广州市粤成市场经营管理有限公司

续表

案号	法院名称	审理程序	原告/上诉人	被告/上诉人
（2018）粤73民初2603号	广州知识产权法院	初审	王明海	王飞；浙江淘宝网络有限公司
（2018）粤73民初1639号	广州知识产权法院	初审	王明海	巫奕丰；浙江淘宝网络有限公司
（2018）粤73民初1641号	广州知识产权法院	初审	王明海	吴永强
（2018）粤73民初1638号	广州知识产权法院	初审	王明海	庄晓虹；浙江淘宝网络有限公司

4.2.6 广东省专利民事诉讼案件技术领域分析

从广东省生物产业专利民事诉讼案件的技术分布情况来看，生物医药领域涉及的专利民事诉讼案件数量排名第一位，为452件，明显高于其他领域；排名第二位的为生物农业领域，涉及案件数量为8件；生物制造领域排名第三位，涉及案件数量为6件（见图4-2-13）。这与生物医药领域在广东省生物产业中关注度高、产业基础好，专利数量大等密不可分。

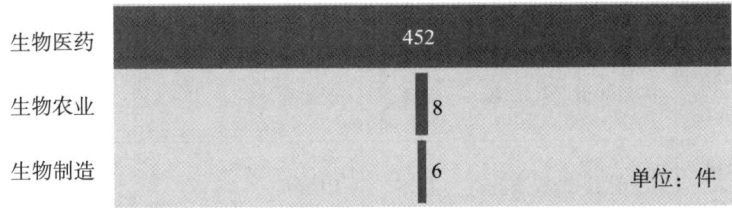

图4-2-13 广东省生物产业专利民事诉讼案件技术布局情况

从广东省生物产业各技术分支专利民事诉讼案件变化趋势来看，生物医药领域早期结案案件数量少。随着生物医药产业化程度的提高，2016年开始专利民事诉讼结案量开始增长，2018年达到峰值，为127件，此后又迅速下降（见图4-2-14）。

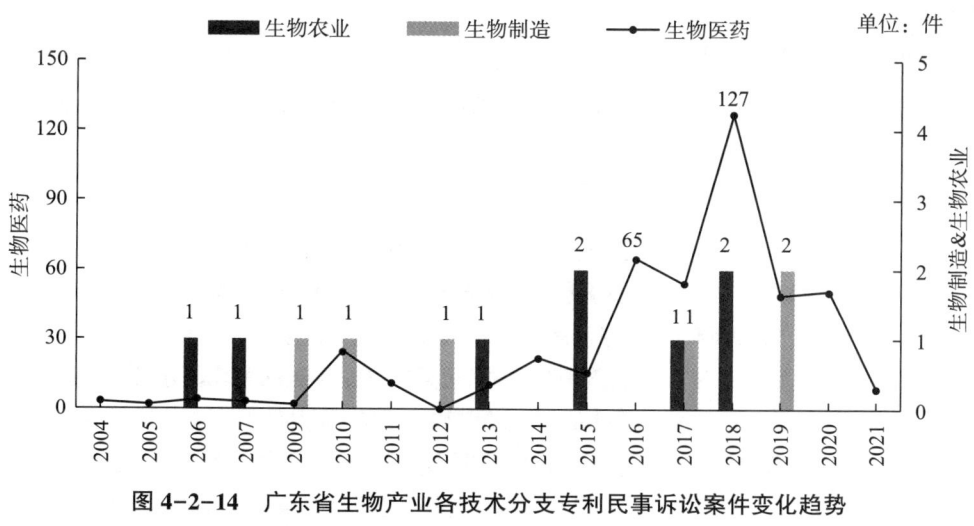

图 4-2-14　广东省生物产业各技术分支专利民事诉讼案件变化趋势

4.2.7　广东省专利民事诉讼案件代理机构分析

4.2.7.1　广东省专利民事诉讼案件原告/上诉人代理机构分析

从广东省生物产业专利民事诉讼案件原告/上诉人的主要代理机构来看,广东楚越律师事务所代理的案件数量排名第一位,为 44 件;排名第二位的为广东广和律师事务所,代理的案件数量为 31 件;广东腾晟律师事务所排名第三位,代理的案件数量为 25 件(见图 4-2-15)。

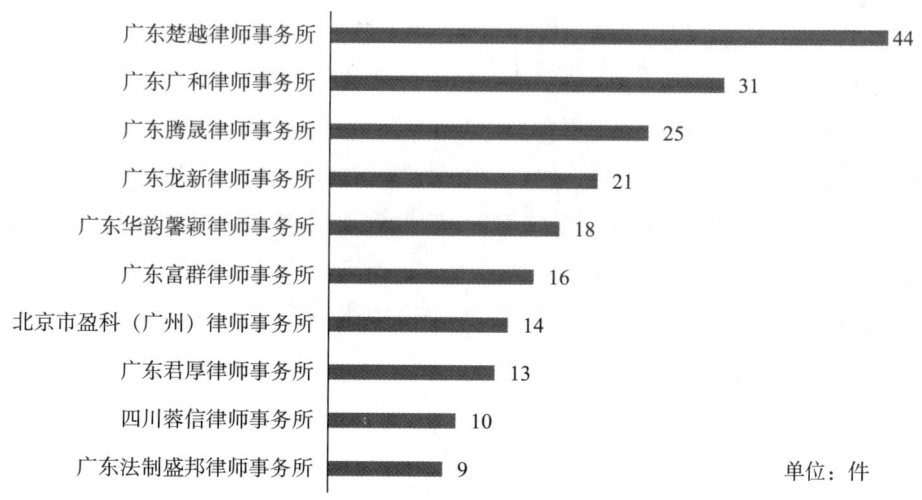

图 4-2-15　广东省生物产业专利民事诉讼案件原告/上诉人 TOP 10 代理机构情况

从广东省生物产业专利民事诉讼案件原告/上诉人的主要代理机构专利类型来看，代理的案件数量排名第一的广东楚越律师事务所的44件案件全部为实用新型专利；排名第二位的广东广和律师事务所的31件案件中涉及实用新型专利30件，外观设计专利1件；排名第三位的广东腾晟律师事务所代理的25件案件全部为外观设计专利（见图4-2-16）。

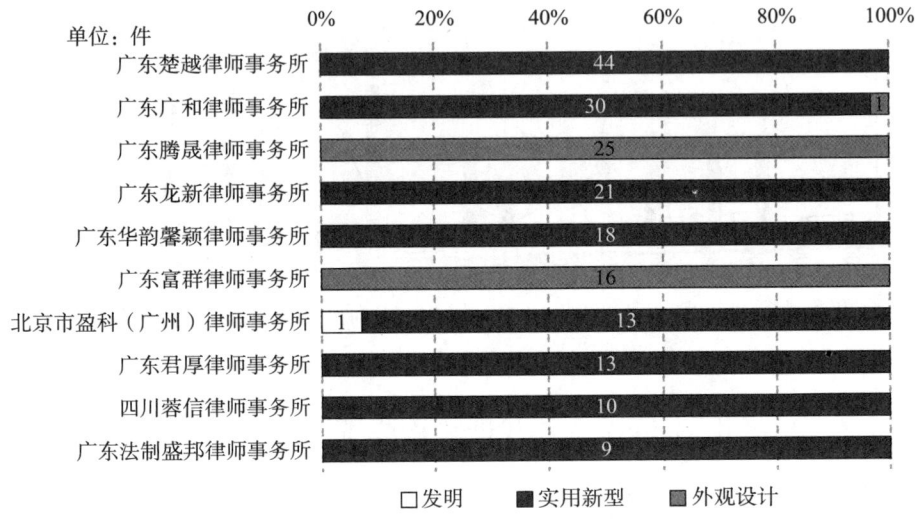

图4-2-16 广东省生物产业专利民事诉讼案件原告/上诉人TOP 10代理机构专利类型

广东省生物产业专利民事诉讼案件原告/上诉人的主要代理机构技术领域均集中在生物医药领域，这与广东省生物产业的专利纠纷主要在生物医药领域有关。

4.2.7.2 广东省专利民事诉讼案件被告/被上诉人代理机构分析

从广东省生物产业专利民事诉讼案件被告/被上诉人的主要代理机构来看，代理案件数量不多，相互之间差别不大。广东宏港律师事务所代理的案件数量最多，为16件；排名并列第二的分别为四川蓉信律师事务所、广东连越律师事务所，代理的案件数量为10件；四川科全律师事务所排名第四，代理的案件数量为9件（见图4-2-17）。

广东省生物产业专利民事诉讼案件被告/被上诉人的主要代理机构专利类型以实用新型专利为主，如图4-2-18所示。

广东省生物产业专利民事诉讼案件被告/被上诉人的主要代理机构技术领域也都集中在生物医药领域。

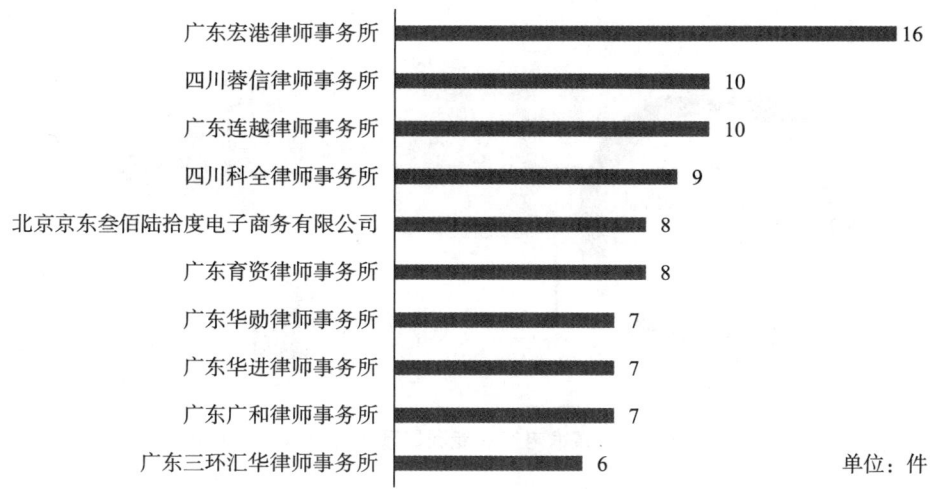

图 4-2-17　广东省生物产业专利民事诉讼案件被告/被上诉人 TOP 10 代理机构情况

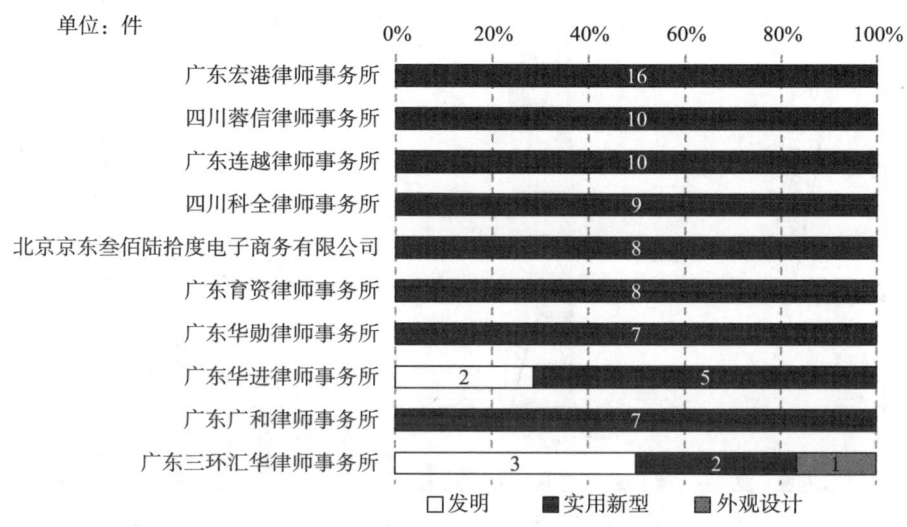

图 4-2-18　广东省生物产业专利民事诉讼案件被告/被上诉人 TOP 10 代理机构专利类型

4.3　家电产业

4.3.1　广东省专利民事诉讼案件情况分析

截至 2021 年 12 月，广东省家电产业专利民事诉讼案件 2690 件（涉及专利共计 636 件，占整个家电产业无效专利总量的 26.1%），如图 4-3-1 所示。

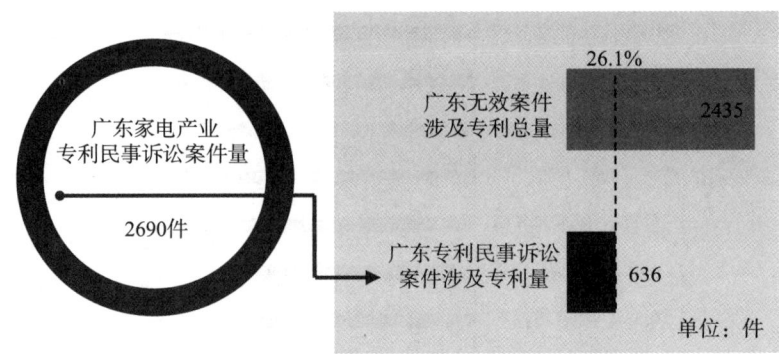

图 4-3-1　广东省家电产业专利民事诉讼案件总体情况

从广东省家电产业专利民事诉讼案件数量变化趋势来看，案件数量呈上升态势，整体来看早期案件数量较少，近几年案件数量逐步增长，2020 年结案量突增到 746 件。增长率方面，近几年 2014 年最为突出，案件增长率达到 115.3%（见图 4-3-2）。

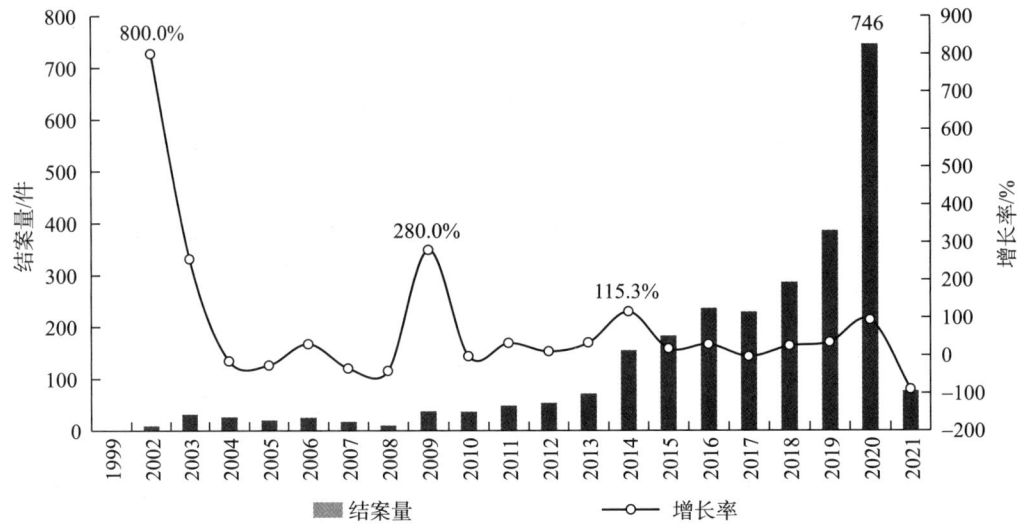

图 4-3-2　广东省家电产业专利民事诉讼案件数量变化趋势

从广东省家电产业专利民事诉讼案件涉及的专利类型构成来看，涉及外观设计专利的民事诉讼案件数量最多，有 1608 件，占比为 59.8%；涉及实用新型专利案件数量位居第二位，有 707 件，占比为 26.3%；涉及发明专利案件数量最少，为 375 件，占比为 13.9%（见图 4-3-3）。

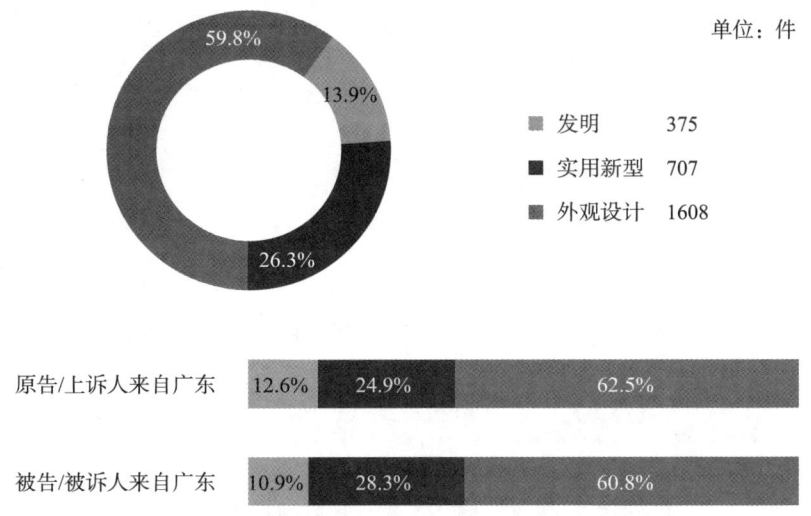

图 4-3-3　广东省家电产业专利民事诉讼案件专利类型构成

从原告/上诉人来看，来自广东省的原告/上诉人涉及外观设计专利案件数量占比高，为 62.5%；从被告/被诉人来看，来自广东省的被告/被诉人也是涉及外观设计专利案件数量占比高，为 60.8%。由此看出，产品的外观设计是家电领域专利纠纷的焦点。

从广东省家电产业专利民事诉讼案件专利类型结案量变化趋势来看，数量方面，涉及发明专利无效的相关的民事诉讼结案数量早期少，近年来缓慢增长，2020 年结案数量达到峰值，为 55 件；涉及实用新型专利无效的民事诉讼结案数量整体呈波动上升态势，2020 年结案量达到峰值，为 102 件；涉及外观设计专利的民事诉讼结案量早期少，近年来呈快速增长态势，2020 年结案量达到峰值，为 570 件。占比方面，近年来涉及外观设计专利的民事诉讼案件数量占比较高，2020 年占比达到 76.4%（见图 4-3-4）。

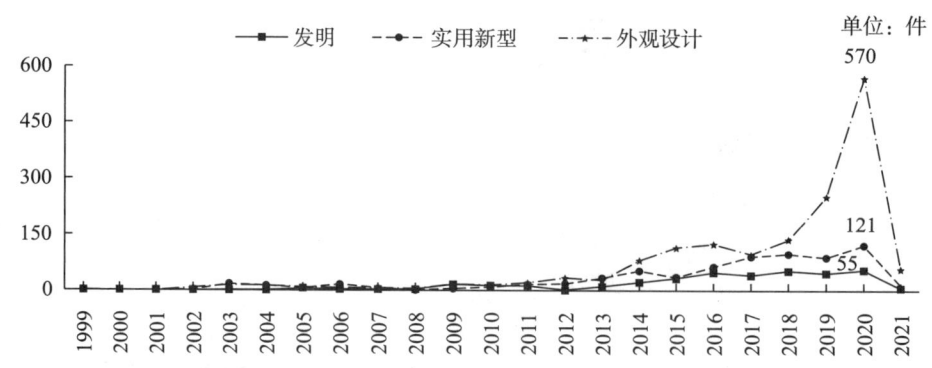

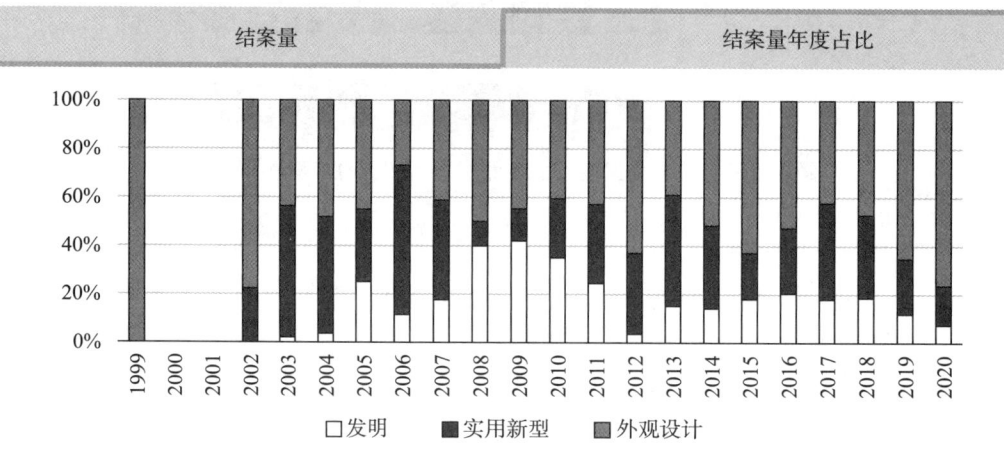

图 4-3-4　广东省家电产业专利民事诉讼案件专利类型结案量变化趋势

4.3.2　广东省专利民事诉讼案件审理程序分析

从广东省家电产业专利民事诉讼案件审理程序来看，初审程序案件数量最多，为 1767 件，占案件总数量的 65.7%；终审程序案件数量为 900 件，占案件总数量的 33.5%；再审程序案件数量仅为 23 件，占案件总数量的 0.9%。可以看出，家电领域经过终审和再审程序结案的案件数量较大（见图 4-3-5）。

图 4-3-5　广东省家电产业专利民事诉讼案件审理程序

4.3.3 广东省专利民事诉讼案件审理法院所属地分析

从广东省家电产业专利民事诉讼案件审理法院所属地来看,在广东省审理的专利民事诉讼的案件数量最多,为2121件,其中,广东省深圳市中级人民法院774件,广东省高级人民法院719件,广州知识产权法院450件;在北京审理的案件数量排在第二位,为208件,其中,最高人民法院98件,北京知识产权法院58件,北京市高级人民法院42件(见图4-3-6)。

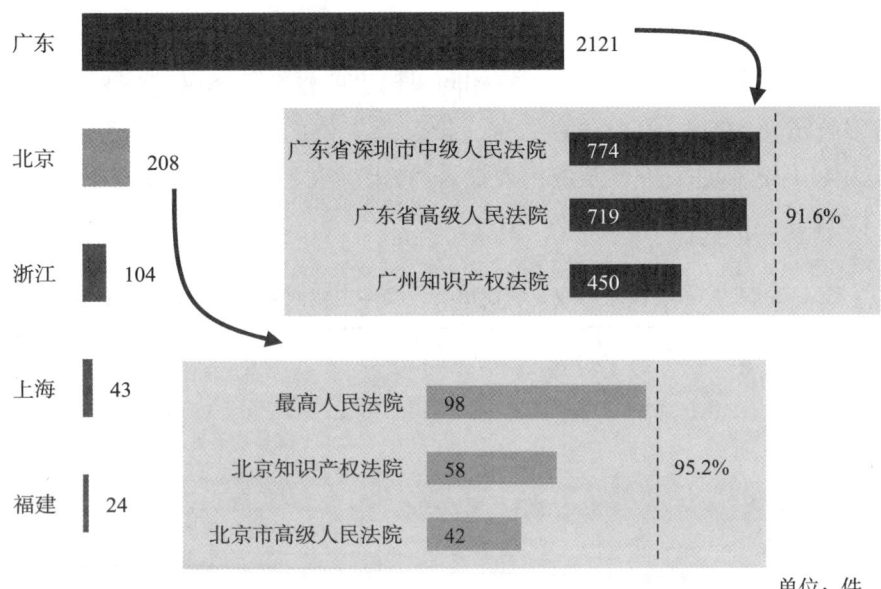

图4-3-6 广东省家电产业专利民事诉讼案件法院所属地

4.3.4 广东省专利民事诉讼案件当事人分析

4.3.4.1 广东省专利民事诉讼案件原告/上诉人分析

从广东省家电产业专利民事诉讼案件原告/上诉人的类型来看,原告/上诉人为企业的涉及案件数量最多,为1785件。个人第二,为507件(见图4-3-7)。

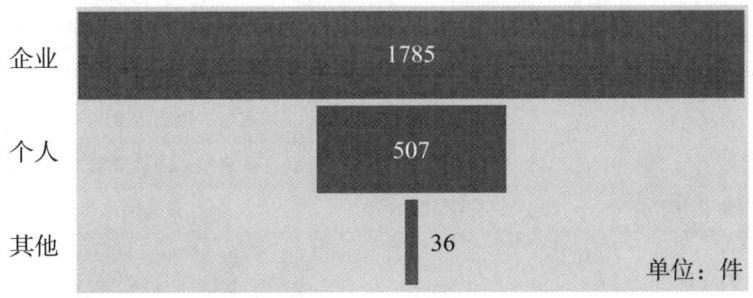

图4-3-7 广东省家电产业专利民事诉讼案件原告/上诉人类型

从广东省家电产业专利民事诉讼案件原告/上诉人的结案数量来看，案件数量排名第一位的为深圳市觅客科技有限公司，案件数量为458件，被告/被上诉人数量达到559个，案件涉及的主要被告/被上诉人有上海寻梦信息技术有限公司（10件）、杭州阿里巴巴广告有限公司（6件）、深圳市龙岗区恒普创电子商行（3件）、飞尔迈环保科技（深圳）有限公司（3件），相对较为分散；案件数量排名第二位的为深圳唐恩科技有限公司，案件数量为89件，案件涉及的主要被告/被上诉人为深圳市优仕达高科技有限公司（4件），其他相对较为分散；案件数量排名第三位的为广州市百懋冷冻餐饮机械设备有限公司，案件数量为67件，案件涉及的主要被告/被上诉人有北京京东叁佰陆拾度电子商务有限公司（5件）、杭州阿里巴巴广告有限公司（4件）、深圳市宝丰达电子有限公司（3件）。值得注意的是，排名第五位的珠海格力电器股份有限公司，案件数量为44件，但是案件涉及的主要被告/被上诉人宁波奥胜贸易有限公司有41件，占比为93.2%，集中度高（见表4-3-1）。

表4-3-1 广东省家电产业专利民事诉讼案件主要原告/上诉人（TOP 10）

原告/上诉人	结案量/件	地市	被告或被上诉人数量/个	主要被告或被上诉人	结案量/件
深圳市觅客科技有限公司	458	深圳	559	上海寻梦信息技术有限公司	10
				杭州阿里巴巴广告有限公司	6
				深圳市龙岗区恒普创电子商行	3
				飞尔迈环保科技（深圳）有限公司	3
深圳唐恩科技有限公司	89	深圳	105	深圳市优仕达高科技有限公司	4
广州市百懋冷冻餐饮机械设备有限公司	67	广州	91	广州尚豪电器有限公司	4
				广州光晖贸易有限公司	3
刘向东	45	深圳	67	北京京东叁佰陆拾度电子商务有限公司	5
				杭州阿里巴巴广告有限公司	4
				深圳市宝丰达电子有限公司	3
珠海格力电器股份有限公司	44	珠海	7	宁波奥胜贸易有限公司	41
				北京京东世纪信息技术有限公司	16
				北京京东叁佰陆拾度电子商务有限公司	5
余金石	35	深圳	53	北京京东叁佰陆拾度电子商务有限公司	2
东莞冠威绿之宝实业有限公司	28	东莞	30	浙江天猫网络有限公司	5

续表

原告/上诉人	结案量/件	地市	被告或被上诉人数量/个	主要被告或被上诉人	结案量/件
中山市纳宝电器科技有限公司	28	中山	38	中山市东凤镇铭发电器厂	5
				佛山市清宇泉贸易有限公司	4
				中茶茗品（北京）科技有限公司	3
				北京左茗右器商贸有限公司	3
中山市琪朗灯饰厂有限公司	22	中山	24	欧普照明电器（中山）有限公司	5
				欧普照明股份有限公司	5
				中山市新创艺灯饰电器五金有限公司	4
中山市荣星电器燃具有限公司	20	中山	38	中山市海多电器有限公司	2
				中山市海欣电器有限公司	2

4.3.4.2 广东省专利民事诉讼案件被告/被上诉人分析

从广东省家电产业专利民事诉讼案件被告/被上诉人的类型来看，被告/被上诉人为企业的涉及案件数量最多，为1746件。个人第二，为607件（见图4-3-8）。

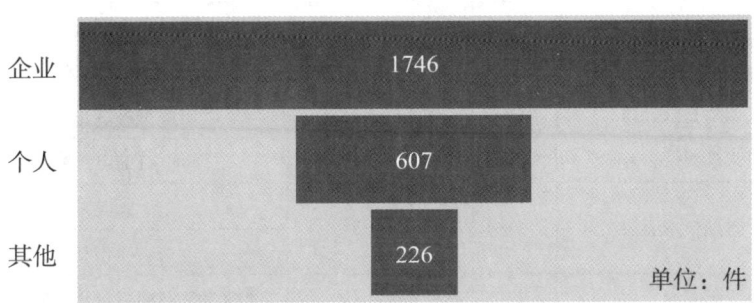

图4-3-8　广东省家电产业专利民事诉讼案件被告/被上诉人类型

从广东省家电产业专利民事诉讼案件被告/被上诉人的结案数量来看，案件数量排名第一位的为中山市纳宝电器科技有限公司，案件数量为25件，案件涉及的主要原告/上诉人有中山市东凤镇铭发电器厂（9件）、中山市信轩堂文化产业投资有限公司（4件）、佛山市清宇泉贸易有限公司（3件）、北京紫艺陶缘商贸有限公司（3件）；案件数量排名并列第一位的还有珠海格力电器股份有限公司，案件数量为25件，案件涉及的主要原告/上诉人有宁波奥克斯空调有限公司（13件）、广东美的制冷设备有限公司（5件），集中度较高；排名第三位的为深圳市觅客科技有限公司，案件数量为21件，案件涉及的原告/上诉人较为分散。值得注意的是，排名并列第五位的广东美的制冷设备有限公司，案件数量为14件，但是案件涉及的主要原告/上诉人宁波奥克斯空调有限公司有13件，占比为92.9%，集中度高（见表4-3-2）。可见，美的与奥克斯之间也有较多的专利诉讼纠纷（见表 4-3-2）。

表 4-3-2　广东省家电产业专利民事诉讼案件主要被告/被上诉人（TOP 10）

被告/被上诉人	结案量/件	地市	原告或上诉人数量/个	主要原告或上诉人	结案量/件
中山市纳宝电器科技有限公司	25	中山	15	中山市东凤镇铭发电器厂	9
				中山市信轩堂文化产业投资有限公司	4
				佛山市清宇泉贸易有限公司	3
				北京紫艺陶缘商贸有限公司	3
珠海格力电器股份有限公司	25	珠海	6	宁波奥克斯空调有限公司	13
				广东美的制冷设备有限公司	5
				深圳市联创科技集团有限公司	3
深圳市觅客科技有限公司	21	深圳	24	东莞市东城金佳阳手机配件加工厂	1
				广飞数码技术（广州）有限公司	1
				昆山美派电子商务有限公司	1
东莞冠威绿之宝实业有限公司	15	东莞	15	永康市卓越塑胶有限公司	2
				温州双卡工艺品有限公司	2
广东美的制冷设备有限公司	14	佛山	2	宁波奥克斯空调有限公司	13
				珠海格力电器股份有限公司	1
广东同方科技园有限公司	14	江门	13	广州市番禺区正其电子厂	2
广州市百懋冷冻餐饮机械设备有限公司	12	广州	17	广州市益锦电器有限公司	2
中山市科顺分析测试技术有限公司	11	中山	9	张海涛	2
				邓柏红	2
刘向东	11	深圳	10	深圳市微创动力科技发展有限公司	2
深圳唐恩科技有限公司	11	深圳	10	深圳市君睿诚电子有限公司	2

4.3.4.3　广东省专利民事诉讼案件当事人地市分布

从广东省家电产业专利民事诉讼案件当事人地市分布来看，原告/上诉人方面，来自深圳市的涉及的案件数量最多，为 1037 件，其次是中山市，案件数量为 487 件；被告/被上诉人方面，同样也是来自深圳市的涉及的案件数量最多，为 995 件，其次是中山市，案件数量为 494 件。可以看出，深圳市和中山市是家电产业竞争激烈的地区，专利纠纷频繁发生（见图 4-3-9）。

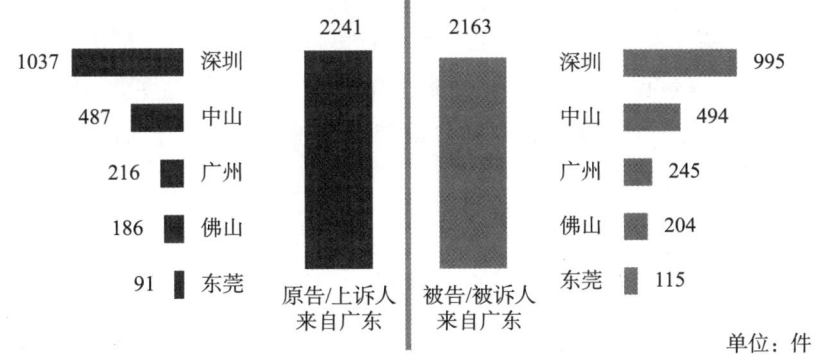

图 4-3-9　广东省家电产业专利民事诉讼案件当事人地市分布

4.3.4.4　广东省专利民事诉讼案件当事人区域关系

从广东省家电产业专利民事诉讼案件区域关系图来看，原告/上诉人与被告/被上诉人均来自广东省的涉及案件数量最多，为 1714 件，原告/上诉人来自广东省与被告/被上诉人来自其他省市的涉及案件数量为 758 件，原告/上诉人来自广东省与被告/被上诉人来自国外的涉及案件数量为 23 件；原告/上诉人来自其他省市与被告/上诉人来自广东省的涉及案件数量为 468 件，原告/上诉人来自国外与被告/上诉人来自广东省的涉及案件数量为 13 件。由此可见，广东省家电领域的专利纠纷以国内竞争为主，同时以广东省内部竞争为主（见图 4-3-10）。

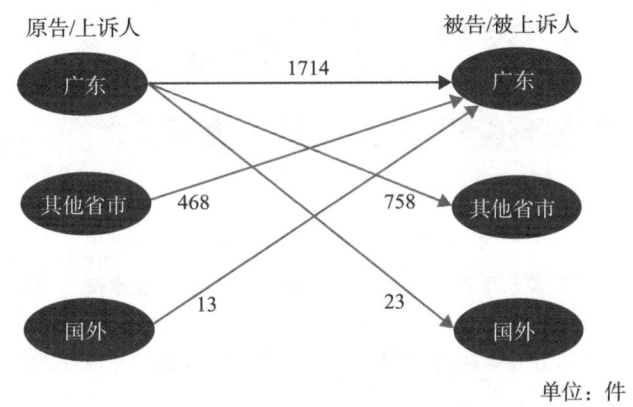

图 4-3-10　广东省家电产业专利民事诉讼案件区域关系图

4.3.5　广东省专利民事诉讼案件诉讼次数分析

从原告/上诉人来自广东省的家电产业专利民事诉讼案件诉讼次数[1]总体来看，提

---

[1] 本节需要说明的是，"诉讼次数"为各级法院针对专利侵权诉讼案件或专利无效行政诉讼案件作出的判决或裁定的次数。

起 1~5 次诉讼的涉及的专利数量最多，为 489 件，占比为 87.2%；从专利类型来看，无论是发明专利、实用新型专利，还是外观设计专利，提起 1~5 次诉讼的案件涉及的专利占比最高，其中提起 1~5 次诉讼涉及外观设计专利占比达到 88.8%；整体来看，提起诉讼次数的数量越多，涉及的专利数量越少，被提起诉讼次数最多为 479 次，涉及专利数量 1 件（见图 4-3-11）。

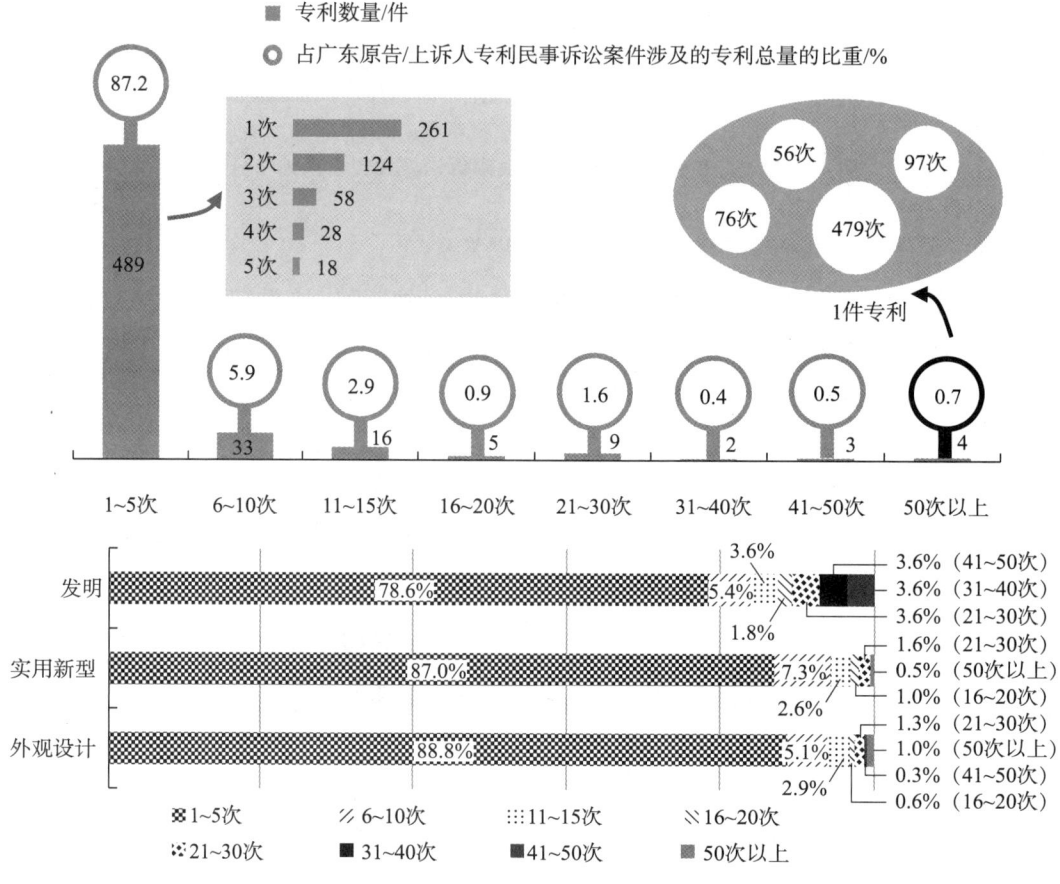

图 4-3-11　广东省家电产业专利民事诉讼案件诉讼次数分布（原告/上诉人）

从横向比较来看，专利民事诉讼案件的涉及外观设计专利数量占比高于实用新型专利、外观设计专利。

从被告/被上诉人来自广东省的家电产业专利民事诉讼案件诉讼次数总体来看，提起 1~5 次诉讼的涉及的专利数量最多，为 494 件，占比为 87.1%；从专利类型来看，无论是发明专利、实用新型专利，还是外观设计专利，提起 1~5 次诉讼的案件涉及专利的占比最高，其中提起 1~5 次诉讼案件中涉及的外观设计专利的占比达到 88.3%；整体来看，提起诉讼次数的数量越多，涉及的专利数量越少，被提起无效次数最多为 479 次，涉及专利数量 1 件（见图 4-3-12）。

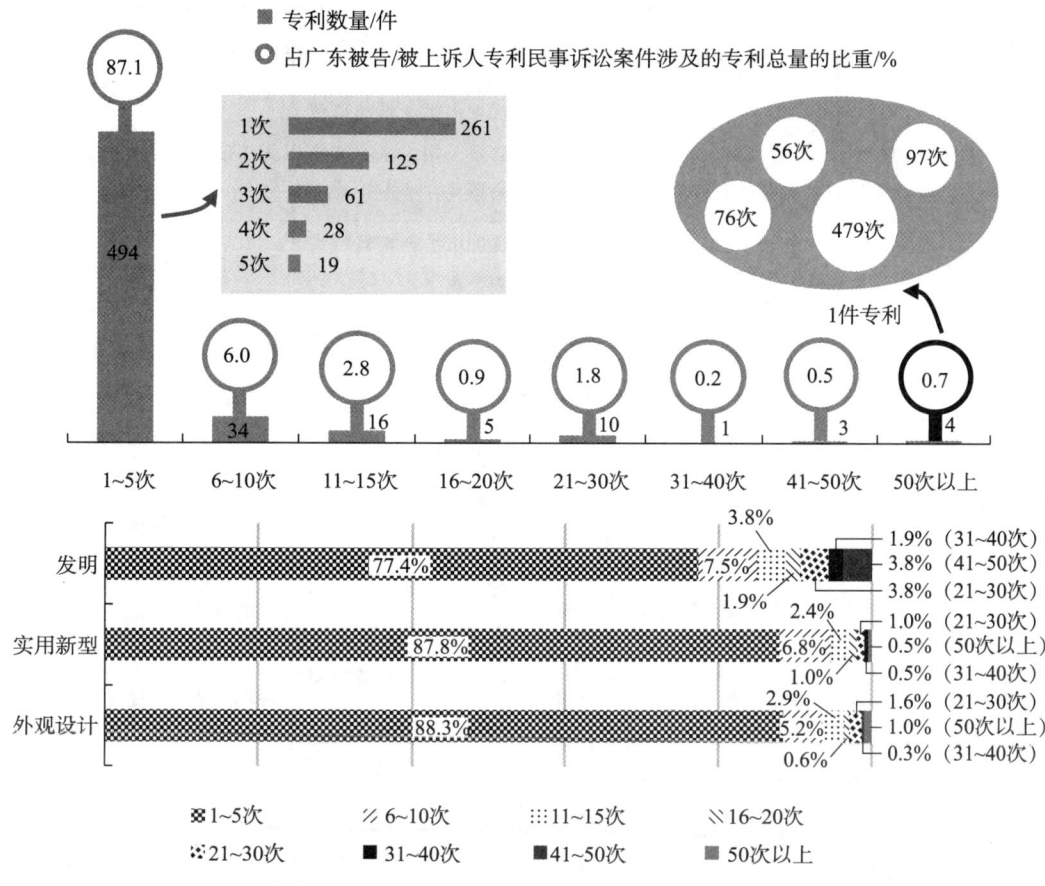

图 4-3-12 广东省家电产业专利民事诉讼案件诉讼次数分布（被告/被上诉人）

从横向比较来看，专利民事诉讼案件的涉及外观设计专利数量占比高于实用新型专利、外观设计专利。

无论是原告/上诉人还是被告/被上诉人，涉及专利民事诉讼次数最多的是深圳市觅客科技有限公司拥有的外观设计专利"风扇（N9-FAN）"（CN201630624375.5），有 479 次诉讼，其中审理程序为终审 24 次，初审 455 次，具体如表 4-3-3 所示。涉案专利 CN201630624375.5 被请求宣告无效 3 次，最近 1 次的无效决定结论为维持有效。

表 4-3-3　广东省家电产业专利民事诉讼案件诉讼次数多代表专利相关信息

案号	法院名称	审理程序	原告或上诉人	被告或被上诉人
（2019）粤民终 1037 号	广东省高级人民法院	终审	深圳市明皓祺瑞科技有限公司；深圳市展鑫科技有限公司	深圳市觅客科技有限公司
（2019）粤民终 2551 号	广东省高级人民法院	终审	深圳市浩创嘉科技有限公司	深圳市觅客科技有限公司
（2020）粤民终 1448 号	广东省高级人民法院	终审	深圳忆斯达科技有限公司	深圳市觅客科技有限公司
（2020）粤民终 2086 号	广东省高级人民法院	终审	东莞市东城金佳阳手机配件加工厂	深圳市觅客科技有限公司
（2019）粤民终 2410 号	广东省高级人民法院	终审	深圳市宝安区西乡艾酷拍电子厂	深圳市觅客科技有限公司
（2019）粤民终 2409 号	广东省高级人民法院	终审	深圳市当然电子有限公司	深圳市觅客科技有限公司
（2019）粤民终 2069 号	广东省高级人民法院	终审	深圳市唐晶科技有限公司	深圳市觅客科技有限公司
（2020）粤民终 1031 号	广东省高级人民法院	终审	深圳市明鑫隆科技有限公司	深圳市觅客科技有限公司
（2020）粤民终 2325 号	广东省高级人民法院	终审	广州市番禺区大龙阿伯文具店	深圳市觅客科技有限公司
（2020）粤民终 654 号	广东省高级人民法院	终审	广州市荔湾区华盛康电子商行	深圳市觅客科技有限公司
（2020）粤民终 2311 号	广东省高级人民法院	终审	东莞市凤岗南园文具店	深圳市觅客科技有限公司
（2020）粤民终 2362 号	广东省高级人民法院	终审	广州市番禺区南村勇林日用品店	深圳市觅客科技有限公司
（2020）粤民终 2327 号	广东省高级人民法院	终审	广州市番禺区化龙扬光文具店	深圳市觅客科技有限公司
（2020）粤民终 217 号	广东省高级人民法院	终审	深圳市源美鑫电子有限公司	深圳市觅客科技有限公司

续表

案号	法院名称	审理程序	原告或上诉人	被告或被上诉人
（2020）粤民终 341 号	广东省高级人民法院	终审	广东斯泰克电子科技有限公司；广飞数码技术（广州）有限公司；精奥科技（广州）有限公司	深圳市觅客科技有限公司
（2019）粤民终 455 号	广东省高级人民法院	终审	深圳市觅客科技有限公司	中山市埃斯漫特智能科技有限公司；佛山市扎尔电器科技有限公司；杭州阿里巴巴广告有限公司
（2020）粤民终 1500 号	广东省高级人民法院	终审	深圳市觅客科技有限公司	揭光辉
（2020）豫知民终 237 号	河南省高级人民法院	终审	郑州昭创电子科技有限公司	深圳市觅客科技有限公司
（2020）豫知民终 236 号	河南省高级人民法院	终审	郑东风	深圳市觅客科技有限公司
（2020）豫知民终 43 号	河南省高级人民法院	终审	郑州市二七区彩霞电料商行	深圳市觅客科技有限公司
（2020）苏民终 645 号	江苏省高级人民法院	终审	昆山美派电子商务有限公司	深圳市觅客科技有限公司
（2020）赣民终 522 号	江西省高级人民法院	终审	丰城华言贸易有限公司	深圳市觅客科技有限公司
（2020）陕民终 422 号	陕西省高级人民法院	终审	深圳市觅客科技有限公司	西安市新城区玲利文化用品经营部；杭州麦和文具礼品有限公司；余姚市泰欧塑业有限公司
（2020）浙民终 656 号	浙江省高级人民法院	终审	绍兴苏宁易购商贸有限公司	深圳市觅客科技有限公司
（2020）闽 01 民初 2146 号	福建省福州市中级人民法院	初审	深圳市觅客科技有限公司	大田县覆健网店
（2019）闽 01 民初 1313 号	福建省福州市中级人民法院	初审	深圳市觅客科技有限公司	福建万晨工贸有限公司
（2020）闽 01 民初 1673 号	福建省福州市中级人民法院	初审	深圳市觅客科技有限公司	福清市石竹姐弟便利店

续表

案号	法院名称	审理程序	原告或上诉人	被告或被上诉人
（2020）闽01民初115号	福建省福州市中级人民法院	初审	深圳市觅客科技有限公司	福州方电网络科技有限公司
（2020）闽01民初785号	福建省福州市中级人民法院	初审	深圳市觅客科技有限公司	福州易起创贸易有限公司
（2020）闽01民初142号	福建省福州市中级人民法院	初审	深圳市觅客科技有限公司	赖晓兰
（2020）闽02民初72号	福建省厦门市中级人民法院	初审	深圳市觅客科技有限公司	龙岩市项琛电子商务有限公司
（2020）闽01民初272号	福建省福州市中级人民法院	初审	深圳市觅客科技有限公司	莆田市涵江区天寿百货经营部
（2020）闽01民初276号	福建省福州市中级人民法院	初审	深圳市觅客科技有限公司	莆田市涵江区旺福百货店
（2019）闽01民初1770号	福建省福州市中级人民法院	初审	深圳市觅客科技有限公司	莆田市秀屿区笏石凯丝贝日用百货店
（2019）闽02民初949号	福建省厦门市中级人民法院	初审	深圳市觅客科技有限公司	厦门市湖里区宋梅香发服装店
（2019）闽01民初314号	福建省福州市中级人民法院	初审	深圳市觅客科技有限公司	厦门市思明区瑞杨达日用品店；厦门市思明区瑞源达服饰店
（2019）闽01民初1355号	福建省福州市中级人民法院	初审	深圳市觅客科技有限公司	邵武市悠维服装店
（2020）闽01民初29号	福建省福州市中级人民法院	初审	深圳市觅客科技有限公司	永泰县雅克维斯贸易有限公司
（2020）闽02民初634号	福建省厦门市中级人民法院	初审	深圳市觅客科技有限公司	张继源
（2020）粤03民初3705号	广东省深圳市中级人民法院	初审	深圳市觅客科技有限公司	包成喜
（2020）粤03民初3840号	广东省深圳市中级人民法院	初审	深圳市觅客科技有限公司	博霸实业（深圳）有限公司
（2020）粤03民初208号	广东省深圳市中级人民法院	初审	深圳市觅客科技有限公司	曾宪鹏；深圳市晋杰通达科技有限公司
（2020）粤03民初4741号	广东省深圳市中级人民法院	初审	深圳市觅客科技有限公司	陈瑞；深圳市敏瑞通科技有限公司

续表

案号	法院名称	审理程序	原告或上诉人	被告或被上诉人
（2020）粤03民初3586号	广东省深圳市中级人民法院	初审	深圳市觅客科技有限公司	陈武
（2020）粤03民初526号	广东省深圳市中级人民法院	初审	深圳市觅客科技有限公司	邓书华；广州市隆胜发贸易商行
（2020）粤03民初1154号	广东省深圳市中级人民法院	初审	深圳市觅客科技有限公司	东莞市两个毅电子科技有限公司
（2020）粤03民初515号	广东省深圳市中级人民法院	初审	深圳市觅客科技有限公司	东莞市桥头烨声电子制品厂
（2020）粤03民初2271号	广东省深圳市中级人民法院	初审	深圳市觅客科技有限公司	东莞市伟权五金饰品有限公司；毛伟
（2020）粤03民初2746号	广东省深圳市中级人民法院	初审	深圳市觅客科技有限公司	杜瑾；蒋科广
（2020）粤03民初2898号	广东省深圳市中级人民法院	初审	深圳市觅客科技有限公司	符燃；深圳市景韩贸易有限公司
（2020）粤03民初1220号	广东省深圳市中级人民法院	初审	深圳市觅客科技有限公司	广州创蒙贸易有限公司
（2020）粤03民初821号	广东省深圳市中级人民法院	初审	深圳市觅客科技有限公司	广州恒选母婴用品有限公司；吴惠选
（2020）粤03民初2463号	广东省深圳市中级人民法院	初审	深圳市觅客科技有限公司	广州妙圣医疗科技有限公司
（2019）粤03民初969号	广东省深圳市中级人民法院	初审	深圳市觅客科技有限公司	广州确速贸易有限公司；深圳市雕歌电子科技有限公司；广州魔风者通讯科技有限公司；戴子深
（2020）粤03民初2124号	广东省深圳市中级人民法院	初审	深圳市觅客科技有限公司	广州市宁圣美皮具有限公司
（2020）粤03民初1477号	广东省深圳市中级人民法院	初审	深圳市觅客科技有限公司	广州市欣纳通讯产品有限公司
（2020）粤03民初528号	广东省深圳市中级人民法院	初审	深圳市觅客科技有限公司	何水花；深圳市攀龙实业有限公司
（2020）粤03民初3568号	广东省深圳市中级人民法院	初审	深圳市觅客科技有限公司	黄春胜

续表

案号	法院名称	审理程序	原告或上诉人	被告或被上诉人
(2020）粤 03 民初 3013 号	广东省深圳市中级人民法院	初审	深圳市觅客科技有限公司	黄太清
(2020）粤 03 民初 2527 号	广东省深圳市中级人民法院	初审	深圳市觅客科技有限公司	黄小明；深圳市艾宁仕科技有限公司
(2019）粤 03 民初 4876 号	广东省深圳市中级人民法院	初审	深圳市觅客科技有限公司	黄友科
(2019）粤 03 民初 26 号	广东省深圳市中级人民法院	初审	深圳市觅客科技有限公司	辉腾互联科技（深圳）有限公司
(2020）粤 03 民初 3731 号	广东省深圳市中级人民法院	初审	深圳市觅客科技有限公司	聚宝云科技（深圳）有限公司
(2020）粤 03 民初 3002 号	广东省深圳市中级人民法院	初审	深圳市觅客科技有限公司	旷家歆；深圳市纳远科技有限公司
(2020）粤 03 民初 4740 号	广东省深圳市中级人民法院	初审	深圳市觅客科技有限公司	李彬；深圳市天誉伟业科技有限公司
(2020）粤 03 民初 527 号	广东省深圳市中级人民法院	初审	深圳市觅客科技有限公司	李倩毅；深圳市毅德塑胶制品有限公司
(2019）粤 03 民初 4099 号	广东省深圳市中级人民法院	初审	深圳市觅客科技有限公司	林佩娜
(2020）粤 03 民初 518 号	广东省深圳市中级人民法院	初审	深圳市觅客科技有限公司	刘小英；广州隆鑫泰贸易商行
(2020）粤 03 民初 525 号	广东省深圳市中级人民法院	初审	深圳市觅客科技有限公司	陆安幸；文智星（深圳）发展有限公司
(2020）粤 03 民初 4735 号	广东省深圳市中级人民法院	初审	深圳市觅客科技有限公司	罗鑫；深圳市宏盛威特科技有限公司
(2020）粤 03 民初 6305 号	广东省深圳市中级人民法院	初审	深圳市觅客科技有限公司	吕志敏；深圳市志凌时代电子科技有限公司；上海寻梦信息技术有限公司
(2020）粤 03 民初 3706 号	广东省深圳市中级人民法院	初审	深圳市觅客科技有限公司	倪维党
(2020）粤 03 民初 2462 号	广东省深圳市中级人民法院	初审	深圳市觅客科技有限公司	三美制品（深圳）有限公司；胡坚
(2020）粤 03 民初 1804 号	广东省深圳市中级人民法院	初审	深圳市觅客科技有限公司	汕头市潮南区胪岗丹燕日用品经营部

续表

案号	法院名称	审理程序	原告或上诉人	被告或被上诉人
(2019) 粤 03 民初 4771 号	广东省深圳市中级人民法院	初审	深圳市觅客科技有限公司	深汕特别合作区南之亿电子商务有限公司
(2020) 粤 03 民初 1067 号	广东省深圳市中级人民法院	初审	深圳市觅客科技有限公司	深圳达利泰电子科技有限公司；肖文隆
(2020) 粤 03 民初 775 号	广东省深圳市中级人民法院	初审	深圳市觅客科技有限公司	深圳都市现代实业有限公司
(2020) 粤 03 民初 1910 号	广东省深圳市中级人民法院	初审	深圳市觅客科技有限公司	深圳福易祥科技有限公司；吴海燕
(2020) 粤 03 民初 2952 号	广东省深圳市中级人民法院	初审	深圳市觅客科技有限公司	深圳高德仕科技有限公司；谌玉容
(2019) 粤 03 民初 3414 号	广东省深圳市中级人民法院	初审	深圳市觅客科技有限公司	深圳光明区云汇电子厂
(2019) 粤 03 民初 4803 号	广东省深圳市中级人民法院	初审	深圳市觅客科技有限公司	深圳景灏电子有限公司；舒连勇
(2020) 粤 03 民初 1898 号	广东省深圳市中级人民法院	初审	深圳市觅客科技有限公司	深圳领域万方科贸有限公司
(2019) 粤 03 民初 100 号	广东省深圳市中级人民法院	初审	深圳市觅客科技有限公司	深圳龙岗区金华盛电子厂
(2020) 粤 03 民初 2594 号	广东省深圳市中级人民法院	初审	深圳市觅客科技有限公司	深圳龙华区大水坑兴发五金电器行
(2019) 粤 03 民初 4528 号	广东省深圳市中级人民法院	初审	深圳市觅客科技有限公司	深圳磐达电子科技有限公司
(2019) 粤 03 民初 4724 号	广东省深圳市中级人民法院	初审	深圳市觅客科技有限公司	深圳睿森特科技有限公司
(2020) 粤 03 民初 4858 号	广东省深圳市中级人民法院	初审	深圳市觅客科技有限公司	深圳睿森特科技有限公司；深圳市奥捷电器有限公司
(2020) 粤 03 民初 2001 号	广东省深圳市中级人民法院	初审	深圳市觅客科技有限公司	深圳润方创新技术有限公司
(2020) 粤 03 民初 1077 号	广东省深圳市中级人民法院	初审	深圳市觅客科技有限公司	深圳三合泰通讯有限公司；肖人仕
(2020) 粤 03 民初 3810 号	广东省深圳市中级人民法院	初审	深圳市觅客科技有限公司	深圳上进办公用品有限公司

续表

案号	法院名称	审理程序	原告或上诉人	被告或被上诉人
(2020)粤03民初3177号	广东省深圳市中级人民法院	初审	深圳市觅客科技有限公司	深圳市柏亿森电子科技有限公司
(2020)粤03民初4756号	广东省深圳市中级人民法院	初审	深圳市觅客科技有限公司	深圳市艾比斯精密科技有限公司
(2020)粤03民初2162号	广东省深圳市中级人民法院	初审	深圳市觅客科技有限公司	深圳市艾比亚科技有限公司
(2020)粤03民初1950号	广东省深圳市中级人民法院	初审	深圳市觅客科技有限公司	深圳市艾声科技有限公司
(2020)粤03民初1886号	广东省深圳市中级人民法院	初审	深圳市觅客科技有限公司	深圳市艾斯达照明有限公司；李启胜
(2019)粤03民初4738号	广东省深圳市中级人民法院	初审	深圳市觅客科技有限公司	深圳市爱卡仕科技有限公司
(2020)粤03民初560号	广东省深圳市中级人民法院	初审	深圳市觅客科技有限公司	深圳市爱联胜科技有限公司
(2020)粤03民初2477号	广东省深圳市中级人民法院	初审	深圳市觅客科技有限公司	深圳市爱音美电子有限公司；吴楚杰
(2020)粤03民初1949号	广东省深圳市中级人民法院	初审	深圳市觅客科技有限公司	深圳市安捷驰科技有限公司
(2020)粤03民初1562号	广东省深圳市中级人民法院	初审	深圳市觅客科技有限公司	深圳市奥丽维科技有限公司
(2019)粤03民初3628号	广东省深圳市中级人民法院	初审	深圳市觅客科技有限公司	深圳市宝安区爱福乐斯电子厂；杭州阿里巴巴广告有限公司
(2020)粤03民初5435号	广东省深圳市中级人民法院	初审	深圳市觅客科技有限公司	深圳市宝安区福海邓贵林臭美饰品店
(2020)粤03民初5338号	广东省深圳市中级人民法院	初审	深圳市觅客科技有限公司	深圳市宝安区福海明成绿叶百货店
(2020)粤03民初3001号	广东省深圳市中级人民法院	初审	深圳市觅客科技有限公司	深圳市宝安区福永壹好便利店
(2020)粤03民初2024号	广东省深圳市中级人民法院	初审	深圳市觅客科技有限公司	深圳市宝安区福永忆童心玩具商行
(2020)粤03民初514号	广东省深圳市中级人民法院	初审	深圳市觅客科技有限公司	深圳市宝安区孩趣之家玩具厂

续表

案号	法院名称	审理程序	原告或上诉人	被告或被上诉人
（2020）粤03民初3852号	广东省深圳市中级人民法院	初审	深圳市觅客科技有限公司	深圳市宝安区航城街道新辉煌百货超市
（2020）粤03民初2743号	广东省深圳市中级人民法院	初审	深圳市觅客科技有限公司	深圳市宝安区鸿盛鑫电子厂
（2020）粤03民初3507号	广东省深圳市中级人民法院	初审	深圳市觅客科技有限公司	深圳市宝安区惠百佳日用品店（原名称：深圳市宝安区新桥熊美芳日用品店）
（2020）粤03民初820号	广东省深圳市中级人民法院	初审	深圳市觅客科技有限公司	深圳市宝安区聚创电子厂
（2020）粤03民初2415号	广东省深圳市中级人民法院	初审	深圳市觅客科技有限公司	深圳市宝安区沙井逸景轩电子商行
（2020）粤03民初2878号	广东省深圳市中级人民法院	初审	深圳市觅客科技有限公司	深圳市宝安区石岩旺达百货店
（2020）粤03民初3717号	广东省深圳市中级人民法院	初审	深圳市觅客科技有限公司	深圳市宝安区石岩旺达百货店；深圳市湘邵日用品有限公司
（2020）粤03民初2400号	广东省深圳市中级人民法院	初审	深圳市觅客科技有限公司	深圳市宝安区松岗街道建英百货店
（2019）粤03民初62号	广东省深圳市中级人民法院	初审	深圳市觅客科技有限公司	深圳市宝安区西乡艾酷拍电子厂
（2020）粤03民初1183号	广东省深圳市中级人民法院	初审	深圳市觅客科技有限公司	深圳市宝安区西乡创美达电子厂
（2020）粤03民初2394号	广东省深圳市中级人民法院	初审	深圳市觅客科技有限公司	深圳市宝安区西乡创兴百货商行
（2020）粤03民初3850号	广东省深圳市中级人民法院	初审	深圳市觅客科技有限公司	深圳市宝安区西乡广汇百货店
（2020）粤03民初3697号	广东省深圳市中级人民法院	初审	深圳市觅客科技有限公司	深圳市宝安区西乡海艺书店
（2020）粤03民初2879号	广东省深圳市中级人民法院	初审	深圳市觅客科技有限公司	深圳市宝安区西乡流塘詹记百货店
（2020）粤03民初1069号	广东省深圳市中级人民法院	初审	深圳市觅客科技有限公司	深圳市宝安区心享家具厂

续表

案号	法院名称	审理程序	原告或上诉人	被告或被上诉人
（2020）粤 03 民初 521 号	广东省深圳市中级人民法院	初审	深圳市觅客科技有限公司	深圳市宝安区新安源发通信器材店
（2020）粤 03 民初 2513 号	广东省深圳市中级人民法院	初审	深圳市觅客科技有限公司	深圳市宝安区新桥荣科家电礼品商行
（2020）粤 03 民初 3628 号	广东省深圳市中级人民法院	初审	深圳市觅客科技有限公司	深圳市宝安区燕罗巧用百货店
（2020）粤 03 民初 2678 号	广东省深圳市中级人民法院	初审	深圳市觅客科技有限公司	深圳市倍斯特科技股份有限公司；东莞市五洲畅想电子科技有限公司
（2019）粤 03 民初 3364 号	广东省深圳市中级人民法院	初审	深圳市觅客科技有限公司	深圳市博凯锋电子有限公司
（2020）粤 03 民初 1073 号	广东省深圳市中级人民法院	初审	深圳市觅客科技有限公司	深圳市博科信电子科技有限公司；赖训平
（2020）粤 03 民初 1912 号	广东省深圳市中级人民法院	初审	深圳市觅客科技有限公司	深圳市博美佳科技有限公司
（2020）粤 03 民初 3012 号	广东省深圳市中级人民法院	初审	深圳市觅客科技有限公司	深圳市潮控者科技有限公司；郑易进
（2020）粤 03 民初 2529 号	广东省深圳市中级人民法院	初审	深圳市觅客科技有限公司	深圳市宸音科技有限公司；陈泽森
（2019）粤 03 民初 4732 号	广东省深圳市中级人民法院	初审	深圳市觅客科技有限公司	深圳市创博尔电子科技有限公司
（2020）粤 03 民初 1224 号	广东省深圳市中级人民法院	初审	深圳市觅客科技有限公司	深圳市创智音实业有限公司；梁浩
（2019）粤 03 民初 3424 号	广东省深圳市中级人民法院	初审	深圳市觅客科技有限公司	深圳市德翔数码科技有限公司
（2020）粤 03 民初 2447 号	广东省深圳市中级人民法院	初审	深圳市觅客科技有限公司	深圳市德信达科技有限公司；上海寻梦信息技术有限公司
（2020）粤 03 民初 3604 号	广东省深圳市中级人民法院	初审	深圳市觅客科技有限公司	深圳市德兴隆伟业电子有限公司
（2020）粤 03 民初 2530 号	广东省深圳市中级人民法院	初审	深圳市觅客科技有限公司	深圳市非也贸易有限公司；周妮
（2020）粤 03 民初 151 号	广东省深圳市中级人民法院	初审	深圳市觅客科技有限公司	深圳市斐创科技有限公司

续表

案号	法院名称	审理程序	原告或上诉人	被告或被上诉人
（2019）粤03民初3754号	广东省深圳市中级人民法院	初审	深圳市觅客科技有限公司	深圳市福贝尔科技研发有限公司；杭州阿里巴巴广告有限公司
（2020）粤03民初4859号	广东省深圳市中级人民法院	初审	深圳市觅客科技有限公司	深圳市福田区博洋小电器销售部；深圳市双荣电子有限公司
（2020）粤03民初5325号	广东省深圳市中级人民法院	初审	深圳市觅客科技有限公司	深圳市福田区大山钦品通讯智能数码商行
（2019）粤03民初70号	广东省深圳市中级人民法院	初审	深圳市觅客科技有限公司	深圳市福田区迪富牛电子商行
（2020）粤03民初5074号	广东省深圳市中级人民法院	初审	深圳市觅客科技有限公司	深圳市福田区鼎吉特电子经营部
（2020）粤03民初2009号	广东省深圳市中级人民法院	初审	深圳市觅客科技有限公司	深圳市福田区鼎盛锋电子商行
（2019）粤03民初2540号	广东省深圳市中级人民法院	初审	深圳市觅客科技有限公司	深圳市福田区宏轩伟业电子销售部
（2020）粤03民初2517号	广东省深圳市中级人民法院	初审	深圳市觅客科技有限公司	深圳市福田区鸿利锋电子商行
（2020）粤03民初1825号	广东省深圳市中级人民法院	初审	深圳市觅客科技有限公司	深圳市福田区鸿图国创电子商行
（2020）粤03民初2534号	广东省深圳市中级人民法院	初审	深圳市觅客科技有限公司	深圳市福田区鸿伟配件商行
（2020）粤03民初2683号	广东省深圳市中级人民法院	初审	深圳市觅客科技有限公司	深圳市福田区满协通电子商行
（2018）粤03民初4396号	广东省深圳市中级人民法院	初审	深圳市觅客科技有限公司	深圳市福田区钦明欣电子经营部
（2019）粤03民初3691号	广东省深圳市中级人民法院	初审	深圳市觅客科技有限公司	深圳市福田区万菱汇电子厂；杭州阿里巴巴广告有限公司
（2020）粤03民初1185号	广东省深圳市中级人民法院	初审	深圳市觅客科技有限公司	深圳市福田区万盛达电子数码批发商行
（2019）粤03民初3363号	广东省深圳市中级人民法院	初审	深圳市觅客科技有限公司	深圳市福田区欣之吉电子营业部

续表

案号	法院名称	审理程序	原告或上诉人	被告或被上诉人
(2020) 粤 03 民初 2597 号	广东省深圳市中级人民法院	初审	深圳市觅客科技有限公司	深圳市福田区永兴百货店
(2020) 粤 03 民初 3692 号	广东省深圳市中级人民法院	初审	深圳市觅客科技有限公司	深圳市福田区悦优声电子经营部
(2019) 粤 03 民初 4739 号	广东省深圳市中级人民法院	初审	深圳市觅客科技有限公司	深圳市福田区昭亮电子通讯商行
(2020) 粤 03 民初 2314 号	广东省深圳市中级人民法院	初审	深圳市觅客科技有限公司	深圳市福田区正和日用品商行
(2019) 粤 03 民初 4100 号	广东省深圳市中级人民法院	初审	深圳市觅客科技有限公司	深圳市富发成科技有限公司
(2020) 粤 03 民初 3699 号	广东省深圳市中级人民法院	初审	深圳市觅客科技有限公司	深圳市光明区乐淘商行
(2020) 粤 03 民初 2375 号	广东省深圳市中级人民法院	初审	深圳市觅客科技有限公司	深圳市光明新区丁婷百货店
(2020) 粤 03 民初 5337 号	广东省深圳市中级人民法院	初审	深圳市觅客科技有限公司	深圳市光明新区公明豪旺生活超市
(2020) 粤 03 民初 2389 号	广东省深圳市中级人民法院	初审	深圳市觅客科技有限公司	深圳市光明新区公明合东城商行
(2020) 粤 03 民初 2595 号	广东省深圳市中级人民法院	初审	深圳市觅客科技有限公司	深圳市光明新区公明王凯百货店
(2020) 粤 03 民初 2362 号	广东省深圳市中级人民法院	初审	深圳市觅客科技有限公司	深圳市光明新区公明湘敏千色百货店
(2020) 粤 03 民初 2591 号	广东省深圳市中级人民法院	初审	深圳市觅客科技有限公司	深圳市光明新区公明兴天泓百货店
(2020) 粤 03 民初 2497 号	广东省深圳市中级人民法院	初审	深圳市觅客科技有限公司	深圳市光明新区公明友联乐百货店
(2020) 粤 03 民初 2596 号	广东省深圳市中级人民法院	初审	深圳市觅客科技有限公司	深圳市光明新区鸿福百货店
(2019) 粤 03 民初 4538 号	广东省深圳市中级人民法院	初审	深圳市觅客科技有限公司	深圳市郭氏电子科技有限公司
(2020) 粤 03 民初 4316 号	广东省深圳市中级人民法院	初审	深圳市觅客科技有限公司	深圳市果卓科技有限公司

续表

案号	法院名称	审理程序	原告或上诉人	被告或被上诉人
（2019）粤03民初4529号	广东省深圳市中级人民法院	初审	深圳市觅客科技有限公司	深圳市海之音科技有限公司
（2020）粤03民初2502号	广东省深圳市中级人民法院	初审	深圳市觅客科技有限公司	深圳市好礼多商贸有限公司
（2019）粤03民初4769号	广东省深圳市中级人民法院	初审	深圳市觅客科技有限公司	深圳市好时光智能科技有限公司；付丽丹
（2020）粤03民初3831号	广东省深圳市中级人民法院	初审	深圳市觅客科技有限公司	深圳市浩瀛实业有限公司
（2020）粤03民初1206号	广东省深圳市中级人民法院	初审	深圳市觅客科技有限公司	深圳市皓宇达贸易有限公司；马爱华；深圳市荣之发新能源有限公司
（2020）粤03民初1497号	广东省深圳市中级人民法院	初审	深圳市觅客科技有限公司	深圳市恒达邦科技有限公司
（2020）粤03民初1026号	广东省深圳市中级人民法院	初审	深圳市觅客科技有限公司	深圳市恒讯伟创科技有限公司
（2020）粤03民初2658号	广东省深圳市中级人民法院	初审	深圳市觅客科技有限公司	深圳市鸿冠通信有限公司
（2019）粤03民初4531号	广东省深圳市中级人民法院	初审	深圳市觅客科技有限公司	深圳市华澳塑胶模具有限公司
（2020）粤03民初2509号	广东省深圳市中级人民法院	初审	深圳市觅客科技有限公司	深圳市华乐儿科技发展有限公司
（2021）粤03民初69号	广东省深圳市中级人民法院	初审	深圳市觅客科技有限公司	深圳市华烁装饰工程有限公司
（2020）粤03民初4539号	广东省深圳市中级人民法院	初审	深圳市觅客科技有限公司	深圳市华伟茂业科技有限公司
（2019）粤03民初4731号	广东省深圳市中级人民法院	初审	深圳市觅客科技有限公司	深圳市华文琴科技有限公司；杨耀华
（2020）粤03民初1899号	广东省深圳市中级人民法院	初审	深圳市觅客科技有限公司	深圳市华扬理想科技有限公司
（2019）粤03民初3702号	广东省深圳市中级人民法院	初审	深圳市觅客科技有限公司	深圳市华宇艺龙科技有限公司
（2019）粤03民初9号	广东省深圳市中级人民法院	初审	深圳市觅客科技有限公司	深圳市火狼电子有限公司

续表

案号	法院名称	审理程序	原告或上诉人	被告或被上诉人
（2019）粤03民初4805号	广东省深圳市中级人民法院	初审	深圳市觅客科技有限公司	深圳市记忆者贸易有限公司；刘再丰
（2020）粤03民初104号	广东省深圳市中级人民法院	初审	深圳市觅客科技有限公司	深圳市家奇科技有限公司
（2020）粤03民初619号	广东省深圳市中级人民法院	初审	深圳市觅客科技有限公司	深圳市江起点商贸有限公司
（2020）粤03民初1222号	广东省深圳市中级人民法院	初审	深圳市觅客科技有限公司	深圳市杰特斯电子有限公司
（2019）粤03民初3692号	广东省深圳市中级人民法院	初审	深圳市觅客科技有限公司	深圳市金鸿旭科技有限公司；杭州阿里巴巴广告有限公司
（2020）粤03民初2685号	广东省深圳市中级人民法院	初审	深圳市觅客科技有限公司	深圳市金凯睿科技有限公司
（2019）粤03民初10号	广东省深圳市中级人民法院	初审	深圳市觅客科技有限公司	深圳市金狼电子有限公司
（2018）粤03民初3841号	广东省深圳市中级人民法院	初审	深圳市觅客科技有限公司	深圳市金凌瑞科技有限公司
（2020）粤03民初2419号	广东省深圳市中级人民法院	初审	深圳市觅客科技有限公司	深圳市金明创电子科技有限公司；吴波
（2020）粤03民初2512号	广东省深圳市中级人民法院	初审	深圳市觅客科技有限公司	深圳市金伟智创科技有限公司
（2020）粤03民初1499号	广东省深圳市中级人民法院	初审	深圳市觅客科技有限公司	深圳市劲电宝新能源科技有限公司
（2019）粤03民初4642号	广东省深圳市中级人民法院	初审	深圳市觅客科技有限公司	深圳市京准科技有限公司
（2020）粤03民初2128号	广东省深圳市中级人民法院	初审	深圳市觅客科技有限公司	深圳市聚华微科技有限公司
（2020）粤03民初1473号	广东省深圳市中级人民法院	初审	深圳市觅客科技有限公司	深圳市卡洛利电子商务有限公司
（2020）粤03民初3696号	广东省深圳市中级人民法院	初审	深圳市觅客科技有限公司	深圳市康纳百汇科技有限公司
（2020）粤03民初3695号	广东省深圳市中级人民法院	初审	深圳市觅客科技有限公司	深圳市康信数码科技有限公司

续表

案号	法院名称	审理程序	原告或上诉人	被告或被上诉人
(2019) 粤03民初3362号	广东省深圳市中级人民法院	初审	深圳市觅客科技有限公司	深圳市康佑美科技有限公司
(2019) 粤03民初1381号	广东省深圳市中级人民法院	初审	深圳市觅客科技有限公司	深圳市科达迅纳电子有限公司
(2019) 粤03民初57号	广东省深圳市中级人民法院	初审	深圳市觅客科技有限公司	深圳市科达迅纳电子有限公司
(2020) 粤03民初3800号	广东省深圳市中级人民法院	初审	深圳市觅客科技有限公司	深圳市莱点科技有限责任公司
(2019) 粤03民初4145号	广东省深圳市中级人民法院	初审	深圳市觅客科技有限公司	深圳市雷神丰科技有限公司;雷诚毅
(2020) 粤03民初3009号	广东省深圳市中级人民法院	初审	深圳市觅客科技有限公司	深圳市联胜展科技有限公司
(2019) 粤03民初4984号	广东省深圳市中级人民法院	初审	深圳市觅客科技有限公司	深圳市联智塑胶有限公司
(2019) 粤03民初4900号	广东省深圳市中级人民法院	初审	深圳市觅客科技有限公司	深圳市龙岗区坂田街道远鸿五金灯饰水暖店
(2020) 粤03民初1926号	广东省深圳市中级人民法院	初审	深圳市觅客科技有限公司	深圳市龙岗区坂田新儿童世界日用品商行
(2019) 粤03民初4059号	广东省深圳市中级人民法院	初审	深圳市觅客科技有限公司	深圳市龙岗区布吉方吉庆商行;深圳市点众文化科技有限公司
(2020) 粤03民初2745号	广东省深圳市中级人民法院	初审	深圳市觅客科技有限公司	深圳市龙岗区恒普创电子商行;深圳市龙岗区恒普创电子商行;深圳市龙岗区恒普创电子商行
(2020) 粤03民初1911号	广东省深圳市中级人民法院	初审	深圳市觅客科技有限公司	深圳市龙岗区金羊城电子商务商行
(2020) 粤03民初2071号	广东省深圳市中级人民法院	初审	深圳市觅客科技有限公司	深圳市龙岗区久美书店
(2020) 粤03民初5423号	广东省深圳市中级人民法院	初审	深圳市觅客科技有限公司	深圳市龙岗区龙岗益娱礼品批发行
(2019) 粤03民初4804号	广东省深圳市中级人民法院	初审	深圳市觅客科技有限公司	深圳市龙岗区盟杰电子商行

续表

案号	法院名称	审理程序	原告或上诉人	被告或被上诉人
(2020)粤03民初1924号	广东省深圳市中级人民法院	初审	深圳市觅客科技有限公司	深圳市龙岗区平湖乐益佳杂货店
(2020)粤03民初2747号	广东省深圳市中级人民法院	初审	深圳市觅客科技有限公司	深圳市龙岗区诗琴轩家居厂
(2020)粤03民初359号	广东省深圳市中级人民法院	初审	深圳市觅客科技有限公司	深圳市龙岗区元江河贸易商行
(2020)粤03民初1922号	广东省深圳市中级人民法院	初审	深圳市觅客科技有限公司	深圳市龙岗区圳诚益群百货店
(2020)粤03民初1856号	广东省深圳市中级人民法院	初审	深圳市觅客科技有限公司	深圳市龙岗区众达源电子商行
(2020)粤03民初2737号	广东省深圳市中级人民法院	初审	深圳市觅客科技有限公司	深圳市龙华区艾励鑫电子商行
(2020)粤03民初2397号	广东省深圳市中级人民法院	初审	深圳市觅客科技有限公司	深圳市龙华新区大浪李云华雨厨具百货店
(2020)粤03民初1155号	广东省深圳市中级人民法院	初审	深圳市觅客科技有限公司	深圳市龙华新区大浪零距离潮流饰品店
(2020)粤03民初3479号	广东省深圳市中级人民法院	初审	深圳市觅客科技有限公司	深圳市龙华新区环森电子厂
(2020)粤03民初2521号	广东省深圳市中级人民法院	初审	深圳市觅客科技有限公司	深圳市龙华新区联益恒电子厂
(2020)粤03民初2458号	广东省深圳市中级人民法院	初审	深圳市觅客科技有限公司	深圳市龙华新区民治创惠丰商店
(2019)粤03民初4983号	广东省深圳市中级人民法院	初审	深圳市觅客科技有限公司	深圳市龙华新区民治宏胜科技电子厂
(2020)粤03民初5426号	广东省深圳市中级人民法院	初审	深圳市觅客科技有限公司	深圳市龙泰源贸易有限公司
(2020)粤03民初3197号	广东省深圳市中级人民法院	初审	深圳市觅客科技有限公司	深圳市龙鑫电子有限公司
(2020)粤03民初3014号	广东省深圳市中级人民法院	初审	深圳市觅客科技有限公司	深圳市罗湖区彬琪百货店
(2020)粤03民初3849号	广东省深圳市中级人民法院	初审	深圳市觅客科技有限公司	深圳市罗湖区昌茂商店
(2020)粤03民初1058号	广东省深圳市中级人民法院	初审	深圳市觅客科技有限公司	深圳市罗湖区静佳达电子厂

续表

案号	法院名称	审理程序	原告或上诉人	被告或被上诉人
（2020）粤03民初1885号	广东省深圳市中级人民法院	初审	深圳市觅客科技有限公司	深圳市罗湖区绿宝贝礼品行
（2019）粤03民初1380号	广东省深圳市中级人民法院	初审	深圳市觅客科技有限公司	深圳市罗湖区新升电器商店
（2020）粤03民初3290号	广东省深圳市中级人民法院	初审	深圳市觅客科技有限公司	深圳市铝元素科技有限公司；黄毓鑫
（2020）粤03民初2149号	广东省深圳市中级人民法院	初审	深圳市觅客科技有限公司	深圳市美玻尔日用品有限公司
（2020）粤03民初620号	广东省深圳市中级人民法院	初审	深圳市觅客科技有限公司	深圳市美婷服饰有限公司
（2021）粤03民初1403号	广东省深圳市中级人民法院	初审	深圳市觅客科技有限公司	深圳市梦昕实业有限公司
（2018）粤03民初2789号	广东省深圳市中级人民法院	初审	深圳市觅客科技有限公司	深圳市明皓祺瑞科技有限公司；深圳市展鑫科技有限公司
（2020）粤03民初1999号	广东省深圳市中级人民法院	初审	深圳市觅客科技有限公司	深圳市沐澜智能科技有限公司
（2020）粤03民初3627号	广东省深圳市中级人民法院	初审	深圳市觅客科技有限公司	深圳市南山区鸿运特优商店
（2020）粤03民初2536号	广东省深圳市中级人民法院	初审	深圳市觅客科技有限公司	深圳市南山区老五百货店
（2020）粤03民初523号	广东省深圳市中级人民法院	初审	深圳市觅客科技有限公司	深圳市南山区荣南商店
（2020）粤03民初513号	广东省深圳市中级人民法院	初审	深圳市觅客科技有限公司	深圳市南山区森霖达贸易商行
（2020）粤03民初2566号	广东省深圳市中级人民法院	初审	深圳市觅客科技有限公司	深圳市南山区蛇口晖晖文具店
（2020）粤03民初524号	广东省深圳市中级人民法院	初审	深圳市觅客科技有限公司	深圳市南山区雄雄百货店
（2020）粤03民初1471号	广东省深圳市中级人民法院	初审	深圳市觅客科技有限公司	深圳市牛小八科技有限公司
（2019）粤03民初4101号	广东省深圳市中级人民法院	初审	深圳市觅客科技有限公司	深圳市欧康米科技有限公司

续表

案号	法院名称	审理程序	原告或上诉人	被告或被上诉人
（2020）粤03民初1955号	广东省深圳市中级人民法院	初审	深圳市觅客科技有限公司	深圳市欧资实业有限公司
（2019）粤03民初4661号	广东省深圳市中级人民法院	初审	深圳市觅客科技有限公司	深圳市帕德新能源有限公司
（2020）粤03民初2905号	广东省深圳市中级人民法院	初审	深圳市觅客科技有限公司	深圳市帕德智能科技有限公司
（2020）粤03民初2198号	广东省深圳市中级人民法院	初审	深圳市觅客科技有限公司	深圳市鹏鸿运科技有限公司
（2020）粤03民初563号	广东省深圳市中级人民法院	初审	深圳市觅客科技有限公司	深圳市品扩贸易有限公司
（2018）粤03民初4398号	广东省深圳市中级人民法院	初审	深圳市觅客科技有限公司	深圳市琦正汽车电子科技有限公司
（2020）粤03民初1850号	广东省深圳市中级人民法院	初审	深圳市觅客科技有限公司	深圳市千萍贸易有限公司
（2020）粤03民初1894号	广东省深圳市中级人民法院	初审	深圳市觅客科技有限公司	深圳市乔邦科技有限公司
（2020）粤03民初2951号	广东省深圳市中级人民法院	初审	深圳市觅客科技有限公司	深圳市轻颜贸易有限公司
（2019）粤03民初4533号	广东省深圳市中级人民法院	初审	深圳市觅客科技有限公司	深圳市仁义天科技有限公司
（2020）粤03民初3605号	广东省深圳市中级人民法院	初审	深圳市觅客科技有限公司	深圳市荣盛创实业有限公司
（2019）粤03民初72号	广东省深圳市中级人民法院	初审	深圳市觅客科技有限公司	深圳市锐技数码科技有限公司
（2020）粤03民初2572号	广东省深圳市中级人民法院	初审	深圳市觅客科技有限公司	深圳市瑞隆创科电子商务有限公司
（2020）粤03民初2496号	广东省深圳市中级人民法院	初审	深圳市觅客科技有限公司	深圳市睿万科技有限公司
（2020）粤03民初1942号	广东省深圳市中级人民法院	初审	深圳市觅客科技有限公司	深圳市赛骅贸易有限公司
（2020）粤03民初1901号	广东省深圳市中级人民法院	初审	深圳市觅客科技有限公司	深圳市赛思诺科技有限公司
（2019）粤03民初4506号	广东省深圳市中级人民法院	初审	深圳市觅客科技有限公司	深圳市善建客科技有限公司；浙江淘宝网络有限公司

续表

案号	法院名称	审理程序	原告或上诉人	被告或被上诉人
（2019）粤03民初3423号	广东省深圳市中级人民法院	初审	深圳市觅客科技有限公司	深圳市善融创新科技有限公司
（2020）粤03民初3702号	广东省深圳市中级人民法院	初审	深圳市觅客科技有限公司	深圳市深信数码科技有限公司
（2020）粤03民初1956号	广东省深圳市中级人民法院	初审	深圳市觅客科技有限公司	深圳市圣凯建筑装饰设计有限公司
（2020）粤03民初3480号	广东省深圳市中级人民法院	初审	深圳市觅客科技有限公司	深圳市盛富智能科技有限公司
（2020）粤03民初3826号	广东省深圳市中级人民法院	初审	深圳市觅客科技有限公司	深圳市石子移动通信有限公司
（2020）粤03民初2495号	广东省深圳市中级人民法院	初审	深圳市觅客科技有限公司	深圳市双宏飞电子有限公司
（2019）粤03民初73号	广东省深圳市中级人民法院	初审	深圳市觅客科技有限公司	深圳市思特伦科技有限公司
（2020）粤03民初2059号	广东省深圳市中级人民法院	初审	深圳市觅客科技有限公司	深圳市随身秀时尚创意科技有限公司
（2020）粤03民初3474号	广东省深圳市中级人民法院	初审	深圳市觅客科技有限公司	深圳市拓达峰科技有限公司
（2019）粤03民初3415号	广东省深圳市中级人民法院	初审	深圳市觅客科技有限公司	深圳市拓涛科技有限公司
（2019）粤03民初892号	广东省深圳市中级人民法院	初审	深圳市觅客科技有限公司	深圳市万邦旗下投资有限公司
（2020）粤03民初2599号	广东省深圳市中级人民法院	初审	深圳市觅客科技有限公司	深圳市万福达百货有限公司
（2021）粤03民初120号	广东省深圳市中级人民法院	初审	深圳市觅客科技有限公司	深圳市万骏兴科技有限公司
（2019）粤03民初4098号	广东省深圳市中级人民法院	初审	深圳市觅客科技有限公司	深圳市万里牛贸易有限公司；陈坤波；深圳市亨酷科技有限公司
（2020）粤03民初1042号	广东省深圳市中级人民法院	初审	深圳市觅客科技有限公司	深圳市维尔盾科技有限公司；沈宝珠
（2020）粤03民初3010号	广东省深圳市中级人民法院	初审	深圳市觅客科技有限公司	深圳市伟鸿创森科技有限公司

续表

案号	法院名称	审理程序	原告或上诉人	被告或被上诉人
(2020)粤03民初1088号	广东省深圳市中级人民法院	初审	深圳市觅客科技有限公司	深圳市未来家电器有限公司
(2019)粤03民初2483号	广东省深圳市中级人民法院	初审	深圳市觅客科技有限公司	深圳市蜗窝牛科技有限公司
(2020)粤03民初2145号	广东省深圳市中级人民法院	初审	深圳市觅客科技有限公司	深圳市五电科技有限公司
(2020)粤03民初1914号	广东省深圳市中级人民法院	初审	深圳市觅客科技有限公司	深圳市先赫科技有限公司
(2019)粤03民初4536号	广东省深圳市中级人民法院	初审	深圳市觅客科技有限公司	深圳市翔钰科技有限公司
(2019)粤03民初4726号	广东省深圳市中级人民法院	初审	深圳市觅客科技有限公司	深圳市小粉人科技有限公司;周雪松
(2020)粤03民初1013号	广东省深圳市中级人民法院	初审	深圳市觅客科技有限公司	深圳市新界科技有限公司;吴荣富
(2020)粤03民初1963号	广东省深圳市中级人民法院	初审	深圳市觅客科技有限公司	深圳市新耐数码科技有限公司;郑海琼
(2019)粤03民初4534号	广东省深圳市中级人民法院	初审	深圳市觅客科技有限公司	深圳市新族赢科技有限公司
(2020)粤03民初1883号	广东省深圳市中级人民法院	初审	深圳市觅客科技有限公司	深圳市鑫达明星电子科技有限公司
(2019)粤03民初4539号	广东省深圳市中级人民法院	初审	深圳市觅客科技有限公司	深圳市鑫利凯五金电子有限公司
(2021)粤03民初335号	广东省深圳市中级人民法院	初审	深圳市觅客科技有限公司	深圳市鑫旺达塑胶模具有限公司
(2020)粤03民初4749号	广东省深圳市中级人民法院	初审	深圳市觅客科技有限公司	深圳市信德莱电子有限公司
(2019)粤03民初4163号	广东省深圳市中级人民法院	初审	深圳市觅客科技有限公司	深圳市星狐科技有限公司;黄海鳄
(2020)粤03民初1079号	广东省深圳市中级人民法院	初审	深圳市觅客科技有限公司	深圳市星宇瑞科技有限公司
(2019)粤03民初85号	广东省深圳市中级人民法院	初审	深圳市觅客科技有限公司	深圳市醒之家电子商务有限公司
(2019)粤03民初4801号	广东省深圳市中级人民法院	初审	深圳市觅客科技有限公司	深圳市迅飞捷数码有限公司;陈俊鑫

续表

案号	法院名称	审理程序	原告或上诉人	被告或被上诉人
(2020)粤03民初2111号	广东省深圳市中级人民法院	初审	深圳市觅客科技有限公司	深圳市雅岚科技有限公司
(2020)粤03民初3803号	广东省深圳市中级人民法院	初审	深圳市觅客科技有限公司	深圳市洋达电子有限公司;李丹丹
(2019)粤03民初4799号	广东省深圳市中级人民法院	初审	深圳市觅客科技有限公司	深圳市瑶瑶领先实业有限公司;刘瑶
(2020)粤03民初1897号	广东省深圳市中级人民法院	初审	深圳市觅客科技有限公司	深圳市业氏辰科技有限公司;廖伟业
(2020)粤03民初1542号	广东省深圳市中级人民法院	初审	深圳市觅客科技有限公司	深圳市一方机电设备有限公司
(2020)粤03民初2466号	广东省深圳市中级人民法院	初审	深圳市觅客科技有限公司	深圳市一分利科技有限公司;郑秋展
(2019)粤03民初4537号	广东省深圳市中级人民法院	初审	深圳市觅客科技有限公司	深圳市一品时代科技有限公司
(2020)粤03民初1619号	广东省深圳市中级人民法院	初审	深圳市觅客科技有限公司	深圳市依源汇贸易有限公司
(2020)粤03民初2684号	广东省深圳市中级人民法院	初审	深圳市觅客科技有限公司	深圳市逸浩然商贸有限公司
(2019)粤03民初4535号	广东省深圳市中级人民法院	初审	深圳市觅客科技有限公司	深圳市英格仕科技有限公司
(2020)粤03民初3703号	广东省深圳市中级人民法院	初审	深圳市觅客科技有限公司	深圳市盈博数码科技有限公司
(2020)粤03民初3707号	广东省深圳市中级人民法院	初审	深圳市觅客科技有限公司	深圳市永安宝科技有限公司;黄沙
(2020)粤03民初2130号	广东省深圳市中级人民法院	初审	深圳市觅客科技有限公司	深圳市优创盛科技有限公司
(2020)粤03民初4403号	广东省深圳市中级人民法院	初审	深圳市觅客科技有限公司	深圳市优斯比科技有限公司
(2020)粤03民初226号	广东省深圳市中级人民法院	初审	深圳市觅客科技有限公司	深圳市有点美化妆用品有限公司
(2019)粤03民初4802号	广东省深圳市中级人民法院	初审	深圳市觅客科技有限公司	深圳市有喜电子有限公司;刘志贤
(2020)粤03民初2896号	广东省深圳市中级人民法院	初审	深圳市觅客科技有限公司	深圳市宇达翔电子信息通讯材料有限公司

续表

案号	法院名称	审理程序	原告或上诉人	被告或被上诉人
(2019) 粤 03 民初 4685 号	广东省深圳市中级人民法院	初审	深圳市觅客科技有限公司	深圳市宇睿宏科技有限公司
(2020) 粤 03 民初 1076 号	广东省深圳市中级人民法院	初审	深圳市觅客科技有限公司	深圳市雨丰科技有限公司；王雪清
(2020) 粤 03 民初 2748 号	广东省深圳市中级人民法院	初审	深圳市觅客科技有限公司	深圳市誉鸿晟电子科技有限公司
(2020) 粤 03 民初 2113 号	广东省深圳市中级人民法院	初审	深圳市觅客科技有限公司	深圳市源丰模具制品有限公司；谢森业
(2020) 粤 03 民初 2109 号	广东省深圳市中级人民法院	初审	深圳市觅客科技有限公司	深圳市远智达电子有限公司；李剑林
(2019) 粤 03 民初 50 号	广东省深圳市中级人民法院	初审	深圳市觅客科技有限公司	深圳市越优骏商贸有限公司
(2020) 粤 03 民初 2326 号	广东省深圳市中级人民法院	初审	深圳市觅客科技有限公司	深圳市云和联科技有限公司；深圳市云和联科技有限公司南山分公司；深圳市南山区周根四海通信商行
(2018) 粤 03 民初 4477 号	广东省深圳市中级人民法院	初审	深圳市觅客科技有限公司	深圳市展杰文达电子有限公司
(2020) 粤 03 民初 2108 号	广东省深圳市中级人民法院	初审	深圳市觅客科技有限公司	深圳市真维美激光科技有限公司
(2020) 粤 03 民初 2494 号	广东省深圳市中级人民法院	初审	深圳市觅客科技有限公司	深圳市政亚智能科技有限公司
(2020) 粤 03 民初 2465 号	广东省深圳市中级人民法院	初审	深圳市觅客科技有限公司	深圳市政亚智能科技有限公司；郭芳芳
(2020) 粤 03 民初 1265 号	广东省深圳市中级人民法院	初审	深圳市觅客科技有限公司	深圳市志云实业有限公司
(2020) 粤 03 民初 2414 号	广东省深圳市中级人民法院	初审	深圳市觅客科技有限公司	深圳市智成新材料科技有限公司
(2019) 粤 03 民初 4899 号	广东省深圳市中级人民法院	初审	深圳市觅客科技有限公司	深圳市智电牛科技有限公司
(2020) 粤 03 民初 561 号	广东省深圳市中级人民法院	初审	深圳市觅客科技有限公司	深圳市智圣数码科技有限公司
(2020) 粤 03 民初 1193 号	广东省深圳市中级人民法院	初审	深圳市觅客科技有限公司	深圳市中智鸿科技有限公司

续表

案号	法院名称	审理程序	原告或上诉人	被告或被上诉人
(2019)粤03民初4364号	广东省深圳市中级人民法院	初审	深圳市觅客科技有限公司	深圳市众嘉盛电子有限公司
(2020)粤03民初4750号	广东省深圳市中级人民法院	初审	深圳市觅客科技有限公司	深圳市众志塑胶电子科技有限公司
(2019)粤03民初3417号	广东省深圳市中级人民法院	初审	深圳市觅客科技有限公司	深圳市众智创联科技有限公司
(2020)粤03民初3688号	广东省深圳市中级人民法院	初审	深圳市觅客科技有限公司	深圳市逐梦功成科技有限公司；魏泽鑫
(2020)粤03民初1887号	广东省深圳市中级人民法院	初审	深圳市觅客科技有限公司	深圳市紫靖科技有限公司；曾莲花
(2020)粤03民初3011号	广东省深圳市中级人民法院	初审	深圳市觅客科技有限公司	深圳速涛科技有限公司
(2020)粤03民初2012号	广东省深圳市中级人民法院	初审	深圳市觅客科技有限公司	深圳天美智能制造有限公司
(2020)粤03民初3811号	广东省深圳市中级人民法院	初审	深圳市觅客科技有限公司	深圳万意实业有限公司
(2020)粤03民初2464号	广东省深圳市中级人民法院	初审	深圳市觅客科技有限公司	深圳雅图仕实业有限公司；邓华强
(2020)粤03民初3839号	广东省深圳市中级人民法院	初审	深圳市觅客科技有限公司	深圳永兴全科技有限公司
(2020)粤03民初1498号	广东省深圳市中级人民法院	初审	深圳市觅客科技有限公司	深圳云轩科技有限公司
(2019)粤03民初4725号	广东省深圳市中级人民法院	初审	深圳市觅客科技有限公司	深圳韵致贸易有限公司；杨幼珍
(2020)粤03民初3806号	广东省深圳市中级人民法院	初审	深圳市觅客科技有限公司	深圳智简时代科技有限公司；瞿晓龙
(2020)粤03民初4861号	广东省深圳市中级人民法院	初审	深圳市觅客科技有限公司	孙海丰；深圳市新联众科技发展有限公司
(2020)粤03民初1229号	广东省深圳市中级人民法院	初审	深圳市觅客科技有限公司	田雨；深圳市讯达威电子有限公司
(2020)粤03民初4725号	广东省深圳市中级人民法院	初审	深圳市觅客科技有限公司	王虎；深圳市瑞尔胜科技有限公司
(2020)粤03民初1256号	广东省深圳市中级人民法院	初审	深圳市觅客科技有限公司	王焕焕；飞尔迈环保科技（深圳）有限公司

续表

案号	法院名称	审理程序	原告或上诉人	被告或被上诉人
（2020）粤03民初2906号	广东省深圳市中级人民法院	初审	深圳市觅客科技有限公司	王焕焕；飞尔迈环保科技（深圳）有限公司
（2020）粤03民初3710号	广东省深圳市中级人民法院	初审	深圳市觅客科技有限公司	王振明
（2020）粤03民初6984号	广东省深圳市中级人民法院	初审	深圳市觅客科技有限公司	吴海兰
（2020）粤03民初823号	广东省深圳市中级人民法院	初审	深圳市觅客科技有限公司	吴佳涛；深圳市捷斯嘉电子科技有限公司
（2020）粤03民初4739号	广东省深圳市中级人民法院	初审	深圳市觅客科技有限公司	吴晓刚；深圳市诺博贸易有限公司
（2020）粤03民初822号	广东省深圳市中级人民法院	初审	深圳市觅客科技有限公司	肖军阳；深圳市江北永晔科技有限公司
（2020）粤03民初4737号	广东省深圳市中级人民法院	初审	深圳市觅客科技有限公司	杨姣；深圳市扬馨电子有限公司
（2020）粤03民初2538号	广东省深圳市中级人民法院	初审	深圳市觅客科技有限公司	杨燕；深圳市名扬优品电子有限公司
（2020）粤03民初4736号	广东省深圳市中级人民法院	初审	深圳市觅客科技有限公司	叶仙翠；深圳市添亿丰塑胶制品有限公司
（2020）粤03民初1892号	广东省深圳市中级人民法院	初审	深圳市觅客科技有限公司	永定区熙阳电子商务商行
（2020）粤03民初1890号	广东省深圳市中级人民法院	初审	深圳市觅客科技有限公司	永定区小陈灯饰洁具店
（2020）粤03民初3817号	广东省深圳市中级人民法院	初审	深圳市觅客科技有限公司	余明明；深圳市依铭鑫科技有限公司
（2020）粤03民初519号	广东省深圳市中级人民法院	初审	深圳市觅客科技有限公司	岳刚产；东莞市小桔电子科技有限公司
（2020）粤03民初512号	广东省深圳市中级人民法院	初审	深圳市觅客科技有限公司	张昕辉；深圳市一棵柠檬网络科技有限公司
（2020）粤03民初1921号	广东省深圳市中级人民法院	初审	深圳市觅客科技有限公司	张绪君
（2020）粤03民初520号	广东省深圳市中级人民法院	初审	深圳市觅客科技有限公司	张燕豪；东莞市鑫利豪电子有限公司
（2019）粤03民初4690号	广东省深圳市中级人民法院	初审	深圳市觅客科技有限公司	张振华

续表

案号	法院名称	审理程序	原告或上诉人	被告或被上诉人
（2020）粤03民初522号	广东省深圳市中级人民法院	初审	深圳市觅客科技有限公司	郑少华；莆田市减法趣味贸易有限公司
（2019）粤03民初4656号	广东省深圳市中级人民法院	初审	深圳市觅客科技有限公司	至尚数码科技（深圳）有限公司；陈明凤
（2020）粤03民初3818号	广东省深圳市中级人民法院	初审	深圳市觅客科技有限公司	朱成亿；深圳市淘派数码科技有限公司
（2020）粤03民初3819号	广东省深圳市中级人民法院	初审	深圳市觅客科技有限公司	庄贤伟
（2020）粤03民初2060号	广东省深圳市中级人民法院	初审	深圳市觅客科技有限公司	邹志杰
（2020）冀01知民初116号	河北省石家庄市中级人民法院	初审	深圳市觅客科技有限公司	临漳县伊涵电子商务有限公司
（2020）冀01知民初558号	河北省石家庄市中级人民法院	初审	深圳市觅客科技有限公司	任县康平小家电门市
（2020）冀01知民初394号	河北省石家庄市中级人民法院	初审	深圳市觅客科技有限公司	望都县精典鞋服经销部
（2020）豫01知民初1391号	河南省郑州市中级人民法院	初审	深圳市觅客科技有限公司	陈兆衍
（2020）豫01知民初1400号	河南省郑州市中级人民法院	初审	深圳市觅客科技有限公司	程武州
（2019）豫01知民初1211号	河南省郑州市中级人民法院	初审	深圳市觅客科技有限公司	康永刚
（2020）豫01知民初459号	河南省郑州市中级人民法院	初审	深圳市觅客科技有限公司	濮阳暖心贸易有限公司
（2020）豫01知民初1357号	河南省郑州市中级人民法院	初审	深圳觅客科技有限公司	新密市青屏朋其百货店
（2019）豫01知民初1221号	河南省郑州市中级人民法院	初审	深圳觅客科技有限公司	郑州市二七区豪祥通讯行
（2020）豫01知民初457号	河南省郑州市中级人民法院	初审	深圳觅客科技有限公司	郑州途图乐商贸有限公司
（2019）豫01知民初1217号	河南省郑州市中级人民法院	初审	深圳觅客科技有限公司	郑州昭创电子科技有限公司
（2019）鄂01民初8524号	湖北省武汉市中级人民法院	初审	深圳觅客科技有限公司	武汉东晟浩宇商贸有限公司

续表

案号	法院名称	审理程序	原告或上诉人	被告或被上诉人
(2019)鄂01民初6990号	湖北省武汉市中级人民法院	初审	深圳市觅客科技有限公司	武汉市江岸区非雨凡通讯器材经营部
(2019)鄂01民初6994号	湖北省武汉市中级人民法院	初审	深圳市觅客科技有限公司	武汉市江岸区精成通讯器材经营部
(2019)鄂01民初8126号	湖北省武汉市中级人民法院	初审	深圳市觅客科技有限公司	武汉市江岸区久仟久通讯器材经营部
(2019)鄂01民初6992号	湖北省武汉市中级人民法院	初审	深圳市觅客科技有限公司	武汉市江岸区诺西尔通讯器材商行；吴立航
(2019)鄂01民初6993号	湖北省武汉市中级人民法院	初审	深圳市觅客科技有限公司	武汉市江岸区鑫鑫宇通讯器材经营部
(2019)鄂01民初6988号	湖北省武汉市中级人民法院	初审	深圳市觅客科技有限公司	武汉市江岸区永兴通讯器材经营部；武汉市江岸区鑫永兴通讯器材商行
(2019)鄂01民初4762号	湖北省武汉市中级人民法院	初审	深圳市觅客科技有限公司	希杰希界维（湖北）影城有限公司江岸分公司；希杰希界维（湖北）影城有限公司
(2020)湘01民初67号	湖南省长沙市中级人民法院	初审	深圳市觅客科技有限公司	衡南县华中希望读书社云集书社
(2020)湘01民初1630号	湖南省长沙市中级人民法院	初审	深圳市觅客科技有限公司	衡阳函购电子商务有限公司
(2020)湘01民初65号	湖南省长沙市中级人民法院	初审	深圳市觅客科技有限公司	衡阳市福禄顺商贸有限公司；衡阳市珠晖区北海盗小吃店
(2019)湘01民初3379号	湖南省长沙市中级人民法院	初审	深圳市觅客科技有限公司	衡阳市石鼓区货郎商行
(2020)湘01民初96号	湖南省长沙市中级人民法院	初审	深圳市觅客科技有限公司	黄常金；上海寻梦信息技术有限公司
(2020)湘01知民初116号	湖南省长沙市中级人民法院	初审	深圳市觅客科技有限公司	李节春
(2019)湘01民初3545号	湖南省长沙市中级人民法院	初审	深圳市觅客科技有限公司	临湘市翰墨斋文体用品店
(2020)湘01民初98号	湖南省长沙市中级人民法院	初审	深圳市觅客科技有限公司	刘凯；上海寻梦信息技术有限公司

续表

案号	法院名称	审理程序	原告或上诉人	被告或被上诉人
（2020）湘01民初1325号	湖南省长沙市中级人民法院	初审	深圳市觅客科技有限公司	永州市冷水滩区杰智小百货经营部；杭州阿里巴巴广告有限公司
（2019）湘01民初3649号	湖南省长沙市中级人民法院	初审	深圳市觅客科技有限公司	长沙县星沙心情驿站文具店；熊小芬
（2020）湘01民初1327号	湖南省长沙市中级人民法院	初审	深圳市觅客科技有限公司	资连花；上海寻梦信息技术有限公司
（2020）苏01民初1421号	江苏省南京市中级人民法院	初审	深圳市觅客科技有限公司	李保刚
（2020）苏01民初1424号	江苏省南京市中级人民法院	初审	深圳市觅客科技有限公司	邳州市梁健通讯器材经营部
（2020）苏01民初1426号	江苏省南京市中级人民法院	初审	深圳市觅客科技有限公司	邳州市艳宝通讯器材经营部
（2020）苏05民初424号	江苏省苏州市中级人民法院	初审	深圳市觅客科技有限公司	无锡市三头象电子商务有限公司
（2020）赣01民初355号	江西省南昌市中级人民法院	初审	深圳市觅客科技有限公司	德安县富利电子商务有限公司
（2019）赣01民初589号	江西省南昌市中级人民法院	初审	深圳市觅客科技有限公司	分宜铭瑞贸易有限公司
（2019）赣01民初791号	江西省南昌市中级人民法院	初审	深圳市觅客科技有限公司	丰城华言贸易有限公司
（2020）赣01民初36号	江西省南昌市中级人民法院	初审	深圳市觅客科技有限公司	贵溪宝勒电子商务有限公司
（2019）赣01民初586号	江西省南昌市中级人民法院	初审	深圳市觅客科技有限公司	江西会昌杰菲讯贸易有限公司
（2019）赣01民初810号	江西省南昌市中级人民法院	初审	深圳市觅客科技有限公司	江西圣美贸易有限公司
（2019）赣01民初588号	江西省南昌市中级人民法院	初审	深圳市觅客科技有限公司	南昌每淘电子商务有限公司
（2020）赣01民初354号	江西省南昌市中级人民法院	初审	深圳市觅客科技有限公司	南昌水临腾电子商务有限公司
（2020）赣01民初357号	江西省南昌市中级人民法院	初审	深圳市觅客科技有限公司	南昌众德塑模有限公司

续表

案号	法院名称	审理程序	原告或上诉人	被告或被上诉人
（2020）赣01民初4号	江西省南昌市中级人民法院	初审	深圳市觅客科技有限公司	南康区康城钟表商行
（2020）赣01民初101号	江西省南昌市中级人民法院	初审	深圳市觅客科技有限公司	萍乡市和广富网络科技有限公司
（2020）鲁01民初3239号	山东省济南市中级人民法院	初审	深圳市觅客科技有限公司	冠县淘乐购百货商城
（2020）鲁01民初642号	山东省济南市中级人民法院	初审	深圳市觅客科技有限公司	济宁邦恩健商贸有限公司
（2020）鲁01民初3237号	山东省济南市中级人民法院	初审	深圳市觅客科技有限公司	阳谷华朋商贸有限公司
（2020）晋01民初471号	山西省太原市中级人民法院	初审	深圳市觅客科技有限公司	太原市保陆丰贸易有限公司；北京京东叁佰陆拾度电子商务有限公司
（2020）陕01知民初167号	陕西省西安市中级人民法院	初审	深圳市觅客科技有限公司	涂贤斌
（2019）陕01知民初1400号	陕西省西安市中级人民法院	初审	深圳市觅客科技有限公司	西安粉奇奇电子商务有限公司
（2020）陕01知民初639号	陕西省西安市中级人民法院	初审	深圳市觅客科技有限公司	西安市新城区逸致贸易商行
（2019）陕01知民初1401号	陕西省西安市中级人民法院	初审	深圳市觅客科技有限公司	西安市阎良区洁晴百货店
（2019）陕01知民初1245号	陕西省西安市中级人民法院	初审	深圳市觅客科技有限公司	榆林市榆阳区赵虎百货门市；赵虎
（2019）浙02民初1006号	浙江省宁波市中级人民法院	初审	深圳市觅客科技有限公司	苍南县隆木良草电子商务商行
（2020）浙01民初552号	浙江省杭州市中级人民法院	初审	深圳市觅客科技有限公司	慈溪市泰迦电器厂
（2019）浙02民初974号	浙江省宁波市中级人民法院	初审	深圳市觅客科技有限公司	慈溪天凡贸易有限公司
（2020）浙01民初2021号	浙江省杭州市中级人民法院	初审	深圳市觅客科技有限公司	杭州烽火科技有限公司
（2018）浙01民初4827号	浙江省杭州市中级人民法院	初审	深圳觅客科技有限公司	季香凤

续表

案号	法院名称	审理程序	原告或上诉人	被告或被上诉人
（2019）浙02民初1187号	浙江省宁波市中级人民法院	初审	深圳市觅客科技有限公司	平阳县老兵电子商务商行
（2019）浙02民初1005号	浙江省宁波市中级人民法院	初审	深圳市觅客科技有限公司	绍兴苏宁易购商贸有限公司
（2019）浙01民初3938号	浙江省杭州市中级人民法院	初审	深圳市觅客科技有限公司	深圳市创眼界电子商务有限公司
（2019）浙01民初2686号	浙江省杭州市中级人民法院	初审	深圳市觅客科技有限公司	义乌市高邈贸易有限公司
（2020）浙01民初221号	浙江省杭州市中级人民法院	初审	深圳市觅客科技有限公司	义乌市汇泽日用品厂
（2019）浙01民初3976号	浙江省杭州市中级人民法院	初审	深圳市觅客科技有限公司	义乌市翔彩进出口有限公司
（2019）浙01民初2861号	浙江省杭州市中级人民法院	初审	深圳市觅客科技有限公司	义乌市韵仪电子商务有限公司
（2020）浙01民初237号	浙江省杭州市中级人民法院	初审	深圳市觅客科技有限公司	张汉龙
（2020）浙01民初243号	浙江省杭州市中级人民法院	初审	深圳市觅客科技有限公司	邹振柱；浙江淘宝网络有限公司
（2020）粤73民初140号	广州知识产权法院	初审	深圳市觅客科技有限公司	顶鑫（广州）科技有限公司
（2020）粤73民初141号	广州知识产权法院	初审	深圳市觅客科技有限公司	东莞市东城智美礼品经营部
（2020）粤73民初843号	广州知识产权法院	初审	深圳市觅客科技有限公司	东莞市虎门广君通讯器材店
（2020）粤73民初844号	广州知识产权法院	初审	深圳市觅客科技有限公司	东莞市虎门广欣手机配件店
（2020）粤73民初639号	广州知识产权法院	初审	深圳市觅客科技有限公司	东莞市虎门锐铭电脑经营部；东莞市虎门太生电子产品商店
（2020）粤73民初1754号	广州知识产权法院	初审	深圳市觅客科技有限公司	东莞市虎门雅苑文具店
（2020）粤73民初1808号	广州知识产权法院	初审	深圳市觅客科技有限公司	东莞市清溪恒展发文具店

续表

案号	法院名称	审理程序	原告或上诉人	被告或被上诉人
（2020）粤 73 民初 1069 号	广州知识产权法院	初审	深圳市觅客科技有限公司	东莞市万江韩饰工艺品店
（2020）粤 73 民初 1070 号	广州知识产权法院	初审	深圳市觅客科技有限公司	东莞市万江雅尔星电器商行
（2018）粤 73 民初 3271 号	广州知识产权法院	初审	深圳市觅客科技有限公司	东莞市翔浩电子科技有限公司；胡浩
（2020）粤 73 民初 1161 号	广州知识产权法院	初审	深圳市觅客科技有限公司	方宝强
（2020）粤 73 民初 1894 号	广州知识产权法院	初审	深圳市觅客科技有限公司	广州佳信懿馨美妆有限公司；马德雄
（2021）粤 73 民初 105 号	广州知识产权法院	初审	深圳市觅客科技有限公司	广州市番禺区大龙智若儒文具经营部
（2020）粤 73 民初 454 号	广州知识产权法院	初审	深圳市觅客科技有限公司	广州市番禺区浦曾信设备店
（2020）粤 73 民初 1612 号	广州知识产权法院	初审	深圳市觅客科技有限公司	广州市和力电子科技有限公司
（2018）粤 73 民初 3151 号	广州知识产权法院	初审	深圳市觅客科技有限公司	广州市荔湾区华盛康电子商行
（2020）粤 73 民初 1221 号	广州知识产权法院	初审	深圳市觅客科技有限公司	广州市南沙区左购右购商店
（2018）粤 73 民初 3153 号	广州知识产权法院	初审	深圳市觅客科技有限公司	广州市越秀区陶建安电子商行
（2020）粤 73 民初 2072 号	广州知识产权法院	初审	深圳市觅客科技有限公司	广州优华汇电子商务有限公司
（2020）粤 73 民初 111 号	广州知识产权法院	初审	深圳市觅客科技有限公司	何晓霞
（2020）粤 73 民初 1699 号	广州知识产权法院	初审	深圳市觅客科技有限公司	李俊林
（2020）粤 73 民初 1328 号	广州知识产权法院	初审	深圳市觅客科技有限公司	林玉井
（2019）粤 73 民初 1145 号	广州知识产权法院	初审	深圳市觅客科技有限公司	上海寻梦信息技术有限公司；郑康镇
（2020）粤 73 民初 1150 号	广州知识产权法院	初审	深圳市觅客科技有限公司	深圳市永和益贸易有限公司；邱某 1

续表

案号	法院名称	审理程序	原告或上诉人	被告或被上诉人
（2020）粤73民初1530号	广州知识产权法院	初审	深圳市觅客科技有限公司	深圳市云也科技有限公司；黄李云
（2020）粤73民初1151号	广州知识产权法院	初审	深圳市觅客科技有限公司	谭锐敏
（2020）粤73民初138号	广州知识产权法院	初审	深圳市觅客科技有限公司	赵富洋
（2020）粤73民初136号	广州知识产权法院	初审	深圳市觅客科技有限公司	钟椅芳
（2020）粤73民初915号	广州知识产权法院	初审	深圳市觅客科技有限公司	钟泽权
（2020）粤73民初636号	广州知识产权法院	初审	深圳市觅客科技有限公司	广州辉浩铭科技有限公司
（2020）粤73民初1137号	广州知识产权法院	初审	深圳市觅客科技有限公司	深圳市龙岗区富聚全电子商行
（2020）沪73民初17号	上海知识产权法院	初审	深圳市觅客科技有限公司	贺宇锋；上海寻梦信息技术有限公司
（2020）沪73民初18号	上海知识产权法院	初审	深圳市觅客科技有限公司	李志菊；上海寻梦信息技术有限公司
（2020）沪73民初21号	上海知识产权法院	初审	深圳市觅客科技有限公司	史博超；上海寻梦信息技术有限公司
（2020）沪73民初15号	上海知识产权法院	初审	深圳市觅客科技有限公司	钟泽权；上海寻梦信息技术有限公司
（2019）渝05民初3938号	重庆市第五中级人民法院	初审	深圳市觅客科技有限公司	李果
（2019）渝01民初1108号	重庆市第一中级人民法院	初审	深圳市觅客科技有限公司	铜梁区金悦电子商务中心；飞尔迈环保科技（深圳）有限公司
（2019）渝05民初3939号	重庆市第五中级人民法院	初审	深圳市觅客科技有限公司	杨青友
（2019）渝05民初3944号	重庆市第五中级人民法院	初审	深圳市觅客科技有限公司	杨涛
（2019）渝05民初3943号	重庆市第五中级人民法院	初审	深圳市觅客科技有限公司	渝中区好意达礼品经营部

续表

案号	法院名称	审理程序	原告或上诉人	被告或被上诉人
(2019) 渝 05 民初 3945 号	重庆市第五中级人民法院	初审	深圳市觅客科技有限公司	渝中区陕西路强大办公用品商行

此外，深圳唐恩科技有限公司拥有的实用新型专利"一种麦克风音箱一体设备"（CN201620118413.4），有 97 次专利民事诉讼，审理程序中终审 10 次，初审 87 次。涉案专利 CN201620118413.4 被请求宣告无效 11 次，最近 1 次的无效决定结论为部分无效。

4.3.6 广东省专利民事诉讼案件技术领域分析

从广东省家电产业专利民事诉讼案件的技术布局情况来看，照明电器领域涉及的案件数量排名第一位，为 921 件，明显高于其他领域；排名第二位的为空调电器领域，涉及案件数量为 687 件；厨房电器领域排名第三位，涉及案件数量为 518 件（见图 4-3-13）。这与照明电器领域、空调电器领域、厨房电器领域在广东省家电产业关注度高、产业基础好，专利量大密不可分。

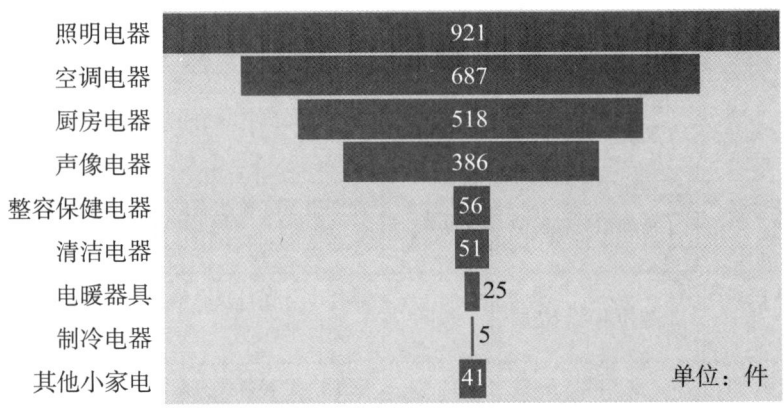

图 4-3-13 广东省家电产业专利民事诉讼案件技术布局情况

从广东省家电产业各技术分支专利民事诉讼案件变化趋势来看，照明电器领域早期结案数量呈缓慢增长态势，2014 年结案量开始增长，2020 年达到峰值，为 131 件，此后有所下降。空调电器领域早期结案数量少，2017 年开始结案量快速增长，2020 年案件数量激增到 423 件，此后又快速下降。厨房电器领域早期结案案件数量少，2014 年开始结案量快速增长，2019 年达到峰值，为 98 件，此后有所下降。其他主要技术分支专利民事诉讼结案数量变化趋势波动不大，趋于平稳态势（见图 4-3-14）。

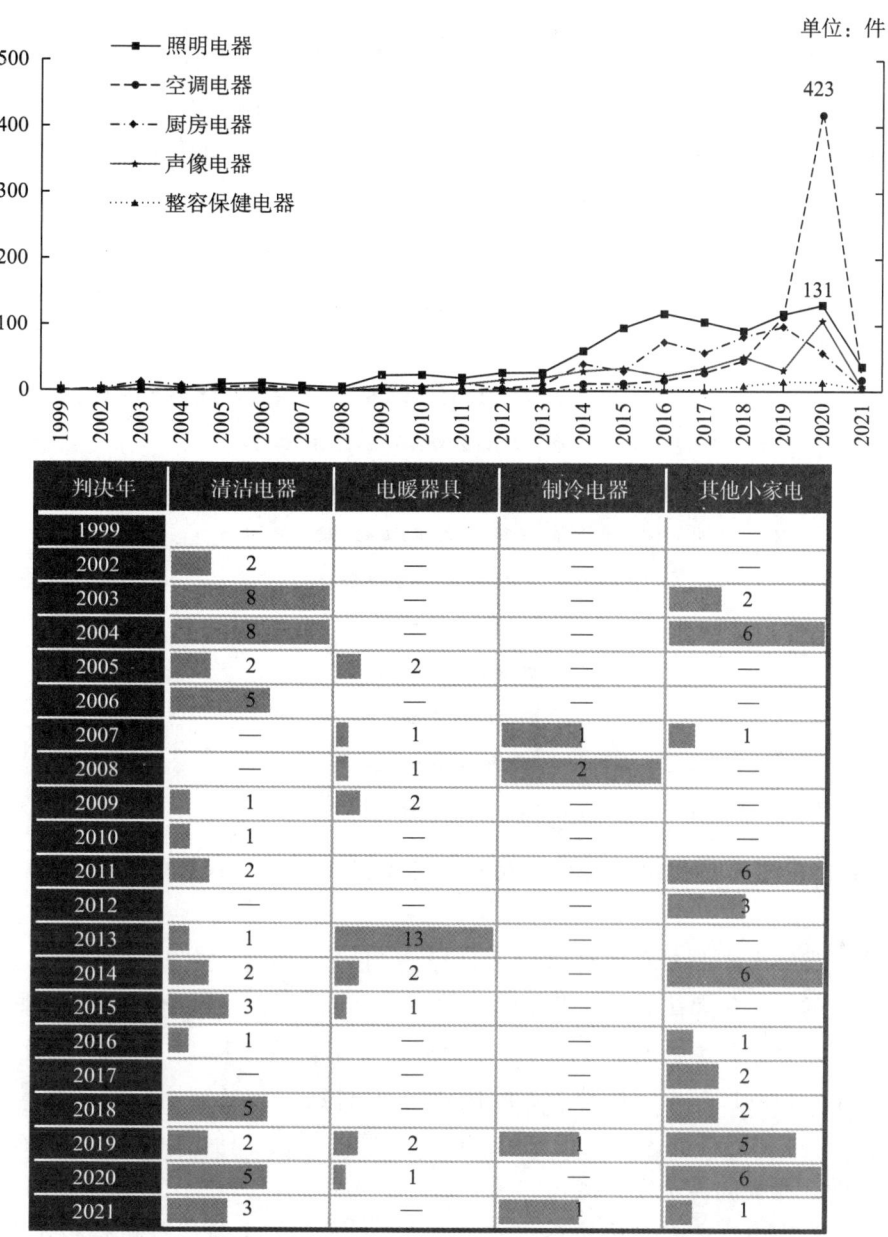

图 4-3-14 广东省家电产业各技术分支专利民事诉讼案件变化趋势

4.3.7 广东省专利民事诉讼案件代理机构分析

4.3.7.1 广东省专利民事诉讼案件原告/上诉人代理机构分析

从广东省家电产业专利民事诉讼案件原告/上诉人的主要代理机构来看，广东华埠律师事务所代理的案件数量排名第一位，为153件；排名第二位的为广东普罗米修律师事务所，代理的案件数量为77件；广东卓建律师事务所排名第三位，代理的案件数量为69件。可以看出，广东省家电领域专利民事诉讼以本地律师事务所为主（见图4-3-15）。

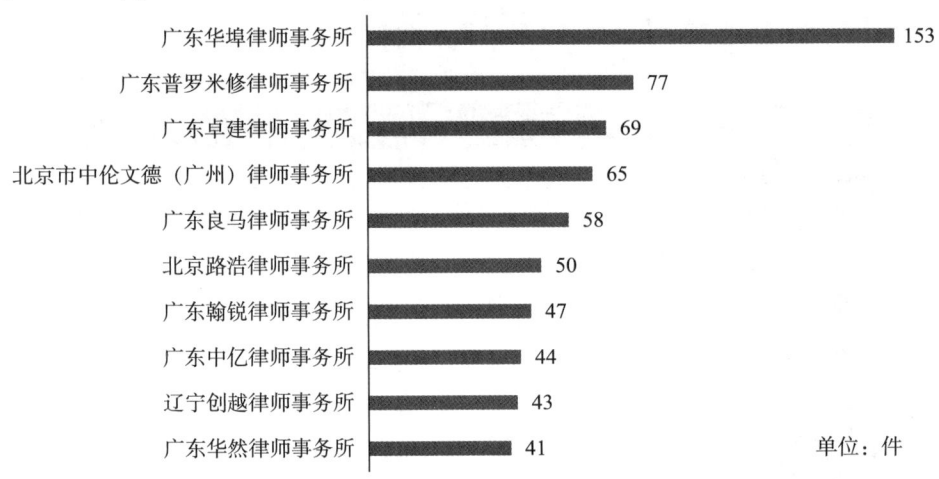

图4-3-15 广东省家电产业专利民事诉讼案件原告/上诉人 TOP 10 代理机构情况

从广东省家电产业专利民事诉讼案件原告/上诉人的主要代理机构专利类型来看，排名第一位的广东华埠律师事务所的153件案件全部涉及外观设计专利；排名第二位的广东普罗米修律师事务所的77件案件中涉及实用新型专利12件，外观设计专利65件；排名第三位的广东卓建律师事务所代理的69件案件涉及实用新型专利5件，外观设计专利64件（见图4-3-16）。可见，广东省家电领域专利民事诉讼案件的律师事务所对外观设计专利的诉讼较为擅长。

从广东省家电产业专利民事诉讼案件原告/上诉人的主要代理机构技术领域来看，排名第一位的广东华埠律师事务所代理案件全部为空调电器领域；排名第二位的广东普罗米修律师事务所照明电器领域和声像电器领域占比多，分别为44.2%、40.3%；排名第三位的广东卓建律师事务所空调电器领域占比最多，为79.7%，其次是声像领域，占比为11.6%（见表4-3-4）。三家主要代理所代理专利案件的细分领域有所不同，有的擅长空调领域、有的擅长照明电器、有的擅长声像领域。

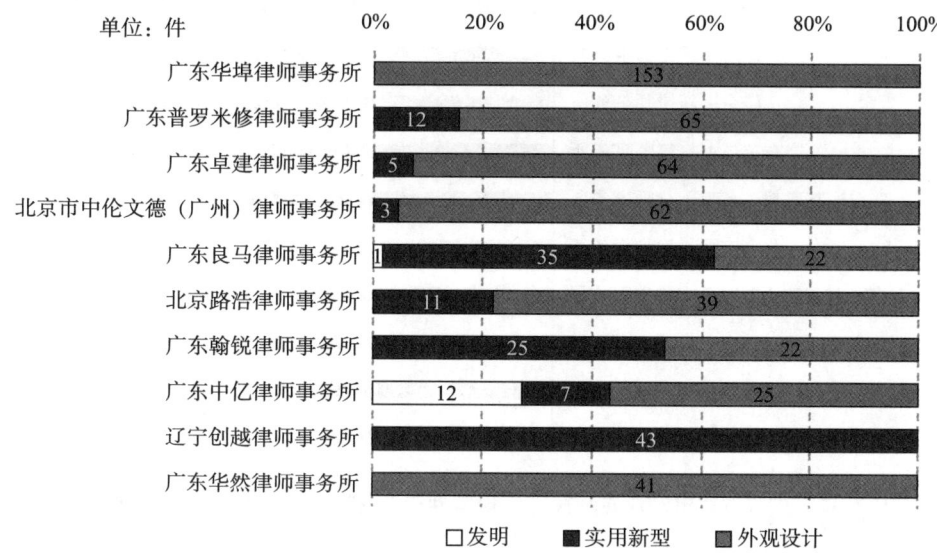

图 4-3-16 广东省家电产业专利民事诉讼案件原告/上诉人 TOP 10 代理机构专利类型

表 4-3-4 广东省家电产业专利民事诉讼案件原告/上诉人 TOP 10 代理机构技术领域

原告/上诉人代理机构	空调电器	声像电器	厨房电器	照明电器	整容保健电器	清洁电器
广东华埠律师事务所	100.0%	—	—	—	—	—
广东普罗米修律师事务所	9.1%	40.3%	6.5%	44.2%	—	—
广东卓建律师事务所	79.7%	11.6%	1.4%	7.2%	—	—
北京市中伦文德（广州）律师事务所	—	—	98.5%	1.5%	—	—
广东良马律师事务所	—	87.9%	—	1.7%	8.6%	1.7%
北京路浩律师事务所	—	54.0%	22.0%	24.0%	—	—
广东翰锐律师事务所	2.1%	17.0%	40.4%	38.3%	—	2.1%
广东中亿律师事务所	—	2.3%	20.5%	77.3%	—	—
辽宁创越律师事务所	—	100.0%	—	—	—	—
广东华然律师事务所	95.1%	4.9%	—	—	—	—

4.3.7.2 广东省专利民事诉讼案件被告/被上诉人代理机构分析

从广东省家电产业专利民事诉讼案件被告/被上诉人的主要代理机构来看，广东中亿律师事务所代理的案件数量排名第一位，为 36 件；排名第二位的为广东泽正律师事务所，代理的案件数量为 24 件；广东格新律师事务所排名第三位，代理的案件数量为 23 件。由此看来被告方委托代理专利案件的律师事务所也以广东省本地律师事务所为主（见图 4-3-17）。

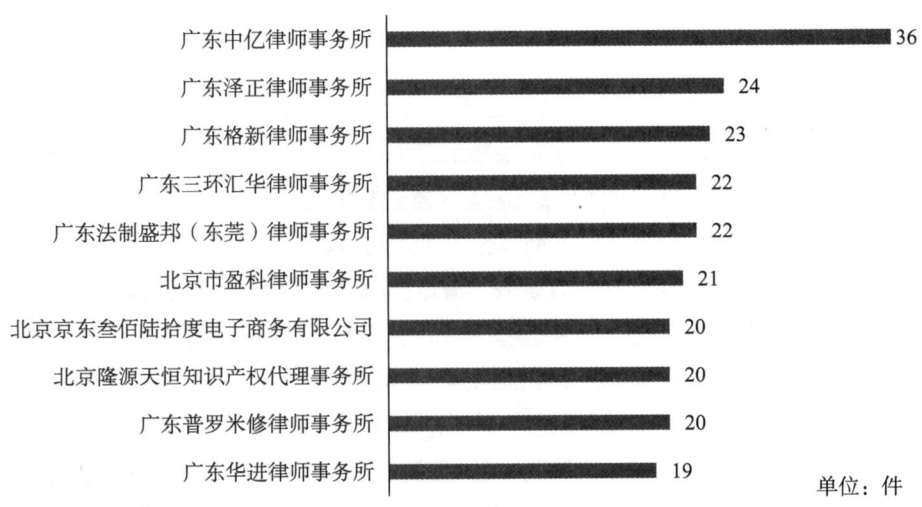

图 4-3-17 广东省家电产业专利民事诉讼案件被告/被上诉人 TOP 10 代理机构情况

从广东省家电产业专利民事诉讼案件被告/被上诉人的主要代理机构专利类型来看，代理的案件数量排名第一位的广东中亿律师事务所的 36 件案件涉及发明专利 18 件，实用新型专利 6 件，外观设计专利 12 件；排名第二位的广东泽正律师事务所，代理的 24 件案件中涉及发明专利 3 件，实用新型专利 10 件，外观设计专利 11 件；排名第三位的广东格新律师事务所代理的 22 件案件涉及发明专利 1 件、实用新型专利 14 件、外观设计专利 8 件。由此看来，各事务所代理案件涉及的专利类型各有不同，广东中亿律师事务所代理案件的专利类型较均衡（见图 4-3-18）。

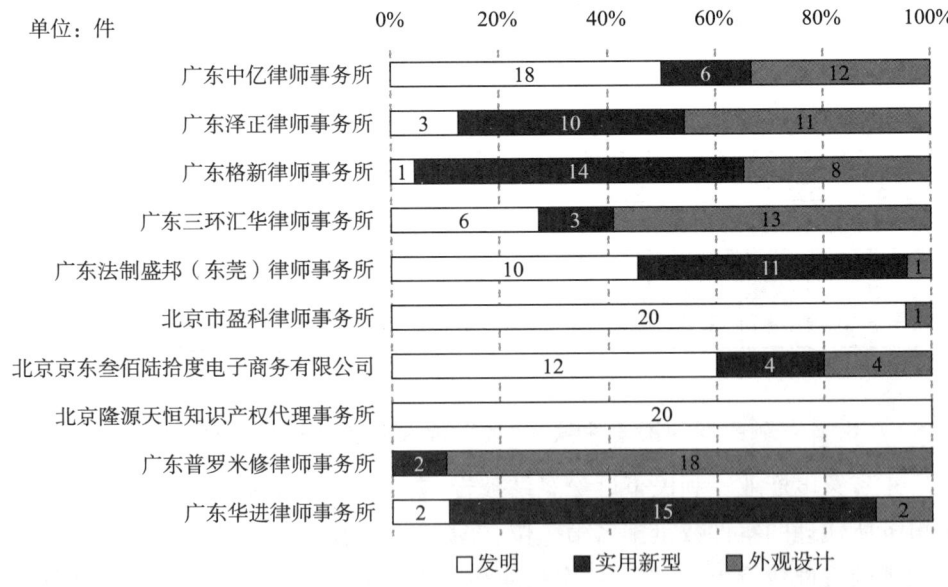

图 4-3-18 广东省家电产业专利民事诉讼案件被告/被上诉人 TOP 10 代理机构专利类型

从广东省家电产业专利民事诉讼案件被告/被上诉人的主要代理机构技术领域来看，排名第一的广东中亿律师事务所代理案件领域占比最多的为照明电器领域，占比为58.3%，其次是空调领域，占比为22.2%；排名第二的广东泽正律师事务所照明电器领域占比最多，为66.7%，其次为声像领域，占比为16.7%；排名第三的广东格新律师事务所照明电器领域占比突出，为95.7%（见表4-3-5）。被告委托代理机构代理案件的技术领域各有侧重，照明、厨房电器、空调电器是许多律所侧重的细分领域。

表4-3-5 广东省家电产业专利民事诉讼案件被告/被上诉人TOP 10代理机构技术领域

被告/被上诉人代理机构	照明电器	厨房电器	空调电器	声像电器	整容保健电器	其他小家电
广东中亿律师事务所	58.3%	13.9%	22.2%	2.8%	—	2.8%
广东泽正律师事务所	66.7%	12.5%	4.2%	16.7%	—	—
广东格新律师事务所	95.7%	—	4.3%	—	—	—
广东三环汇华律师事务所	27.3%	45.5%	13.6%	13.6%	—	—
广东法制盛邦（东莞）律师事务所	31.8%	68.2%	—	—	—	—
北京市盈科律师事务所	—	100.0%	—	—	—	—
北京京东叁佰陆拾度电子商务有限公司	10.0%	60.0%	20.0%	10.0%	—	—
北京隆源天恒知识产权代理事务所	—	—	100.0%	—	—	—
广东普罗米修律师事务所	40.0%	—	10.0%	50.0%	—	—
广东华进律师事务所	5.3%	15.8%	73.7%	—	5.3%	—

下编

案例

专利维权可以帮助专利权人达到获取赔偿、消除不正当竞争、争夺市场份额、许可专利权、消耗竞争对手资源、损害被告形象、免费广告宣传、实施商业合作、威慑侵权人、延缓对手上市等目标。从广东省专利纠纷当事人的案件中能够了解到各种诉讼策略及案件处理经验。本书以专利无效和诉讼数据为基础，对重点产业涉事企业和服务机构深入调查研究，从专利无效和专利诉讼的"事后之眼"及不同当事人的视角梳理专利侵权纠纷的关键节点和重要事件案例，帮助企业领悟出可以作为"后事之师"的宝贵经验，并充分利用这些宝贵经验赋予企业"未来之眼"，预判专利侵权纠纷的各种专利问题，并提前应对。

为发挥案件对广东省重点产业的创新主体的指导和示范作用，本书按照以下原则筛选案例。第一，专利纠纷案件所属的领域为新一代信息技术、生物医药、家电技术等领域，并在细分领域专利纠纷案件中频次较高；第二，专利纠纷案件涉及专利无效、专利无效行政诉讼或专利侵权民事诉讼，且案件已结案或部分结案，有确定的判决结果；第三，案件的当事人在行业中的地位和影响力，如当事人为上市公司、龙头企业等；第四，案件本身的社会影响力较大，如新闻较多，赔偿金额巨大，入选最高人民法院知识产权指导新型案例、年度十大复审无效典型案例等；第五，案件本身具有典型特征，案件过程有亮点，如某一环节对案件判决结果起到了关键作用、案件审理方式有示范作用；第六，筛选的案例也综合考虑了涉案专利的专利类型、专利质量等因素。基于上述筛选原则，本书从新一代信息技术、生物技术和家电领域中筛选的案例涉及慢炖锅、榨汁机、风扇、相机、电吹风、无人机、键盘、颈椎治疗仪等领域。当事人涉及深圳市大疆创新科技有限公司、深圳迈瑞生物医疗电子股份有限公司、深圳来电科技有限公司、未来穿戴健康科技股份有限公司等知名企业。每个案例都有明显特点，有的经历了多次无效，有的获得过中国专利奖，有的是大众耳熟能详的快销产品，有的涉及互联网证据的使用等。

在完成案例初步筛选后，我们对相关案件涉及的产业背景、竞争格局、案件的基本案情进行归纳和总结，提炼出案件核心问题，结合案例情况重点提出案例给广东省重点产业创新主体带来的启示，为重点产业企业在遇到类似问题时提供参考借鉴。下面将分领域将案例进行一一解析。

第5章 广东省新一代信息技术产业典型案例解析

5.1 共享充电宝专利侵权诉讼案

5.1.1 产业背景

共享充电宝是企业提供的充电租赁设备，用户使用移动设备扫描设备屏幕上的二维码交付押金即可租借一个充电宝，充电宝成功归还后，押金可随时提现并退回账户。共享充电是一种典型的共享经济模式。

共享充电宝行业作为共享经济下的新兴行业，发展前景广阔，受到了各级政府的高度重视和国家产业政策的重点支持。国家陆续出台了多项政策支持共享经济及共享充电宝行业发展，为共享充电宝行业发展提供了有效的政策扶持，为企业提供了良好的生产经营环境。

2014年8月6日，深圳来电科技有限公司成立。随后，有了接二连三的入局者。2017年，随着共享经济概念的火爆，共享充电宝也被资本推上风口，共享充电服务市场规模从2017年的20亿元增长至2020年的95.7亿元，我国共享充电宝行业实现规模化发展。2021年4月，研究机构数据显示，2020年全国在线共享充电宝设备量已超过440万，用户规模从2017年的0.8亿人增长到2020年的2.9亿人。❶

中国智能手机普及率正逐步提升。浏览网页、看视频、微信聊天、手机购物、云会议……智能手机的应用场景越来越丰富。在手机使用时间不断增加与使用强度不断提高的同时，手机续航技术的突破却不足以满足用户的用电需求。目前对手机锂电池的改进方案是增加手机电芯容量与改善锂电池能量密度。而增大电芯容量会导致稳定性下降，甚至会带来安全隐患，目前电池容量的年均增速为3%~4%。对于改善锂电池的能量密度，目前没有经济和效果显著的正负极替代材料，而通过改进电解液和正极材料提高能量密度时，会影响电芯的循环性能。此外，对于快充、无线充电技术而

---

❶ 王蕤. 2021年中国共享充电宝行业市场现状与发展前景分析 市场规模和用户规模增速均下降［EB/OL］.（2021-07-08）［2022-06-01］. https://www.qianzhan.com/analyst/detail/220/210708-b63b4d4b.html.

言,其仅是一种改良的充电方式,并未解决移动充电的实质问题。基于上述原因引起的"低电量焦虑"使得共享充电宝行业需求市场与商业模式更加稳定,预计共享充电宝行业未来3~5年将保持相对稳定与高速的增长。

共享充电宝整体线下消费场景渗透率在20%~30%,点位的布局尚未饱和,尤其是三四线城市还有较大的开发空间。截至2019年年底,餐饮场景的渗透率最高,约占50.0%;其次是休闲娱乐,包括购物场所、影院、KTV、酒吧、网吧等,约占30.0%;最后是其他类,如医院、酒店、交通枢纽等场所。随着平台资本实力和营运能力的增强,行业将从对单一门店的渗透过渡到对大型的商业综合体、连锁餐饮及高铁酒店的布局开拓。❶

5.1.2 竞争格局

共享充电宝是在"共享"风口上出现的全新细分行业。共享充电服务兴起于2014年,而深圳市搜电科技发展有限公司、深圳街电科技有限公司成立的2015年,被称为"共享充电宝元年",当年我国有355家与充电宝相关的企业完成了注册。各家企业为了抢占市场,采取了低价或免费推广的营销策略。在资本推动作用下,行业对铺设场景的争夺日趋激烈,随着运营战略不断调整,尾部企业陆续退出市场,如2017年10月11日,共享充电宝首现出局者,乐电(杭州兔兔帮科技有限公司)官方微信宣布停止运营。2018年,行业进入寡头竞争阶段,街电、小电科技、怪兽充电、来电诸商品的头部地位逐步明晰,"三电一兽"的竞争格局逐渐形成。相关数据显示,2019年"三电一兽"在共享充电宝市场的份额达到96.3%,4家公司基本完成了市场瓜分。无论是用户规模、设备铺设密度和广度,还是主营收入上,"三电一兽"都处于领先地位。2020年,美团加入共享充电宝战局,开始大量地招人及地推,拉起了"百城大战",凭借着自身拥有数量庞大的商家群体,迅速切入市场,让竞争更加白热化。共享充电宝的竞品信息如表5-1-1所示。

表5-1-1 共享充电宝主要竞品信息

竞品名称	最新融资轮次	成立时间	所属地	所属企业
熊猫电	—	20180426	成都	成都黑火石科技有限公司
漫游星际	天使轮	20170720	北京	北京漫游星际科技有限公司
放电科技	天使轮	20170619	北京	北京放电科技有限公司
随充	天使轮	20170519	深圳	深圳骐骥网络科技有限公司

---

❶ 艾瑞咨询. 2020年中国共享充电宝行业研究报告[EB/OL].(2020-03-27)[2022-06-02]. http://www.199it.com/archives/1026574.html.

续表

竞品名称	最新融资轮次	成立时间	所属地	所属企业
非常电	种子轮	20170505	上海	静信信息技术（上海）有限公司
怪兽充电	EM. NASDAQ	20170428	上海	上海挚想科技有限公司
魔宝电源	A 轮	20170118	北京	北京有财网络科技有限公司
小斑充电	天使轮	20170109	上海	上海早糯网络科技有限公司
小右充电宝	种子轮	20161228	杭州	杭州小右贸易有限公司
小电科技	股权投资	20161206	北京	杭州小电科技股份有限公司
小宝充电	天使轮	20161206	北京	北京租乐科技有限公司
云租电	被收购	20160629	深圳	深圳市租电智能科技有限公司
掌充	Pre—A 轮	20151214	上海	上海和阅网络科技有限公司
街电	战略合并	20151124	深圳	深圳市街电科技有限公司
易电	—	20151022	深圳	—
云充吧	天使轮	20151015	深圳	深圳市云充吧科技有限公司
搜电充电	战略合并	20150924	深圳	深圳竹芒科技股份有限公司
河马充电	A 轮	20150911	北京	上海熊家信息科技有限公司
Hi 电	A 轮	20150630	上海	上海数朋网络科技有限公司
友电科技	—	20150507	广州	广州市友电科技有限公司
乐电	—	20150114	杭州	杭州兔兔帮科技有限公司
畅充科技	Pre-A 轮	20141106	北京	畅充科技（北京）有限公司
来电科技	A 轮	20140806	深圳	深圳来电科技有限公司
锐悠互动	A 轮	20140630	上海	锐悠（上海）信息科技有限公司
捷诺科技	A 轮	20130304	大连	大连捷诺科技有限公司

数据来源：企查查。

面对美团的强势崛起，上海挚想科技有限公司（旗下品牌"怪兽充电"）、杭州小电科技股份有限公司选择上市融资。2021年4月1日，上海挚想科技有限公司正式在纳斯达克挂牌上市，成为共享充电宝第一股。4月30日，杭州小电科技股份有限公司向港交所递交了上市申请。而搜电充电、街电则选择了强强联手。5月6日，两大共享充电宝品牌完成合并，所属母公司正式定名为"深圳竹芒科技股份有限公司"。至此，共享充电宝"三电一兽"的格局，演变成"小竹兽+美团"。❶

---

❶ 艾瑞咨询. 2020年中国共享充电宝行业研究报告 [EB/OL]. (2020-03-27) [2022-06-02]. http://www.199it.com/archives/1026574.html.

上海挚想科技有限公司是领先的科技消费公司，于 2017 年 5 月在上海成立。依托强大的物联网络技术和大数据分析能力，上海挚想科技有限公司已经构建了庞大的线上线下网络，致力于为用户提供多场景下的共享充电服务。截至 2020 年 12 月 31 日，上海挚想科技有限公司构建了包含超过 66.4 万（POI 点位）的共享充电网络，累计注册用户超过 2.19 亿，向市场投放超过 500 万共享充电宝。从 2020 年市场格局来看，上海挚想科技有限公司后来居上，以 34.4% 的市场份额领跑共享充电行业。2021 年 4 月 1 日，上海挚想科技有限公司以股票代码"EM"挂牌纳斯达克，凭借领先的行业地位、良好的商业模式及突出的市场表现被称为"共享充电第一股"。上市前怪兽充电获得多轮融资，阿里巴巴、高瓴资本集团、顺为资本、软银亚洲风险投资公司、小米、新天域、云九、CMC 等均为大股东。❶

深圳来电科技有限公司是共享充电宝行业的开创企业，主要业务覆盖充电宝自助租赁、定制商场导航系统开发、广告展示设备及广告传播等服务。深圳来电科技有限公司拥有业内立体化产品线，大中小机柜及桌面型。目前全国 90% 的城市实现业务服务落地，注册用户超 2 亿人，实现全场景用户需求。深圳来电科技有限公司最早进行专利布局，除了拥有行业底层专利外，还获得了含金量高的中国专利奖。

深圳街电科技有限公司成立于 2015 年，主营"街电"城市移动电源租借服务。与传统的租借服务不同，Anker 街电的租借服务完全由用户自主完成。用户只需要扫描机箱上的二维码，根据提示操作即可借出移动电源为手机充电。2017 年获得 A 轮融资，获得 IDG 资本、欣旺达、联新、聚美优品等的投资。2020 年，街电累计用户近 3 亿，被艾媒咨询评为"2020 年度最具投资价值企业"。2021 年 4 月 1 日，搜电充电与街电正式宣布合并，市场份额行业第一。深圳街电科技有限公司与深圳来电科技有限公司的专利纠纷在行业内热度很高。

杭州小电科技股份有限公司成立于 2016 年 12 月，是中国领先的共享充电宝服务提供商。截至 2020 年 12 月 31 日，杭州小电科技股份有限公司的共享充电宝服务拥有超过 71 万个点位，已投放近 600 万个充电宝，超过 2.37 亿注册用户。杭州小电科技股份有限公司在用户触达方面拥有行业强势地位。

业内认为，共享充电宝企业的核心竞争力在资金力、供应力、场景力和技术力。资金力、供应力、场景力主要体现在融资能力，而技术力主要在于专利，专利在共享充电宝行业起到了"护城河"的作用。随着国内企业知识产权保护意识的逐渐增强，企业对专利布局及维权愈加重视，专利或将成为共享充电宝的"核武器"，决定其生死。

截至 2021 年 12 月，共享充电宝头部企业（"三电一兽"企业）专利申请量为 442 件，各企业专利申请量如图 5-1-1 所示。其中，深圳来电科技有限公司的中国专利申

---

❶ 资料来源：企查查。

请量为 196 件，排名第一；其次是深圳街电科技有限公司，中国专利申请量为 142 件。杭州小电科技股份有限公司和上海挚想科技有限公司中国专利申请量分别为 73 件和 31 件，不及深圳来电科技有限公司和深圳街电科技有限公司。从专利申请量对比可以看出，深圳来电科技有限公司作为共享充电宝行业的开创者、技术不断研发与迭代的行业引领者，最早进行专利布局，专利申请量及授权量均领先竞争对手。

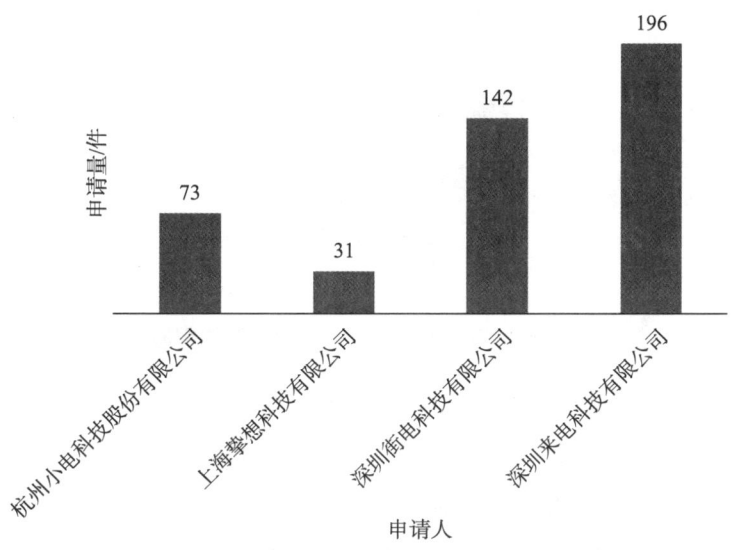

图 5-1-1　共享充电宝头部企业专利申请量对比

2018 年，深圳来电科技有限公司旗下产品专利 CN201520103318.2 获得国家知识产权局与世界知识产权组织的"第二十届中国专利奖银奖"，该技术是深圳来电科技有限公司发明创造的一种吸纳式充电装置，同时也是目前行业内的通用技术。该吸纳式充电装置包括吸纳滚轮机构、充电机构、主控 PCB。用户在使用该实用新型吸纳式充电装置时，将电源置于该一级滚轴组件的两个对设滚轴之间，即可由滚轴的滚动带动电源将电源吸纳进装置中，送至充电机构进行充电，充电完毕再由吸纳滚轮机构运送出来，操作简单方便。

如图 5-1-2 所示，从头部企业专利类型对比来看，大部分企业以发明和实用新型专利申请为主，外观设计申请量占比最小。在专利申请数量上，深圳来电科技有限公司以 85 件实用新型专利、70 件发明专利和 41 件外观设计专利全面领先。深圳街电科技有限公司以 65 件实用新型专利、42 件发明专利和 35 件外观设计专利紧随深圳来电科技有限公司。在申请量的专利类型分布上，上海挚想科技公司的发明专利申请量为 17 件，占其全部专利申请量的比例最大；杭州小电科技股份有限公司的实用新型专利申请为 36 件，占其全部专利申请量的比例最大。从专利纠纷在专利类型的分布来看，共享充电宝行业以发明和实用新型技术型专利竞争为主。

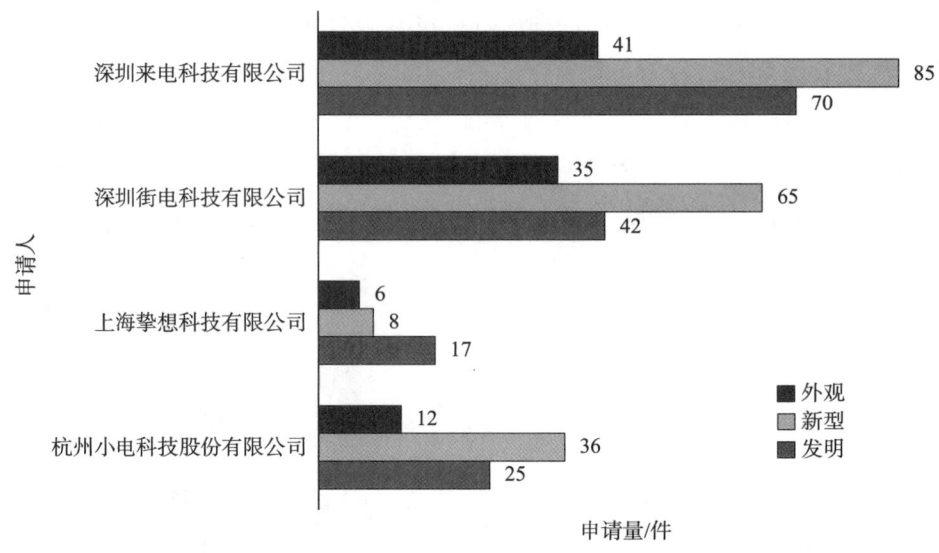

图 5-1-2 共享充电宝头部企业专利类型对比

从头部企业专利有效性来看,深圳来电科技有限公司的有效专利数量最多,为118件,如图 5-1-3 所示。深圳来电科技有限公司的专利技术涵盖了移动电源自动租赁设备、移动电源的租借方法、租借终端等。深圳街电科技有限公司有 92 件有效专利,杭州小电科技股份有限公司有 50 件专利保持有效。截至 2021 年 12 月 31 日,上海挚想科技有限公司的有效专利数量最少,仅为 17 件。

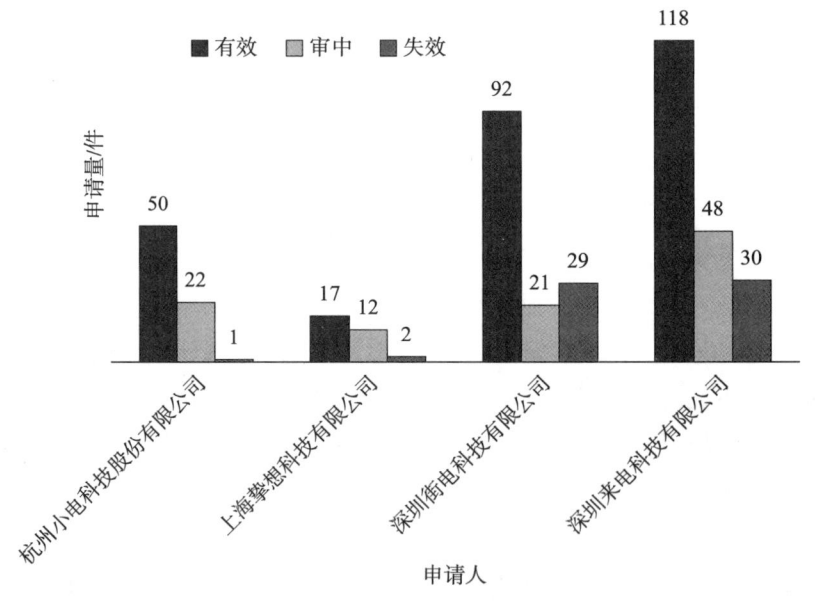

图 5-1-3 共享充电宝头部企业有效专利情况

头部企业的涉诉专利大多来自深圳来电科技有限公司,其重视专利申请,在行业起步阶段便申请了多项专利，专利申请量和专利授权量均领先于其他竞争对手。其专利号为 CN201520103318.2，名称为"吸纳式充电装置"的实用新型专利还曾获得了中国专利奖银奖。同时，该实用新型专利涉及的诉讼次数最多，如表 5-1-2 所示，深圳街电科技有限公司为该专利侵权纠纷最多的当事人。下面以深圳来电科技有限公司与深圳街电科技有限公司就该专利涉及的侵权纠纷案件作为共享充电宝领域的剖析案例。

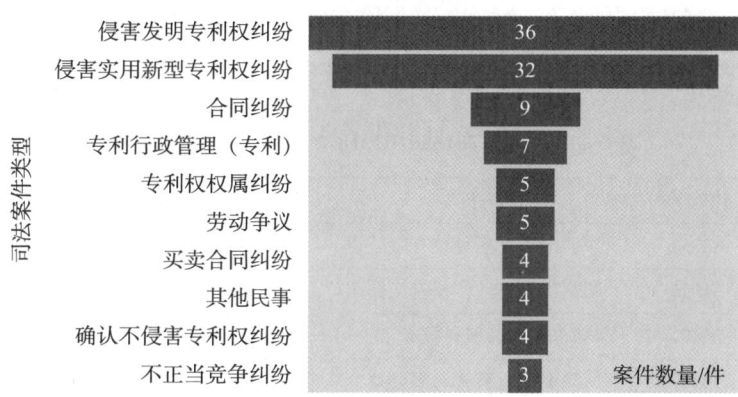

图 5-1-4　深圳来电科技有限公司司法案件统计

注：数据来自企查查。

表 5-1-2　头部企业共享充电宝领域涉诉专利

申请号	申请日	发明名称	专利权人	专利类型	诉讼次数/次
CN201520103318.2	20150212	吸纳式充电装置	深圳来电科技有限公司	实用新型	15
CN201520847953.1	20151028	移动电源租用设备及充电夹紧装置	深圳来电科技有限公司	实用新型	11
CN201580000022.0	20150212	移动电源自动租赁设备	深圳来电科技有限公司	发明	8
CN201520691258.0	20150907	一种移动电源	深圳来电科技有限公司	实用新型	7
CN201580000026.9	20150214	一种移动电源租借终端	深圳来电科技有限公司	发明	6
CN201520103319.7	201502012	移动电源自动租赁设备	深圳来电科技有限公司	实用新型	6
CN201580000024.X	20150214	一种移动电源的租借方法、系统及租借终端	深圳来电科技有限公司	发明	5
CN201520112053.2	20150214	一种移动电源租借终端	深圳来电科技有限公司	实用新型	5
CN201621437433.4	20161226	组合式移动电源租赁设备	深圳来电科技有限公司	实用新型	1
CN201920318913.6	20190311	一种充电单元以及移动电源充电设备	深圳来电科技有限公司	实用新型	1

5.1.3 基本案情

国家知识产权局针对 CN201520103318.2 专利（吸纳式充电装置）作出过 4 次无效宣告决定，如表 5-1-3 所示，请求人均在 2017 年提出。其中三次审查决定维持专利权全部有效，而第 36489 号审查决定则宣告权利要求 1~3、5~8 无效，在授权公告文本权利要求 4、9、10 的基础上继续维持该专利有效。深圳来电科技有限公司向北京知识产权法院起诉，北京知识产权法院维持了第 36489 号无效宣告审查决定。

表 5-1-3　CN201520103318.2 专利无效宣告请求

案件编号	决定号	请求人	请求日	决定日	无效结论
5W112085	33358	深圳市云充吧科技有限公司	20170227	20170821	维持全部有效
5W112630	34826	深圳市云充吧科技有限公司	20170518	20180130	维持全部有效
5W113183	35181	深圳市租电智能科技有限公司	20170915	20180309	维持全部有效
5W113908	36489	深圳街电科技有限公司	20171130	20180629	宣告部分无效

深圳来电科技有限公司对深圳街电科技有限公司在多地发起了多起实用新型专利侵权诉讼，如表 5-1-4 所示，其中以（2017）粤 03 民初 1708 号和（2018）粤 73 民初 1851 号最为典型。下面对这两个案件进行详细介绍。

表 5-1-4　深圳来电科技有限公司与深圳街电科技有限公司涉及诉讼（吸纳式充电装置）

案号	法院	判决日期	审判结果	案件名称
（2017）京 73 民初 357 号	北京知识产权法院	20180525	深圳来电科技有限公司胜诉	深圳来电科技有限公司与湖南海翼电子商务股份有限公司、深圳街电科技有限公司侵害实用新型专利权纠纷案
（2017）粤 03 民初 1092 号	广东省深圳市中级人民法院	20190312	深圳来电科技有限公司胜诉	深圳来电科技有限公司与深圳街电科技有限公司侵害实用新型专利权纠纷案
（2017）粤 03 民初 1708 号	广东省深圳市中级人民法院	20190312	深圳来电科技有限公司胜诉	深圳来电科技有限公司与深圳街电科技有限公司侵害实用新型专利权纠纷案
（2019）最高法知民终 97 号	最高人民法院	20191016	深圳来电科技有限公司撤诉	深圳街电科技有限公司与深圳来电科技有限公司侵害实用新型专利权纠纷案
（2018）粤 73 民初 1851 号	广州知识产权法院		深圳来电科技有限公司胜诉	深圳街电科技有限公司与深圳来电科技有限公司侵害实用新型专利权纠纷诉中禁令
（2018）京 73 行初 7944 号	北京知识产权法院	20201228	深圳来电科技有限公司败诉	深圳来电科技有限公司与国家知识产权局专利无效宣告行政诉讼案 36489

5.1.3.1　深圳来电科技有限公司诉深圳街电科技有限公司侵害实用新型专利权纠纷案

深圳来电科技有限公司针对深圳街电科技有限公司制造的多款产品侵犯 CN201520103318.2 号实用新型专利分别向不同法院提起诉讼。其中，就"ANKER 设计 12 口产品"向北京知识产权法院起诉，就"柜式机、屏幕机等大机型产品"向广州知识产权法院起诉，就"通过扫描二维码归还的 6 口产品""通过按键归还的 6 口产品"分别向广东省深圳市中级人民法院起诉。其中，（2017）粤 03 民初 1708 号与（2017）粤 03 民初 1711 号系相同被诉侵权产品（通过按键归还的 6 口产品）；（2017）粤 03 民初 1090、1092 号系相同被诉侵权产品（通过扫描二维码归还的 6 口产品）。深圳来电科技有限公司向广东省深圳市中级人民法院起诉的前述两款产品除归还方式的差别外，采用的被诉侵权技术方案相同。

2018 年 6 月 29 日，针对深圳街电科技有限公司就涉案实用新型专利 CN201520103318.2 提出的无效宣告请求，国家知识产权局作出第 36489 号无效宣告审查决定。深圳来电科技有限公司专利侵权诉讼庭审时主张请求保护的权利范围为权利要求 1、9、10 及基于权利要求 1 基础上的从属权利要求 7、8。因权利要求 1、7、8 已被宣告无效，故深圳来电科技有限公司有权保护的权利范围仅剩下权利要求 9（引用权利要求 8，权利要求 8 引用权利要求 1），权利要求 10（引用权利要求 9，权利要求 9 引用权利要求 8，权利要求 8 引用权利要求 1）。

2019 年 3 月，广东省深圳市中级人民法院就深圳来电科技有限公司与深圳街电科技有限公司侵害实用新型专利权纠纷案作出（2017）粤 03 民初 1708 号一审判决，判决被告深圳街电科技有限公司停止制造侵害 CN201520103318.2 号专利权的产品（通过按键归还的 6 口产品）、停止使用侵害 CN201520103318.2 号专利权的产品（通过按键归还的 6 口产品）、赔偿原告深圳来电科技有限公司经济损失及合理支出共计 100 万元。

5.1.3.2　深圳街电科技有限公司与深圳来电科技有限公司侵害实用新型专利权纠纷诉中禁令

2018 年 9 月 7 日，广州知识产权法院在深圳来电科技有限公司诉深圳街电科技有限公司等侵害实用新型专利权纠纷案中，对深圳来电科技有限公司提出的诉中禁令申请进行裁定。该案中，深圳来电科技有限公司起诉深圳街电科技有限公司和永旺梦乐城（广东）商业管理有限公司侵犯其实用新型专利权，并提出了禁令申请，请求先行责令深圳街电科技有限公司停止制造、销售、许诺销售、使用侵害深圳来电科技有限公司涉案专利权产品的行为；永旺梦乐城（广东）商业管理有限公司停止使用行为。根据双方举证及听证，广州知识产权法院认为深圳街电科技有限公司有制造、使用被诉产品的行为，永旺梦乐城（广东）商业管理有限公司有使用被诉产品的行为，在对不采取有效措施是否会给申请人的合法权益造成难以弥补的损害、申请人提供担保的情况、责令被申请人停止有关行为是否损害社会公共利益等方面进行审查后，对深圳来电科技有限公司提出的先行责令深圳街电科技有限公司、永旺梦乐城（广东）商业管理有限公司停止侵权行为的请求予以支持，并作出（2018）粤73民初1851号裁定。深圳街电科技有限公司收到裁定之日起停止制造、使用侵害深圳来电科技有限公司专利权的产品；永旺梦乐城（广东）商业管理有限公司收到裁定之日起停止使用侵害深圳来电科技有限公司专利权的产品。深圳街电科技有限公司及永旺梦乐城（广东）商业管理有限公司对该民事裁定不服，分别向广州知识产权法院提出复议申请，请求撤销上述裁定。2018年11月9日，广州知识产权法院认定深圳街电科技有限公司、永旺梦乐城（广东）商业管理有限公司复议理由不能成立，并裁定驳回二公司的复议请求。

5.1.4 核心问题

该案的核心问题有两个：第一，深圳来电科技有限公司专利的稳定性是否经得住无效宣告程序和专利行政诉讼程序的考验？第二，深圳来电科技有限公司在专利侵权诉讼案件中的诉中禁令能否得到支持？

5.1.4.1 深圳来电科技有限公司 ZL201520103318.2 号的专利稳定性

从案件处理的整个过程来看，深圳来电科技有限公司拥有的 ZL201520103318.2 号实用新型专利的稳定性对案件的判决结果起到了关键作用。是否有稳定的专利权是专利侵权是否成立的基础，在专利侵权纠纷案件中如果专利基础不牢固，很难当作市场竞争中的"武器"。下面笔者对该案的涉案专利的权利稳定性做一下分析。

该专利申请日为2015年2月12日，授权公告日为2015年6月24日。授权公告权利要求共有10个，权利要求1为唯一独立权利要求。专利技术涉及一种吸纳式充电装置，该装置包括吸纳滚轮机构、充电机构、主控PCB，该吸纳滚轮机构包括第一电机、与第一电机动力连接的传动组件、与传动组件连接的一级滚轴组件，该一级滚轴组件包括两个对设的滚轴，该第一电机与主控PCB电连接，该充电机构包括与主控PCB连接的充电PCB。该实用新型专利中由主控PCB指令第一电机驱动吸纳滚轮机构运作，用户在使用该吸纳式充电装置时，将电源置于该一级滚轴组件的两个对设滚轴之间，即可由滚轴的滚动带动电源将电源吸纳进装置中，送至充电机构进行充电，充电完毕再由吸纳滚轮机构运送出来，操作简单方便。

国家知识产权局针对涉案专利 ZL201520103318.2 分别作出过第33358号、第34826号、第35181号、第36489号无效宣告决定，上述无效决定涉及的无效理由包括以下几个方面。①《专利法》第26条第4款"权利要求书应当以说明书为依据，清楚、简要地限定要求专利保护的范围"，即权利要求得到说明书的支持或权利要求保护范围清楚；②《专利法实施细则》第20条第2款"独立权利要求应当从整体上反映发明或者实用新型的技术方案，记载解决技术问题的必要技术特征"，即必须有必要技术特征；③《专利法》第26条第3款"说明书应当对发明或实用新型作出清楚、完整的说明，以所属技术领域的技术人员能够实现为准"，即说明书清楚完整；④《专利法》第 22 条第 3 款 "与现有技术相比，该实用新型具有实质性特点和进步"，即权利要求的技术方案应具备创造性。

国家知识产权局经过多次无效宣告请求审查，认定涉案实用新型专利 ZL201520103318.2 不存在《专利法》第 26 条第 4 款不清楚、不支持的问题，不存在《专利法》第 26 条第 3 款说明书不清楚、不完整而导致所述技术领域的技术人员不能够实现的问题，也不存在《专利法实施细则》第 20 条第 2 款缺少必要技术特征的问题。

关于《专利法》第 22 条第 3 款的创造性问题，国家知识产权局在第 36489 号无效宣告决定中认定：权利要求 1 相对于对比文件 1（TWM352737U1）、对比文件 2（CN101238626A）与公知常识的结合不具备创造性；权利要求 2~3 的附加技术特征被对比文件 3（CN102486883A）结合公知常识公开，在权利要求 1 不具备创造性的基础上，权利要求 2~3 的技术方案不具备创造性；权利要求 4 的充电装置中关于进出门机构的具体技术特征未被公开，权利要求 4 具备创造性；权利要求 5~8 的附加技术特征或被对比文件 1、2、3 公开结合公知常识，权利要求 5~8 不具备创造性；权利要求 9~10 的附加技术特征未被对比文件公开，也不属于公知常识，权利要求 9~10 具备创造性。深圳来电科技有限公司还就第 36489 号无效宣告决定向北京知识产权法院提起了行政诉讼，北京知识产权法院判决维持了该无效宣告决定。虽然深圳来电科技有限公司未能将第 36489 号无效宣告决定的结论改变，实用新型的权利要求 1~3、5~8 被宣告无效，但该专利仍然在授权公告文本权利要求 4、9、10 的基础上继续维持该专利有效，这也为后续侵权诉讼留下了宝贵的专利权利基础。

从整个专利无效的过程看，除了独立权利要求 1 采用了 2 篇对比文件+公知常识否定了其创造性，权利要求 2~3、5~8 均采用了 3 篇对比文件并结合了公知常识才将其创造性进行了否定，最终还保留了权利要求 4、9、10 的有效性。可见，该专利被无效的难度是非常大的。

此外，ZL201520103318.2 号专利在 2018 年获得了由中国国家知识产权局与世界知识产权组织共同评选的"第二十届中国专利奖银奖"。中国专利奖是专门对授予专利权的发明创造给予奖励的政府部门奖，得到联合国世界知识产权组织（WIPO）的认可，在国际上有一定的影响。中国专利奖面向中国境内的所有企业，每年评选一次，评选标准较为严格，包括专利质量、技术先进性、运用及保护措施和成效、社会效益及发展前景等多个维度的评价，竞争相当激烈。该专利能够获奖也在一定程度上说明了其具备较强的稳定性。

深圳来电科技有限公司利用"吸纳式充电装置"专利最终能够取得与深圳街电科技有限公司在民事侵权诉讼的胜诉，该专利的权利稳定性起到了非常重要的作用。涉案专利经过 4 次无效宣告审查程序后还被维持部分有效，说明涉案专利权具有相当高的稳定性，大大增加了深圳街电科技有限公司侵权成立的可能性。

5.1.4.2 侵害实用新型专利权纠纷的诉中禁令

广州知识产权法院对原告深圳来电科技有限公司在起诉被告深圳街电科技有限公司、永旺梦乐城（广东）商业管理有限公司侵犯实用新型专利权纠纷案中提出的诉中禁令申请作出裁决：首先，深圳街电科技有限公司于收到裁定之日起停止制造、使用侵犯深圳来电科技有限公司 ZL201520103318.2"吸纳式充电装置"专利权的产品；其次，永旺梦乐城（广东）商业管理有限公司于收到裁定之日起停止使用侵犯深圳来电科技有限公司"吸纳式充电装置"专利权的产品；最后，驳回深圳来电科技有限公司的其他申请。

深圳来电科技有限公司与深圳街电科技有限公司是我国自助租借充电宝市场的两个较大企业，双方在北京、深圳法院已有关联诉讼，并在国家知识产权局围绕专利有效性进行宣告无效博弈。该案中，原告在将两被告诉至广州知识产权法院的同时提出禁令申请，请求先行责令深圳街电科技有限公司停止制造、销售、许诺销售、使用侵犯深圳来电科技有限公司两案所涉专利权的产品的行为；永旺梦乐城（广东）商业管理有限公司停止使用行为。

广州知识产权法院组织双方对禁令申请进行了听证，双方就被诉侵权是否落入涉案专利保护范围、禁令的必要性与紧迫性等问题展开激烈辩论。根据双方举证及听证，广州知识产权法院认定，深圳街电科技有限公司有制造、使用被诉产品的行为，永旺梦乐城（广东）商业管理有限公司有使用被诉产品的行为。该案所涉专利经过多次专利权无效宣告请求程序，专利权稳定性较高。经对比并参考技术调查官意见，广州知识产权法院认为，被诉侵权技术方案落入深圳来电科技有限公司在两案所主张专利权利要求保护范围。因此，深圳街电科技有限公司及永旺梦乐城（广东）商业管理有限公司实施了侵犯深圳来电科技有限公司两案所涉专利权的行为。

由于该案专利侵权诉讼所涉技术及法律关系较为复杂，审理时间会较长，为及时保护专利权，同时考虑到共享充电宝市场竞争非常激烈，且还在发展的初步阶段，各企业基本处于大量投入的阶段，市场前景不确定，前期市场份额对各企业的发展至关重要，侵权人的侵权行为对权利人造成的竞争优势及市场机会丧失的损失数额难以计算。特别是在市场格局尚未完全稳定确立、各竞争企业尚未有稳定盈利的情况下，即使深圳街电科技有限公司具有赔偿的能力，若不及时制止侵权行为，将导致损失无法弥补。鉴于深圳来电科技有限公司在该案中已提供担保，且先行责令停止侵权行为并不会对广大使用充电宝的客户的利益即社会公共利益造成极大的影响。因此，广州知识产权法院作出先行停止侵权行为的裁定，并已于日前将民事裁定书送达给双方当事人。该裁定作出后立即开始执行。

5.1.5 案例启示

以上深圳来电科技有限公司和深圳街电科技有限公司的专利诉讼案件处理过程，让我们对于企业创新和专利布局对占领市场的意义、诉中禁令裁定、企业的专利诉讼等问题有了一些思考。

5.1.5.1 企业创新和专利布局对占领市场意义重大

根据判决，深圳来电科技有限公司赢得对深圳街电科技有限公司的专利诉讼，意义重大。数据分析发现，深圳来电科技有限公司是最早在共享充电宝行业进行专利布局的企业，包括充电宝、充电设备及充电方法等领域。为了研发共享充电设备，深圳来电科技有限公司投入了巨资和人力，得以奠定了行业的开创性地位。从双方诉讼交战的过程中了解到的材料信息来看，深圳来电科技有限公司在商业经营过程中一直遵守知识产权的保护规则，也不惜财力维护自身的合法权益。经过多次诉讼，深圳来电科技有限公司的专利布局和案情也获得了行业人的高度关注。

回顾深圳来电科技有限公司诉深圳街电科技有限公司实用新型专利侵权纠纷的历程，深圳来电科技有限公司作为共享充电行业的创新代表打响了在共享充电宝行业启动专利诉讼的第一枪，通过专利诉讼赢得共享充电宝行业市场，获得社会和消费者的认可，也提升了深圳来电科技有限公司的竞争优势。

专利是保护创新的重要手段，离开了专利的保护，创新将沦为泡影。为此，国家也在积极倡导创新，倡导加大知识产权保护。目前，我国正在积极完善知识产权保护相关法律法规，提高知识产权审查质量和审查效率，加快新兴领域和业态知识产权保护制度建设。同时不断加大知识产权侵权违法行为的惩治力度，让侵权者付出沉重代价，调动了拥有知识产权的自然人和法人的积极性和主动性，提升产权意识，自觉运用法律武器依法维权。深圳来电科技有限公司顺应了这一趋势，加大在创新上的投入，并提升自身的知识产权保护水平。

5.1.5.2 诉中禁令裁定有非常重要的指引作用

新一代信息技术领域的产品和技术迭代非常快，共享充电宝案例的诉中禁令充分说明了这一点，不管是无效程序还是诉讼程序，专利权人都需要争分夺秒抢时间，减少自身的经济损失并稳固自身市场份额。知识产权保护中心作为快速保护、快速维权服务的主体，非常适合在该领域的知识产权维权案件中加快案件处理，发挥自身职能优势和作用，帮助新一代信息技术领域的企业快速确权和快速维权。

2018年9月11日，广东公检法发布了《拒执罪规范指引》。该指引出台前的9月7日，广州知识产权法院对深圳来电科技有限公司诉深圳街电科技有限公司等侵害实用新型专利权纠纷案中，深圳来电科技有限公司提出的诉中禁令申请作出了裁定获得支持。该案诉中禁令对司法实践将有一定的指导作用，对广东省知识产权纠纷中判决和裁定的执行亦有所裨益。

5.1.5.3 专利战对企业而言既是机遇又有挑战

通过分析发现，共享充电宝专利纠纷主要集中在收纳充电宝的柜机设备及相关识别技术、租借系统和租借方法。专利是企业做大做强的基础，拥有专利的一方通过赢得专利侵权纠纷，可以重金惩罚竞争对手，要求其产品下架，使其业务停摆，延缓对手上市，影响企业估值等，这都是"专利战"带来的机遇。但另一方面，"专利战"耗时耗力，产品迭代快，市场竞争格局变化快，专利有可能被对手无效，真正改变竞争格局难度较大。建议相关企业做好专利风险评估，对自身专利和对手专利做好评估，预测竞争对手技术路线，合理进行专利布局，在通过专利"攻击"对手之前应做好诉前准备。

5.2 云台相机外观设计专利侵权诉讼案

5.2.1 产业背景

随着抖音、快手、腾讯等短视频平台的崛起，作为短视频的重要拍摄工具之一，一种名为"云台相机"的高科技产品崭露头角，博得越来越多的视频制作爱好者的青睐，成为各大电商平台的热销产品。

云台相机，也称手持云台，它采用一体化高度集成设计，将用于专业无人机上的三轴机械增稳云台和高清摄像高度集成。这样用户不管走到哪里都能够像使用普通运动相机一样，使用它拍摄稳定视频画面，无需额外配备稳定器设备。产品最大的特点是支持稳定器防抖，用户使用ROLLCAP（口袋云台相机）能够轻松获得流畅细腻的画面。它内置技术领先的三轴机械云台，配合零度智控（北京）智能科技有限公司的云台控制算法，其增温精度高达±0.03°，使用者不需要额外任何设备就能实现平滑稳定视频的拍摄。

云台相机始于跨界，精于细分。手持云台相机从防抖辅助拍摄延伸至个性玩拍工具，基于无人机的三轴电机+智能算法，从航拍到手持跨界转移。云台相机历经多年更新换代，从最初的自拍杆到手机支架到三轴稳定器，适用的场景范围和稳定技术不断升级。以前只能固定拍摄，现在可以边走边拍，如做一些滑雪等极限运动时可以利用云台相机进行拍摄。一直以来，"让拍摄画面更稳定"是云台相机改进升级的核心诉求。云台相机的功能特点是在视频防抖功能的基础上，进一步满足360°旋转拍摄、主体追随延时、全景拍摄等进阶个性拍摄。

消费者选择云台相机考虑的主要方面在于此类产品的稳定性、玩法丰富、便捷好用。一个好用的云台相机首先应该可以防止镜头在移动过程中的画面抖动，提升视频画面质量。其次，云台相机也要能够轻松实现流畅顺滑地推拉摇移运镜手法，利用设备的自动控制算法来完成全景、延时等专业的拍摄风格。灵活的云台折叠臂，不仅可以维持拍摄的稳定，还可以为视频的连贯直接拍出更多酷炫的转场效果。口袋云台相机小巧便携，视频创作门槛大大降低。随着抖音、快手等短视频平台的兴起，普通人也可以利用手持云台相机随手创作出有自己想法的作品。

目前，三轴已成为云台相机硬件方面的标配。软件方面，云台相机的工作模式可以精确定位，利用自带 App 实现智能追踪、手势操控等非常好用的功能，如云台相机锁定人脸智能追踪、使面部始终处于画面中间。同时云台相机还能够自动识别手势指令，摆好姿势比个手势就能触发拍摄。云台相机还可以支持原生相机、美颜相机等第三方软件功能。

2012—2014 年，中国云台相机行业处于市场启动期，无人机等便携移动摄影摄像器材掀起市场热潮，依托无人机技术衍生的手持云台相机开始出现。2015—2017 年为行业的市场探索期，部分企业进入云台相机市场，智能算法技术不断迭代，市场成长速度加快，头部品牌开始崛起。2018—2020 年，云台相机行业进入市场成长期，消费市场进一步普及，市场成熟度提高，头部企业营收逐渐稳定，出现行业洗牌。2020—2021 年，云台相机行业进入市场成熟期，产品进入大众消费市场，头部企业凭借构建生态环境主导市场，摄影设备技术持续快速发展，视频制作需求增长，沉浸式拍摄体验要求提高倒逼产业生态持续完善。❶

云台相机在 2015 年历经从无到有的爆发历程，行业增长迅速。伴随着产品硬件功能的成熟，行业内对产品迭代速度会出现一定放缓。2019 年中国手持云台相机生产规模为 8.2 亿元，同比增长 90.7%。随着短视频行业进入高速发展，对作为发展核心的视频内容制作要求越发提高，作为提升视频拍摄效率工具的云台相机，在上游产业具备良好发展态势的情况下，预期未来具备良好的消费基础。

5.2.2 竞争格局

从中国云台相机行业的营收规模来看，头部企业占据主要的市场份额，其他参与企业市场份额较少，行业集中度高。近 80% 的营收份额在头部企业，如深圳市大疆创新科技有限公司、桂林智神信息技术股份有限公司、武汉固胜科技有限公司等。伴随着产品技术与功能壁垒不断提高，行业新进者将逐渐减少，市场进入显著的强者更强阶段。❷

表 5-2-1　云台相机主要企业及竞品信息

品牌	企业名称	成立时间	相关产品
大疆（DJI）	深圳市大疆创新科技有限公司	20061106	灵眸 Osmo 系列；DJI Pocket 系列、DJI OM 系列、Ronin 稳定器等
智云（zhi yun）	桂林智神信息技术股份有限公司	20150610	SMOOTH 系列、CRANE 系列、WEEBILL 系列等

---

❶ 艾瑞咨询. 2019 年中国手持云台行业研究报告［EB/OL］.（2020-03-24）［2022-06-04］. http://www.199it.com/archives/1024783.html.

❷ 同❶.

续表

品牌	企业名称	成立时间	相关产品
魔爪（MOZA）	武汉固胜科技有限公司	20120213	魔爪 air 系列、魔爪 Mini-MI 系列等
飞宇科技（FeiyuTech）	桂林飞宇科技股份有限公司	20070806	Feiyu pocket
飞米科技（FIMI）	北京飞米科技有限公司	20150513	飞米口袋云台相机 PALM
逗映（FUNSNAP）	深圳市逗映科技有限公司	20161228	FUNSNAP Capture

深圳市大疆创新科技有限公司于 2006 年由香港科技大学毕业生汪滔等人创立，是全球领先的无人飞行器控制系统及无人机解决方案的研发和生产商。从无人机飞控系统到整体航拍方案，从多轴云台到高清图传，深圳市大疆创新科技有限公司以"飞行影像系统"为核心发展方向，其产品已被广泛用于航拍、电影、农业、地产、新闻、消防、救援、能源、遥感测绘、野生动物保护等领域，并不断地融入新的行业应用。深圳市大疆创新科技有限公司是无人机市场的开拓者，产品不断推陈出新，成功步入千家万户，客户遍布全球 100 多个国家。❶

深圳市大疆创新科技有限公司作为该领域的领军企业，在无人机产品的空域三轴稳定器系统上具备丰富技术积累，并随着稳定器市场的逐步成熟，将算法技术、软件应用、硬件整合迁移等技术优势从空域向地面产品持续释放。而在无人机积累下的软件交互经验，令深圳市大疆创新科技有限公司在软件生态与硬件整合两方面均具有较高的完成度，以及友好的产品体验。凭借成熟的开发体系，其在新品研发方面更容易实现产品创新，在成本控制方面更容易取得商业平衡。深圳市大疆创新科技有限公司基于深厚的技术积累打造出横跨拍摄、编辑、链接分享的 App 应用，在软件层面构建生态，为用户打造拍摄—编辑—分享的生态闭环，提供沉浸式拍摄体验；集合雄厚的工业设计能力整合出"稳定器+摄像头"式云台相机，从硬件端简化拍摄准备环节提升用户体验。

桂林智神信息技术股份有限公司（旗下品牌为"智云"）成立于 2015 年，是国家高新技术企业，是最早涉猎云台相机的企业之一。2018 年受中华人民共和国国家工业和信息化部确认，参与《摄影用云台》行业标准制定。基于深厚的技术储备，桂林智神信息技术股份有限公司在激烈的市场竞争中稳定迭代出有力产品，其主打产品性价比较高，在行业增长期承担强势驱动作用。产品表现涉及轻量化趋势明显，带有三轴机械锁扣，各轴零部件均可快速拆装，整机装配后面积仅为 A4 纸大小，配合重心优化设计，以更轻便的机身承载更大的载重。硬件设计更具可拓展性和可拆卸性，满足各类拍摄需求场景。智云产品从消费级市场向专业级市场精进。

武汉固胜科技有限公司（旗下品牌为"魔爪 MOZA"）成立于 2012 年。公司近年来成功开发了电子稳定器、电子跟焦器、监看与图传系统等系列产品。该公司主要专

---

❶ 资料来源：企查查。

注于商用消费市场发展生产力工具，搭配快板、魔杖、跟焦器等丰富配件，为相机摄影提供广泛的设备适应性。该公司产品在软硬件设置均有一定的使用门槛，但同时具备高度可玩性，专注为视频创作工作者提升拍摄成功率与拍摄效率，在专业硬核的摄影市场占据独特的竞争地位。品牌目标人群定位为专业摄影师，在专注发展生产力工具的理念下，通过打造丰富强大的硬件生态，为专业人士极限拍摄操作提供硬核支撑。

云台相机除了雄厚的硬件技术和软件算法，还需要有较强的工业设计能力。该案就是涉及外观设计专利的纠纷。基于此，笔者对案件相关的云台相机外观设计专利情况做以下梳理。

截至2021年12月，云台相机中国外观设计专利申请量共1662件，如图5-2-1所示。2011年以前，云台相机领域的发展处于产品设计初始阶段，外观设计专利申请量较少。2012年起，外观设计专利申请量开始大幅上升。2020年中国云台相机外观设计专利达到最高的323件，2021年申请量为150件，这与外观设计专利申请延迟公开有关。

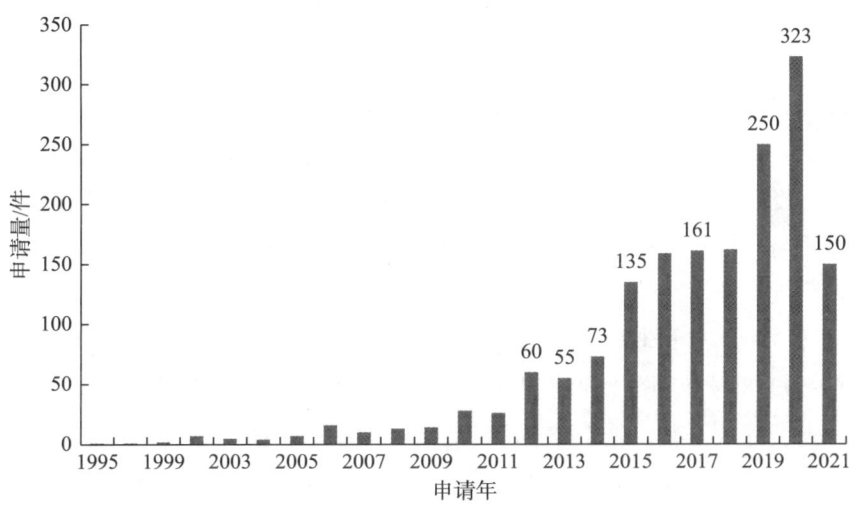

图 5-2-1　中国云台相机外观专利申请趋势

中国云台相机外观设计专利申请量前五名的申请人共有四家企业和一名自然人，如图5-2-2所示。深圳市大疆创新科技有限公司申请量最高，为104件，且都处于有效状态，遥遥领先其他专利权人。可以看出，深圳市大疆创新科技有限公司不但拥有电机、算法等技术优势，也非常注重在云台相机领域的工业设计。深圳市道通智能航空技术股份有限公司专注于汽车智能诊断、检测领域，在云台相机领域申请外观设计专利43件，排名第二。上海摩象网络科技有限公司和深圳市赛迪斯电子有限公司的专利申请量分别为24件和23件。个人申请人陈华君外观设计专利申请量为21件。由此可见，深圳市大疆创新科技有限公司在云台相机的外观设计方面优势明显，利用外观设计专利对竞争对手进行威慑也是其在该领域取得竞争优势的重要手段之一。

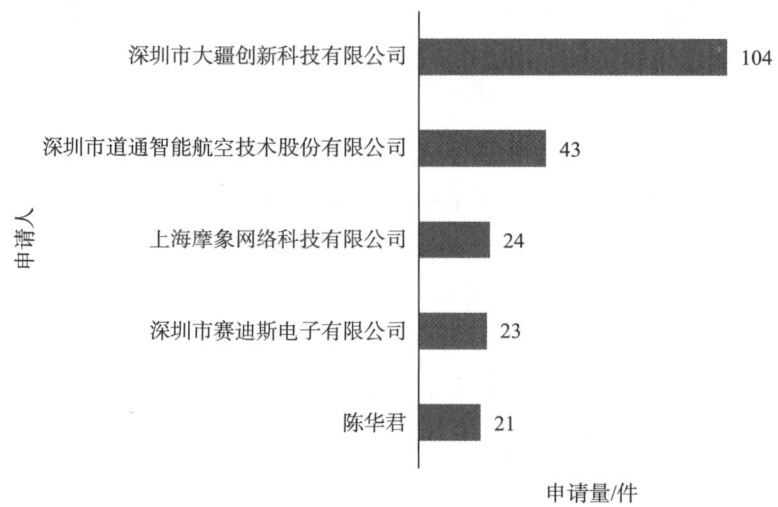

图 5-2-2　中国云台相机外观设计专利申请量 TOP5

作为热销产品，云台相机会在短时间内涌入制造、生产、销售等大量的积极参与者。一些参与者在初始阶段就为自己的产品申请了外观设计专利，以保护自己的产品。其他参与者要想在云台相机这个"赛道"取得辉煌战绩，必须保证自己的上架产品不涉侵权，否则必遭竞争对手以外观设计专利为手段进行打击。深圳市大疆创新科技有限公司就曾以侵犯外观设计专利权为由将九天纵横科技（深圳）有限公司、深圳市逗映科技有限公司、桂林智神信息技术有限公司、零度智控（北京）智能科技有限公司等云台相机领域竞争对手告上法庭。专利权人在对竞争对手提起诉讼后，竞争对手一般会采取宣告涉诉专利权无效作为反制手段。其中 ZL201230222000.8 号专利和 ZL201630508592.8 号专利分别被宣告专利权全部无效，从而导致专利权人在后续的侵权诉讼中失去了权利基础；而 ZL201830345094.5 号专利在经过无效宣告程序后则维持了专利权有效，并且该设计曾荣获第 21 届中国专利外观设计奖金奖，具备较高专利授权质量（见表 5-2-2）。

表 5-2-2　深圳市大疆创新科技有限公司案件情况

序号	标题	申请号	无效决定号	无效结果	法律文书编号
1	云台相机	201830345094.5	第 42078 号	维持有效	（2020）粤 03 民初 276 号；（2020）粤民辖终 192 号
2	手持云台	201630508592.8	第 35229 号	全部无效	（2018）京 73 行初 5980 号
3	云台	201230222000.8	第 24365 号；第 26878 号	全部无效	（2014）粤高法立民终字第 1654 号；（2014）粤高法立民终字第 1655 号

由于 ZL201830345094.5 号专利的无效宣告和侵权民事诉讼较为典型，笔者以该专利的相关案件作为云台相机领域的案例进行剖析。

5.2.3 基本案情

如表 5-2-3 所示,深圳市大疆创新科技有限公司于 2018 年 6 月 29 日向国家知识产权局申请了名称为"云台相机"的外观设计专利,并于 2018 年 12 月 25 日获得该专利的公告授权。该专利产品获得"2018 年度硬件""2018 年度最佳便携影像设备""2018 年度最佳云台相机""2018 年数字尾巴年度评选智能穿戴类年度最受欢迎奖"及"第 21 届中国外观设计金奖",是全球知名产品,专利价值获得全球市场认可。天猫官方旗舰店中该外观设计专利产品价格为 2499~3347 元,月销 4000 台以上,市场热度极高,市场需求很大。

表 5-2-3 CN201830345094.5(云台相机)专利相关案情

序号	年份	案情	结论
1	2018	申请日为 2018 年 6 月 29 日 ZL201830345094.5 号外观专利在国家知识产权局获得授权,公告号为 CN304962922S	授权
2	2019	国家知识产权局就该专利作出专利权评价报告	未发现本专利存在不符合授予专利权条件的缺陷
3	2020	获得"第 21 届中国外观设计金奖"	中国外观设计金奖
4	2020	国家知识产权局针对北京飞米科技有限公司提出的无效宣告请求作出第 47208 号无效审查决定	维持专利权有效
5	2020	深圳市大疆创新科技有限公司诉北京飞米科技有限公司、九天纵横科技(深圳)有限公司的(2020)粤 03 民初 1668 号外观设计专利侵权民事案件作出一审判决	先行判决侵权成立、并作出立即停止侵权的临时禁令
6	2020	就深圳市大疆创新科技有限公司诉深圳市逗映科技有限公司的(2020)粤 03 民初 276 号外观设计专利侵权民事案件作出一审判决	判定侵权成立,立即停止侵权,赔偿原告经济损失 30 万元

ZL201830345094.5 号外观设计专利相关的主要案情如表 5-2-3 所示,从表中可以看出,该专利自获得授权后,获得了"第 21 届中国外观设计金奖",在与北京飞米科技有限公司的无效宣告程序中得到维持专利权有效的结论。也是经过上述程序对该专利的授权质量给予了充分的肯定,即该外观设计专利是一件高质量的授权专利。

在专利质量得到认可的基础上,该专利在后续的诉讼侵权中获得了较为有利的民事诉讼判决结果。首先,在深圳市大疆创新科技有限公司与北京飞米科技有限公司、九天纵横科技(深圳)有限公司的判决中认定,北京飞米科技有限公司、九天纵横科技(深圳)有限公司侵犯了深圳市大疆创新科技有限公司涉案外观设计专利权,依法应当承担停止侵权、赔偿损失等民事责任。鉴于被告北京飞米科技有限公司、九天纵横科技（深圳）有限公司侵犯原告深圳市大疆创新科技有限公司涉案外观设计专利权的事实已经查清，法院对停止侵权的部分先行判决。对赔偿损失的诉讼请求，由于深圳市大疆创新科技有限公司变更了诉请金额，提交调查取证申请要求查明被控侵权产品销售金额，请求被告北京飞米科技有限公司、九天纵横科技（深圳）有限公司提交其销售数据及财务账册，故对赔偿损失部分的诉请需待调查清楚后再继续审理，另行制作裁判文书。据此，法院判决北京飞米科技有限公司、九天纵横科技（深圳）有限公司立即停止侵权。先行判决作出后，北京飞米科技有限公司、九天纵横科技（深圳）有限公司未提起上诉，先行判决已生效。对于深圳市大疆创新科技有限公司提出的临时禁令诉请，法院裁定北京飞米科技有限公司、九天纵横科技（深圳）有限公司立即停止侵权，并自裁定发出后立即开始执行。北京飞米科技有限公司、九天纵横科技（深圳）有限公司在收到裁定书之日起五日内未申请复议，该临时禁令已经生效。

在深圳市大疆创新科技有限公司诉深圳市逗映科技有限公司外观设计专利侵权民事案件的判决中法院认定："被告深圳市逗映科技有限公司立即停止制造、销售、许诺销售侵害专利号为ZL20183034××××.5"云台相机"外观设计专利权的产品；被告深圳市逗映科技有限公司于本判决生效后十日内赔偿原告深圳市大疆创新科技有限公司经济损失人民币30万元及维权合理支出116 678元。"

5.2.4 核心问题

该案的核心问题包含三个：第一，充分证明自身专利的质量，稳固自己的专利维权基础；第二，对事实清楚的部分先行判决和临时禁令的申请；第三，制造、销售专利侵权行为如何认定。

5.2.4.1 证明专利质量高，稳固专利维权基础

纵观全球，世界各国都在奋力推进科技创新，未来竞争的成败取决于此，经济社会的发展也越来越依赖于此。外观设计专利在知识产权保护对象中较为特殊，作为一种发明创造，它可以受《专利法》的保护。根据《专利法》第2条第4款，外观设计是指"对产品的形状、图案或者其结合以及色彩与形状、图案的结合所作出的富有美感并适于工业应用的新设计"。申请外观设计专利应当符合以下要求：首先必须是对产品的外观所作的设计；其次是指形状、图案或者其结合的设计及色彩与形状、图案的结合的设计；再次必须是适于工业上的应用；最后必须富有美感。

对于一件外观设计专利是否具有高质量通常会有以下评判手段：首先，对授权外观设计专利进行检索，未发现《专利法》第23条的现有设计及与现有设计或者与现有设计特征的组合相比不具有明显区别的证据；第二，在检索后未发现影响外观设计专利性的相关证据后，根据外观设计专利的其他无效条款，评估是否存在其他专利性缺陷；第三，根据专利稳定性评估结果，确定是否请求国家知识产权局作出专利权评价

报告，判断评价报告是否能对专利权作出正面评价；第四，对涉及专利权人一方外观设计专利权的无效宣告请求，能够得到维持专利权有效的审查决定或者行政诉讼后仍维持专利权有效的行政判决；第五，综合自身专利情况，参加国家级或省级的外观设计专利奖评选，外观设计专利奖评价综合了设计要点的独特性、设计要点及理念的表达、专利运用及保护措施、经济效益及市场份额、社会效益及发展前景的全面评价。如果能够荣获该奖项，一般来说专利质量是能够得到认可和保障的。

就云台相机的涉案外观设计专利 ZL201830345094.5 而言，该专利的专利质量得到了专利无效宣告决定和外观设计专利金奖的认可。一是，在专利权评价报告中，通过与 CN304672544S、CN303775714S、CN303404116S、CN304014792S、CN303739752S、CN303404133S、CN304546189S、CN304505328S、USD0815180、JPD1559463 等 10 项对比设计作对比，均不影响《专利法》第 23 条规定的专利性要求。二是，国家知识产权局在案件编号为第 6W115765 号、决定号为第 47208 号的无效宣告请求审查决定中认为，涉案专利请求保护一种云台相机的外观设计，其授权公告图片为绘制图片，主视图未示出镜头，属于制图瑕疵。一方面，此类产品的一般消费者应当知道云台相机包括镜头；另一方面，涉案专利保护的是云台相机的整体形状设计，其内置的镜头占整体形状的比例很小，上述制图瑕疵不足以影响涉案专利的保护范围。因此，涉案专利符合《专利法》（2008 年修订）第 27 条第 2 款的规定。涉案专利与对比设计或者对比设计特征的组合相比，所述手持部和相机的区别均不属于局部细微差别，且位于正常使用时容易看见的部位，容易引起一般消费者的注意，对产品的整体视觉效果具有显著的影响。因此，涉案专利与对比设计或者对比设计特征的组合相比具有明显区别，符合《专利法》（2008 年修订）第 23 条第 2 款的规定。该专利在外观设计专利奖评选中通过了严格的推荐和审核程序，认定：该专利的创新性和工业适用性较高、文本质量好，设计要点具有独特性、艺术性及象征性、具备功能性，采取了较好的专利运用及保护措施，取得了良好的经济效益和社会效益，具有较好的发展前景。最终获得了"第 21 届中国外观设计金奖"。

5.2.4.2　侵害外观设计专利权纠纷的"先行判决+临时禁令"

该案是全国首例在专利案件中作出"先行判决+临时禁令"的裁判。一审法院首次在专利裁判中明确，在专利侵权事实已经清楚而侵权损害赔偿事实需要进一步审理查明的情形下，法院可以依职权主动作出停止侵权的先行判决，将专利侵权认定和侵权损害赔偿两部分分开进行审判。该案中，一审法院就已经查明的专利侵权事实部分作出停止侵权的先行判决，由于停止侵权的先行判决尚未生效而不具有强制执行力，所以无法通过执行一审先行判决达到及时制止侵权行为的目的。因此，在权利人申请临时禁令的情形下，一审法院通过发出诉中临时禁令以及时制止专利侵权，避免专利权人遭受市场销售份额下降等难以弥补的损害。

专利案件的审理存在审理难度大、周期长、维权成本高的问题。"先行判决+临时禁令"的专利裁判方式，一方面可通过先行判决判定纠纷制止侵权，尽快明确各方当事人之间的法律关系状态，提高专利纠纷解决效率；另一方面临时禁令具有较损害赔偿请求权的实现更及时、更有效的优势，及时有效地保护专利权人利益，防止专利侵权损害的扩大。这种专利裁判方式可以及时制止专利侵权，避免专利权人遭受如市场销售份额下降等难以弥补的损害，也有利于促使被控侵权人与专利权人就损害赔偿事项进行和解，充分保护专利权人的利益。该案"先行判决+临时禁令"的专利裁判，明确了判令停止侵害的先行判决制度和临时禁令制度并存适用的条件和规则，阐明了判令停止侵害的先行判决尚未发生效力时临时禁令的价值。首先，要具备先行判决适用的先行查明事实的基础条件，在专利民事案件中适用先行判决，应当先行查明专利侵权的基本事实。其次，先行判决的适用应具备必要性、可行性，该案的涉案专利质量较高，有必要适用先行判决。最后，涉案专利产品属于时效性较强的更新迭代产品，由于停止侵权的先行判决尚未生效，无法通过执行一审先行判决达到及时制止侵权行为的目的，而临时禁令具有可以立即申请强制执行的震慑效果，因此该案具备适用临时禁令的必要性。

在深圳市大疆创新科技有限公司诉被告北京飞米科技有限公司、九天纵横科技（深圳）有限公司侵害外观设计专利权纠纷一案中，在权利人申请临时禁令的情形下，深圳知识产权法庭引入"先行判决+临时禁令"的裁判方式，在一审判决尚未生效而不具有强制执行力的情形下，发出诉中临时禁令，及时制止了专利侵权，进而避免了深圳市大疆创新科技有限公司遭受市场销售份额下降等损害。

与云台相机同类产品或同类案件的维权活动，深圳市大疆创新科技有限公司申请"先行判决+临时禁令"的维权方式值得借鉴。当然，"先行判决+临时禁令"也需要具备一定的基础，如作出先行判决有明确的专利侵权的基本事实基础，具备作出先行判决必要性和可行性，专利稳定性强，对时效性产品若不作出先行判决会进一步给专利权人带来更大损失等。

5.2.4.3 制造、销售专利侵权行为的认定

深圳市大疆创新科技有限公司发现深圳市逗映科技有限公司在线上和线下宣传推广、销售其制造的名称为"CapturePocket"的云台相机产品，经过比对认为上述相机产品与深圳市大疆创新科技有限公司的外观设计专利构成近似，落入涉案外观设计专利权保护范围。深圳市大疆创新科技有限公司认为，深圳市逗映科技有限公司未经许可，为生产经营目的制造、许诺销售、销售落入外观设计专利权利保护范围的产品，侵害了涉案外观设计专利权。由于深圳市逗映科技有限公司实施了制造、销售、许诺销售的侵权行为，给深圳市大疆创新科技有限公司造成了极大的经济损失，故深圳市大疆创新科技有限公司向深圳市中级人民法院提起诉讼，并主张100万元的赔偿。

（2019）深前证字第047353号公证书记载，被告深圳市逗映科技有限公司在其经

营的"逗映科技"微信公众号发布"capturepoket"被诉侵权相机产品图片，发起认缴、预购、众筹等活动信息。该公证书还记载，冠铭雅苑一期的小区电梯内有"capturepoket"被诉侵权相机产品的广告宣传图。（2019）深前证字第048111号公证书记载，逗映公司的网站www.funsnap.cn及"逗映科技"的新浪微博对"capturepoket"被诉侵权相机产品进行介绍推广。（2020）深前证字第021609号公证书及翻译文件记载，深圳市逗映科技有限公司在众筹网站www.kickstarter.com发起"capturepoket"被诉侵权相机产品的众筹活动，并显示因为投诉而撤除"capturepoket"被诉侵权相机产品的视频和图片，认缴者在Kickstarter众筹平台留言催被告发货或要求被告退款。深圳市逗映科技有限公司在其经营的网站、微博、微信公众号等处对"capturepoket"被诉侵权相机产品设计进行展示及介绍推广，因此法院认定被告许诺销售被诉侵权产品的事实。

根据《最高人民法院关于审理侵犯专利权纠纷案件应用法律若干问题的解释（二）》第19条的规定，产品买卖合同依法成立的应当认定属于销售行为。被告深圳市逗映科技有限公司在Kickstarter众筹平台发起众筹并众筹成功，有"293名支持者认缴＄68 327"，被告深圳市逗映科技有限公司就销售"capturepoket"被诉侵权相机产品与该293名众筹支持者达成合意，"capturepoket"被诉侵权相机产品买卖合同成立，因此法院认定被告销售被诉侵权产品的事实，对原告请求被告停止销售侵权行为予以支持。被告抗辩提出众筹平台规定发起者可以随时取消并退还支持者的认缴，若退还认缴，则发起者和支持者不再有任何协议。被告未对任何人发货，不存在销售行为。对此，法院认为，合同成立是合同当事人对销售商品的意思表示达成合意的事实状态，不需要进一步考察合同的具体条款和履行过程，被告与众筹支持者就销售"capturepoket"被诉侵权相机产品达成合意即属于销售行为，故对被告关于其未销售被诉侵权产品的主张没有采信。

制造外观设计专利产品，是指专利权人向国务院专利行政部门申请专利时提交的图片或者照片中的该外观设计产品被实现。被告深圳市逗映科技有限公司在网站www.kickstarter.com众筹"capturepoket"被诉侵权相机产品时展示产品图片并称"这就是我们正在研发的原型产品""用capture拍摄的视频"，由此可以认定被告深圳市逗映科技有限公司已经通过研发原型产品的方式实现了涉案外观设计专利设计方案。被告深圳市逗映科技有限公司该原型产品是对涉案专利要求保护的设计构思和设计要点的再现，依法可以认定被告深圳市逗映科技有限公司制造被诉侵权产品的事实，对原告请求被告停止制造侵权行为予以支持。被告抗辩提出并未发出产品，在被投诉侵权后即进行重新设计，没有制造被诉侵权产品。对此，法院认为，外观设计专利制造侵权判定需要重点考量的因素是被诉侵权产品是否再现了主张保护的外观设计专利中的设计构思和要点，至于是否批量生产投入市场，属于侵权造成损害的考量因素，是侵权损害赔偿金额的判断问题，故对被告该抗辩主张不予采信。

关于赔偿数额的问题。被告未经专利权人许可制造、销售、许诺销售被诉侵权产品，侵犯了原告涉案外观设计专利权，依法应当承担停止侵权、赔偿损失等民事责任。

根据《专利法》（2008 年修订）第 65 条："侵犯专利权的赔偿数额按照权利人因被侵权所受到的实际损失确定；实际损失难以确定的，可以按照侵权人因侵权所获得的利益确定。权利人的损失或者侵权人获得的利益难以确定的，参照该专利许可使用费的倍数合理确定。赔偿数额还应当包括权利人为制止侵权行为所支付的合理开支。权利人的损失、侵权人获得的利益和专利许可使用费均难以确定的，人民法院可以根据专利权的类型、侵权行为的性质和情节等因素，确定给予一万元以上一百万元以下的赔偿。"

该案中，当事人均未提出权利人的损失、侵权人获得的利益、专利许可使用费的证据。因此，在原告实际损失、侵权人获得的利益难以确定，又缺乏该专利许可使用费的参照依据的情况下，法院依法酌情确定赔偿金额。法院考虑以下因素，酌定被告赔偿原告经济损失人民币 30 万元。

5.2.5　案例启示

云台相机专利侵权诉讼案件处理的过程让我们对"先行判决+诉中禁令"，外观设计专利许诺销售、销售、生产等侵权方式所考量的问题有了一些思考。

5.2.5.1　"先行判决+临时禁令"为新一代信息技术领域的案件提供了示范

该案涉及的云台相机是一种防抖辅助个性玩拍工具，产品稳定性强，玩法丰富、便携好用。在各大短视频平台兴起的大背景下，云台相机产品行业市场日趋成熟，在大众消费市场快速发展。云台相机作为一种电子产品跟其他产品一样，产品的迭代升级非常快，而专利维权案件存在成本高、周期长、举证难、赔偿低等问题，特别是周期长很可能影响专利权拥有者对维权时效性提出了更高的要求。该案能够成为专利纠纷首例"先行判决+临时禁令"的案件，是由于该案具备了一定的实施必要性和可行性条件。笔者认为，法院主要考虑了以下几个方面：首先，深圳市大疆创新科技有限公司的专利公告授权专利质量高，在经过专利权评价报告、专利无效宣告后仍保持专利权有效，该专利还获得了"第 21 届中国外观设计金奖"；第二，专利产品获得"2018 年度硬件""2018 年度最佳便携影像设备""2018 年度最佳云台相机""2018 年数字尾巴年度评选智能穿戴类年度最受欢迎奖"，是全球知名产品，专利价值获得全球市场认可，市场热度极高，市场需求很大；第三，被诉产品专利侵权事实已经清楚；第四，云台相机作为便携影像电子设备，产品市场时效性强，如果不作出停止侵权的先行判决，不会有效保护专利权益，甚至会让专利权人遭受市场销售份额下降等更大损害，导致"赢了官司输了市场"；第五，权利人申请临时禁令。

云台相机领域的产品和技术迭代非常快，该案的"先行判决+临时禁令"充分说明了这一点。不管是无效程序还是诉讼程序，专利权人都需要争分夺秒抢时间，减少自身的经济损失并稳固自身市场份额。广东省知识产权保护中心作为快速保护、快速维权服务主体，非常适合在该领域的知识产权维权案件中加快案件处理，发挥自身职能优势和作用，帮助新一代信息技术领域的企业快速确权和快速维权。

5.2.5.2 外观设计专利许诺销售、销售、生产等侵权方式的考量

在侵害外观设计专利权纠纷案中，没有实际销售是否构成许诺销售？没有发货是否构成销售？能否通过"原型产品"的宣传认定实施了制造行为？也是该案关注的问题。深圳市逗映科技有限公司在其经营的网站、微博、微信公众号等处对"capture-poket"被诉侵权相机产品设计进行展示及介绍推广，因此法院认定被告许诺销售被诉侵权产品的事实，对原告请求被告停止许诺销售侵权行为法院予以支持。

合同成立是合同当事人对销售商品的意思表示达成合意的事实状态，不需要进一步考察合同的具体条款和履行过程，被告与众筹支持者就销售"capturepoket"被诉侵权相机产品达成合意属于销售行为，法院对被告关于其未销售被诉侵权产品的主张没有采信。

被告深圳市逗映科技有限公司在网站 www.kickstarter.com 众筹"capturepoket"被诉侵权相机产品时展示产品图片并称"这就是我们正在研发的原型产品""用 capture 拍摄的视频"，由此可以认定被告深圳市逗映科技有限公司已经通过研发原型产品的方式实现了涉案外观设计专利设计方案。被告深圳市逗映科技有限公司该原型产品是对涉案专利要求保护的设计构思和设计要点的再现，依法可以认定被告深圳市逗映科技有限公司制造被诉侵权产品的事实，对原告请求被告停止制造侵权行为予以支持。外观设计专利制造侵权判定需要重点考量的因素是被诉侵权产品是否再现了主张保护的外观设计专利中的设计构思和要点，至于是否批量生产投入市场，属于侵权造成损害的考量因素，是侵权损害赔偿金额的判断问题，故法院对被告该抗辩主张没有采信。

《专利法》（2008 年修订）第 11 条第 2 款规定："外观设计专利权被授予后，任何单位或个人未经专利权人许可，都不得实施其专利，即不得为生产经营目的制造、许诺销售、销售、进口其外观设计专利产品。"常见的侵权方式有制造、许诺销售、销售外观设计专利产品，当事人在涉及侵权方式时可以结合自身案情重点进行主张申诉和抗辩。

5.3 产生按压声音的键盘开关专利侵权诉讼案例

5.3.1 产业背景

键盘是一种用于操作计算机设备运行的指令和数据输入装置，也指经过系统安排操作一台机器或设备的一组功能键（如打字机、电脑键盘）。键盘是最常用也是最主要的输入设备，通过键盘可以将英文字母、汉字、数字、标点符号等输入到计算机中，从而向计算机发出命令、输入数据等。还有一些带有各种快捷键的键盘。随着时间的推移，市场上也渐渐地出现独立的、具有各种快捷功能的产品单独出售，并带有专用的驱动和设定软件，在兼容机上也能实现个性化操作。

键盘主要分为 F 键功能键盘区、主键盘区、控制键盘区、指示灯、数字辅助键盘区。其中，主键盘区包括数字键、英文字母键等，是用户主要的使用区域。ESC 取消键作用为放弃当前操作或结束程序，功能键可以实现文件重命名、搜索等快捷操作。按照键盘的工作原理和按键方式的不同，外接键盘可分为机械式键盘、塑料薄膜式键盘、导电橡胶式键盘、无接点静电电容式键盘。机械式键盘和塑料薄膜式键盘为中国外接键盘市场中市场份额占比最高的两类，其中机械式键盘的市场份额占比正在逐年增加（见表 5-3-1）。

表 5-3-1 键盘分类及优劣势

分类	特点	优势	劣势
机械式键盘	每个按键均有独立的机械触点开关，按键利用柱形弹簧提供的回弹力控制开关，从而达到按键的触发	制作工艺简单、维护成本低、打字时节奏感较强	使用噪音较大，不防水
塑料薄膜式键盘	键盘内附有一整张双层胶膜，按键利用双层胶膜提供的回弹力控制按键触发	制作成本低，因此整体价格较低，使用噪音较低	使用手感较差，使用寿命较短
导电橡胶式键盘	键盘内附一层凸起带点的导电橡胶，每个按键处均对应一个凸起，按键时通过导电橡胶凸起接通下面的触点	机械式键盘向塑料薄膜式键盘的过渡产品，价格低廉，噪音较低	使用手感较差，使用寿命较短
无接点静电电容式键盘	基于电容式开关的键盘类型，通过改变电极间的距离产生电容量的变化，形成震荡脉冲，从而引起按键触发	磨损率较小，使用噪音较小，按键灵敏，使用寿命长	制作工艺较为复杂，价格较为高昂

随着无纸化办公的兴起，办公人群对外接键盘的需求不断提升。与此同时，游戏玩家数量的快速上升及电子竞技的火热促使外接键盘市场需求进一步扩增。机械式键盘凭借较佳的使用手感及耐用程度高等优势深受游戏玩家、网咖、电子竞技酒店的青睐。中国外接键盘行业市场规模近年一直保持平稳增长。未来，键盘的市场规模将继续增长，但增速将放缓，这主要是由于键盘的耐用程度增强、使用寿命增加，消费者更新的速度会放缓。此外，由于移动终端游戏的兴起，部分游戏玩家对于电脑端游戏的外设需求下降，也会使键盘市场增速放缓。

5.3.2 竞争格局

单个键盘的制造成本中键轴成本占比为 30%，键帽成本为 8%，MCU 芯片成本为 10%，PCB 成本为 10%。键轴能提供回弹力，连接 PCB 板和键帽。中国境内专门生产键轴的生产厂家包括惠州冠泰电子有限公司、东莞市高特电子有限公司、东莞市凯华电子有限公司等。键盘生产技术成熟，技术门槛较低，制造成本更低的键盘生产厂商占据优势。当前中国知名的内资键盘生产商包括爱望、明冠、泰艺等，罗技、CHEERY、IKBC 等外资知名键盘企业采用原始设备制造商 OEM 代工模式委托中国境内代工厂生产，利用自身知名度、超前的设计在中国键盘市场上占据一席之地。

电子设备的很多操作需要使用到键盘开关作为输入设备，而键盘开关的好坏决定了输入设备的用户体验，这就需要键盘开关具有良好的手感和声感。采用金属片作为动触片的薄型键盘开关因为开关内部空间的限制，金属片的弹力相对不足，缺乏按压手感。生产厂家不断从金属片材料、形状等各个方面进行改进，以增加按压感受。大部分改进仅限于对按压触感的改进。由于薄型键盘开关内部空间的限制，像大键盘开关一样具有按压声音改进难度较大，而键盘的敲击声感对产生良好的使用体验有关。

下面从专利数据统计角度来看一下发生键盘开关领域的竞争情况。

截至 2021 年 12 月，发声键盘开关领域的中国发明和实用新型专利申请量为 117 件，如图 5-3-1 所示。2015 年之前，专利申请间断出现，但数量较小，年申请量不足 10 件。发声键盘开关领域的专利申请集中在 2016—2020 年，其中 2016—2018 年的专利申请量均超过 20 件，是该技术领域专利申请最活跃的 3 年。此后，专利申请量有所下降，对于键盘产生按压声音这个体验的关注度有所下降。2020—2021 年由于专利公开滞后的原因，相关数据仅供参考。

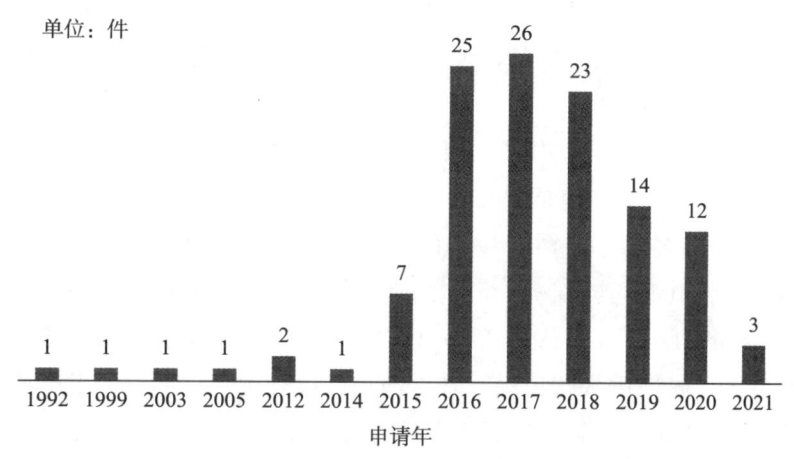

图 5-3-1 发声键盘开关专利申请趋势图

发声键盘开关各企业专利申请量如图 5-3-2 所示。其中，东莞市凯华电子有限公司的专利申请量以 13 件排名第一；中国台湾地区的致伸科技股份有限公司以 10 件专利申请排名第二；深圳马太亚科技有限公司的专利申请量为 9 件，排名第三；惠州市正牌科电有限公司和惠州冠泰电子有限公司的专利申请量分别为 7 件和 6 件，排名第四位和第五位；东莞市名键电子科技公司、东莞市铭冠电子科技有限公司、东莞市美光达光学科技有限公司的专利申请量排名靠前，但申请量都在 5 件以下。由此可以看出，发声键盘开关领域的主要专利权人大多为广东省的电子企业，东莞市凯华电子有限公司为该领域的专利申请的"领头羊"。

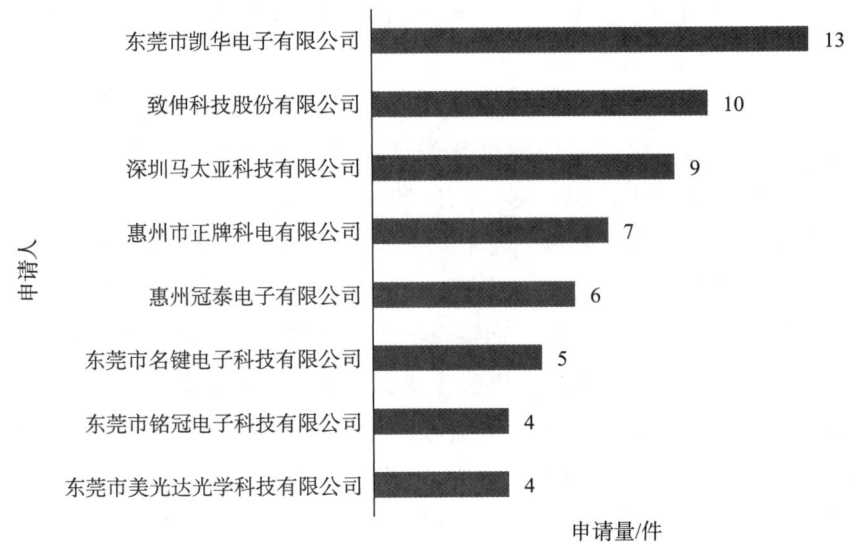

图 5-3-2 发声键盘开关主要专利权人的专利申请

东莞市凯华电子有限公司原名龙华电子厂，创立于 1990 年，是一家专业从事精密电子开关（微动、带灯、按键、拨动、滑动轻触开关等）、接插件、数字式编码器等电子配件研制、开发、生产及销售的高新技术企业，也是国家级专精特新小巨人企业。产品主要应用于各种数码通信产品、便携式电子产品、电脑周边设备、测量仪器、汽车电子等领域，如手机、数码相机、笔记本电脑、MP4、掌上游戏机、音响系统等。许多国内外知名的 IT 厂商，包括罗技、戴尔、惠普、明基、联想、方正等均是东莞市凯华电子有限公司的客户。公司专注于研发、生产各种集成设计和制造商（IDM）及原始设计制造商（ODM）产品，并获得了二十多项国际和国内知识产权专利。❶

致伸科技股份有限公司于 1984 年 3 月在中国台湾地区成立，生产的产品包括滑鼠（即鼠标）在内的各种电脑周边产品，在台湾地区设有运营总部及研发中心，在中国大陆设有生产基地，是资讯、电子与消费产品的解决方案供应商。

惠州冠泰电子有限公司前身是晋煜开关部，始建于 1995 年，2007 年以其在开关行业数十年的研发和行销经验独立发展成为专业生产微动开关/风压开关等的厂家。公司主要产品有微动开关系列、风压开关系列等数百个品种，并可按客户要求开发各种特制开关产品。产品广泛应用于微波炉、热水器、电饭煲、冰箱、饮水机、洗碗机、咖啡壶、电烤箱、卷窗帘、汽车配件等各种家用电器、电子设备、自动化设备、通信设备、汽车电子、仪器仪表、医疗器械、电动工具等领域。

东莞市名键电子科技有限公司成立于 2012 年，公司以研发、生产及销售高品质精

---

❶ 资料来源：企查查。

密开关、编码器、接插件等产品为主的高新技术企业,产品主要应用于各种电脑周边设备、便携式电子产品、数码通信产品、汽车电子等领域,如鼠标、键盘、音响、平板电脑、手机、数码相机等。公司产品质量稳定,深受客户信赖。公司专注于研发、生产,并获得了多项国内外专利。

从发声键盘开关发明和实用新型专利有效性来看,36 件发明专利申请中有 14 件处于授权有效状态,10 件处于在审状态,12 件专利处于失效状态。81 件实用新型专利中,55 件处于授权有效状态,26 件专利处于失效状态,如图 5-3-3 所示。可以看出,发声键盘开关授权有效专利多为实用新型专利,发明专利较少。

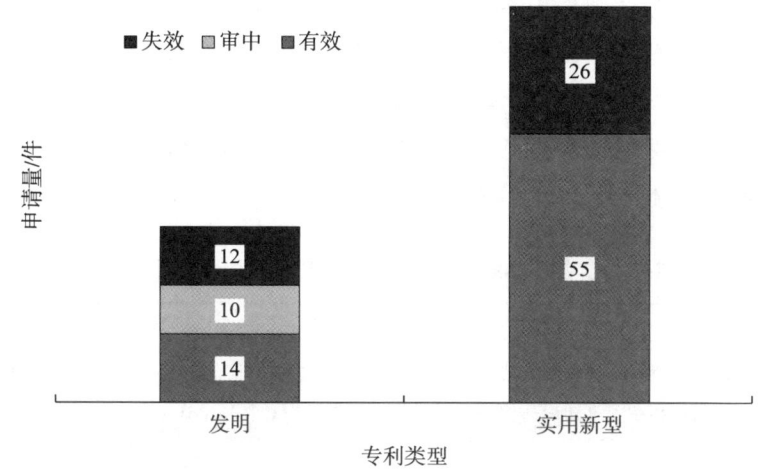

图 5-3-3　发声键盘开关发明和实用新型专利法律状态情况

通过数据统计发现,发声键盘开关领域涉及无效宣告程序或侵权诉讼程序的专利共有 3 件,如表 5-3-2 所示。其中,2 件来自东莞市凯华电子有限公司,专利名称均为"一种产生按压声音的键盘开关",其中一件为实用新型专利,一件为发明专利,上述两件专利涉及的专利无效宣告案件曾入选国家知识产权局专利局复审和无效审理部"十大复审无效典型案件";第 3 件涉诉专利来自惠州市正牌科电有限公司,发明名称为"一种键盘开关内产生按压声音的方法",但该专利未查寻到侵权案件。基于此,下面以 ZL201621037804.X 和 ZL201610802371.0 为分析对象展开分析。

表 5-3-2　发声键盘开关领域涉及无效及诉讼专利情况

申请号	标题	专利类型	当前权利人	无效	诉讼类型
CN201621037804.X	一种产生按压声音的键盘开关	实用新型	东莞市凯华电子有限公司	有	侵权案件,权属案件
CN201610802371.0	一种产生按压声音的键盘开关	发明	东莞市凯华电子有限公司	有	侵权案件
CN201510203635.6	一种键盘开关内产生按压声音的方法	发明	惠州市正牌科电有限公司	有	—

5.3.3 基本案情

东莞市凯华电子有限公司专利无效及侵权民事诉讼案涉及发明专利（ZL201610802371.0）和实用新型专利（ZL201621037804.X），具体案情如下。

2018 年，在发明专利获得公告授权后，专利权人东莞市凯华电子有限公司起诉同方股份有限公司、同方国际信息技术（苏州）有限公司、东莞京东利昇贸易有限公司侵害发明专利权。2019 年，同方国际信息技术（苏州）有限公司通过请求涉案发明专利无效作为反制，随后国家知识产权局作出无效审查决定，维持发明专利权有效。2020 年，广州知识产权法院作出一审民事判决，判定同方股份有限公司、同方国际信息技术（苏州）有限公司、东莞京东利昇贸易有限公司的被诉侵权技术方案未落入专利权的保护范围，判定不侵权。同年，东莞市凯华电子有限公司不服广州知识产权法院作出的一审民事判决向最高人民法院提起上诉，2021 年最高人民法院作出二审民事判决，维持原判。具体情况如表 5-3-3 所示。

表 5-3-3 CN201610802371.0（键盘开关）发明专利相关案情

序号	日期	案情	结论
1	20180629	东莞市凯华电子有限公司于 2016 年 9 月 2 日申请的 ZL201610802371.0 号发明专利在国家知识产权局获得授权，公告号为 CN106206130B	授权
2	20190626	2019 年 1 月 9 日，同方国际信息技术（苏州）有限公司请求东莞市凯华电子有限公司 ZL201610802371.0 专利无效，2019 年 6 月 26 日作出无效审查决定	维持有效
3	20200604	2018 年 12 月 3 日，东莞市凯华电子有限公司起诉同方股份有限公司、同方国际信息技术（苏州）有限公司、东莞京东利昇贸易有限公司侵害发明专利权案，2020 年 6 月 4 日，广州知识产权法院作出（2018）粤 73 民初 3658 号民事判决	不侵权
4	20210209	2020 年 8 月 10 日，东莞市凯华电子公司不服广州知识产权法院于 2020 年 6 月 4 日作出的（2018）粤 73 民初 3658 号民事判决，向最高人民法院提起上诉。2021 年 2 月 9 日，最高人民法院作出（2020）最高法知民终 1317 号二审民事判决	维持原判，不侵权

实用新型专利在 2017 年获得公告授权后一年，黄浩、蓝忠贵、陈满康分别提出无效宣告请求，国家知识产权局对三件无效请求案件进行合并审理，并作出无效审查决定，维持实用新型专利权有效。同年，东莞市凯华电子有限公司起诉同方股份有限公司、同方国际信息技术（苏州）有限公司、东莞京东利昇贸易有限公司三家公司侵害实用新型专利权。2019 年，同方国际信息技术（苏州）有限公司和伍冬梅通过请求涉案实用新型专利无效作为反制，2019 年，国家知识产权局作出无效审查决定，维持实

用新型专利有效。2020年,广州知识产权法院作出一审民事判决,判定同方股份有限公司、同方国际信息技术(苏州)有限公司、东莞京东利昇贸易有限公司的被诉侵权技术方案未落入专利权的保护范围,判定不侵权。东莞市凯华电子有限公司不服广州知识产权法院作出的一审民事判决向最高人民法院提起上诉,2021年,最高人民法院作出二审民事判决,维持原判。具体情况如表5-3-4所示。

表5-3-4 ZL201621037804.X(键盘开关)实用新型专利相关案情

序号	日期	案情	结论
1	20170315	东莞市凯华电子有限公司于2016年9月2日申请的ZL201621037804.X号实用新型专利在国家知识产权局获得授权,公告号为CN206022174U	授权
2	20180829	2018年2月12日、2018年3月14日、2018年5月7日,无效请求人黄浩、蓝忠贵、陈满康分别请求东莞市凯华电子有限公司ZL201621037804.X专利无效,经过合并审理,2018年8月29日作出无效37091号无效审查决定	维持有效
3	20190626	2019年1月9日、2019年2月20日,无效请求人同方国际信息技术(苏州)有限公司、伍冬梅分别请求东莞市凯华电子有限公司ZL201621037804.X号专利无效,经过合并审理,2019年6月26日作出无效40870号无效审查决定	维持有效
4	20200604	2018年12月3日,东莞市凯华电子有限公司起诉同方股份有限公司、同方国际信息技术(苏州)有限公司、东莞京东利昇贸易有限公司侵害发明专利权案,2020年6月4日,广州知识产权法院作出(2018)粤73民初3657号民事判决	不侵权
5	20210209	2020年8月10日,东莞市凯华公司不服广州知识产权法院于2020年6月4日作出的(2018)粤73民初3657号民事判决,向最高人民法院提起上诉。2021年2月9日,最高人民法院作出(2020)最高法知民终1314号二审民事判决	维持原判,不侵权

5.3.4 核心问题

该案的核心问题包含两个:第一,产生按压声音的键盘开关专利无效宣告为什么能维持专利权有效?第二,被诉技术方案是否落入专利权保护范围?

5.3.4.1 发明专利和实用新型专利为什么能在无效阶段维持有效

1. 发明专利的授权过程

CN201610802371.0号发明专利经过两次审查意见通知书及OA答复获得授权。第一次审查意见通知书提出的主要缺陷是:权利要求1~11不具备《专利法》(2008年修订)第22条第3款规定的创造性。为了克服第一次审查意见通知书所述的创造性缺陷,申请人对原权利要求1~3、5~6、11等6项权利要求进行了合并,在此基础上形成了新的权利要求1,原权利要求7~10作为新的从属权利要求2~5。在克服第二次审查意见通知书提出的不符合《专利法》(2008年修订)第26条第4款不清楚缺陷后,该发明专利获得了授权。由于新的权利要求1是在原来6项权利要求合并的基础上形成的，独立权利要求的保护范围比原权利要求大大缩小。

2. 发明专利和实用新型专利无效宣告

在ZL201610802371.0号发明专利和ZL201621037804.X号实用新型专利无效宣告请求案中，当事人的争议问题主要集中于涉案专利相对于最接近的现有技术是否具备创造性。涉案专利为机械键盘按键发声的技术改进，起初传统机械键盘厚度大，按键行程长，按键部件之间伴随敲击因轴体撞击、导电部件之间的敲击而发声。随着电子产品小型化、便携式的发展趋势，机械键盘也逐渐向轻薄化发展，出现了减小按键行程的薄型机械键盘，但其同时严重降低了声响等用户体验。随着技术发展创新，新的超薄机械键盘结构发生较大变化，通过设置独立的发声腔增大薄键盘发声，给用户以击键反馈，增加用户体验。为了保证声音强度，发声腔采用弹性势能转化为动能的专用敲击部件，按压部件具有产生弹性势能和释放势能的空间高度。

最接近的现有技术WO2016/107545A1的发声腔包括按压块的凸楞、凸楞下端具有导引斜面、弹簧，通过弹簧敲击上盖发声；涉案专利的发声腔包括按压块、导引斜面、限位块、弹簧，通过弹簧敲击底座发声，涉案专利的说明书及独立权利要求详细地记载了发声腔内上述部件的具体位置，以及它们之间的相对位置、相互配合关系。将两者比较后可知，两者的区别是发声腔的具体结构不同。

基于上述区别，进一步讨论最接近的现有技术是否给出了改进的技术启示，以及区别技术特征是否属于公知常识。

通过合议组的案情分析可知，尽管最接近的现有技术中披露了弹性件可以敲击底座发声的技术效果，但是并没有记载弹性件如何敲击底座的详细技术方案，也没有公开弹性件敲击底座发声的具体按键结构，根据其公开的内容，本领域技术人员不能知晓如何对现有结构进行更改从而获得涉案专利的具体结构。本领域技术人员难以仅从现有技术中记载弹性件可以敲击底座即想到涉案专利的具体发声结构，这会改变现有技术中发声腔的发明构思。具体而言，需在最接近的现有技术方案的底座上增加导引斜面、限位块，改变弹簧初始形态，且按压块、导引斜面、限位块及弹簧需满足相互位置和结构上的配合关系，这种改进与最接近现有技术的发明构思并不一致，需要付出创造性劳动才能实现。可见，最接近的现有技术文件的相关记载并不能给出将上述区别特征应用于最接近的现有技术以解决其技术问题的技术启示。

对于区别技术特征是否属于公知常识，如果将涉案专利的区别特征从技术方案中剥离出来单独审视，对于压块、弹簧、导引斜面、限位块而言，每一个技术特征都是常见的通用部件。但按照涉案专利的技术方案将上述技术特征组合成敲击发声的技术手段时，可以看出这些部件已不再彼此孤立，它们相互配合、协同作用以解决薄型键盘发声的技术问题。具体而言，按压块下压促使弹簧端部向下移动，导引斜面迫使弹簧端部在向下运动的同时向外移动，并通过按压块和导引斜面将弹簧的端部限定在两者共同形成的区域中,使弹簧端部按预定路线脱出,从而敲击基座发声。相对于现有技术弹簧弹起敲击上盖的技术思路,涉案专利的技术思路是利用导引斜面引导弹簧敲击基座,按压块、引导斜面、弹簧之间相互配合的关系,是多部件协同作用的结果,不是导引斜面位置的简单变换。因此,在考虑区别特征是否属于公知常识时,不宜将其拆解为零散的机械部件进行碎片化的分析,而应从技术构思角度合理划分为一个完整的技术手段进行整体考量,得出该区别特征并非本领域公知常识的结论。

通过分析两件专利的授权和无效过程,可以发现,涉案发明专利和实用新型专利获得了稳定的专利授权。从整体上考量,现有技术均没有公开发声腔的具体结构,且上述结构也不是本领域的公知常识,独立权利要求具备创造性,因此维持专利权有效。

5.3.4.2 被诉技术方案是否落入专利权保护范围。

《专利法》第 59 条第 1 款规定:"发明或者实用新型专利权的保护范围以其权利要求的内容为准,说明书及附图可以用于解释权利要求的内容。"《最高人民法院关于审理侵犯专利权纠纷案件应用法律若干问题的解释》第 2 条规定:"人民法院应当根据权利要求的记载,结合本领域普通技术人员阅读说明书及附图后对权利要求的理解,确定专利法第 59 条第 1 款规定的权利要求的内容。"第 7 条规定:"人民法院判定被诉侵权技术方案是否落入专利权的保护范围,应当审查权利人主张的权利要求所记载的全部技术特征。被诉侵权技术方案包含与权利要求记载的全部技术特征相同或者等同的技术特征的,人民法院应当认定其落入专利权的保护范围;被诉侵权技术方案的技术特征与权利要求记载的全部技术特征相比,缺少权利要求记载的一个以上的技术特征,或者有一个以上技术特征不相同也不等同的,人民法院应当认定其没有落入专利权的保护范围。"《最高人民法院关于审理专利纠纷案件适用法律问题的若干规定》第 13 条第 2 款规定:"等同特征,是指与所记载的技术特征以基本相同的手段,实现基本相同的功能,达到基本相同的效果,并且本领域普通技术人员在被诉侵权行为发生时无需经过创造性劳动就能够联想到的特征。"

1. "一种产生按压声音的键盘开关"发明专利侵权案

对于发明专利侵权案件而言,双方当事人争议的焦点问题是被诉侵权技术方案是否落入涉案专利独立权利要求 1 的保护范围。被诉侵权技术方案的主要差异涉及导通组件,扭簧的第一端部与按压块下表面的位置关系,按压块的形状及按压块下表面长度与导引斜面下表面宽度的关系等四个方面。

首先,关于导通组件。涉案专利权利要求 1 记载"该盖子盖合于基座上形成一容置腔体,该容置腔体中设置有一按压组件、一弹簧与一导通组件"。由于涉案专利权利要求限定了容置腔体中设置的为"组件",涉案专利说明书在该专利的有益效果中有"充分利用键盘开关内部空间"的记载,再考虑到涉案专利权利要求记载中除了盖子和基座之间形成的容置腔体这一内部空间并未涉及其他空间,以及附图中也未有涉及其他空间的示例，故根据涉案专利权利要求的记载再结合说明书及附图，涉案专利权利要求1已经限定了导通组件应当是完整而不是部分位于盖子与基座之间形成的容置腔体中，该容置腔体并未包含基座下方和键盘PCB板形成的空间。而被诉侵权技术方案的导通组件包括遮光柱和收、发光装置，其中遮光柱位于按压组件下端，位于容置腔体内，但收、发光装置位于基座下方的键盘PCB板上，不在基座上，即未设置在盖子盖合基座形成的容置腔体中。故被诉侵权技术方案的导通组件未全部位于盖子与基座之间形成的容置腔体中，与涉案专利该技术特征手段不相同，亦不构成等同。

其次，关于扭簧的第一端部与按压块下表面的位置关系。涉案专利明确限定"扭簧的第一端部与按压块下表面相抵接"，其含义即为静止状态下扭簧的第一端部与按压块下表面相抵接，而被诉侵权技术方案静止状态下扭簧的第一端部与按压块下表面不相抵接。权利要求中的全部技术特征均具有限定作用。东莞市凯华电子有限公司在侵权案件中试图将与权利要求的含义完全相反的内容纳入保护范围，其实质上是认为权利要求关于"相抵接"的记载没有限定作用，该主张不符合专利侵权判定的"全面覆盖"原则，最高人民法院不予支持。

再次，关于按压块的形状。涉案专利除限定"该按压块整体呈三角形"外，还限定"该按压块端部具有一倾斜面"。根据说明书第[0030]段的记载，涉案专利在按压块整体呈三角形的基础上，通过在端部设置进一步倾斜的部分，对扭簧的第一端部脱离按压块的动作起到进一步导引的作用。而被诉侵权产品的按压块整体呈L形，L形的短边为斜面，并不存在端部进一步倾斜的部分，亦没有进一步导引的作用。故被诉侵权产品与涉案专利按压块的形状、效果均不相同，不构成相同或等同的技术特征。

最后，关于按压块下表面长度与导引斜面下表面宽度的关系。虽然根据涉案专利说明书第[0032]段的记载，可以理解权利要求中的"按压块下表面的长度小于导引斜面下表面的宽度"是为了使弹性件在按压块下表面的行程短于弹性件在导引斜面上的行程，从而便于扭簧回弹复位敲击基座产生声音。但实现这一技术效果并不意味着必然采用相同的技术手段。被诉侵权产品在按压块下表面的长度大于导引斜面下表面的宽度的设置下，通过按压块整体形状的变化及导引斜面厚薄的变化，实现了相同的技术效果。如果将该与权利要求的含义完全相反的手段纳入涉案专利的保护范围，同样实质上是认为权利要求中的相关记载没有限定作用，不符合专利侵权判定的"全面覆盖"原则，最高人民法院不予支持。

上述分析说明，被诉侵权技术方案未落入涉案实用新型专利权利要求1的保护范围，三家公司的被诉侵权行为不构成侵权。

2. "一种产生按压声音的键盘开关"实用新型专利侵权案

对于实用新型专利侵权案件而言，双方当事人争议的焦点问题是被诉侵权技术方案是否落入涉案专利权利要求1、11的保护范围。在实用新型专利侵权案中，涉案专利权利要求1记载"该盖子盖合于基座上形成一容置腔体，该容置腔体中设置有一按压组件、一弹簧与一导通组件"。由于涉案专利权利要求限定了容置腔体中设置的为"组件",涉案专利说明书在该专利的有益效果中有"充分利用键盘开关内部空间"的记载,再考虑到涉案专利权利要求记载中除了盖子和基座之间形成的容置腔体这一内部空间并未涉及其他空间,以及附图中也未有涉及其他空间的示例,故根据涉案专利权利要求的记载再结合说明书及附图,涉案专利权利要求 1 已经限定了导通组件应当是完整而不是部分位于盖子与基座之间形成的容置腔体中,该容置腔体并未包含基座下方和键盘 PCB 板形成的空间。而被诉侵权技术方案的导通组件包括遮光柱和收、发光装置,其中遮光柱位于按压组件下端,位于容置腔体内,但收、发光装置位于基座下方的键盘 PCB 板上,不在基座上,即未设置在盖子盖合基座形成的容置腔体中,故被诉侵权技术方案的导通组件未全部位于盖子与基座之间形成的容置腔体中,与涉案专利该技术特征的手段不相同,亦不构成等同。所以,被诉侵权技术方案不具备涉案专利权利要求 1 "容置腔体中设置有导通组件"的技术特征,未落入涉案专利权利要求 1 的保护范围。又由于涉案专利权利要求 11 系权利要求 1 的从属权利要求,在被诉侵权技术方案未落入涉案专利权利要求 1 保护范围的情况下,也不落入权利要求 11 的保护范围。所以,被诉侵权技术方案未落入涉案专利权保护范围,三公司的被诉侵权行为不构成侵权。

5.3.5 案例启示

产生按压声音的键盘开关专利侵权诉讼案件处理的过程让我们对权利要求书的撰写、专利侵权诉前准备等问题有了一些思考。

5.3.5.1 从无效和诉讼看专利权利要求书的撰写

权利要求书是清楚、准确限定所要保护的技术方案的法律文件,是发明或实用新型专利申请文件中最重要的组成部分,是专利申请文件的核心。权利要求书撰写得好坏直接影响发明人能否获得专利权,以及专利权保护范围的大小。当前我国经济已进入高质量发展阶段,在现代化经济体系建设中,知识产权保护是其中关键的一环。"保护知识产权就是保护创新"的理念已深入人心,知识产权在我国所处的地位越来越重要。虽然我国知识产权事业取得了长足的进步,但是国内专利申请文件依然存在不少问题,有部分专利申请由于撰写的问题导致最终没有获得专利权,有部分专利虽然获得授权,但专利权保护范围很小,他人很容易规避。如何撰写一份合适、确切的权利要求书在知识产权发展中显得越来越重要。

就该案的发明专利而言,其在授权阶段的第一次审查意见通知书发出后将原来的 6 项权利要求的技术特征进行了合并处理,最终获得了授权,并且在多次无效宣告请求程序中都得到了维持专利权全部有效的审查结论,说明该授权的专利权很稳定。但从权利要求保护范围来说,经过 6 项权利要求的合并,权利要求的保护范围已经非常小,因此在民事诉讼的侵权判决过程中,认定被诉技术方案与涉案发明专利独立权利要求存在多处不同,也不构成等同,导致被诉侵权方案未落入涉诉专利独立权利要求保护范围内,从而判定不侵权。

专利权保护范围是指专利权效力所及的发明创造的技术特征和技术幅度,专利保护范围以权利要求书要求的内容为准。在侵权判定时首先应该对比被诉技术方案是否落入独立权利要求的范围,因独立权利要求保护范围最大,被诉技术方案都未落入独立权利要求的保护范围,自然也不涉及侵害从属权利要求的情况。可以看出,独立权利要求是从整体上反映发明或者实用新型的技术方案,记载解决技术问题的必要技术特征。为了使专利权人的合法权益得到有效保护,独立权利要求应尽可能大,因而准确、合理地撰写独立权利要求对申请人的利益至关重要。从实务角度看,申请人在独立权利要求撰写中主要存在的问题有以下几个方面:首先是缺少体现发明点的技术特征。出现该问题的原因是申请人不能准确地判断专利申请的发明点。解决该问题的方法可以借鉴"三步法",具体包括先检索现有技术,然后进行特征比对,确定实际的发明点,再根据发明所解决的技术问题找出体现发明点的必要技术特征。其次是独立权利要求写入了过多的技术特征导致其保护范围小。从能够获得最宽保护范围的目的出发,在能够解决基本的技术问题、是先进的发明效果的前提下,独立权利要求中技术特征越少越好。该案的授权发明独立权利要求为获得授权合并了6项权利要求的技术特征,但也缩小了独立权利要求的保护范围。最后是独立权利要求中没有对相关特征进行上位概括。有时候申请人撰写的独立权利要求既没有缺少体现发明点的必要技术特征,也没有写入过多的非必要技术特征,但是保护范围却很小,主要原因是没有对相关特征进行上位概括,权利要求保护范围过窄,他人很容易绕开此独立权利要求的保护范围而不侵权。所以相关特征进行上位概括是非常必要的。

综上,撰写好的独立权利要求可以先充分检索,确定最接近或相接近的现有技术。根据检索结果修正发明点和所解决技术问题,据此确定解决此技术问题需要的技术特征整体组合为独立权利要求初稿,然后,将独立权利要求初稿中的特征逐个进行删除,看剩下的特征组合能否解决技术问题,据此删除不必要的技术特征,将剩余的每个特征进行合理概括,得到独立权利要求。

5.3.5.2 专利权人在发起诉讼前应做好必要的准备

专利权人在发现他人可能侵害自己专利权时,发起专利侵权民事诉讼前有必要做好侵权诉讼准备。对于专利权人而言,专利侵权诉讼成败受到下面三方面因素的影响。

第一,授予的专利权权利是否稳定。诉讼前,专利权人可以找专业的机构对自己的专利做一个专利权的稳定性分析。专利稳定性分析一般是指专利授权后对抗无效请求的能力。因为专利都是经国家知识产权局审查后授权的,但是审查的力度和条件有限,特别是实用新型和外观设计专利没有经过实质审查程序,极有可能存在一些实际上不符合授权要求的专利申请得到授权,这样的专利稳定性就差。而且制度设计上是通过无效请求程序来解决。专利稳定性分析的重要性主要在于专利侵权诉讼案件中，利用专利无效对抗的案件达到 60% 以上，被告基本上会进行无效检索，一旦发现影响新颖性和创造性的对比文件，就会发起无效宣告请求。专利权人虽然是权利人，但由于在起诉前不做专利稳定性分析，可能会损失较多的诉讼费、律师费、专利无效应对时间甚至是专利权的损失。专利稳定性分析可以排查哪些专利可以用于维权，确定可以用于维权的有效专利，方便进行专利进攻的排兵布阵，对诉讼策略的运用非常重要。知己知彼才能百战百胜，了解自己专利情况后，才可以做到收放自如。例如，对于专利本身稳定性不高的情况，可以看时机撤回起诉，律师代理费的构成可更加灵活，更多的应对预案可提前布置。

第二，判断被诉的技术方案落入权利要求保护的范围，可以请专业的维权服务机构出具侵权判定咨询报告进行参考。专利侵权行为包括直接侵权与间接侵权，直接侵权又包括相同侵权与等同侵权。无论是相同侵权还是等同侵权均坚持全要素规则（也称全面覆盖原则）的判断标准，即只有当权利要求书中记载的全部技术特征或者与其相同的技术特征一个都不少地出现在被控侵权技术方案中，专利侵权才成立。反之，如果被控侵权技术方案缺少权利要求书中记载的一个以上技术特征，或者有一个以上技术特征既不相同也不等同的，专利侵权不成立。相关判断原则还有禁止反悔原则等。专利侵权判定要把被诉侵权技术方案与权利要求保护范围经过专业的比对才能得出是否侵权的结论。具体到该案，专利权人在无效宣告程序中应对策略非常完美，该案甚至还入选了国家知识产权局专利局复审和无效审理部年度复审无效十大典型案例。然而在法院的侵权判定中却因被诉专利侵权的技术方案与独立权利要求的多个特征不相同，也不等同，从而确认对方不侵权。如果专利权人在发起诉讼之前对自己的专利和对方采用技术方案做一个比对，了解自身专利权的保护范围和对方技术方案的差别，也许就不会耗费那么大精力做诉讼或后续的无效宣告确权，减少不必要的花费。

第三，参考专利稳定性分析和专利侵权的结果制定合理的诉讼策略。如果结果是授权专利权利稳定，并且专利侵权初步判定是成立的那应该选择合适的起诉对象，找准起诉的时机和选择合适的起诉地。但如果初步判断授权专利的权利稳定性较差或存疑，或者专利权利要求保护范围太小，他人很容易规避或经过初步专利侵权判定对方技术方案与权利要求的特征不相同也不等同，则应该慎重发起诉讼，避免给自身造成更大的损失。

5.4 多旋翼无人驾驶飞行器专利行政诉讼案例

5.4.1 产业背景

无人驾驶飞行器简称无人机，英文缩写为"UAV"，是利用无线电遥控设备和自备的程序控制装置操纵的不载人飞机。❶ 无人机按照用途可分为军用无人机和民用无人机,民用无人机又可分为工业级无人机和消费级无人机。❷

我国无人机行业发展已经处于全球第二梯队,正快速靠拢第一梯队。电子元器件成本较低及软件与算法技术储备的领先优势,使得我国的无人机产业规模在全球占比遥遥领先。❸ 无人机市场报告表明,2019年,美国和中国的民用无人机市场规模占全球民用无人机市场规模的三分之二以上;而在军事无人机领域,全球领先者为美国和以色列,分别占45%和24%的份额。❹

国内无人机产业应用前景广阔,整体仍处于增长趋势,市场竞争较为激烈。我国民用无人机市场占比较大,达60%;军用无人机占比40%(见图5-4-1)。❺

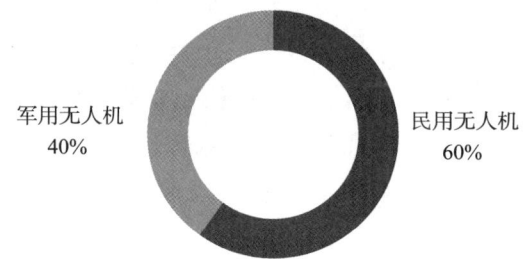

图5-4-1 中国无人机市场占比

据预测,到2025年,国内民用无人机市场总规模将达846.2亿元(见图5-4-2)。其中,行业应用安防市场约为150亿元,电力巡检约为50亿元,农林植保则约为200亿。❻

根据不同的技术特征,无人机又可分为固定翼无人机、多旋翼无人机、无人直升机和复合翼无人机。多旋翼无人机是一种能够垂直起降的无人直升机,其最大特点是具有多对旋翼,并且每对旋翼的转向相反,用来抵消彼此反扭力矩。它可以垂直起降,实现定点盘旋,并且采用无刷电机作为动力,没有尾桨装置。❼ 多旋翼无人机结构简单、安全性高、成本低的优势,使其在航拍、军事、农业、快递等领域有着广泛的应用。

---

❶ 黄凤娟. 中国无人机行业的发展分析[J]. 安徽电子信息职业技术学院学报,2020(5):102.

❷ 前瞻产业研究院. 2018年无人机行业现状与发展趋势报告[EB/OL].(2018-08-30)[2022-06-21]. https://mp.weixin.qq.com/s/G9X_DSWAD6qtsAXxVVM6rA1.

❸ 陈永灿. 2020—2021年中国无人机产业发展研究年度报告[J]. 机器人产业,2021(5):74-85.

❹ 千里眼航空. 2022无人机行业发展现状及前景分析[EB/OL].(2022-04-26)[2022-06-03]. http://www.360doc.com/content/22/0326/19/29351854_1023453482.shtml.

❺ 中商产业研究院. 2021年"十四五"中国无人机产业市场前景及投资研究报告[EB/OL].[2022-04-26]. https://wk.askci.com/details/8a1adf62dfd1426e922fca4a475c2f6e/6.

❻ 同❶102-106.

❼ 代君,管宇峰,任淑红. 多旋翼无人机研究现状与发展趋势探讨[J]. 赤峰学院学报(自然科学版),2016(8):22-24.

多旋翼飞行器是一个具有六自由度和四个控制输入（旋翼转速）的欠驱动系统（Underactuated System），具有多变量、非线性、强耦合和干扰敏感的特性，控制器性能还受到模型准确性和传感器精度的影响。因此，飞行控制系统是多旋翼无人机的关键技术难点之一。❶ 该涉案专利就是对多旋翼无人机的传感器的电磁干扰问题进行技术改进。

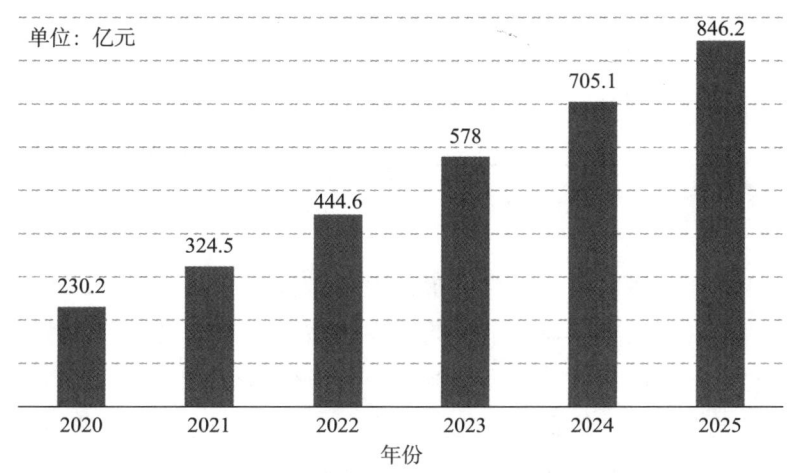

图 5-4-2　民用无人机市场规模预测

5.4.2　竞争格局

5.4.2.1　市场主要竞争者

从全球企业竞争格局看，深圳市大疆创新科技有限公司作为龙头企业"一家独大"的领先态势显著。深圳市大疆创新科技有限公司凭借关键技术、研发实力、性价比高、创新能力强等核心优势，在2020年全球无人机产业规模占比超40%，位居第一，且远超第二名（见表5-4-1）。❷

表 5-4-1　2020 年全球无人机企业 TOP 10

排名	企业名称	国家	营业收入/百万美元	规模占比/%
1	深圳市大疆创新科技有限公司	中国	3770.0	40.11
2	Insitu	美国	730.0	7.77
3	Parrot	法国	100.0	1.06

---

❶ 代君，管宇峰，任淑红. 多旋翼无人机研究现状与发展趋势探讨［J］. 赤峰学院学报（自然科学版），2016（8）：22-24.

❷ 陈永灿. 2020—2021 年中国无人机产业发展研究年度报告［J］. 机器人产业，2021（5）：74-85.

续表

排名	企业名称	国家	营业收入/百万美元	规模占比/%
4	成都纵横自动化技术股份有限公司	中国	43.0	0.46
5	Yuneec 昊翔	中国	34.0	0.36
6	Kespry	美国	14.0	0.15
7	Delair	法国	12.0	0.13
8	亿航	中国	10.5	0.11
9	Autel Robotics	美国	8.9	0.09
10	Drone Volt	法国	8.6	0.09

注：数据来源于赛迪顾问，截至 2021 年 2 月。

从国内企业的竞争格局来看，深圳市大疆创新科技有限公司在综合环节、工业级无人机、消费级无人机三个产业环节中均排在首位。在工业级无人机领域，成都纵横自动化技术股份有限公司和广州极飞科技股份有限公司分别专注于垂直起降固定翼无人机及农业植保无人机；在消费级无人机领域，零度智控公司和臻迪科技股份有限公司在航拍和数据可视化方面占据领先优势（见表 5-4-2）。

表 5-4-2 中国无人机产业重点企业

产业环节	排名	企业名称	主营业务
综合环节	1	深圳市大疆创新科技有限公司	无人机飞行平台和影像系统，研发、生产、销售、服务全年生命周期服务
	2	广州亿航智能技术有限公司	城市空中交通、空中媒体、智慧城市管理
	3	广州极飞科技股份有限公司	农用植保无人机、农业无人车、自动驾驶仪、智慧农业系统
工业级无人机	1	深圳市大疆创新科技有限公司	遥感测绘、森林防火、电力巡线、搜索及救援无人机与系统
	2	成都纵横自动化技术股份有限公司	工业级垂直起降固定翼无人机、无人机系统及配件
	3	广州极飞科技股份有限公司	农用植保无人机、农业无人车、自动驾驶仪、智慧农业系统
消费级无人机	1	深圳市大疆创新科技有限公司	个人航拍、摄影创作、航拍摄影系统
	2	零度智控公司	无人机系统、航拍、智能飞行器产品
	3	臻迪科技股份有限公司	智能无人机、数据可视化和预测。虚拟现实和增强现实技术

注：数据来源于赛迪顾问，截至 2021 年 2 月。

国内重点企业的具体情况如下。①深圳市大疆创新科技有限公司，是全球领先的无人飞行器控制系统及无人机解决方案的研发和生产商，客户遍布全球 100 多个国家。②深圳市道通智能航空技术公司，于 2014 年 5 月 29 日在深圳市登记成立。法定代表人潘相熙，公司经营范围包括民用航空电子设备、自动控制设备、民用无人驾驶航空器等。③广州亿航智能技术有限公司，是一家智能自动驾驶飞行器科技企业，覆盖空中交通（包括载人交通和物流运输），智慧城市管理和空中媒体等应用领域。2019 年 12 月 12 日，该公司在美国纳斯达克全球股票市场上市。④广州极飞科技股份有限公司，成立于 2007 年，作为一家机器人和人工智能技术公司，致力于用科技为农业赋能，将无人机、机器人、自动驾驶、人工智能、物联网等技术带进农业生产，通过构建无人化智慧农业生态，让农业进入自动化和精准的时代。⑤成都纵横自动化技术股份有限公司，于 2010 年 4 月 8 日成立。经营范围包括：研发、生产（另设分支机构或另择经营场地经营）、销售电子产品、无人机、航空器、航空设备及零配件（不含发动机及螺旋桨）；研发、销售工业自动化控制设备、机械设备、软件并提供技术开发、技术咨询、技术转让、技术服务；货物及技术进出口等。⑥零度智控（北京）智能科技有限公司，总部位于北京市，是智能飞行器产品和智能无人机整体解决方案供应商。⑦臻迪科技股份有限公司是一家从事工业级无人机、消费级无人机、水面及水下机器人的研发、制造、销售和售后服务的公司。

5.4.2.2 专利竞争格局

目前，无人机的中国发明和实用新型专利申请总量达 9 万余件❶，近 10 年申请量增长明显，尤其是 2014 年之后申请量出现陡增（见图 5-4-3）。从地域分布看，广东、江苏、北京的申请量最大，并且明显超过其他省份（见图 5-4-4）。从申请人排名看，排名首位的深圳市大疆创新科技有限公司的申请量达 1756 件，明显超过其他申请人。排名前 20 的申请人中大部分是高校，企业申请人均为国内企业，包括国家电网有限公司、广州极飞科技股份有限公司、易瓦特科技股份公司、广东电网有限责任公司等（见表 5-4-3）。无人机的专利技术研发活跃的创新主体主要是国内企业和高校，无人机专利申请（发明和实用新型）的国内申请人的占比多达 98.6%，我国在该领域的技术创新远超国外创新主体。

---

❶ 统计中国发明申请和实用新型的申请量，公开日截至 2021 年 12 月 31 日。

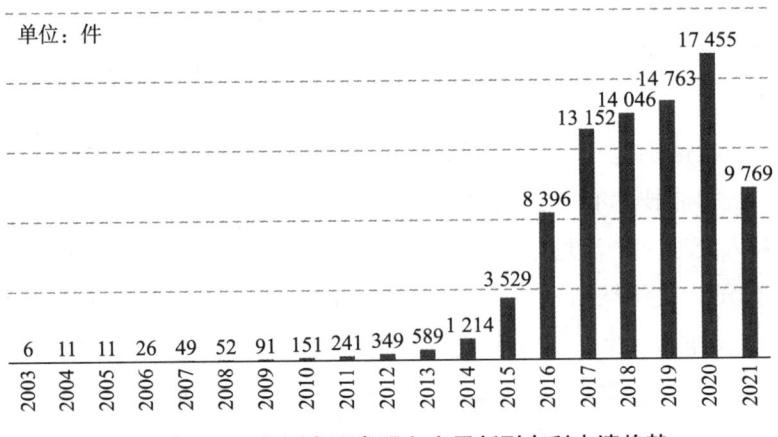

图 5-4-3 无人机中国发明和实用新型专利申请趋势

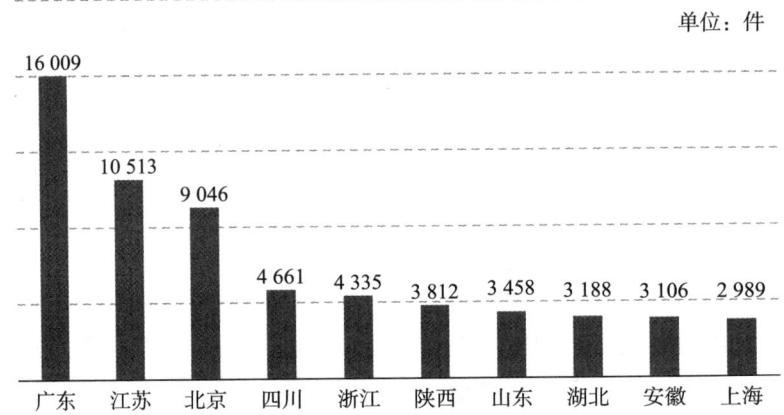

图 5-4-4 无人机中国发明和实用新型专利省市排名

表 5-4-3 无人机中国发明和实用新型专利申请人排名　　单位：件

序号	申请人	专利数量
1	深圳市大疆创新科技有限公司	1 756
2	北京航空航天大学	755
3	西北工业大学	749
4	国家电网有限公司	660
5	南京航空航天大学	659
6	国家电网公司	637
7	极飞科技公司	479
8	易瓦特科技股份公司	406
9	广东电网有限责任公司	391

续表

序号	申请人	专利数量
10	道通智能公司	388
11	北京理工大学	327
12	广东容祺智能科技有限公司	301
13	华南农业大学	271
14	中国人民解放军国防科技大学	247
15	西安爱生技术集团公司	246
16	广东工业大学	245
17	浙江大学	233
18	西安电子科技大学	219
19	顺丰科技有限公司	218
20	天津大学	190

从国际重点企业来看，无人机全球排名前三的企业中美国的 insitu 和法国 Parrot 的申请量分别是 6 件和 129 件。从国内重点企业来看，深圳市大疆创新科技有限公司的申请量与国内其他知名度较高的企业相比仍有明显优势（见图 5-4-5）。重点企业中仅有深圳市大疆创新科技有限公司和广州极飞科技股份有限公司两家企业的申请量位列全国前 20 的申请人排名中，其他产业规模上的重点企业申请量不多，而其他申请量位列前 20 的创新主体的产业规模则不大。可见，我国无人机企业的专利申请量和产业规模并不完全匹配。

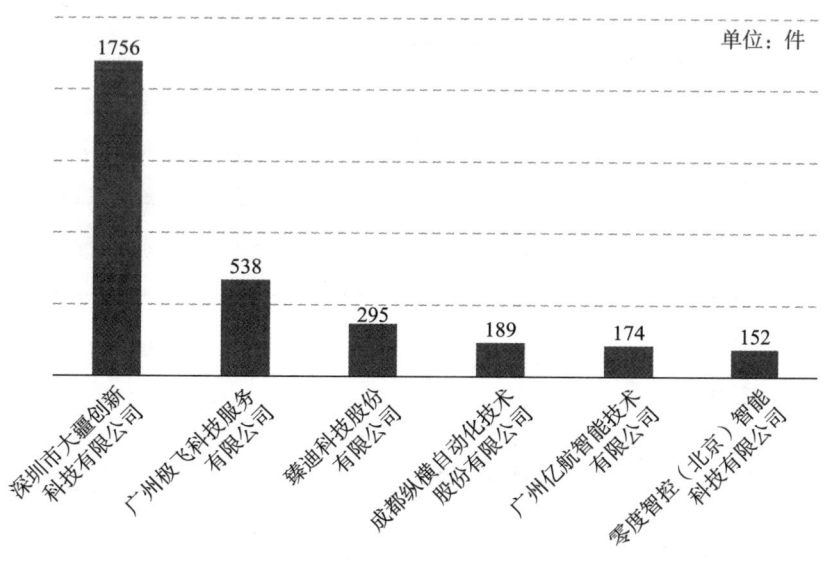

图 5-4-5 国内重点企业发明和实用新型专利申请量情况

综上，深圳市大疆创新科技有限公司无论是产业规模还是专利申请量均在国内乃至全球同行业中占据绝对领先优势。国内重点企业都一定程度在中国有专利布局，而国外知名企业在中国的专利申请量明显少于国内企业。从产业和专利数据可以看出，我国在无人机行业有明显领先优势。

5.4.3 基本案情

5.4.3.1 涉案专利基本情况

专利号为 ZL201220686731.2，名称为"多旋翼无人飞行器"的中国实用新型专利（即"涉案专利"），其申请日为 2012 年 12 月 13 日，授权公告日为 2013 年 8 月 14 日，专利权人为深圳市大疆创新科技有限公司。

5.4.3.2 案情经过

深圳市道通智能航空技术（下称"请求人"）于 2017 年 6 月 30 日向专利复审委员会提出了针对涉案专利的无效宣告请求。专利复审委员会于 2018 年 3 月 26 日作出第 35449 号无效宣告请求审查决定，宣告专利权全部无效。

深圳市大疆创新科技有限公司不服该决定，向北京知识产权法院提起行政诉讼，北京知识产权法院于 2019 年 3 月 26 日作出（2018）京 73 行初 4102 号行政判决，维持了该决定。

深圳市大疆创新科技有限公司不服北京知识产权法院的上述判决，向最高人民法院提起上诉，最高人民法院最终驳回上诉、维持原判（见表 5-4-4）。

表 5-4-4 案情经过

顺序	案件详情	结论
1	无效宣告请求审查决定（第 35449 号），决定日期为 2018 年 3 月 26 日	宣告专利权无效
2	北京知识产权法院行政判决书（2018）京 73 行初 4102 号，裁判日期为 2019 年 3 月 26 日	驳回原告大疆创新公司的诉讼请求
3	最高人民法院行政判决书（2019）最高法知行终 49 号，裁判日期为 2019 年 11 月 10 日	驳回上诉，维持原判

5.4.4 核心问题

5.4.4.1 无效宣告请求审查决定书第 35449 号

1. 无效理由

请求提出专利权利要求 1~3，5~7 不符合《专利法》第 22 条第 2 款关于新颖性的规定，专利权利要求 1-7 不符合《专利法》第 22 条第 3 款关于创造性的规定。

2. 证据

请求人提交证据 1~47，专利权人提交反证 1~10。

3. 争议焦点

专利权人主张，通过反证可以证明请求人提交的证据 1、12、13~15、16~17、18、19、21 不具有真实性和关联性。

4. 复审委员会的观点

（1）关于证据真实性、有效性

证据 19 是由北京市海诚公证处出具的（2017）京海诚内民证字第 05907 号公证书复印件，专利权人对证据 19 的真实性无异议，合议组亦认可证据 19 的真实性。证据 19 包含以下 5 个部分。

① 网易的新闻中心于 2012 年 8 月 29 日对"第九届上海国际模型展览会开幕"的新闻报道的网页截屏复印件（公证书的第 5~15 页，下称为证据 19-1）；

② 深圳市思凯利航模有限公司网站于 2012 年 9 月 4 日发布的新闻，涉及该公司的参加"2012 年第九届上海国际模型展览会"的模型展示图的网页截屏复印件（公证书的第 16~35 页，下称为证据 19-2）；

③ 在"模型中国论坛"上，由网友"yangss"于 2012 年 8 月 28 日 23 点发布的标题"上海模展多旋翼篇上图了！！！"文章的网页截屏复印件（公证书的第 36~70 页，下称为证据 19-3）；

④ 在"5iMX 论坛"上，由网友"yangss"于 2012 年 8 月 28 日 22 点 34 分发布，并于 2012 年 8 月 28 日 22 点 50 分最后编辑的关于"【第九届上海模展】上海模展上图了！！多旋翼篇！！"文章的网页截屏复印件（公证书的第 71~98 页，下称为证据 19-4）；

⑤ 优酷网友"freexquad"于 2012 年 9 月 1 日上传的标题为"shanghai model show"视频的网页截屏复印件（公证书的第 99~105 页，下称为证据 19-5）。

对于上述证据，合议组认为：证据 19-1 可以获知，在 2012 年 8 月 28 日上午，在上海世博展览馆举办了第九届上海国际模型展览会。关于证据 19-3、19-4，"模型中国论坛"和"5iMX 论坛"网站均属于本领域具有一定知名度和公信力的网站，在该网站发布的文章后的评论的日期均在该文章的发表日期 2012 年 8 月 28 日 23 点之后，上述评论与文章内容也存在关联。在无反证的情况下，认可 19-3 所公开内容的真实性。并且由于论坛上的文章显示的发布时间是服务器显示的时间，一般不易篡改，证据 19-3 的公开时间认定为 2012 年 8 月 28 日，早于本专利的申请日。关于证据 19-5，在优酷网上传的时间代表了视频进入服务器的时间，上传时间由互联网的系统自动生成，上传时可以选择是否公开。专利权人没有提供相应证据证明上传时间不是公开时间。该证据的视频是对展览拍摄的录像并与网友分享该展览的可能性较大，因此在专利权人没有提交任何相关证据的前提下，该视频上传时被公开的可能性要远远高于加密上传成不对公众公开的可能性，也即证据 19-5 记载的上传时间"2012 年 9 月 1 日"为发布时间存在高度盖然性。此外，证据 19-1、19-3、19-4 及 19-5 相互印证在 2012 年 8 月 28 日举行的"第九届上海国际模型展览会"上展出了上述产品，并由网友通过图片和视频在网上分享，即上述产品的结构在本专利申请日前已经处于公众想得知就能得知的状态。关于证据 19-2，图片中显示有"SKYARTEC®"的字样，反证 7 可证明该商标的权利人为"彭信泉 0281482802（D）"，不是"深圳市思凯利航模有限公司"，因此不能证明深圳市思凯利航模有限公司参加"2012 年第九届上海国际模型展览会"并在展览会上展示了多轴飞行器。但是，上述产品是否由"深圳市思凯利航模有限公司"展出并不影响其在申请日前已经处于公众想得知就能得知的状态。

证据 24、25、28、29 及 32❶ 能表明 Multirotorforums.com 和 dronevibes 论坛为无人机领域具有一定知名度和公信力的网站和论坛，且公众可以从上述网站和论坛获取信息。

证据 12❷ 虽属于域外证据，但第 09920 号公证书已经说明该网页能够通过国内公共渠道获得。专利法中"现有技术"是指申请日以前在国内外为公众所知的技术，由此，dronevibes.com 在本专利的申请日之前公开的技术内容也属于专利法的"现有技术"的范畴。在没有充分的证据和理由证明证据 12 的网页上公布的文章内容虚假的情况下，认可 12 所公开内容的真实性。证据 12 的中文译文的第 5、第 6 页、第 9 页第 1 栏显示有"被版主最后编辑于 2012 年 9 月 12 日"。由于论坛上的文章显示的发布时间是服务器显示的时间，一般不易篡改。

（2）关于权利要求的创造性

权利要求 1 所要求保护的技术方案相对于证据 19 的区别在于：外壳包括主体部和由主体部围设的外壳内腔，所述电路模块收容于外壳内腔中，传感器置于外壳上且远离外壳内腔，脚架与主体部相连，所述传感器位于脚架上。这些区别所实际解决的技

---

❶ 证据 24：在 dronevibes 论坛讨论区最近发表的讨论帖目录的复印件及相关部分的中文译文，共 6 页，其网址为 https://www.dronevibes.com/forums/forums/；证据 25：在"宇辰网"技术资讯区，由刘阿平于 2015 年 10 月 20 日发表的"购买无人机之前的五项须知（二）"的网页截屏的复印件，共 5 页，其网址为 http://www.yuchen360.com/news/2680-1-0.html；证据 28：在我爱模型网站，由稳健于 2013 年 10 月 2 日发布的标题为"悲催的炸机，请高手分析"的帖子的复印件，共 5 页，其网址为 http://bbs.5imx.com/forum.php?mod=viewthread&tid=847088&ordertype=1&page=2；证据 29：在我爱模型网站社区中，由 WeTouchSky 于 2017 年 6 月 16 日发表的标题为"10 种延长无人机续航时间的方法"的帖子的复印件，共 5 页，其网址为 http://bbs.5imx.com/forum.php?mod=viewthread&tid=1300877&modthreadkey=4ac7c03038901f6897d6c48af255f99c；证据 32：由机械工业出版社于 2017 年 4 月出版发行《自己动手制作无人机》一书第 2 至 3 页、第 168 至 171 页复印件，共 6 页。

❷ 证据 12：在 dronevibes 论坛"recreational sUAS flyers discussions"讨论区，由"R_Lefebvre"于 2012 年 9 月 12 日发起的主题为"Overlapping Propeller Designs"的讨论及跟帖的复印件，以及相关部分的中文译文，共 23 页，其网址为 https://www.dronevibes.com/forums/threads/overlapping-propeller-designs.7653/。

术问题是：设置电路模块和传感器的安装位置以避免电路模块对传感器的干扰。

本领域技术人员在证据 19 的基础上，基于证据 7❶、证据 12 或公知常识的教导，而在设置电路模块和传感器的位置时，为了避免电路模板对传感器的干扰，将传感器远离收容电路模块的外壳内腔，并将传感器设置在脚架上是容易想到的。且在证据 19 的脚架上设置传感器既没有技术障碍，也没有产生预料不到的技术效果。因此，权利要求不具备创造性，从而不符合《专利法》第 22 条第 3 款的规定。

此外，从属权利要求 2~5 也不具备创造性。

5. 无效决定

根据上述的事实和理由，专利复审委员会作出决定："宣告本专利全部无效。"

5.4.4.2　行政诉讼一审判决❷

1. 起诉理由

①被诉决定对于证据 19 的认定存在错误。②被诉决定关于证据 12 认定存在错误。③被诉决定认定权利要求 1 绝大部分特征都属于公知常识，该认定存在明显错误。

2. 一审法院观点

（1）关于证据认定

"模型中国论坛""5iMX 论坛"可被不特定公众访问查看，在案证据不足以证明上述网站公信力不足，亦没有证据显示网站存在虚假信息，故证据 19-3、19-4 所示的产品信息处于公众想得知就能够得知的状态，可以作为现有技术。

证据 19-5 涉及的"shanhaimodelshow"视频发布于优酷网在专利权人未能提交充分反证的情况下，该视频上传时被公开的可能性要大于专利权人所主张的"上传时间并不一定是公开时间"的情形，故上传时间即为公开时间存在高度盖然性。

证据 19-1、19-3、19-4 及 19-5 相互印证在 2012 年 8 月 28 日举行的第九届上海国际模型展览会上展出了上述产品，并由网友通过图片和视频在网上分享，即上述产品的结构在本专利申请日前已经处于公众想得知就能得知的状态。

证据 24、25、28、29 及 32 分别从网站规模和不同主体推荐等角度进一步佐证 Multirotorforums.com 和 dronevibes 论坛为无人机领域具有一定知名度和公信力的网站和论坛，公众可以从上面获取信息。在案证据不足以证明上述网站不具有公信力，亦不能否定证据 12 的公开状态。

（2）关于创造性

专利权人主张，被诉决定遗漏了三个区别技术特征，证据 19 没有公开"飞行器""收容于外壳内的电路模块"和"所述主体部分包括壳体和与壳体一体成型的机臂"

---

❶ 证据 7：公告日为 1971 年 9 月 14 日、公告号为 US3604660 的美国专利说明书的复印件及相关部分的中文译文，共 10 页。

❷ 北京知识产权法院行政判决书（2018）京 73 行初 4102 号。

三个技术特征。然而，证据19-3中所公开的模型为一种飞行器；"所述主体包括壳体和与壳体一体成型的机臂"不能解释为说明书的具体实施方式，否则会不恰当地限缩权利要求范围；被诉决定已经将"收容于外壳内的电路模块"作为区别技术特征予以认定。

但是，该领域技术人员在证据19的基础上，基于证据7、证据12或公知常识的教导，在设置电路模块和传感器的位置时，为了减少电路模板对传感器产生干扰，应将传感器设置在远离收容电路模块的外壳内腔的位置，进而将传感器设置在脚架上是容易想到的。且在证据19的脚架上设置传感器既不存在技术障碍，也未取得预料不到的技术效果。因此，权利要求1要求保护的技术方案对于本领域技术人员来说是显而易见的，权利要求1不具备《专利法》第22条第3款所规定的创造性。

3. 审判结果

驳回原告深圳市大疆创新科技有限公司的诉讼请求。

5.4.4.3　行政诉讼二审判决❶

1. 上诉理由

①原审判决对于证据19的认定存在错误；②原审判决对于证据12的认定存在错误；③原审判决认为权利要求1绝大部分特征，例如电路模块收容在外壳内、形成外壳内腔、脚架与圆盘结构相连、传感器设置在脚架都属于公知常识，该认定存在明显错误；④原审判决对于权利要求1创造性的评价存在错误。

2. 争议焦点

①原审判决对于证据12、证据19的认定是否正确；②该专利权利要求1的技术方案是否具备创造性。

3. 二审法院观点

（1）关于原审判决对于证据12、证据19的认定是否正确

①关于证据12。首先，证据12系道通公司通过公证取证方式从公开的互联网dronevibes论坛上（http://www.dronevibes.com）取得的讨论帖的截屏，深圳市大疆创新科技有限公司并未对该公证过程的规范性提出质疑，一般情况下应当认定证据12的真实性。其次，证据12的个别帖子中存在附件链接内容与讨论帖文字内容不一致，不足以证明证据12的内容遭到人为篡改，而且本案的证据12的内容是网友回帖的文字内容，并不涉及附件。最后，证据24、25、28、29及32分别从网站规模和不同主体推荐等角度进一步佐证Multirotorforums.com和dronevibes论坛，为无人机领域具有一定知名度和公信力的网站和论坛。从网友在论坛发帖内容来看，系对旋翼无人机技术的应用实践交流。

---

❶ 最高人民法院行政判决书（2019）最高法知行终49号。

②关于证据19。专利权人深圳市大疆创新科技有限公司认为，仅通过证据19-3记载的"这次上海模展多轴机架飞控比较多"的文字无法判断证据19-3中公开的静态模型是否为可以飞行的多旋翼飞行器，无法判断其中具有飞行控制。另外，也无法仅通过证据19-3所显示的照片就能得出照片中模型机的外壳是否由壳体和与壳体一体成型的机臂构成。

对此，最高人民法院认为：1) 证据19-3照片所示的多旋翼无人机为具有飞行功能的多旋翼航模飞行器，必然具有相应的飞行控制，原审法院认定证据19-3照片中处于静态的多旋翼无人机具有飞行控制并无不当。2) 关于是否可以从证据19-3判断照片中的多旋翼无人机的外壳是由壳体和与壳体一体成型的机臂构成。本领域普通技术人员从证据19-3照片公开的信息中足以判断该照片中显示的多旋翼无人机的外壳是由壳体和与壳体一体成型的机臂构成。

（2）关于专利权利要求1的技术方案是否具备创造性

①关于权利要求1的解释。权利要求中1的"一体成型"对于本领域普通技术人员而言属于具有清楚、明确含义的技术术语。因此，权利要求中"所述主体部分包括壳体和与壳体一体成型的机臂"中的一体成型不能限缩为说明书中的具体实施方式。

原审判决将形成外壳内腔电路模块收容于外壳内腔中脚架与主体部相连认定为公知常识正确。

②关于相关区别技术特征是否为公知常识及权利要求1是否具有创造性。证据7、证据12公开给出了"为避免电子干扰而将易受电子干扰的传感器设置在远离电路的位置，如设置在飞行器后面的刚性杆或者飞行器脚架底部"相应的技术启示，本领域普通技术人员在该技术启示的教导下，很容易联想到将证据19、相关公知常识和证据7或者证据12结合起来，形成本专利所要求保护的技术方案，并解决本专利所要解决的技术问题，因而专利权利要求1的技术方案对本领域普通技术人员来说是显而易见的，不具备创造性。

从现有证据来看，"传感器置于外壳上且远离外壳内腔""所述传感器位于脚架上"这两个区别技术特征的技术启示仅是出现在专利文件及较为专业的技术论坛，故被诉决定及原审判决将上述两区别技术特征认定为公知常识缺乏依据。由于在评价权利要求1的创造性时，被诉决定还采用了"证据19+公知常识+证据7"和"证据19+公知常识+证据12"的证据结合方式，且被诉决定和原审判决在上述两种证据结合方式下的创造性评价均正确。故虽然被诉决定和原审判决对于相关区别技术特征是否为公知常识的认定上存在一定瑕疵，但并不影响本专利的创造性判断结果。

4. 审判结果

驳回上诉，维持原判。

5.4.4.4 小结

在该案中,最高人民法院的审判要点在于两个方面,一是互联网证据的认定,二是权利要求的解释。这两方面对于我国企业在专利创造、运用和保护时,尤其在无效程序和专利诉讼中如何运用网络证据及如何确定权利要求的保护范围,具有重要的指导意义。

1. 关于证据认定

最高人民法院指出,人民法院在案件审理中,对于当事人提交的证据应当全面、客观地予以审查,并依据法律规定,遵循法官职业道德,运用逻辑推理和日常生活经验,对证据的真实性、有无证明力和证明力的大小进行独立判断,并公开判断的理由和结果。对于一方通过规范公证程序从互联网获得的网页、电子邮件、聊天记录等相关证据,另一方不能仅以电子证据易遭篡改为由简单否定证据的真实性,而应当指出证据遭篡改的具体理由或者提交相应证据予以证明。关于上述证据的证明力,则应当根据来源网站性质、网站公信力及证据内容本身自洽性等方面因素予以综合认定。

该案中,虽然专利权人对证据的真实性及证据是否为社会公众所知均提出过疑义,但是,其未给出充分的证据来证实。在这种情况下,法院认为不能否认互联网证据的真实性,也不能否认将互联网信息在网站上的公开时间作为证据的公开时间。

2. 关于权利要求解释

最高人民法院指出,在专利无效宣告行政程序中解释权利要求时,应当以本领域普通技术人员在阅读专利权利要求书、说明书后对权利要求限定的技术方案所形成的通常理解来确定专利所要求保护的范围,除非说明书另有特别限定,原则上不能将权利要求中已在本领域具有通常含义的技术用语限缩至说明书的某个具体实施案例。

发明或者实用新型的保护范围以权利要求限定的内容为准。说明书中的实施案例只能作为权利要求的解释,而不能作为权利要求保护范围的限缩。除非在特定情况下,申请人在说明书中对某个词指定了特定含义,并且在权利要求中对该词进行了足够明确的限定。

对于权利要求中技术术语的解释则应理解为相关领域中的通常含义,一般是按照所属领域技术人员的理解,是所属领域中广泛知晓并认同的含义。所属领域技术人员对术语的理解是在全面正确认识说明书的技术方案的基础上作出的,而不能仅从字面上作出不合逻辑的机械理解。

5.4.5 案例启示

随着互联网技术的不断发展,网络信息已经成为人们获取知识的重要途径。互联网证据越来越多地应用在专利确权、维权过程中,如何获取互联网证据及如何判断互联网证据的真实有效性、如何通过证据链来强化互联网证据的证明力是值得思考和研究的专利法的热点和难点问题。

该案中,无效程序和行政诉讼的焦点问题主要集中在证据的证明力上,也就是,无效宣告请求人提供的证据是否真实、合法、有效。证据是指依照诉讼规则认定案件事实的依据。单一证据认定的关键是证明力,证明力是指证据事实对待证事实有无证明作用及证明作用的程度。❶ 在专利无效程序中,证据的真实性往往是双方当事人的争议焦点。真实性,即客观性,是指证据所反映的内容应当是真实的、客观存在的。在诉讼过程中,证据问题是核心问题,审判过程需要通过证据链来还原事实真相,充分的证据是作出公正裁判的依据。

互联网证据是指以数字形式存在的,以通信网络进行传播的,公众能够从不特定的网络终端获取的证据材料,其具有数字性、易修改性的特点。使用互联网证据通常需要对其来源及网站进行审核以确认其是否真实有效。在无效程序中,互联网证据认定有两个关键环节,即证据的真实性和公开时间。互联网证据的真实性的认定通常需要考虑网站性质、网站资质及网站与当事人的利害关系等。公开时间是指公众能够浏览互联网信息的最早时间,一般以互联网信息的发布时间为准。

互联网证据材料是否构成现有技术、现有设计,从获取主体、证据内容、公开日三个方面进行考量:首先,公众而非特定人能获得该证据材料;其次,从该证据材料中能够得知实质性技术知识或设计内容;最后,该证据材料处于"为公众所知"状态的时间应早于申请日。❷

5.4.5.1 关于互联网证据的真实性

该案中,证据19包括网易新闻的新闻报道的网页截屏、在"模型中国论坛"上发布的文章、在"5iMX论坛"上发布并再次编辑的文章,这三项证据的真实性得到了专利复审委员会、一审及二审法院的一致认可。三家网站均为具有一定知名度和公信力的网站,没有反证表明其缺乏公信力,也没有证据表明该网站存在虚假信息,因此,网站信息的真实性得到认定。

---

❶ 国家知识产权局专利复审委员会. 以案说法——专利、复审无效典型案例指引 [M]. 北京:知识产权出版社,2018:318.

❷ 赋青春【以案说法】| 互联网证据——标准组织 [EB/OL]. (2017-02-08) [2022-06-03]. https://mp.weixin.qq.com/s/pTXKC3E3-CrnvIluyEmemg.

5.4.5.2 互联网证据的公开时间

关于社交媒体类互联网证据的公开时间。考虑到论坛的实时交互性，该帖子上所显示的时间通常为服务器自动生成的发帖时间，并且一旦帖子的内容被修改，网页上会留有修改后内容的最后编辑时间，则最后编辑时间或未修改帖子的发布时间可以视为公开时间。❶

在无效程序中，证据材料的公开时间至关重要，决定了该证据是否能成为现有技术、现有设计。互联网证据具有可修改性，如何确定其公开时间是认定证据有效性的重要环节。上述网易新闻和模型中国论坛上发布的文章的上传时间即认定为公开时间。而在"5iMX 论坛"上发布的文章经过了再次编辑，其最后的编辑时间被认定为公开时间。

5.4.5.3 互联网证据是否为公众所知

判断来源于社交媒体的技术或设计信息是否处于为公众所知的状态，一方面要考虑公众能否获得该信息，另一方面要考虑信息何时处于为公众所知的状态。如果当事人提供的证据材料是通过不特定的第三人账号登录、浏览从而获得的，而另一方当事人也没有证据证明该第三人属于特定人，则可认定"公众"能够获得相关信息。❷

证据 19-5 涉及发布于优酷网的视频，对于该证据的公开时间双方当事人存在争议。专利权人主张"上传时间并不一定是公开时间"。事实上，该网站上传的时间即视频进入服务器的时间，上传时间由互联网的系统自动生成，上传时可以选择是否公开。而根据证据 19-5 所示内容，上述视频确处于可被公众访问的状态。同时，所述展览会于 2012 年 8 月 28 日开幕并向公众开放是公知的，从视频的标题可以看出其内容是对展会的记录。因此，其采用公开形式从而与网友分享的可能性更大。在没有充分反证的情况下，该视频上传时被公开的可能性大于不公开的可能性，故上传时间即为公开时间存在高度盖然性。盖然性是有可能但又不是必然的。在民事审判中，在证据对待证事实的证明无法达到确实充分的情况下，如果一方当事人提出的证据已经证明该事实发生具有高度的盖然性，人民法院即可对该事实予以确定。也就是，当双方当事人对同一事实分别举出相反的证据，但都没有足够的依据否定对方证据的，则根据判断一方提供证据的证明力是否明显大于另一方提供证据的证明力，并对证明力较大的证据予以确认。❸ 该案中，根据多个网络证据的相互佐证可以确定，证据 19-5 的视频在上传时公开的可能性远大于没有公开的可能性，而且专利权人没有充分地反证证实该视频没有对公众公开。由此，一审和二审法院认定证据材料 19-5 的信息于上传时即为公众所知，也就是说，该证据信息在上传日期即是证据的公开时间。

---

❶ 赋青春【以案说法】| 互联网证据——社交媒体类（公开时间）[EB/OL].（2017-02-08）[2022-06-03]. https://mp.weixin.qq.com/s/vxPrQhwo4Jr4gX8C7-9bbw.

❷ 同❶.

❸《最高人民法院关于民事诉讼证据的若干规定》第 73 条。

第6章　广东省生物产业典型案例解析

6.1　沙库巴曲缬沙坦钠专利无效行政诉讼案

6.1.1　产业背景

沙库巴曲缬沙坦钠（也称 Entresto，诺欣妥，LCZ696）是由诺华公司开发的双效血管紧张素受体（AT2）-脑啡肽酶（NEP）抑制剂，临床上可用于高血压和心力衰竭的治疗。心力衰竭（心衰）患者心脏无法泵出足够的血液，因而面临着高死亡风险、反复住院治疗及其他症状（如呼吸困难、疲劳、体液潴留），会严重影响患者生活质量甚至危及生命。高血压除带来不适症状外还会对心、脑、肾及全身血管带来损害，是心脑血管疾病的重要诱因。

沙库巴曲缬沙坦钠作为第一个肾素-血管紧张素-醛固酮系统（RAAS）和脑啡肽酶双重阻断剂，是由作用于脑啡肽酶的沙库巴曲和作用于 RAAS 的缬沙坦组成的复方制剂。缬沙坦与沙库巴曲作用机制互补重叠，通过沙库巴曲来增强利钠肽系统的有益作用，起到排钠利尿、舒张血管和保护心脏等作用。同时通过缬沙坦来抑制 RAAS 的作用，起到舒张血管、改善水钠潴留和减轻心脏负荷等作用。该药可有效改善心力衰竭症状、降低血压并可积极改善肾功能，是一种理想的心力衰竭治疗药物。❶ 其血浆蛋白的结合率高（94%～97%），在治疗心力衰竭和高血压方面疗效确切且安全性良好，同时在急性心肌梗死及心律失常等心血管疾病中表现出潜在的治疗效果。用于射血分数降低的慢性心力衰竭（NYHA Ⅱ～Ⅳ级，LVEF≤40%）成人患者，可以降低心血管死亡和心力衰竭住院的风险。另外，沙库巴曲缬沙坦钠片可代替血管紧张素转化酶抑制剂（ACEI）或血管紧张素Ⅱ受体拮抗剂（ARB），与其他心力衰竭治疗药物合用。该药被评价为"打破了沉寂十余年的心力衰竭药物治疗策略，可能成为重整心力衰竭治疗框架的突破性药物"。

诺华公司市售的沙库巴曲缬沙坦钠片由沙库巴曲、缬沙坦、钠阳离子和水分子以 1∶1∶3∶2.5 的摩尔比形成的一种稳定的钠盐晶体复合物，其分子式为 $C_{24}H_{28}NNaO_5 \cdot C_{24}H_{27}N_5Na_2O_3 \cdot 2\frac{1}{2} H_2O$，分子量 957.99，结构式如图 6-1-1 所示。

---

❶ 张薇琳，周海英，杨小明. 双效血管紧张素受体-脑啡肽酶抑制剂沙库巴曲/缬沙坦的研究进展 [J]. 世界临床药物，2017，38（12）：851-854.

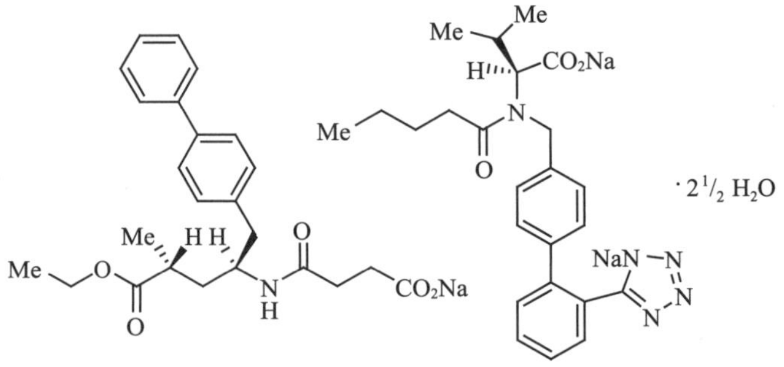

图 6-1-1 沙库巴曲缬沙坦钠半五水合物结构式（诺欣妥）

诺欣妥在临床治疗中得到了广泛的应用。2015 年 7 月，美国食品药品监督管理局批准沙库巴曲缬沙坦钠上市用于心力衰竭治疗。2015 年 11 月，欧盟批准该药上市用于治疗射血分数降低的心力衰竭（HFrEF）患者。2016 年，欧洲心脏病学会在急慢性心力衰竭指南中首次涉及了该药。[1] 2017 年 7 月，沙库巴曲缬沙坦钠经国家药品监督管理局批准在中国上市，并在 2017 年的国家药品监督管理总局年度药品审评报告被评价为"具有明显临床价值的新药"，并作为循环系统药物给出如下评价："该药品是近二十年来全球慢性心衰治疗领域的突破性创新药物，在减少心血管死亡、全因死亡、心衰住院（包括首次住院和全部住院），以及改善症状和患者报告结局方面，超过目前指南推荐的循证治疗，可为临床增加新的治疗选择。"沙库巴曲缬沙坦钠在 2021 年 2 月又被美国食品药品监督管理总局批准扩大适应症，用于射血分数保留的心力衰竭成人患者，降低心血管死亡和因心衰住院的风险。2021 年 6 月，诺欣妥进一步被 NMPA 批准用于治疗原发性高血压适应症，是目前唯一能够全程覆盖心血管疾病前期高危因素高血压到心血管疾病终末端心衰的创新药物。2021 年 10 月，诺欣妥斩获当年"医药界的诺贝尔奖"的盖伦奖（Prix Galien）的最佳医药产品奖（Best Pharmaceutical Agent），该奖项评出的均为有潜力对人类健康产生重大影响的医药产品。[2] 在 2021 年医保目录调整中，沙库巴曲缬沙坦钠原发性高血压适应症纳入医保，2019 年纳入的治疗慢性心力衰竭（NYHA II-IV 级，LVEF≤40%）适应症成功续约。中国也是该药全球范围内第一个提交高血压适应症申请并首批获批的国家，使广大心血管疾病患者长期规范治疗再获基础保障。

根据知名数据分析公司 GlobalData 在 2020 年 1 月发布的报告，全球心衰药物市场在未来 10 年将经历大幅增长。预计到 2028 年，8 个主要市场（美国、法国、德国、意大利、西班牙、英国、日本和中国）心衰药物市场规模将以 19.5% 的年复合增长率增

---

[1] 刘滔. 沙库巴曲缬沙坦治疗心力衰竭的新进展 [J]. 心血管病学进展，2018, 39 (3): 483-486.

[2] Novartis China. 诺华创新药物诺欣妥®（沙库巴曲缬沙坦）荣获国际盖伦奖最佳医药产品奖 [EB/OL]. (2022-05-17) [2022-06-03]. https://www.novartis.com.cn/news/nuo-hua-chuang-xin-yao-wu-nuo-xin-tuo-%28sha-ku-ba-qu-xie-sha-tan-%29rong-huo-guo-ji-gai-lun-jiang.

长，由 2018 年的 37 亿美元上升到 2028 年的 221 亿美元。该报告还指出，心衰药物市场的主要驱动力为：由于全球人口老龄化，慢性心衰的发病率不断增加，糖尿病等合并症的发病率增加，以及心肌梗死后治疗和生存率的提高。GlobalData 的报告强调，随着人口的增加，对心衰的诊断和预防的需求也未得到满足。在射血分数保留的 HF（HF-PEF）和新归类的射血分数中等的心力衰竭（HF-mrEF）方面有进一步未满足的需求。目前，诺华公司的诺欣妥是近年来唯一推出的治疗射血分数降低的 HF（HF-REF）的药物。GlobalData 预计，诺华心衰药物诺欣妥对市场的强力渗透，将成为推动慢性心衰和急性心衰治疗市场高速增长的最强驱动力，该药预计将在 2022 年达到 86 亿美元的年峰值销售。❶

根据 2021 年发布的《中国心血管健康与疾病报告 2020》，中国心血管病患病率处于持续上升阶段。推算心血管病现患人数 3.3 亿，2018 年，心血管病死亡占我国城乡居民总死亡原因的首位，高于肿瘤及其他疾病。我国也是高血压大国，约有 2.45 亿成人患有高血压。我国人口老龄化加剧，医疗水平的提高使心脏疾病患者生存期延长，导致我国心衰患病率呈持续升高趋势。中国心力衰竭的病因构成发生明显变化，冠心病、高血压和扩张型心肌病已成为目前中国心衰患者的主要病因。中国新增心力衰竭病例快速增长，2020 年患者人数增加到约 1112 万人，预计到 2030 年将进一步增加到约 1614 万人，即 2024 年至 2030 年的复合年增长率为 3.6%。❷ 沙库巴曲缬沙坦钠则在降压方面表现出降幅大、起效快的特点，同时对心脏、肾脏和血管等器官也表现出良好的保护作用，可以多途径阻断心血管事件的发生。❸ 沙库巴曲缬沙坦钠在中国的获批上市和纳入医保目录，有助于中国的高血压和心血管慢性病患者在疾病早期就能够长期规范地使用这种突破性的创新药。该药的推广使用可以实现从心血管事件链前端的血压管理到中间环节靶器官损伤，再到终末端心衰治疗，实现心血管事件链的全程管理，助力推进"健康中国 2030"战略。❹

6.1.2 竞争格局

诺华公司历史悠久，是一家专注于创新的瑞士制药公司，其在中国成立北京诺华制药有限公司，并在上海、北京、苏州、中山等地设立研发中心和生产工厂。1987 年

---

❶ Pharma. 20 Jan 2020 Heart failure market to surpass ＄22bn by 2028 as arrival of SGLT inhibitors triggers huge growth［EB/OL］.［2022-06-03］. https：//www.globaldata.com/heart-failure-market-surpass-22bn-2028-arrival-sglt-inhibitors-triggers-huge-growth/.

❷ 普华有策. 中国慢性心力衰竭药物市场专项调研及发展前景趋势预测报告［EB/OL］.（2022-03-26）［2022-06-03］. https：//www.sohu.com/a/532928596_100129163.

❸ 腾讯网. 诺欣妥获批治疗高血压适应证［EB/OL］.（2021-06-11）［2022-06-03］. https：//new.qq.com/omn/20210611/20210611A02EGD00.html.

❹ 人民资讯. 诺欣妥高血压适应症纳入 2021 国家医保目录［EB/OL］.（2021-12-03）［2022-06-03］. https：//baijiahao.baidu.com/s？id=1718096561888592933＆wfr=spider＆for=pc.

以来，诺华公司在中国获批的新药数量接近 90 款，覆盖心血管、糖尿病、眼科、免疫及皮科、中枢神经、呼吸、移植等领域。自 2017 年以来被纳入国家医保目录的产品超过 30 款❶，预计 2020 至 2024 年 5 年间将在中国递交超过 50 款新药申请，并致力于 2024 年实现超过 90% 的中国新药注册与全球同步❷。诺华公司 2022 年 2 月公布 2021 财年年报显示净利润为 240.21 亿美元，同比增长 197.58%；营业收入为 528.77 亿美元，同比上涨 5.97%。其中，中国市场销售收入 30.52 亿美元，同比增长 18%，占到了诺华公司全球总收入的 6%。❸ 其中，诺欣妥 2019 年进入医保后，当年中国市场的销售增幅达到 200%，2021 年销售额达到 35 亿美金，增长 45%，成为驱动诺华公司业绩增长的最关键药物之一。❹

诺华公司对沙库巴曲缬沙坦进行了较为充分的专利布局保护。截至 2022 年 4 月，诺华公司围绕诺欣妥至少申请了 61 项专利申请，涉及 657 件专利申请，其中至少 25 项专利以 PCT 途径申请，申请国家覆盖了三十多个国家和地区，并通过专利布局策略使其核心专利得到充分保护，构筑了坚实的专利围墙。诺欣妥从 2003 年的药物组合物核心专利直到 2020 年一直在持续布局，布局的方向也围绕核心药物组合物进行了多个技术分支的外围专利和核心专利扩展布局。由于诺欣妥的核心专利布局较早，在美国食品药品监督管理局网站的橙皮书可以看到诺欣妥橙皮书中收录专利如表 6-1-1 所示。❺目前多个专利保护期限即将到期，其中专利 938、134 为晶型相关专利，分别于 2027 年 5 月、2026 年 11 月到期。

表 6-1-1 诺欣妥（Entresto）橙皮书专利情况

产品编号	专利号	到期日	原料药	药品	专利使用代码	提交日期
001	7468390	20231127	—	DP	—	20150806
001	7468390*PED	20240527				
001	8101659	20250115	—	DP	—	20150806

---

❶ Novartis China. 诺华大事记［EB/OL］.［2022-06-03］. https：//www.novartis.com.cn/nuo-hua-zai-zhong-guo/nuo-hua-da-shi-ji.

❷ 上观. 这家知名跨国企业预计五年内在中国递交超 50 款新药申请［EB/OL］.（2021-11-06）［2022-06-03］. https：//export.shobserver.com/baijiahao/html/421736.html.

❸ 同花顺财经. 诺华 2021 财年年报归母净利润 240.21 亿美元同比增加 197.58%［EB/OL］.（2021-11-06）［2022-06-03］. https：//www.cn-healthcare.com/articlewm/20220209/content-1312957.html.

❹ 医药魔方. 中国率先批准重磅心衰药 Entresto 新适应症，治疗高血压［EB/OL］.（2021-06-06）［2022-06-03］. https：//xueqiu.com/8965749698/181894794.

❺ U.S. Food and Drug Administration. Orange Book：Approved Drug Products with Therapeutic Equivalence Evaluations［EB/OL］.［2022-06-03］. https：//www.accessdata.fda.gov/scripts/cder/ob/index.cfm?resetfields=1.

续表

产品编号	专利号	到期日	原料药	药品	专利使用代码	提交日期
001	8101659*PED	20250715	—	—	—	—
001	8404744	20230114	—	DP	—	20150806
001	8404744*PED	20230714	—	—	—	—
001	8796331	20230114	—	—	U-1723	20150806
001	8796331*PED	20230714	—	—	—	—
001	8877938	20270527	DS	DP	—	20150806
001	8877938*PED	12027127	—	—	—	—
001	9388134	20261108	—	—	U-1723	20160907
001	9388134*PED	20270508	—	—	—	—
001	9517226	20330822	—	—	U-3084	20210316
001	9937143	20330822	—	—	U-3084	20210316
001	11058667	20360509	—	—	U-3170	20210713
001	11135192	20330822	—	—	U-3084	20211018

市场方面，诺欣妥广阔的市场前景吸引了大量的国内医药企业进行仿制研发。一般情况下，仿制药企会在原研药物专利到期前向原研药发起专利挑战，一旦相关专利被认定无效，仿制药企便可以直接进行仿制、生产，将加快仿制药获批上市的速度。面对诺欣妥巨大的市场价值和诺欣妥的专利期限临近，国内仿制药战争已经打响。政策方面，2021年7月4日，国家药品监督管理局、国家知识产权局发布《药品专利纠纷早期解决机制实施办法（试行）》（以下简称《办法》）。《办法》明确提出，为保护药品专利权人合法权益，鼓励新药研究和促进高水平仿制药发展，建立药品专利纠纷早期解决机制，将对首个挑战专利成功并首个获批上市的化学仿制药给予12个月的市场独占期，但共同挑战专利成功的除外。

面对市场和政策的双重诱惑，促使大批本土药企争夺首仿药市场。基于以上情况，多家中国药企纷纷对诺欣妥的核心专利提起专利无效宣告请求。2017年4月诺欣妥尚未获得上市审批时，戴锦良即对诺欣妥组合物专利发起挑战。该专利主要用于药物组合物的保护，被无效后将使得诺欣妥在中国的专利保护力度下降，该无效案件引起业界广泛关注。2018年至2019年，深圳信立泰药业股份有限公司、石药集团欧意药业有限公司、正大天晴集团股份有限公司等又对诺欣妥的晶体专利提出无效宣告请求。

在进行专利战的同时，国内已有十多家企业先后递交了沙库巴曲缬沙坦钠片4类仿制药上市申请。上海宣泰海门药业有限公司、南京一心和医药科技有限公司、石药集团欧意药业有限公司、正大天晴药业集团股份有限公司、深圳信立泰药业股份有限公司等已相继完成生物等效性实验并提交上市申请，各医药企业仿制药上市申请和在审情况如表 6-1-2 所示。由表中数据可见，除面临仿制药厂的专利挑战外，诺欣妥还需应对同类仿制药的上市申请，如 2017 年四川青木制药有限公司和成都苑东生物制药股份有限公司研制了沙库巴曲缬沙坦盐的新共晶体，并向国家药品监督管理局申请了 2.1 类新药。2018 年南京一心和医药科技有限公司申请了 4 类新药，并开发保护了沙库巴曲缬沙坦钠三水合物，该共晶体结构中含有 3 个结晶水，并进行了原料药备案登记。[1]

表 6-1-2 沙库巴曲缬沙坦钠片仿制药上市申请和在审情况

序号	受理号	药品名称	药品类型	申请类型	注册分类	企业名称	承办日期
1	CXHL1700256	沙库巴曲缬沙坦钙钠共晶体	化药	新药	2.1	四川青木制药有限公司	20171219
2	CXHL1700258	沙库巴曲缬沙坦钙钠片	化药	新药	2.1	成都苑东生物制药股份有限公司	20171218
3	CXHL1700257	沙库巴曲缬沙坦钙钠片	化药	新药	2.1	成都苑东生物制药股份有限公司	20171218
1	CYHS1800383	沙库巴曲缬沙坦钠片	化药	仿制	4	上海宣泰海门药业有限公司 南京一心和医药科技有限公司	20181101
2	CYHS1800382	沙库巴曲缬沙坦钠片	化药	仿制	4	上海宣泰海门药业有限公司 南京一心和医药科技有限公司	20181101
3	CYHS1800381	沙库巴曲缬沙坦钠片	化药	仿制	4	上海宣泰海门药业有限公司 南京一心和医药科技有限公司	20181101
4	CYHS1900761	沙库巴曲缬沙坦钠片	化药	仿制	4	以岭万洲国际制药有限公司 南京诺瑞特医药科技有限公司	20191108
5	CYHS1900760	沙库巴曲缬沙坦钠片	化药	仿制	4	以岭万洲国际制药有限公司 南京诺瑞特医药科技有限公司	20191108

---

[1] 新浪财经. 信立泰、正大天晴、石药欧意三家公司发起专利挑战诺华新药被判专利部分无效[EB/OL].（2021-07-08）[2022-06-03]. https://baijiahao.baidu.com/s?id=1704677958319463290&wfr=spider&for=pc.

续表

序号	受理号	药品名称	药品类型	申请类型	注册分类	企业名称	承办日期
6	CYHS1900759	沙库巴曲缬沙坦钠片	化药	仿制	4	以岭万洲国际制药有限公司 南京诺瑞特医药科技有限公司	20191108
7	CYHS1900156	沙库巴曲缬沙坦钠片	化药	仿制	4	深圳信立泰药业股份有限公司	20190304
8	CYHS1900142	沙库巴曲缬沙坦钠片	化药	仿制	4	正大天晴药业集团股份有限公司	20190219
9	CYHS1900141	沙库巴曲缬沙坦钠片	化药	仿制	4	正大天晴药业集团股份有限公司	20190219
10	CYHS1900104	沙库巴曲缬沙坦钠片	化药	仿制	4	石药集团欧意药业有限公司	20190130
11	CYHS1900103	沙库巴曲缬沙坦钠片	化药	仿制	4	石药集团欧意药业有限公司	20190130
12	CYHS1900102	沙库巴曲缬沙坦钠片	化药	仿制	4	石药集团欧意药业有限公司	20190130
13	CYHS2000711	沙库巴曲缬沙坦钠片	化药	仿制	4	成都倍特药业股份有限公司	20201010
14	CYHS2000710	沙库巴曲缬沙坦钠片	化药	仿制	4	成都倍特药业股份有限公司	20201010
15	CYHS2000367	沙库巴曲缬沙坦钠片	化药	仿制	4	吉林四环制药有限公司	20200602
16	CYHS2102295	沙库巴曲缬沙坦钠片	化药	仿制	4	齐鲁制药（海南）有限公司	20211228
17	CYHS2102294	沙库巴曲缬沙坦钠片	化药	仿制	4	齐鲁制药（海南）有限公司	20211228
18	CYHS2101755	沙库巴曲缬沙坦钠片	化药	仿制	4	南京正大天晴制药有限公司	20210918
19	CYHS2101754	沙库巴曲缬沙坦钠片	化药	仿制	4	南京正大天晴制药有限公司	20210918
20	CYHS2101753	沙库巴曲缬沙坦钠片	化药	仿制	4	南京正大天晴制药有限公司	20210918
21	CYHS2101286	沙库巴曲缬沙坦钠片	化药	仿制	4	四川科伦药物研究院有限公司 四川科伦药业股份有限公司	20210611

续表

序号	受理号	药品名称	药品类型	申请类型	注册分类	企业名称	承办日期
22	CYHS2101285	沙库巴曲缬沙坦钠片	化药	仿制	4	四川科伦药物研究院有限公司 四川科伦药业股份有限公司	20210611
23	CYHS2200132	沙库巴曲缬沙坦钠片	化药	仿制	4	江苏华瀚医药科技有限公司 永信药品工业（昆山）股份有限公司	20220120
24	CYHS2200131	沙库巴曲缬沙坦钠片	化药	仿制	4	江苏华瀚医药科技有限公司 永信药品工业（昆山）股份有限公司	20220120
25	CYHS2200423	沙库巴曲缬沙坦钠片	化药	仿制	4	山东凤凰制药股份有限公司 山东凤凰制药股份有限公司	20220310

注：数据来源于国家药品监督管理局药品审评中心，访问时间为2022年6月3日。

此外，诺欣妥在中国还受到了在其基础上发展的创新药物的挑战。深圳信立泰药业股份有限公司开发了新的血管紧张素受体拮抗剂阿利沙坦酯，致力于诺欣妥类似药物阿利沙坦酯与沙库巴曲的研发，目前已就该药物申报了1类新药，药品名称为S086片，中文名称沙库巴曲阿利沙坦钠片，并围绕阿利沙坦酯和沙库巴曲的药物组合物及新用途进行至少20件专利的专利组合布局，其核心专利如CN105963296A（一种含有阿利沙坦酯或其盐或其水解产物或其水解产物盐的药物组合物及其用途）、CN108473474A（血管紧张素Ⅱ受体拮抗剂代谢产物与NEP抑制剂的复合物及其制备方法）均处于有效状态。[1] 此外，深圳信立泰药业股份有限公司2022年2月发布公告称，信立泰阿利沙坦酯氨氯地平片已按Ⅲ期临床方案完成所有受试者的入组。阿利沙坦酯氨氯地平片为ARB/CCB类复方制剂，适应症为原发性高血压。该产品上市后，将与公司已上市的1.1类降压药信立坦（阿利沙坦酯片）形成战略协同，扩大信立坦的应用范围，进一步延长信立坦保护力度。[2] 在当今医药市场多方博弈的竞争格局中，相信未来中国药企会在快速跟仿的同时也在进行仿创结合的尝试，开发出效果更优的AT2

---

[1] 资料来源：CNIPR数据库，法律状态截至2022年6月30日。
[2] 信立泰. 关于SAL0107临床试验进展的公告［EB/OL］.（2022-02-07）［2022-06-03］. http://quotes.money.163.com/f10/ggmx_002294_7822040.html.

抑制剂联合 NEP 抑制剂的创新药物复合物，走出具有自身特色的破防立创的发展之路。❶

苏州晶云药物科技股份有限公司则独辟蹊径，选择利用创新晶型及制剂技术切入美国及中国首仿药市场，以期获得比普通仿制药更高的利润回报。苏州晶云药物科技有限公司为诺欣妥新晶型递交了 PCT 申请，保护一种 AHU-377 和缬沙坦三钠盐共晶水合物晶型 II 的制备方法，最早优先权日为 2014 年 12 月 8 日。涉及该晶型的专利在美国、欧洲、澳大利亚等国家均已获得授权。据了解，该晶型为诺欣妥药品除了诺华公司原研晶型以外全球唯一可产业化的非侵权新晶型。❷ 表 6-1-3 为苏州晶云药物科技股份有限公司申请或已经获批的晶型专利信息。在当前国内仿制药市场巨大生存压力的大环境下，这种通过创新技术切入到美国首仿药市场的做法能够拉近国内制药公司与国际大型仿制药公司的距离。

表 6-1-3　苏州晶云药物科技股份有限公司的诺欣妥相关晶体专利布局情况

序号	公开号	标题	申请日	当前权利人	法律状态
1	CN106854187A	一种 AHU-377 和缬沙坦三钠盐共晶水合物晶型 II 的制备方法	20151208	苏州晶云药物科技股份有限公司	有效
2	CN110938042A	一种包含缬沙坦和 AHU377 的三钠盐超分子复合物的新晶型及其制备方法	20151208	苏州晶云药物科技股份有限公司；苏州鹏旭医药科技有限公司	审中
3	CN110922366A	一种包含缬沙坦和 AHU377 的三钠盐超分子复合物的新晶型及其制备方法	20151208	苏州晶云药物科技股份有限公司；苏州鹏旭医药科技有限公司	审中
4	CN105873586A	一种包含缬沙坦和 AHU377 的三钠盐超分子复合物的新晶型及其制备方法	20151208	苏州晶云药物科技股份有限公司；苏州鹏旭医药科技有限公司	有效
5	WO2017097085A1	PREPARATION METHOD FOR EUTECTIC HYDRATE CRYSTAL FORM II OF AHU-377 AND DIOVAN TRISODIUM SALT	20161110	苏州晶云药物科技股份有限公司	中国同族 CN106854187B 有效

注：信息来源于 CNIPR 数据库，法律状态截至 2022 年 6 月 30 日。

---

❶ 王菲. 由诺欣妥专利无效来看联合用药型技术的专利布局［EB/OL］.（2018-05-04）［2022-06-03］. https://www.fx361.com/page/2018/0504/3483916.shtml.

❷ 浮生如梦. 科睿思制药对诺华心衰新药 Entresto 发起专利挑战，提交首仿申请［EB/OL］.（2019-07-11）［2022-06-03］. https://www.xianjichina.com/special/detail_409990.html.

6.1.3 基本案情

如表 6-1-4 所示，目前诺欣妥在中国拥有 4 个重要的核心专利，分别保护固体复方制剂和晶体（2.5 个结晶水）、固体复方制剂和晶体（0~3 个结晶水）、药物组合物。

表 6-1-4 诺欣妥相关专利情况[1]

序号	公开号/申请号	标题	申请日	技术主题	法律状态
1	CN102702119A（CN201210191052.2）	血管紧张素受体拮抗剂和 NEP 抑制剂的药物组合产品	20061108	固体复方制剂和晶体（0~3 个结晶水）	有效
2	CN101098689A（CN200680001733.0）	血管紧张素受体拮抗剂和 NEP 抑制剂的药物组合产品	20061108	固体复方制剂和晶体（2.5 个结晶水）	有效
3	CN102091330A（CN201110029600.7）	含有缬沙坦和 NEP 抑制剂的药物组合物	20030116	药物组合物和药物制剂	有效
4	CN1615134A（CN03802268.0）	含有缬沙坦和 NEP 抑制剂的药物组合物	20030116	药物组合物和药物制剂	无效

针对以上诺欣妥的核心专利，多家中国药企和相关法律团体提起了多起专利无效宣告请求，如表 6-1-5 所示，其中两个药物组合物专利 ZL201110029600.7（含有缬沙坦和 NEP 抑制剂的药物组合物）和 ZL200680001733.0（血管紧张素受体拮抗剂和 NEP 抑制剂的药物组合产品）的无效行政诉讼案件最为典型。

表 6-1-5 诺欣妥相关专利无效宣告请求和结果情况

专利号	标题	申请日	授权日	无效宣告请求日	无效决定日/决定号	结论
ZL201110029600.7	含有缬沙坦和 NEP 抑制剂的药物组合物	20030116	20150408	20170405	20171227 第 34432 号	最高人民法院已判决未公告
ZL201210191052.2	血管紧张素受体拮抗剂和 NEP 抑制剂的药物组合产品	20061108	20160120	—	—	口审阶段
ZL200680001733.0	血管紧张素受体拮抗剂和 NEP 抑制剂的药物组合产品	20061108	20130213	20181101 20191114 20190606	20210609 第 50672 号/20210628 第 50673 号/20210628 第 50687 号	权利要求修改后维持专利权有效

[1] 资料来源：CNIPR 数据库，法律状态截至 2022 年 6 月 30 日。

涉案专利 ZL201110029600.7（含有缬沙坦和 NEP 抑制剂的药物组合物）为 ZL03802268.0 专利的分案申请，其优先权日为 2002 年 1 月 17 日，申请日为 2003 年 1 月 16 日，授权公告日为 2015 年 4 月 8 日。该专利的授权版本共有 4 项权利要求，其中权利要求 1 和 4 为独立权利要求，权利要求 2 和 3 为权利要求 1 的从属权利要求。在无效程序审理期间，权利人通过删除权利要求和并列技术方案将原始权利要求改为两项权利要求，修改后的权利要求 1 为"一种药物组合物，其包含（i）AT 1-拮抗剂缬沙坦或其可药用盐和（ii）N-（3-羧基-1-氧代丙基）-（4S）-对-苯基苯基甲基）-4-氨基-2R-甲基丁酸乙酯或其可药用盐及可药用载体"。权利要求 2 则要求"保护一种药物包，其在独立的容器中包含单包装的药物组合物，其在一个容器中包含含有 N-（3-羧基-1-氧代丙基）-（4S）-对-苯基苯基甲基）-4-氨基-2R-甲基丁酸乙酯的药物组合物，在第二个容器中包含含有缬沙坦的药物组合物"。

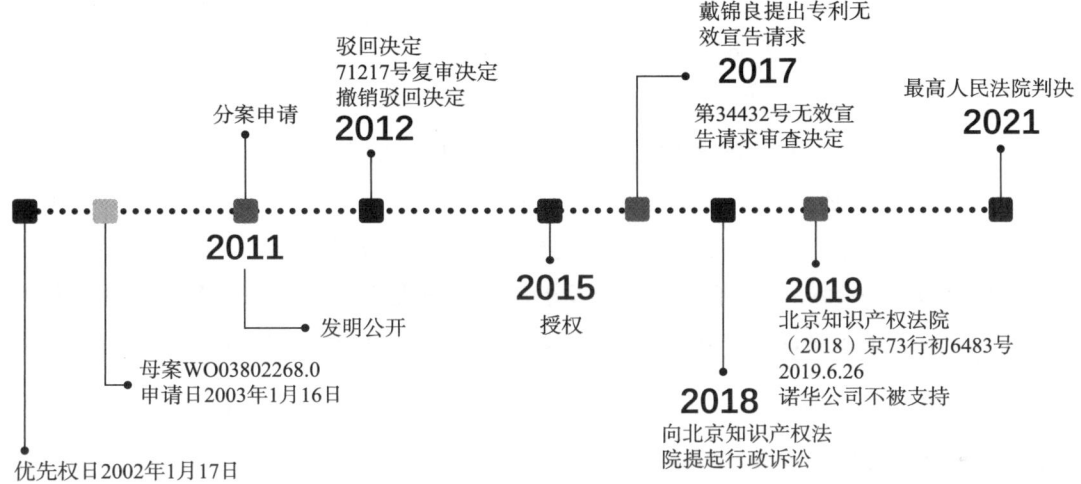

图 6-1-2　诺欣妥涉案专利 ZL201110029600.7 案情发展

2017 年 4 月 5 日，广东胜伦律师事务所合伙人、律师戴锦良❶以自然人身份向国家知识产权局提出对诺华公司的诺欣妥相关专利 ZL201110029600.7（含有缬沙坦和 NEP 抑制剂的药物组合物）的专利无效宣告请求，国家知识产权局于 2017 年 12 月 27 日对该案件作出第 34432 号无效宣告请求决定，以"权利要求不具备创造性"为由宣告专利权全部无效。

专利权人诺华公司不服国家知识产权局的无效宣告请求审查决定，向北京知识产权法院提起行政诉讼。北京知识产权法院于 2019 年 6 月 26 日作出（2018）京 73 行初

---

❶ 戴锦良律师现为广东律师专家库（首批）专家律师（知识产权类）、广东省律师协会知产专委、广州市律师协会知识产权法律专业委员会副主任、国家版权贸易基地专家律师顾问团专家律师、广州仲裁委员会仲裁员。

6483号一审判决,支持了国家知识产权局的无效决定,判决驳回原告诺华公司的诉讼请求。诺华公司不服一审判决,向最高人民法院知识产权法庭提起上诉,目前最高人民法院的判决结果还未对社会公众公布,但该专利目前的法律状态保持有效(见图6-1-2)。❶ 该案件在知识产权界和生物医药界均产生重要影响,也被国家知识产权局选为"2017年度专利复审无效十大案件"。

在此之后,多家药企纷纷对诺欣妥相关另一核心专利ZL200680001733.0(血管紧张素受体拮抗剂和NEP抑制剂的药物组合产品)发起多次无效宣告请求,该专利主要保护"固体结晶形式的[3-((1S,3R)-1-联苯-4-基甲基-3-乙氧基羰基-1-丁基氨甲酰基)丙酸-(S)-3'-甲基-2'-(戊酰基{2'-(四唑-5-基)联苯-4'-基甲基}氨基)丁酸]三钠半五水合物"。这一化合物即为缬沙坦和沙库巴曲制成三钠盐的半五水合物,也就是商品诺欣妥的主要药物活性成分。其中深圳信立泰药业股份有限公司、石药集团欧意药业有限公司、正大天晴制药有限公司分别在2018年11月、2019年6月、2019年11月对诺欣妥的这一核心专利发起挑战,三家公司无效的理由均集中在说明书公开不充分和权利要求创造性等方面,并且均选择了诺华公司专利CN1615134A(含有缬沙坦和NEP抑制剂的药物组合物)作为最接近的现有技术。2021年6月,国家知识产权局对上述三家药企的无效请求分别作出了第50672号、第50673号和第50687号无效宣告请求审查决定,均在专利权人修改后的权利要求1~8项的基础上维持专利权有效,最终统一作出"专利权部分无效"的决定。虽然针对诺华公司该专利的其他无效宣告请求案尚未作出决定,但是目前看来该专利修改后的版本专利权依然有效。

6.1.4 核心问题

诺华公司的诺欣妥专利ZL201110029600.7的无效行政诉讼过程反映出实验数据对于药品专利的重要性和诉讼中提交的补充实验数据是否被接受等核心问题,上述问题影响着该案的最终结果和走向,也对其他类似案件有着深刻的影响。

6.1.4.1 实验数据对于药品专利的重要性

从涉案专利经历的整个审查和诉讼过程来看,该专利从审查之初就受到了缺乏实验数据方面的质疑和挑战。国家知识产权局原实质审查部门于2012年3月29日发出驳回决定,以说明书不符合《专利法》第26条第3款的规定为由驳回了该发明专利申请,其理由的核心观点是"由于若干种药物活性成分组合后是否能够产生协同效果无法预测,只能通过定性或定量试验数据来证实。本发明所要达到的技术效果是无法预测的,而是需要依赖实验证据来证实的。但是本申请说明书关于技术效果仅给出了断

---

❶ 资料来源:CNIPR数据库,法律状态截至2022年6月30日。

言性结论,说明书始终没有记载任何用来证实本发明技术效果的实验证据,如实施例及其数据。也就是说,根据说明书的记载内容,无法证实本发明所要解决的技术问题和达到的技术效果。因此本申请说明书没有对发明作出清楚、完整的说明,不符合《专利法》第26条第3款的规定"。后续的复审程序中,国家知识产权局发布的编号为71217号复审决定推翻了实质审查部门作出的驳回决定,认为说明书对发明作出了清楚、完整的说明,达到公开充分的要求。在后续无效宣告请求中,针对有关说明书公开不充分的无效理由,国家知识产权局在第34432号无效宣告决定书中指出"如果一项发明存在多个要解决的技术问题,并不要求其必须解决说明书记载的所有要解决的技术问题,只要其解决了所保护的技术方案要解决的其中一个技术问题,对该技术方案而言就达到了充分公开的要求"。该无效宣告决定书强调,"判断本专利说明书是否公开充分的关键在于认定本专利所要解决的技术问题及上述技术方案能否解决该技术问题,本领域技术人员能否预期其技术效果,是否需要实验结果加以证实",最终给出了与复审决定中对于说明书是否公开充分的判断相一致的结论。

针对缺乏创造性的无效理由,其中的争议焦点也在于实验数据的考量。由于该专利的技术方案为联合用药,因此合议组指出,"联合用药是选用高血压药物的原则之一,联合用药可减少每一种药的用量和不良反应,并得到协同作用的效果。但全面理解本领域的公知常识性证据可知,具有协同作用效果的联合用药具有选择性,而非随意性",并给出了不同类别的降血压药联合用药的药物作用机制不同、作用对象不同的公知常识,因此"公知常识性证据所载治疗高血压时联合用药能够获得协同作用,是对经过验证的具有协同作用的联合用药经验的概括性描述,并非归纳总结得出的普适性规律。所以本领域技术人员不能以此演绎推理得到不同的降血压药物组合后均能获得协同作用",从而最终得出"血管紧张素Ⅱ受体阻滞剂与NEP抑制剂的组合具有协同作用的效果不在公知常识范围内,本领域技术人员无法预期二者具有协同作用。专利权人声称缬沙坦和N-(3-羧基-1-氧代丙基)-(4S)-对-苯基苯基甲基)-4-氨基-2R-甲基丁酸乙酯组成的组合在降血压方面具有协同作用,需要药效实验加以证实"的结论。为此专利权人补交了实验数据,但是合议组认为该补交的实验数据"其目的在于证明缬沙坦和N-(3-羧基-1-氧代丙基)-(4S)-对-苯基苯基甲基)-4-氨基-2R-甲基丁酸乙酯的药物组合物在高血压动物模型中具有降低平均动脉压的协同作用。该数据是申请日后补交的,不属于专利原始申请文件记载和公开的内容,也不是本专利的现有技术内容,根据先申请制原则和专利制度以公开换保护的本质,接受该数据的前提必须是其所证明的技术效果是从原说明书能够得到的"。因此,在构成诺欣妥的两种药物的降血压协同作用必须要药效实验数据来证明,而原说明书中又没有提供这样的实验数据,后补交的实验数据不能从原说明书得到的情况下,ZL201110029600.7最终被国家知识产权局宣告全部无效。

从涉案专利被全部无效的全过程来看,所有问题的症结均出在没有公开具体的实验数据或结果,更加凸显了药品专利的实验数据对于专利申请的重要性。一般而言,药物发明中的药效实验通常包括实验方法、实验数据和结果、实验结论等,其中实验方法相对容易获得,而实验数据和结果对于证明药物效果发挥着决定性作用,实验结论则建立在实验数据的统计分析结果基础之上。所以通常情况下如果专利原始提交文本说明书中没有公开具体的实验数据或结果,在审查过程中,审查员作为本领域技术人员无法预期协同效果的前提下,没有实验数据和结果为基础的实验结论不能使本领域技术人员确认药物的协同效果。

6.1.4.2 诉讼中提交的补充实验数据是否被接受

在后续北京知识产权法庭一审裁判程序中,专利权人对国家知识产权局专利无效决定中的创造性判断和补充实验数据和技术效果的判断结论提出质疑,并强调了涉案专利技术方案属于具有创造性的选择性发明。针对专利权人的这一主张,合议庭认为"本专利说明书中没有记载任何效果数据,无法证明本专利的特定药物组合取得了预料不到的技术效果,因而也无法佐证权利要求1的技术方案是非显而易见的"。并且对于专利权人提出的"提交的补充实验数据应予接受"这一主张给出了更加全面的解释。我国《专利法》采用先申请原则,专利权人获得垄断性保护的前提在于专利申请之时其所要求保护的技术方案已经得到了充分公开。在实验性较强的医药领域,充分公开的内容通常还应包括相关技术效果及必要的实验数据。如果仅是在说明书中声称取得了某种技术效果,却未提供必要的实验数据信息,而该效果又是本领域技术人员在阅读说明书后根据现有技术无法直接、毫无疑义得出的,则不能认为专利申请时相关技术方案能够实现其所声称的技术效果。在此情况下,如果接受专利权人在申请日后补充提交的实验数据,并可用以证明其所声称但不能从说明书中得到的技术效果,无疑将冲击我国《专利法》的先申请原则和专利权"以公开换保护"的基本法理。行政审查和司法裁判此时也应从规范专利文献撰写的立场出发,给出符合我国专利制度要求的必要指引。就专利权人提交的实验数据本身,一审合议庭还从不接受和假定接受两个角度进行了论述,认为由于专利权人提交的实验数据中使用的模型动物与涉案中的模型动物不同。因此,在假定接受实验数据情况下,后补交的药效实验数据也无法证明其说明书已经充分公开。从一审判决看来,此时的案件争议焦点已经集中在是否能够接受提交的补充实验数据上来。

专利权人不服上述判决,上诉到最高人民法院,最高人民法院于2021年6月30日作出二审判决,在该案例撰写时该判决结果并未对社会公布。然而无论最终结果如何,该案件的审理结果都具有非常重要的指导意义,会对医药领域产生巨大影响。

从该案的行政诉讼过程来看,对于药品专利,如果申请人在提交原始专利申请文件时仅提供了药物活性和测定该药物活性的测定方法,而未提交对应的实验数据,则很可能在后续的审查程序如审查意见答复中涉及补交对应实验数据是否能被接受的问题。但是，需要注意的是，在该无效宣告请求案一审判决后，2020年1月，中美双方签订了《中华人民共和国政府和美利坚合众国政府经济贸易协议》，其中第1.10条约定了考虑补充数据的条款，即"中国应允许药品专利申请人在专利审查程序、专利复审程序和司法程序中，依靠补充数据来满足可专利性的相关要求，包括对公开充分和创造性的要求"。2020年8月，最高人民法院审判委员会第1810次会议通过《最高人民法院关于审理专利授权确权行政案件适用法律若干问题的规定（一）》，并于2020年9月12日起施行，其中第10条规定："药品专利申请人在申请日以后提交补充实验数据，主张依赖该数据证明专利申请符合专利法第二十二条第三款、第二十六条第三款等规定的，人民法院应予审查。"其后，2020年12月国家知识产权局在其官网发布了《关于修改〈专利审查指南〉的公告（第391号）》，该决定中对第二部分第十章第3.5节关于补交实验数据的审查原则作出了不同于以前版本的相关内容的修改。该条款规定，对于申请日之后申请人为满足《专利法》第22条第3款、第26条第3款等要求补交的实验数据，审查员应当予以审查。同时也明确指出，补交实验数据所证明的技术效果应当是所属技术领域的技术人员能够从专利申请公开的内容中得到的。在修改后的指南中，虽然关于补交试验数据的审查原则相较于之前的表述并无明显变化，但在其新增的具体适用该原则的第3.5.2节"药品专利申请的补交实验数据"中给出的两个示例，其中，例1要求保护一种化合物A，说明书记载了化合物A的制备实施例、降血压作用及测定降血压活性的实验方法，但未记载实验结果数据。为证明说明书充分公开，申请人补交了化合物A的降血压效果数据，该数据由于"化合物A的降血压作用已经公开，补交实验数据所要证明的技术效果能够从专利申请文件公开的内容中得到"而被认可，且"该补交实验数据在审查创造性时也应当予以审查"。例2请求保护一种通式I化合物，说明书记载了通式I中多个具体化合物的制备实施例，也记载了通式I的抗肿瘤作用、测定抗肿瘤活性的实验方法，实验结果数据记载为实施例化合物对肿瘤细胞IC_{50}值在10~100nM。为证明权利要求具备创造性，申请人补交了对比实验数据，显示化合物A的IC_{50}值为15nM，而对比文件1化合物为87nM。该案例指出，"化合物A及其抗肿瘤作用已经公开，补交实验数据所要证明的技术效果能够从专利申请文件公开的内容中得到"。此外，这一修改也明确指出了适用的法条，即《专利法》第22条第3款、第26条第3款的情况，也正是涉案专利被无效的理由。《专利审查指南》对有关实验数据审查原则的修改对药品专利审查标准和稳定性具有重大影响。以上法律法规方面的改变必然会在后续案件处理过程中体现出其影响力，如最高人民法院在2021年2月18日公布的（2019）最高法知行终33号行政判决书中，对接受补充实验数据的问题给出了明确标准。在该判决中，最高人民法院首先明确，"基于对现有技术的认知差异、对技术方案发明点的理解不同、对本领域技术人员认知水平的把握不一致等，申请人在原申请文件中未记载特定实验数据的情形恐难避免"。基于该考虑，最高人民法院对补充实验数据的接受问题设立了积极条件和消极条件：

一是，原专利申请文件应当明确记载或者隐含公开了补充实验数据拟直接证明的待证事实，此为积极条件。如果补充实验数据拟直接证明的待证事实为原专利申请文件明确记载或者隐含公开，即可认定申请人完成了相关研究，有关补充实验数据的接受不违反先申请原则。换言之，既不能仅因为原专利申请文件记载了待证事实而没有记载相关实验数据，即推定申请人构成以获取不当利益为目的的不实记载，当然拒绝接受有关补充实验数据；也不能以申请人或有可能作不实记载为由，当然地要求其所提交的补充实验数据形成于申请日或者优先权日之前。二是，申请人不能通过补充实验数据弥补原专利申请文件的固有内在缺陷，此为消极条件。所谓不能通过补充实验数据弥补原专利申请文件的固有内在缺陷，意在强调补充实验数据通常应当通过证明原专利申请文件明确记载或者隐含公开的待证事实具备真实性，进而对申请人或者专利权人最终要证明的法律要件事实起到补充证明作用，而非独立证明原专利申请文件中未予公开的内容，进而克服原专利申请文件自身公开不充分等内在缺陷。由此看来，今后最高人民法院和国家知识产权局对于补充实验数据的审查总体将对药品专利补交实验数据秉承更加积极的态度。总体看来其效果客观上会加大对原研药的保护，使对原研药专利的无效宣告请求难度加大。提高药品仿制的门槛，需要引起医药企业和知识产权界的高度重视。

6.1.5 案例启示

诺华公司的诺欣妥相关专利的无效诉讼案对医药企业的药物专利保护及应对策略具有重要启示。

6.1.5.1 药品专利的重要性要求重视专利撰写质量

药品研发周期长、投资大、风险高。药物研发的过程综合了生命科学、药学、化学、物理化学、生物信息学、动物实验及临床医学等多门学科，并需要许多前沿技术的支持。一个新药从研发到投入市场耗时漫长且需要承担巨大的失败和投资风险。然而，一种新药成功上市后，仿制则相对容易。如果一种创新药没有知识产权保护，众多仿制药企业任意搭便车的行为意味着原研企业将面临市场和收益减少甚至巨额投资无法回收的窘境，因此，专利保护对制药行业的创新发展具有特殊意义。

在国内日益激烈的医药市场竞争环境下，医药领域的中外专利纠纷及国内医药企业之间的专利纠纷也日益加剧，并且权利稳定的专利对于医药企业来说意味着能够借助专利技术控制市场并获取超额利润，因此专利竞争也日益成为医药企业竞争的焦点。基于这样的现状，医药企业应该从创新开始就高度重视专利撰写的质量，尽力提高专利撰写水平，尤其要注重可能影响专利权稳定性的内容，因为初始专利申请文件的撰写质量往往在无效宣告程序中发挥重要的作用。

专利申请文件的撰写不当会严重削弱其司法保护效力，其结果往往导致经过漫长和复杂的司法程序之后，专利权人的权利或者被迫通过修改保护范围而严重缩水，也可能由于创造性、说明书公开不充分等专利无效过程中重要的无效理由而导致权利丧失。因此在专利申请文件撰写的过程中，需要认真领会《专利法》《专利法实施细则》的相关规定和解释，结合专利所属领域的技术特点，以后续审查意见答复和无效程序中可能出现的无效理由来对专利申请文件进行全方位地思考和审视，尽可能使申请文件避免出现权利不稳定的情况。一般认为，高质量的专利申请文件除了满足《专利审查指南》《专利法》及《专利法实施细则》的基本要求外，更多的是从法律保护的角度出发综合考量，包括专利组合及权利要求的布局合理全面、保护范围尽可能覆盖可能的实施方式、侵权的可判定性强等。此外，说明书对技术问题、技术方案的描述应当清楚、有层次，实施例有代表性，能够涵盖权利要求的各个保护主题，描述清楚、完整，具有从概括到具体的层次性及说明书附图的多样性，与具体实施例对应等。❶

与其他行业的发明专利申请不同，医药化学领域发明的效果往往难以从药品分子的结构进行预测，故药品发明专利申请高度依赖实验数据。虽然各国/地区药品专利审查标准可能存在差异，但对实验数据的审查通常均是不可或缺的内容。因此药品专利撰写中应明确地体现相对于现有技术的突出的实质性特点和显著进步，并给出支持上述技术效果的药物的效果数据，使整个申请文件在撰写之初为后续实审过程及无效过程中发挥重要的作用提供保证。❷

根据先申请制原则，由于专利申请人可能通过在申请日或者优先权日之后提交补充实验数据而将申请日或者优先权日未公开或者未完成的内容纳入专利权保护范围，从而不正当地取得先申请的利益，违反先申请原则，借此弥补原专利申请文件公开不充分或者证明专利申请具有申请日时实际上尚未证实的某种技术效果，因此，对于证明专利申请公开充分或者具备创造性而言必不可少的实验数据还是应当记载在原始申请文件中。该案中，对于要求保护的缬沙坦和沙库巴曲组合物的技术效果，涉案专利ZL201110029600.7的说明书中公开了实验方法和简单的定性结论，缺少必要的定量实验数据。根据2020年12月修改之前的《专利审查指南》的规定，说明书记载的内容及后补交的相关实验数据未能得到无效及其行政诉讼程序的支持，不能证明其具备创造性，最终导致专利权全部无效。即便根据修改后《专利审查指南》的规定，后补充实验数据是否能够被接受也经常存在争议，需要对补充实验数据的具体形式和内容进行充分考量后才能得出结论，这就对权利要求的稳定性造成了一定程度的威胁。例如，在最高人民法院在于2021年2月18日公布的（2019）最高法知行终33号行政判决书

---

❶ 巴晓艳. 从高价值专利的需求反观专利申请撰写水平的进阶［J］. 中国发明与专利，2020，17（10）：17-21.

❷ 庞静，张丽娜，张辉，等. 创造性问题未雨绸缪——从一件无效案件谈专利申请文件的撰写［J］. 专利代理，2021（4）：76-78.

中，二审法院接受了专利权人提交的补充实验数据。但是，在对实验数据进行了论述后，得出了补充实验数据依然"难以证明该技术效果达到了本领域技术人员预料不到的程度"的结论，从而导致涉案专利全部被无效。因此，当某一技术效果可能对专利申请的充分公开或创造性至关重要时，需要适当公开一定程度的定量技术效果，为后续答辩或者补充实验数据提供更多的基础。

综上所述，对于医药企业而言，申请专利不是简单地为了形式上获得专利权，而是要为未来专利维权打好基础。撰写高质量的专利申请文件，不仅为授权确权程序和潜在的无效宣告程序留有各种退路以确保将来能有效地行使专利权，而且要牢固地保护好商业实施方案，使专利技术能够真正得到司法保护，切实实现专利技术的专利价值。❶

6.1.5.2 构建全方位、前瞻性的专利布局模式

专利保护以其独占性强、保护范围广等优点已成为对药品及其技术创新保护的最强保护手段。药物领域新的发明创造的专利保护是医药企业保持企业核心竞争力的重要手段。药物相关的专利多为发明专利，包括新药的化合物、用途及其制备方法，药物的新配方、新用途、生物技术等。专利策略是一种预防性策略，恰当运用专利策略可有效牵制其他竞争者在专利保护期届满后的仿制。

诺华公司对于诺欣妥的专利布局较为完备和有代表性，其专利布局策略和构建专利组合的方式值得借鉴（见图6-1-3）。诺欣妥的专利布局方式主要包括围绕核心专利布局的方式和防御性公开的方式。如图6-1-4所示，诺华公司布局的技术方向包括沙库巴曲缬沙坦钠组合物、沙库巴曲缬沙坦钠复合物（络合物）、制剂、沙库巴曲类似物、沙库巴曲前药或盐、沙库巴曲衍生物、沙库巴曲中间体、血管紧张素受体拮抗剂和NEPi化合物组合物、缬沙坦和NEP抑制剂组合物、组合物晶体、医药新用途及治疗给药剂量方案等。同时诺华公司针对诺欣妥在全球进行了多个市场国家的专利布局。

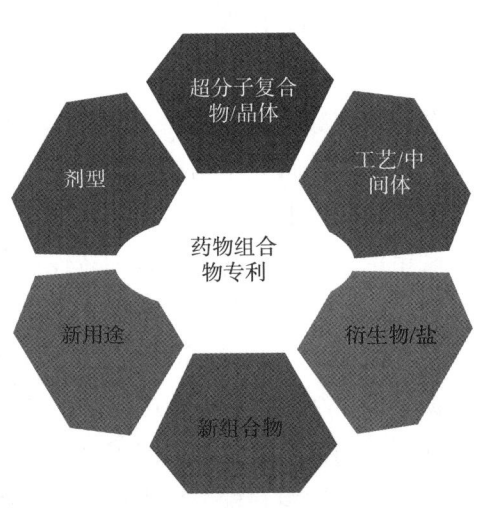

图6-1-3 诺欣妥专利布局示意

---

❶ 唐晓峰, 唐晓颇. 我国医药专利撰写与司法保护案例分析及启示: 2012年中国药学大会暨第十二届中国药师周论文集 [G]. 南京: 中国会议, 2012.

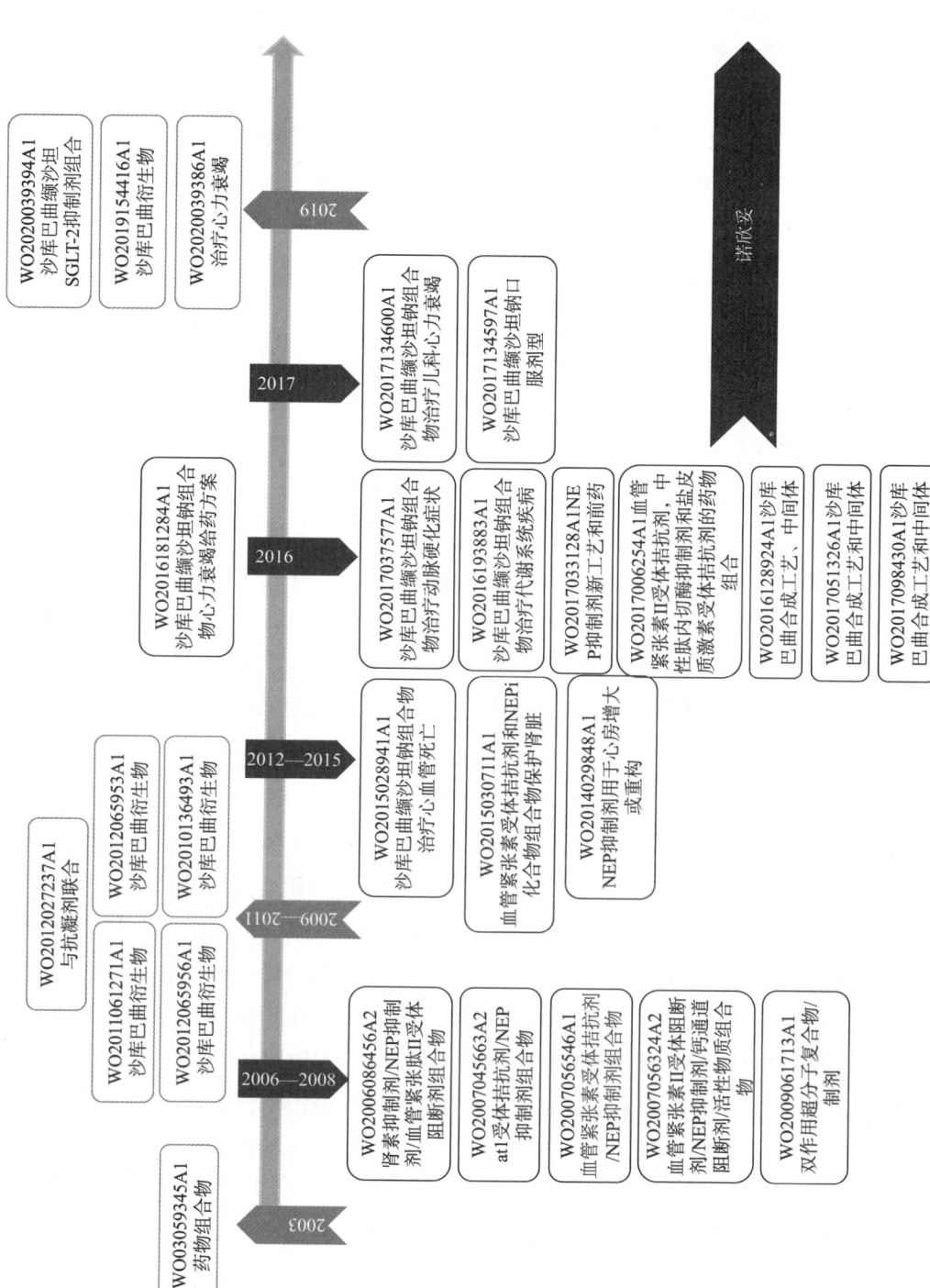

图 6-1-4 诺欣妥专利布局和技术演进

从 2003 年的 WO03059345A1（缬沙坦和 NEP 抑制剂的药物组合物）开始，诺华公司针对血管紧张素受体拮抗剂和 NEP 抑制剂联合的药物组合物这一研发思路持续开发了 WO2006086456A2（肾素抑制剂/NEP 抑制剂/血管紧张肽 II 受体阻断剂组合物），WO2009061713A1（双作用超分子复合物/制剂），WO2012027237A1（与抗凝剂的相互作用），WO2017006254A1（血管紧张素 II 受体拮抗剂，中性肽内切酶抑制剂和盐皮质激素受体拮抗剂的药物组合），WO2020039394A1（沙库巴曲缬沙坦 SGLT-2 抑制剂组合）等一系列拓展其研发思路的创新申请，同时扩展了上述药物组合物的临床适用症状和机理相关的研究，如诺欣妥核心适应症心衰在机理（心房增大和/或重构），对应症状（增加 PWV 和 PP），细分病种（慢性心肌收缩心衰、心力衰竭）及给药方案等（如 WO2014029848A1、WO2017037577A1、WO2015028941A1、WO2016181284A1 和 WO2020039386A1），同时还对诺欣妥及其衍生药物组合物的新用途进行了探索和专利布局，如治疗动脉硬化症状，治疗代谢系统疾病（如 WO2017037577A1、WO2016193883A1 等）。

此外，诺华公司还对核心药物组合物的上下游产品进行了充分的研发和布局。上游产品专利主要体现在对沙库巴曲的合成、前药、中间体、催化剂和衍生物进行研究和布局，如（WO2011061271A1、WO2012065956A1、WO2012065953A1、WO2014126972A1 及 WO2014126979A1）及沙库巴曲（包括结构类似物）中间体化合物（WO2016128924A1、WO2017051326A1、WO201709843A1、WO2018007919A1），下游产品专利的研发和布局则体现在围绕着诺欣妥扩展患者和由此开发的新剂型，如 WO2017134600A1 涉及库巴曲和缬沙坦联合治疗儿童心衰，而 WO2017134597A1 则涉及通用儿科给药的迷你片剂。

诺欣妥这种布局思路是国内外药企经常采用的医药专利布局思路和方式，从化合物/药物组合物的核心专利出发，围绕化合物/药物组合物的核心专利 WO03059345A1 进行了多种相关复合物和复合物晶体的布局，并对沙库巴曲和其合成中间体做了拓展布局，如类似物和可药用的盐的专利保护，同时扩展了核心专利中的复合物在治疗领域的用途，并且从药物组合物研发思路出发逆向扩展，将其他的血管紧张素抑制剂和 NEP 抑制剂均进行组合保护，如 WO2007045663A2 的保护的药物组合物，包含"①选自坎地沙坦、依普罗沙坦、厄贝沙坦、氯沙坦、沙普利沙坦、他索沙坦、替米沙坦或在任何情况下药学可接受的盐的 AT1 受体拮抗剂；②NEP 抑制剂或其药学可接受的盐，和药学可接受的载体"。在权利要求 2 中则限定了选择多种具体的 NEP 抑制剂的化合物，该专利中联合 NEP 抑制剂的 AT1 抑制剂为坎地沙坦、依普罗沙坦、厄贝沙坦、氯沙坦、沙普利沙坦、他索沙坦、替米沙坦或在任何情况下的药学可接受的盐，联合用药类药物，如钙拮抗剂联合 ACEI，ARB 联合利尿剂均是将不同抗高血压作用机理的药物联合使用。而诺欣妥则是将具有 AT1 抑制作用的缬沙坦和 NEP 抑制剂沙库巴曲联合。考虑到诺欣妥如此广阔的市场前景必然会吸引大量的研发者进行类似药物的研发，其他研发者容易想到采用其他的 AT1 受体拮抗剂替代缬沙坦与 NEP 抑制剂联合使用。诺华公司通过 WO2007045663A2 进行防御性公开，有利于防止他人基于更换 AT1 拮抗剂的思路开发类似的联合药物并获得专利，也为自身未来拓展组合物的研发范围奠定了基础。诺华公司通过这种防御性专利增大了其他人开发有自主知识产权的诺欣妥类似药物的难度，是典型的市场竞争行为。❶

综上所述，无论是围绕核心专利全方位的常规专利布局体系，还是防御性或前瞻性的专利布局方式，都是值得我国企业学习的专利保护策略，创新过程中需要充分对"基础专利"和"外围专利"进行专利布局，对药品构建完善的专利护城河。

6.1.5.3 充分利用专利无效制度破除专利壁垒

中国目前已成为全球第二大医药市场，国外医药企业纷纷在中国进行新药的专利布局，为占领中国市场保驾护航，同时国外药企往往利用专利布局策略来尽量延长药品专利的保护期限、达到阻止仿制药上市、长期占领市场的作用。

近年来，中国的仿制药企业在积极跟踪专利到期的药物实施仿制的同时，也采取主动提出专利无效宣告请求的方式以破除药物的仿制的专利壁垒。2020 年 4 月，北京知识产权法院数据表明，中国作为世界重要医药市场，已经成为全球医药企业布局专利、配置资源、展开市场角逐的"兵家必争之地"，在该院自 2014 年 11 月建院以来至 2020 年 4 月受理的 251 件涉化学药品专利案件中，七成涉外。包括辉瑞公司、诺华公司、默沙东公司、雅培公司、拜耳公司等全球知名医药企业均有多起案件涉诉。❷

在制定专利无效策略的过程中，首先要高度重视专利审查档案的内容。例如，在涉案专利 ZL201110029600.7 专利无效宣告程序中，实质审查及复审程序中专利审查行政部门和专利权人曾经针对实验数据的问题多次交换意见。复审决定虽然认定说明书已经达到了《专利法》第 26 条第 3 款中有关充分公开的要求，但其中针对实验数据的论述必然对无效程序中的创造性判断具有借鉴意义。此外，很多案件的审查程序中引用的对比文件和相关证据及相应的论述都有可能在无效程序中发挥重要作用。因此，在专利无效过程中要充分查询目标专利的审查历史档案及文献引用情况。

其次，导致专利权无效的最常见的理由是权利要求不符合《专利法》第 22 条第 3 款所规定的创造性。因此应高度重视专利无效检索，即针对某一授权专利的权利要求，检索能够破坏其新颖性、创造性的专利或非专利类文献的行为。除常规的检索外，还可以重点关注同族专利、目标专利的权利人在市场上的主要竞争者的相关专利等，有

---

❶ 王菲. 由诺欣妥专利无效来看联合用药型技术的专利布局［EB/OL］.（2018-05-04）［2022-06-03］. https://www.fx361.com/page/2018/0504/3483916.shtml.

❷ 北京知识产权法院. 当医药"邂逅"专利：北京知产法院五年医药专利数据传递这些信息［EB/OL］.（2020-04-17）［2022-06-03］. https://bjzcfy.chinacourt.gov.cn/article/detail/2020/04/id/4990266.shtml.

时候会找到相关甚至破坏其新颖性或创造性的证据。

此外，很多无效宣告请求人在提出无效宣告请求理由的时候，往往会把所有相关的法条均作为无效理由，但没有充分的事实、理由和证据支持的法条没有实际意义，而且有时不同的无效理由之间可能存在矛盾，因此应当充分论证和慎重选择无效理由，并厘清不同理由之间的逻辑关系。

最后，对技术背景和技术方案的充分理解、对申请文件细节的全面掌握、对法律标准的精准把握是在无效案件中有的放矢的根本。

6.1.5.4 提升对药品链接制度的理解和运用

2020 年，国家知识产权局发布了第四次修正的《专利法》，设置了药品专利纠纷早期解决机制。2021 年 7 月，国家药品监督管理局和国家知识产权局联合发布的《药品专利纠纷早期解决机制实施办法（试行）》、最高人民法院发布的《关于审理申请注册的药品相关的专利权纠纷民事案件适用法律若干问题的规定》、国家知识产权局发布的《药品专利纠纷早期解决机制行政裁决办法》等文件标志着我国构建的中国药品专利链接制度开始落地实施。药品专利纠纷早期解决机制也就是通常所说的药品专利链接制度，是指将相关药品审批程序与原研药的专利相关联，在药品上市之前解决专利纠纷和侵权风险。药品专利纠纷早期解决机制法规的立法目的就是国家为保护药品专利权人合法权益，在鼓励新药研究的同时也促进高水平仿制药的发展。药品专利链接制度的建立和实施有助于推动我国的医药创新进程和仿制药发展力度，无论创新药企业还是仿制药企业都应重视和利用好其中的程序和实体价值。

对于创新药企业而言，在充分对"基础专利"和"外围专利"进行专利布局的基础上，也需要满足药品专利纠纷早期解决机制对创新企业的要求并把握机遇。中国上市药品专利信息登记平台中登记的专利库是药品专利纠纷早期解决机制的运行基础，专利权人要启动药品纠纷早期解决机制就必须在专利信息登记平台中登记。这就要求创新药企需要按照中国上市药品专利信息平台的登记要求，充分挖掘满足登记条件的相关专利，在规定的期限内将上市注册药品所涉及的相关专利进行登记。此外，创新药企还需要密切关注仿制药企业针对专利信息登记平台的专利声明。因为根据《药品专利纠纷早期解决机制实施办法（试行）》第 7 条的规定，专利权人或者利害关系人对 4 类专利声明有异议的，可以自国家药品审评机构公开药品上市许可申请之日起 45 日内，就申请上市药品的相关技术方案是否落入相关专利权保护范围向人民法院提起诉讼或者向国务院专利行政部门请求行政裁决。国务院药品监督管理部门收到人民法院立案或者国务院专利行政部门受理通知书副本后，才会启动对化学仿制药注册申请 9 个月的等待期。因此，创新药企针对仿制药声明必须迅速评估，及时作出反应，尽早准备落入专利保护范围或者应对无效的相关证据，积极组织实施专利诉讼活动，否则仿制药将进入注册申请评审。此外，需要注意的是，法院立案会导致行政裁决不予受理，因此专利权人或利害关系人应根据情况合理选择司法或者行政途径。如果希望充分利用两条途径，则需要先请求行政裁决，再去法院起诉，否则行政裁决将不予受理。

对仿制药企业而言，首先需要尽早调查原研药相关专利布局，充分分析原研药的专利信息，如专利到期日、专利保护强度、保护范围等，结合企业自身发展特点，合理选择拟仿制药物品种，科学设计仿制药技术路线。在此基础上，仿制药申请人提交药品上市许可申请时，应当对照已在中国上市药品专利信息登记平台公开的专利信息，针对被仿制药每一件相关的药品专利选择作出正确的声明类型。

仿制药企业还需要根据《药品专利纠纷早期解决机制实施办法（试行）》第6条的规定，对于专利权稳定性存在瑕疵的专利积极提出无效宣告请求，为仿制药上市扫清专利障碍，促进仿制药提前上市。并且如果仿制药企业首个成功无效相关专利并首个获批上市，可以获得12个月的市场独占期，这加大了对仿制药专利挑战的鼓励力度。国务院药品监督管理部门在该药品获批之日起12个月内不再批准同品种仿制药上市，但共同挑战专利成功的除外。所谓挑战专利成功是指化学仿制药申请人提交对化学仿制药注册申请的4类专利声明，且根据其提出的宣告专利权无效请求，相关专利权被宣告无效，仿制药可获批上市。

随着越来越多的国外药品专利已经到期和即将到期，这些药品所占领的千亿美元级市场也将会部分转移到仿制药企业，因此，对于我国仿制药企业来说是非常好的发展机遇，积极合理地运用药品专利链接制度来避免仿制申报过程中的纠纷，提早锁定可能的仿制目标的相关专利，适时用合适的理由发起专利无效宣告挑战，为仿制之路扫清障碍，最终促进我国的仿制药高水平的发展，提高我国仿制药企业的竞争实力。毋庸置疑，创新药物研发是制药行业的核心竞争力，是企业持续发展的根本动力。中国制药企业要做大做强必须要提升自主创新能力，并加强对自身创新成果的保护和运用。总之，制药企业应充分理解并合理利用药品专利链接制度，将相关药品上市与知识产权战略相互衔接，保护自身的合法权益和提高核心竞争力。

6.2 监护仪专利侵权诉讼案

6.2.1 产业背景

监护仪是一种以测量和控制病人生理参数，并可与已知设定值进行比较，如果出现超标可发出警报的装置或系统。通过传感器感应各种生理变化，然后放大器把信息强化，再转换成电信息，经过数据分析软件对数据进行计算、分析和编辑，然后在显示屏中的各个功能模块显示出来，或根据需要记录监测数据并与设定的指标数据进行比较，当监测的数据超出设定的指标时，就会激发警报系统，发出信号引起医护人员的注意。一方面，监护仪可以 24 小时连续监护病人的生理参数，检出变化趋势，警报临危情况，供医生应急处理和进行治疗的依据，使并发症减到最少，达到缓解并消除病情的目的；另一方面，监护仪还可以监护病人用药及手术前后的状况，警报临危情况，以供医生或者其他监护者及时响应和处理。

从产业上来看，医疗设备的发展与国家和地区的经济发展水平、医疗政策及当地居民收入水平息息相关，这些因素导致全球医疗监护仪市场发展水平差别很大。根据市场特征及对产品需求的不同可以将医疗监护仪市场分为成熟市场、发展中市场和初级市场。目前已形成以欧美日等发达国家为代表的成熟市场，市场产品向功能模块多元化、监护网络信息化、远程控制化、可移动化方向发展，使用比例高，市场需求稳定增长。以非洲国家为代表的初级市场，市场需求主要满足对人体基本生理参数的监控，功能单一，整体普及率较低，市场需求增长缓慢，从长远来看发展空间较大。

我国作为全球人口第一大国和第二大经济体，近些年的经济快速发展使得人民生活水平和生活质量不断提高，再加上人口老龄化日益严重，人们对于医疗保健体系也提出了更高的要求，监护仪已经从 ICU、CCU、手术室等危重病科室逐渐走进脑外科、骨科、呼吸科、妇产科、新生儿科等需要监护的普通科室。并且，随着全国医疗健康体系的不断发展完善，医疗卫生机构对于包括监护仪在内的医疗器械的市场需求快速增长。同时，监护仪产品具有较高的技术含量，其中的感应器、信号收集和处理和对于电子、生物、材料等方面的技术有较高的依赖性。近年来，在"大健康""互联网+""大数据"发展的大背景下，随着计算机和信号处理技术的不断发展，监护仪产品不断更新迭代，市场价格对于很多医疗卫生机构来说也不再是高不可及，从而导致监护仪市场也在快速增长，国内监护仪市场快速增长，远超全球市场增长速度。2019 年中国监护仪市场规模约为 25.8 亿元。2011—2019 年市场规模如图 6-2-1 所示。[1]

中金企信国际咨询公布的《2020—2026 年中国生命体征监护仪行业市场发展战略分析及投资前景专项预测报告》统计数据显示：2016 年全球（不含日本）监护仪产品市场规模达到了 26.8 亿美元，2018 年全球生命体征监护仪市场总值达到了 243.2 亿元，预计 2025 年可以增长到 316.2 亿元，年复合增长率（CAGR）为 3.8%。据中国医疗器械行业统计数据显示，2016 年度中国监护仪产品市场规模为 17.5 亿元。国内外监护市场均保持稳定增长的态势，其国市场约 15% 的增速，高于海外 4% 的增速。

---

[1] 智研观点. 2020 年中国国产监护仪产品竞争力大大提高，在常规监护仪市场中逐渐占据主导地位 [EB/OL]. (2022-04-26) [2022-06-03]. https://www.chyxx.com/industry/202012/918592.html.

市场规模：亿元

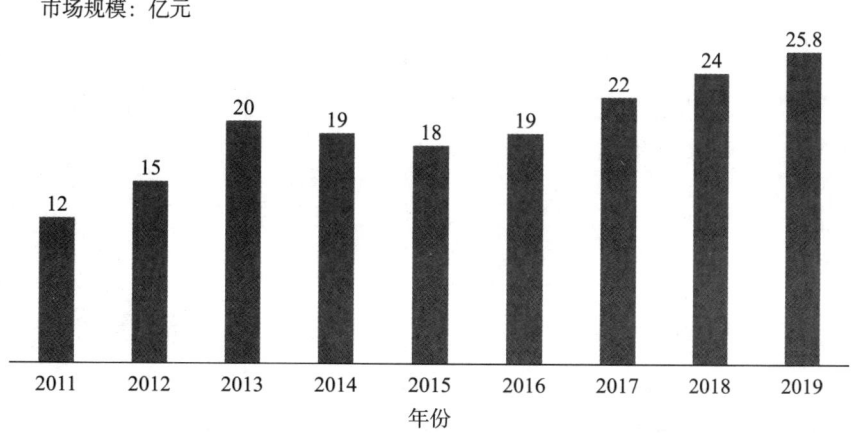

图 6-2-1　2011—2019 年中国监护仪市场规模

6.2.2　竞争格局

6.2.2.1　全球竞争格局

从全球市场来看，当前全球医疗监护仪产品的高端技术还主要掌握在美国、日本、德国、荷兰等少数西方发达国家手里。从品牌方面，目前全球医疗监护仪重点品牌主要有荷兰皇家飞利浦公司、通用电气公司（GE 医疗）和深圳迈瑞生物医疗电子股份有限公司，各自市场份额分别为 38%、26%、10%，市场出现寡头垄断格局。其中深圳迈瑞生物医疗电子股份有限公司在全球监护仪市场中市占率排名第三，不过市占率只有 10%，相对于通用电气公司（GE 医疗）、荷兰皇家飞利浦公司等还有进一步提升空间。国内监护仪市场集中度水平也较高，深圳迈瑞生物医疗电子股份有限公司是行业中的绝对龙头，市占率达到 64%，第二名的荷兰皇家飞利浦公司只有 17%，第三名的通用电气公司（GE 医疗）仅有 3.8%。国产第二梯队的深圳市理邦精密仪器股份有限公司❶（市占率 3.7%）、广东宝莱特医用科技股份有限公司（市占率 3.5%）所占市场份额更小，主要生产的产品为中低端监护仪器。可见当前全球医疗监护仪产品的高端技术还主要掌握在美国、日本、德国、荷兰等少数西方发达国家手里。

如图 6-2-2 所示，从全球的专利布局数据来看，截至 2021 年 12 月 31 日，全球医疗监护设备专利申请量突破 40 000 件。从专利申请趋势来看，2011 年之前，以荷兰皇家飞利浦公司、美敦力公司、通用电气公司（GE 医疗）为代表的国外企业在医疗监护仪领域保持持续稳定的技术创新。2011 年之后，深圳迈瑞生物医疗电子股份有限公司、深圳市理邦精密食品股份有限公司等中国企业迅速崛起，以年均 22.6% 的增长率快速发展，这与上述产业的发展趋势基本一致。

---

❶ 曾用名：深圳市理邦精密仪器有限公司。

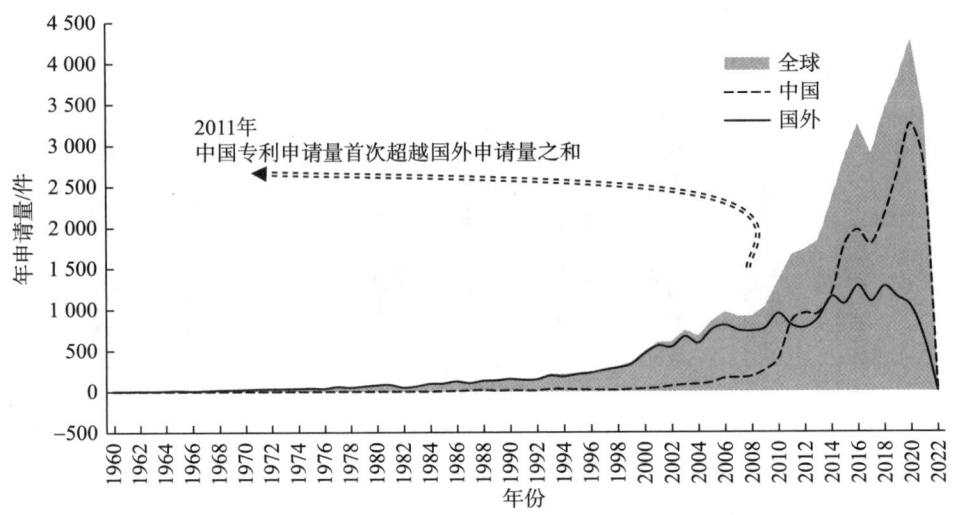

图 6-2-2　医疗监护仪全球专利申请趋势

如图 6-2-3 所示，从医疗监护仪的全球创新格局来看，中国、美国是医疗监护仪领域专利布局的重点国家，布局比例分别为 50.0% 和 23.3%，中美两国专利申请比例之和占据全球的 3/4。

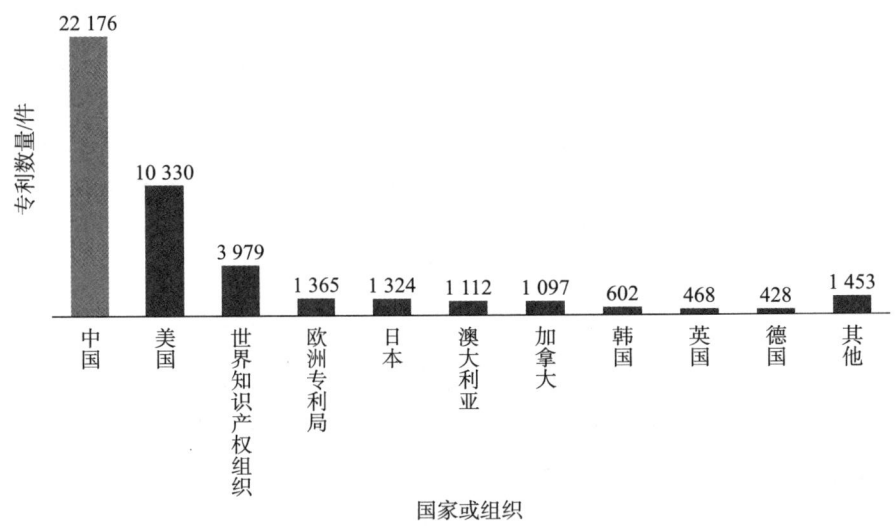

图 6-2-3　医疗监护仪全球创新格局

如表 6-2-1 所示，从医疗监护仪领域全球专利申请人 TOP 10 分布来看，7 位主体来自国外企业，3 位主体来自中国企业和高校。TOP 10 申请人专利申请之和占据该领域的比例为 11.6%，申请量位列首位的荷兰皇家飞利浦公司专利申请比例为 2.9%。

表 6-2-1　医疗监护仪全球主要创新主体（TOP 10）　　　　　单位：件

序号	全球专利申请人	专利量	隶属国家
1	荷兰皇家飞利浦公司（Philips）	1330	荷兰
2	美敦力公司（Medtronic）	832	美国
3	通用电气公司（GE 医疗）	599	美国
4	深圳迈瑞生物医疗电子股份有限公司	536	中国
5	迈心诺（北京）医疗科技有限公司（MASIMO）	503	美国
6	柯惠医疗公司（COVIDIEN）	430	美国
7	深圳市理邦精密仪器股份有限公司	301	中国
8	西门子公司（Siemens）	297	德国
9	雅培公司（ABBOTT）	222	美国
10	浙江大学	155	中国

6.2.2.2　国内市场格局

企查查数据显示，经营范围包含"监护"的医疗企业共计 10 031 家，其中注册地位于广东省的企业高达 7738 家，所占比例高达 77.1%，广东省医疗监护设备市场活跃度在全国表现突出。这与广东省政府非常重视医疗设备产业发展有关，如在 2021 年广东省人民政府印发的《广东省制造业高质量发展"十四五"规划的通知》（以下简称《规划》）中，将生物医药与健康产业列为广东省战略性支柱产业，并强调巩固提升监护仪等精密仪器设备的国内国际领先优势。

如表 6-2-2 所示，从医疗监护仪领域中国专利申请人 TOP 10 分布来看，9 位主体来自中国本土企业和高校，1 位主体来自国际领先企业荷兰皇家飞利浦公司。从申请人类型来看，企业和高校成为中国技术创新的主体，在中国医疗监护仪领域专利申请比例分别为 44.9% 和 15.4%，深圳迈瑞生物医疗电子股份有限公司、深圳市理邦精密仪器股份有限公司、深圳市科曼医疗设备有限公司 3 家广东企业位列榜单。中国 TOP 10 申请人专利申请之和占据该领域的比例为 7.5%，申请量位列首位的深圳迈瑞生物医疗电子股份有限公司专利申请比例为 1.5%。

表 6-2-2　医疗监护仪中国主要创新主体（TOP 10）　　　　　单位：件

序号	中国专利申请人	专利量	隶属国家省市
1	深圳迈瑞生物医疗电子股份有限公司	326	中国广东
2	深圳市理邦精密仪器股份有限公司	281	中国广东

续表

序号	中国专利申请人	专利量	隶属国家省市
3	荷兰皇家飞利浦公司（Philips）	240	荷兰
4	浙江大学	155	中国浙江
5	郑州大学	152	中国河南
6	复旦大学	110	中国上海
7	华中科技大学	108	中国湖北
8	深圳市科曼医疗设备有限公司	107	中国广东
9	吉林大学	97	中国吉林
10	四川大学	87	中国四川

从上述各企业的专利布局数据来看，其专利布局数量与其市场占有率基本一致，表明监护仪产业是一个专利控制力比较强的产业。

如图6-2-4所示，针对中国市场，以广东、江苏、山东为代表的省份创新实力突出，TOP 10省市专利申请之和占据中国专利申请量的70.8%。从专利数据也可以看出，中国医疗监护仪领域企业竞争高度集中，广东省企业表现出较强的市场活力和技术创新能力。

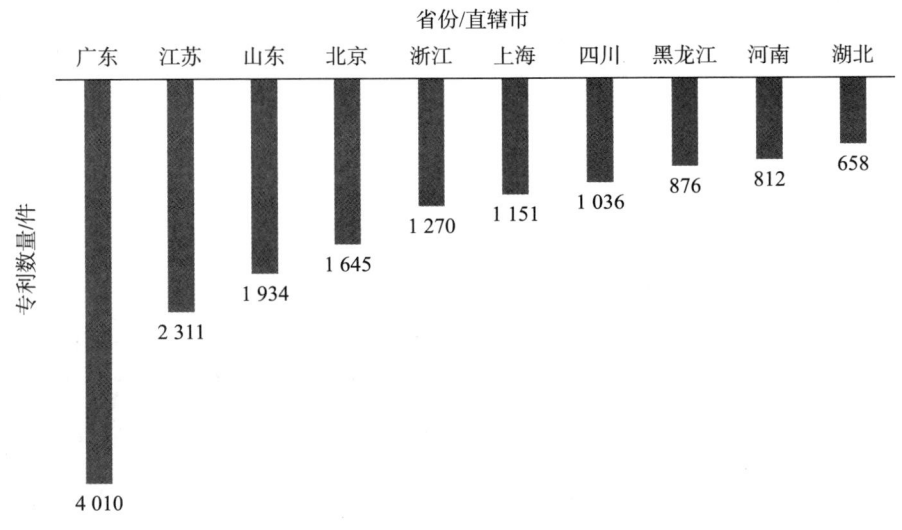

图6-2-4 医疗监护仪中国创新格局

6.2.2.3 国内龙头企业情况

根据国内专利布局的情况，结合下面分析的案例，笔者选择深圳迈瑞生物医疗电子有限公司、深圳市理邦精密食品股份有限公司和开曼医疗三家企业进行分析。

企查查数据显示，深圳迈瑞生物医疗电子股份有限公司［曾用名深圳迈瑞生物医疗电子有限公司、开曼迈瑞医疗电子（深圳）有限公司］于1999年在深圳市注册成立，注册资本121 569.12万元人民币。2018年10月在深交所创业板A股上市，股票代码300760，总市值3 661.57亿。据官网披露，深圳迈瑞生物医疗电子股份有限公司在中国超过30个省市自治区设有分公司，境外拥有44家子公司，在全球设有10个研发中心。全球员工过万人，其中研发人员占比近26%，外籍员工超过12%，来自全球30多个国家及地区，形成了庞大的全球研发、营销和服务网络。深圳迈瑞生物医疗电子股份有限公司的主营业务覆盖生命信息与支持、体外诊断、医学影像三大领域，通过前沿技术创新，提供更完善的产品解决方案，帮助世界改善医疗条件、提高诊疗效率。深圳迈瑞生物医疗电子股份有限公司2020年年度报告显示，其2020年销售监护仪28万台，同比增长48.83%，国内市场占有率超过50%。深圳迈瑞生物医疗电子股份有限公司对外投资的企业如表6-2-3所示。

表6-2-3 深圳迈瑞生物医疗电子股份有限公司对外投资企业

序号	被投资企业名称	注册资本	投资比例
1	武汉迈瑞医疗技术研究院有限公司	50 000万元人民币	100%
2	砀山迈瑞医疗科技产业发展有限公司	40 000万元人民币	100%
3	深圳迈瑞动物医疗科技有限公司	20 000万元人民币	100%
4	深圳迈瑞科学研究有限公司	5 000万元人民币	100%
5	深迈瑞（北京）生物医疗技术有限公司	5 000万元人民币	100%
6	北京深迈瑞医疗电子技术研究院有限公司	1 000万元人民币	100%
7	西安迈瑞软件技术有限公司	500万元人民币	100%
8	西安深迈瑞医疗电子研究院有限公司	39 270万元人民币	99.90%
9	迈瑞南京生物技术有限公司	4200万元人民币	99.90%
10	成都深迈瑞医疗电子技术研究院有限公司	1 600万元人民币	99.90%
11	深圳迈瑞股权投资基金股份有限公司	147 500万元人民币	99%
12	深圳迈瑞软件技术有限公司	4 000万元人民币	95%
13	南京迈瑞生物医疗电子有限公司	1 500万美元	75%
14	深圳高性能医疗器械国家研究院有限公司	12 000万元人民币	20.83%

注：数据来源于企查查，访问时间2022年4月25日。

深圳市理邦精密仪器股份有限公司[1]于 1995 年在深圳市注册成立，注册资本 58 172.184 6 万元人民币。2011 年 4 月在深交所创业板 A 股上市，股票代码 300206，总市值 59.57 亿元。公司官网显示，深圳市理邦精密仪器股份有限公司立足健康产业，以全球化的视野、持续的创新和卓越的服务，成为知名的医疗健康产品、解决方案和服务提供商。深圳市理邦精密仪器股份有限公司对外投资的企业如表 6-2-4 所示。

表 6-2-4　深圳市理邦精密仪器股份有限公司对外投资企业

序号	被投资企业名称	注册资本（人民币）	投资比例
1	西安理邦科学仪器有限公司	200 万元	100%
2	深圳理邦实验生物电子有限公司	2 400 万元	100%
3	深圳理邦诊断科技有限公司	1 701.82 万元	100%
4	德尔塔技术服务（深圳）有限公司	1 276.56 万元	100%
5	深圳理邦智慧健康发展有限公司	100 万元	80%
6	深圳博识诊断技术有限公司	5 263.65 万元	41.50%
7	深圳欣创医合私募股权投资基金合伙企业（有限合伙）	8 100 万元	37.04%
8	深圳度影医疗科技有限公司	780 万元	27%
9	江苏德长医疗科技有限公司	1 000 万元	12%
10	天津希恩思生化科技有限公司	2 091.12 万元	4.36%

注：数据来源于企查查，访问时间 2022 年 4 月 25 日。

根据深圳迈瑞生物医疗电子股份有限公司、深圳市理邦精密仪器股份有限公司年报中披露的子公司名单，结合表 6-2-5 中显示的对外投资企业名单，在全球范围内检索两家集团公司专利申请情况，如图 6-2-5 所示。深圳迈瑞生物医疗电子股份有限公司、深圳市理邦精密仪器股份有限公司全球专利申请量分别为 5917 件、1368 件，深圳迈瑞生物医疗电子股份有限公司在全球化专利布局的实力更强，除中国市场外，其在美国、英国、瑞典、印度实施了不同程度的专利保护策略。深圳市理邦精密仪器股份有限公司更加注重中国市场专利布局，布局比例高达 97.7%。

针对监护仪领域，深圳迈瑞生物医疗电子股份有限公司、深圳市理邦精密仪器股份有限公司相关专利申请分别为 536 件、301 件，在全球专利申请人排名中分别位列第 4 和第 7 位，创新实力较强。从专利申请涉及内容来看，深圳迈瑞生物医疗电子股份有限公司、深圳市理邦精密仪器股份有限公司技术布局方向存在一定的相似度，均非常重视针对测量脉搏、心率、血压或血流等参数的监护。从法律状态分布情况来看，深

---

[1] 曾用名：深圳市理邦精密仪器有限公司。

圳迈瑞生物医疗电子股份有限公司处于在审状态的专利比重较高，82.4%的在审专利申请年份在2018年之后。

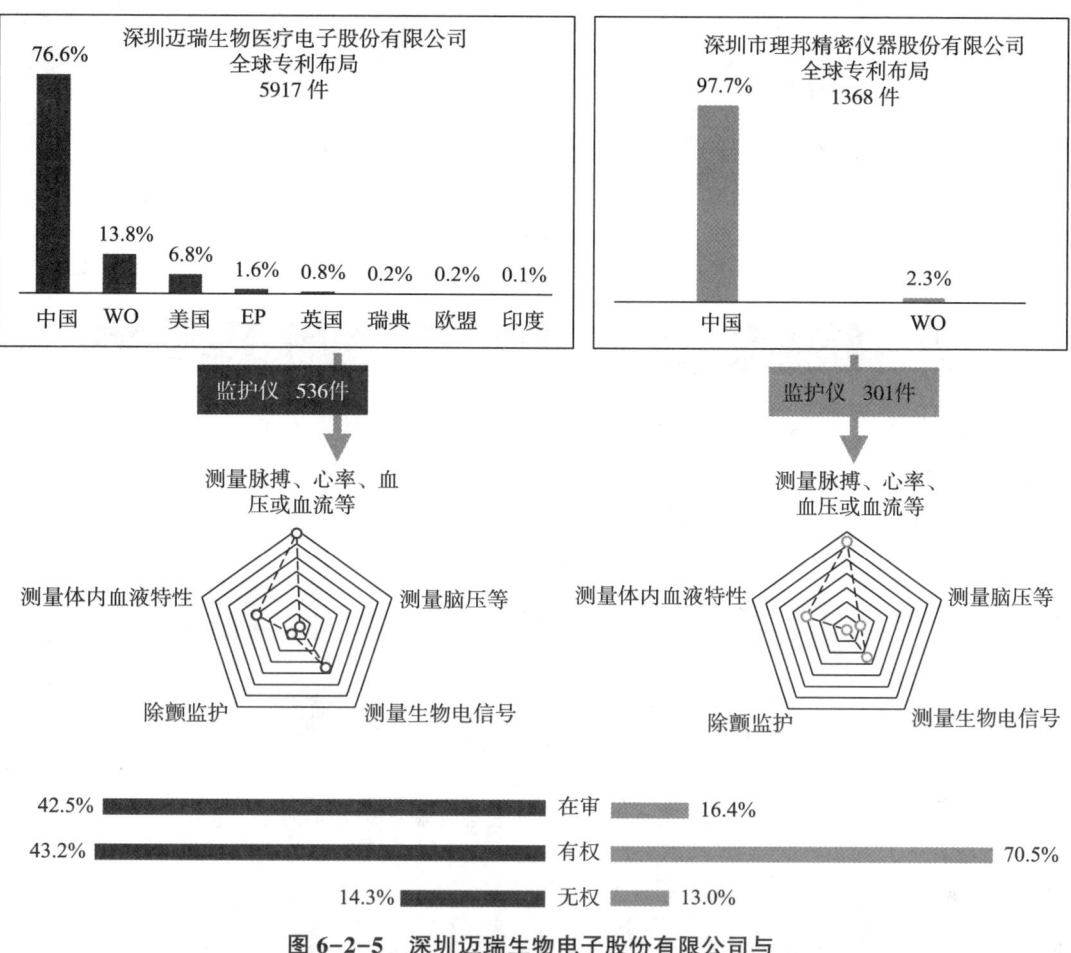

图6-2-5 深圳迈瑞生物电子股份有限公司与
深圳市理邦精密仪器股份有限公司专利实力对比

深圳市科曼医疗设备有限公司于2002年在深圳市注册成立，注册资本1200万元人民币，产品范围主要覆盖监护仪、心电图机、呼吸机、婴儿培养箱、输液泵等。如图6-2-6所示，深圳市科曼医疗设备有限公司全球专利申请量为723件，专利布局主要集中在中国市场，布局比例接近90%。针对监护仪领域，该公司技术创新方向较为均衡地分布在血压、生物电信号、除颤监护、血氧监护等分支，针对脑压监护方向的布局相对较少。

从法律状态分布情况来看,深圳市科曼医疗设备有限公司处于有权状态的专利比重较高,为 80.4%。

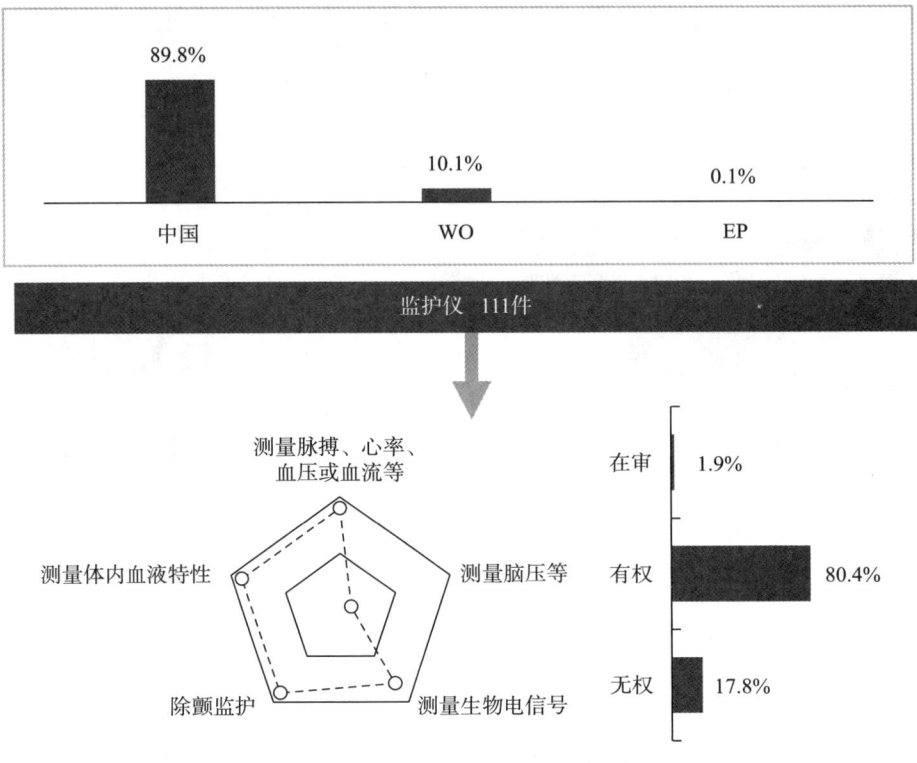

图 6-2-6　深圳市科曼医疗设备有限公司专利布局

6.2.2.4 相关专利无效和侵权诉讼

经初步检索,深圳迈瑞生物医疗电子股份有限公司主动提出专利无效宣告及维权的相关案件如图 6-2-7 所示。可以看出,自 2011 年以来,深圳迈瑞生物医疗电子股份有限公司为了提升其市场竞争优势,不断向竞争对手提出专利侵权诉讼,同时对竞争对手已授权专利提出无效宣告请求。

第6章 广东省生物产业典型案例解析

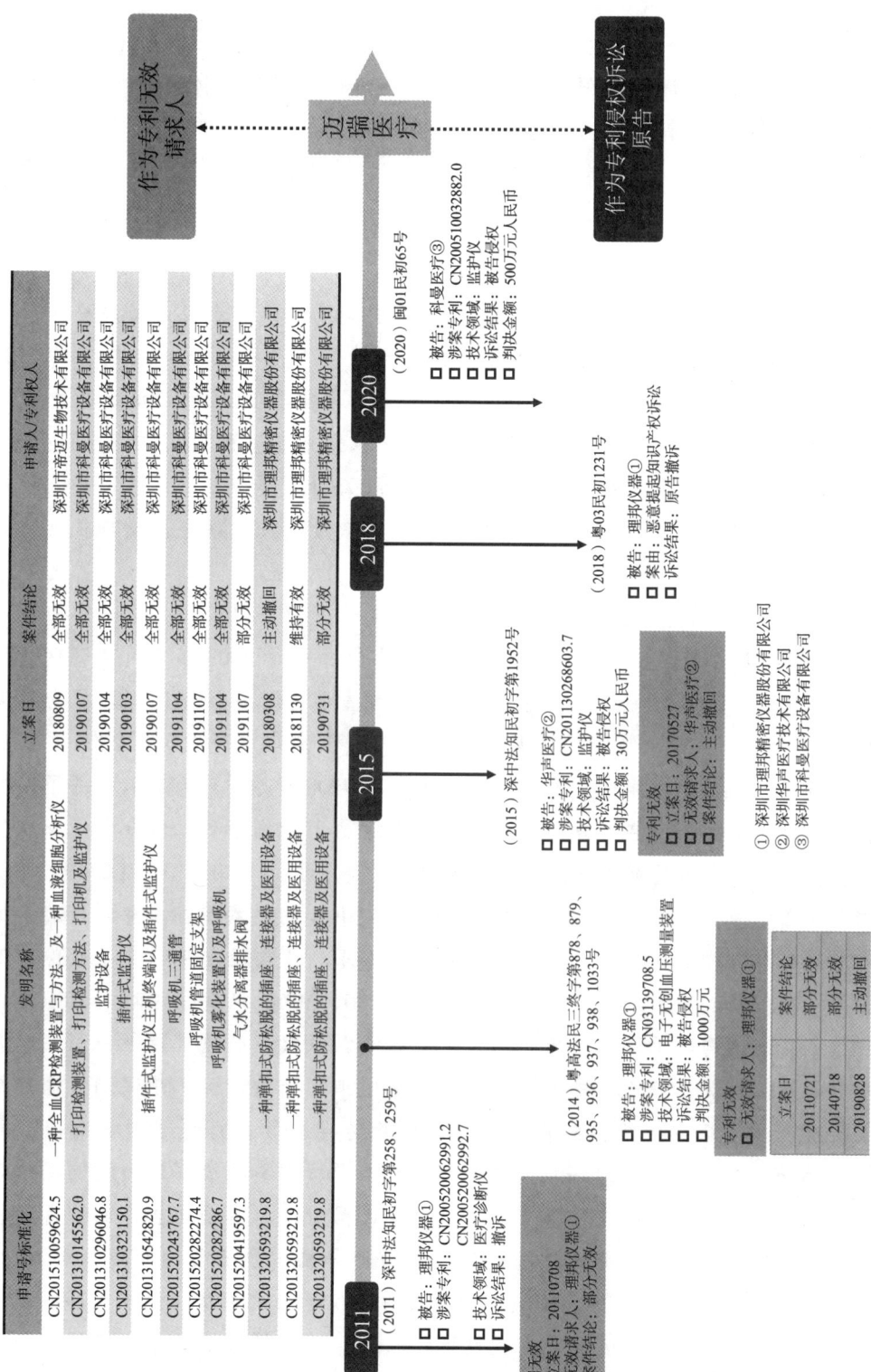

图6-2-7 深圳迈瑞生物医疗电子股份有限公司提出专利无效宣告及主动维权的案例

6.2.3 基本案情

笔者认为，在深圳迈瑞生物医疗电子股份有限公司提出的专利侵权诉讼中，其与深圳市理邦精密仪器股份有限公司之间就 ZL03139708.5 号发明专利权的专利侵权纠纷影响较大，且涉及的法律问题和金额都较大，具有一定的社会意义和法律价值，故选取该案件进行研究。

6.2.3.1 专利侵权一审

2011 年 4 月，深圳迈瑞生物医疗电子股份有限公司向深圳市中级人民法院（以下称一审法院）提起诉讼，诉称深圳市理邦精密仪器股份有限公司生产、销售的 M8、M9、M80、M50、M9A、M9B、M8A、M8B 等 8 款产品侵犯其 ZL03139708.5 号发明专利权的权利要求 2，并请求法院判令深圳市理邦精密仪器股份有限公司立即停止生产、销售、许诺销售侵犯深圳迈瑞生物医疗电子股份有限公司上述专利的侵权产品，销毁库存侵权产品，赔偿经济损失，并提交证明其权利有效性、侵权事实及侵权获利情况的相关证据。

一审法院经审理查明：一、深圳迈瑞生物医疗电子股份有限公司在本七案中所主张专利权的法律状况，深圳迈瑞生物医疗电子股份有限公司于 2003 年 7 月 7 日就叶继伦、黄晓东、陶波、余深衍发明的"电子无创血压测量装置"向国家知识产权局申请发明专利，该专利申请的公开日为 2004 年 7 月 21 日，国家知识产权局于 2006 年 1 月 25 日授予深圳迈瑞生物医疗电子股份有限公司 ZL03139708.5 号发明专利权，并予以授权公告。深圳迈瑞生物医疗电子股份有限公司按期缴纳了专利年费，该专利处于有效状态。二、被诉侵权产品是否落入深圳迈瑞生物医疗电子股份有限公司 ZL03139708.5 专利权利要求 2 的保护范围，经比对，被诉侵权产品 M9A 的技术特征与深圳迈瑞生物医疗电子股份有限公司专利技术特征一一对应，落入深圳迈瑞生物医疗电子股份有限公司专利权保护范围。由于双方均确认 M8、M9、M80、M9A、M9B、M8A、M8B 等 7 款被诉侵权产品的结构与所涉模块相同，因此上述被诉侵权产品技术特征与深圳迈瑞生物医疗电子股份有限公司专利技术特征的对比适用涉案 7 款产品，故深圳市理邦精密仪器股份有限公司 7 款被诉侵权产品均落入深圳迈瑞生物医疗电子股份有限公司 ZL03139708.5 专利权保护范围。深圳迈瑞生物医疗电子股份有限公司以公证购买形式购买了被诉侵权产品，原审法院对深圳市理邦精密仪器股份有限公司生产的被诉侵权产品进行了证据保全。据此，原审法院认定深圳市理邦精密仪器股份有限公司制造、销售 M8、M9、M80、M9A、M9B、M8A、M8B 被诉侵权产品的事实。深圳市理邦精密仪器股份有限公司在其网站上公开宣传其被诉侵权产品，深圳市理邦精密仪器股份有限公司行为构成许诺销售被诉侵权产品。为此，深圳迈瑞生物医疗电子股份有限公司指控深圳市理邦精密仪器股份有限公司制造、销售、许诺销售 M8、M9、M80、M9A、

M9B、M8A、M8B 被诉侵权产品成立。深圳市理邦精密仪器股份有限公司未经深圳迈瑞生物医疗电子股份有限公司同意，以生产经营为目的制造、销售、许诺销售 M8、M9、M80、M9A、M9B、M8A、M8B 被诉侵权产品，侵犯了深圳迈瑞生物医疗电子股份有限公司的专利权，应当承担侵权责任。深圳迈瑞生物医疗电子股份有限公司请求法院判令深圳市理邦精密仪器股份有限公司立即停止生产、销售、许诺销售侵犯深圳迈瑞生物医疗电子股份有限公司上述专利的侵权产品，销毁库存侵权产品，赔偿经济损失，证据充分，原审法院予以支持。三、关于赔偿数额，2009 年 4 月至 2011 年 4 月，深圳市理邦精密仪器股份有限公司 12 款监护仪产品（包括本七案中的被诉侵权产品在内）毛利润为 10 593.33 万元、平均每款毛利润 882.78 万元，营业利润为 3 857.80 万元、平均每款营业利润为 321.48 万元。从本七案审计截止日 2011 年 4 月至本七案判决时，深圳市理邦精密仪器股份有限公司的侵权行为又持续进行了三年多，深圳市理邦精密仪器股份有限公司因此获得的非法利润额在持续增加。除了本七案外，深圳迈瑞生物医疗电子股份有限公司还同时指控深圳市理邦精密仪器股份有限公司侵犯其商业秘密，案号为（2011）深中法知民初字第 266 号，深圳迈瑞生物医疗电子股份有限公司在上述案件中指控深圳市理邦精密仪器股份有限公司侵犯商业秘密的产品为 M50、M8、M8A、M8B、M9、M9A、M9B、M80 型多参数监护仪产品，上述案件中除了 M50 型多参数监护仪产品外，其余 7 款被诉侵权产品均与本七案的被诉侵权产品相同。基于 ZL03139708.5 号专利技术在多参数监护仪产品中所占的技术比重，以及深圳市理邦精密仪器股份有限公司侵权获利情况，一审法院酌情判决深圳市理邦精密仪器股份有限公司在本七案中共赔偿深圳迈瑞生物医疗电子股份有限公司经济损失及合理维权费用共计人民币 1500 万元。

基于上述查明的情况，一审法院判决结论如下：一、深圳市理邦精密仪器股份有限公司立即停止以制造、销售、许诺销售侵权产品的方式侵害深圳迈瑞生物医疗电子股份有限公司 ZL03139708.5"电子无创血压测量装置"专利权行为；二、深圳市理邦精密仪器股份有限公司在判决生效之日起十日内赔偿深圳迈瑞生物医疗电子股份有限公司经济损失包括合理维权费用共计人民币 1500 万元；三、驳回深圳迈瑞生物医疗电子股份有限公司的其他诉讼请求。本七案受理费共计人民币 294 600 元、司法鉴定费人民币 10 万元、专家出庭费用人民币 33 900 元，均由深圳市理邦精密仪器股份有限公司承担。

6.2.3.2 专利侵权案件二审

深圳市理邦精密仪器股份有限公司不服一审判决，向广东省高级人民法院提起上诉，请求撤销深圳市中级人民法院（2011）深中法知民初字第 260、第 267、第 268、第 323、第 324、第 325、第 326 号民事判决，改判驳回被上诉人深圳迈瑞生物医疗电子股份有限公司的全部诉讼请求并由被上诉人承担全部诉讼费用。理由如下：1. 被诉侵权产品的血压测量技术方案与本七案专利权利要求2保护的技术方案既不相同也不等同，未落入本七案专利权的保护范围。被诉侵权产品采用的技术方案缺少专利权利要求1中的部分技术特征，其他技术特征b2.3、b2.4、b2.5、b3.4以及b3.5等也与相对应的专利权利要求2中的技术特征既不相同也不等同。其中，针对技术特征b3.4，上诉人认为被诉侵权产品接入的两路参考电压不可调，与专利技术特征B3.4中接入多个可调参考电压不相同也不等同。2.被诉侵权产品使用的技术方案与作者为彭静的重庆大学硕士学位论文"基于掌上电脑的便携式动态血压监测系统"及华南理工大学出版社出版的《医学电子仪器原理与设计》教科书中披露的技术方案分别相同，属于一份现有技术与所属领域公知常识的简单组合，不构成侵犯专利权。3.上诉人于2014年4月24日向原审法院提交了《有关鉴定文件对应产品型号的更正和说明》，指出原审第一次开庭时上诉人作出的关于M80、M9、M9A、M8、M8A、M8B、M9B等7款被诉侵权产品技术特征相同的自认有误，上诉人重新主张M8、M8A、M8B、M9B与M50的技术特征相同，而该4款产品与另3款产品技术特征不相同，原审判决依据M9A的鉴定结论认定M8、M8A、M8B、M9B构成专利侵权错误。因工信促司鉴字[2014]003号鉴定意见认为无法从M50监护仪中提取血压测量方案与专利技术进行比对，故M8、M8A、M8B、M9B所对应的4案应予驳回。4.一审判决对赔偿数额的计算错误。一审判决认定深圳市理邦精密仪器股份有限公司生产的多参数监护仪产品共有12款，实际应为15款，平均每款监护仪的营业利润计算错误；一审判决将赔偿数额计算至一审判决时止，超出深圳迈瑞生物医疗电子股份有限公司所主张的2009年4月至2011年4月的范围；一审判决未考虑本七案专利对被诉侵权产品营业利润的贡献率。

经审理，广东省高级人民法院认定：1.原审法院根据深圳市理邦精密仪器股份有限公司的自认认定M80、M9、M9A、M9B、M8、M8A、M8B等7款被诉侵权产品的技术方案相同，并仅就其中M9A产品与专利技术方案的异同问题提交鉴定的做法，于法有据。深圳市理邦精密仪器股份有限公司关于M8、M8A、M8B、M9B与另3款产品技术方案不同的上诉理由不能成立。2.对比文件"彭静论文"和"教科书"中公开的过压保护电路仅接入了一个可调的参考电压，在测试前可以根据不同的受试人群所需要的过压保护阈值对该参考电压进行调整，并没有给出预先在电路中接入多个参考电压的技术启示，故上诉人提出的现有技术抗辩不能成立。3.上诉人关于不侵权的理由不成立。4.将深圳迈瑞生物医疗电子股份有限公司在另案中起诉的"心电算法"技术秘密，本案的"电子无创血压测量装置"发明专利，深圳市理邦精密仪器股份有限公司侵权行为的性质、期间、后果及获利情况，深圳迈瑞生物医疗电子股份有限公司支付的公证费、律师费、购买被诉侵权产品的支出等合理维权费用进行综合考虑，确定本七案深圳市理邦精密仪器股份有限公司应赔偿深圳迈瑞生物医疗电子股份有限公司经济损失1000万元，合理维权费用29.75万元，共计1029.75万元。

在此基础上，广东省高级人民法院作出（2014）粤高法民三终字第878、第879、第935、第936、第937、第938、第1033号判决,判定:一、维持广东省深圳市中级人民法院(2011)深中法知民初字第260、第267、第268、第323、第324、第325、第326号民事判决第一项;二、撤销广东省深圳市中级人民法院(2011)深中法知民初字第260、第267、第268、第323、第324、第325、第326号民事判决第三项;三、变更广东省深圳市中级人民法院(2011)深中法知民初字第260、第267、第268、第323、第324、第325、第326号民事判决第二项为:深圳市理邦精密仪器股份有限公司自本判决生效之日起十日内赔偿深圳迈瑞生物医疗电子股份有限公司经济损失1000万元,合理维权费用29.75万元,共计1029.75万元;四、驳回深圳迈瑞生物医疗电子股份有限公司的其他诉讼请求。

6.2.3.3 专利确权案件审查

为应对侵权风险,深圳市理邦精密仪器股份有限公司分别于2011年7月1日、2014年7月4日和2019年7月24日针对深圳迈瑞生物医疗电子股份有限公司的ZL03139708.5发明专利权向国家知识产权局专利复审委员会提起无效宣告请求。

深圳市理邦精密仪器股份有限公司在2011年7月1日提出无效宣告请求时提交了6份证据。其中,证据1~3是本专利在实质审查程序中的相关文件;证据4是论文题目为"基于掌上电脑的便携式动态血压监测系统"、作者为彭静的重庆大学硕士学位论文的复印件,共81页;证据5是由华南理工大学出版社出版、余学飞主编、于2000年7月第1版第1次印刷的《医学电子仪器原理与设计》封面页、版权信息页,以及若干内容页的复印件,共16页;证据6是黄力宇等撰写的《基于单片机的血压监护仪的研制》一文的复印件,收录在2002年《中国医疗器械杂志》第26卷第4期的第253~255页中,共3页。经审查,专利复审委员会认定:权利要求1、3、6缺少解决本专利所要解决其专利说明书中记载的4个需要解决的技术问题的必要技术特征,不符合《专利法实施细则》第21条第2款的规定,应予无效。证据4~6中均未公开本专利权利要求2和5中限定的多个过压点保护的手段,也未给出相应技术启示;证据4、6中并未公开本专利权利要求4限定的增益控制的手段,证据5所公开的与权利要求4中完全不同的具体增益控制的手段不足以给出相应技术启示。故权利要求2、4、5相对于深圳市理邦精密仪器股份有限公司提交的证据4~6或其结合均具备创造性,符合《专利法》第22条第3款的规定,并作出第18450号专利无效宣告请求审查决定(下称第18450号决定),宣告ZL03139708.5号发明的权利要求1、3、6无效,在权利要求2、4、5的基础上继续维持该专利有效。

深圳市理邦精密仪器股份有限公司不服第18450号决定,于2012年7月17日向北京市第一中级人民法院提起行政诉讼。经审理,北京市第一中级人民法院认为第18450号决定认定事实清楚,适用法律正确,并在此基础上作出(2012)一中知行初字第2810号行政判决书,维持了专利复审委员会作出的第18450号决定。深圳市理邦精密仪器股份有限公司不服上述判决，上诉至北京市高级人民法院。经审理，北京市高级人民法院认为，深圳市理邦精密仪器股份有限公司提出的上诉理由均缺乏事实及法律依据，其上诉请求本院不予支持。一审判决认定事实清楚，适用法律正确。并作出（2013）高行终字第1596号行政判决书，判决驳回上诉，维持原判。深圳市理邦精密仪器股份有限公司不服北京市高级人民法院（2013）高行终字第1596号行政判决，向最高人民法院申请再审。在审查过程中，深圳市理邦精密仪器股份有限公司于2014年9月23日向最高人民法院申请撤回再审申请。最高人民法院于2014年10月17日作出（2014）知行字第64号行政裁定，准许深圳市理邦精密仪器股份有限公司撤回再审申请。

针对深圳市理邦精密仪器股份有限公司2014年7月4日提出的无效宣告请求，专利复审委员会经审查认定：权利要求2、4、5相对于深圳市理邦精密仪器股份有限公司提交的证据1~5的结合具备创造性，符合《专利法》第22条第3款的规定，请求人提出的无效理由均不能成立，故宣告在本专利授权公告时的权利要求2、4、5的基础上继续维持ZL03139708.5号发明专利有效。

经查，深圳市理邦精密仪器股份有限公司2019年7月24日提出的无效宣告请求主动撤回。

6.2.4　核心问题

上述纠纷涉及两级民事侵权程序和三次无效宣告请求，其中第一次无效宣告又经历了专利复审委员会的行政审查和三级法院的行政诉讼程序。涉及的程序问题和法律问题都非常多，如在侵权程序中涉及的公证取证、被诉侵权的技术方案是否落入权利要求保护范围确定、技术鉴定和专家辅助人、自认的判定及效力、现有技术抗辩和赔偿数额计算等，以及在专利确权程序中涉及的《专利法》第22条第3款创造性、第26条第3款公开充分、第4款说明书支持权利要求、第33条修改超范围，《专利法实施细则》第20条第1款清楚（2020年《专利法》第26条第4款）、第21条第2款缺少解决技术问题的必要技术特征等问题。笔者选取其中的两个予以分析。

6.2.4.1　现有技术抗辩

在（2014）粤高法民三终字第878、第879、第935、第936、第937、第938、第1033号侵害专利权纠纷审理过程中，深圳市理邦精密仪器股份有限公司上诉时提出"被诉侵权产品使用的技术方案，属于一份现有技术与所属领域公知常识的简单组合，不构成侵犯专利权"。对此，广东省高级人民法院认为："（1）上诉人在诉讼过程中可以提出不构成侵权的抗辩主张，虽然其提交的支持现有技术抗辩的证据的形成和发现时间均在一审诉讼之前，不构成二审的新证据，但鉴于该证据对判断被诉侵权产品是否构成侵权具有较大影响，本院决定采纳该证据作为深圳市理邦精密仪器股份有限公司现有技术抗辩的对比文件，但对深圳市理邦精密仪器股份有限公司逾期提交证据的行为予以训诫。（2）综合考虑双方共同委托的专家辅助人的专家意见、专利复审委第18450号审查决定书、（2013）高行终字第1596号行政判决，被诉侵权产品的过压保护电路中预先设置了两路不同的参考电压，可根据成人、小儿和新生儿等不同应用模式的调整来选择其中的某一路参考电压，以适应该应用模式的需要，这与现有技术对比文件中公开的过压保护电路中只预先设置一个可调的参考电压的技术特征明显不同。深圳市理邦精密仪器股份有限公司的现有技术抗辩不能成立。"

6.2.4.2 侵权赔偿额计算

在（2014）粤高法民三终字第878、第879、第935、第936、第937、第938、第1033号侵害专利权纠纷审理过程中，深圳市理邦精密仪器股份有限公司上诉时提出，"一审判决对赔偿数额的计算错误。一审判决认定深圳市理邦精密仪器股份有限公司生产的多参数监护仪产品共有12款，实际应为15款，平均每款监护仪的营业利润计算错误；一审判决将赔偿数额计算至一审判决时止，超出深圳迈瑞生物医疗电子股份有限公司所主张的2009年4月至2011年4月期间的范围；一审判决未考虑本七案专利对被诉侵权产品营业利润的贡献率"。

广东省高级人民法院经审理认为："由于深圳迈瑞生物医疗电子股份有限公司因侵权所受到的实际损失难以确定，深圳迈瑞生物医疗电子股份有限公司主张以2009年4月至2011年4月7款被诉侵权产品的营业利润来计算侵权损害赔偿额，本院确认本七案的赔偿数额应该以深圳市理邦精密仪器股份有限公司因侵权所获得的营业利润予以确定。（1）关于深圳市理邦精密仪器股份有限公司营业利润的确定问题，深圳市理邦精密仪器股份有限公司无正当理由拒不提供原审法院要求其提交的相关财务账册资料，已构成举证妨碍。由于深圳市理邦精密仪器股份有限公司拒不提供审计所需的财务账册资料，审计机构依据深圳市理邦精密仪器股份有限公司的招股说明书、（2011）深证字第52441号公证书、深圳市理邦精密仪器股份有限公司2011年年度报告及深圳市理邦精密仪器股份有限公司网站信息等材料披露的相关数据进行审计，据此确定2009年4月至2011年4月，深圳市理邦精密仪器股份有限公司监护仪系列产品的总营业利润为3857.80万元。原审法院经对审计结论进行质证认证后，查明深圳市理邦精密仪器股份有限公司生产销售的监护仪产品共有12款，平均每款营业利润为321.48万元，虽然以该种'监护仪系列产品的总营业利润÷监护仪系列产品的款数×被诉侵权产品的款数'的方法来计算被诉侵权产品营业利润带有一定的推定成分，但在缺少财务账册无法得出精确结论的情况下，该计算方法具备合理性。（2）关于监护仪系列产品的款数问题，深圳迈瑞生物医疗电子股份有限公司主张深圳市理邦精密仪器股份有限公司的M9B产品构成侵权，原审法院也已认定该产品构成侵权，但审计机构和原审法院在计算深圳市理邦精密仪器股份有限公司多参数监护仪系列产品的型号时，未将该款产品计算在内。同时，原审法院未将审计报告及招股说明书第 11126 页中列明的多参数监护仪系列产品中的 MFMCMS 型号计算在内。以上 2 款产品属于漏记，深圳市理邦精密仪器股份有限公司 2009 年 4 月至 2011 年 4 月生产的监护仪系列产品有 14 款，平均每款产品的营业利润为 275.56 万元，本案中 7 款多参数监护仪产品的营业利润为 1928.92 万元。(3) 关于原审判决超出诉讼请求范围的问题，原审法院自行将权利人的索赔期限确定到'原审判决作出之日'，既缺乏法律依据，又违背了当事人自由处分民事实体权利和诉讼权利的原则，本院予以纠正。本七案的侵权损害赔偿范围应确定为 2009 年 4 月至 2011 年 4 月深圳市理邦精密仪器股份有限公司实施的侵权行为使权利人所遭受的损失。(4) 关于本七案发明专利的营利数额，深圳市理邦精密仪器股份有限公司上诉主张计算赔偿数额时应考虑本七案专利对营业利润的贡献，扣减因其他权利产生的利润，既未能举证证明本七案专利所产生的利润在侵权产品总营业利润中的占比，也不能举证证明应当扣除的因其他权利产生的利润数额。在没有其他相反证据的情况下，本院应以被诉侵权产品的营业利润作为深圳市理邦精密仪器股份有限公司的侵权获利来计算侵权损害赔偿数额。(5) 关于深圳迈瑞生物医疗电子股份有限公司的合理维权费用问题，深圳迈瑞生物医疗电子股份有限公司在一审中提交了其为与深圳市理邦精密仪器股份有限公司之间的 24 个案件共支付律师费 78 万元的发票，但未能提供相应的合同等证据来证明单个案件的律师费明细。因此，本院将该律师费 78 万元平均分配到 24 个案件中，每个案件的律师费为 32 500 元。"

据此，广东省高级人民法院将深圳迈瑞生物医疗电子股份有限公司在另案中起诉的"心电算法"技术秘密、该案的"电子无创血压测量装置"发明专利，深圳市理邦精密仪器股份有限公司侵权行为的性质、期间、后果及获利情况，深圳迈瑞生物医疗电子股份有限公司支付的公证费、律师费、购买被诉侵权产品的支出等合理维权费用进行综合考虑，确定该七案深圳市理邦精密仪器股份有限公司应赔偿深圳迈瑞生物医疗电子股份有限公司经济损失 1000 万元，合理维权费用 29.75 万元，共计 1029.75 万元。

6.2.5 案例启示

监护仪产业无疑有巨大的市场发展空间，如何利用专利提升自己的竞争优势并遏制竞争对手，是市场主体考虑的核心问题。为了达到目标，市场主体往往会通过专利布局构建知识产权壁垒，并通过向竞争对手及其销售商、下游买家发送警告函或者提起侵害专利权诉讼来禁止竞争对手制造、销售相关产品，从而达到提升自己竞争优势的目的。所以，该案揭示的第一个问题就是如何发挥专利在市场竞争中的作用。

6.2.5.1 关于现有技术抗辩

现有技术抗辩是 2008 年《专利法》第三次修改时新增的一项制度，其第 62 条规定,"在专利侵权纠纷中,被控侵权人有证据证明其实施的技术或者设计属于现有技术或者现有设计的,不构成侵犯专利权"。在司法实践的基础上,最高人民法院审判委员会2009年12月21日的审判委员会第1480次会议通过了《最高人民法院关于审理侵犯专利权纠纷案件应用法律若干问题的解释》,其第14条规定,"被诉落入专利权保护范围的全部技术特征,与一项现有技术方案中的相应技术特征相同或者无实质性差异的,人民法院应当认定被诉侵权人实施的技术属于专利法第六十二条规定的现有技术"。

现有技术抗辩作为《专利法》明确赋予被控侵权人的一项抗辩权,其根源在于处于公共领域的自由公知技术,任何人都可获得且可自由使用。它实质上是一种权利抗辩,其目的是对专利权人所主张的停止侵害、赔偿损失等请求权的阻却,而不是消灭专利权人的专利权和请求权,因此与《专利法》上规定的专利无效宣告制度有着本质的区别。从制度安排层面来说,该制度实质上更涉及专利行政权与司法裁判权权力范围的划界、专利确权制度与专利侵权判定制度之间的职能划分等方面的问题。下面仅从实践的角度出发,就现有技术抗辩提出的时机、对比对象和对比标准三个方面予以解析。

1. 提出时机

《专利法》和相关司法解释规定了现有技术抗辩制度,但并未对其提出时机予以明确。同时,我国《民事诉讼法》及相关司法解释中,仅规定了被告对原告的诉讼请求可以反驳和反诉,如《民事诉讼法》第54条规定,"被告可以承认或者反驳诉讼请求,有权提起反诉"。第一百四十三条规定,"原告增加诉讼请求,被告提出反诉,第三人提出与本案有关的诉讼请求,可以合并审理",而对抗辩提出的时间没有明确规定。但根据《最高人民法院关于知识产权民事诉讼证据的若干规定》第1条和第2条的规定,知识产权民事诉讼当事人应当遵循诚信原则,依照法律及司法解释的规定,积极、全面、正确、诚实地提供证据。当事人对自己提出的主张,应当提供证据加以证明。同时,为了合理利用司法审判资源、提高审判效率、避免审级损失,笔者认为,现有技术抗辩应当在一审期间提出。根据该案中广东省高级人民法院接纳并审理的深圳市理邦精密仪器股份有限公司上诉时提出的现有技术抗辩理由来看,现有技术抗辩二审中也可以提出。但再审中,最高人民法院明确"在申请再审程序中以新的证据主张现有技术抗辩不应予以支持"。在再审申请人唐山先锋印刷机械有限公司与被申请人天津长荣印刷设备股份有限公司、一审被告常州市恒鑫包装彩印有限公司侵害发明专利权纠纷案〔(2017)最高法民申768号〕中,最高人民法院指出,专利侵权案件中,被诉侵权人在申请再审程序中以新的证据主张现有技术抗辩,表面上系以新证据为由申请再审,但实质上相当于另行提出新的现有技术抗辩。如允许被诉侵权人在申请再审程序中无限制地提出新的现有技术抗辩,与专利权人应当在一审法庭庭审辩论终结前固定其主张的权利要求相比,对专利权人显失公平,且构成对专利权人的诉讼突袭,亦将

架空一、二审诉讼程序。❶

2. 对比对象

按照《最高人民法院关于审理侵犯专利权纠纷案件应用法律问题的解释》第42条的规定,被诉落入专利权保护范围的全部技术特征,与一项现有技术方案中的相应技术特征相同或者无实质性差异。由此,一是,与被诉侵权的技术方案对比的应当是现有技术,而不是涉案专利的权利要求。涉案专利权利要求的技术方案在此起的是引导作用。其原因在于,从产品生产实际来看,一个被诉侵权的产品往往包含了很多的技术方案,例如,一部手机有几百个电子元件,最复杂的就是主板,上面集成了十几个芯片,而每个元件都有硬件结构、材料和工艺等方面的技术创新,可以说一部手机上有成千上万的技术方案。因此,为了提高审判效率,在现有技术抗辩中应当以权利要求为参照,确定被诉侵权技术方案中被指控落入专利权保护范围的技术特征,并判断现有技术中是否公开了相同或者无实质性差异的技术特征。此观点在最高人民法院审理的(2012)民申字第18号盐城泽田机械有限公司申请再审案中也予以了明确,"比较方法应是将被诉侵权技术方案与现有技术进行对比,而不是将现有技术与专利技术方案进行对比""对于被诉侵权产品中与专利权保护范围无关的技术特征,在判断现有技术抗辩能否成立时应不予考虑"。❷ 二是,与被诉侵权的技术方案对比的是一项现有技术,而不是多项现有技术的结合或者组合。

3. 对比标准

对比标准也就是判断现有技术抗辩是否成立的标准,在盐城泽田机械有限公司申请再审案中,最高人民法院明确,"在侵权诉讼中,现有技术抗辩的审查对象则在于被诉侵权技术方案与现有技术是否相同或等同,而不在于审查现有技术是否公开了专利技术方案"❸。笔者认为,在司法实践中采用等同标准并无不妥,但鉴于是否等同需要两个主观判断:是否以基本相同的手段,实现基本相同的功能,达到基本相同的效果,并且本领域的普通技术人员无需经过创造性劳动就能够联想到。❹ 因此,建议采用新颖性标准,一是因为《专利法》第62条规定的"属于现有技术"和第22条中规定的"新颖性,是指该发明或者实用新型不属于现有技术"中的"属于"含义应当一致;二是《专利审查指南》对于新颖性的判断具有明确详细的规定,包括审查原则、审查基准等,专利从业者对此有较充分的认识,具有良好的社会基础,便于人民法院在司

---

❶ 人民法院网. 最高人民法院知识产权案件年度报告(2017)摘要[EB/OL].(2018-04-24)[2022-04-25]. https://www.chinacourt.org/article/detail/2018/04/id/3278877.shtml.

❷ 最高人民法院民事裁定书(2012)民申字第18号。

❸ 同❷.

❹ 《最高人民法院关于审理专利纠纷案件适用法律问题的若干规定》(法释〔2001〕21号)第17条。

法实践中运用和操作。因此,新颖性标准较为客观,可操作性强,具有法律适用的确定性。❶

6.2.5.2 赔偿额计算

一方面,就专利制度而言,侵犯专利权纠纷案件的赔偿额是最受社会公众关注的问题之一,也是衡量知识产权保护水平的一个重要指标。另一方面,在个案中赔偿额计算往往是专利侵害案件的收官之役,对于大多数案件来说,也是权利人与被控侵权人的决战。近年来,随着社会公众对于加强知识产权保护呼声地提高,《专利法》修改时对此作了较大调整。

1. 历史沿革

1984年制定的《专利法》和1992年修改的《专利法》都没有对专利侵权赔偿额予以规定。

2000年第二次修改的《专利法》第60条首次对侵权赔偿额作出规定:"侵犯专利权的赔偿数额,按照权利人因被侵权所受到的损失或者侵权人因侵权所获得的利益确定;被侵权人的损失或者侵权人获得的利益难以确定的,参照该专利许可使用费的倍数合理确定。"

2008年第三次修改的《专利法》第65条规定:"侵犯专利权的赔偿数额按照权利人因被侵权所受到的实际损失确定;实际损失难以确定的,可以按照侵权人因侵权所获得的利益确定。权利人的损失或者侵权人获得的利益难以确定的,参照该专利许可使用费的倍数合理确定。赔偿数额还应当包括权利人为制止侵权行为所支付的合理开支。权利人的损失、侵权人获得的利益和专利许可使用费均难以确定的,人民法院可以根据专利权的类型、侵权行为的性质和情节等因素,确定给予一万元以上一百万元以下的赔偿。"

2020年第四次修改的《专利法》第71条规定:"侵犯专利权的赔偿数额按照权利人因被侵权所受到的实际损失或者侵权人因侵权所获得的利益确定;权利人的损失或者侵权人获得的利益难以确定的,参照该专利许可使用费的倍数合理确定。对故意侵犯专利权,情节严重的,可以在按照上述方法确定数额的一倍以上五倍以下确定赔偿数额。权利人的损失、侵权人获得的利益和专利许可使用费均难以确定的,人民法院可以根据专利权的类型、侵权行为的性质和情节等因素,确定给予三万元以上五百万元以下的赔偿。赔偿数额还应当包括权利人为制止侵权行为所支付的合理开支。人民法院为确定赔偿数额,在权利人已经尽力举证,而与侵权行为相关的账簿、资料主要由侵权人掌握的情况下,可以责令侵权人提供与侵权行为相关的账簿、资料;侵权人不提供或者提供虚假的账簿、资料的,人民法院可以参考权利人的主张和提供的证据

---

❶ 张鹏,崔国振. 现有技术抗辩的对比方式和对比标准探析[J]. 知识产权,2009,19(109):61-67.

判定赔偿数额。"第 74 条规定:"侵犯专利权的诉讼时效为三年,自专利权人或者利害关系人知道或者应当知道侵权行为以及侵权人之日起计算。"

从上述《专利法》修改的历史沿革来看,我国专利侵权赔偿数额经历了从无到有,从低到高过程,表明我国知识产权保护力度不断加强。特别是第四次修改不仅将法定赔偿最高额增加到了五百万元,并将权利人为制止侵权行为所支付的合理开支以法律的形式确认为应当赔偿的数额,还增加了理论上探讨了很久的惩罚性赔偿制度,并将侵犯专利权的诉讼时效定为三年,这些修改都表明了我国立法者加大知识产权保护的决心。

2. 赔偿方式的选择

随着《专利法》的修订,我国专利侵权赔偿的规则越来越细化,按照 2020 年修改的《专利法》,侵权赔偿额可以通过以下方式计算。一是权利人因被侵权所受到的实际损失,二是侵权人因侵权所获得的利益,三是参照该专利许可使用费的倍数合理确定,四是法定赔偿。值得注意的是,上述方式一和二是可选择的,三和四却是有顺序的,并且一至三在一定的条件下都适用一倍以上五倍以下的惩罚性赔偿方式。

侵权赔偿额与当事人的举证能力密切相关,因此如何选择最有利于己方的赔偿方式选择策略也成为考验原告专利权人及其诉讼代理人的重要问题。笔者认为,应当按照"最大金额原则与最大可行性原则相结合,达到利益最大化的目标"来选择赔偿方式。一般是先设定最大金额的诉求,然后根据案情考察其可行性。如果具备,则执行原来设定的最大金额的诉求;如果不具备可行性,则调低诉求,再考察可行性。以此类推,最终法定赔偿保底。

除了上面的基本策略,赔偿方式还会考虑诉讼目的。一个较大的赔偿金即便是可行的,也会考虑"可行"的成本,如举证成本、时间成本等到底有多大。很多情况下,诉讼目的就是确认侵权成立起到保护市场即可,则可以直接选择法定赔偿。通常来说,被告的市场规模和竞争力越大,越倾向于选择第二种;而对于较小市场规模和占有率的被告,则倾向于选择第一种,或者直接选择法定赔偿。特别是我国《专利法》自 2021 年 6 月 1 日起大幅度提升了法定赔偿的上限,即 500 万人民币。法定赔偿的上限在被告规模中型以下时常常可能高于实质性赔偿计算出来的金额。法定赔偿将具有更大的选择适用空间。

3. 举证责任及技巧

根据《民事诉讼法》的相关规定,原告对于其选择的赔偿方式负有举证责任,被告可以提供反证来证明原告所计算的赔偿数额存在错误,但不存在举证责任转移的问题。

举证技巧比较复杂,很难一般性总结,基本取决于赔偿方式路径选择与具体案情。专利赔偿方式的法律规则并不太复杂,为何在实践中不同律师团队的表现差别会很大,就是因为举证非常具体细节,在实践中的选择也很多。笔者认为,应当注意如下几点。

一是要讲究确定性。提供证据的目的是让法院采信，因此证据的确定性是核心技巧之一。例如，证明自己的单位产品的利润，很多原告自己计算，提供一些财务资料，这种方式就不如委托第三方审计机构出个审计报告，如此的审计报告被采信的可能性就大多了。对于电子证据，现在大量存在，一定要进行公证，公证成本很大，可以采用区块链平台存证。对于被告的销售，要注重来源被告的证据材料的取证。被告是上市公司的，其公告常常很有举证价值。

二是要"不惜成本"。众所周知，"证据是诉讼之王"，但在诉讼实践中很多当事人与律师认识还是不足。近些年多庭审，由于案件数量太大，常常就是证据交换完成了审理就差不多完成了。提供证据多、成本投入庞大，但证据成本与索赔金额相比仍然是"小数"，要敢于多提供证据。

三是关于法定赔偿举证。不少律师认为法定赔偿就是让法官酌定，举证上不必太投入。这是个严重误区。"酌定"就是根据案情而定，如果想让赔偿金靠近上限，原告恰恰需要在"情"上提供证据，让法院有"情"可酌。这里的"情"就是那些虽然不能具体计算，但可以看出一些基本事实，如原告产品的美誉度证据、被告广告宣传的证据、被告的经营规模证据等。从情理上来说，几个人的公司与几万人的公司在赔偿额上能一样吗？

在该案中，由于在被侵犯专利权的期间，权利人的销售数量和市场占有率都在增加，因此权利人因被侵权所受到的实际损失是难以计算的，这种情况下原告很难通过选择第一种赔偿方式获得大额的赔偿。而被告的招股说明书、2011年年度报告及网站信息等材料披露的信息则是容易获取的证据，根据这些证据就可以计算出来较法定赔偿额更高的金额，这也是原告采取的策略，最终得到了两级法院的支持。

6.3 颈椎按摩器专利侵权诉讼案

6.3.1 产业背景

颈椎是人体的主要支柱，与人的生命中枢延髓紧密相连，有丰富的血管、神经丛，保障人体基本生命活动信息的上传下达和营养输送，任何细微变化都可以导致人体器官的不适。随着生活节奏的加快，颈椎病的发病率和年轻化逐年加大，严重地影响了人们的生活和工作。挂脖式脉冲电流款颈椎按摩仪是通过控制脉冲电流的频率和波段，模拟出多种不同的按摩手法，如针灸、推拿、揉捏等，来刺激穴位和肌肉，达到气血畅通和排出肌肉中乳酸堆积的效果，帮助改善颈部血液循环，有效缓解颈部肌肉僵直和疼痛问题，因此近几年越来越受到消费者的喜爱和追捧。

目前市场上比较广泛使用的是脉冲式颈椎按摩器。脉冲式颈椎按摩器的功能主要包括脉冲按摩功能、热敷功能和贴合效果等，再加上影响便携性的体积重量及智能化程度等方面，这些是颈椎按摩器目前涉及的核心技术方向。目前主流颈椎按摩器使用的脉冲技术分为 EMS 脉冲、TENS 脉冲和 EMS+TENS 双脉冲三种。EMS 脉冲技术通过刺激肌肉来提升肌肉的恢复效率，TENS 脉冲则刺激神经来阻断和缓解疼痛，而 EMS+TENS 则结合了两种脉冲技术的优势，既能提升肌肉的恢复效率，又能缓解疼痛。从热敷功能角度，人体皮肤能够感受的最适宜温度区间为 38~45℃，热敷功能高于这个温度区间容易造成低温烫伤，因此，颈椎按摩仪的热敷功能控制模块需要比较精准才能达到既舒适又不造成低温烫伤的效果。颈椎按摩器需要贴合人体颈部的结构和曲线才能更好地接触需要按摩的皮肤和肌肉，同时也需要防止皮肤敏感等不利因素，因此贴合皮肤部分的材质一般选择较为柔软的亲肤高分子材料，以适合不同颈围人群和对皮肤产生较少刺激。此外，为了方便满足能在大多数地点随时使用颈椎按摩器进行按摩放松的需求，脉冲电流式颈椎按摩器一般都较为小巧轻便方便携带。最新流行的颈椎按摩器还加持数码智能控制技术，如芯片技术、云技术、物联网技术、蓝牙技术等，能够通过手机应用和小程序进行智能控制，此外还设计了多挡位控制和智能语音引导，方便不同需求的消费者使用。❶ 如未来穿戴健康科技股份有限公司的 K 系列产品 SKG 的 K5 就采用"欧米茄造型 Ω"设计，流线线条符合人体工学，斜面的弯曲臂贴合脖颈曲线，产品重量轻至 94 克，大致相当于两颗鸡蛋的重量，使用、携带都较为方便、轻巧。❷

近年来，按摩器产品全球市场规模持续扩大，2015 年首次超过 100 亿美元，2019 年首次超过 150 亿美元。预计至 2022 年，全球按摩器具市场规模将接近 184 亿美元。❸ 伴随人们健康意识的增强和消费水平的提升，具有保健放松、缓解酸痛功效的按摩器逐渐受到消费者的青睐，特别是近年来我国亚健康人群的日益扩大，更进一步促进了按摩器行业的快速增长。目前，我国已经成为全球按摩器市场需求增长最快的地区之一。据艾瑞咨询数据显示，2015 年至 2021 年，我国按摩器市场规模由 96 亿元增长至 180 亿元，年复合增长率达 11.05%。2020 年小家电中颈椎按摩仪品类销售数据增长幅度远高于其他日常消费品类。

根据淘数据 2021 年 1 月至 10 月线上销售额统计，颈部按摩器占小型按摩器市场销售额的 39%，颈部的细分按摩器市场需求十分强烈。未来穿戴健康科技股份有限公司发布的"双 11"战报显示，该公司相关产品位列天猫保健按摩行业销售第一、京东健康电器行业按摩器品类销售第一。据披露，2013 年，未来穿戴健康科技股份有限公司

---

❶ 马鹿. 颈椎按摩仪是智商税吗？[EB/OL]. (2022-06-24) [2022-07-29]. https://www.zhihu.com/question/363335343?page=1&sort=created.

❷ SKG 未来穿戴官网。

❸ 资料来源：腾讯网. 按摩器产品全球市场规模持续扩大 [EB/OL]. (2021-07-28) [2022-06-03]. https://new.qq.com/omn/20210728/20210728A03MML00.html.

在 B2C 平台总销售额已达到 5.1 亿元。❶ 2021 年倍轻松、深圳攀高、脊安适等为代表的专业类颈椎按摩仪销量数据更出人意料，天猫和京东销售额飙升。❷

快速增长的按摩器市场吸引了诸多厂商的入局。由于便携式按摩器的技术门槛并不高，难以形成技术壁垒，导致市场竞争激烈。目前相较于全球按摩器市场而言中国市场成熟度不高，便携式按摩器整体行业仍处在市场发展初期，产品技术尚不成熟，存在产品质量参差不齐和同质化的问题。据未来穿戴技术有限公司提供的数据，目前中国按摩器具市场渗透率仅为 1.5%，对标日本、韩国等海外发达国家接近 20% 的市场普及率，明显偏低。随着中国经济进一步发展及全民健康意识进一步提高，未来 5 年按摩器具市场渗透率有望大幅提升，预计到 2025 年，中国按摩器具市场规模渗透率有望提升至 4.72%。因此，从长远发展的角度来看，便携式按摩器仍具有庞大的潜在扩张空间。❸

6.3.2 竞争格局

目前，市场上涉及小型按摩器的品牌从主攻按摩器市场的倍轻松、SKG，到传统家电品牌康佳、奥克斯，乃至服装品牌南极人等，呈现出多元化井喷式发展态势。以京东和淘宝为例，搜索小型按摩器出现的产品均有 3 万余款，可供筛选的品牌分别超过 500 个和 100 个。与此同时，根据淘宝消费者购买价位大数据显示，价位在 0~33 元、33~163 元、163~323 元和 323 元以上的消费占比分别为 30%、60%、9% 和 1%。笔者选择市场品牌知名度较高的颈椎按摩器进行分析，品牌对应的企业和主要竞品如表 6-3-1 所示。

表 6-3-1 颈椎按摩器主要企业及竞品信息

品牌	企业名称	成立时间	相关产品
SKG	未来穿戴健康科技股份有限公司（曾用名：广东艾诗凯奇智能科技有限公司、未来穿戴技术股份有限公司）	20071101	K 系列、G 系列、P 系列等
倍轻松	深圳市倍轻松科技股份有限公司	20000705（20210715 上市）	M3、iNeck M2 等
深圳攀高	深圳攀高医疗电子有限公司	20000117	P 系列、B 系列等

---

❶ 杨琳. SKG 创始人刘杰喜欢谈互联网家电：按摩仪是小家电还是保健品？［EB/OL］.（2022-02-03）［2022-06-03］. https://www.sohu.com/a/520521230_121146933.

❷ 中关村在线. 攀高颈椎按摩仪跻身 top2 行业从颜值回归专业［EB/OL］.（2020-06-19）［2022-06-03］. https://baijiahao.baidu.com/s?id=1669698724944991 1340&wfr=spider&for=pc.

❸ 中国科技小圈子. "即时养生"热度高涨，便携式按摩器或成市场又一"潜力股"［EB/OL］.（2022-02-10）［2022-06-03］. http://news.sohu.com/a/521866848_121124358.

续表

品牌	企业名称	成立时间	相关产品
脊安适（Jeeback）	欧美达（重庆）科技有限公司	20180914	G系列等
	上海脊安适智能科技有限公司	20210412	
PGG	深圳市大头人实业有限公司	20180912	M系列等

其中，SKG品牌的拥有者未来穿戴健康科技股份有限公司成立于2007年，是一家可穿戴按摩仪研发、设计、生产的高科技公司，是国家高新技术企业，也是专精特新企业。未来穿戴健康科技股份有限公司立足人体健康数据管理，为用户提供可穿戴按摩仪产品和服务体验，近年来进行了不断的产品研发和知识产权保护。未来穿戴健康科技股份有限公司拥有300多人组成的产品研究院，从穿戴科技、人体工程学、设计美学等多角度提升改善产品，近年来愈加小型化、无线化、便携化、智能化的SKG按摩仪新品的不断诞生。❶

深圳市倍轻松科技股份有限公司是高新技术企业，成立于2000年，公司的品牌为倍轻松，通过将中医按摩理念与现代科技结合，推出头部、眼部、颈部、手部、足部等多系列便携式智能按摩产品。2015年，发起成立深圳市智能装备与可穿戴产业联盟。2021年7月智能便携按摩器品牌倍轻松科创板上市，成为登录科创板"健康智能硬件第一股"。

深圳攀高医疗电子有限公司成立于2000年，从事医疗器械生产与研发20年，产品线涵盖按摩器材、家庭检测、低频理疗器械等，是一家集研发、生产、营销、服务于一体的国家级高新技术企业和专精特新企业。其于2007年开创电脉冲环形颈椎按摩仪，目前产品已经过6次迭代升级。

欧美达（重庆）科技有限公司和上海脊安适智能科技有限公司为关联公司，欧美达（重庆）公司的产品线包括按摩系列、家居系列、医疗系统、办公系列及儿童护理系列等。2015年成立脊安适（Jeeback）品牌，源自脊部安康舒适之意。2019年开始逐步与日韩按摩行业合作，吸收、引进更好的技术和工艺。当年推出的新款G2颈部按摩仪入围2019年中国创意设计红星奖和中国台湾金点设计奖。脊安适和小米有品合作推出G2颈椎按摩仪，后与天猫精灵合作推出CLEVER-T智能语音款颈椎按摩仪，又与华为荣耀合作推出了G5温热舒压颈椎按摩仪。❷

深圳市大头人电子有限公司是一家小型按摩器的创新科技公司，成立于2014年。

---

❶ 韩莎莎. 揭秘保健品企业SKG总裁刘俊宏：最近这两年砸广告营销凶猛［EB/OL］.（2021-08-28）［2022-06-03］. https://baijiahao.baidu.com/s? id=17093242323176122034 & wfr=spider & for=pc.

❷ 脊安适. 脊安适颈椎按摩仪——小米有品G2、天猫精灵CLEVER-T、荣耀亲选G5对比测评［EB/OL］.（2020-10-26）［2022-06-03］. https://zhuanlan.zhihu.com/p/268765561.

其打造的自主品牌——PGG，聚焦小型按摩器，2020 年获评艾媒金榜（iiMedia Ranking）发布的《2020 上半年中国肩颈按摩仪品牌排行榜》TOP 前 30 名。公司拥有 6000 平方米的生产制造基地，研发人员 50 余名，按摩仪产品日产能一万多台，为品牌的发展和产品的销售奠定了基础。产品畅销英国、韩国、新加坡等多个国家和地区。

颈椎按摩器已经成为新型智能家居电子设备中的新宠，当前市场激烈竞争的情况下，产品越发倾向于提高技术含量，并向智能化、轻量化和注重用户体验方向发展，这样的产品汇集多种技术元素，对专利保护的要求也越来越高，为此我们通过检索分析挂脖式颈椎按摩器的中国专利情况，并对行业及重要申请人，以及专利相关情况进行了梳理，来反映该领域的技术和企业的专利保护和布局情况，从而了解关注企业的技术竞争实力和行业竞争格局。

如图 6-3-1 所示，2003 年至 2021 年，检索到挂脖式颈椎按摩器中国专利申请量共 2930 件，从 2018 年开始该领域的专利申请呈现急速增长的状态，尤其是 2020 年的专利申请量更是达到了近年来申请量的顶峰，远超之前年份的申请量，达到年专利申请量 1086 件。

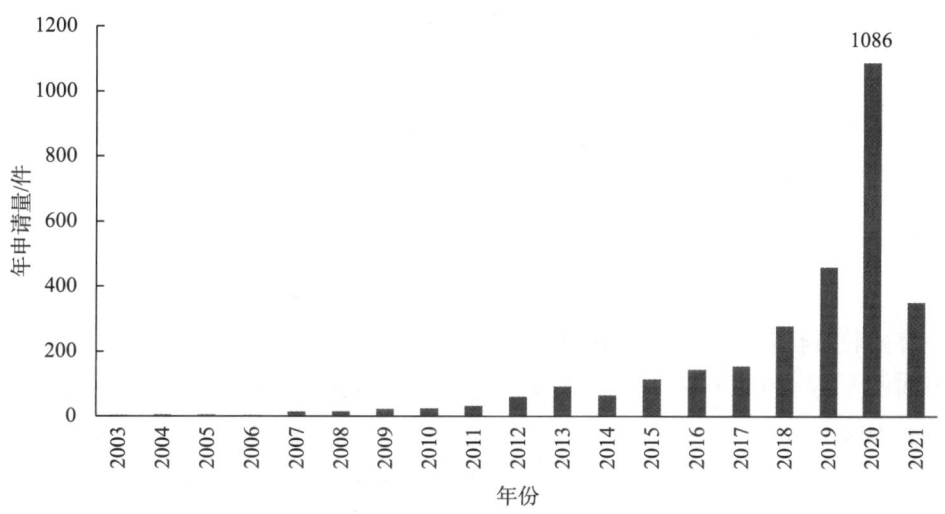

图 6-3-1　颈椎按摩器中国专利申请趋势

从申请地域来看，挂脖式颈椎按摩器国内 TOP 10 省份的中国专利申请数量地域分布如图 6-3-2 所示。可以看出，广东的申请数量遥遥领先，具有绝对优势，达到 1625 件，占到了该领域中国专利申请数量的 60.7%。申请量处于第二位到第五位的省份分别为浙江、江苏、山东和福建。从专利申请的类型来看，挂脖式颈椎按摩器中国专利的专利类型包括发明、实用新型和外观设计，其中占比最多的是实用新型专利，达到 1886 件，占专利申请总量的 64.7%，发明次之，占比为 28.7%。截至 2021 年 12 月，处于该领域有效状态的专利申请为 1704 件，处于在审状态的数量为 503 件。

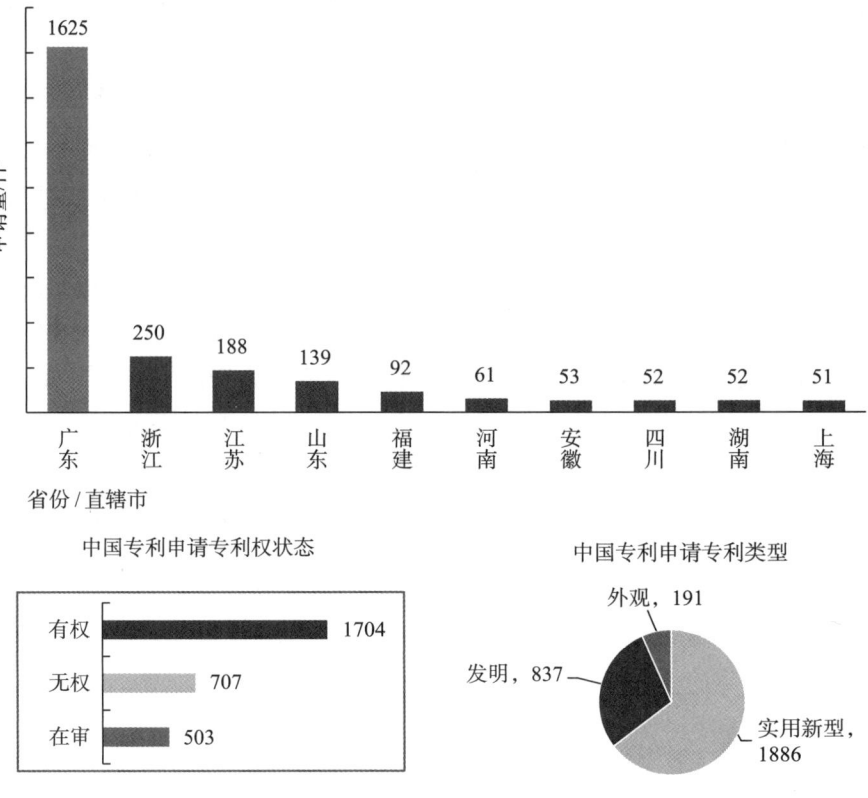

图 6-3-2 颈椎按摩器中国专利地域分布 TOP 10

2003年至2021年，中国专利申请人 TOP 10 如表6-3-2所示，其中隶属广东的公司有4家，并且均为重点关注的专利申请人，其中未来穿戴健康科技股份有限公司、倍轻松科技股份有限公司、欧美达（重庆）科技有限公司、深圳攀高医疗电子有限公司、深圳市大头人电子有限公司和脊安适智能科技有限公司的专利申请数量均位列颈椎按摩器中国申请人排名前十位。未来穿戴健康科技股份有限公司的专利申请量数量保持绝对优势，远高于其他申请人，达1153件。排名前十申请人的有效及在审专利数量也呈现较大差别，未来穿戴健康科技股份有限公司的有效和在审专利申请总数量达1141件，其中在审专利为327件。

表 6-3-2 颈椎按摩器中国专利申请人 TOP 10 单位：件

序号	中国专利申请人	专利量	隶属省市	有效及在审专利数量
1	未来穿戴健康科技股份有限公司	1153	广东	1141
2	深圳市倍轻松科技股份有限公司	74	广东	60
3	苏州康恩健电子科技有限公司	29	江苏	16
4	田宏	22	湖南	22
5	欧美达（重庆）科技有限公司	22	重庆	22

续表

序号	中国专利申请人	专利量	隶属省市	有效及在审专利数量
6	四川千里倍益康医疗科技股份有限公司	20	四川	20
7	深圳攀高医疗电子有限公司	20	广东	17
8	上海脊安适智能科技有限公司	16	浙江	12
9	深圳市大头人电子有限公司	15	广东	15
10	重庆海坤医用仪器公司	13	重庆	0

未来穿戴健康科技股份有限公司的申请趋势如图6-3-3所示，该公司最主要的布局年份为2020年，达754件专利申请，并且该公司仅2020年的在审专利数量就达到254件，占当年该领域在审专利申请总量的83.8%。从专利类型看，实用新型数量最多，达631件，占其专利总数量的54.8%。从布局地域角度看，主要在中国布局，除此外还在美国、日本、韩国和欧洲等主要国家和地区布局。其中仅布局中国一个国家的专利数量最多，为1072件，布局2~5个国家的专利申请数量共79件，其中通过PCT途径布局的专利有31件。

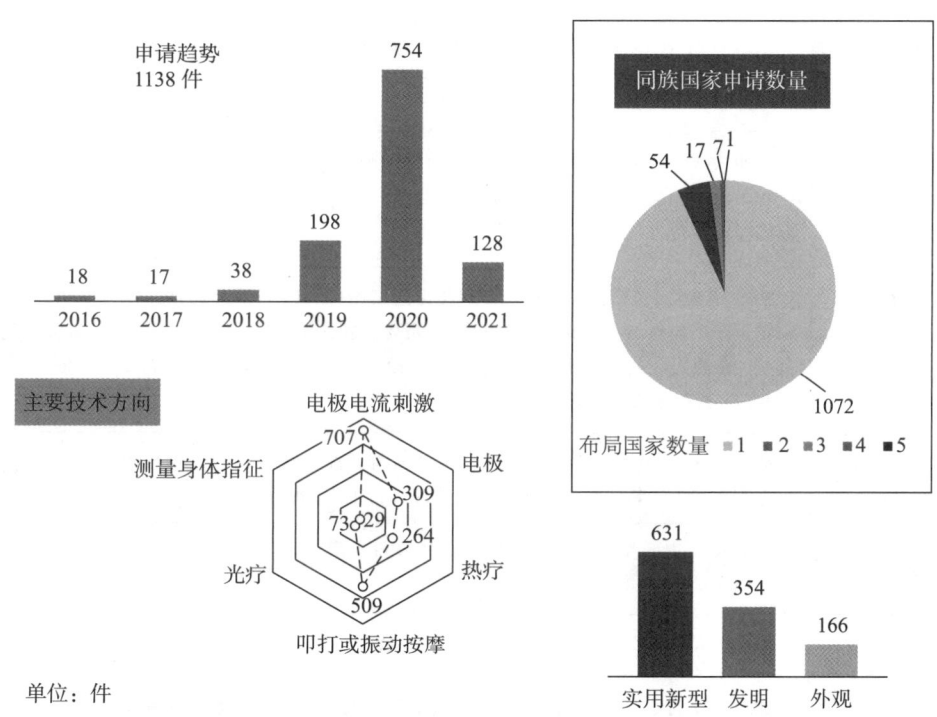

图6-3-3 未来穿戴健康科技股份有限公司颈椎按摩器中国专利情况

未来穿戴健康科技股份有限公司的专利技术布局形式和技术方向都较为多样化，从第一件挂颈式颈椎按摩器2016年开始布局后，其专利申请涉及的关于颈椎按摩器的技术包括电疗、磁疗、红外线热疗技术及辅助功能和相关硬件,具体包括电极、按摩器结构、脉冲技术、折叠方式、按摩方式、佩戴检测、附加功能、电源控制、智能化等方面,外观方面包括配色、配件外观、整机设计等,可以说囊括了挂脖式颈椎按摩器的从外观、结构到涉及技术的方方面面,专利保护布局较为完善。从上述专利申请的数量和布局情况来看,其在颈椎按摩器创新保护专利申请方面优势明显,利用多种专利类型和覆盖关键技术的方式进行的专利布局对竞争对手进行威慑和维护自身权益也是其在该领域取得竞争优势的重要手段之一。

6.3.3 基本案情

数据显示,未来穿戴健康科技股份有限公司目前已经和多家竞争对手公司存在诉讼,如与温州脊安适科技有限公司、深圳市大头人实业有限公司等均有关于挂脖式颈椎按摩器的专利纠纷,并且呈现增长趋势,目前案件多数处于审理状态中。其与深圳市大头人实业有限公司的确认不侵权起诉案件涉及实用新型专利 ZL201820442152.0（卡位式颈部按摩器）,笔者选择该案件来探讨涉案专利在行政和司法过程中的情况及给社会公众的启示,ZL201820442152.0 专利的具体案情发展如表 6-3-3 所示。

表 6-3-3 ZL201820442152.0（卡位式颈部按摩器）专利相关案情

序号	日期	案情	结论
1	20190212	广东艾诗凯奇智能科技有限公司于 2018 年 3 月 29 日申请的 CN201820442152.0 号实用新型专利在国家知识产权局 2019 年 2 月 12 日获得授权,公告号为 CN208481883U	授权
2	20190920	2019 年 8 月 23 日,专利权人广东艾诗凯奇智能科技有限公司请求国家知识产权局作出实用新型专利权评价报告,2019 年 9 月 20 日完成专利权评价报告,初步认为权利要求 1~8、12~15 不具备创造性,权利要求 9~11 具备创造性	部分权利要求创造性缺陷
3	20191204	2019 年 11 月 4 日,专利权人广东艾诗凯奇智能科技有限公司请求更正专利权评价报告,经复核组复核认为原评价报告无误,不予更正	不予更正
4	20201013	专利权人变更为:未来穿戴健康科技股份有限公司,未来穿戴（深圳）有限公司	权利人变更
5	20201224	深圳市大头人实业有限公司发起确认不侵害专利权纠纷民事诉讼	驳回起诉
6	20210506	2021 年 1 月 5 日,深圳市大头人实业有限公司请求未来穿戴健康科技股份有限公司 ZL201820442152.0 专利无效,2021 年 5 月 6 日作出无效审查决定	维持有效

续表

序号	日期	案情	结论
7	20210924	2021年2月5日，杨文斌请求未来穿戴健康科技股份有限公司ZL201820442152.0专利无效，2021年9月24日作出无效审查决定	维持修改后权利要求有效
8	20211012	专利权人变更为：未来穿戴技术股份有限公司	权利人变更
9	20220228	2021年5月12日，杨文斌、叶瑞锋、曾亚芝分别请求未来穿戴技术股份有限公司ZL201820442152.0专利无效，复审和无效审理部对三个无效请求合并审理，于2022年2月28日作出无效审查决定	维持修改后权利要求有效
10	20220408	专利权人变更为：未来穿戴健康科技股份有限公司	权利人变更

ZL201820442152.0号实用新型专利于2019年2月12日申请，并在2019年2月12日公告授权。2019年8月23日，专利权人广东艾诗凯奇智能科技有限公司请求国家知识产权局作出实用新型专利权评价报告，2019年9月20日完成的专利权评价报告初步认为权利要求1~8、12~15不具备创造性，权利要求9~11具备创造性。2019年11月4日，专利权人广东艾诗凯奇智能科技有限公司提出更正专利权评价报告请求，国家知识产权局经复核组复核后发出专利权评价报告复核意见通知书，认为原评价报告无误，坚持权利要求1~8、12~15不具备创造性结论，不予更正。2020年10月13日起，专利权人共发生了3次变更，最后专利权人为未来穿戴健康科技股份有限公司。

2020年12月24日，未来穿戴健康科技股份有限公司向天猫平台发起投诉，主张深圳市大头人实业有限公司生产销售"智能肩颈部按摩仪"的产品侵犯该公司的专利号为ZL201820442152.0（卡位式颈部按摩器）的实用新型专利权，要求下架相关产品，深圳市大头人实业有限公司认为产品使用的是现有技术，不存在侵权行为，并要求未来穿戴健康科技股份有限公司撤回投诉或进行起诉，未来穿戴健康科技股份有限公司未做回应，深圳市大头人实业有限公司发起确认不侵害专利权纠纷民事诉讼，最终因该案不符合起诉条件被驳回。

6.3.4 核心问题

该案过程虽不复杂，但涉及诸多知识产权确权、维权案件的特色问题。具体而言，该案的核心问题包含3个：第一，实用新型专利权评价报告的作用；第二，专利权无效过程中权利要求的修改；第三，确认不侵权的起诉条件。

6.3.4.1 实用新型专利权评价报告

《专利法》第66条第2款规定，专利侵权纠纷涉及实用新型或外观设计专利的，人民法院或者管理专利工作的部门可以要求专利权人或者利害关系人出具由国家知识产权局作出的专利权评价报告。国家知识产权局根据专利权人或者利害关系人的请求，对相关实用新型专利或者外观设计专利进行检索，并就该专利是否符合《专利法》及其实施细则规定的授权条件进行分析和评价，作出专利权评价报告。值得注意的是，专利权评价报告是人民法院或者管理专利工作的部门审理、处理专利侵权纠纷的证据，主要用于人民法院或者管理专利工作的部门确定是否需要中止相关程序。专利权评价报告不是行政决定，因此专利权人或者利害关系人不能就此提起行政复议和行政诉讼。❶

在涉案实用新型专利ZL201820442152.0授权后，专利权人请求国家知识产权局作出了专利权评价报告。从专利权评价报告的结果来看，该专利评价的初步结论是不利于专利权人的，报告显示大部分权利要求相对于现有技术不具备创造性。请求人广东艾诗凯奇智能科技有限公司认为该专利权评价报告有需要更正的错误，请求更正。

《专利审查指南2010》第五部分第十章第6节规定专利权评价报告是可以更正的，专利权评价报告更正的内容包括著录项目信息或文字错误、程序错误、法律适用错误、结论所依据的事实认定明显错误及其他错误。在该专利评价报告的更正程序中，请求人广东艾诗凯奇智能科技有限公司认为权利要求1~15具备新颖性和创造性，并就具体原因进行了陈述，并在收到专利权评价报告两个月内提出更正请求。复核组认为请求人更正理由不成立，原专利权评价报告不存在错误，不需要更正，并发出专利权评价报告复核意见通知书，说明了不予更正的理由，至此更正程序终止。

6.3.4.2 专利无效宣告程序的权利要求修改

涉案实用新型专利ZL201820442152.0的无效宣告程序共涉及了5次无效宣告请求，案件编号依次为5W122769、5W123195、5W124020、5W124220、5W123578。为了提高审查效率和减少当事人负担，国家知识产权局对第5W124020、5W124220、5W123578号无效请求案件进行了合并审理，上述案件也符合合并审理的通常情形，虽然是合并审理，但各无效宣告案件的证据不得相互组合使用。基于上述原因，5次专利无效宣告请求作出了3份无效审查决定，分别为第50052、第52105、第54627号无效宣告请求审查决定。其中，第52105、第54627号无效宣告请求审查过程中，专利权人对权利要求进行了修改，具体修改为将权利要求6的附加技术特征"所述第一手柄与第二手柄之间在圆形区域S所在平面上的最小距离d_{min}取值于该圆形区域S的直径D的1/2至3/4"合并到原独立权利要求1中，对原权利要求1作进一步限定，缩小了保护范围。同时，专利权人还删除了原权利要求4和原权利要求5。基于修改后的文本，合议组认为，涉案专利权利要求1与各项证据对比，均至少没有公开"所述第一手柄与第二手柄之间在圆形区域S所在平面上的最小距离d_{min}取值于该圆形区域S的直径D的1/2

---

❶ 喜头知产服务助手. 关于专利权评价报告，你可能不了解的几个问题! [EB/OL]. (2020-12-27) [2022-06-03]. https://www.163.com/dy/article/FUACPMKC05389YOF.html.

至 3/4"这一特征，上述特征也不属于本领域公知常识，并且获得了使得颈部按摩器的佩戴更加舒适的有益效果，由此认为新的权利要求 1 相对于各请求人提供的证据具备创造性，无效请求人关于涉案实用新型专利新的权利要求 1 不符合《专利法》第 22 条第 3 款的无效理由均不成立。可见在无效过程中，专利权人为了确保该实用新型专利不被全部无效，对权利要求进行的这一修改对无效结果起到了关键性作用。

6.3.4.3 确认不侵权的起诉条件

确认不侵害知识产权纠纷是指利益受到特定知识产权影响的行为人，以该知识产权权利人为被告提起的，请求确认其有关行为不侵犯该知识产权的诉讼。所谓受到"特定知识产权影响"，目前司法实践中一般理解为，行为人受到了来自特定知识产权权利人的侵权警告或者侵权威胁，但权利人并未在合理期限内依照法定程序请求人民法院解决有关争议。在实际纠纷过程中，如果权利人主张侵权，但又怠于起诉，会使相对方处于一种不安定的状态，进而影响正常经营。确认不侵权之诉制度的目的就在于为相对方提供一种司法途径，使其可以从这种不安定状态解脱出来，恢复正常的经营。❶

案件编号为（2020）粤 03 民初 7102 号的民事裁定案件为深圳市大头人实业有限公司向广东省深圳市中级人民法院提起的确认不侵权之诉，被告为未来穿戴健康科技股份有限公司、浙江天猫网络有限公司。深圳市大头人实业有限公司提出的主要诉讼请求为：①请求确认原告的"智能肩颈部按摩仪"产品不侵犯被告一的专利权（名称为"卡位式颈部按摩器"，专利号 201820442152.0）；②请求判令被告二立即恢复原告的"智能肩颈部按摩仪"产品在天猫平台上的销售链接。

深圳市大头人实业有限公司提出以下起诉主张的事实和理由：①"智能肩颈部按摩仪"的产品为自主研发，该产品在天猫平台上销售，取得了消费者的广泛好评，在同行业内占有较高的市场份额；②在未来穿戴健康科技股份有限公司向天猫平台上发起投诉后，原告已提出两次申诉并提供了充分的证据证明原告产品实施的是现有技术，不侵犯未来穿戴健康科技股份有限公司的专利权，但未来穿戴健康科技股份有限公司仍未撤回相关的投诉，现浙江天猫网络有限公司已应投诉之要求将该产品销售链接删除；③原告于 2020 年 11 月 30 日向未来穿戴健康科技股份有限公司发出了撤回投诉的催告函，要求未来穿戴健康科技股份有限公司撤回投诉或者径行起诉，到起诉之日前，未来穿戴健康科技股份有限公司没有对催告函做回应。深圳市大头人实业有限公司认为产品实施的是现有技术，不构成侵权。自未来穿戴健康科技股份有限公司发起投诉已一月有余，但未来穿戴健康科技股份有限公司仍未向人民法院提起专利侵权诉讼。原告有合理理由认为，未来穿戴健康科技股份有限公司的投诉行为并非出于保护自身

---

❶ 法律快车. 确认不侵权的起诉条件［EB/OL］.（2021-09-01）［2022-06-03］. https://www.lawtime.cn/minfadian/a10121.html.

知识产权,而是利用天猫平台规则,干扰原告的正常经营活动。为此,深圳市大头人实业有限公司特向法院请求,确认其产品不侵犯未来穿戴健康科技股份有限公司的专利权,并要求浙江天猫网络有限公司恢复涉案产品链接。

对深圳市大头人实业有限公司上述起诉,广东省深圳市中级人民法院在(2020)粤03民初7102号民事裁定书中认定,根据深圳市大头人实业有限公司提交的现有证据显示,深圳市大头人实业有限公司于2020年11月30日向未来穿戴健康科技股份有限公司发出催告函,要求未来穿戴健康科技股份有限公司撤回投诉或者径行起诉。未来穿戴健康科技股份有限公司于2020年12月3日对催告函作出了回函,认为其涉案投诉属于合法维权。同时认为,原告深圳市大头人实业有限公司请求确认其销售的"智能肩颈部按摩仪"产品不侵犯被告未来穿戴健康科技股份有限公司的专利权,系确认不侵害专利权诉讼。根据《最高人民法院关于审理侵犯专利权纠纷案件应用法律若干问题的解释》第18条规定:"权利人向他人发出侵犯专利权的警告,被警告人或者利害关系人经书面催告权利人行使诉权,自权利人收到该书面催告之日起一个月内或者自书面催告发出之日起二个月内,权利人不撤回警告也不提起诉讼,被警告人或者利害关系人向人民法院提起请求确认其行为不侵犯专利权的诉讼的,人民法院应当受理。"原告于2020年11月30日发出催告函,后又于2020年12月14日提起诉讼,原告深圳市大头人实业有限公司在提起诉讼之时,本案被告尚在法律规定行使诉权的合理期限范围内,故原告提起确认不侵害专利权纠纷诉讼,不符合起诉条件,应予驳回。综上所述,根据《最高人民法院关于审理侵犯专利权纠纷案件应用法律若干问题的解释》第18条、《民事诉讼法》第124条第1款第(六)项、第154条第1款第(三)项、《最高人民法院关于适用〈中华人民共和国民事诉讼法〉的解释》第208条第3款之规定,裁定驳回原告深圳市大头人实业有限公司的起诉。

根据上述最高院的司法解释,提起确认不侵权之诉应当具备以下条件:①权利人发出了侵权警告;②被警告人或利害关系人提出了书面催告;③权利人未在规定期限内撤回警告或者提起诉讼。从以上判决结果可知,原告深圳市大头人实业有限公司的该次起诉满足了前述提起确认不侵权之诉的前两个条件,但是由于未到"自权利人收到该书面催告之日起一个月内或者自书面催告发出之日起二个月内"这一法定期限,不满足"权利人未在规定期限内撤回警告或者提起诉讼"这一条件,所以该起诉被法院驳回。因此,被投诉一方在"自权利人收到该书面催告之日起一个月内或者自书面催告发出之日起二个月"后应该可以再次提出确认不侵权之诉。

6.3.5 案例启示

该案在专利权评价报告请求、无效程序中的专利权修改考量因素和专利权人在专利维权及被控侵权方的被控侵权应对策略方面都能为专利侵权纠纷的相关方提供启示和参考。

6.3.5.1 专利权人请求作出专利权评价报告需注意问题

专利权评价报告是官方出具的较权威的专利质量评价报告。专利权评价报告不是行政决定，是一种证据形式或证明文件。当人民法院或者管理专利工作的部门审理、处理专利侵权纠纷时，确定是否需要中止相关程序时，一般需要提交专利权评价报告。

专利权评价报告不是授权后必须要求做的。根据法律规定，在诉讼中只有人民法院或管理专利工作的部门要求的情况下，实用新型或外观设计的专利权人或利害关系人才有义务提供专利权评价报告。因为实用新型和外观设计专利申请在审查时仅通过初步审查程序即可授权，所以授权后并不表示专利权状态稳定（即不存在《专利法》《专利法实施细则》中无效的情形），国家知识产权局应专利权人或者相关利害关系人请求进一步作出的专利权评价报告相当于国家知识产权局对获权实用新型或外观设计专利性依据《专利法》相关规定作出的进一步核查，是对实用新型或外观设计专利作的再次官方"评估性评价"。专利权人在获得授权后，国家知识产权局对其获得的专利权作出的评价报告是对其专利含金量的一次验证，对于确定专利权法律状态的稳定性具有重要的参考价值，是日后解决专利侵权纠纷时必要的资料储备。❶

虽然专利权评价报告在专利侵权等专利纠纷程序中的作用很明显，但专利权人在请求国家知识产权局作出专利权评价报告之前也应做好一定的准备。首先，专利权评价报告的结论不一定有利于专利权人，涉案专利的专利权评价报告初步结论认为大部分权利要求存在创造性缺陷，这个结论是不利于专利权人的，使专利权人在行使专利权或专利侵权民事诉讼时会比较被动。为避免专利权人的被动，专利权人在请求国家知识产权局作出专利权评价报告之前可以委托专业的机构或人员对自己的专利进行初步检索，进行专利稳定性分析，在对自身专利充分了解的基础上，决定是否请求作出专利权评价报告。其次，专利权评价报告虽然是官方作出，但不是行政决定，可以作为一种专利有效性的证据，其效力不及审查决定，即使作出了专利权不存在缺陷，也仍然面临后续被宣告无效的可能和风险。最后，专利权评价报告在不利于请求人时，请求人可以陈述理由请求更正。请求人应认真对待专利权评价报告的更正程序，尽最大努力对存在缺陷的权利要求进行符合《专利法》相关规定的申诉。

6.3.5.2 专利无效宣告程序修改权利要求的考量

依据《专利法》的规定，专利的权利要求具有两方面的意义：一方面，专利权利要求是确定专利权人权利要求保护范围的依据；另一方面，专利权利要求还具有向社会公告的功能。为了保护社会公众的利益，需要让公众能够对专利保护范围有一个准确地了解。专利权利要求就是通过文字描述的形式向社会公众公开，以便社会公众能

---

❶ 亚联科. 什么是专利权评价报告，其作用是什么［EB/OL］.（2019-04-25）［2022-06-03］. https://www.sohu.com/a/310295432_120003605.

够清晰地了解专利权保护范围，从而确保社会公众利益。因而，作为界定专利保护范围的权利要求，《专利法》中明确规定其内容和表述应当清楚、简要，也就是要求权利要求能够通过文字描述划定出清晰的专利权人独占权的范围，以保证专利权的保护范围清楚明确。然而，实际操作中由于受到对现有技术掌握的局限性、语言表达的差异性及文件撰写水平高低等各种客观因素限制，权利要求难免会出现各种缺陷，如保护范围过大或者表述不够准确等。为了弥补这些缺陷以提高专利文件的质量，使专利权人和社会公众利益的利益得到切实合理地保护，我国专利制度分别在专利审批和专利权无效宣告程序中赋予了专利权人不同程度的修改权。由于专利权无效宣告中修改的对象是已经授权的专利，这一过程牵涉如何界定一个公平的尺度来平衡专利权人与社会公众之间利益的问题❶，因而无效宣告中权利要求修改需遵循特定的规则。

按照《专利法》的相关规定，为了确保专利的保护范围较为稳定，又不会超出专利权人原始申请文件划定的保护范围及社会公众的预期，专利无效程序中仅可以对权利要求进行修改，而且要对权利要求的修改方式予以限定，即不仅不能超出说明书和权利要求书记载的范围，也不得扩大原专利的保护范围，不得增加未包含在授权的权利要求书中的技术特征。《专利审查指南2010》规定，在专利无效程序中，发明或者实用新型专利文件的修改仅限于权利要求书，其原则是：①不得改变原权利要求的主题名称；②与授权的权利要求相比，不得扩大原专利的保护范围；③不得超出原说明书和权利要求书记载的范围；④一般不得增加未包含在授权的权利要求书中的技术特征。从修改方式来看，《专利审查指南2010》规定无效宣告程序中对权利要求的修改方式一般限于对权利要求的删除、合并和技术方案的删除三种方式，2017年修改的《专利审查指南》对无效程序中权利要求的修改方式的要求更为宽松，但一般也仅限于权利要求的删除、技术方案的删除、权利要求的进一步限定和明显错误的修正等4种方式。

具体到该案，权利要求采用了权利要求的删除和权利要求的进一步限定，删除了原权利要求4和原权利要求5，将原权利要求6的附加技术特征合并到原权利要求1，是对权利要求的进一步限定。在修改权利要求后，原权利要求6的附加技术特征未被对比文件公开，也不属于公知常识，使得权利要求1及其从属权利要求具备创造性，克服了权利要求的创造性缺陷。

虽然现行《专利审查指南》限定了无效程序中对权利要求的修改一般只能采用规定的4种修改方式，但是也并未完全排除存在其他修改方式的可能性。只要对权利要求书的修改未超出原说明书和权利要求书记载的范围，同时没有扩大原专利的保护范围，则仍然存在被认可的可能性。在特殊情况下，专利权人如果采用了非审查指南规定的修改方式，只要符合上述修改原则，也可以争辩审查指南并未完全排除存在其他修改方式的可能性，从而尽力获得对修改的认可。

---

❶ 董华丽. 专利权无效宣告中权利要求修改规则研究 [D]. 上海：华东政法大学，2015.

涉案专利权无效程序中，专利权人将从属权利要求中与现有技术的区别技术特征加入独立权利要求，这种对保护范围的限缩使得权利要求相对于现有技术具备新颖性和创造性，合议组最终在修改后的权利要求的基础上维持专利权有效。在综合考虑被控侵权产品技术方案的前提下，对权利要求进行适当的限缩不失为一种维护权利人整体利益的有效策略。

6.3.5.3 专利维权和被控侵权应对策略分析

从深圳市大头人实业有限公司与未来穿戴健康科技股份有限公司、浙江天猫网络有限公司的确认不侵害专利权纠纷民事诉讼案可以看出，原被告双方维权应对策略均是在法律框架下作出了符合自身利益的行为。

作为该案中的专利权人，未来穿戴健康科技股份有限公司发现深圳大头人实业有限公司专利侵权后未在第一时间对其提起专利侵权诉讼，而是向天猫平台投诉其专利侵权，要求天猫平台下架侵权的"智能肩颈部按摩仪"产品，此举的结果是浙江天猫网络有限公司应投诉之要求将深圳大头人实业有限公司相关产品销售链接删除。该产品作为一个销售热度较高的产品，在天猫平台下架将对深圳大头人实业有限公司这样的小型科技创新企业的产品销售和企业发展会产生较大影响，未来穿戴健康科技股份有限公司作为一家拥有上千件专利的高科技集团，面对市场上发现的可能的侵权行为，对深圳市大头人实业有限公司这样的小型科技创新企业采取向天猫平台投诉，要求天猫平台下架侵权产品的处理方式不失为一种维权策略，先通过这样的警告方式让可能侵权方停止侵权，并为发起诉讼争取时间做好准备。

面对专利权人的这种投诉行为，作为被指控侵权的一方，深圳市大头人实业有限公司如何及时应对和灵活处理此类侵权指控，在诚信守法、厘清事实的同时将企业的知识产权侵权风险和可能出现的损失降到最低至关重要。

该案中，深圳市大头人实业有限公司在法律规定的时间要求未来穿戴健康科技股份有限公司撤销天猫平台投诉直至到法院发起不侵害专利权之诉是首选的维护自身权益的途径。一是，企业在收到平台关于侵犯专利权投诉的通知或下架通知的第一时间应尽快根据对方所主张的侵权行为核实其真实性，判断专利权状态、对比专利技术方案和己方产品是否存在侵权，同时检索相关现有技术，做到积极收集能够证明自己不侵权或免除侵权赔偿责任的证据。此时还需要根据企业知识产权及法务的整体实力判断是否应当引入专业律师团队。二是，在得出是否侵权的初步结论及获得必要的证据后，应在第一时间向平台申诉。但是，一般来说通过向电商平台申诉获得产品重新上架的成功率通常很低。因此，被指控方应积极与权利人联系，及时发出催告函，也可以与对方沟通寻求和解的可能性，如通过签订许可协议说服对方撤销投诉。此外，被投诉一方还可以向国家知识产权局提起专利权无效宣告请求，从而使对方失去投诉并下架产品的权利基础。无效程序的优点是可以从根本上消除投诉方的权利基础，但在实际操作中耗时较长，难以达到短期内尽快上架的目的。

作为被投诉企业，向法院提起诉讼也是解决产品下架的有力手段。该案中，在未来穿戴健康科技股份有限公司2020年11月2日向天猫平台上发起投诉后，深圳市大头人实业有限公司两次向平台申诉，并提供了充分的证据来证明自身产品实施的是现有技术，不侵犯未来穿戴健康科技股份有限公司的专利权。之后由于未来穿戴健康科技股份有限公司仍未撤回相关的投诉，深圳市大头人实业有限公司于2020年11月30日又向未来穿戴健康科技股份有限公司发出了撤回投诉的催告函，但由于未来穿戴健康科技股份有限公司没有对催告函作出回应，于是深圳市大头人实业有限公司2020年12月14日向法院提起确认不侵权之诉。所以在整个纠纷过程中，深圳市大头人实业有限公司已经作出了较为迅速的反应，但由于起诉时间不符合《最高人民法院关于审理侵犯专利权纠纷案件应用法律若干问题的解释》第18条规定的"自权利人收到该书面催告之日起一个月内或者自书面催告发出之日起二个月内"的诉讼时效而被驳回起诉。可见，对于提起确认不侵权之诉而言，被投诉一方确保符合起诉的条件对行使诉权至关重要。

专利维权过程一般费用昂贵，法律程序繁琐，因此，作为被侵权企业，在决定专利维权之前，必须谨慎决定，充分准备。专利维权前首先需要从多种渠道收集侵权线索，识别专利侵权行为，根据《专利法》等法律规定和专利侵权判断原则初步判断是否存在侵犯专利权的事实，并根据专利侵权事实制订维权策略，收集整理书证、物证、视听资料等各种证据，形成一条完整的证据链，准备维权行动。

而被诉侵权的企业也应该做好应诉准备，如聘请专业人士对被诉侵权专利进行全面分析，同时做好无效宣告的准备，并为在未来的诉讼中作出有效的不侵权抗辩进行准备，同时也需要收集整理自身产品不侵犯对方专利权的证据，积极应对投诉和诉讼。

6.4 口炎清专利无效行政诉讼案

6.4.1 产业背景

白云山口炎清颗粒是广州白云山和记黄埔中药有限公司研发的一种治疗口腔炎症的中成药，2009年被评为广东省自主创新产品，产品曾经被评选为"最受欢迎五官科用药之一"，有着良好的市场销量和用户评价与反馈。白云山口炎清颗粒是由口腔专家黄铭楷教授在临床实践中用天冬、麦冬、玄参、金银花、甘草组成精选出的一方良药，是我国自主研制防治口腔溃疡的唯一内服中成药品种。该产品最早入选《国家中药保护品种》，被定为国家中药保护品种，2012年又入选《国家基本药物目录》，被定为国家基本药物，并首次被列入咽喉、口腔类疾病领域药物。白云山口炎清颗粒属于OTC甲类医保乙类中成药，其中3克无糖剂型更是适合现代人健康低糖的生活习惯，服用和携带十分方便（见图 6-4-1）。❶ 口炎清颗粒除抗菌消炎、治疗各种口腔疾病外，还有滋阴降火、调理人体阴阳、改善内环境的作用，也被推荐为预防上火、口腔疾病、口臭、青春痘的保健品。

图 6-4-1　口炎清颗粒示意图

注：图片来源于云山官网。

截至 2020 年年底，白云山口炎清颗粒已覆盖国内超过 300 000 家零售药店及医疗机构，年惠及人群超过 2000 万人次，年市场销售超 3 亿元，市场占有率超 90%，并且打开了出口欧美市场的通道，远销海外市场。

6.4.2　竞争格局

随着中药保护品种的保护期限到期，以及近年来中成药的政策利好，加之"口炎清"颗粒良好的市场销售情况，吸引了多家药企对这一中成药生产和销售的关注。根据国家药品监督管理局网站信息，目前市场销售的有批准文号的口炎清产品的生产企业共有 4 家，除广州白云山和记黄埔中药有限公司外，还包括延安制药股份有限公司、浙江康德药业集团股份有限公司和成都倍特药业股份有限公司，获批的口炎清产品包括颗粒剂、含片、片剂和胶囊几种类型。

如表 6-4-1 所示，以上药企均为实力较强的企业。其中，广州白云山和记黄埔中药有限公司由广药集团白云山制药股份有限公司与和记黄埔（中国）公司于 2005 年 5 月合资成立，合资公司前身为广州白云山中药厂。广州白云山和记黄埔中药有限公司是目前华南地区最大的单体中药生产企业，销售规模超 20 亿元。白云山口炎清颗粒以前是广州白云山和记黄埔中药有限公司的独家产品，现在也是该公司治疗口腔炎症的拳头产品。在"口炎清"由行政保护转向市场竞争的过程中，其不断围绕这一产品开展创新和专利布局，除改进配方外，在质量控制方面的"名优中成药口炎清颗粒上市后质量与药效再评价及产业化应用"科技成果还在 2021 年荣获中国发明协会发明创业奖创新奖一等奖。

---

❶ 王春玉. 中药独家品种白云山口炎清颗粒成功入选 2012 年版《国家基本药物目录》[J]. 中国中医药信息杂志，2013，20（4）：96.

表 6-4-1　口炎清产品主要生产企业及竞品信息

品牌	企业名称	成立时间	相关产品	批准文号
白云山/大神	广州白云山和记黄埔中药有限公司	20050412	口炎清颗粒 口炎清含片	国药准字 Z20027059/ 国药准字 Z44021730 国药准字 Z20030013
常泰	延安制药股份有限公司	19980805	口炎清颗粒	国药准字 Z61020256
康德平	浙江康德药业集团股份有限公司	19990421	口炎清片	国药准字 Z20090805
倍特	成都倍特药业股份有限公司	19951010	口炎清胶囊	国药准字 Z20090786

注：数据来源于国家药品监督管理局，访问时间为 2022 年 6 月 3 日。

延安制药股份有限公司的前身是原八路军制药厂，中华人民共和国成立后恢复为延安制药厂，1998 年改制为延安常泰药业有限责任公司，2016 年改名为延安制药股份有限公司。延安制药股份有限公司是陕北一家集中药材、中成药、中药饮片产、供、销、出口为一体的产、学、研综合性现代化中医药高新技术企业。常泰口炎清颗粒组方为天冬、麦冬、玄参、山银花、甘草，辅料为蔗糖、糊精，规格为每袋 10 克，具有滋阴、生津、润燥和清热解毒功能，适应症为阴虚火旺导致的口腔炎症、咽喉不适等症。

浙江康德药业集团股份有限公司成立于 1999 年 4 月，是一家集药品、保健食品和医疗器械研发、生产、销售及服务四位一体的国家高新技术企业、浙江省创新型示范企业、浙江省 AAA 级守合同重信用企业。公司目前已形成以妇儿药为核心、老年保健和呼吸系统药为特色的产品格局，拥有氨酚麻美干混悬剂、红花逍遥片、妇必舒阴道泡腾片、"宫宝"牌护元口服液和康安力胶囊等独家产品。其所生产的口炎清片的主要成分为天冬，麦冬，玄参，金银花，甘草，具有滋阴清热，解毒消肿功效，用于阴虚火旺所致的口腔炎症。

成都倍特药业股份有限公司成立于 1995 年，是一家专业从事医药创新和高品质药物研发、生产及销售的高新技术企业，拥有长期致力于特色原料药、高端仿制药、创新药和新型给药系统药物研发方向。公司现有制剂批件 400 余个、原料药备案号 100 余个，覆盖肿瘤与自身免疫性疾病、抗感染、呼吸系统、心脑血管、精神与神经系统等多个领域，实现了从中间体、原料药到制剂的全生态医药产业链覆盖。其生产的口炎清胶囊具有滋阴清热、解毒消肿功效，用于阴虚火旺所致的口腔炎症。

从上述口炎清生产企业来看，在口炎清产品的竞争中，各家企业各有优势，但是产品组成和功效基本相同。众所周知，产品的市场销售除药品生产企业本身的影响外，围绕药品的专利布局情况也能看出各药品生产企业对"口炎清"产品的重视程度和竞争实力。以下是笔者对"口炎清"相关中国专利的梳理情况。

根据口炎清及其配方检索到"口炎清"相关的专利，由图 6-4-2 可知，截至 2022

年2月，中国专利中与"口炎清"相关的专利共有24件。其中广州白云山和江黄埔中药有限公司的相关专利数量是最多的，共12件，中山大学8件，其他申请人所申请的相关专利除浙江康德药业集团股份有限公司的1件用于口腔炎症的中草药牙膏及其制备方法的专利目前有效外，其他专利均处于无权状态。

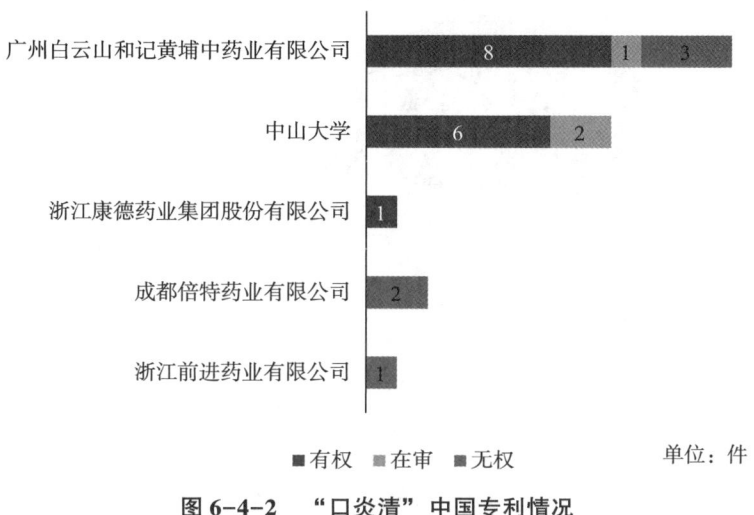

图6-4-2 "口炎清"中国专利情况

纵观广州白云山和记黄埔中药有限公司的总体专利情况，截至2022年2月，该公司共拥有中国专利188件，其中有效专利105件、审理中21件、PCT途径申请4件，市场布局主要在中国和新加坡。"口炎清"颗粒相关的专利数为12件，占该公司总专利数的6.3%。"口炎清"相关专利的布局数量基本和该公司对于其他主要产品如板蓝根的专利布局数量大致相当，属于该公司中成药类主要产品专利保护的平均水平。

进一步梳理广州白云山和记黄埔中药有限公司"口炎清"颗粒的专利布局情况发现，其现有的有效专利组合中包括了复方药物、制剂、质量检测方法、新用途等技术方向（见图6-4-3），其中组合物专利2件，新用途专利2件，质量控制方面的专利共5件，专利类型全部为发明，申请时间也分布于2005年至2020年这一较长的时间跨度，表明该公司对"口炎清"产品进行了持续布局。早在"口炎清"产品行政保护到期之前，该公司就开始了对该产品的其他保护形式的探索，通过多种途径来维持了白云山"口炎清"的市场地位。其中最早的"口炎清"颗粒的核心专利ZL200510098589.4（治疗口腔炎症的中药制剂及其制备方法）在2005年申请，其配方即为按中药原料的重量份数计，包含天冬25份、麦冬25份、玄参25份、甘草12.5份、金银花30份。后续着重开展的"口炎清"质量控制方面的相关研发和专利布局均为与中山大学合作开发并联合申请。中山大学和该公司联合开展了"名优中成药口炎清颗粒上市后质量与药效再评价及产业化应用"项目，通过协同创新两个单位均产生了"口炎清"质量控制方面的专利。在这些专利中，CN200910037371.6（一种口炎清颗粒的质量控制方法及应用）获得第十五届中国专利优秀奖。该专利技术方案采用高效液相色谱法构建了口炎清颗粒的指纹图谱，通过建立的标准指纹图谱监控半成品与成品生产工艺过程的稳定性，也为甄别优劣、假冒产品、解决口炎清药品质量评价和鉴别问题提供依据。

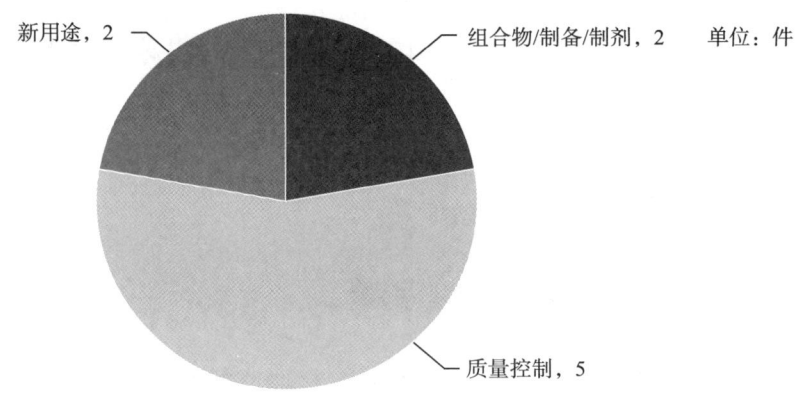

图6-4-3　广州白云山和记黄埔"口炎清"有效专利布局情况

从广州白云山和记黄埔中药有限公司的"口炎清"颗粒的专利组合情况和布局方式来看，该专利组合以中药组合物为核心专利，通过不断地对核心专利外延技术的布局形成高质量专利组合，使得该公司在"口炎清"核心专利到期之后在该药物的专利竞争中仍能处于优势地位。并且在后续开发的药物新用途和质量控制专利的加持下，尤其是未来中成药市场竞争中越来越强调量化质量控制的情况下，该公司对于"口炎清"颗粒的市场还会拥有相当强的专利控制力。

6.4.3　基本案情

广州白云山和记黄埔中药有限公司在核心专利 ZL200510098589.4（治疗口腔炎症的中药制剂及其制备方法）于2006年公开后又申请了 ZL200710151989.6（治疗口腔炎症的中药制剂及其制备方法），并于2010年7月14日获得专利授权。同年12月13日，该公司发现北京市北太平庄大药房标注生产商为延安常泰药业有限责任公司的"口炎清颗粒"的商品销售。该公司将生产企业延安常泰药业有限责任公司和销售企业北京德威治医药连锁有限责任公司、北京德威治医药连锁有限责任公司北太平庄大药房一并告上法庭，认为延安常泰药业有限责任公司以生产经营为目的，生产、销售了依原告 ZL200710151989.6 的专利方法直接得到的产品"口炎清颗粒"，北太平庄大药房销售了上述侵权产品，北京德威治医药连锁有限责任公司的网站上还存在许诺销售行为，请求判令停止侵权行为并赔偿。北京市第二中级人民法院一审认定侵权成立，并判决延安常泰药业有限责任公司、北京德威治医药连锁有限责任公司及其北太平庄大药房停止侵权行为并进行损失赔偿。延安常泰药业有限责任公司不服判决结果，于2011年

11月4日对广州白云山和记黄埔中药有限公司的ZL200710151989.6（治疗口腔炎症的中药制剂及其制备方法）向国家知识产权局提出专利权无效请求，由此开始了广州白云山和记黄埔中药有限公司和延安常泰药业有限责任公司围绕ZL200710151989.6（治疗口腔炎症的中药制剂及其制备方法）的专利权诉讼之争。

涉案专利的无效宣告的争议焦点集中在权利要求的创造性方面。ZL200710151989.6（治疗口腔炎症的中药制剂及其制备方法）在2010年7月14日授权公告时的权利要求1为："一种治疗口腔炎症的中药制剂，其特征在于，各中药原料的重量份数为：天冬25份、麦冬25份、玄参25份、甘草12.5份、山银花30份。"国家知识产权局认为涉案专利权利要求1相对于证据1（ZL200510098589.4，治疗口腔炎症的中药制剂及其制备方法）、证据3（《中华人民共和国药典》2000年版）和证据4（《中华人民共和国药典》2005年版）结合不具备创造性。国家知识产权局最终于2012年4月发出18566号无效宣告决定，宣告ZL200710151989.6号发明专利权全部无效。

广州白云山和记黄埔中药有限公司不服上述结果提起行政诉讼，一审法院支持了该公司。国家知识产权局不服判决结果，上诉到北京市高级人民法院，二审判决认为涉案专利权利要求1相对于上文证据1、3、4的结合不具有创造性，因此撤销了北京市第一中级人民法院（2012）一中知行初字第3190号行政判决，并维持国家知识产权局专利复审委员会作出的第18566号复审请求审查决定。广州白云山和记黄埔中药有限公司不服北京市高级人民法院（2013）高行终字第640号行政判决结果，继续上诉到最高人民法院。

ZL200710151989.6号发明专利的相关案情梳理如表6-4-2所示。

表6-4-2 ZL200710151989.6相关案情

序号	案号	裁决单位	发文日期	结果	文书名称
1	（2011）二中民初字第02300号	北京市第二中级人民法院	2011	民事裁决结果被撤销	2011年侵权民事诉讼（2011）二中民初字第02300号民事判决书
2	18566号无效决定	国家知识产权局	2012	专利全部无效	国家知识产权局第18566号无效宣告请求审查决定书
3	（2012）一中知行初字第3190号	北京市第一中级人民法院	2012	广州白云山和黄公司胜诉	广州白云山和记黄埔中药有限公司与国家知识产权局专利复审委员会发明专利权无效行政纠纷案
4	（2013）高行终字第640号	北京市高级人民法院	2013	广州白云山和黄公司败诉	国家知识产权局专利复审委员会、延安常泰药业有限责任公司与广州白云山和记黄埔中药有限公司发明专利权无效行政纠纷上诉案

续表

序号	案号	裁决单位	发文日期	结果	文书名称
5	（2014）知行字第29号	最高人民法院	2015	广州白云山和黄公司不被支持	广州白云山和记黄埔中药有限公司与国家知识产权局专利复审委员会、延安常泰药业有限责任公司行政裁决申诉行政

最高人民法院于2015年10月作出（2014）知行字第29号行政裁定书，该判决对于涉案专利争议焦点的创造性判断问题中涉及的发明实际解决的技术问题、是否显而易见、是否取得预料不到的技术效果和是否克服了技术偏见均作出判定，认可二审判决关于实际解决的技术问题是将附件1制剂中的金银花替换成山银花以取得更好的治疗效果的认定，并认定涉案专利权利要求1的山银花对金银花的替换是显而易见的，采用山银花替换金银花后并未产生预料不到的技术效果，且不支持广州白云山和记黄埔中药有限公司主张的山银花替换金银花存在有关技术偏见的理由。最终裁定广州白云山和记黄埔中药有限公司的再审申请不符合《行政诉讼法》第9条规定的情况，并依照《最高人民法院关于执行＜中华人民共和国行政诉讼法＞的解释》第74条的规定，驳回了广州白云山和记黄埔中药有限公司的再审申请。

至此，涉案专利的创造性问题尘埃落定，广州白云山和记黄埔中药有限公司最终败诉，ZL200710151989.6号发明专利权被全部无效。

6.4.4 核心问题

纵观该案从民事侵权、行政诉讼直到行政判决被驳回再审请求并维持专利权全部无效的结论，笔者认为该案的核心问题是中药组方的创造性判断问题。

创造性判断历来是专利确权和维权过程中的焦点和难点，这固然和创造性判断可能带有主观性有关，但在实际操作过程中，由于公众对于《专利法》中创造性判断原则的理解程度不同，所以导致专利申请人在专利布局时未能按照创造性判断原则来判断自身研发是否具有《专利法》规定的创造性并进行相应的改进和保护。在该案中，当事人的争议焦点正是集中在创造性中显而易见性的判断及对预料不到的技术效果的认定。梳理权利人广州白云山和记黄埔中药有限公司对于涉案专利的技术方案的创造性判断的理解和诉讼过程中提供的证明能够发现一些存在的问题。

首先是专利申请文件撰写方面，广州白云山和记黄埔中药有限公司在撰写涉案专利申请文件时确实注意到了专利的创造性判断的标准问题，因此在申请说明书中明确了涉案专利是基于ZL200510098589.4（治疗口腔炎症的中药制剂及其制备方法）的中药组合物进行的改进，并且改进之处为在组方其他药味和剂量不变的情况下，只将ZL200510098589.4中的金银花变成了山银花。为了体现这一替换与之前的组合物不同，申请人还特意在申请说明书中通过两个方面来证明涉案专利的技术方案具备创造性的基础。一是，强调了涉案专利中所用的山银花与金银花属于不同种属。二是，为了证明涉案专利中的处方改进能达到更好的治疗效果，进一步提高制剂的抗炎作用、体外抑菌作用、扶正固本作用和生津润燥作用，设计了清除自由基和扶正固本的实验方法，使用空白对照、已知制剂和阳性对照为基准的"三基准对比"方法进行验证，已知制剂选用 ZL200510098589.4 制剂方案进行比较，并进行了中高低不同剂量的效果比较，且详细公开了 18 组实验结果数据。从专利说明书公开的实验数据直观显示，新的中药组方在清除自由基和扶正固本方面的部分数据是优于 ZL200510098589.4 制剂方案的。三是，在后续行政诉讼程序中还通过提供《中华人民共和国药典》2005 年版一部来说明山银花与金银花是明确分列的两种不同中药材，分别列有不同的来源与质量标准，以此证明两者不能相互替换。同时提出山银花缺乏金银花的有效成分木犀草苷，山银花"质量较次"，即山银花比金银花在治疗有效水平方面差，这种认识构成了对山银花的技术偏见，因此认为涉案申请的替换是克服了技术偏见。但是，申请人并未在说明书中详细说明用山银花替代金银花如何实现克服了技术偏见，并用数据支持这一观点。基于涉案专利的权利要求 1 保护的配方和现有技术的区别仅为山银花替代金银花这一点，申请人未能对技术方案在确权和维权过程中可能面临的不具有非显而易见性的情形作出预判，如实验数据设计方面能更加清晰地证明这一替代能带来"预料不到的技术效果"。

关于上述问题，国家知识产权局认为涉案专利权利要求 1 与对比文件之间的区别仅在于权利要求 1 中第 5 味中药是山银花，而证据 1 中采用的是金银花，因而确定涉案专利权利要求 1 实际要解决的技术问题是将附件 1 中公开的金银花替换成山银花，以提供另外一种能够治疗口腔炎症的中药制剂。附件 3《中华人民共和国药典》2000 年版中公开的金银花包括山银花，其中没有区分地记载了两者具有相同的功能与主治；附件 4《中华人民共和国药典》2005 年版虽然区分了金银花和山银花，对金银花和山银花作为两种药味记载了金银花和山银花的详细信息，如来源、性味、归经等，其中记载的山银花的性味、归经、功能与主治与金银花完全相同，两者都具有清热解毒，凉散风热的功能，都可以用于痈肿疔疮、喉痹、丹毒、热毒血痢、风热感冒、湿热发病的治疗。基于金银花和山银花在《中华人民共和国药典》中的性味、归经、功能与主治完全相同，而中药的性味、归经、功能与主治是决定最终用途的关键因素。山银花用于痈肿疔疮治疗的主治功效用于治疗口腔炎症的用途也非常相似，新的中药制剂所治疗的病症仍然是口腔炎症，适应症并没有发生实质改变，因此认为山银花替代金银花这种替换是显而易见的。进一步考察其技术效果认为涉案专利所提供的药物实验数据的 18 组对比数据的统计分析中仅 3 组数据之间存在显著性差异，其他 15 组数据之间的比较都不具有显著性差异，不能够证明山银花替换金银花产生了预料不到的技术效果。

在（2014）知行字第 29 号行政裁定书中，最高人民法院认为：根据附件 3（《中华人民共和国药典》2000年版一部）和附件4（《中华人民共和国药典》2005年版一部）的公开内容，山银花的性味、归经、功能与主治与金银花完全相同，用山银花替换金银花对于本领域技术人员来说是显而易见；对于实验数据的显著性，涉案专利的制剂和附件1中的制剂在扶正固本作用方面的18组对比数据的统计分析中仅4组数据之间存在显著性差异且分散在不同的3大类中，其他14组数据之间的比较都不具有显著性差异。针对相同的疾病，采用性味与归经、功能与主治相同甚至曾经归属于同一药名下的药味产生的治疗效果，本领域技术人员能够通过有限次的实验得到该技术效果，由此认为涉案专利采用山银花替换金银花后并未产生预料不到的技术效果。广州白云山和记黄埔中药有限公司在上诉理由中提到的山银花"质量较次"，且缺乏金银花的有效成分木犀草苷的问题，最高人民法院的意见是口炎清颗粒中的金银花或者山银花要求绿原酸的含量是一致的，且均未规定木犀草苷的含量要求，难以认定木犀草苷是口炎清颗粒的有效成分。对本领域技术人员而言，在研发治疗口腔炎症中药制剂过程中，不存在不去考虑以山银花替换金银花的可能性。

我国《专利法》第22条第3款规定："创造性，是指与现有技术相比，该发明具有突出的实质性特点和显著的进步。"《专利审查指南2010》规定："发明具有突出的实质性特点，是指对所属技术领域的技术人员来说，发明相对于现有技术是非显而易见的，即如果发明是所属技术领域的技术人员在现有技术的基础上仅通过合乎逻辑的分析、推理或者有限的试验可以得到的，则该发明是显而易见的，也就不具备突出的实质性特点；发明具有显著的进步，是指发明与现有技术相比能够产生有益的技术效果。例如，发明克服了现有技术中存在的缺点和不足，或者为解决某一技术问题提供了一种不同构思的技术方案，或者代表某种新的技术发展趋势。"以上是创造性判断的一般审查原则。《专利审查指南2010》中还规定了判断发明创造性时需要考虑的其他因素，其中就包括了发明克服了技术偏见和发明取得了预料不到的技术效果这两种情况。具体而言，"预料不到的技术效果"是指发明同现有技术相比，其技术效果产生了"质"的变化，具有新的性能；或者产生"量"的变化，超出人们预期的想象。这种"质"的或者"量"的变化，对所属技术领域的技术人员来说，事先无法预测或者推理出来。当发明产生了预料不到的技术效果时，一方面说明发明具有显著的进步，另一方面也反映出发明的技术方案是非显而易见的，具有突出的实质性特点，该发明具备创造性。也就是说如果发明与现有技术相比具有预料不到的技术效果，无须怀疑其技术方案是否具有突出的实质性特点就可以确定发明具备创造性。技术偏见则是指在某段时间内、某个技术领域中技术人员对某个技术问题普遍存在的、偏离客观事实的认识，它引导人们不去考虑其他方面的可能性，阻碍人们对该技术领域的研究和开发。如果发明克服了这种技术偏见，采用了人们由于技术偏见而舍弃的技术手段，从而解决了技术问题，则这种发明具有突出的实质性特点和显著的进步，具备创造性。

根据《专利审查指南2010》的规定，创造性判断要从最接近的现有技术和发明实际解决的技术问题出发，判断要求保护的发明对本领域的技术人员来说是否显而易见。判断过程中，要确定的是现有技术整体上是否存在某种技术启示，即现有技术中是否给出将上述区别特征应用到该最接近的现有技术以解决其存在的技术问题的启示。这种启示会使本领域的技术人员在面对所述技术问题时，有动机改进该最接近的现有技术并获得要求保护的发明。如果现有技术存在这种技术启示，则发明是显而易见的，不具有突出的实质性特点。《专利审查指南2010》给出的存在技术启示的3种情形中的第3种情形规定："所述区别特征为另一份对比文件中披露的相关技术手段，且该技术手段在该对比文件中所起的作用与区别特征为解决重新确定的技术问题所起的作用相同。"广州白云山和记黄埔中药有限公司的涉案专利正是符合这一技术启示的情形。也就是在区别技术特征仅为山银花替换金银花时，《中华人民共和国药典》2005年版一部和《中华人民共和国药典》2000年版一部记载的山银花和金银花的性味、归经、功能主治相同，并且山银花用于痈肿疔疮治疗的主治功效与对比文件1中用于治疗口腔炎症的用途也非常相似。在这种情况下，发明的技术效果的就显得至关重要，只有当技术效果产生了"质"的变化，具有新的性能；或者产生"量"的变化，超出人们预期的想象时发明才具有创造性。

对涉案专利的山银花替换金银花的新技术方案来说，要么这种替换产生了新的无法预期的技术效果，要么技术效果和原来相比具有显著性提高或改善。但是由于涉案专利的技术方案产生的技术效果仍然是口腔炎症，没有产生新的技术效果，并且其实验数据未进行结果差异的显著性检验，最后被判定与对比数据之间也不存在显著性差异，也就没有产生超出预期想象的技术效果，因此没有产生预料不到的技术效果。

对于克服技术偏见的问题，由于金银花和山银花在《中华人民共和国药典》中的性味、归经、功能与主治完全相同，山银花用于痈肿疔疮治疗的主治功效用于治疗口腔炎症的用途也非常相似，新的中药制剂所治疗的病症仍然是口腔炎症，适应症并没有发生实质改变，也就是说申请文件中没有披露证据表明用山银花替代金银花存在"采用了人们由于技术偏见而舍弃的技术手段"来解决技术问题的情况。

6.4.5 案例启示

广州白云山和记黄埔中药有限公司的涉案专利被无效的过程让我们对于中医药创新成果保护相关问题有一些思考。

6.4.5.1 中药知识产权保护创新为先，理清专利挖掘和布局思路

我国是中医药的发源地，中药组方是我们中华文化千古流传的文化瑰宝和智慧结晶，也是我国医药领域的重要组成部分，更是我国医药领域在国际上争取竞争地位的重要资源。随着时代的发展，中医药资源开发越来越受到国家的重视，因此必然会有更多中药领域的组方以专利的形式被保护和运用。国务院在《2018年深入实施国家知

识产权战略加快建设知识产权强国推进计划》中提出"加强经典古方、经典名方中药制剂的知识产权保护,加大培育高价值专利",体现了经典名方知识产权保护的重要性及国家层面对此问题的高度重视。近年来,中药领域的专利保护已经成为热点,专利申请量也处于较高水平,但是中医药专利保护目前存在诸多难点和不确定,如中药材的种属产地不同导致的鉴定困难、中医药所遵循的辩证治疗原理无法用一般的动物实验指标测试的方法全面准确衡量、质量控制标准不完善、尚未形成具有中医药特色的研究方法及在专利创造性上缺乏更加明确的标准等问题。❶

在这样的行业和环境背景下,中药组方创新知识产权保护更需要相关申请人能够提高中药组方创新高度,充分体现中药组方的辩证思想和现代质量控制相结合,充分理解我国《专利法》的相关规定,提高专利的整体撰写水平。

要做到加强中药组方实质性创新需要秉持的观念和思路,国家知识产权局程诚等的论述很有代表性。首先,中药复方创新应遵循中医药理论,保持其整体观和辩证观的特点。中药复方是按照中医基本原则和配伍规律组成的一个有层次和结构的有机整体。因此,中药复方的创新研究最基本的前提,是要遵循中医药理论,保持其整体观和辩证观的特点。其次,运用化学-药效学-药动学研究方法阐明中药复方作用的内涵,化学-药效学-药动学的三维研究体系的建立一方面可以指导中药复方的创新开发,同时也有助于建立功效相关的质量控制体系,能更好地控制产品的内在质量。再次,中药发挥药效作用是其多组分以多靶点、多层次对机体作用的综合结果,因此,建立符合中医药理论,能够从整体上有效反映中药安全性、有效性、产品均一稳定等特征的中药质量评价模式非常重要。中药的多成分同步定量、特征或指纹图谱分析等整体性的质量控制方式在逐渐发展。最后,加强对中药复方新的临床适应症研究以实现中药的二次开发,也是重要的中药实质性创新点之一。❷近年来,很多药企也在实践中重点对组合物新功能、组合物提取物及组合物或组合物的提取物与其他药物联用的新的治疗功能申请了专利保护。

广州白云山和记黄埔中药有限公司对"口炎清"进行专利布局时也考虑了这些因素。一是,所选方剂为经过多年实践检验的中医创新名方,做到了遵循中医药基本理论并有所创新。二是,除对组合物进行专利保护外,还对中药质量控制方面进行了多个专利的布局,有代表性的有2009年通过协同创新布局的 CN200910037371.6(一种口炎清颗粒的质量控制方法及应用)、CN201510664816.9(一种研究口炎清或其他中药复方配伍关系筛选最优组方的方法)、CN201510666302.7(口炎清活性成分群分析及其指

---

❶ 张彩霞,张泽苗,黎艳娜. 中药制剂申请专利过程中创造性鉴定研究 [J]. 魅力中国,2017 (1):48-49.

❷ 程诚,尹婷. 基于专利布局分析的中药复方创新趋势研究 [J]. 中国发明与专利,2017 (10):28-35.

纹特征图谱的构建方法）等专利，同时在涉案专利组合物申请中用现代药理实验指标对中药组合物的药效进行实验验证。此外，2020年，新申请的CN202010723111.0（口炎清在制备防治慢性支气管炎药物中的应用）等是新用途方向的创新布局。

因此，对于中药组方创新专利保护来说，未来的新申请布局应从多角度考虑布局和挖掘方向。例如，从中成药的生产流程角度来看，中药材种植直到临床应用，包括药材鉴定、组方加减方、新用途、提取物活性、作用机理、加工工艺、质量控制方法和指标、联合用药、剂型等方面，均可进行创新研发和知识产权保护。从专利组合布局结构来看，可以围绕核心专利进行多级外围专利布局，如中药组方作为核心专利，围绕这一核心专利进行上述技术方向的布局作为一级外围专利，并再以这些技术为出发进行二级专利布局，做到每个重要专利均能有特色小的改进作为外围专利保护。从开拓市场的角度来看，则可以对未来市场国和潜在市场国进行专利布局，保护自身权益的同时避免可能的专利风险。在专利挖掘和布局的过程中除关注自身技术保护外，还应想市场所想，想竞争对手所想来设计专利布局方式，并与企业经营发展和生产实践发展相结合进行专利挖掘，为未来企业转化为产品和未来占领市场提高核心竞争力奠定基础。

6.4.5.2 重视专利撰写质量，提高研发和专利布局能力

当前我国的中药组方专利申请很多，但是能够被授权的比例并不高❶，这其中除一些客观影响因素外更多是受制于药品生产企业的知识产权意识和专利撰写的质量。因此，中药研发企业需要格外重视在专利申请撰写中的对于说明书公开充分、创造性、权利要求布局设计等方面，力争能够被授权并获得较大保护范围。

2020年4月，国家知识产权局公开了《中药领域发明专利审查指导意见（征求意见稿）》，作为"遵循中医药发展规律，把握中医药发明创新的特点和方向，以中医理论为指导、临床价值为导向，做好中医药领域专利申请的审查工作，加强知识产权保护和运用，推动中医药产业在传承创新中高质量发展"的文件，指导意见主要对中药领域涉及《专利法》第5条第1款、第26条第3款和第22条第3款的相关审查基准进行了规范。其中就规定了中药领域审查过程中确定最接近的现有技术的一种情况：对于明确记载由基础方改进而来的中药组合物发明，通常将作为该发明改进基础的已知中药复方认定为最接近的现有技术。判断是否显而易见原则部分则规定了中药领域专利审查中获取技术启示的常见来源，包括以下4种情况：①最接近的现有技术中公开的涉及区别特征的药味加减信息或药理作用研究等信息；②教科书或工具书中记载的涉及区别特征的常用功效、用量用法和药理研究，以及所述疾病的常见病程变化、病因病机或主要兼证等信息；③综述性文献中披露的涉及区别特征的组方临证加减变化

---

❶ 王月茹，谢伟. 中药注册与专利保护的协同性分析［J］. 南京中医药大学学报（社会科学版），2022，23（1）：40-47.

信息；④记载了以区别特征为技术手段，解决了与本申请相同/相似的技术问题或达到了与本申请相同/相似的技术效果的其他现有技术。该意见对中药专利申请的创造性判断更加具有针对性和指导性，因此中药研发企业在撰写相关专利时也应尽量提前对照这些创造性判断原则来考量技术方案的创造性问题。广州白云山和记黄埔中药有限公司的涉案专利中用性味、归经、功能与主治与金银花完全相同的山银花替代最接近的现有技术中的金银花，并且解决的还是口腔炎症的问题，属于符合专利审查中获取技术启示的常见来源的情形。

在中药组方的实验数据方面，由于医药领域发明产生的技术效果普遍预期性比较低，中药领域还面临更加复杂的技术效果判断方式，而发明的技术效果往往又是中药发明申请人争辩发明具备创造性的关键因素。发明内容中的实验数据通常是体现技术效果的直接证据，也是证明该发明具有创造性的有力证据。因此，在中药专利撰写时，中药研发企业需要特别注意发明技术效果的实验数据，尤其是当技术方案与已有技术较为接近，有可能不具备非显而易见性时，做到能够有超出预期的变化才有可能被认可具备创造性。

除此之外，考察广州白云山和记黄埔中药有限公司的"口炎清"专利的撰写情况，普遍存在权利要求数量偏少，并且权利要求撰写模式和技术方案较为单一的问题。例如，涉案专利的组合物专利权利要求除首先对组方的组成和剂量进行保护外，其他权利要求仅就剂型、提取方式进行普遍性保护，而没有对在研发过程中与组合物相关的药效药代学成果进行适当梳理保护，也没有就山银花中的"木犀草苷"，以及作为成方的涉案专利技术方案在化学标志物方面的研究成果进行保护。同时实验数据也未进行进一步的数据处理，结果看起来较为分散。

近几十年来，国外发达国家尤其是日本、美国、韩国等国家对汉方的研究及专利保护和创造的产值已经非常可观。由于发达国家专利制度发展多年，其专利保护意识和保护手段都值得我们中国中药企业借鉴。例如，美国耶鲁大学的PHY906的专利布局。PHY906是耶鲁大学研究人员根据我国具有1800多年历史的经典方剂"黄芩汤"改进制备的实验室配方。早期研究集中于PHY906与不同类型化疗药物联合用药的筛选，以及对适用的肿瘤类型进行具体研究，如研究了和抗病毒药、氨基水杨酸等药物的联合用药和治疗用途。研究组还对PHY906进行了拆分，为研究经方"黄芩汤"的组方科学性提供了佐证，重新确定了与"黄芩汤"传统配比不同的剂量配比。PHY906的研究中还运用化学、生物领域的现代技术手段明确中药中的活性组分，为实现严谨而复杂的质量管控提供了解决方法。❶❷ 除上述研究思路值得中国药企借鉴外，

---

❶ 程诚，尹婷. 基于专利布局分析的中药复方创新趋势研究［J］. 中国发明与专利，2017（10）：28-35.

❷ 鲁周煌. 中药现代化的美国实践［J］. 今日财富（中国知识产权），2010（9）：44.

PHY906 的专利挖掘布局和专利撰写也非常有代表性和可借鉴性。首先，其研发活动和专利布局一致推进。目前围绕 PHY906 组合物申请至少有专利 70 余件，并布局多个国家和地区，申请的高峰年份为 2005、2008、2017 和 2020 年。技术方向涉及组合物及其提取物、质量控制方法、疾病治疗及药物作用机理研究等。功效方面则主要集中在提高疗效、联合用药、组合物优化、提高质量、提高可测试性和降低毒性方面。从撰写角度看，其权利要求数量分布大多数在 11~20 项，21~41 项以上的权利要求设置也有不少的比例，并且权利要求分布较为合理。例如，2019 年公开的 CN109414422A（使用包含 PHY906 提取物、黄芩提取物或来自这些提取物的化合物的联合疗法改善抗免疫检查点抑制剂的治疗指数）主权利要求为："套组，其包含一种或多种免疫检查点抑制剂和选自以下的至少一种草药组合物：（a）黄芩（S）的草药提取物，其部分或存在于所述草药提取物或其部分中的任何活性化学物质；（b）草药提取物 PHY906，其部分或存在于所述草药提取物或其部分中的任何活性化学物质，所述草药提取物 PHY906 包含黄芩（S）、甘草（G）、芍药（P）和枣（Z）的草药提取物；（c）包含 S 的提取物的草药提取物，其部分或存在于所述草药提取物或其部分中的任何活性化学物质；和（d）包含 S、G、P 和 Z 的组合的草药提取物，其部分或存在于所述草药提取物或其部分中的任何活性化学物质。"该专利申请公开的文本中共有权利要求 20 项，其中权利要求 1、6 分别为独立权利要求，分别要求保护套组和治疗受试者癌症的方法。独立权利要求 1 包含 4 个从属权利要求，直接或间接引用了权利要求 1，分别限定了权利要求 1 中（a）或（c）还包含草药提取物，其部分或存在于所述草药提取物或其部分中的任何活性化学物质，所述草药提取物来自选自甘草（G）、芍药（P）和枣（Z）中的至少一种草药，免疫检查点抑制剂选自抗 PD1、抗 PD-L1 和抗 CTLA4，免疫检查点抑制剂选自伊匹单抗、派姆单抗、纳武单抗、德瓦鲁单抗和阿特朱单抗及包含一种或多种药学上可接受的载体。

6.4.5.3 充分运用法律武器维护自身权利，做好侵权诉讼准备

当前中医药复方创新需要相关制药企业在研发和申请中药复方药物的时候明确专利申请、新药申请、中药专利侵权等概念的不同及判断标准的不同。专利申请是否能被授权取决于技术方案是否符合《专利法》的规定，新药申请则要依据国家食品药品监督管理局的相关规定进行审批，专利侵权的判断也有自身相关的法律规定。在专利侵权诉讼中，被诉侵权方有可能使用多种抗辩方式进行抗辩。例如，延安常泰药业有限责任公司在被广州白云山和记黄埔中药有限公司发现未经其同意生产销售和许诺销售"口炎清"颗粒时，向法院提出了现有技术抗辩。现有技术抗辩的判断标准与创造性判断标准不同，《专利法》第 67 条规定："在专利侵权纠纷中，被控侵权人有证据证明其实施的技术或者设计属于现有技术或者现有设计的，不构成侵犯专利权。"以该条为依据，在专利侵权案件中，被控侵权人可以采用现有技术抗辩，即以其实施的技术

属于现有技术而不存在侵权行为为由进行抗辩。《最高人民法院关于审理侵犯专利权纠纷案件应用法律若干问题的解释》（法释〔2009〕21号）第14条规定："被诉落入专利权保护范围的全部技术特征，与一项现有技术方案中的相应技术特征相同或者无实质性差异的，人民法院应当认定被诉侵权人实施的技术属于专利法第六十二条规定的现有技术。"因此，被控侵权人无需证明专利权人的技术或设计是现有技术或现有设计，只需证明被诉落入专利权保护范围的全部技术特征，与一项现有技术方案中的相应技术特征相同或者无实质性差异，即应当认定被诉侵权人实施的技术属于现有技术。鉴于以上法律法规的规定和该案件中延安常泰药业有限责任公司对现有技术抗辩的使用，中药研发企业在申请中药复方专利时需要综合考虑以上因素，来设计创新配方和相关的实验验证及权利要求的撰写。例如，在专利申请时充分评判所申请中药组合物是否满足现有技术抗辩的条件，以避免竞争对手使用这一方式来规避专利保护。广州白云山和记黄埔中药有限公司的涉案专利这样对中药组合物进行了微调的技术方案在设计实验和申请撰写时更需要格外慎重，因为可能研发方研究这一中药组合物调整耗费大量人力物力，但是在领域内其他技术人员和专利审查看来只是进行了一味药材的替换。因此，中药组方的调整替换应该首先做到对现有技术中的相关技术方案的充分调研，明确自身研发成果与现有技术的边界，并体现在申请文件的描述和实验数据支撑中。也意味着在研发时、申请前都需要进行充分的现有技术检索和创造性预判。

第 7 章 广东省家电产业典型案例解析

7.1 慢炖锅专利侵权诉讼案

7.1.1 产业背景

慢炖锅是一种电锅，原理和电饭锅一样，但不是用来烧饭的电饭锅，而是电功率非常小，慢慢地炖菜的锅。它的结构非常简单，一个带加热器的外壳和一个陶瓷内胆，通常有"低档""高档"和"保温"3 档，操作简单安全，寿命长，价格也便宜。容积最小的有 1.5 立升，之后是 3 立升，5 立升等。慢炖锅与高压锅完全不同，并且没有突然释放压力的危险。慢炖锅具有文火慢炖，不溢锅，不糊底，紧锁食材营养，水分，展现更丰富的美味等优点，支持一锅多用，实现炖、煲、熬、煮、烤、蒸等功能。

慢炖锅在软化炖肉及其他廉价的切制肉上具有很大的优势，这些肉在低温烹调设备中需要烹调较长的时间。由于慢炖锅的加热温度较低（低档的加热温度约为 93℃，高档的加热温度约为 149℃），因此它们在 12 小时内都不需要人照看。烹调的肉的内部温度可达 76~88℃。慢炖锅也很适于加热剩菜。前一天的炖肉只要经过慢炖锅的加工，就可以变成美味的牛肉汤。因此，这种厨具不仅使用方便，而且还是准备家常便饭的好帮手。

慢炖锅最早在美国、欧洲等地区流行，市场规模较大，国外家电品牌竞争非常激烈。而由于我国制造业发达，供应链比较完备，国外许多慢炖锅企业将慢炖锅制造工厂设在了中国，同时在中国布局了专利，通过专利在制造端对竞争对手进行"阻击"，使竞争对手在中国不能生产，并阻断竞争对手的产品到美国等地区的销售。

近年来我国慢炖锅市场发展迅速，产品产出持续扩张。国家产业政策也在鼓励慢炖锅产业向高技术产品方向发展，投资者对慢炖锅市场关注越来越密切，市场规模越来越大。随着宏观经济的快速增长，老百姓生活水平不断提高，中国慢炖锅市场将继续稳步增长。在消费升级大背景下，伴随着我国国民人均可支配收入和人均消费支出不断增长、人口老龄化及居民健康意识增强，人们的养生保健需求也进一步加强，滋养进补成为日常生活中极为普遍的事情，借着这股"热风"，慢炖锅等"健康"的小家电品类迎来一阵快速增长。根据相关监测数据，2017 年电炖锅零售额较 2013 年实现了翻倍增长。2018 年开始，在家电市场整体低迷的大环境中，电炖锅市场也进入下滑通道，市场表现出量增额减，市场降价保量基调明显，零售额规模呈现下滑趋势。电炖锅市场增长不利与其定位低端及产品质量问题凸显有一定关联。

7.1.2 竞争格局

慢炖锅均价集中在0~400元，符合单价低的新兴单品特质。小熊和苏泊尔品牌占据显著龙头地位，美的、九阳、迷鹿、小浣熊、北鼎、生活日记、荣事达等品牌，分别位居国内销售额榜单的第4至第10名。2020年度销售额TOP 50热销机型数量，小熊小幅领跑，夺得15个，苏泊尔表现出色，收获12个，美的8个、天际6个、九阳5个，剩余4个被北鼎、迷鹿、小浣熊、生活日记各摘得1个。整体而言，慢炖锅市场虽然品牌集中度较高，但品牌的座次排位却存在很大变数。

国外慢炖锅主要品牌有美国的汉美驰、日本的泰福高（Tafuco）等。汉美驰品牌有限公司，自1910年公司创立初始便致力于创新科技发明，制造出行业领先的优质家电产品。汉美驰品牌有限公司在市场领域上，拥有市场调研、工业设计、创意服务和消费者行为研究等资深市场营销专家。在设计上，拥有资深工程部专家研发和测试高质量产品。从产品的设计、制造和测试环节中都层层把关，以确保每个产品的安全性和使用周期都超过产品监管机构的要求。汉美驰品牌有限公司旗下的慢炖锅、烤箱、多士炉、冰淇淋机、咖啡机、熨斗等40余类家电产品，年销量超过3500万套，风靡全球各地。

从慢炖锅这一细分领域的中国专利申请趋势来看，2002年以前，慢炖锅中国专利申请量较小，每年的中国专利申请量在10件以下，慢炖锅技术发展在中国处于初始阶段。2003—2010年，每年专利申请在10~35件，专利申请量进入平稳增长期，但增长幅度不大。2011—2018年专利申请量在高位震荡，2011年，慢炖锅相关专利大幅增加至80件，之后专利申请量有所震荡，2013年专利申请量突破100件，2015年专利申请量达到最高的105件（见图7-1-1）。这段时期，专利技术已经比较成熟，市场竞争加剧，专利侵权纠纷多发。2019年之后，专利申请量有所下降，慢炖锅的市场热度开始降低，市场趋于稳定。

慢炖锅专利申请以外观设计和实用新型两种类型的专利为主。其中，外观设计专利申请占比最高，达到41%；实用新型专利占比紧随其后，占比为39%；发明专利申请占比仅占20%（见图7-1-2）。可以看出，慢炖锅作为一种家用厨房家电，为大家所熟知，利用外观设计和实用新型两种类型专利保护较为常见，而代表高质量的发明专利保护较少。

从中国专利的有效性来看，慢炖锅领域高达69%的中国专利处于失效状态，而处于有效状态的专利仅占总申请量的27%，在审的中国专利占总申请量的4%（见图7-1-3）。可以看出，慢炖锅的专利有效率不高，这跟其产品特点有关。慢炖锅本身是一种技术门槛较低的产品，其主要创新方向在工业设计创新和现有技术的改进，相关技术很容易在短时间内被迭代或其他新品替代。在不断推陈出新过程中，一些旧的设计或技术改进也会被不断放弃或淘汰，甚至在无效宣告请求程序中被无效。因此，慢炖锅领域的专利维持有效的占比较小。

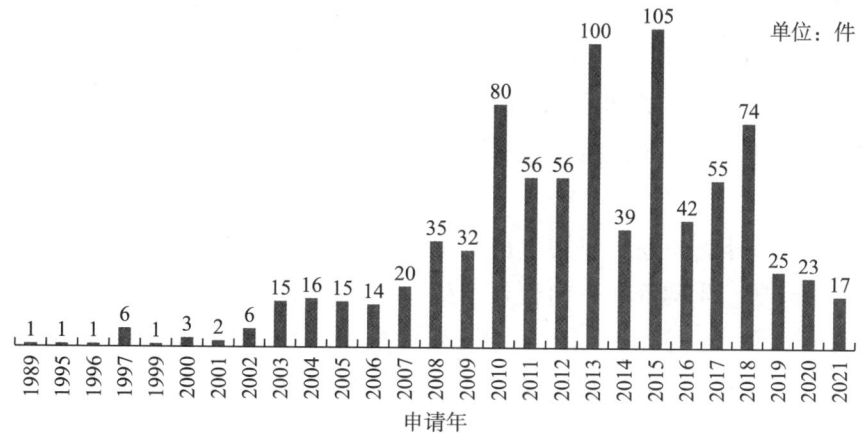

图 7-1-1　慢炖锅中国专利申请趋势

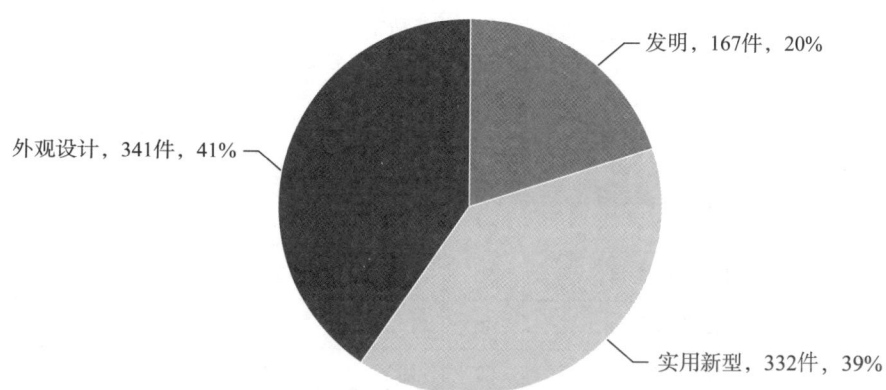

图 7-1-2　慢炖锅中国专利类型分布

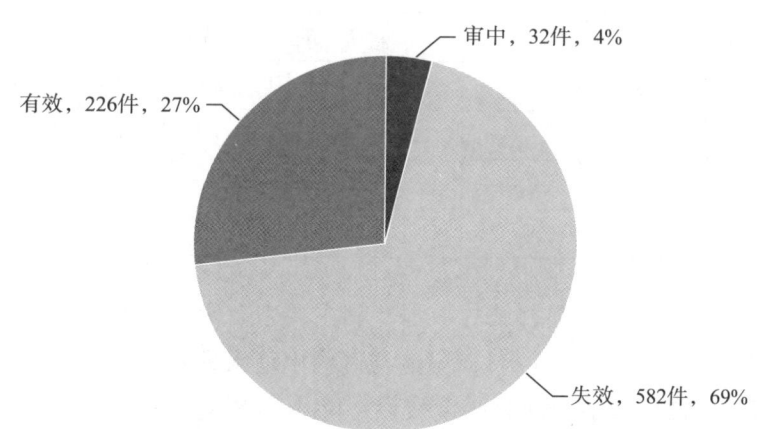

图 7-1-3　慢炖锅中国专利有效性情况

如表 7-1-1 所示,从慢炖锅领域主要专利申请人的申请量排序来看,排名前十的申请人均为中国申请人。美的集团股份有限公司排名第一,专利申请量为 72 件,该案的两方当事人汉美驰品牌有限公司(汉密尔顿海滩品牌有限公司)专利申请量为 11 件,中国排名第 11 位,苏州宝之成电器有限公司专利申请量为 6 件,排名第 23 位。苏州宝之成电器有限公司、苏州市宝成实业有限公司(被告)均属宝成实业企业族群,其大股东、实际控制人、最终受益人均为陆某某。苏州宝之成电器有限公司成立于 2000 年,是一个工贸一体化的企业,从事厨房小家电的生产与销售,目前主要的市场在美国、欧洲与日本,主要客户均为市场上的零售巨商,如美国的塔吉特百货、沃尔玛,英国的百安居、乐购等。目前公司所生产的厨房小家电已在全国生产该类产品的工厂中名列前五位。由美国在苏州吴中开发区投资兴办的独资企业——苏州市宝成实业有限公司成立于 2002 年,为一家研发、生产、销售、贸易多位一体化的综合性集团公司,产品门类涉及厨房家电、清洁电器、精密测量仪器、装饰线条及各类墙面装饰品。

表 7-1-1 慢炖锅领域主要专利权人及其专利申请量 单位:件

排名	专利权人	申请量	排名	专利权人	申请量
1	美的集团股份有限公司	72	12	九阳股份有限公司	9
2	宁波无极电器有限公司	61	15	叶永华	8
3	施军达	57	15	光达家用品公司	8
4	宁波锦宇电器有限公司	52	15	沙克忍者运营有限责任公司	8
5	浙江硕奇电器有限公司	46	15	毛昱峰	8
6	宁波亿达电器有限公司	22	19	东莞市邦泽电子有限公司	7
7	陆华国	18	20	广东鸿智智能科技股份有限公司	7
8	浙江苏泊尔家电制造有限公司	17	21	陈民英	7
9	宁波锦春电器有限公司	13	22	翱泰温控器(惠州)有限公司	7
10	苏州华美电器有限公司	12	23	苏州宝之成电器有限公司	6
11	汉美驰品牌有限公司	11	23	霍尔姆集团公司	6
12	胡时国	9	23	荥经古城代氏工艺砂器有限公司	6
12	湛江市新南方电器有限公司	9			

如表 7-1-2 所示,慢炖锅领域的中国专利主要来自国内,专利申请量排名第二位的来源于美国,专利申请量为 49 件。虽然与国内申请人的专利申请量差距较大,但也能看出美国慢炖锅市场与中国的关联度较高。除中国和美国的在华申请,其他国家在华专利申请量较小,均在 2 件以内,即其他国家在慢炖锅领域与中国的关联度较低。

表 7-1-2 慢炖锅领域中国专利来源国　　　　　　　　　　　单位：件

序号	申请人国别	申请量	序号	申请人国别	申请量
1	中国	782	5	加拿大	1
2	美国	49	5	荷兰	1
3	瑞典	2	5	澳大利亚	1
3	法国	2	5	日本	1
5	以色列	1			

从美国在华申请专利的主要申请人来看，作为美国家电领域"巨头"的汉美驰品牌有限公司在华专利申请量排名第一，可以看出这家美国公司非常重视中国市场。其次是沙克忍者运营有限公司和光达家电用品公司，专利申请量并列第二。其他在华申请专利的外国企业还包括霍尔姆集团公司和斯莱德布朗兹股份有限公司。

从中国专利数据统计来看，慢炖锅领域专利申请集中在 2011—2018 年，该案也发生在专利申请集中、市场竞争激烈的阶段。该领域的专利申请发明专利申请量较小，慢炖锅迭代新品比较快，维持有效状态的专利较少。专利申请量前十的专利申请人均来自国内，美国是最大的国外在华专利申请国，汉美驰品牌有限公司的专利申请量排名第十一位，最为重视在中国区域的发展。慢炖锅领域仅有 2 件专利（专利号分别为 ZL200710005602.6 和 ZL201520812893.X）发生过专利无效宣告请求、专利侵权民事诉讼和专利无效行政诉讼。ZL201520812893.X 号专利在专利无效宣告请求程序中被全部无效。该案涉案专利号为 ZL200710005602.6，名称为"慢炖锅"的发明专利，该专利来自美国汉美驰品牌有限公司。

由于 ZL200710005602.6 号专利的无效宣告请求及专利无效行政诉讼较为典型，上述程序的结果在专利侵权民事诉讼中起到了关键作用，笔者以该专利的相关案件作为慢炖锅领域的案例进行剖析。

7.1.3　基本案情

如表 7-1-3 所示，该案的"慢炖锅"涉案专利于 2010 年获得授权，专利权人为汉密尔顿毕克/波特-西莱有限公司（现在名称为"汉密尔顿海滩品牌有限公司"）。专利侵权民事诉讼、专利无效宣告和专利无效行政诉讼主要涉及三方当事人。

表 7-1-3　ZL200710005602.6（慢炖锅）专利相关情况

事件	相关案号	案件结论	当事人	裁判机构
专利授权	ZL200710005602.6	授权	汉密尔顿海滩品牌有限公司	国家知识产权局专利局

续表

事件	相关案号	案件结论	当事人	裁判机构
民事一审	(2011)沪一中民五(知)初字第225号	汉密尔顿海滩品牌有限公司胜诉	汉密尔顿海滩品牌有限公司(原告)/苏州市宝之成电器有限公司(被告),苏州市宝成实业有限公司(被告)	上海市第一中级人民法院
专利无效宣告	第18765号决定	全部有效	东莞汇勋电器制品有限公司(请求人)/汉密尔顿海滩品牌有限公司(专利权人)	国家知识产权局专利复审委员会
行政一审	(2013)沪一中知行初字第263号	撤销专利复审委第18765号决定	东莞汇勋电器制品有限公司(原告)/专利复审委员会(被告),汉密尔顿海滩品牌有限公司(第三方当事人)	北京市第一中级人民法院
行政二审	(2013)京高行终字第1715号	驳回上诉,维持原判	专利复审委员会(上诉人,原审被告),汉密尔顿海滩品牌有限公司(上诉人,原审第三方当事人)/东莞汇勋电器制品有限公司(被上诉人,原审原告)	北京市高级人民法院
专利无效宣告	第24094号决定	部分无效	东莞汇勋电器制品有限公司(请求人)/汉密尔顿海滩品牌有限公司(专利权人)	国家知识产权局专利复审委员会
民事二审	(2013)沪高民三(知)终字第6号	撤销一审判决,苏州市宝之成电器有限公司和苏州市宝成实业有限公司胜诉	苏州市宝之成电器有限公司(上诉人,原审被告),苏州市宝成实业有限公司(上诉人,原审被告)/汉密尔顿海滩品牌有限公司(被上诉人,原审原告)	上海市高级人民法院

当事人一:汉密尔顿海滩品牌有限公司(该案侵权民事诉讼原告、专利权人),公司也称汉美驰品牌有限公司,拥有百年历史的美国品牌Hamilton Beach。自1910年,公司创立初始便致力于创新科技发明,制造出行业领先的优质家电产品。

当事人二:苏州宝之成电器有限公司、苏州市宝成实业有限公司(该案侵权民事诉讼被告)均属宝成实业企业族群,成立于2000年,是一个工贸一体化的企业,从事厨房小家电的生产与销售,目前主要的市场在美国、欧洲与日本,主要客户均为市场上的零售巨商。

当事人三:东莞汇勋电器制品有限公司(涉案专利无效宣告请求人、专利无效行政诉讼案件原告），公司为一家大型美资企业 JSC（Jarden Consumer Solution）下属的全资子公司。JSC 隶属于美国 Jarden Corporation Inc.（JAH，美国 500 强企业），美国纽交所上市的家用电器制品公司。公司主要生产电风扇、暖风机、慢炖锅、空气清新机等家用小电器，产品主要销往欧美地区。

由此可以看出，汉密尔顿海滩品牌有限公司、苏州宝之成电器有限公司、苏州市宝成实业有限公司、东莞汇勋电器制品有限公司均为美国家电品牌厂商的相关企业。该案是美国家电品牌厂商在华的专利纠纷。

汉密尔顿海滩品牌有限公司慢炖锅专利纠纷的案情经过：2011 年，原告汉密尔顿海滩品牌有限公司以侵犯名称为"慢炖锅"（专利号为 ZL200710005602.6）的发明专利权利要求 11~14 的专利权为由，将苏州宝之成电器有限公司、苏州市宝成实业有限公司诉至上海市第一中级人民法院；案外人东莞汇勋电器制品有限公司对涉案专利发起无效宣告请求，原专利复审委员会作出第 18765 号无效宣告审查决定，维持专利权全部有效。基于此，上海市第一中级人民法院针对专利侵权案件作出判决，专利权人胜诉。东莞汇勋电器制品公司不服第 18765 号专利无效宣告审查决定，将原专利复审委员会诉至北京市第一中级人民法院，二审北京市高级人民法院最终判令原专利复审委员会重新作出第 24094 号决定无效宣告审查决定，原专利复审委员会重新作出审查决定，认定涉案发明专利部分无效（权利要求 11~14）。基于此上海市高级人民法院撤销上海市第一中级人民法院一审判决，驳回原告汉密尔顿海滩品牌有限公司的起诉。

7.1.4 核心问题

该案的核心问题包含两个：一是专利无效宣告程序和专利无效行政诉讼程序对专利权的有效性确认的差异，二是专利无效宣告程序对专利侵权民事诉讼的影响。

7.1.4.1 在不同程序中有关专利创造性判断的差异

该案发明专利无效程序中主要争议问题是权利要求 11 相对于证据 1（US6987247B2）与证据 7（US1300712A）的结合是否具备创造性。第 18765 号发明专利无效宣告请求审查决定认为，本领域技术人员无法将证据 1 与证据 4/证据 7 及证据 1 与证据 5/证据 6 及公知常识的结合得到权利要求 11 的技术方案，权利要求 11 相比于证据 1 与证据 4/证据 7、证据 1 与证据 5/证据 6 及公知常识的结合不具有创造性的无效理由不能成立。东莞汇勋电器制品公司不认同第 18765 号发明专利无效宣告请求审查决定对于证据 1 与权利要求 11 区别技术特征的认定，其认为"权利要求 11 与证据 1 相比，其区别技术特征在于：（11A）加热元件，所述加热元件设置在外壳内足够靠近加热腔处，以对加热腔进行加热；（11B）盖，所述盖的大小和形状设置为当所述盖放置在容器缘上时，能够至少部分地覆盖容器的开口；（11C）安装至外壳侧壁的至少一个夹子，所述至少一个夹子是中心上方形的夹子"。北京市高级人民法院在终审判决中也认定了"将本专利权利要求 11 的技术方案与证据 1 相比，存在如下区别特征：（11A）本专利权利要求 11 限定加热容器设置在外壳内足够靠近加热腔处，而证据 1 没有；（11B）本专利权利要求 11 要求盖的大小和形状设置为当所述盖放置在容器缘上时，能够至少部分地覆盖容器的开口，而证据 1 的盖罩不是盖在内锅体上；（11C）本专利权利要求 11 限定了安装至外壳侧壁的至少一个夹子，所述至少一个夹子是中心上方形的夹子。而证据 1 采用插销的方式实现盖和容器的紧密结合"。基于此，北京市高级人民法院认为：

根据（11A）可知本专利权利要求 11 实际解决的技术问题是，使得慢炖锅的结构紧凑并且更有效率地利用热量。根据本专利说明书的记载，"一加热元件 14 设置在外壳 20 内足够靠近加热腔 20c 处，以对加热腔 20c 进行加热，加热元件 14 优选设置在外壳 20 的底座 20a 内，尽管加热元件 14 位于外壳 20 的侧壁 20b 内或者侧壁 20b 上，加上底座 20a 或者取代底座 20a 的情况落在本发明的精神和范围之内"。因此，本专利中加热元件与加热腔的相互位置关系并不唯一。本领域技术人员在证据 1 已经公开了加热元件的基础上，为了更有效率地利用热量并使结构紧凑，容易想到将加热元件设置在外壳内尽可能靠近加热腔的位置，该技术方案并未产生本领域技术人员预料不到的技术效果，原审判决关于（11A）的认定虽然采纳证据不当，但其结论正确。

关于区别特征（11C），证据 7 已经公开了一种夹具，该夹具固定到与盛器铆接的主体上部分的耳状物 15，使这个耳状物的上端向外弯曲，以形成环状物，且在这个环状物中的是经枢轴连接的线形杠杆 17 的末端 16。在杠杆的长度上，提供环状物 18，每侧一个环状物，且安装成在所述环形体 19 中摆动，使所述环形体的尺寸足够长，以向上延伸，超过钩 13，当向外摆动杠杆 17 时，环形体的上端在其最高点处，当压低杠杆时，其承载其上的环形体，以使盖和盛器啮合。而根据本专利说明书的记载，其权利要求 11 限定的中心上方型夹子，是具有一钩子 22a 和一杆 22b 的中心上方的夹子，以使对杆 22b 的操作致使夹子 22 的钩子 22a 的接合或释放。因此，证据 7 已经公开了本专利权利要求 11 限定的通过杆的操作实现夹子接合或释放的中心上方型夹子。此外，本专利权利要求 11 还限定了夹子设置在外壳和盖的高度内。根据本专利说明书的记载，夹子设置在把手的顶部到支脚之间的垂直高度内，而证据 7 的附图 1 显示，其夹具设置在盖的顶部把手到底部之间的垂直高度内。因此，证据 7 已经公开了本专利权利要求 11 限定的"夹子设置在外壳和盖的高度内"的技术特征。根据（11C）可知本专利权利要求 11 实际解决的技术问题是，采用一种结构更简单、合理、紧固效果好、可靠性更强的密封结构，便于慢炖锅储藏和运输。证据 7 记载，该技术方案目的在于"提供一种构件，可借助所述构件来促进和便利对容纳于容器中的食物接取。可在容器充满液体情况下，翻滚且倒置具有这个特性的盛器，而无论怎样都没有任何渗漏。在困难和危险迫使匆忙行动的条件下，将大量的这类容器用于将热食提供给士兵是尤其为合意的"。因此，尽管本专利的名称为慢炖锅，而证据7是对砂锅的技术改进，但砂锅与慢炖锅在加热及烹煮食物等方面的功能相同，而且根据证据7的上述记载，其要解决的技术问题与本专利权利要求11相似。因此，证据7与本专利的技术领域相同，其公开的夹具与本专利权利要求11中的夹子发挥相同的作用，为了获得更为便捷、有效并便于运输的密封装置，本领域技术人员有动机将证据1和证据7结合，从而得到本专利权利要求11的技术方案。

根据（11B）可知本专利权利要求11实际解决的技术问题是，避免加热食物时产生的蒸汽流入容器与外壳之间的加热腔，以及将容器取出时，能够使盖与容器配合使用。为了使盖和容器配合使用，将盖的大小设置为覆盖容器的开口，是本领域技术人员容易想到的，而且第18756号决定亦未对汇勋公司关于该区别技术特征为其提出的证据组合方式所公开的主张予以否定，原审判决对此认定正确。

本专利权利要求12与证据1的区别特征，与本专利权利要求11与证据1的区别特征相同，基于同样的理由，本专利权利要求12相对证据1和证据7的结合不具备创造性，原审判决对此认定正确。

北京市高级人民法院判决维持北京市一中院判决认定，撤销第18765号决定，判令专利复审委员会重新作出无效请求审查决定。

对上述案件审理过程分析不难发现，专利无效行政判决和专利无效审查决定主要存在以下几方面的差异：①在一审中提交了公知常识性证据《现代家用电器维修手册》，该证据未经各方当事人质证，并且专利复审委员会未采用公知常识评价涉案专利创造性，一审法院主动引入公知常识违反了《行政诉讼法》第5条规定的"人民法院审理行政案件，对具体行政行为是否合法进行审查"。北京市高级人民法院认为，虽然一审法院采纳证据不当，但结论正确。②北京市高级人民法院认为，尽管涉案专利名称为慢炖锅，而证据7是对砂锅的技术改进，但砂锅与慢炖锅在加热及烹煮食物等方面的功能相同。而且根据证据7的记载，其要解决的技术问题与涉案专利权利要求11相似，即证据7与涉案专利的技术领域相同，技术效果相同，本领域技术人员有动机将证据1和证据7结合，从而得到权利要求11的技术方案。③北京市高级人民法院认为，为了使盖和容器配合使用，将盖的大小设置为覆盖容器的开口，是本领域技术人员很容易想到的。

7.1.4.2 专利无效宣告程序对专利侵权民事诉讼的影响

汉密尔顿海滩品牌有限公司与苏州宝之成电器有限公司、苏州市宝成实业有限公司一审主要判决结果如下：

（1）被告苏州宝之成电器有限公司、苏州市宝成实业有限公司应于本判决生效之日起立即停止对原告汉密尔顿海滩品牌有限公司所享有的"慢炖锅"发明专利权（专利号为ZL200710005602.6）的侵害；

（2）被告苏州宝之成电器有限公司、苏州市宝成实业有限公司应于本判决生效之日起 10 日内连带赔偿原告汉密尔顿海滩品牌有限公司经济损失人民币 200 000 元；

（3）驳回原告汉密尔顿海滩品牌有限公司的其余诉讼请求。该案案件受理费人民币 13 800 元，由原告汉密尔顿海滩品牌有限公司负担 5520 元，被告苏州宝之成电器有限公司、苏州市宝成实业有限公司共同负担 8280 元；财产保全申请费 5000 元、证据保全申请费 30 元，由被告苏州宝之成电器有限公司、苏州市宝成实业有限公司共同负担。

汉密尔顿海滩品牌有限公司与苏州宝之成电器有限公司、苏州市宝成实业有限公司二审主要判决结果如下：

撤销上海市第一中级人民法院（2011）沪一中民五（知）初字第 225 号民事判决；驳回原告汉密尔顿海滩品牌有限公司的起诉。

可以看出，一审判决原告汉密尔顿海滩品牌有限公司获得胜诉，而二审终审裁定一审判决被撤销，苏州宝之成电器有限公司、苏州市宝成实业有限公司胜诉。通过案情分析发现，一审判决是在无效决定维持专利权有效的基础上作出的，而二审判决是根据专利无效行政诉讼结果和新的无效决定认定权利要求部分无效的基础上作出的。专利侵权民事诉讼已丧失了专利的权利基础，致使二审终审裁定与一审判决发生了反转。

7.1.5 案例启示

从该案最后的审理结果来看，对于被告应对他人对自己发起的侵权诉讼，该案侵权被告一方是比较成功的。下面从专利无效证据、专利无效理由、案件带来的几点启示三个方面来看一下该案的特点。

7.1.5.1 专利无效证据

专利权能否被宣告无效，关键在于是否找到了破坏新颖性或创造性的有力证据。由于涉案专利由美国的汉密尔顿海滩品牌有限公司一方持有，并且该产品为国内生产、主要销往美国等其他国家或地区。因此，在寻找证据时应主要从美国等海外地区的专利或产品中寻找。对于涉及侵权的权利要求 11~14，证据 1 和证据 7 均为美国文献，其中证据 1 为实审阶段审查员所列的一篇对比文件，当事人认真分析了该对比文件并将其作为证据 1。按照创造性评价的"三步法"，明确了区别技术特征，根据区别技术特征确定发明实际解决的技术问题，并在此基础上积极查找与证据 1 结合的专利文献和公知常识性证据。通过这样细致的证据检索过程，经过专利无效宣告和专利无效行政诉讼，最终认定证据 1 和证据 7 结合能够破坏涉案专利权利要求 11~14 的创造性，可以宣告该专利权部分无效，进而影响专利侵权纠纷民事案件的判决结果。事实证明，该专利无效程序中使用的证据也确实在被告扭转专利侵权民事案件不利局面中发挥了重要作用。

7.1.5.2 专利无效理由

该案争议的焦点在权利要求 11~14 是否具备创造性，上述权利要求也是专利权侵权的范围。《专利法》（2008 年修订）第 22 条第 3 款规定："创造性，是指同申请日以前已有的技术相比，该发明有突出的实质性特点和显著的进步，该实用新型有实质性特点和进步。"所谓实质性特点是指对本领域的技术人员来说，该发明或者实用新型相对于现有技术是非显而易见的，所谓进步是指该发明或者实用新型与现有技术相比能够产生有益的技术效果。判断发明或实用新型对本领域的技术人员来说是否显而易见，要确定的是现有技术整体上是否存在某种技术启示，即现有技术中是否给出将该发明或者实用新型的区别技术特征应用到最接近的现有技术以解决其存在的技术问题的启示。这种启示会使本领域的技术人员在面对相应的技术问题时，有动机改进最接近的现有技术并获得该发明或者实用新型专利技术。当上述区别技术特征为公知常识或为与最接近的现有技术相关的技术手段，或者为另一份对比文件披露的相关技术手段，且该技术手段在该对比文件中所起的作用与该区别技术特征在要求保护的发明或者实用新型中为解决相关技术问题所起的作用相同，通常可以认定存在相应的技术启示。就该案而言，无效请求人仔细分析了证据 1 与权利要求 11 的区别技术特征，将区别技术特征分为 3 个部分，每个部分通过分别提供现有技术证据 7、公知常识性证据及充分说理，最终得出权利要求 11~14 不具备创造性的结论。

7.1.5.3 几点启示

慢炖锅专利侵权纠纷案是一起海外相关企业在中国国内的专利纠纷案件，由于国外一些企业非常善于利用我国的专利制度，企业可以从该案的处理过程中获得一些启示。

①对于一些产品在国内生产、在国外销售的企业，除了关注在国外目标市场的知识产权风险以外，国内生产端也应该重视知识产权风险。该案进一步说明，通过对涉案产品在生产地进行专利侵权行为进行诉讼，使相关产品不能进入目标市场，从而获得在目标市场的竞争优势是一种常用的专利侵权诉讼手段。广东省企业应善用该手段维护自身权益，也应对可能面临的该类型的专利侵权诉讼做好必要的准备，避免因生产侵权产品带来较大损失。

②专利无效证据寻找应重点考虑专利权人或目标市场所在的国家或地区。专利一般是对某产品的改进，改进的基础大多在专利权人或目标市场所在的国家或地区。因此，在上述国家或地区寻找证据更加容易和便利。该案的专利权人汉密尔顿海滩品牌有限公司的专利权人和产品销售的市场均在美国，请求人一方也是在美国获得了最终导致涉案专利相关权利要求被宣告无效的证据。

③专利无效决定作出并不等于专利无效程序的终结。该案被告最终能够成功请求涉案专利的相关权利要求被国家知识产权局宣告无效，从而获得有利于自己的专利侵

权判决结果，这跟广东省企业东莞汇勋电器制品有限公司在专利无效行政诉讼阶段的坚持有关。专利无效行政诉讼案件的原告对权利要求与证据的区别进行了详细分析，积极补充证据，充分说理，证明相关权利要求不具备创造性，最终得到了北京知识产权法院和北京市高级人民法院的认可，改变了专利无效宣告审查决定的结论，并使得整个案件走向发生反转。

7.2 电吹风机专利侵权诉讼案

7.2.1 产业背景

电吹风机是由一组电热丝和一个高转速小风扇组合而成的。通电时，电热丝会产生热量，风扇吹出的风经过电热丝就变成热风。过去，我国电吹风产品以传统电吹风为主，随着传统电吹风功能逐渐趋同，消费者需求进一步细分，电吹风的应用场景逐步细化，电吹风进入次时代。传统电吹风更加注重自身功能的丰富，以满足消费者对电吹风的基本需求，消费者较为注重功能的丰富度；而次时代的电吹风多冠之以明星、主题、潮流，逐步成为消费者的个性标签。随着5G和物联网的不断发展，电吹风将与物联网、智慧家居和人工智能不断融合，未来应用将会延伸出更多的可能。

电吹风机是生活中必不可少的个护美健电器之一，电吹风机行业对中国人的生活已经产生了较为深刻的影响。近年来，随着消费升级，我国电吹风销售规模也不断扩大。据不完全数据统计，2020年电吹风销售额为55亿元，销售量为3290万台；2021年，我国电吹风零售额为60亿元，同比上升41.3%，零售量为3850万台，同比上升40.9%。目前，我国线上市场中吹风机品牌集中度较高。2021年，前三品牌集中度为52.7%，占市场份额的一半以上。❶ 电吹风机行业的覆盖人群规模大、服务及服务用户占比高、市场规模庞大、服务用量激增、复合增长率高，未来市场规模及需求非常大。电吹风机主要用于头发的干燥和整形，但也可供实验室、理疗室及工业生产、美工等方面作局部干燥、加热和理疗之用。下游渠道主要为商超、专卖店、美容美发批发市场、电商平台。

电吹风机的政策走势包括以下几个方面：①国际上更加重视，积极开拓创新；②国家层面更加重视，花费更多的人力、物力、财力来解决该行业存在的问题；③社会层面更加重视，有利于政策制定，做社会层面的驱动；④各城市层面更加重视，各个城市竞相调研并引进新概念与制定新政策。

---

❶ 凤凰网. 2022年中国电吹风市场供需现状和竞争格局分析［EB/OL］.（2022-01-06）［2022-06-03］. http://nb.ifeng.com/c/8CZsoC9uWUP.

7.2.2 竞争格局

从产品来源国看，截至 2021 年，在中国线上市场中，中国品牌电吹风机产品最多，产品型号种类约占总销售产品种类的 60%，为 225 类；其次是荷兰的品牌，全部是由荷兰飞利浦公司在中国市场的产品占领，电吹风机产品共 81 类，占总产品销售种类的 21%；日本和美国分别位居第三、第四位，产品种类分别约占总产品销售种类的 9%、6%。

从品牌分布上来看，截至 2021 年，在中国线上市场中，荷兰飞利浦、中国康夫、日本松下、中国飞科、中国奔腾产品型号种类占据线上市场前五位，分别占总产品销售种类的 21%、8%、7%、5%、4%。

2021 年，我国电吹风机的线上销售渠道以天猫为主，天猫渠道零售额占比超过 59%；其次为京东，渠道零售额占比为 33%；其他垂直电商（包括苏宁、国美等）的零售额占比仅为 8%。

如表 7-2-1 所示，2021 年，我国电吹风机市场中零售额份额最高的为戴森-HD03，零售额份额高达 36.8%；其次为素士-H3S、飞科-FH6232 和松下 EH-NA98Q，零售额份额均小于 4%。戴森吹风机在市场中最受欢迎，其次素士、飞科吹风机零售额份额也较高。[1]

表 7-2-1　2021 年中国电吹风机 TOP 5 产品及市场份额

排名	产品	零售额份额/%	产品均价/元
1	戴森-HD03	36.8	2864
2	素士-H3S	3.5	268
3	飞科-FH6232	2.6	51
4	松下 EH-NA98Q	2.3	1464
5	戴森-HD01	2.2	2505

电吹风机属于美发护理产品，与其他个人护理用品相比，吹风机的市场份额相对较高，但在产品数量和市场渗透率上，发达和不发达的国家和地区存在明显差距。即使在大城市，也不可能保证家家都有电吹风机。因此，在中国市场有很大的发展空间和潜力。

作为最常见的美发电器，电吹风产品在中国城镇消费者及酒店宾馆的普及率较高。

---

[1] 白敬尧. 2022 年中国电吹风市场供需现状和竞争格局分析　电吹风市场规模不断扩大 [EB/OL]. （2022-01-06）[2022-05-03]. https://www.qianzhan.com/analyst/detail/220/220106-dec9ce68.html.

随着消费者生活品质的提升与对个人形象仪表的日益重视，电吹风机的使用人群不断扩张，男性消费者的普及率也大幅增加。同时，女性消费者追求时尚的特性，使得产品的更换频率也保持在较高水平，进一步促使电吹风机市场规模的扩大。此外，随着生活品质的提升，宠物饲养成为常态，用于宠物的电吹风机也逐步普及，进一步拉动电吹风机的市场需求。

消费者选择电吹风机最为关注的是吹风机的核心功能：速干、安全、静音、风嘴和造型。好的吹风机靠高速转动的风扇叶片产生的风将头发上的水分吹走，电机每分钟的转速决定了吹风机的品质和价格。由于头发是由蛋白质构成的，所以在高温下就很容易发生损伤，保护头发是对吹风机安全性的要求。静音能给用户带来好的使用体验，通过风嘴设计可以满足一些特殊发型的整理需求。吹风机的外观造型对吹风机的品质和价格影响较大。

该案就是涉及吹风机外观设计专利的侵权纠纷，基于此，本节对电吹风机的中国外观设计专利做一下梳理，通过专利数据来看一下，我国电吹风机外观设计专利申请趋势及主要专利权人（竞争对手）专利情况。

如图7-2-1所示，截至2021年12月，电吹风机中国外观设计专利申请量共5659件。2010年以前，外观设计专利年申请量在103~180件震荡式增长，增长幅度较小，外观专利申请量每年的增速较为缓慢；2011—2016年，外观设计年专利申请量在219~324件波动，2011年的外观设计专利申请量突破200件，2014年达到324件，这一阶段的外观设计专利申请增长速度较前一个阶段有所加快，历年申请量有所起伏，总体上呈现增长趋势；2017—2021年，电吹风机外观设计申请量增速明显加快，申请量从2017年的373件增至2020年的788件。人们对电吹风机除了功能和安全性设计，也更加注重外观，各大厂商通过改进电吹风机颜值来提升产品附加值和销量。2021年专利申请量为571件，这与有一部分外观设计申请延迟公开有关。

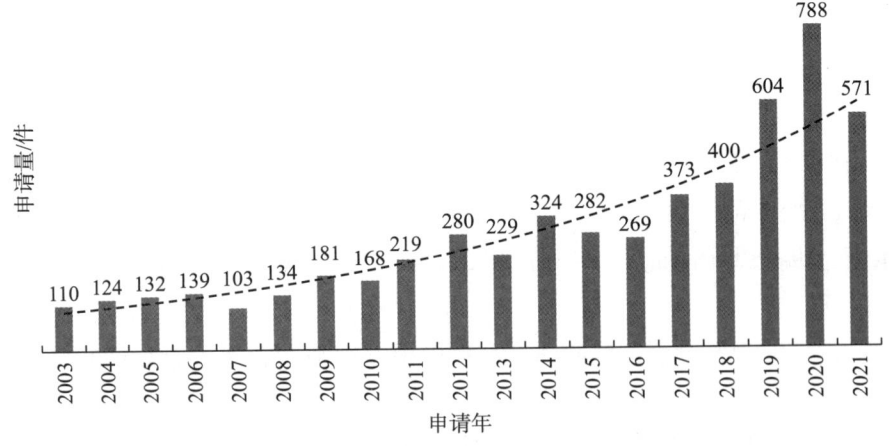

图7-2-1 中国电吹风机外观专利申请趋势

如图 7-2-2 所示，从电吹风机领域的外观设计专利申请主要专利权人来看，黄华群以 175 件专利申请量排名第一。黄华群是广东华能达电器有限公司的大股东和最终受益人。广东华能达电器有限公司经过十年精心研制，以"康夫"品牌为主的产品涉及电吹风、电发夹、电推剪等美容美发系列及电水壶、电熨斗、煮蛋器等小家电系列等，是粤东地区电器生产行业中开发品种比较齐全、具有规模化生产能力和雄厚设计开发实力的专业性家电制造企业。月立集团有限公司专利申请量为 138 件，排名第二。浙江月立电器有限公司成立于 1996 年，以电吹风、电熨斗、剃须刀、卷发器等小家电为主导产品。除了外观设计专利申请量排名前二的专利权人，其他专利权人的专利申请量在 46~65 件。按专利拥有量排序，主要专利权人依次为超人集团有限公司、杭州乐秀电子科技有限公司、松下电工株式会社、谢鑫桥、余姚市德威电器电机有限公司、上海奔腾电工有限公司、上海飞科电器股份有限公司、余姚市徐能江心电器有限公司。

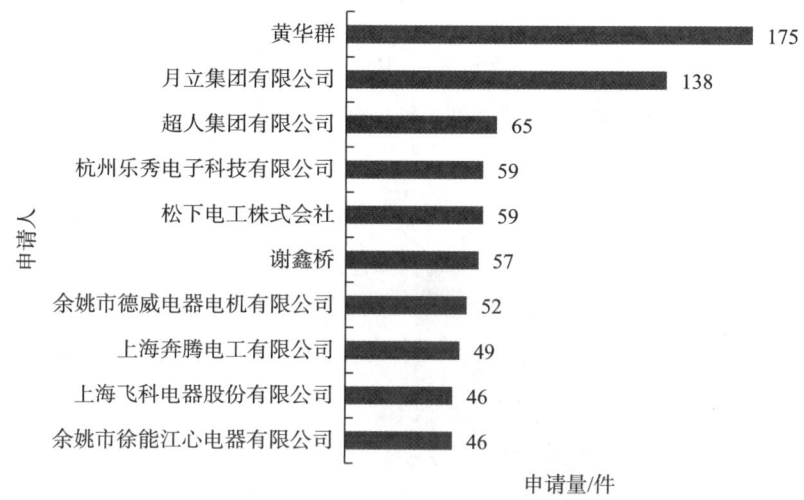

图 7-2-2　中国电吹风机外观设计专利申请主要专利权人 TOP 10

从法律状态来看，截至 2021 年 12 月，未交年费失效专利占比最高，达 48.65%，授权有效专利为 2713 件，期限届满的专利占比为 2.90%，放弃或全部无效的专利占比不足 1%，放弃的专利为 3 件，全部无效的专利 26 件（见图 7-2-3）。由于电吹风机的外观迭代比较快，因此，有超过一半的专利处于失效状态。

在中国电吹风领域外观设计专利中，共涉及专利无效宣告案件 36 件，如图 7-2-4 所示，其中 27 件被宣告专利权全部无效，占全部专利无效案件的 75%，7 件专利维持专利权有效，维持有效专利占比为 19%，2 件专利被宣告专利权部分无效，占比为 6%。值得注意的是，有 1 件在第一次专利无效宣告程序中维持专利权有效，在第 2 次专利无效宣告程序中被宣告专利权全部无效，该专利的申请号为 CN201830098950.1，名称为"电吹风"，专利权人为深圳素士科技股份有限公司（旗下品牌"舒可士"）。该公司成立于 2015 年，是一家专注个人健康护理消费电子产品的互联网科技公司，为北京小米科技有限责任公司旗下的生态链企业。公司团队成员均来自华为技术有限公司、Oral-B、飞利浦公司等知名硬件厂商，具备多年电子产品设计及研发经验，对硬件有着深刻的认知，在产品设计、产品体验及UI等方面具有明显优势。

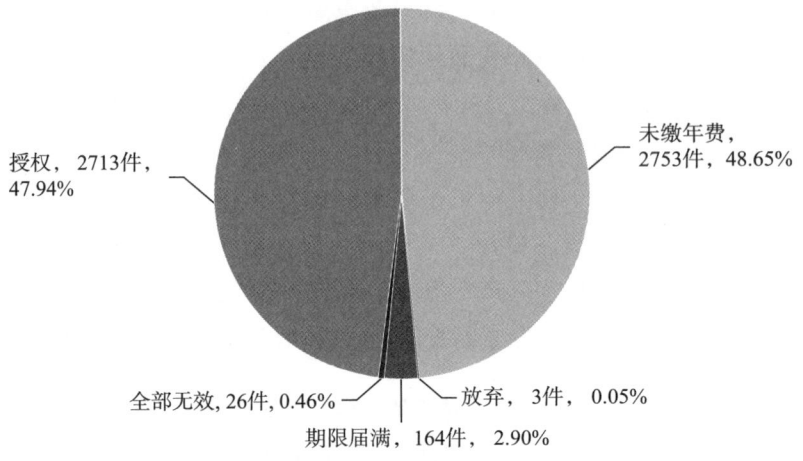

图 7-2-3 中国电吹风机外观设计专利法律状态

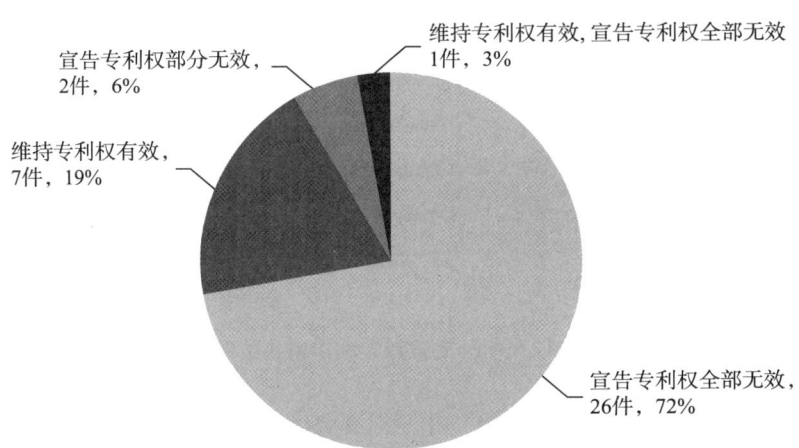

图 7-2-4 中国电吹风机外观设计专利无效案件统计

ZL201830098950.1号专利在无效宣告程序中经历了一些波折，其涉及的核心问题较为典型。该专利保护的是"素士-H3S"品牌产品，该产品零售份额占比仅次于戴森技术有限公司明星产品"戴森-HD03"。下面以该专利的相关纠纷作为电吹风机领域的案例进行剖析。

7.2.3 基本案情

深圳素士科技股份有限公司因相关的外观设计在工业设计论坛（iF）设计展上展出，外观设计专利内容提前被公开，导致专利权人的专利被宣告全部无效，专利权人在专利民事侵权诉讼案件中以撤诉收场（见表 7-2-2）。

表 7-2-2 ZL201830098950.1（电吹风）专利相关案情

序号	日期	案情	结论
1	20180201	"素士吹风机曝光：未发布就获得 iF 世界大奖"成为该案现有设计	对比设计获奖
2	20180309	涉案对比设计在汉堡 iF 设计展上展出	对比设计公开
3	20180828	舒可士（深圳）科技有限公司向国家知识产权局提交申请号为 201830098950.1 的外观设计专利申请，公告号为 CN304790254S。	授权
4	20190823	国家知识产权局依舒可士（深圳）科技有限公司请求就该专利作出外观设计专利权评价报告	未发现本专利存在不符合授予专利权条件的缺陷
5	20200916	宁波艾优生物科技有限公司针对该专利向国家知识产权局第一次请求宣告专利无效。2021 年 3 月 19 日，国家知识产权局作出第 48826 号无效决定	维持专利权全部有效
6	20201217	侵害外观设计专利权纠纷民事一审裁定	舒可士（深圳）科技有限公司撤诉
7	20201218	专利权人由"舒可士（深圳）科技有限公司"变更为"深圳素士科技股份有限公司"	权利人变更
8	20210531	宁波艾优生物科技有限公司针对该专利向国家知识产权局第二次请求宣告专利无效。2021 年 11 月 10 日，国家知识产权局作出第 52673 号无效决定	宣告专利权全部有效

在两次无效宣告程序中，请求人宁波艾优生物科技有限公司均提交了经过公证的对比设计在申请日之前的 iF 设计展上公开的互联网证据。其中证据 1："（2020）浙甬天证民字第 5779 号公证书复印件，具体包括如下内容：证据 1.1：百度百家号网站上题为'素士吹风机曝光：未发布就获得 iF 世界大奖'的文章网页截图打印件（公证书第 40~43 页）；证据 1.2：搜狐网站上题为'素士吹风机曝光：未发布就获得 iF 世界大奖'的文章网页截屏打印件（公证书附图第 44~47 页）；证据 1.3：腾讯网站上题为'素士吹风机曝光：未发布就获得 iF 世界大奖'的文章网页截屏打印件（公证书附图第 48~51 页）；证据 1.4：iF 网站上题为'SOOCAS Hair dryer/Hairdryer'的网页截屏打印件（公证书附图第 1~16 页）及其中文译文；证据 1.5：iF 网站上题为'iF DESIGN AWARD 2018：Summit of International Design'的文章网页截屏打印件（公证书附图第 53~63 页）及其中文译文。证据 2：（2021）浙甬天证民字第 1315 号公证书的复印件及第 1~24 页的中文译文。"

第 52673 号无效宣告审查决定中，合议组对中华人民共和国浙江省宁波市天一公证处出具的（2020）浙甬天证民字第 5779 号公证书的真实性和公证书的中文译文进行了确认和认可。同时对通过百度搜索"素士 iF"在百度百家号网站、搜狐网站和腾讯网站等国内知名的大型网站获得的证据 1.1、证据 1.2、证据 1.3 的真实性和公开时间予以确认，其公开的日期早于涉案专利的申请日，证据 1.1 至 1.3 显示在 2018 年 2 月 1 日，国内三家网站均对同一款（一个带有凸起罩面的圆柱部分的"素士"或"SOOCAS"）吹风机产品获 2018 年 iF 奖的情况进行了报道，该证据上公开的图片可以用于了解所示素士（SOOCAS）吹风机的外观。另外，合议组对通过在浏览器地址栏输入"https://iFworlddesignguide.com"登录 iF 网站，获取证据 1.4 和证据 1.5 的过程分别进行了认定，在 iF 官网上存在如证据 1.4 所示的"SOOCAS"多角度的完整产品图片，且标明了其为 2018 年获奖产品。证据 1.5 则可说明在 2018 年 3 月 9 日，iF 官网发布了一则报道，在没有任何反证的情况下，合议组有理由相信 SOOCAS 吹风机是一款有着一个带有凸起罩面的圆柱部分的产品，其作为 2018 年 iF 的获奖作品，于 2018 年 3 月 9 日之前已在 iF 设计应用程序，也即 iF DESIGN APP 中更新展示。合议组还对中华人民共和国浙江省宁波市天一公证处出具的（2021）浙甬天证民字第 1315 号公证书即证据 2 的真实性进行了确认，认为证据 2 中的 DESIGN APP 即为证据 1.5 所述的 iF 设计应用程序，且通过 SOOCAS 搜索得到的吹风机产品也带有如证据 1.1 至 1.3 网页所示凸起面罩的圆柱部分的产品，可以进一步印证所示吹风机产品即为素士（SOOCAS）2018 iF 获奖产品。合议组认为：证据 1 和证据 2 可以相互印证说明获得 2018 年 iF 奖的素士（SOOCAS）吹风机即为证据 2 所展示的产品，且该产品图片如证据 1.5 所述，在 2018 年 3 月 9 日之前就已经完成了在 iF DESIGN APP 上的更新发布，该日期视为证据 2 所示素士（SOOCAS）吹风机图片的公开时间。该时间在涉案专利申请日之前，故而证据 2 所示素士（SOOCAS）吹风机图片可以作为现有设计证据评价涉案专利是否符合《专利法》第 23 条第 2 款的规定。

对《专利法》第 23 条第 2 款的问题，合议组认为：证据 2 中公开了一种吹风机的外观设计，涉案专利是"电吹风"的外观设计，二者用途相同，属于类别相同的产品，对二者进行如下对比判断。涉案专利和对比设计相比，二者均为一个由两个相互垂直的圆筒形成的吹风机，其中横向的风筒和纵向的手柄的相对位置也相同，比例也相同，尾部的进风口格栅和出风口格栅形状也相同。且二者在手柄底部电线的设置相同，手柄前上端按钮两个较大按钮的设置也相同。二者的主要不同在于：受对比设计展示视图视角的限制，对出风口格栅凸起弧度、风筒和手柄比例关系，按钮的具体设置不如涉案专利清晰。合议组认为，二者在这种两个相互垂直的圆筒形成的吹风机外观上形成了极为相近的整体视觉效果，二者的不同点虽然涉及其出风口立体形状及整体比例关系，但根据对比设计公开的视图也可以知晓所示出风口格栅形状，且其必然是带有一定凸起弧度，而风筒和手柄的比例关系也与涉案专利的整体视觉效果较为相近，按钮的设置也较为相近，也不易对整体视觉效果产生显著影响。故而，综合二者的相同点和不同点，二者在整体视觉效果上不具有显著的差异，涉案专利相对于对比设计不具有明显区别，不符合《专利法》第 23 条第 2 款的规定。

在上述分析的基础上，合议组作出了"宣告 201830098950.1 号外观设计专利权全部无效"的审查决定。

7.2.4 核心问题

该案的核心问题包括三个：第一，互联网证据在无效宣告程序中如何认定；第二，涉案专利相对于对比设计是否具有明显区别；第三，参加设计展会对知识产权保护的影响。

7.2.4.1 互联网证据的真实性

互联网证据由于产生于互联网，存在证据容易灭失、容易被更改的特点。在实践中，互联网证据的真实性认定往往是案件的焦点所在，争议双方往往也是围绕互联网证据的公开时间及公开内容来阐述其真实性是否能够被认可。该案中，请求人和专利权人争论的焦点也主要在于证据的真实性。

证据 1 涉及 5 项网页证据，分别为："证据 1.1：百度百家号网站上题为'素士吹风机曝光：未发布就获得 iF 世界大奖'的文章网页截图打印件；证据 1.2：搜狐网站上题为'素士吹风机曝光：未发布就获得 iF 世界大奖'的文章网页截屏打印件；证据 1.3：腾讯网站上题为'素士吹风机曝光：未发布就获得 iF 世界大奖'的文章网页截屏打印件；证据 1.4：iF 网站上题为'SOOCAS Hair dryer/Hairdryer'的网页截屏打印件及其中文译文；证据 1.5：iF 网站上题为'iF DESIGN AWARD 2018：Summit of International Design'的文章网页截屏打印件及其中文译文。"

图 7-2-5 显示了证据 1.1~1.3 题为"素士吹风机曝光：未发布就获得 iF 世界大奖"的文章报道的新闻图片，图片显示了素士（SOOCAS）吹风机的外观。这 3 个子证据的获取过程和内容均经过了公证处的公证，并且都来自国内知名、信誉度较高的大型网站，有相对严格规范的管理运行机制，3 家大型网站平台发布的文章一般较为稳定，也没有证据证明所述文章在发布后进行过编辑修改，也无证据表明上述网站的管理者、上述文章的发布者与请求人之间存在利害关系，且上述 3 篇文章同样在 2018 年 2 月 1 日发布于 3 家大型网站，内容一致，彼此可相互佐证，真实性和公开时间可给予确认。

证据 1.4 和证据 1.5 为 iF 网站"https://iFworlddesignguide.com"上的相关网页。证据 1.4 所示的"SOOCAS"多角度的完整产品图片，且标明了其为 2018 年获奖产品。

证据1.5则可说明在2018年3月9日,iF官网发布了一则报道。该报道是关于2018年iF奖颁奖情况的内容,该报道后还附有11个语言版本的新闻文档的下载稿件。该报道的网页内容的末尾分条目介绍了iF奖、iF DESIGN APP,其中明确记载了iF设计应用程序提供过去3届的获奖作品,并更新加入了20 000幅获奖作品。通过证据1中上述证据显示的内容,可以得知iF官网对2018年的获奖作品报道包括SOOCAS吹风机。iF官网作为第三方,其也是iF奖的举办方,其官网关于获奖信息具有权威性。SOOCAS吹风机是一款有着一个带有凸起罩面的圆柱部分的产品,其作为2018年iF的获奖作品,于2018年3月9日之前已在iF DESIGN APP中更新展示。

图7-2-5 证据1.1~1.3图片

证据2显示,在公证处电脑上登录"https://iFworlddesignguide.com"后,使用公证人员的手机微信"扫一扫"扫描该网站上"DESIGN APP"相关二维码,安装成功后,通过界面上的"SEARCH"所示搜索框输入"soocas"后得到与吹风机相关的图片。该图片显示上市时间为2018年,且显示在一个顶标有2018的框内。其他设计信息与证据1.4所示iF官网上记录的信息相同。手机使用主号网络是中国移动。证据2中的DESIGN APP即为证据1.5所述的iF设计应用程序,且通过soocas搜索得到的吹风机产品也带有如证据1.1~1.3网页所示凸起面罩的圆柱部分的产品,可以进一步印证所示吹风机产品即为素士(SOOCAS)2018 iF获奖产品。

请求人提交的证据1和证据2可以相互印证说明获得2018年iF奖的素士(SOOCAS)吹风机即为证据2所展示的产品,且该产品图片如证据1.5所述,在2018年3月9日之前就已经完成了在iF DESIGN APP上的更新发布,该日期视为证据2所示素士(SOOCAS)吹风机图片的公开时间。该时间在涉案专利申请日之前,故而证

2所示素士（SOOCAS）吹风机图片可以作为现有设计证据评价涉案专利是否符合《专利法》第23条第2款的规定。

该案的证据1和证据2获取过程通过了公证处的公证，同时，公开时间和内容相互印证。通过6项网页或App截图证明了素士（SOOCAS）吹风机已经在专利申请日之前的iF设计展会上公开，真实性得到国家知识产权局的确认，上述证据构成了涉案专利的现有设计，致使涉案专利不符合《专利法》第23条第2款的相关规定，涉案专利被宣告全部无效。

7.2.4.2 涉案专利相对于对比专利不具有明显区别

《专利法》第23条第2款规定："授予专利权的外观设计与现有设计或者现有设计特征的组合相比，应当具有明显区别。"

在确认了证据1和证据2的真实性以后，来具体分析一下涉案专利（见图7-2-6）与证据相比是否具有明显区别。证据2公开的对比设计（见图7-2-7）与涉案专利一样属于电吹风机，二者用途相同，属于类别相同的产品，并且两者都是由两个垂直的圆筒形成的电吹风机，横向的风筒和纵向的手柄的相对位置相同、比例相同，尾部的进风口格栅和出风口格栅形状也相同。在手柄底部电线的设置相同，手柄前上端按钮两个较大按钮的设置也相同。两者主要不同为：受对比设计展示视图视角的限制，对出风口格栅凸起弧度、风筒和手柄比例关系，按钮的具体设置不如涉案专利清晰。但是，二者在这种两个相互垂直的圆筒形成的吹风机外观上形成了极为相近的整体视觉效果。根据对比设计公开的视图也可以知晓所示出风口格栅形状，且其必然是带有一定凸起弧度，而风筒和手柄的比例关系也与涉案专利的整体视觉效果较为相近，按钮的设置也较为相近，也不易对整体视觉效果产生显著影响。因此，证据2公开的电吹风机对比设计与涉案专利在视觉效果上不具有显著的差异和明显的区别，涉案专利不符合《专利法》（2008年修订）第23条第2款的规定。

综合来看，涉案专利由于其在申请专利之前已在国外举办的展会上公开展出了外观设计，使涉案外观专利不再符合专利权的授权条件。在这种情况下，国家知识产权局作出宣告ZL201830098950.1号外观设计专利权全部无效的审查决定，使得专利权人在外观设计专利侵权民事诉讼的程序中失去了权利基础而撤销诉讼。

7.2.4.3 参加设计展会对知识产权保护的影响

随着互联网的发展，各种展现技术的平台层出不穷，很多人在这些平台上进行推广或者展示自己的技术或者产品。殊不知，随着展示的进行，这些技术或者产品也暴露在更多人的面前。一旦这些产品或者技术具有足够的创新性，如果没有及时申请专利，除了会引起他人优先申请之外，也会因为过早公开自己的技术或者产品而丧失新颖性，失去专利授权的可能性。

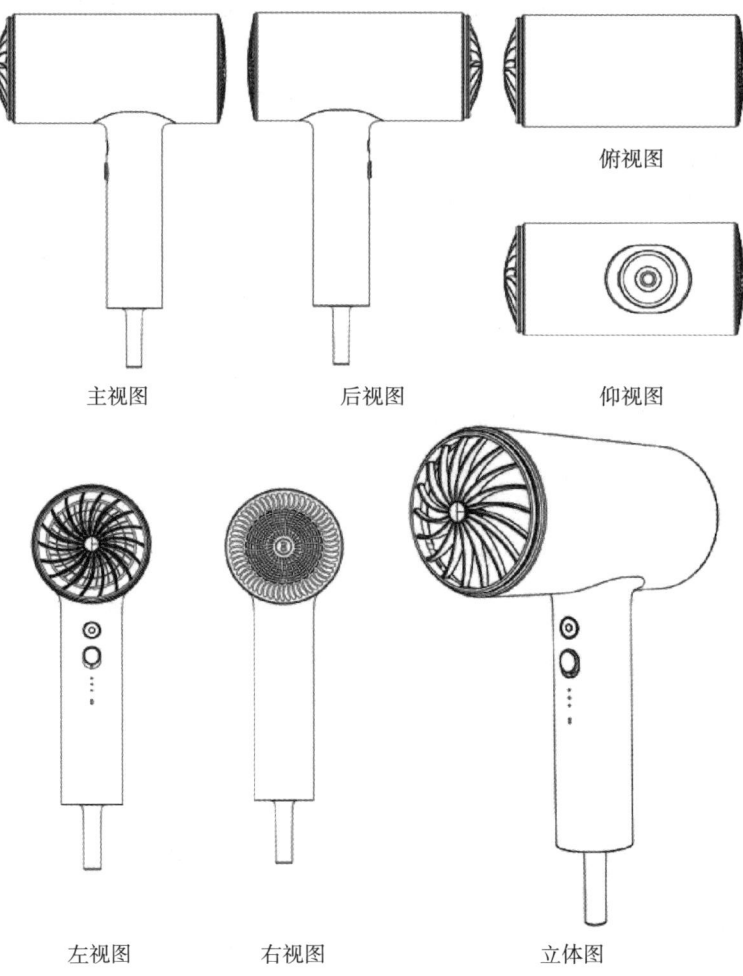

图 7-2-6　涉案专利 ZL201830098950.1 外观设计

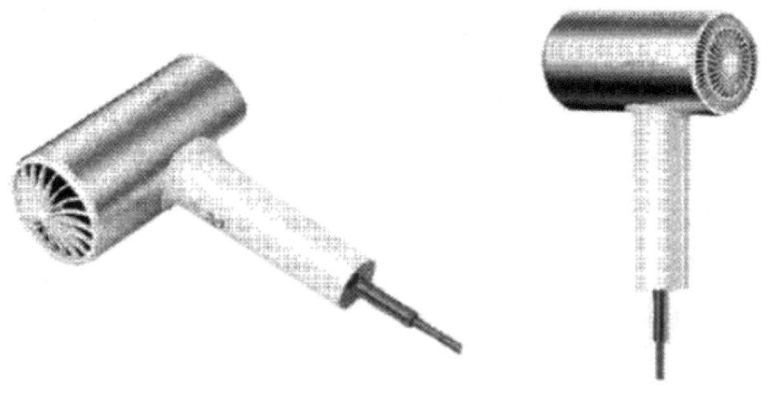

图 7-2-7　对比设计附图

该案属于在申请外观设计专利之前在国外举办的展会上公开展出的情况，由于设计的提前展出导致涉案外观设计专利不再符合专利权的授予条件，在无效宣告程序中被宣告专利权全部无效。可见，如果专利在展会公开展示后，被恶意竞争者抢先制造、销售，这将对真正的专利权人造成极大的损失。因此，参与展会的企业应在参加展会之前对发明创造提出专利申请，或者对已经在国外申请专利的展品再次在我国行使专利优先权来获取专利保护。

参加展会是使用公开中的一种常见方式。使用公开，包括通过制造、销售、使用、展览等行为使产品处于公众可以获知的状态。相对于出版物公开，使用公开也可称为实施公开，即不是将有关技术通过"纸上谈兵"的书面文字来公开，而是将技术通过实际的应用来公开。根据《专利审查指南2010》的规定，使用公开行为可以包括制造、销售、使用、展览等。展会提前公开仍适用于《专利法》的规定，即应遵循两个要素——时间要素"申请日以前"和状态要素"为公众所知"。

7.2.5 案例启示

电吹风机专利侵权诉讼案件处理的过程让我们对电吹风机产品创新特点、互联网证据的真实性考量、参展前的准备等有一些思考。

7.2.5.1 电吹风机产品创新的特点

电吹风机产品创新主要基于以下两方面：一是从电吹风机的技术层面的改进，涉及恒温设计、静音设计、安全设计、风嘴设计、手柄折叠设计等。上述技术的改进决定了电吹风机的基础品质和价格。随着时间的推移，电吹风机在功能上逐渐趋同。二是电吹风机在外观方面的设计，作为一款美容美发必需品，电吹风机因美而生，其外观设计即"颜值"对产品的认可度和销量产生较大影响。

7.2.5.2 互联网证据的真实性考量

《专利审查指南2010》第二部分第三章第2.1.2节按公开方式规定了三种现有技术的类型，即出版物公开、使用公开和以其他方式公开，均无地域限制。无论是哪一种现有技术，均需包含公开时间和公开内容的统一，即需要证明的是在涉案专利申请日之前技术的状态。

实践中，针对互联网证据，一般从以下几个方面考察其真实性。第一，证据的具体来源，即证据具体来源于什么样的网站。应着重从网站的经营主体、网站资质、是否备案、网站的流量、网站监管是否正规、网站的知名度等角度考察网站的稳定性及公信力。第二，证据的获取与固定途径，主要考察获取及固定途径是否能够如实反映证据的原貌，即在证据被固定之后，是否可以根据该证据考察互联网证据公开的原貌。针对互联网证据，一般可以采用对网站公开内容进行公证及采用可信时间戳进行固定的方式。第三，考察证据的公开时间，互联网中存在上传时间、发布时间等与公开时间相关的时间节点,《专利审查指南 2010》第四部分第八章第 5.1 节对"互联网证据的公开时间"作出了规定:"公众能够浏览互联网信息的最早时间为该互联网信息的公开时间,一般以互联网信息的发布时间为准。"一般来说,发布时间可以认为是公开时间,而上传时间是否可以认定为公开时间要根据不同网站的管理规则来具体确定。第四,考察证据内容是否被更改过。由于互联网证据在上传互联网并发布之后,容易被更改、替换之后再行发布,此时需要考察证据中展示的技术内容是否是涉案专利申请日之前已经公开的内容。也就是说,即便一份互联网证据的发布时间在涉案专利申请日之前,且已经公开涉案专利的全部技术信息,仍需要证明其公开的技术信息在发布之后是未经更改的,或至少不是通过在涉案专利申请日之后经过修改才导致与涉案专利的技术信息一致。如果确信现有证据能够证明待证事实的存在具有高度可能性,对方当事人对相应证据的质疑或者提供的反证不足以削弱相关证据的证明力达到高度盖然性的证明标准的,就应该认定该待证事实的存在。

7.2.5.3 参加展会要注意提前做好知识产权布局

外观设计一旦在展会上公开,就会成为现有技术。由于参加展会而提前公开引发的"专利无效悲剧"时常发生,因此,提高企业知识产权意识是很有必要的,尤其是在如今的电商时代,很多公司在网上都有自己的旗舰店,这往往涉及产品上市。如果没有提前做好相关的知识产权布局工作,如提前申请专利或版权等,那么很可能会带来如下风险。①产品被疯狂抄袭而自己又没有相关的权利证明;②影响专利的新颖性或创造性,如导致已申请的专利更加容易被宣告无效。

判断某产品的外观设计是否在申请日前以展会为载体处于公众想得知就能够得知的状态需要证实:展出该产品的公司参加了相关的展会;该展会具有向不特定人开放的性质;该公司在展会期间展示了该产品及以何种具体形式展出产品;公众能否从展示中得知该产品的实质性外观设计内容,如展会上是否散发了产品资料、产品图片或播放了产品视频等。

对于创新主体来说,何为公开?用通俗的话来说,就是将自己的设计或产品发布在各种网站、电商平台、视频平台、朋友圈上,甚至拿去参加各种展会。而上述公开方式,也可能导致专利丧失新颖性。因此,通过该案例的解析提醒各创新主体,在新的设计或产品还没有确定具体的申请日前,尽量做好产品、设计的保密工作,以避免这种"明明是自己辛辛苦苦研发设计出来的成果,而没有权利去阻止别人免费使用自己的产品设计"的悲剧。

一般而言,对于展会公开的时间,展会会刊通常在展会召开之前或至少在展会召开时既已散发。在没有反证予以否定的情况下,可以认定最迟于展会召开当天所述会刊已向公众公开。

除了展会公开,也有一些其他的公开方式可能导致构成专利的现有技术或现有设计，如作为公开出版物的书刊，国家、行政管理部门或行业发布的技术标准，销售、招投标等使用公开，互联网的公布与出版、新闻报道、电子商务、社交网站、检测机构网站的检测报告等互联网公开。

7.3 手持式吸尘器专利侵权诉讼案

7.3.1 产业背景

手持式吸尘器是一种介于普通家用吸尘器与便携式吸尘器之间的家庭清洁类产品，具有体型小巧、携带及使用方便的特点，分为有线和无线两种，其关键部件是"头部"装有一个电动抽风机。

吸尘器是欧美国家家庭常备的清洁电器，产品普及度高，需求量稳定。而在我国受消费观念、能力的限制，消费者对吸尘器产品的熟悉和认可程度还不够，行业起步较晚。但是，随着我国消费者对家电产品的购买能力提升，消费者对吸尘器的认知逐渐建立，市场需求会越来越强，未来中国吸尘器消费市场发展空间潜力大。

2016—2020年，中国吸尘器市场销售量与销售额呈现高增长态势。2020年新型冠状病毒肺炎疫情暴发，消费者对居家环境卫生、消毒杀菌的诉求明显提升。预计2020—2025年，中国吸尘器市场的普及程度及保有量将增长，销售量年复合增长率有望达到5.0%，销售额年复合增长率将约11.0%（见图7-3-1）。[1]

作为吸尘器市场增速最快的细分品类，无线手持吸尘器在近些年有着傲人的增长成绩。无线吸尘器的零售额占比在2018年上半年已经攀升至69.14%，量额的同比增幅也都大大高于有线吸尘器。[2]

尽管国内的吸尘器消费市场尚处于培育阶段，但是我国早已经是吸尘器生产制造大国。根据海关总署数据，2019年1—8月真空吸尘器及其零件出口金额为322146.6万美元，大额的出口体量使我国成为当之无愧的"世界吸尘器工厂"。[3] 近年来，中国吸尘器行业发展迅速，仅2019年线上线下累计新增品牌85个，累计新增机型452个，大量中低端新品入市分食吸尘器市场。这得益于早期国内工厂通常采用ODM/OEM方式为国外品牌代工，国内吸尘器产业供应链形成时间较早，国产品牌经过早期的技术

---

[1] 沙利文发布中美吸尘器市场研究［EB/OL］.［2022-03-07］. http://www.frostchina.com/？p=16773.

[2] Dibea. 挑战与机遇并存 吸尘器行业迎发展黄金期［EB/OL］.（2020-09-24）［2022-06-03］. https://www.dibea.com/newsinfo/2266755.html？templateId=533753.

[3] 翟菜花. 戴森向小狗下刀，吸尘器市场中外乱战开启？［EB/OL］.（2020-08-13）［2022-06-03］. https://www.cyzone.cn/article/597859.html.

积累,逐渐掌握吸尘器制造技术,而后投入资金研发,正追赶国外掌握的核心技术。❶

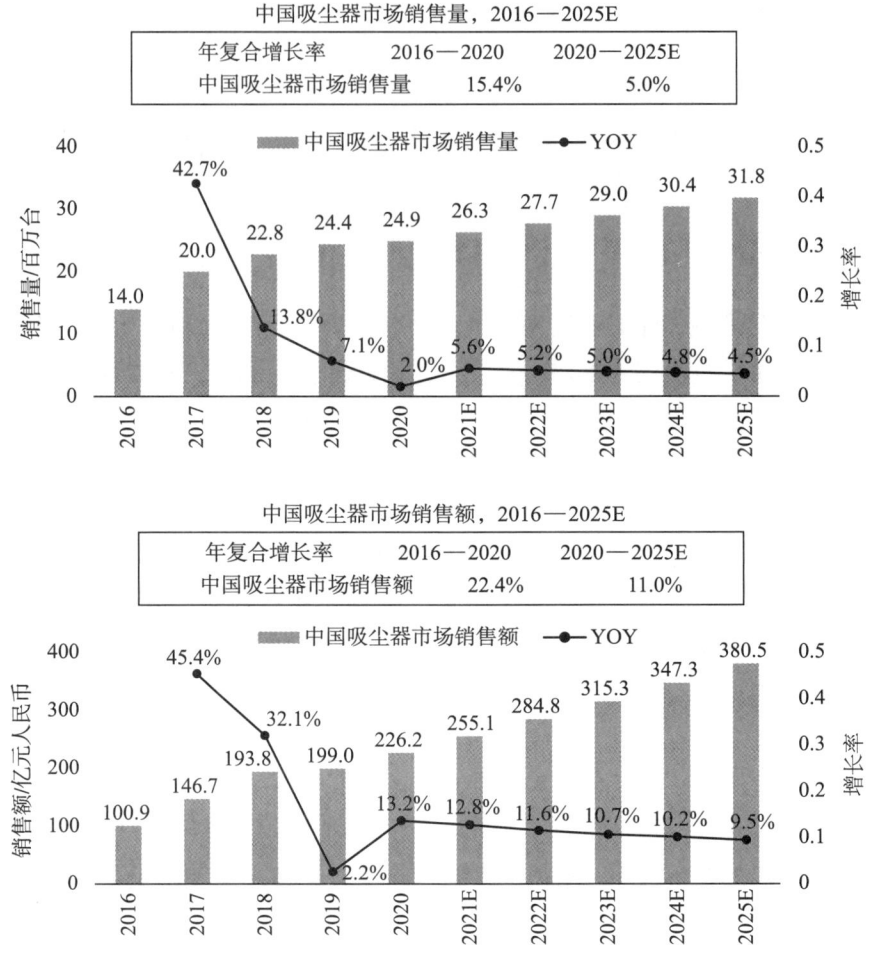

图 7-3-1 中国吸尘器市场销售情况

在物联网、智能家居的风口刺激下,清洁工具随着大数据、人工智能技术发展而实现产业升级。通过搭载数据收集分析、远程客户端控制等新技术,满足客户对洁净标准、清扫效率的需求,实现多场景的智能清扫。

7.3.2 竞争格局

7.3.2.1 市场竞争者

中国吸尘器领域的竞争者包括国际知名黑科技品牌戴森,国内知名家电大品牌海尔、美的,国内新晋高科技创新品牌小米生态链的追觅、小狗电器、科沃斯等。

---

❶ 北京商报. 戴森渐失"明星"光芒,中国"智造"弯道超车 [EB/OL]. (2020-12-08) [2022-06-03]. https://hea.china.com/hea/20201208/20201208668983.html4.

在手持无线吸尘器赛道，戴森作为海外品牌的代表，一直占据着国内市场的重要份额。而以小狗电器、美的、莱克为主的国产高端吸尘器品牌也不遑多让，通过不断发布创新产品瓜分市场，并且营造出了国产包围海外之势。❶

1. 戴森技术有限公司

戴森技术有限公司是英国创新科技公司，致力于设计和研发，用科技来简化人们生活的产品。创始人詹姆斯·戴森（James Dyson）是工业设计师、发明家、真空吸尘器的发明者。

戴森工程师在研发 Airblade 干手器的过程中，发现快速移动的喷射气流会从四周的环境中吸入更多的空气。这一偶然观察到的气流倍增现象，最终成为了戴森 Air Multiplier（无叶片）风扇系列的核心技术。

2. 追觅科技（苏州）有限公司

追觅科技（苏州）有限公司是一家智能家居产品研发商，公司成立于 2017 年，专注于智能家居的产品定义、研发、设计。公司的主要产品包括智能小家电、智能机器人等，并为用户提供相关产品技术支持和行业解决方案。北京小米科技有限责任公司关联公司瀚星创业投资有限公司为其股东之一。❷

对于清洁产品而言，影响性能的核心零件是马达。它像心脏一样为吸尘器提供动力，马达转速越快，吸尘器的吸力越大。赛道巨头戴森之所以领先，其中一个原因就是拥有"高速马达"这项核心技术。追觅科技（苏州）有限公司的起点也在此。其自主研发的 15 万转高速数字马达，一度刷新了量产高速数字马达转速的新纪录。❸

依靠科技创新，追觅品牌过去三年高速增长——2019 年营收超过 5 亿，2020 年营收超过 20 亿，2021 上半年接近 2020 全年水平，同比增长超过 100%。❹

3. 小狗电器互联网科技（北京）股份有限公司

小狗电器互联网科技（北京）股份有限公司成立于 2012 年，是一家主要从事吸尘器、扫地机器人及除螨仪等家用清洁电器的研发、制造、销售和售后服务的高新技术企业。2016 年，其营业总收入达到 5.16 亿元，同比增长 120.69%，净利润达到 0.34 亿元，同比增长 456.54%。❺

---

❶ 木言禾四毛. 2019 年中国吸尘器行业供需分析 疫情推动手持式、推杆式增长［EB/OL］.（2022-04-26）［2022-07-29］http：//www. 360doc. com/content/20/0703/16/29378424_922076778. shtml，7.

❷ 资料来源：企查查。

❸ 何洋. 靠"硬科技"入场，从吸尘器到机器人，追觅如何讲述中国品牌全球化新故事？［EB/OL］.（2022-01-20）［2022-06-03］. https：//www. sohu. com/a/518002976_121123735.

❹ 同❸.

❺ 小狗电器：持续的产品与服务创新［EB/OL］.［2022-06-03］. http：//dzsws. mofcom. gov. cn/anli17/detal_6. html.

4. 科沃斯机器人股份有限公司

科沃斯机器人股份有限公司成立于 1998 年 3 月 11 日，经营范围包括研发、设计、制造家庭服务机器人、智能化清洁机械及设备、电子产品及相关零部件等，销售公司自产产品。2021 年 6 月，其 "618" 全渠道成交额破 9 亿元，同比去年增长 115%。科沃斯机器人连续 4 年跻身 "BrandZ™ 中国全球化品牌 50 强"。❶

该公司历经 3 次转型——从传统吸尘器制造到扫地机器人，从扫地机器人到家用机器人完整产品线，从家用机器人到机器人化、互联网化、国际化的战略发展，科沃斯机器人将 AI 技术引入家用服务机器人领域。AIVI™ 机器人通过对家居环境的识别，获取并分析环境中的障碍物数据，学习发展，从而提出最优的地面清洁解决方案，提升清洁效率，减少人工干预，解放双手。人性化的实时视频监控功能也可以为家居安防提供保障。❷

5. 深圳市普森斯科技有限公司

深圳市普森斯科技有限公司 1996 年成立于中国台湾地区，有十大扫地机器人品牌，专注于智能清洁领域的研发和生产。公司主要产品线涵盖智能扫地机器人、智能擦地机器人、擦窗机、除湿机、除螨仪等。❸

7.3.2.2 市场竞争概况

纵览国内外吸尘器市场，行业整体处于激烈竞争状态，技术更新层出不穷，创新研发速度加快。随着竞争的优胜劣汰，行业集中度不断增加，头部玩家提高品牌壁垒，知名度和影响力日益扩张，不断挤压行业新晋者的发展空间。头部企业凭借技术优势，通过知识产权保护不断巩固护城河，提高技术壁垒，新兴企业参与角逐的门槛越来越高。

戴森吸尘器进入中国并非一帆风顺。2012 年，其正式进入中国市场，起初反响平平，中国消费者对吸尘器产品的认知度并不高。直到 2016 年，其以过硬的黑科技、出色的外观、高昂的价格突出重围，以其不同于同类品牌设计的 "颠覆式" 产品恰到好处地迎合了中国消费者对全新科技和优质设计的追逐。戴森技术有限公司 2016 年在中国市场的销售额为 57 亿元，营收增幅高达 244%。同期，我国领先家电企业的营收增幅高于 30%。戴森技术有限公司在中国仅用 4 年时间就达到了与美国市场相当的水平。❹

技术是支撑戴森品牌高溢价的核心。20 世纪 80 年代，戴森技术有限公司研制出全球首款采用双气旋式系统的无尘袋吸尘器，使其成功突破同行技术壁垒，成为吸尘器领域的 "苹果"。数据显示，戴森技术有限公司每年会拿出 10%~15% 的销售收入用于

---

❶ 大事记 [EB/OL]. [2022-06-03]. https://www.ecovacs.cn/history/event.
❷ 专利战遭败绩戴森 "躺赢" 不再容易 [EB/OL]. (2021-04-02) [2022-06-03]. http://tech.china.com.cn/digi/20210402/376013.shtml.
❸ 资料来源：企查查。
❹ 中国电子报. 中国家电产业为何没出 "戴森"？[EB/OL]. (2021-04-02) [2022-06-03]. http://www.xinhuanet.com/techpro/20211202/771737da89f0437d803ab2dc28f48755/c.html.

研发，远高于家电企业的平均值。2020年，我国三大综合家电企业的研发投入占总营收比例为3%~4%，家庭服务机器人制造商品牌科沃斯为4.67%。❶ 国产吸尘器品牌小狗电器2017年申请IPO时披露，从2015年到2017年，研发投入占总营收比例分别为1.96%、1.53%、1.51%。❷

一直占据市场优势的戴森技术有限公司看似稳操胜券，而近年却因迟迟拿不出新品，在国货品牌的围追之下，市场份额迅速流失，一度被消费者评为最不值得入手的10种小家电。甚至在英国市场上，也跌出吸尘器畅销型号排行榜的前14名之外。在戴森占据主导地位的吸尘器领域，国内品牌科沃斯、小狗电器、小米等开发出的相关产品无论在使用感还是性价比方面都不低于戴森。曾经风光无限的戴森，口碑不断下滑。

戴森从迅速出圈的网红品牌，急转直下跌出神坛，究其原因主要在两方面。一方面，以往戴森最引以为豪的高达185AW的吸力，是其成为全网红极一时的家电品牌的独有优势。现如今，市场上已经有不少商家突破了这项技术，甚至推出超200AW吸力的吸尘器产品，戴森技术优势不再。❸ 另一方面，尽管戴森进驻中国市场多年，但是并没有将研发方向瞄准中国的市场需求，产品设计不符合东方家庭清洁的实际需求。科技企业只有针对消费者需求不断创新才能在竞争中立于不败之地。

《中国吸尘器行业发展白皮书（2021年）》显示，2020年中国吸尘器出货量1.68亿台，同比增长9.97%。在渗透率相对较低的亚太地区、中东和非洲地区，美的、科沃斯等国产品牌排名已占据领先地位。过去，很多国产品牌不注重产品的品质和外观设计，尤其是产品的科技感、时尚感，与外国品牌的差距较大。而现在越来越多的国产品牌细分需求作出创新突破，更快地将创新落地为符合主流消费群体所需的产品。❹

7.3.2.3 专利竞争格局

手持式吸尘器领域在中国提交的发明和实用新型专利申请共2453件。❺ 从申请日分布来看，2016年后申请量陡然上升（见图7-3-2），这与戴森技术有限公司在2016年全面占领中国市场的时间吻合，专利申请的热度往往能反映出市场的热度。在市场竞争激烈的环境下，市场参与者会更加重视专利，加大专利布局。

---

❶ 深响. 存量时代，我们需要更多的「戴森」[EB/OL]. [2022-06-03]. https://zhuanlan.zhihu.com/p/513797344.

❷ 中国电子报. 中国家电产业为何没出"戴森"？[EB/OL]. (2021-12-02)[2022-06-03]. http://www.xinhuanet.com/techpro/20211202/771737da89f0437d803ab2dc28f48755/c.html.

❸ 喜闻乐趣. 戴森市场份额下降，是竞品太强还是自己太"作"？[EB/OL]. (2022-04-26)[2022-06-03]. https://xw.qq.com/cmsid/20211023A078OM00?pgv_ref=baidutw.

❹ 北京商报. 专利战遭败绩 戴森"躺赢"不再容易[EB/OL]. (2022-04-26)[2022-06-03]. https://baijiahao.baidu.com/s?id=1695827522476832368&wfr=spider&for=pc&searchword=%E6%88%B4%E6%A3%AE%E7%9A%84%E7%AB%9E%E4%BA%89%E5%93%81%E7%89%8C.

❺ 专利申请的公开日截至2021年12月31日。

单位：件

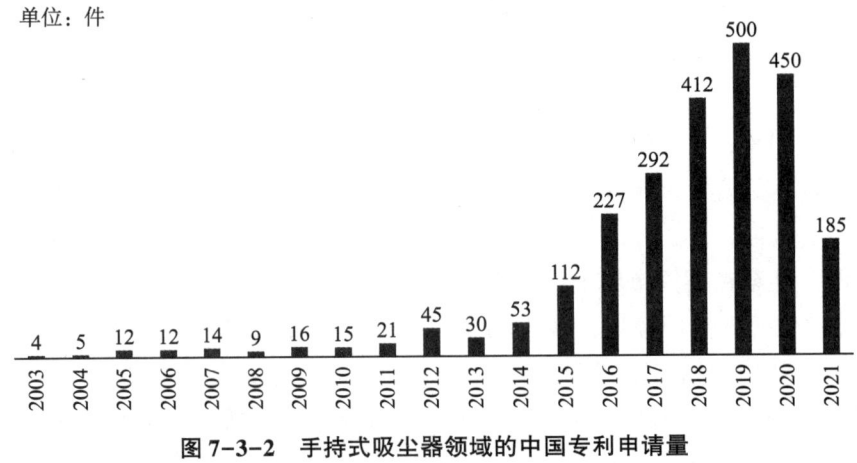

图 7-3-2　手持式吸尘器领域的中国专利申请量

从技术功效角度而言，使用便利性、结构简化、清洁性能是近 10 年来此类产品革新的重点（见图 7-3-3）。

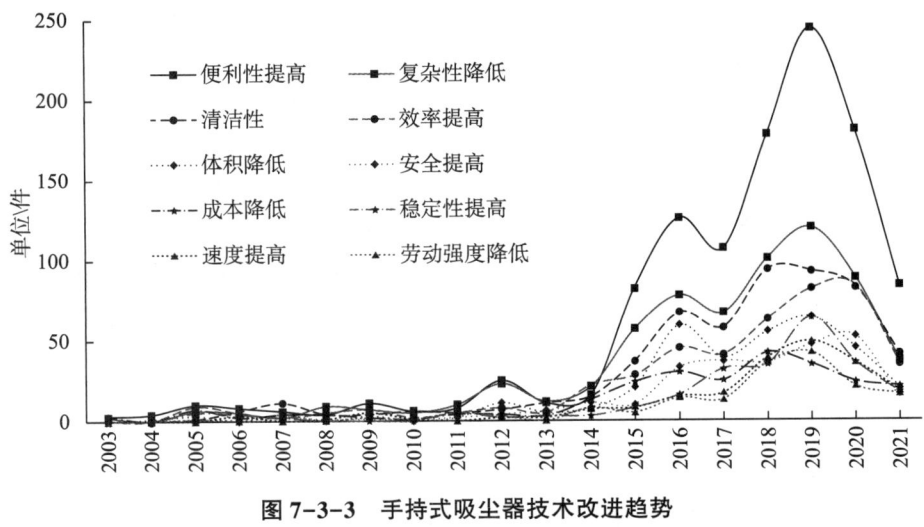

图 7-3-3　手持式吸尘器技术改进趋势

从申请人趋势来看，国内家电头部企业美的集团的申请量最为突出，小狗电器互联网科技（北京）股份有限公司、追觅科技（苏州）有限公司紧随其后。相比之下，戴森技术有限公司的申请量并无明显优势。这反映出国内新晋企业的创新速度已经反超戴森技术有限公司，这也是戴森技术有限公司在市场竞争中逐步被淘汰的原因之一（见图 7-3-4）。

从申请人的技术研发重点来看，国内厂商普遍更关注吸尘器使用的便利性，而戴森技术有限公司则更关注清洁性（见图 7-3-5）。国内厂商更了解本国用户的喜好，针对中国用户痛点对产品进行改进，使用便利性的改善给用户带来良好的使用体验，更加受到市场青睐。戴森技术有限公司尽管也在清洁的技术性上作出了持续完善，然而其很少关注中国消费者实际的使用体验和中国消费者不同于西方人的特有的生活习惯。产品如若不能紧跟市场需求，则终究会被市场遗忘。

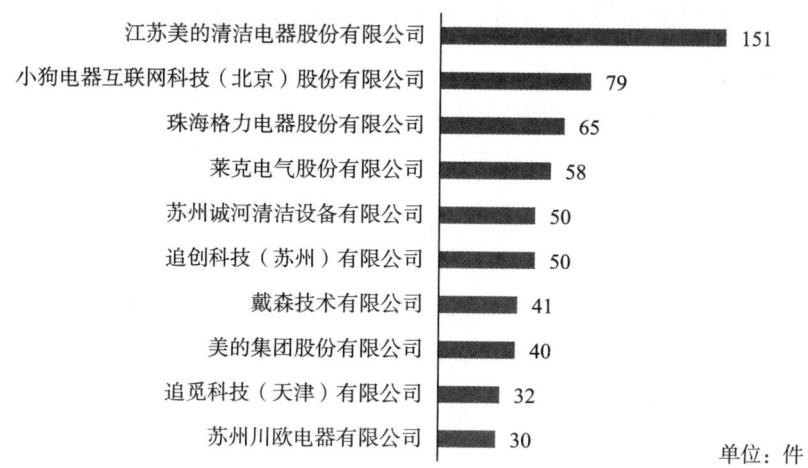

图 7-3-4　手持式吸尘器专利申请人分布

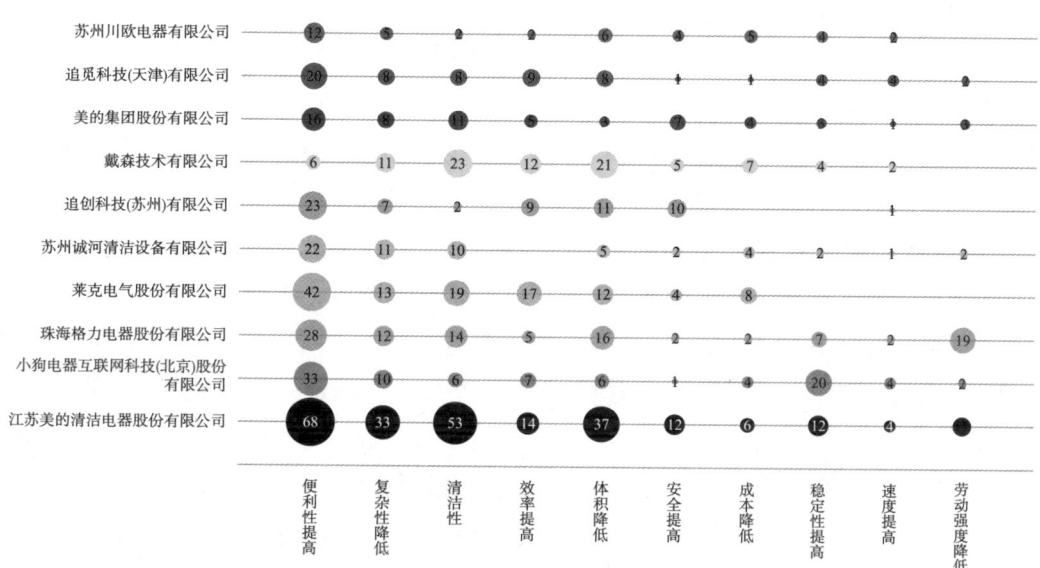

图 7-3-5　申请人技术改进方向

从以上专利信息可以看出，专利的统计分析结果准确地反映出了市场竞争的走势，与实际的竞争态势完全吻合。从专利布局的技术维度来看，国内企业专利申请量对头部的戴森技术有限公司步步紧逼，对核心技术形成包围式改进，将戴森技术有限公司这个行业巨头逐渐蚕食也几乎成为必然的结果。

7.3.2.4　竞争对手之间的专利纠纷

专利诉讼是戴森技术有限公司"打压"竞争对手的主要手段之一，其进入中国后几乎将国内竞品一一告上法庭。过去10年，其在中国请求的专利无效甚至多过苹果公司，大部分看到的诉讼或者专利无效决定，从无叶风扇到吸尘器，都是其获胜。其作为高端吸尘器领域中长时间的领跑者，专利维权是其封锁打压新晋企业、遏制同行崛起的利器。

2016年，戴森技术有限公司起诉东莞市立晔实业有限公司的产品侵害其专利权。虽然法院最终判定东莞市立晔实业有限公司的技术方案没有侵害戴森技术有限公司的专利权，但该诉讼案却导致东莞市立晔实业有限公司的产品停产，给其造成了严重的经济损失。在戴森技术有限公司发起的科沃斯机器人股份有限公司生产的TEK AK-47手持吸尘器侵犯其手持式清洁设备的发明专利权的诉讼案中，法院最终判决驳回了戴森技术有限公司的诉讼请求，但也对科沃斯机器人股份有限公司的经营造成了一定的消极影响。2017年9月21日，小狗电器互联网科技（北京）股份有限公司被戴森技术有限公司因涉嫌侵犯专利发起诉讼，请求北京知识产权法院判令小狗电器互联网科技（北京）股份有限公司停止生产、销售涉案侵权产品，销毁专用模具，并共计索赔100万元。而在起诉后的3个月后，小狗电器互联网科技（北京）股份有限公司对涉案专利提起无效宣告请求。2018年6月，专利复审委员会对"吸尘器部件"涉案专利作出了"维持有效"的审查决定书，这意味着小狗电器互联网科技（北京）股份有限公司的无效宣告请求失败。❶ 双方专利开战之时，正是小狗电器互联网科技（北京）股份有限公司冲击首次公开募股（IPO）的档口，此后，其IPO冲击失利。

国货品牌在戴森技术有限公司的专利战的打压下屡屡失利，而其专利经过多次无效宣告请求后均维持有效，可见其专利稳定性是经得起考验的，无论技术的先进性还是专利文本的撰写质量都无懈可击，这也是其能够以专利来围堵同行的底牌。国货品牌要在专利丛林里另辟蹊径，唯有创新。以科技立身，坚持自主创新的国内品牌追觅深谙其中的道理。与其他公司不同的是，追觅科技（苏州）有限公司与戴森技术有限公司在国内外的诉讼交锋中，积极应诉，以戴森技术有限公司败诉收场。

2020年7月，戴森技术有限公司给追觅科技（苏州）有限公司的经销商发出"追觅V9"和（或）"追觅V10"旋风真空吸尘器侵犯其专利权的警告函，并要求第三方电商平台亚马逊平台下架追觅有关吸尘器产品。2020年8月，追觅科技（苏州）有限公司向德国布伦瑞克地区法院提起禁令申请，禁止戴森技术有限公司再向追觅科技（苏州）有限公司经销商和亚马逊平台声称追觅产品侵犯其专利权。最终，德国一审和二审法院判决均认定：追觅科技（苏州）有限公司V9和V10旋风真空吸尘器未侵犯戴森技术有限公司第EP2043493B1号欧洲专利权，戴森技术有限公司不得向追觅科技

---

❶ GPLP犀牛财经. 小狗电器推T12对标戴森，此前IPO失利还遭遇专利诉讼［EB/OL］.（2020-04-24）［2022-06-03］. https://www.jiemian.com/article/4299940.html.

（苏州）有限公司的客户发出追觅产品涉嫌专利侵权的警告函，随后戴森技术有限公司撤回上诉并承认法院的判决内容。❶ 2021年9月，天津市第三中级人民法院作出判决：追觅科技（苏州）有限公司的"追觅V8"和"追觅V9"旋风真空吸尘器未侵犯戴森技术有限公司相关发明专利权，戴森技术有限公司的主张缺乏事实和法律依据，判决驳回戴森技术有限公司的全部诉讼请求。❷

追觅科技（苏州）有限公司的胜利与其坚持自主科研创新、重视知识产权保护有密不可分的关系。追觅科技（苏州）有限公司深耕智能清洁领域多年，自研高速数字马达的核心技术，打造出第一款10万转速的高速数字马达。这之后，追觅从10万转、12.5万转、15万转，再到研发出16万转高速数字马达的核心技术，不断突破技术的"临界速度"。❸ 有了自主研发的核心技术就有与竞争对手抗衡的底气，也有冲出重围的能力。打铁还需自身硬，只有不断地加大对自主创新的投入力度，才能在激烈的竞争中胜出。

7.3.3 基本案情

笔者以戴森技术有限公司在广东省提起的专利侵权纠纷为例，分析创新主体在市场竞争中如何运用专利策略占据领先优势。

7.3.3.1 涉案专利的基本信息

该案涉及国家知识产权局于2012年6月27日授权公告的、名称为"手持式清洁设备"的ZL200780027328.0号发明专利（即涉案专利），其申请日为2007年7月6日，最早优先权日为2006年7月18日，专利权人为戴森技术有限公司。

7.3.3.2 案情经过

戴森技术有限公司以侵害其涉案专利的专利权为由起诉深圳市普森斯科技有限公司、深圳市浦桑尼克科技有限公司（见表7-3-1）。被告则向专利复审委员会提出该专利的无效宣告请求。此外，在戴森技术有限公司与追觅科技（苏州）有限公司的专利侵权纠纷中，追觅科技（苏州）有限公司也对涉案专利提出了无效宣告请求。

广东省深圳市中级人民法院一审判决被诉侵权产品落入涉案专利权的保护范围，深圳市普森斯科技有限公司赔偿戴森技术有限公司经济损失及维权合理支出40万元，深圳市浦桑尼克科技有限公司赔偿戴森技术有限公司经济损失及维权合理支出10万

---

❶ 石飞月. 追觅科技三次胜诉戴森专利权诉讼［EB/OL］.（2021-10-15）［2022-06-03］. https://www.sohu.com/a/495190126_115865.

❷ 杨洋. 追觅科技三次胜诉 戴森专利权诉讼已累计获得授权专利726件［EB/OL］.（2021-10-15）［2022-06-03］. https://www.donews.com/news/detail/1/3176543.html.

❸ 金评媒. 追觅三胜戴森专利权诉讼，国货品牌该站起来了！［EB/OL］.（2021-10-18）［2022-06-03］. http://www.fromgeek.com/daily/1044-444226.html.

元。深圳市浦桑尼克科技有限公司不服，提起上诉。最高人民法院终审判决驳回上诉，维持原判。专利复审委员在涉诉案件的两次无效宣告请求中均维持专利权有效，可见，戴森技术有限公司的专利质量高，权利稳定。

表 7-3-1 案情经过

案件分类	案件详情	最新案件进程
诉讼	案号：（2018）粤 03 民初 3492 号 案由：侵害发明专利权纠纷 原告：Dyson Technology Limited（戴森技术有限公司） 被告：深圳市普森斯科技有限公司，深圳市浦桑尼克科技有限公司 法院：广东省深圳市中级人民法院 民事诉讼一审判决	首次执行
诉讼	案号：（2020）最高法知民终 559 号 案由：侵害发明专利权纠纷 上诉人（原审被告）： 深圳市普森斯科技有限公司［不被支持］，深圳市浦桑尼克科技有限公司［不被支持］ 被上诉人：…… 法院：最高人民法院 民事诉讼二审判决驳回上诉，维持原判	首次执行 案号：（2021）粤 03 执 4847 号 被执行人：深圳市普森斯科技有限公司，深圳市浦桑尼克科技有限公司 法院：广东省深圳市中级人民法院 20210524 被执行人 被执行人：深圳市浦桑尼克科技有限公司 执行标的：524 012.00 元 20210524 被执行人 被执行人：深圳市普森斯科技有限公司 执行标的：524 012.00 元
无效	专利无效决定（第 40958 号） 维持 ZL200780027328.0 号发明专利权有效	
无效	无效审查决定（第 47241 号） 维持 ZL200780027328.0 号发明专利权有效	

7.3.4 核心问题

7.3.4.1 专利侵权纠纷民事诉讼一审

1. 一审法院认定的事实

关于被诉侵权产品与涉案专利的技术比对，双方存在争议的是被诉侵权产品是否具备涉案专利权利要求 1 中"风扇单元布置在主体的基部表面的上方"这一技术特征。

被告深圳市普森斯科技有限公司、深圳市浦桑尼克科技有限公司认为，涉案专利的权利要求书对权利要求1的技术特征作出了限定，"马达、风扇单元和电池单元布置在主体的基部表面的上方"是权利要求1的必要特征，而被诉侵权产品的风扇单元恰好在主体的基部表面的斜上方，不在主体的基部表面的上方。因此，被诉侵权产品没有落入涉案专利的保护范围。

经查看被诉侵权产品实物，被诉侵权产品的风扇单元在主体的基部表面的上方，深圳市普森斯科技有限公司、深圳市浦桑尼克科技有限公司所述本案被诉侵权产品的风扇单元在主体的基部表面的斜上方与事实不符。

2. 一审法院意见

被诉侵权产品已经具备涉案专利权利要求1的所有技术特征，二者一一对应，被诉侵权产品落入涉案专利权的保护范围。

3. 一审法院判决

深圳市普森斯科技有限公司、深圳市浦桑尼克科技有限公司对戴森技术有限公司的涉案专利构成专利权侵权。深圳市普森斯科技有限公司赔偿戴森技术有限公司经济损失及维权合理支出40万元，深圳市浦桑尼克科技有限公司赔偿戴森技术有限公司经济损失及维权合理支出10万元。

7.3.4.2 专利侵权纠纷民事诉讼二审

1. 原告方诉求

深圳市普森斯科技有限公司、深圳市浦桑尼克科技有限公司共同上诉请求：1. 撤销原审判决并依法改判；2. 责令戴森技术有限公司承担本案全部诉讼费。

2. 上诉争议的焦点

被诉侵权技术方案是否落入涉案专利权的保护范围。

3. 二审法院意见

双方当事人二审争议的内容为被诉侵权技术方案是否具有涉案专利权利要求1中的"马达和风扇单元布置在主体的基部表面的上方"。深圳市普森斯科技有限公司、深圳市浦桑尼克科技有限公司认为，"主体基部表面的上方"只能严格限制在主体基部表面的平面在竖直方向上对应的边界内部，既不符合本领域技术人员对"上方"的通常理解，也超出了发明目的的要求。被诉侵权产品中的风扇位于"主体的基部表面上方"的空间中，即使风扇超出主体基部表面的平面在竖直方向上对应的边界，也不影响被诉侵权技术方案具备涉案专利权利要求1中的"风扇单元布置在主体的基部表面的上方"。深圳市普森斯科技有限公司、深圳市浦桑尼克科技有限公司的相关上诉理由不能成立，被诉侵权技术方案落入涉案专利权利要求1的保护范围。

4. 二审法院判决

驳回上诉，维持原判。

7.3.4.3 无效宣告请求审查决定第40958号

1. 法律依据

《专利法》第22条第3款规定："创造性，是指与现有技术相比，该发明具有突出的实质性特点和显著的进步，该实用新型具有实质性特点和进步。"

2. 决定要点

如果权利要求请求保护的技术方案相对于请求人提交的证据存在区别特征，而请求人提交的其他证据未公开也未给出启示来获得上述区别特征以解决相应的技术问题，目前也没有证据可以证明上述区别特征属于本领域公知常识。基于上述区别特征，该方案还具有有益的技术效果，则应认为该权利要求的方案相对于上述证据具备突出的实质性特点和显著的进步，具备创造性，符合《专利法》第22条第3款的规定。

3. 无效宣告理由

无效请求人深圳市浦桑尼克科技有限公司主张专利权利要求1相对于证据2和证据3的结合或者证据2和证据3及公知常识的结合或者证据2和证据1的结合不具备创造性。

4. 证据清单

证据如表7-3-2所示。

表7-3-2　证据清单——专利无效决定（第40958号）

证据	公开日
证据1：TW242772U号台湾专利文献	1995年3月11日
证据2：JP2004351234A号日本专利文献及其全部中文译文	2004年12月16日
证据3：DE10330649A1号德国专利文献及其全部中文译文	2005年1月27日

5. 决定理由

本专利权利要求1请求保护一种手持式清洁设备。证据2公开了一种蒸汽喷射式清洁装置，其目的在于减小整个装置的尺寸和重量，易于操作并便于确认蒸汽喷射和污垢抽吸。本专利权利要求1与证据2相比，其区别在于：本专利权利要求1中明确限定了把手设置在主体的上部和下部之间，该上部承装马达和风扇单元，下部限定主体的大致是平面的基部表面，下部承装电池单元。其中，主体的大致是平面的基部表面和旋风分离器的大致是平面的基部表面一起形成设备的基部表面，以用于将设备支撑在一表面上。其中，主体的基部表面位于旋风分离器的基部表面的平面中，且其中马达和风扇单元和电池单元布置在主体的基部表面的上方。而证据2并未公开采用上述设置方式。基于上述区别特征，本专利合理安排了旋风分离器、风扇、马达和电池的位置关系，使该结构的手持式清洁设备能够稳定地存放在平面上。

合议组认为：本专利要解决的是现有技术中带有旋风分离器的手持式真空吸尘器存放不稳定的问题，通过将手持式真空吸尘器中重量比较大的几个部件合理分布，利于存放的稳定。证据2已经考虑了各主要部件之间重量需要平衡的问题，但是其未公开本专利权利要求1中把手位于马达、风扇和电池之间的结构，且也未给出相应的技术启示。

证据1公开了一种按键盘面清洁吸屑器，证据3公开了一种百叶窗的手清洁设备，证据1、3均未涉及如何将设备更方便和更稳定存放的问题。本领域技术人员从证据1、3公开的内容中不能得到上述区别特征，也无法从其中获得启示来对证据2中本来稳定的结构进行未知的改进，且目前也没有证据可以证明上述区别特征属于本领域的公知常识。本专利具有能够更便于操作和更稳定地存放在平面上的有益效果。综上所述，请求人的无效理由不成立。

6. 决定结果

维持 ZL200780027328.0 号发明专利权有效。

7.3.4.4 无效宣告请求审查决定第 47241 号

1. 法律依据

《专利法实施细则》第 20 条第 1 款规定："权利要求书应当说明发明或者实用新型的技术特征，清楚、简要地表述请求保护的范围。"

《专利法》第 22 条第 3 款规定："创造性，是指同申请日以前已有的技术相比，该发明有突出的实质性特点和显著的进步，该实用新型有实质性特点和进步。"

2. 决定要点

如果一项权利要求保护的技术方案与最接近的现有技术相比存在区别特征，且该区别特征既未被其他现有技术公开，也无证据表明其属于本技术领域的公知常识，则现有技术整体上不存在将该区别特征应用于最接近现有技术的技术启示，本领域技术人员无法在所述现有技术的基础上显而易见地得到该所保护的技术方案，该技术方案具备创造性。

3. 无效宣告理由

无效请求人追觅科技（天津）有限公司向国家知识产权局提出了无效宣告请求，其理由是该专利权利要求 1~5 不符合《专利法实施细则》第 20 条第 1 款和《专利法》第 22 条第 3 款的规定。

4. 证据清单

证据如表 7-3-3 所示。

表 7-3-3 证据清单

证据	具体内容
证据1	公告号为 GB2035787B 的英国专利文献，公告日为 1982 年 10 月 13 日

续表

证据2	公开号为CN1524485A的中国发明专利申请公开说明书,公开日为2004年9月1日
证据3	授权公告号为CN3333632的中国外观设计专利,授权公告日为2003年11月5日
证据4	公开号为US5970572A的美国专利文献及其中文译文,公开日为1999年10月26日
证据5	公开号为CN1726857A的中国发明专利申请公开说明书,公开日为2006年2月1日
证据6	公告号为KR10-0577279B1的韩国专利文献及其中文译文,公告日为2006年5月10日

5. 决定理由

(1) 关于《专利法实施细则》第20条第1款

请求人认为,权利要求1中的"主体的基部表面位于旋风分离器的基部表面的平面中""主体包括主体的上部和下部之间的把手"中的"上部和下部之间"及"大致"均为不清楚的表述。除基于引用关系导致的不清楚外,权利要求2中的"邻近"、权利要求3中的"紧上方"、权利要求4中的"大致"也不清楚,导致权利要求1~5保护范围不清楚。

合议组经审查认为:对于权利要求1中的"大致是平面的基部表面""主体的基部表面位于旋风分离器的基部表面的平面中""主体包括主体的上部和下部之间的把手""之间",根据本技术领域及日常生活中的惯常理解不会造成不清楚。"邻近""紧上方""大致"在一般的技术类文献中不会造成歧义并导致权利要求的保护范围不清楚。

(2) 关于《专利法》第22条第3款

I. 以证据1为最接近的现有技术。证据1公开了一种便携式手持式抽吸清洁装置。权利要求1与证据1相比,区别特征在于:①本专利权利要求1包括主体,把手位于主体的上部和下部之间,该上部承装马达和风扇单元,下部限定主体的大致是平面的基部表面且承装电池单元;②权利要求1限定了其手持式清洁设备,包括主体和旋风分离器,表明主体和旋风分离器是相对独立的两个不同的部件,主体的大致是平面的基部表面和旋风分离器的基部表面一起形成设备的基部表面,以用于将设备支撑在一表面上,其中主体的基本表面位于旋风分离器的基部表面中,且其中马达和风扇单元和电池单元布置在主体的基部表面的上方,而证据1中仅公开了旋风分离器具有大致是平面的基部表面。

区别特征①解决了技术问题①,即由于重量分布不均和不平衡而导致的不便于操作的技术问题。区别特征②解决了技术问题②,即稳定存放的技术问题。

合议组认为:第一,证据1整体上不存在由于清洁设备,包括马达、风扇单元和电池等沉重部件而导致的重量分布不均和不便于操作的技术问题,本领域技术人员难以在证据1的基础上获得考虑重量平衡问题而对其进行相应改进的动机。证据1所公开的阀块11作为气流发生器可知,其应为重量较轻的模块,因而并无对产品整体配重方面的考虑。由此,本领域技术人员难以在证据1的基础上获得对电池、把手及马达和风扇的位置进行改进以便合理配重的技术启示，缺乏对其进一步改进的动机。

第二，证据2公开了一种电动吸尘器，使用时，重量和体积较大的吸尘器本体1放置在地面上，不会对手部产生重量和压力，因此不存在如前所述的技术问题①，本领域技术人员无法在证据2的基础上获得对把手、马达、风扇和电池的位置进行改进以便合理配重的动机和技术启示。进一步而言，由于证据2中的电动鼓风机和旋风分离器共同设置在吸尘器本体内，不存在本专利所述的、由于本体与旋风分离器相对独立而产生的放置不稳定的技术问题，因此证据2无法给出采用区别特征②解决该技术问题②的技术启示。

第三，证据3为名称为"蒸汽清洁器"的外观设计专利，未公开上述区别特征①和②，也无法给出解决上述技术问题①和②的技术启示。

II. 以证据4为最接近的现有技术。证据4公开了一种带液体喷雾的电池供电的手持式真空清洁器。权利要求1与证据4的区别特征在于：①权利要求1包括旋风分离器且大致竖直方向放置，证据4未记载过滤元件为何种分离器且由图中可以看出大致水平方向放置；②权利要求1的把手位于主体的上部和下部之间，该上部承装马达和风扇单元，下部承装电池单元，而证据4中的马达、风扇单元和电池均位于把手的同一侧。

合议组认为：证据4、证据6和证据1均未公开上述区别特征②，也无法给出解决上述重量分布和平衡的相关技术启示。并且，目前也无证据能够证明该区别特征②属于本技术领域解决该技术问题的公知常识。因此，本领域技术人员在证据4的基础上无法与证据6、证据1及本技术领域公知常识的任意结合得到权利要求1的技术方案，该技术方案具有突出的实质性特点。并且，由于上述区别特征②的存在，使手持式清洁设备中的沉重部件得以合理布局，从而实现了重量均衡、便于操作的有益效果，因而该技术方案具有显著的进步。由此可见，权利要求1的技术方案相对于证据4与证据1、证据6和本技术领域公知常识的任意结合均具备创造性，符合《专利法》第22条第3款的规定。

III. 以证据5为最接近的现有技术。证据5公开了一种便携式无绳吸尘器。比较证据5公开的内容与权利要求1所要求保护的技术方案可知，后壳体8相当于主体，前开口40相当于脏空气入口，排气口38相当于清洁空气出口，旋风器42相当于旋风分离器，其位于从空气入口到空气出口的空气。权利要求1与证据5的区别特征在于：①权利要求1的旋风分离器大致竖直方向放置，由证据5的附图可以看出旋风器42大致水平方向放置；②权利要求1的把手位于主体的上部和下部之间，该上部承装马达和风扇单元，下部承装电池单元，而证据5的手柄26位于后壳体（即主体）的上部，且电机和风扇位于手柄的左侧，电池位于手柄的下部。

合议组认为：证据4、证据6和证据1均未公开上述区别特征②，也无法给出解决上述重量分布和平衡的相关技术启示，并且，目前也无证据能够证明该区别特征②属于本技术领域解决该技术问题的公知常识。因此，本领域技术人员在证据5的基础上无法与证据1、证据4、证据6及本技术领域公知常识任意结合得到权利要求1的技术方案，该技术方案具有突出的实质性特点。并且，由于上述区别特征②的存在，使手持式清洁设备中的沉重部件得以合理布局，从而实现了重量均衡、便于操作的有益效果，因而该技术方案具有显著的进步。由此可见，权利要求1的技术方案相对于证据5与证据1、证据4、证据6和本技术领域公知常识的任意结合均具备创造性，符合《专利法》第22条第3款的规定。

6. 决定结果

维持 ZL200780027328.0 号实用新型专利权有效。

7.3.4.5 小结

1. 专利权侵权诉讼程序中对权利要求保护范围的认定

在该案的侵权诉讼中，关于被诉侵权产品是否落入涉案专利的权利要求保护范围，双方争议的焦点在于被诉侵权产品是否具备"风扇单元布置在主体的基部表面的上方"的技术特征。

被告深圳市普森斯科技有限公司、深圳市浦桑尼克科技有限公司认为："涉案专利的权利要求1中限定'马达、风扇单元和电池单元布置在主体的基部表面的上方'，而被诉侵权产品的风扇单元恰好在主体的基部表面的斜上方，不属于主体的基部表面的上方。因此，被诉侵权产品没有落入涉案专利的保护范围。"

一审法院认为："经查看被诉侵权产品实物，被诉侵权产品的风扇单元在主体的基部表面的上方，深圳市普森斯科技有限公司、深圳市浦桑尼克科技有限公司所述本案被诉侵权产品的风扇单元在主体的基部表面的斜上方与事实不符。因此，一审法院认定被诉侵权产品的主体部分包括把手、马达、风扇单元、基部表面和电池单元，其中，马达和风扇单元位于主体基部表面的上方。被诉侵权产品落入涉案专利权的保护范围，构成侵权。"

二审法院认为："'主体基部表面的上方'只能严格限制在主体基部表面的平面在竖直方向上对应的边界内部，既不符合本领域技术人员对'上方'的通常理解，也超出了发明目的的要求。也就是说'主体基部表面的上方'包括风扇超出主体基部表面的平面在竖直方向上对应的边界的情况，即使风扇在主体的基部表面的斜上方也在涉案专利的权利要求的保护范围内。"

可见，在侵权判定中，对权利要求中的术语的解释要依据本领域技术人员、结合本领域普通技术知识对该术语作出的通常理解。

2. 无效宣告请求中的创造性的判断和权利要求保护范围是否清楚的判断

在第40958号专利无效决定中，复审委员会认定："本专利能够解决如何将设备更方便和更稳定存放的问题，而现有证据均未给出利用本专利所采用的技术手段来解决上述问题的启示。因此，本专利具备创造性，维持本专利有效。"

在第 47241 号无效审查决定中，复审委员会认定："关于创造性，本专利解决了由于重量分布不均和不平衡而导致的不便于操作的问题，并解决了稳定存放的问题，而现有证据中没有给出对电池、把手及马达和风扇的位置进行改进以便合理配重的技术启示，甚至不存在由于本体与旋风分离器相对独立而产生的放置不稳定的技术问题。因此本专利具有创造性，维持了本专利有效。"

由上述无效决定可见，在创造性的判断中，关键在于现有证据是否给出采用与本专利的相同或类似的技术手段来解决本专利所解决的技术问题的启示。对于"邻近""大致"这样的相对用语不必然导致权利要求不清楚，不能因为权利要求中出现这类用语就一概而论地认为不清楚，而要结合具体的案情，判断是否会因该用语导致权利要求边界不清晰，如果不会导致权利要求保护范围不清楚则是允许的。

7.3.5 案例启示

7.3.5.1 高质量专利为企业发展护航

专利质量的高低对专利权人保护创新有着至关重要的意义，提升专利质量是加强专利保护的源头。戴森技术有限公司的专利经过多次无效宣告请求，均维持有效，无论是权利要求文本的清楚性，还是技术内容的可专利性都经得起考验，这是戴森技术有限公司屡次维权成功的基础。

根据 2008—2018 年受理并完结的专利无效宣告请求的数据，在超过 60% 的无效宣告请求中，至少都有部分权利要求被宣告无效。❶ 可见，大部分被请求宣告无效的专利在授权的实质性条件或授权文本上或多或少存在不足。相比之下，戴森技术有限公司的专利稳定性可圈可点。从技术先进性的角度来看，无效宣告请求人分别在第 40958 号无效宣告请求和第 47241 号无效宣告请求中提出戴森技术有限公司的涉案专利不具备创造性，两个无效宣告请求人分别给出 4 篇和 6 篇现有技术，用于评价其创造性。但是复审委员会在两次无效请求中经过与这 10 篇现有技术的比对均作出维持专利有效的审查决定，理由是该专利解决了如何将设备更方便和更稳定存放的问题，而现有技术中没有给出相关启示。也就是说，戴森技术有限公司的专利技术针对设备安全、稳定存放问题给出了一个新技术、新手段，从而解决用户在吸尘器存放方面的痛点，为吸尘器技术的完善、进步提供了新的解决方案，在现有技术的基础上达到了有益效果，作出了技术贡献。从专利文本的撰写水平来看，无效宣告请求人在第 47241 号无效宣告请求中提出，涉案专利的权利要求不清楚。权利要求清楚地描述保护范围，是专利文件撰写质量的重要指标，这既是授权的必要条件，也是专利维权的先决条件。在侵

---

❶ 郑海洋. 2008—2018 年度中国专利无效案件统计分析报告 [EB/OL]. (2019-02-03) [2022-04-01]. https://www.sohu.com/a/293164554_6568841.

权诉讼中法官以权利要求的文字描述为依据来比对被诉产品，如果权利要求保护范围撰写得不清楚或者不恰当，即使获得了专利权也很难对专利技术进行充分的保护。而且，几乎所有的侵权诉讼都会伴随无效宣告请求，权利要求保护范围不清楚作为无效理由之一直接决定了专利权是否能维持有效、涉案专利是否能作为维权依据。复审委员会认定戴森技术有限公司的涉案专利权利要求保护范围清楚，权利要求中的术语是否清楚应以本技术领域及日常生活中的惯常理解为标准来判断是否会造成歧义，如果本领域技术人员能够明确理解其含义则是允许的。综合戴森技术有限公司涉案专利的两次无效过程来看，该专利无论是技术质量还是文本质量都是经得起考验的。高质量的专利是维护专利权人权益的基本保障，要保护创新，不仅要有好的专利技术，还要形成高质量、权利稳定的专利。戴森技术有限公司的高质量专利是其能够运用专利策略在商业竞争中占据一席之地的基本保障。戴森技术有限公司通过高质量专利来保护创新、维护自身权益的案例在专利创造、运用方面作出了成功示范，值得国内中小企业研究学习。

7.3.5.2 找准技术突破，精准专利布局

新兴企业要成长、突破专利壁垒，根本途径是不断创新。只有通过创新手段，许多小企业才能进入市场，与在位者分享利润甚至取而代之。❶ 对于中小企业，要扭转头部企业在行业中的领先优势，则需要在大企业已有的专利布局下，从市场需求出发，找到适合自己的细分赛道，不断深耕。该案中，尽管戴森技术有限公司一开始在行业中遥遥领先，但是，国内企业通过不断发掘戴森技术有限公司产品的不足，改善吸尘器的用户体验，从国内市场需求出发，对产品进行本土化，最终通过细节改进和应用型创新对戴森技术有限公司产品形成包围之势，也取得了良好的市场反响，在与巨头戴森技术有限公司的抗衡之中寻找到转机，实现了逆袭。该案给中小企业的启示是，要突破头部企业的专利技术壁垒，可以从用户需求出发，找准现有技术的不足、用户的痛点，在现有产品的基础上以新的视角改进、创新，也有机会以小攻大、以弱胜强。

以小改进包围核心专利技术，既是一种技术研发的思路，也是一种专利布局方法。专利布局是指企业综合产业、市场和法律等因素，对专利进行有机结合，涵盖了企业利害相关的时间、地域、技术和产品等维度，构建严密高效的专利保护网，最终形成对企业有利格局的专利组合。丛林式布局是专利布局的一种常用方式，也就是通过大量的外围专利来包围核心专利。这种布局既可以是对自己的核心专利进行严密的强化保护，也可以是对竞争对手的核心专利进行进一步的研发，在其周围密布大量的改进型发明，从而削弱对手核心专利的竞争力，最终通过交叉许可来相互获得市场发展空间。家电行业属于典型的累积式创新，一件产品上往往积累多个发明创造，技术发展

---

❶ 澎湃新闻. 破除以准入政策为代表的行政壁垒，是促进市场创新的当务之急 [EB/OL]. (2018-12-26) [2022-04-01]. https://www.sohu.com/a/284631226_260616.

是在早期技术上的渐进式改进。❶ 因此，家电行业的专利布局适合于采用丛林式布局，通过不断的技术小改进来持续完善产品、推动技术创新。国内企业在戴森吸尘器的基础技术上作出的多方面、多角度的改进，就是对其核心专利的包围。外围专利越密集，核心专利的攻击力弱，由此打破在先技术造成的行业垄断，有效遏制在先专利技术对后续创新的阻碍，从而有更多竞争者得以进入市场，形成更充分的市场竞争，消费者的全方位需求得到更充分的供给。

7.4 榨汁机专利侵权诉讼案

7.4.1 产业背景

7.4.1.1 榨汁机的全球及国内产业整体状况

榨汁机是一种可以将蔬菜水果榨成果蔬汁的小家电。1930年由诺蔓·沃克博士发明，后来设计师们又改造出不同款式及原理的榨汁机。

2021年全球榨汁机市场销售额达到了21亿美元，预计2028年将达到24亿美元，年复合增长率为1.9%（2022—2028年）。全球榨汁机主要品牌有Omega（欧米茄）、Braun（博朗）、Hurom（惠人）、Cuisinart（美膳雅）、Breville（铂富）等，这5大品牌共占有超过45%的市场份额。中国目前是全球最大的榨汁机市场，占有超过35%的市场份额，之后是欧洲和美国市场，二者共占有超过30%的份额。❷

榨汁机用途广泛，我国市场潜力巨大，但是国内家用榨汁机普及率还不太高。榨汁机进入中国家庭的时间较晚，消费者尚未形成饮用新榨果汁的习惯，而且榨汁机用完后清洗不便利，很多消费者买回榨汁机，使用一两次后就将其束之高阁，因而近几年家用榨汁机的销量增长并不明显。2020年中国榨汁机零售数量为188.08万台，中国榨汁机零售市场规模为8.31亿元（见图7-4-1）。❸

7.4.1.2 原汁机产业状况

1. 原汁机的基本原理

原汁机是榨汁机的一个分支机型。原汁机是在常规的榨汁机的基础上发展起来的，其主要工作目的也是将水果变成果汁，以提高口感和方便饮用。但原汁机在传统杯式搅拌机和榨汁机基础上有了质的飞跃。传统的杯式搅拌机不能排除残渣，采用高速旋

---

❶ 许妍. 专利价值和质量的关系——基于累积型创新行业的美国专利数据分析[J]. 中国知识产权，2020（161）：7.

❷ 简乐尚博. 全球与中国榨汁机市场现状及未来发展趋势[EB/OL]. (2022-01-18)[2022-06-03]. https://new.qq.com/omn/20220118/20220118A0657Y00.html.

❸ Liuyugui. 2021年榨汁机行业发展分析[EB/OL]. (2021-07-15)[2022-06-03]. https://www.chinairn.com/news/20210715/091810235.shtml.

刀，转动时产生的冲击力及热量分解并破坏活性酶、维生素等营养成分。传统的高速榨汁机能够排除残渣，但仍然不能避免高温及高速旋转的刀头对果汁营养成分的破坏。原汁机通过螺旋挤压的方式、汁渣分离的形式结构，有效地解决了以上两个问题，可以说是榨汁机历史上的一个里程碑。

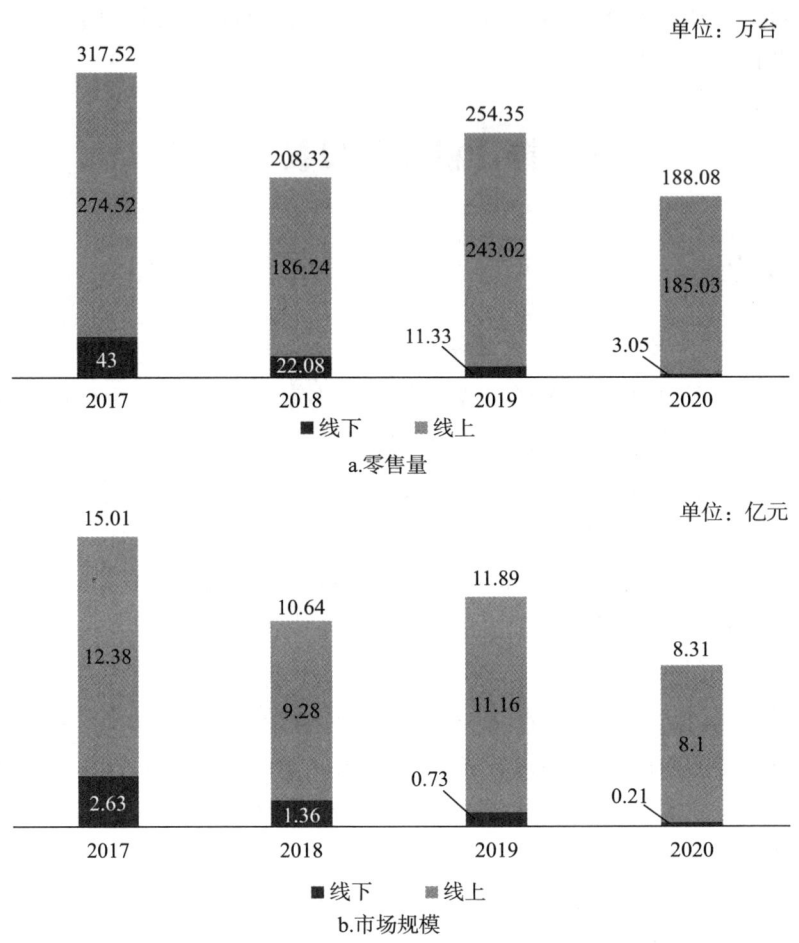

图 7-4-1　2017—2020 年中国榨汁机零售量与市场规模

资料来源：智研咨询整理。

就原汁机的低速螺旋挤压技术而言，挤压转速越低越好。一般原汁机每分钟转速 75 转左右，像挤毛巾一样将果汁慢慢挤出来，不破坏水果细胞结构，营养得以保全。而且低速出汁不会产生高热，也避免了果汁受热氧化的问题。原汁机摒弃了金属刀网，彻底解决了出汁过程中果汁与金属接触发生氧化的问题。

2. 原汁机的产业概况

2015 年左右，原汁机在中国市场的发展进入黄金期。原汁机以其高出汁率、天然成分不氧化、果汁不分层、榨汁分离等优势迅速获得市场青睐。新概念、新设计的引入也使得原汁机价格达到传统的离心式榨汁机的三倍之高，成为榨汁机中当之无愧的高端品类。优于传统榨汁机的销量攀升、价格增长吸引了众多厂商加入原汁机的生产开发。国内外多种品牌的原汁机呈现井喷式增长，国外进口品牌以原汁机的创始品牌惠人为代表，国内家电企业中，无论是传统大家电企业，还是小家电企业，都纷纷开始涉足原汁机，原汁机市场占有率日渐扩大。在 2015 年第一季度上市的榨汁机新品中，原汁机新品数量同比增长接近 100%，占比超过 80%，线上市场有 101 个品牌的 346 个型号，线下市场共有 29 个品牌的 136 个型号❶，市场竞争趋于白热化。

到 2020 年，原汁榨汁机销售占比大于传统榨汁机销量占比，线上原汁榨汁机占总榨汁机的 60.76%，线下原汁榨汁机占总榨汁机 73.55%（见图 7-4-2）。

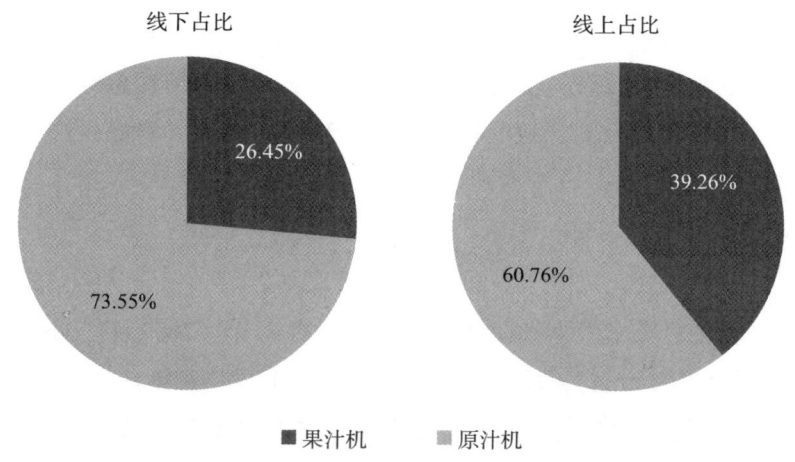

图 7-4-2　2020 年中国榨汁机销售类型占比

资料来源：智研咨询整理。

7.4.2　竞争格局

7.4.2.1　国内市场竞争者

1. 中国图们惠人电子有限公司

中国市场中家用榨汁机进口产品的最大来源国是韩国，远超其他国外品牌。惠人作为韩国榨汁机品牌的佼佼者，在中国的高端家用榨汁机市场占有重要的一席之地。

惠人，是惠人株式会社旗下新厨电品牌，总部位于韩国。旗下主营产品为惠人原汁机、惠人破壁机、惠人绿汁机。

中国图们惠人电子有限公司于 2011 年 5 月 30 日成立，法定代表人金煐麒。公司经营范围包括厨房小家电及配件生产，家用电力器具、电机及其零部件的销售，家用电器及电子产品维修等。

---

❶ 应婕. 线上市场占比扩大，原汁机成为市场热点——中国榨汁机市场 2015 年第一季度回顾［J］. 电器，2015（8）：66-67.

惠人榨汁机的核心技术是慢速压榨，这种源于柠檬压榨器的榨汁方法，在高压下对新鲜的水果和蔬菜进行慢速挤压，将原汁原味的果蔬汁榨出，是一种原汁机。原汁机为了保持新鲜水果和蔬菜的味道和芳香，一方面将流入的空气最小化，减少氧化，改善果汁营养流失及分层和大量气泡的问题；另一方面慢速旋转降低了机器运转中产生的热量，更好地保护水果的营养，避免果糖酸化的过程，保留了果汁的甜蜜口感。❶

2. 未来穿戴健康科技股份有限公司

该公司曾用名有佛山艾诗凯奇电气有限公司等，是国内成长较快的电商品牌之一，2007年成立于"中国家电之都"广东顺德，致力于成为国内一流的跨国网商，产品涉及厨房电器、生活电器、护理电器、环境电器、大家电5大类目。该公司目前改名为未来穿戴健康科技股份有限公司，转型为一家专注于大健康领域可穿戴设备和产品研发、设计与制造的企业，为追求智能科技、时尚健康的消费人群提供高品质的可穿戴按摩仪产品和服务体验。

3. 上海建括实业有限公司

上海建括实业有限公司成立于2005年。公司成立伊始，专业从事建筑防水材料研发、制造、产品营销、技术咨询和防水施工方面业务工作。2009年，公司开始涉足生活电器的设计研发和生产销售，现已发展成为拥有防水材料和生活电器两大业务内容、总资产超过10亿元的大型公司。随着电子商务的成熟和快速发展，公司产品入驻天猫、京东、当当、国美、1号店等电商平台。

4. 澳柯玛股份有限公司

澳柯玛股份有限公司创建于1987年，2000年在上海证券交易所上市，以冰柜、冰箱、生活电器等家用产品为核心业务。2018年，澳柯玛荣登"中国500最具价值品牌"，以347.91亿元的品牌价值位列第143位。❷

5. 九阳股份有限公司

九阳是国内知名小家电品牌。1994年，九阳股份有限公司发明了世界上第一台豆浆机。27年来，九阳经历了"三个十年"的发展：第一个十年（1994—2004年），发明豆浆机，让豆浆机走进千家万户；第二个十年（2004—2014年），从豆浆机到多品类，致力于做厨房小家电的领导者；第三个十年（2014年至今），成长为品质小家电领导品牌。❸

---

❶ 艾肯家电网. 惠人原汁机——引领原汁原味绿色生活［EB/OL］.（2021-07-22）［2022-06-03］. http://finance.sina.com.cn/tech/2021-07-22/doc-ikqciyzk6988273.shtml.
❷ 资料来源：企查查.
❸ 同❷.

6. 海尔集团

海尔集团是中国白色家电第一品牌，在全球建立了 29 个制造基地，8 个综合研发中心，19 个海外贸易公司，全球员工总数超过 6 万人，已发展成为大规模的跨国企业集团。2008 年海尔集团实现全球营业额 1190 亿元。据世界著名消费市场研究机构欧洲透视（Euromonitor）最新数据显示，海尔在世界白色家电品牌中排名第一，全球市场占有率 5.1%。这是中国白色家电首次成为全球第一品牌。

7. 荣事达小家电有限公司

荣事达电子电器集团有限公司是集研发、生产、销售为一体的知名家电企业集团，产品线涵盖智能家电、新材料、新能源等多个领域，总部位于安徽合肥。

荣事达小家电有限公司成立于 2004 年，是合肥荣事达电子电器集团有限公司旗下专业从事小家电研发、制造、营销与服务的现代化企业。产品涵盖国内所有小家电品类，如研发、生产电磁炉、电压力锅、电饭煲、豆浆米糊机、料理机等产品。

7.4.2.2 竞争者的专利布局情况❶

1. 榨汁机的中国专利申请总体情况

榨汁机的发明和实用新型的中国专利申请 3.6 万余件，其中原汁机相关专利量 640 件。

在原汁机的申请中，从申请时间看，2013 年后申请量有显著增长（见图 7-4-3）；从地域分布看，位列第一的广东和位列第二的浙江，明显高于其他省份（见图 7-4-4）。在申请人方面，美的、苏泊尔、九阳、格力等国内家电知名品牌申请量比较突出，新晋的科创品牌艾诗凯奇的申请量也不输传统巨头（见图 7-4-5）。申请量排名前 10 的申请人中，较早进行专利布局的申请人苏泊尔、美的从 2014 年开始有申请提交，最晚布局的艾诗凯奇则从 2016 年才开始申请（见图 7-4-6）。

2. 主要竞争者的专利申请情况

（1）中国图们惠人电子有限公司的专利申请情况

中国图们惠人电子有限公司及其法定代表人金煐麒在榨汁机技术方面的中国专利申请共 66 件。❷ 从 2011 年起专利申请量有所增长，2018 年达到申请量峰值（见 7-4-7），其中涉及原汁机的申请有 2 件。

---

❶ 公开日截至 2021 年 12 月 31 日，包含中国发明和实用新型专利申请。

❷ 包括原汁机和其他种类的榨汁机。

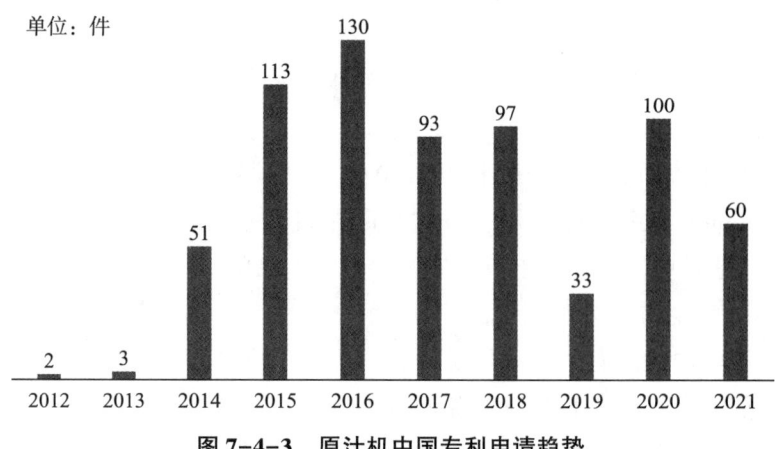

单位：件
2
3
51
113
130
93
97
33
100
60
2012
2013
2014
2015
2016
2017
2018
2019
2020
2021

图 7-4-3　原汁机中国专利申请趋势

单位：件
358
207
63
17
5
4
4
4
4
4
广东
浙江
山东
江苏
福建
上海
河南
湖北
湖南
四川

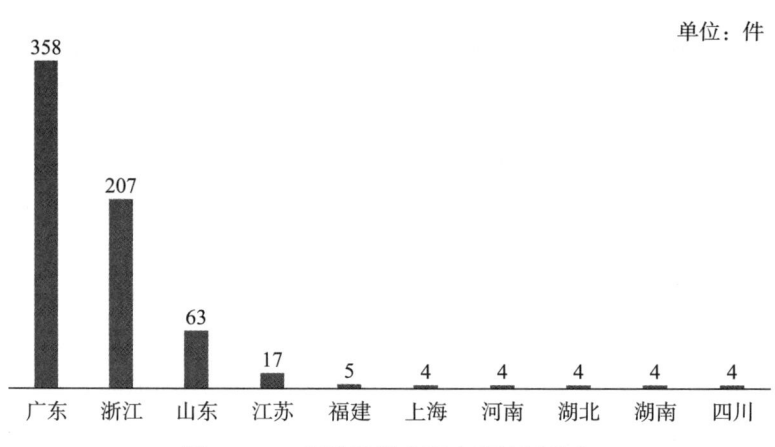

图 7-4-4　原汁机的专利申请地域分布

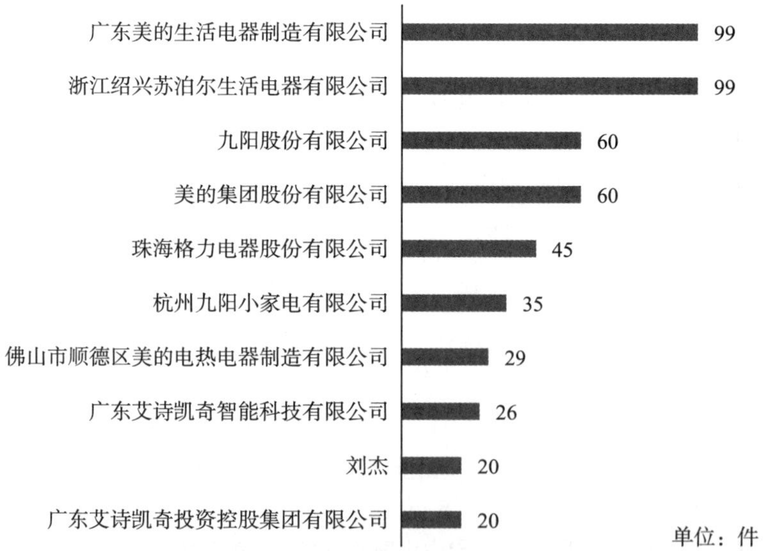

广东美的生活电器制造有限公司 99
浙江绍兴苏泊尔生活电器有限公司 99
九阳股份有限公司 60
美的集团股份有限公司 60
珠海格力电器股份有限公司 45
杭州九阳小家电有限公司 35
佛山市顺德区美的电热电器制造有限公司 29
广东艾诗凯奇智能科技有限公司 26
刘杰 20
广东艾诗凯奇投资控股集团有限公司 20
单位：件

图 7-4-5　原汁机的专利申请人分布

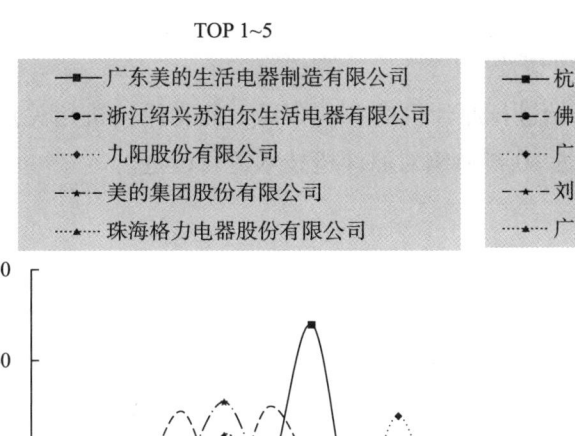

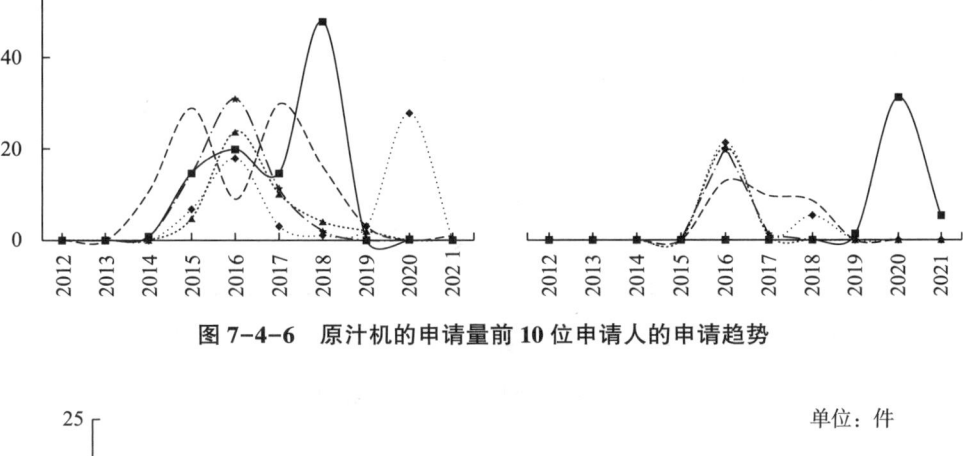

图 7-4-6 原汁机的申请量前 10 位申请人的申请趋势

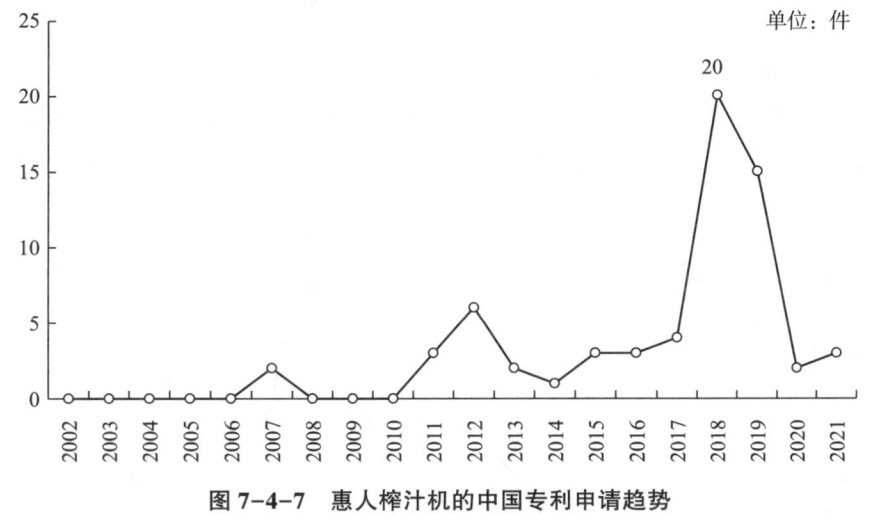

图 7-4-7 惠人榨汁机的中国专利申请趋势

从惠人的成长历程可以发现,该公司自 2005 年研究开发慢速压榨(SSS, Slow Squeezing System)方式的榨汁机,2008 年开发采用 SSS 方式的原汁机品牌"惠人",2018 年 8 月在中国开始申请注册商标"惠人"。在进入中国市场前,中国图们惠人电子有限公司已经开始专利布局。正式进入中国市场后,其专利申请趋势有进一步显著增长。该公司最早的中国专利申请是在 2007 年,以法定代表人金煐麒为申请人。这件专利的申请时间大致在该公司开发 SSS 式榨汁机期间,技术内容涉及采用慢速压榨技术的原汁机。这件专利也是惠人榨汁机在中国市场中开展维权纠纷的核心专利。该公司在专利申请量上和其他国内企业相比并无明显优势,但是最早的申请在 2007 年,早于国内企业专利布局。

(2) 九阳股份有限公司的专利申请情况

九阳股份有限公司从 2015 年开始进行原汁机的专利布局,拥有原汁机相关技术的专利申请 90 件(见图 7-4-8),在近 10 年持续对原汁机技术进行改进。

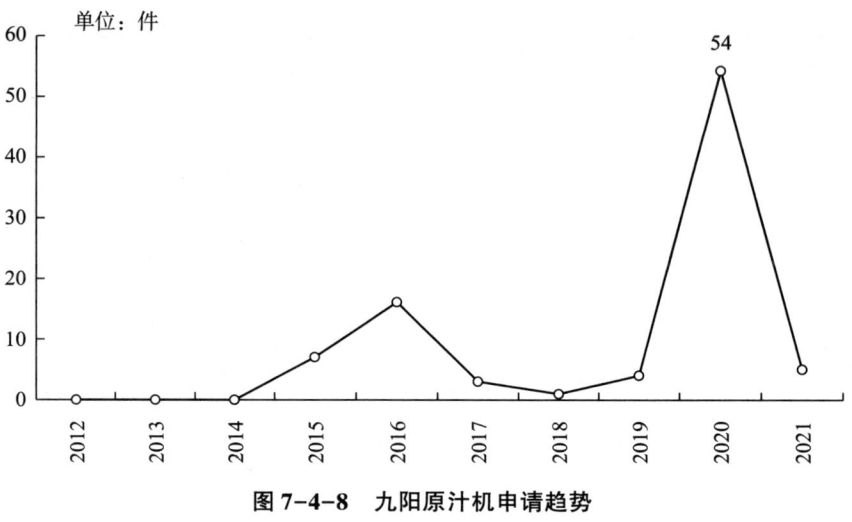

图 7-4-8　九阳原汁机申请趋势

(3) 美的集团专利申请情况

美的集团同样是从 2014 年开始进行原汁机的专利布局,拥有原汁机相关技术的专利申请 124 件(见图 7-4-9),在 2018 年申请量达到峰值,2019 年后申请量明显减少。

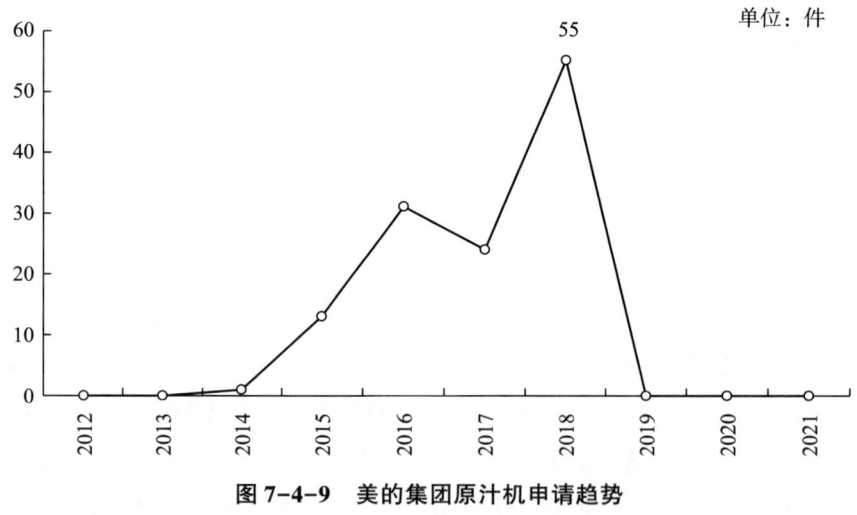

图 7-4-9　美的集团原汁机申请趋势

(4) 广东艾诗凯奇智能科技有限公司的原汁机专利情况

广东艾诗凯奇智能科技有限公司专利申请开始较晚,2016 年是申请的第一年也是最多的一年，随后逐年减少，申请量共23件（见图7-4-10）。

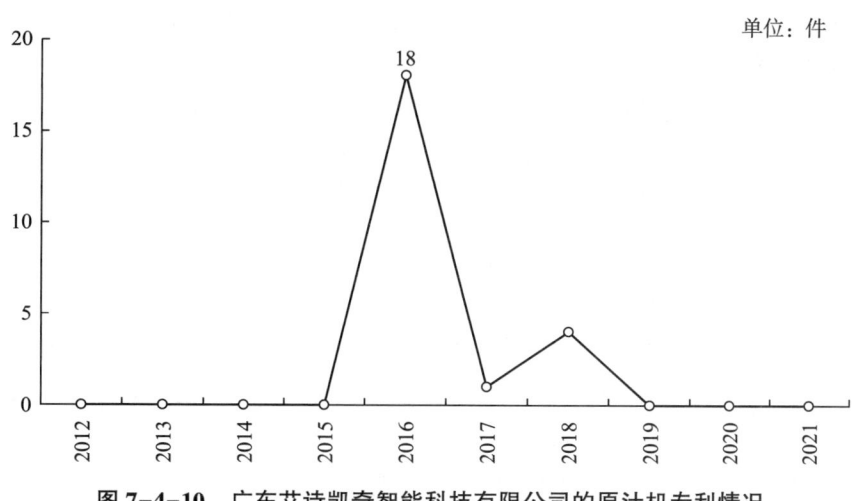

图7-4-10 广东艾诗凯奇智能科技有限公司的原汁机专利情况

7.4.3 基本案情

7.4.3.1 涉案专利的基本信息

图们惠人电子有限公司在中国用于维权的核心专利ZL200780001269.X，名称为"榨汁机"，申请日为2007年4月27日。该专利于2010年11月24日被授权公告，授权公告号为CN101355897B。

7.4.3.2 案情经过

图们惠人电子有限公司在中国以原告身份发起的侵犯专利权纠纷案件达百余起（详见表7-4-1）。[1] 专利策略的运用是该公司成功打开中国市场并占领优势市场地位的重要经营策略和核心竞争力。该公司屡次获得胜诉，其中判决100万元顶格赔偿的案件多起，总判赔金额近4600万元。[2] 借助专利保护，图们惠人电子有限公司一方面排挤众多竞争对手，使得自己的优势地位不断得以巩固，市场占有率稳步提升；另一方面通过维权宣传提升了知名度，树立技术领跑者的高端品牌形象，成为行业首屈一指的头部企业。

图们惠人电子有限公司于2014年发现佛山艾诗凯奇电气有限公司生产的三款原汁机（即涉案产品）在京东商城上进行公开销售，认为涉案产品落入了涉案专利的保护范围之内，涉案产品销售量巨大，给其造成了重大经济损失。其于2014年12月进行公证取证，并于2015年1月29日向北京知识产权法院针对上述3款原汁机提起了3个专

---

[1] 资料来源：企查查。
[2] 韩国惠人榨汁机在专利维权中获赔近4600万 [EB/OL]. [2022-06-03]. https://www.daozhengqifu.cn/article/80.html.

利侵权诉讼案件，要求佛山艾诗凯奇电气有限公司停止侵权，并且每个案件赔偿损失100万元和合理支出3万元。一审法院判赔每个涉案产品各赔偿其100万元并支付合理支出，共计300万余元。二审法院维持原判。

针对图们惠人电子有限公司提起的侵权诉讼，被告也纷纷向专利复审委员会提出无效宣告请求，涉案专利经历8次无效宣告请求。无效宣告人包括卞小垒、苏州爱洁雅电器有限公司、杭州乐水电子商务有限公司、胡雷、佛山市麦尔电器有限公司、佛山市顺德区嘉壕实业有限公司、东莞市和诚电器科技有限公司等。无效理由涉及《专利法》第26条第3款规定的说明书要公开充分、第26条第4款规定的权利要求要以说明书为依据，《专利法实施细则》第20条第1款规定的权利要求应当清楚地表达请求保护的范围、《专利法实施细则》第21条第2款（原《专利法》和原《专利法实施细则》，下同）规定的独立权利要求应当记载解决技术问题的必要技术特征，《专利法》第22条第4款规定的实用性、第22条第3款规定的创造性，而无效的审查结论均是维持专利有效。可见该专利权非常稳定，专利申请文件的撰写质量很高。

表7-4-1 涉案专利的案情经过

序号	案件详情	审判/审查结果
1	图们惠人电子有限公司与北京京东叁佰陆拾度电子商务有限公司等侵害发明专利权纠纷一案一审民事判决书，（2015）京知民初字第186号。审判法院为北京知识产权法院，结案日期为2015年12月31日。诉讼当事人为图们惠人电子有限公司、北京京东叁佰陆拾度电子商务有限公司、北京京东世纪信息技术有限公司、佛山艾诗凯奇电气有限公司等	构成专利侵权 被告佛山艾诗凯奇电气有限公司赔偿原告图们惠人电子有限公司损失100万元及为制止侵权行为所支付的合理开支
2	图们惠人电子有限公司诉北京京东叁佰陆拾度电子商务有限公司等侵害发明专利权纠纷一案一审民事判决书，（2015）京知民初字第187号。审判法院为北京知识产权法院，结案日期为2015年12月31日。诉讼当事人为图们惠人电子有限公司、北京京东世纪信息技术有限公司、佛山艾诗凯奇电气有限公司、北京京东叁佰陆拾度电子商务有限公司等	构成专利侵权 被告佛山艾诗凯奇电气有限公司赔偿原告图们惠人电子有限公司损失100万元以及为制止侵权行为所支付的合理开支
3	图们惠人电子有限公司诉北京京东叁佰陆拾度电子商务有限公司等侵害发明专利权纠纷一案一审民事判决书，（2015）京知民初字第188号。审判法院为北京知识产权法院，结案日期为2015年12月31日。诉讼当事人为图们惠人电子有限公司、北京京东世纪信息技术有限公司、佛山艾诗凯奇电气有限公司、北京京东叁佰陆拾度电子商务有限公司等	构成专利侵权 佛山艾诗凯奇电气有限公司赔偿图们惠人电子有限公司损失100万元以及为制止侵权行为所支付的合理开支

续表

序号	案件详情	审判/审查结果
4	佛山艾诗凯奇电气有限公司不服北京知识产权法院（2015）京知民初字第186号民事判决，提出上诉，（2016）京民终221号。结案日期为2016年7月20日。审判法院为北京市高级人民法院	驳回上诉，维持原判
5	佛山艾诗凯奇电气有限公司不服北京知识产权法院（2015）京知民初字第187号民事判决，提出上诉，（2016）京民终223号。审判法院为北京市高级人民法院。结案日期为2016年7月20日	驳回上诉，维持原判
6	佛山艾诗凯奇电气有限公司不服北京知识产权法院（2015）京知民初字第188号民事判决，提出上诉，（2016）京民终222号。审判法院为北京市高级人民法院。结案日期为2016年7月20日	驳回上诉，维持原判
7	广东艾诗凯奇智能科技有限公司与宁波品格电器有限公司承揽合同纠纷一审民事判决书，（2018）粤0606民初19360号。结案日期为2019年9月20日。诉讼案由为承揽合同纠纷。审判法院为广东省佛山市顺德区人民法院	被告宁波品格电器有限公司应向原告广东艾诗凯奇智能科技有限公司支付因专利侵权纠纷引起的损失1 848 238.5元
8	无效宣告请求审查决定（第24436号）。法律依据为《专利法》第26条第3、第4款；《专利法实施细则》第20条第1款、第21条第2款。决定日为2014年11月14日	维持专利权有效
9	无效宣告请求审查决定（第28752号）。法律依据为《专利法实施细则》第21条第2款、第20条第1款，《专利法》第22条第3款。决定日为2016年4月8日	维持专利权有效

以下，笔者分析了广东省品牌艾诗凯奇与惠人之间的关于上述涉案专利的专利侵权纠纷和相关无效程序及艾诗凯奇贴牌加工导致的专利侵权的合同纠纷，来探究惠人的专利保护和运用策略给我国创新主体带来的启示。

7.4.4 核心问题

7.4.4.1 专利侵权纠纷民事诉讼

1. 一审判决

（1）图们惠人电子有限公司与北京京东叁佰陆拾度电子商务有限公司等侵害发明专利权纠纷案之一❶

原告图们惠人电子有限公司，法定代表人金焕麒（即专利权人），董事长。被告北

---

❶ 北京市知识产权法院民事判决书（2015）京知民初字第186号。

京京东叁佰陆拾度电子商务有限公司、北京京东世纪信息技术有限公司、佛山艾诗凯奇电气有限公司。被告于2014年发现佛山艾诗凯奇电气有限公司生产的型号为"SKG2016"的原汁机（即涉案产品）在京东商城上进行公开销售，认为侵害其ZL200780001269.X号专利的专利权。

对于此案的争议焦点，法院的意见如下：

I. 关于涉案产品是否落入涉案专利保护范围

涉案专利与涉案产品均为榨汁机，将涉案专利权利要求1全部必要技术特征与涉案产品相比：涉案专利所述的盖与涉案产品的前体盖、涉案专利的外壳与涉案产品的汁渣分离杯、涉案专利的螺杆与涉案产品的螺旋推进器、涉案专利的网孔筒与涉案产品的果汁网粗滤网和细滤网、涉案专利的旋转刷与涉案产品的旋转刷、涉案专利的驱动单元与涉案产品的主机身，以及涉案专利与涉案产品的整体结构和组装运转方式均可一一对应。

对于佛山艾诗凯奇电气有限公司抗辩的二者相比存在的区别，一审法院认为：

①关于"防水圆柱体"

结合涉案专利的说明书和附图可以明确，涉案专利权利要求1中所述"防水圆柱体"是指外壳底部上形成的具有通孔的部件。在外壳与螺杆结合时，防水圆柱体插入到螺杆的下部空间中，其作用是防止汁液溢出。而涉案产品汁渣分离杯底部中心处也有一个带有通孔的圆柱体，在汁渣分离杯与螺旋压榨推进器结合时，该圆柱体插入到螺旋压榨推进器的下部空间中，其作用也是防止汁液溢出。二者在结构、作用和效果上并无不同。因此，涉案产品具有涉案专利权利要求1中"防水圆柱体"的技术特征。

②关于"壁刀插入导向爪内"还是"网孔筒插入导向爪内"

根据已生效的（2012）一中知行初字第953号行政判决和（2013）高行终字第123号行政判决的认定，针对涉案专利权利要求1中"所述网孔筒具有：网孔结构，其在所述网孔筒的外壁上形成以将汁液排出到所述汁液出口端口；以及多个壁刀，其在所述网孔筒的内表面上沿纵向形成以插入到所述导向爪内"的内容，本领域技术人员应当能够认识到此处所描述的"插入到所述导向爪内"的应当是"网孔筒"而非"多个壁刀"，本领域技术人员通过阅读说明书及附图能够理解"网孔筒插入到所述导向爪内"是涉案专利毫无疑义地确定的唯一正确的技术方案。因此，涉案产品具有涉案专利权利要求1中"网孔筒插入到所述导向爪内"的技术特征。

③关于"低速"

涉案专利说明书中记载有"通过采用螺杆以很低的速度挤榨取代使用高速旋转刀而进行压榨，汁液、豆浆等中包含的各种营养和固有味道最大限度地得到保持"，由此可知，"低速"是相对于现有技术中的高速旋转刀的方式榨取汁液而言的，这一特征是清楚的。涉案产品说明书中提到其产品特点之一即为用低速压榨的方式榨汁，涉案产品在天猫商城的名称也是"SKG2016低速慢磨豆浆机多功能榨汁机"。因此，涉案产品具有涉案专利权利要求1中"驱动单元低速转动"的技术特征。

④关于"研磨"

涉案产品在京东商城的产品介绍中提到其"料理功能"为"榨汁，研磨"，因此，涉案产品具有涉案专利权利要求1中"对放入到所述入口端口中的材料进行压榨、研磨并从其榨取汁液"的技术特征。

综上，涉案产品包含了涉案专利权利要求1记载的全部技术特征，落入了涉案专利权利要求1的保护范围，构成了对涉案专利权的侵犯。

Ⅱ. 关于赔偿额

对于佛山艾诗凯奇电气有限公司赔偿图们惠人电子有限公司损失具体数额的问题，一方面，根据图们惠人电子有限公司提交的证据，既无法确定其因被侵权所受到实际损失的具体数额，又无法确定佛山艾诗凯奇电气有限公司因侵权所获利益的具体数额，而且也没有涉案专利的许可使用费可供参照。另一方面，根据北京京东世纪信息技术有限公司和佛山艾诗凯奇电气有限公司提交的证据，亦均无法确定佛山艾诗凯奇电气有限公司因侵权所获利益的具体数额。

《专利法》第65条第2款规定："权利人的损失、侵权人获得的利益和专利许可使用费均难以确定的，人民法院可以根据专利权的类型、侵权行为的性质和情节等因素，确定给予一万元以上一百万元以下的赔偿。"具体到本案，考虑到：第一，涉案专利的类型为发明专利，与其申请日前的现有技术相比具有突出的实质性特点和显著的进步，这一点在法院依法酌定侵权赔偿数额时亦应有显著的体现；第二，涉案专利产品和涉案产品相对于以高速压榨、离心分离为特点的传统榨汁机产品在性能上有较为明显的提升，对于市场上该类产品的升级换代有较为明显的影响；第三，佛山艾诗凯奇电气有限公司的产销规模庞大。根据百度百科的介绍，其是一家全球销售的小家电电子商务企业，2012年中国区网购销售突破2.5亿元，11月11日单天销售突破1500万元，唯品会单日突破650万元，2011—2012小家电品牌销量冠军，年销售额实现每年300%以上的增长。SKG榨汁机、电水壶类目稳居电子商务小家电市场份额前三；第四，在案证据能够表明，涉案产品在多个电商平台上均销量可观。综上，一审法院认为无论从涉案专利的类型，还是从佛山艾诗凯奇电气有限公司侵权行为的性质和情节，以及侵权的涉案产品对于权利人正常市场份额的非法侵占等角度考虑，佛山艾诗凯奇电气有限公司的侵权行为给图们惠人电子有限公司造成的实际损失都应当是较大的，对图们惠人电子有限公司请求法院判令佛山艾诗凯奇电气有限公司赔偿损失100万元的诉讼请求予以支持。

由此，一审法院判决佛山艾诗凯奇电气有限公司立即停止侵犯专利号为ZL200780001269.X、名称为"榨汁机"的发明专利权的行为，佛山艾诗凯奇电气有限公司赔偿图们惠人电子有限公司损失 100 万元及为制止侵权行为所支付的合理开支。

（2）图们惠人电子有限公司与北京京东叁佰陆拾度电子商务有限公司等侵害发明专利权纠纷案之二❶

原告图们惠人电子有限公司诉称：佛山艾诗凯奇电气有限公司生产的型号为"SKG1323"的原汁机在京东商城上进行公开销售，该产品侵害其涉案专利的专利权。

一审法院判决，对图们惠人电子有限公司请求法院判令佛山艾诗凯奇电气有限公司赔偿损失 100 万元的诉讼请求予以支持。

（3）图们惠人电子有限公司与北京京东叁佰陆拾度电子商务有限公司等侵害发明专利权纠纷案之三❷

原告图们惠人电子有限公司诉称：佛山艾诗凯奇电气有限公司生产的型号为"SKG2030"的原汁机侵害其涉案专利的专利权。一审法院判决，对图们惠人电子有限公司请求法院判令佛山艾诗凯奇电气有限公司赔偿损失 100 万元的诉讼请求予以支持。

2. 二审判决

（1）佛山艾诗凯奇电气有限公司上诉图们惠人电子有限公司等侵害发明专利权纠纷案二审判决之一❸

上诉人佛山艾诗凯奇电气有限公司因侵害发明专利权纠纷一案，不服北京知识产权法院的一审判决，向北京市高级人民法院提出上诉。

二审法院意见：

涉案专利与被控侵权产品均为榨汁机，将涉案专利权利要求 1 全部必要技术特征与被控侵权产品相比，涉案专利与被控侵权产品的整体结构和组装运转方式均可一一对应。

结合涉案专利的说明书和附图可以明确，涉案专利权利要求 1 中所述"防水圆柱体"是指外壳底部上形成的具有通孔的部件，在外壳与螺杆结合时，防水圆柱体插入到螺杆的下部空间中，其作用是防止汁液溢出。而被控侵权产品容器底部中心处也有一个带有通孔的圆柱体，在容器与螺杆结合时，该圆柱体插入到螺杆的下部空间中，其作用也是防止汁液溢出，二者在结构、作用和效果上并无不同。因此，被控侵权产品含有涉案专利权利要求 1 中"防水圆柱体"的技术特征。

佛山艾诗凯奇电气有限公司主张涉案专利权利要求的记载的技术特征与说明书的记载不一致，即涉案专利权利要求 1 中记载的是"多个壁刀在所述网孔筒的内表面上沿纵向形成以插入到所述导向爪内"，说明书记载的是"网孔筒的底环插入并固定到导

---

❶ 北京知识产权法院民事判决书（2015）京知民初字第 187 号。
❷ 北京知识产权法院民事判决书（2015）京知民初字第 188 号。
❸ 北京市高级人民法院民事判决书（2016）京民终 221 号。

向爪"，应当以权利要求书的记载确定保护范围。而根据已生效的（2012）一中知行初字第953号行政判决和（2013）高行终字第123号行政判决的认定，涉案专利权利要求1中记载的"多个壁刀在所述网孔筒的内表面上沿纵向形成以插入到所述导向爪内"应当按照说明书的记载理解为是"网孔筒的底环插入并固定到导向爪"。结合涉案专利的说明书和附图可以明确，涉案专利权利要求1中所述"导向爪"，是指外壳底部上一圈带有缺口的环形突起，其作用是供网孔筒底环插进并固定住网孔筒。而被控侵权产品容器底部上也有一道带卡槽的环形壁状突起，所起作用也是供过滤网组件中的网孔筒底环插进，并通过卡槽卡住网孔筒底环上的块状凸起从而固定住网孔筒。因此，被控侵权产品含有涉案专利权利要求1中"导向爪"的技术特征，且被控侵权产品过滤网组件中的网孔筒，亦插入到导向爪中，故佛山艾诗凯奇电气有限公司的相关上诉主张不予支持。

涉案专利说明书中记载有"通过采用螺杆以很低的速度挤榨取代使用高速旋转刀而进行压榨，汁液、豆浆等中包含的各种营养和固有味道最大限度地得到保持"，由此可知，"低速"是相对于现有技术中的高速旋转刀的方式榨取汁液而言的，这一特征对于本领域技术人员而言是清楚的。被控侵权产品说明书中提到其产品特点之一即为用低速压榨的方式榨汁，被控侵权产品在天猫商城的名称也是"SKG2016低速慢磨豆浆机多功能榨汁机"。因此，被控侵权产品具有涉案专利权利要求1中"驱动单元低速转动"的技术特征。

综上所述，被控侵权产品具有涉案专利权利要求1记载的全部技术特征，已落入涉案专利权利要求1的保护范围，对此一审法院认定正确。

一审法院结合涉案专利的类型、发明的技术贡献、佛山艾诗凯奇电气有限公司自我宣传的情况、被控侵权产品的价格等因素综合考虑所确定的赔偿数额是适当的。

因此，二审法院判决驳回上诉，维持原判。

（2）佛山艾诗凯奇电气有限公司上诉图们惠人电子有限公司等侵害发明专利权纠纷案二审判决之二❶

上诉人佛山艾诗凯奇电气有限公司因侵害发明专利权纠纷一案，不服北京知识产权一审判决，向北京市高级人民法院提出上诉。

二审法院认为，被控侵权产品具有涉案专利权利要求1记载的全部技术特征，已落入涉案专利权利要求1的保护范围，对此一审法院认定正确。一审法院结合涉案专利的类型、发明的技术贡献、佛山艾诗凯奇电气有限公司自我宣传的情况、被控侵权产品的价格等因素综合考虑所确定的赔偿数额是适当的。

因此，二审法院判决，驳回上诉，维持原判。

---

❶ 北京市高级人民法院民事判决书（2016）京民终223号。

(3) 佛山艾诗凯奇电气有限公司上诉图们惠人电子有限公司等侵害发明专利权纠纷案之三❶

上诉人佛山艾诗凯奇电气有限公司因侵害发明专利权纠纷一案，不服北京知识产权法院一审判决，向北京市高级人民法院提出上诉。

二审法院认为，被控侵权产品具有涉案专利权利要求1记载的全部技术特征，已落入涉案专利权利要求1的保护范围，对此一审法院认定正确。一审法院结合涉案专利的类型、发明的技术贡献、佛山艾诗凯奇电气有限公司自我宣传的情况、被控侵权产品的价格等因素综合考虑所确定的赔偿数额是适当的。因此，二审法院驳回上诉，维持原判。

7.4.4.2 贴牌加工导致的专利侵权的合同纠纷

1. 广东艾诗凯奇智能科技有限公司（即原佛山艾诗凯奇电气有限公司）与宁波品格电器有限公司承揽合同纠纷一审民事判决书❷

2018年，原告佛山艾诗凯奇电气有限公司与被告宁波品格电器有限公司发生承揽合同纠纷一案。

原告佛山艾诗凯奇电气有限公司向广东省佛山市顺德区人民法院起诉，提出双方曾签订有委托生产合同，约定由被告为原告贴牌生产"SKG"牌原汁机，原告向被告支付价款。合同还约定，因被告相关专利及知识产权侵犯第三方权利给原告带来的损失均由被告承担。双方在履行合同过程中，原告将被告生产的产品投放到京东商城销售，被图们惠人电子有限公司起诉产品侵犯其专利权，后经北京知识产权法院判令原告立即停止侵权，并赔偿图们惠人电子有限公司损失共200万元及制止侵权行为的合理开支共56 059元。原告经上诉后，由北京市高级人民法院作出民事判决：驳回上诉，维持原判。佛山艾诗凯奇电气有限公司要求宁波品格电器有限公司赔偿其因专利侵权时遭受的损失。

庭审后法院认为：原告佛山艾诗凯奇电气有限公司与被告宁波品格电器有限公司双方所签订的《委托生产/加工合同》《合同补充协议》等均是当事人真实的意思表示，内容合法有效，双方应按约定全面履行自身义务。被告宁波品格电器有限公司为原告佛山艾诗凯奇电气有限公司贴牌生产"SKG"牌原汁机，该产品在销售过程中，原告佛山艾诗凯奇电气有限公司被图们惠人电子有限公司起诉侵犯其专利权，由此造成原告佛山艾诗凯奇电气有限公司的损失，被告宁波品格电器有限公司依约定应予以承担。由此，判决被告宁波品格电器有限公司应向原告佛山艾诗凯奇电气有限公司支付因专利侵权纠纷引起的损失1 848 238.5元及支付逾期付款利息。

---

❶ 北京市高级人民法院民事判决书（2016）京民终222号。
❷ 广东省珠海市中级人民法院民事判决书（2018）粤0606民初19360号。

2. 上海建括实业有限公司、北京京东叁佰陆拾度电子商务有限公司与图们惠人电子有限公司侵害发明专利权纠纷二审民事判决[1]

上诉人上海建括实业有限公司因与被上诉人图们惠人电子有限公司、原审被告北京京东叁佰陆拾度电子商务有限公司侵害发明专利权纠纷一案，不服北京知识产权法院一审民事判决，向北京市高级人民法院提出上诉。

上海建括实业有限公司认为其作为贴牌销售商，在采购产品时审查了沃尔玛公司的产品认证书，尽到了注意义务，不知道是未经专利权人许可而制造并售出的专利侵权产品，产品来源合法，上海建括实业有限公司依法不应承担相应法律责任。一审法院拒绝追加沃玛公司为共同被告，属于程序错误，明显遗漏必要共同诉讼当事人。

图们惠人电子有限公司起诉请求上海建括实业有限公司停止制造、销售涉案产品的侵权行为并销毁生产模具，并由上海建括实业有限公司赔偿图们惠人电子有限公司经济损失100万元及诉讼合理支出。

（1）一审法院认定事实

①涉案产品外包装箱标注有"上海建括实业有限公司""建括养生原汁机"，销售方为上海建括实业有限公司。

②上海建括实业有限公司认可涉案产品具备涉案专利权利要求1的全部技术特征。

（2）关于上海建括实业有限公司抗辩的有关事实

上海建括实业有限公司向一审法院提交了证据，用以证明其不是涉案产品的生产商，只是贴牌销售商，沃玛公司是涉案产品的生产商。并证明上海建括实业有限公司对沃玛公司的国家强制性产品认证作了审查，已经尽到合理审查义务，上海建括实业有限公司对涉案产品侵犯涉案发明专利权不知情。

（3）一审法院的意见及判决结果

涉案产品的外包装箱、内包装箱、说明书及产品所附标签和合格证上均显示有"上海建括实业有限公司"字样，且涉案产品及其包装箱上并未标注其他公司名称。此外，上海建括实业有限公司提交的编号为×××的《中国国家强制性产品认证证书》亦显示上海建括实业有限公司为涉案产品的生产者（制造商）。因此，上海建括实业有限公司应为涉案被控侵权产品的生产者和销售者。鉴于沃玛公司仅是接受上海建括实业有限公司的委托，加工涉案产品的生产企业，与上海建括实业有限公司并非必须共同进行诉讼的当事人，图们惠人电子有限公司亦不同意追加沃玛公司为共同被告，故对于上海建括实业有限公司请求追加沃玛公司为本案被告的主张不予支持。涉案产品包含了与涉案专利权利要求1记载的全部技术特征相同的技术特征，落入了涉案专利权利要求1的保护范围，构成了对涉案专利权的侵犯。上海建括实业有限公司的侵权行

---

[1] 北京市高级人民法院民事判决书（2017）京民终435号。

为给图们惠人电子有限公司造成了较大的经济损失,故对图们惠人电子有限公司请求法院判令上海建括实业有限公司赔偿损失 100 万元的诉讼请求予以全额支持。图们惠人电子有限公司为制止涉案侵权行为而支出的合理费用,上海建括实业有限公司亦应当予以赔偿。

(4) 二审法院意见及判决结果

涉案专利产品与涉案产品均为榨汁机,涉案产品包含了与涉案专利权利要求 1 记载的全部技术特征相同的技术特征,落入了涉案专利权利要求 1 的保护范围,构成了对涉案专利权的侵犯。

涉案产品的外包装箱、内包装箱、说明书及产品所附标签和合格证上均显示有"上海建括实业有限公司"字样,且涉案产品及其包装箱上并未标注其他公司名称。此外,上海建括实业有限公司提交的编号为×××的《中国国家强制性产品认证证书》亦显示上海建括实业有限公司为涉案产品的生产者(制造商)。而沃玛公司仅是接受上海建括实业有限公司的委托,加工涉案产品的生产企业,双方之间就知识产权相关问题的约定仅在合同内部有效,不能对抗第三人。沃玛公司与上海建括实业有限公司并非必须共同进行诉讼的当事人,图们惠人电子有限公司亦不同意追加沃玛公司为共同被告,故一审法院对于上海建括实业有限公司请求追加沃玛公司为本案被告的主张不予支持并无不当。

由此,二审法院判决驳回上诉,维持原判。

7.4.4.3 无效宣告请求

1. 无效宣告请求审查决定第 24436 号

该案的无效宣告理由涉及的法律依据为《专利法》第 26 条第 3、第 4 款;《专利法实施细则》第 20 条第 1 款、第 21 条第 2 款。

决定要点:如果权利要求中记载的某个特征,本领域技术人员结合说明书记载的内容能够正确、合理地理解,应当认为该权利要求的技术方案能够从说明书公开的内容中概括得出。

(1) 请求的理由

①说明书记载了压力排出通道 580 没有连接出口,使得壁刀、导向爪污染及汁液溢出,由此可以看出连接的必要性,因而"压力排出通道 580 连接到汁液出口端口 560"是必要技术特征。②权利要求 1 中记载的壁刀插入导向爪的方案可以实施,但其没有记载在说明书中,因而得不到说明书支持。③权利要求 3 中倾斜表面是圆弧形式,可得出其在延伸方向上是圆弧形式和垂直横截面是圆弧形式两种解释,因而其保护范围不清楚,不符合《专利法实施细则》第 20 条第 1 款的规定。④说明书中记载了"如果用特定压力按压堵塞外壳排出孔 540 的出口的填料 575",但没有说明如何使得填料产生压力。同时说明书中第 [0017] 段记载的壁刀插入导向爪与后文第 [0076] 段记

载的网孔筒插入导向爪相矛盾,因而说明书公开不充分,不符合《专利法》第 26 条第 3 款的规定。

(2) 复审委员会的意见

①关于《专利法》第 26 条第 4 款。权利要求 1 中对网孔筒的记载如下:"网孔筒,所述网孔筒具有:网孔结构,其在所述网孔筒的外壁上形成以将汁液排到所述汁液出口端口;以及多个壁刀,其在所述网孔筒的内表面上沿纵向形成以插入到所述导向爪内。"上述文字为总分结构的并列表述,主语为"网孔筒",两个分号相隔的从句分别表达了"网孔结构"和"多个壁刀"这两个特征。由于语言表达的局限性,该段文字既可以理解为"多个壁刀""插入到所述导向爪内",亦可理解为"网孔筒""插入到所述导向爪内",即"多个壁刀""插入到所述导向爪内"并不是唯一明确的解释,权利要求 1 存在歧义。

而在本专利说明书第[0076]段明确记载了"网孔筒 300 的底环 340 插入并固定到导向爪 550,以固定网孔筒 300",说明书附图 2 也明确标明了"壁刀 310""网孔筒 300""导向爪 550"与"底环 340"的结构对应关系。即在说明书记载的技术方案中,网孔筒 300 的底环插入导向爪内,壁刀 310 形成于网孔筒 300 的内壁上。本领域技术人员在综合理解说明书文字及附图内容的基础上,可以确定上述"网孔筒插入导向爪"的方案是本专利唯一正确、合理的技术方案,且本领域技术人员可以实施该技术方案解决技术问题并取得预期的有益效果。

因而,在合理地理解在说明书中存在一致性的记载的情况下,基于技术方案合理性的考虑,应当认为该权利要求的技术方案能够从说明书公开的内容中概括得出。即由说明书公开的内容可以概括得出权利要求 1 中记载的"插入到导向爪内"的应当是"网孔筒",权利要求 1 能够得到说明书支持,符合《专利法》第 26 条第 4 款的规定。

②关于《专利法实施细则》第 20 条第 1 款。权利要求 3 中记载了"在所述底环的上表面上形成的排出倾斜表面,所述排出倾斜表面为圆弧形式,所述圆弧的深度沿所述螺杆的旋转方向增加"。同时,权利要求 3 中还记载了"底环,所述底环在所述网孔筒的下部分的端部处形成,并具有在所述底环上形成的内环插入孔以容纳所述内环""网孔筒排出孔,所述网孔筒排出孔连接到所述排出倾斜表面的端部,以将所述残渣排出所述网孔筒"。整体考虑权利要求 3 记载的技术方案可知,网孔筒的下部分的端部形成底环,底环的上表面即为排出倾斜表面,该排出倾斜表面的功能在于沿螺杆旋转的方向将残渣排出到网孔筒排出孔。根据排出倾斜表面的上述功能,本领域技术人员可以确定该排出倾斜表面应在底环的圆周方向延伸,并且在竖直方向上的高度逐渐降低,其起始端的高度高于靠近网孔筒排出孔的端部,因而残渣可以经由排出爪的推动沿排出倾斜表面移动到网孔筒排出孔,便于残渣排出。由此可见,上述圆弧形式应指倾斜排出表面在其延伸方向上属于圆弧形状。

同时，本专利说明书第［0072］段、第［0100］段、附图2也记载了"网孔筒300的下端处形成底环340……在底环340的上表面形成有圆弧状排出倾斜表面350，该排出倾斜表面350的深度沿螺杆200的螺旋方向增加，在排出倾斜表面350的端部处形成网孔筒排出孔360，用于将残渣排出网孔筒300"。本领域技术人员结合说明书和附图内容，也可以得出排出倾斜表面350在其延伸方向上是圆弧形状。

综上，整体考虑权利要求3的技术方案，以及由说明书相应部分记载，本领域技术人员均可以毫无疑义地确定权利要求3中记载的"排出倾斜表面"的圆弧形状是指其在延伸方向上为圆弧形状，该权利要求符合《专利法实施细则》第20条第1款的规定。

③关于《专利法实施细则》第21条第2款。首先，本专利说明书第［0008］段明确记载了本专利的发明目的为"提供这样一种榨汁机，其可以防止豆类或蔬菜变味，使得榨取的汁液可以很好地向下流动"。即现有技术中，存在由于榨汁机的结构为水平方向设置，而使得榨取的汁液流动性较差，从而容易引起原材料及汁液容易变味的技术问题。权利要求1中已经记载了解决本专利技术问题的主要结构，即榨汁机的结构为竖直方向上设置。因此基于权利要求1记载的上述技术方案，本领域技术人员能够解决本专利提出的技术问题，实现本专利的发明目的。权利要求1不缺少必要技术特征，符合《专利法实施细则》第21条第2款的规定。

对于请求人主张的技术特征"压力排出通道580连接到汁液出口端口560"应为权利要求1的必要技术特征，合议组认为，当说明书中记载了多个需要解决的技术问题时，一项独立权利要求只需要解决其中一个技术问题即可，而不需要在一项独立权利要求中解决全部技术问题。正如本专利第［0077］、第［0092］、第［0093］段记载的内容所述，技术特征"压力排出通道580连接到汁液出口端口560"解决的是汁液外溢污染驱动单元600的技术问题，并非本专利所要解决的"其可以防止豆类或蔬菜变味，使得榨取的汁液可以很好地向下流动"技术问题，因而该特征不属于权利要求1的必要技术特征。

由此，维持专利权有效。

2. 无效宣告请求审查决定第28752号

（1）请求的理由及证据

无效宣告请求人胡雷（即请求人）于2015年10月10日对向专利复审委员会提出了涉案专利的无效宣告请求，其理由是：权利要求1、3~12不符合《专利法实施细则》第21条第2款的规定，权利要求1、3~12不符合《专利法实施细则》第20条第1款的规定，权利要求1~12不符合《专利法》第22条第3款的规定，请求宣告本专利权利要求1~12全部无效，同时提交了如下证据：

证据1：JP平4-25054号日本专利文献及其中文译文，公开日期为1992年6月15日；

证据 2：SU738588 号苏联专利文献及其中文译文，公开日期为 1980 年 6 月 5 日；

证据 3：US2109048 号美国专利文献及其部分中文译文，公开日期为 1938 年 2 月 22 日。

(2) 双方的争议焦点

一方面，权利要求 1 是否应限定汁液出口端口与压力排出通道之间的连接关系。另一方面，关于创造性，请求人认为：证据 1 中的环状台阶部 19 相当于导向爪，且给出了固定结构的技术启示；内壳 20 上残渣出口设置，外壳上必然存在相应出口；凸部 7 相当于防水圆柱体，在起连接作用的同时也起到防止汁液进入驱动单元的作用；旋转轴 27 对于壳盖 35 上应具有连接孔，对应于多边形轴孔；证据 3 给出了齿轮传动的技术启示；证据 2 给出了设置刷子进行清扫的技术启示。相应地，专利权人认为环状台阶部 19 固定旋转体 26 而并非固定过滤部分；证据 1 的残渣出口在内壳上，而本专利在外壳上；凸部 7 与防水圆柱体的突出方向不同，凸部 7 向下延伸，反而使得汁液容易进入电机且无法排出，两者作用相反；本专利的轴孔直接跟驱动单元连接，省略了轴联器；本专利齿轮与螺杆一体，一个部件驱动两个部件，证据 3 没有给出相应的技术启示；证据 2 的刷子是清扫缝隙，而本专利是清扫网孔筒和外壳的表面，证据 2 无法给出相应的技术启示。

(3) 复审委员会的审查意见

I. 关于《专利法实施细则》第 21 条第 2 款

关于权利要求 1 中是否缺少解决其技术问题的必要技术特征"压力排出通道与汁液出口端口连接"的问题，在专利复审委员会于 2014 年 11 月 28 日针对委内编号为 4W102954 的案件作出的第 24436 号无效宣告请求审查决定书中，已经作出了相应的认定，本申请符合《专利法实施细则》第 21 条第 2 款的规定。

II. 关于《专利法实施细则》第 20 条第 1 款

权利要求 1 中限定了榨汁机包括汁液出口端口和压力排出通道，并分别限定了汁液出口端口和压力排出通道的设置位置，即汁液出口端口和压力排出通道的结构对于本领域技术人员而言是清楚的。而权利要求 1 中并未限定两者之间的连接关系，其说明专利权人并未要求对上述连接进行保护。而上述内容未限定在权利要求 1 中，也并不影响该权利要求保护范围的清楚界定，即权利要求所限定的保护范围就是包括汁液出口端口和压力排出通道。而如前所述，上述两者功能及结构均是清楚的，因此请求人认为缺少连接关系而致使权利要求保护范围不清楚的主张不成立。

III. 关于《专利法》第 22 条第 3 款

证据 1 公开了一种榨果汁机，其与本专利属于同一技术领域。权利要求 1 与证据 1 的区别在于：①旋转刷，所述旋转刷安装在所述外壳和所述网孔筒之间进行转动，并具有刷架，在所述刷架中安装有用于持续清扫所述网孔筒和所述外壳的刷；②导向爪，其在所述外壳的底部上形成；③防水圆柱体，其具有通孔并在所述外壳的下端部分的中心处形成；以及压力排出通道，其环绕所述防水圆柱体的下部分形成；④螺杆具有内环，其在所述螺杆的下端处向下突出地形成并具有以可旋转方式插入到所述压力排出通道内的一个螺杆齿轮，在所述内环内部形成有用以在其中接收所述防水圆柱体的下部空间；⑤螺杆的下部分的中心处形成并且在其上形成有多边形轴孔，驱动单元具有经过所述防水圆柱体的通孔而插入到所述多边形轴孔内的多边形轴，而证据1中旋转挤压体25与驱动联轴器4通过被动轴连器30连接；⑥网孔筒具有多个壁刀，其在所述网孔筒的内表面上沿纵向形成。

基于上述区别技术特征①，权利要求1的技术方案实际解决了如何同时清洁网孔筒和外壳的技术问题，达到了同时清洁网孔筒和外壳、简化结构及提高出汁率的技术效果。

证据2公开了一种用于从有籽水果分离种籽和果汁的装置。对比上述区别技术特征①中的旋转刷和证据2中的刷子9可知：一方面，两者的清洁方式不同，本专利中清洁部件旋转刷通过与中间齿轮啮合而从螺杆获得驱动力进行旋转，而被清洁部件网孔筒和外壳处于固定状态，而证据2中的清洁部件刷子9固定、被清洁部件圆筒6旋转。另一方面，两者清洁对象不同，本专利中的旋转刷可以同时清洁网孔筒和外壳两个部件，而证据2中的刷子9仅能清洁圆筒6的环7。可见，两者的工作方式、工作效果均不相同。由证据2公开的内容，本领域技术人员无法显而易见地获得这样的技术启示：将刷子9改进为本专利的旋转刷结构，并对外壳8的结构进行改进、设置相应的传动装置以驱动改进后的刷子，使其同时清洁内壳20及外壳8，从而达到同时清洁网孔筒和外壳、简化结构及提高出汁率的技术效果。

证据3公开了一种榨汁机，但是证据3也未公开上述区别技术特征①，也未给出相应的技术启示。无证据表明上述区别技术特征①为本领域公知常识。

因此，本申请具备创造性。维持涉案专利的专利权有效。

7.4.4.4 小结

1. 关于专利侵权纠纷中权利要求保护范围的折中解释

根据《专利法》（2008修订）第59条第1款❶的规定，说明书及附图可以用于解释权利要求的内容。判定被控侵权产品技术方案是否落入涉案专利权的保护范围，应当审查涉案专利权利要求所记载的全部技术特征，并以权利要求中记载的全部技术特征与被控侵权产品所对应的技术特征逐一进行比较。如果被控侵权产品技术方案包含了与涉案专利权利要求记载的全部技术特征相同或者等同的技术特征，则其落入涉案专利权保护范围。

---

❶ 《专利法》（2020修订）将该条款改为第64条第1款。

该案中，结合涉案专利的说明书和附图可以明确，权利要求1中所述"防水圆柱体"是指外壳底部上形成的具有通孔的部件，在外壳与螺杆结合时，防水圆柱体插入到螺杆的下部空间中，其作用是防止汁液溢出。而被控侵权产品容器底部中心处也有一个带有通孔的圆柱体，在容器与螺杆结合时，该圆柱体插入到螺杆的下部空间中，其作用也是防止汁液溢出。二者在结构、作用和效果上并无不同。因此，被控侵权产品含有涉案专利权利要求1中"防水圆柱体"的技术特征。

北京知识产权法院和北京市高级人民法院在认定涉案专利中的术语"防水圆柱体"时，参考了说明书及附图中记载的内容。在侵权判定中，确定专利权的保护范围以权利要求的内容为准，以说明书及附图解释权利要求采用折中解释原则。"周边限定"原则是指专利的保护范围与权利要求文字记载的保护范围完全一致，说明书及附图只能用于澄清权利要求中某些含糊不清之处。而"中心限定"原则是权利要求只确定一个总的发明核心，保护范围可以扩展到技术专家看过说明书与附图后，认为属于专利权人要求保护的范围。折中解释处于上述两个极端解释原则的中间，把对专利权人的合理正当的保护与对公众的法律稳定性及其合理利益结合起来。❶ 折中解释的主要目的是维护专利权人和社会公众双方的合理正当权益的平衡。

2. 关于权利要求要得到说明书的支持

涉案专利的权利要求1中限定技术特征"网孔筒，所述网孔筒具有：网孔结构，其在所述网孔筒的外壁上形成以将汁液排出到所述汁液出口端口；以及多个壁刀，其在所述网孔筒的内表面上沿纵向形成以插入到所述导向爪内"。上述技术特征的语言表述存在一定歧义，该段文字既可以理解为"多个壁刀""插入到所述导向爪内"。亦可理解为"网孔筒""插入到所述导向爪内"。而权利要求1中的上述瑕疵在多次的无效宣告请求和侵权纠纷的诉讼中也被反复提及，对于权利要求文字上的瑕疵，专利复审委员会、北京知识产权法院、北京市高级人民法院的解释和认定是一致的，均认为要以说明书和附图的内容对权利要求进行解释。

在无效宣告请求中（无效宣告请求审查决定第24436号），专利复审委员会认为在涉案专利说明书明确记载了"网孔筒300的底环340插入并固定到导向爪550，以固定网孔筒300"，说明书附图2也明确标明了"壁刀310""网孔筒300""导向爪550"与"底环340"的结构对应关系。即在说明书记载的技术方案中，网孔筒300的底环插入导向爪内，壁刀310形成于网孔筒300的内壁上，本领域技术人员在综合理解说明书文字及附图内容的基础上，可以确定上述"网孔筒插入导向爪"的方案是该专利唯一正确、合理的技术方案，且本领域技术人员可以实施该技术方案解决技术问题并取得预期的有益效果。因而，在合理地理解在说明书中存在一致性的记载的情况下，基于技

---

❶ 北京市高级人民法院关于《专利侵权判定若干问题的意见（试行）》的通知。

术方案合理性的考虑，应当认为该权利要求的技术方案能够从说明书公开的内容中概括得出。即由说明书公开的内容可以概括得出权利要求1中记载的"插入到导向爪内"的应当是"网孔筒"，权利要求1能够得到说明书支持，符合《专利法》第26条第4款的规定。也就是说，专利复审委员会认定权利要求中的上述特征表述的意思是说明书中所记载的"网孔筒插入导向爪"。

在侵权诉讼中，原告佛山艾诗凯奇电气有限公司主张涉案专利权利要求的记载的技术特征与说明书的记载不一致，即涉案专利权利要求1中记载的是"多个壁刀在所述网孔筒的内表面上沿纵向形成以插入到所述导向爪内"，说明书记载的是"网孔筒的底环插入并固定到导向爪"，应当以权利要求书的记载确定保护范围。

然而，北京市高级人民法院认为，根据已生效的（2012）一中知行初字第953号行政判决和（2013）高行终字第123号行政判决的认定，涉案专利权利要求1中记载的"多个壁刀在所述网孔筒的内表面上沿纵向形成以插入到所述导向爪内"应当按照说明书的记载理解为是"网孔筒的底环插入并固定到导向爪"。本领域技术人员应当能够认识到此处所描述的"插入到所述导向爪内"应当是"网孔筒"而非"多个壁刀"，本领域技术人员通过阅读说明书及附图能够理解"网孔筒插入到所述导向爪内"是涉案专利毫无疑义地确定的唯一正确的技术方案。结合涉案专利的说明书和附图可以明确，涉案专利权利要求1中所述"导向爪"，是指外壳底部上一圈带有缺口的环形突起，其作用是供网孔筒底环插进并固定住网孔筒。而被控侵权产品容器底部上也有一道带卡槽的环形壁状突起，所起作用也是供过滤网组件中的网孔筒底环插进并通过卡槽卡住网孔筒底环上的块状凸起从而固定住网孔筒。因此，被控侵权产品含有涉案专利权利要求1中"导向爪"的技术特征，且被控侵权产品过滤网组件中的网孔筒，亦插入到导向爪中。因此，佛山艾诗凯奇电气有限公司的相关上诉主张没有得到北京市高级人民法院的支持。

由此可见，在无效宣告请求、无效宣告的行政判决，以及一审和二审法院的民事诉讼中，都是结合说明书的内容对权利要求中存在歧义的术语进行解释，并且在侵权纠纷的民事诉讼中，法院也基于相同的解释内容来判定权利要求的保护范围，从而作出侵权认定。

7.4.5 案例启示

7.4.5.1 专利技术是企业的核心竞争力

企业间的竞争表现为产品竞争，而产品的背后在根本上是技术的竞争，技术竞争需要抢先获得核心专利。说到底，专利竞争是决定企业生存发展的关键要素。

2021年，中共中央、国务院印发的《知识产权强国建设纲要（2021—2035年）》指出，要建设支撑国际一流营商环境的知识产权保护体系。未来，我国知识产权综合实力将全面提升，对技术创新的保护环境越来越优化，全社会创新活力进一步被激发，更有利于企业开发新技术、新产品。知识产权保护环境优化对我国企业既是机遇也是挑战。国内企业若能创造出更多更好的新技术，产出更多高质量专利，则能借助知识产权制度保护好创新成果，在国际竞争中站得更高、走得更远。反之，缺乏创新精神的模仿式、复制式的机械劳作会被挡在专利保护的壁垒之外，终将被市场无情地淘汰。企业要具备强大的市场竞争力，不断激活自身创新动力才是根本之道，必须提供具有自主知识产权、高科技附加值的产品。

在图们惠人电子有限公司与国内企业的专利纠纷中，国内企业无论是贴牌方还是代工方都没有自主创新的原汁机技术，仅模仿国外产品，不可能在竞争中胜出，必然被动挨打。2014年起，图们惠人电子有限公司开始对国内多家企业发起诉讼，从原汁机专利申请国内排名前10位的品牌来看，当时仅苏泊尔、九阳、美的有专利申请，而作为侵权诉讼被告的佛山艾诗凯奇电气有限公司在被诉之后于2016年才开始申请原汁机专利。与此不同的是，九阳、美的等国内家电品牌在2014年就开始了原汁机的专利布局，较早拥有自主知识产权，因而没有成为惠人的专利纠纷的起诉对象。

7.4.5.2 专利策略的运用让创新转化为竞争力

成功的企业不仅要有成功的产品，还要能综合运用好专利策略和经营策略。发明创造是实施专利战略的起点，没有创新则专利无从谈起。但是仅有新的技术不足以在市场占据优势领先地位，还要看消费者对产品是否买单，产品开发是不是以市场需求为导向。在戴森技术有限公司的案例中，其进入中国后的产品没有针对中国消费者的喜好开发，逐渐被市场遗忘。而国内吸尘器企业则紧跟消费者的使用体验，在产品便利性、本土化上下功夫，最终以改进式创新对其产品形成包围之势，打破了其的专利壁垒，在竞争中反超。国内吸尘器企业的成功，不仅源于对技术创新的重视，找准研发工作的发力点也至关重要。

企业立足市场需求，通过自主创新将技术转化为产品和服务，是在竞争中取胜的先决条件。但是仅有好的产品、申请高质量的专利，而不加以创造性地运用，也不能取得经济效益。图们惠人电子有限公司在原汁机上的专利并不多，仅有5件，但是其仅凭一件核心专利发起数百件诉讼并胜诉，同样在行业中占据不可撼动的地位。这件核心专利经过十余次涉及多个无效理由的无效宣告请求，仍然维持有效足以见得其质量之高。该公司的专利策略是专利运用的一个成功的典型，其不仅拥有好的专利技术，而且通过综合运用专利诉讼的组合拳，将竞争对手逐个击破，使国内被诉企业几乎无人能敌，在行业竞争中漂亮胜出。这既展现了该企业对专利策略的娴熟运用，也反映出其营商策略整体运筹取得了较好的效果。

7.4.5.3 开发产品前应做好专利预警

企业在启动产品研发前应当做好专利分析预警工作，避免盲目追逐市场热点。在未做专利侵权评估时就匆忙上线生产新产品，产品将面临较大的侵权风险。在2015年原汁机市场热度提升时，国内大量中小企业没有做好专利侵权防范就开始生产或销售专利产品，最后导致停产、赔偿、销毁产品等一系列重大经济损失，还严重影响了品牌形象。

7.4.5.4 贴牌产品需做好知识产权风险防范

关于贴牌制造的专利侵权问题，在《最高人民法院关于产品侵权案件的受害人能否以产品的商标所有人为被告提起民事诉讼的批复》（2002）中，最高人民法院指出："任何将自己的姓名、名称、商标或者可资识别的其他标识体现在产品上，表示其为产品制造者的企业或个人，均属于《中华人民共和国民法通则》第一百二十二条规定的'产品制造者'和《中华人民共和国产品质量法》规定的'生产者'。"尽管该批复并不是专门针对专利侵权纠纷作出的规定，但是，有观点认为，在专利侵权纠纷中，受托的加工方和委托的产品品牌方承担连带的侵权责任，即使是无意地侵犯了他人的知识产权，也将面临巨额的经济赔偿责任。❶ 这一观点的主要法律依据即上述批复。而在专利纠纷的司法实践中，也有过将二者作为连带责任的先例。例如，在图们惠人电子有限公司与上海建括实业有限公司等侵害发明专利权纠纷一案中，北京知识产权法院和北京市高级人民法院均认为，OEM/ODM 合同不能免除定作方的责任或 OEM/ODM 合同仅在合同内部有效，不能对抗第三人。因此，无论是加工方还是委托方都应提前做好知识产权预警分析，提前规避侵权风险，保障企业的经济效益，维护企业的良好形象。

在佛山艾诗凯奇电气有限公司与宁波品格电器有限公司加工合同纠纷案中，双方约定，若发生专利侵权行为则承担侵权责任，法院判决依照双方合同中的意思表示，由代工方宁波品格电器有限公司承担侵权赔偿。

7.5 吸油烟机专利侵权诉讼案

7.5.1 产业背景

吸油烟机是现代厨房必备的电器之一，用于排除油烟、净化厨房环境。中餐煎炒炸的烹饪方式会产生较大油烟，油烟中含有很多对人体有害的物质，会导致人体的很多疾病，也降损烹饪者的工作体验。因此，我国吸油烟机被广泛使用，市场需求巨大。1984年7月，上海试制成功了我国第一台外排式吸油烟机，成为我国最早开发和研制

---

❶ 翰锐法研. OEM 与 ODM 的 IP 风险防范 [EB/OL]. (2021-04-16) [2022-06-03]. http://www.hanruilaw.com/index.php?g=home&m=boin&a=show&id=69.

吸油烟机的地方。

据统计，2012年我国家用吸排吸油烟机产量为2106.70万台，2018年产量为2949万台，2019年产量为3602万台。❶ 2015年前后，中国厨电业产品创新进一步活跃，产业热度升级，既有搭载"互联网+"的智能电器的技术革新，也有倡导健康生活的文化渗透，吸引了一大批大家电及小家电企业纷纷进入市场，为产业带来新的增长点和更充分的竞争。❷ 2019年，中国厨电产业再次走到发展的新路口，并遭遇十多年来最大的转型变革挑战。在2019年之前，厨电品类的迭代周期通常需要三年左右。产品和技术的更新迭代慢，解决用户痛点能力弱。2018年下半年及2019年以后，厨电行业的迭代周期调整为一年至一年半，以满足市场竞争和行业智能化升级的双重需求。随着中国厨房电器产业和消费不断升级，市场需求变化大，嵌入式、套系化、智能化和场景化等新需求和新模式不断涌现，整个产业在智能制造水平上的优化和提升。❸ 吸油烟机更加注重油烟颗粒拦截和卓越持久的大功率抽吸力。

7.5.2 竞争格局

从市场占有率来看，国内市场的吸油烟机的主流品牌，既有消费者耳熟能详的厨电品牌方太、老板、华帝、帅康、樱花等，也有如美的、海尔、西门子等传统大家电的跨国品牌（见表7-5-1）。

表7-5-1 2010年8月吸油烟机市场占有率及均价

品牌	零售额/%	零售量/%	均价/元
方太	14.5	8.6	3084
老板	12.4	8.2	2795
华帝	10.6	7.9	2486
美的	7.9	8.6	1678
西门子	7.5	4.4	3158
帅康	7.0	5.3	2439
樱花	5.2	5.3	1821
万和	3.6	6.3	1069
海尔	3.2	3.6	1641
德意	3.0	2.3	2419

数据来源：中怡康时代市场研究有限公司（CMM）。

---

❶ 范晓云，崔晓冬. 我国吸油烟机行业发展及环境保护现状研究［J］. 中国环保产业，2020（12）：14-17.

❷ 文剑. 厨电业正迎来最好的时代［N］. 中国企业报，2017-5-19（008）.

❸ 李曾婷. 厨房电器和电饭锅两大新版技术路线图发布［J］. 电器，2019（11）：26-27.

从专利统计数据来看，外观设计专利的中国申请量最高的是宁波方太厨具有限公司，其他主流品牌如老板、帅康、美的申请量排名也在全国前10位（见图7-5-1）。发明和实用新型专利的中国申请量最高也是方太。美的、格力两个知名家电品牌位于申请量前三名中。其他知名的厨电品牌如老板、华帝、九阳及新晋玩家佛山市云米电器科技有限公司的申请量排名也在全国前10位（见图7-5-2）。

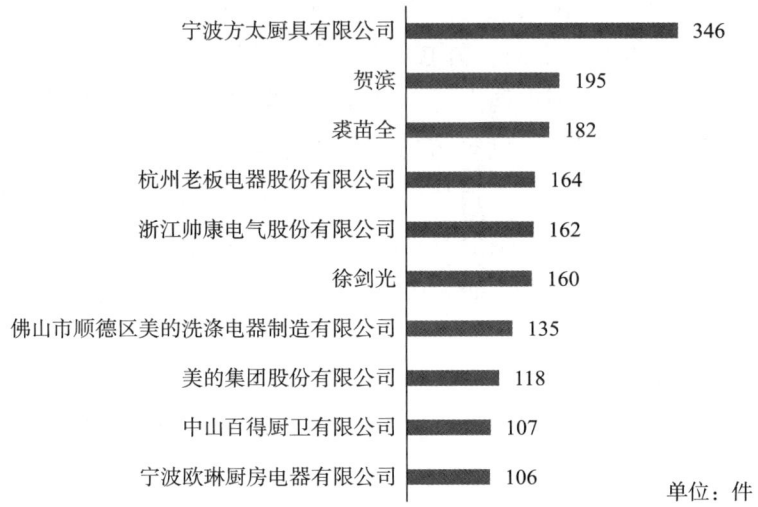

图7-5-1　吸油烟机中国外观设计专利申请的申请人分布

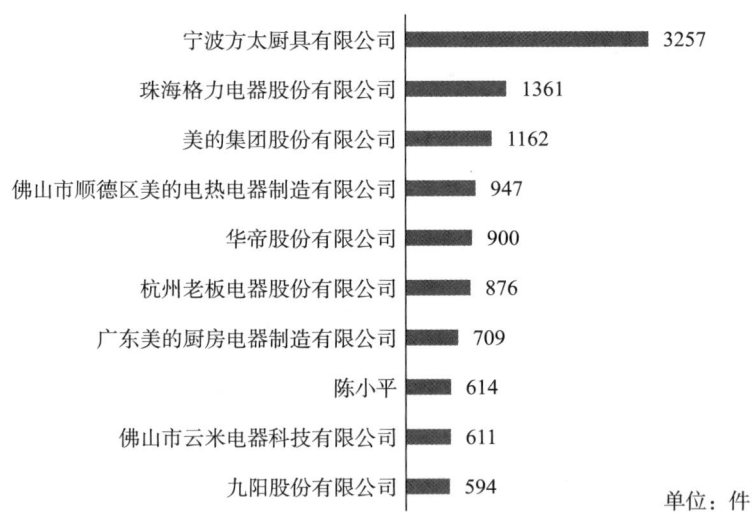

图7-5-2　吸油烟机中国发明和实用新型专利申请的申请人排名

国内市场份额前十的企业中，宁波方太厨具有限公司、杭州老板电器股份有限公司、华帝股份有限公司、美的集团股份有限公司和帅康等在专利申请量上较为突出表现。专利申请数量反映了企业对专利保护的重视程度，一定程度上也代表了企业的创新能力。可见，这些企业在吸油烟机行业中无论是商业竞争，还是创新竞争都处于较领先的地位。另外,有些市场份额较大的企业在专利申请量上则没有明显优势,如国外品牌西门子。

专利诉讼情况能够反映企业在商业竞争中的角逐加量,以及企业的攻防特点,诉讼较多的企业在市场竞争中较为活跃或受关注度较高。专利号为ZL200930271924.5的外观设计专利是一项民事诉讼频次高、行业影响较大的专利技术,相关的两件专利侵权民事诉讼经历了最高人民法院再审,较有法律指导意义。这两件诉讼的专利权方代表人为中山市荣星电器燃具有限公司,对方当事人则涉及另外两家吸油烟机厂商,分别是浙江金美太电器有限公司和苏州樱花生活厨电设备有限公司。以下对上述三家企业的基本情况和专利申请情况进行统计分析,并重点探究上述两件再审案件的案情经过和案例启示。

7.5.2.1 竞争厂商的基本信息

1. 中山市荣星电器燃具有限公司

中山市荣星电器燃具有限公司是一家专业从事小家电产品研发、生产及销售,集技、工、贸为一体的民营企业。经过多年的发展,该公司现已形成以燃气热水器、消毒柜为主,燃气灶具、吸油烟机、电热水器、电磁炉为辅的产品体系。公司积多年生产、销售厨房用品的经验,拥有具现代化工业水准的生产设备。以科技为依托,市场为先导,多年来致力于市场营销网络的建设,目前已在全国各地建立了两百多家的经销服务点。从OEM到自主品牌,专注于厨卫电器新品的研发、生产和销售,强势推出的聚能低吸吸油烟机为公司的主打产品。

2. 浙江金美太电器有限公司

浙江金美太电器有限公司创立于2003年,是一家集厨卫系列产品开发、设计生产、销售于一体的私营企业。公司主要生产家用燃气灶、消毒柜、近吸油烟机、欧式吸油烟机、集成环保灶、不锈钢水槽等生活电器。❶

3. 苏州樱花生活厨电设备有限公司

苏州樱花生活厨电设备有限公司成立于2009年5月,主营集成环保灶、吸油烟机、灶具、消毒柜、燃气热水器、电热水器、浴霸、水槽、龙头等。❷

7.5.2.2 竞争厂商的外观设计专利申请情况

1. 中山市荣星电器燃具有限公司

专利权人中山市荣星电器燃具有限公司共有8件中国专利申请涉及吸油烟机主题,其中发明1件、实用新型4件、外观设计3件。外观设计专利分别申请于2012、2018和2021,申请量不大,均是专利权维持有效的状态。

---

❶ 资料来源:企查查。
❷ 同❶.

2. 浙江金美太电器有限公司

浙江金美太电器有限公司共有 10 件专利申请，均为外观设计专利，申请时间分布在 2012—2018 年，其中 2013 年申请量最大，为 4 件。

3. 苏州樱花生活厨电设备有限公司

苏州樱花生活厨电设备有限公司及其集团公司共有 79 件专利申请，均为外观设计。可见，其产品研发主要是在产品外形上的改进。专利申请的开始时间较早，从 1997 年开始申请，2006 年申请量最多，达到 9 件。

7.5.3 基本案情

7.5.3.1 涉案专利的基本信息

该案例涉及的是国家知识产权局于 2010 年 6 月 23 日授权公告的 ZL200930271924.5 号外观设计专利，使用该外观设计的产品名称为"吸油烟机"。其申请日为 2009 年 11 月 10 日，专利权人为熊志红、陈友坤。

7.5.3.2 案情经过

2014 年 6 月 1 日，陈友坤出具声明称，将涉案专利权全权委托熊志红实施或者许可实施该专利技术，并进行该专利技术的维权事宜。对于熊志红与第三方所签订的专利许可协议，陈友坤认可其效力。对于熊志红进行的维权事宜，包括但不限于请求专利行政管理部门行政执法、针对涉嫌侵权者提起专利侵权诉讼，所产生的侵权损害赔偿与陈友坤无关，所出现的诉讼结果由熊志红承担。

2014 年 7 月 10 日，中山市荣星电器燃具有限公司（甲方）与熊志红（乙方）签订《专利许可使用协议书》。双方约定，乙方许可甲方使用涉案专利及其改良、拓展的吸油烟机产品。

2016 年 5 月 12 日，陈友坤出具委托书。该委托书中载明，陈友坤与熊志红是涉案专利的专利权人，对于熊志红与第三方所签订的专利许可协议，陈友坤均予以认可；陈友坤委托熊志红为合法代理人，以陈友坤名义全权办理专利实施、许可和诉讼等事宜。

2016 年 8 月 3 日，熊志红出具声明称，其已将涉案专利权排他许可给中山市荣星电器燃具有限公司使用，其同时全权授权其依法维护涉案专利权。

该涉案专利历经多次专利侵权纠纷，其中中山市荣星电器燃具有限公司分别诉浙江金美太电器有限公司、苏州樱花生活厨电设备有限公司的侵权民事案件经历了最高人民法院的再审（涉案专利的专利侵权纠纷和无效程序情况见表 7-5-2）。笔者通过两件再审案件和相关的无效程序，分析相关案件。并从这些案件中得出对我国企业专利保护的启示。

表 7-5-2 案情经过

序号	案件详情	审判/审查结果
1	浙江金美太电器有限公司、中山市荣星电器燃具有限公司侵害外观设计专利权纠纷再审民事判决书，(2018) 最高法民再 64 号。判决时间 2018 年 7 月 30 日	撤销湖南省高级人民法院（2017）湘民终 194 号民事判决；撤销湖南省长沙市中级人民法院（2016）湘 01 民初 840 号民事判决
2	中山市荣星电器燃具有限公司、樱花生活厨电设备有限公司侵害外观设计专利权纠纷再审民事判决书，(2020) 最高法民再 267 号。判决时间 2020 年 9 月 30 日	撤销江苏省高级人民法院（2019）苏民终 231 号民事判决；撤销江苏省苏州市中级人民法院（2018）苏 05 民初 548 号民事判决
3	无效宣告请求审查决定书（第 29113 号），决定日 2016 年 5 月 17 日。请求人为浙江金美太电器有限公司	维持外观设计专利权有效
4	维持外观设计专利权有效	维持外观设计专利权有效

1. 浙江金美太电器有限公司、中山市荣星电器燃具有限公司侵害外观设计专利权纠纷再审案案情简介❶

再审申请人（一审被告、二审上诉人）为浙江金美太电器有限公司，被申请人（一审原告、二审被上诉人）为中山市荣星电器燃具有限公司。

2016 年，中山市荣星电器燃具有限公司发现长沙市雨花区翔鹰橱柜电器商行销售"新宝"牌"J006"型吸油烟机（以下简称"被诉侵权产品"）与中山市荣星电器燃具有限公司的外观专利产品近似，产品的包装盒说明书上标注"浙江金美太电器有限公司制造商"。中山市荣星电器燃具有限公司通过公证购买的方式取得了被控侵权产品。为了制止侵权行为，原告中山市荣星电器燃具有限公司将销售商和制造商诉至湖南省长沙市中级人民法院。

一审法院认为：被诉侵权产品落入涉案专利权的保护范围。因此，长沙市雨花区翔鹰橱柜电器商行销售和许诺销售的被诉侵权产品构成专利侵权，浙江金美太电器有限公司制造和销售被诉侵权产品构成专利侵权。

一审判决被告长沙市雨花区翔鹰橱柜电器商行向中山市荣星电器燃具有限公司赔偿经济损失 5 万元，被告浙江金美太电器有限公司向中山市荣星电器燃具有限公司赔偿经济损失 80 万元。

浙江金美太电器有限公司不服一审判决，向湖南省高级人民法院（即二审法院）提起上诉。长沙市雨花区翔鹰橱柜电器商行服从一审判决。

二审法院经审理查明：一审判决认定事实清楚，适用法律正确，依法应予维持。

---

❶ 最高人民法院民事判决书（2018）最高法民再 64 号。

因此，驳回上诉，维持原判。

浙江金美太电器有限公司不服二审法院的判决，向最高人民法院申请再审。最高人民法院作出民事裁定，提审本案。

最高人民法院认为，一、二审判决关于被诉侵权产品与涉案专利相近似，落入涉案专利权保护范围的认定，认定事实和适用法律均有错误，判决撤销湖南省高级人民法院（2017）湘民终194号民事判决；撤销湖南省长沙市中级人民法院（2016）湘01民初840号民事判决；驳回中山市荣星电器燃具有限公司的诉讼请求。

2. 中山市荣星电器燃具有限公司、苏州樱花生活厨电设备有限公司侵害外观设计专利权纠纷再审案案情简介❶

再审申请人（一审原告、二审上诉人）为中山市荣星电器燃具有限公司，被申请人（一审被告、二审被上诉人）为苏州樱花生活厨电设备有限公司。

2017年，中山市荣星电器燃具有限公司发现苏州樱花生活厨电设备有限公司生活厨电工厂直营店销售的型号为CXW-238-A808的RANGEHOOD吸油烟机与中山市荣星电器燃具有限公司的涉案专利产品近似。中山市荣星电器燃具有限公司通过公证购买的方式取得了被控侵权产品。为了制止侵权行为，原告中山市荣星电器燃具有限公司将苏州樱花生活厨电设备有限公司诉至江苏省苏州市中级人民法院。

一审法院认为：被诉侵权产品没有落入涉案专利的保护范围，判决驳回中山市荣星电器燃具有限公司的全部诉讼请求。

中山市荣星电器燃具有限公司不服一审判决，向江苏省高级人民法院（即二审法院）提起上诉。

二审法院经审理查明：被控侵权设计未落入涉案专利权保护范围，中山市荣星电器燃具有限公司认为被诉侵权设计与涉案外观设计构成近似的上诉理由不能成立。一审判决驳回中山市荣星电器燃具有限公司的诉讼请求，并无不当。二审法院判决，驳回上诉，维持原判。

再审申请人中山市荣星电器燃具有限公司不服二审法院的判决，向最高人民法院申请再审。最高人民法院作出民事裁定，提审本案。

最高人民法院认为，被诉侵权产品与涉案专利的整体视觉效果基本相同，属于相同或相近似的外观设计，落入涉案专利权的保护范围，故中山市荣星电器燃具有限公司的申请理由成立。最高人民法院结合涉案专利的类型、被诉侵权行为的性质和情节、专利对于产品的贡献、侵权可能持续的时间及类似案件中相关判决确定的赔偿数额进行综合判断，判决撤销江苏省高级人民法院（2019）苏民终231号民事判决，撤销江苏省苏州市中级人民法院（2018）苏05民初548号民事判决，苏州樱花生活厨电设备有限公司赔偿中山市荣星电器燃具有限公司经济损失及合理支出共计150 000元。

---

❶ 最高人民法院民事判决书（2020）最高法民再267号。

7.5.4 核心问题

7.5.4.1 浙江金美太电器有限公司、中山市荣星电器燃具有限公司侵害外观设计专利权纠纷再审案的焦点问题❶

1. 争议焦点

一审、二审及再审的争议焦点始终是被诉侵权产品是否与涉案专利相近似,是否落入涉案专利权的保护范围。

2. 法院意见

关于如何认定被诉产品是否落入外观设计专利的保护范围,一审、二审法院的意见基本一致,而再审法院给出了不同的结论。

一审法院认为:涉案专利的设计特征在于,采用了风机箱、风道,以及集烟罩的三体式设计,且集烟罩整体近似直角三棱柱形、风道呈扁长方体形状、风机箱呈长方体形状。被诉侵权产品除风道呈扁喇叭状与涉案专利有所区别外,具备上述涉案专利的其他设计特征。上述相同部分是涉案专利区别于现有设计的设计特征,其中集烟罩是使用时容易被直接观察到的部位;上述特征均属对整体视觉效果更具影响的特征。

本案被诉侵权产品与涉案专利的区别主要体现在:风机箱正面凸块设计的有无、风道形状(分别为长方形状和喇叭状)、风机箱与风道高度比例,以及集烟罩按钮设计。这些不同之处均系在保持整体视觉效果之下的局部调整,对整体视觉效果不产生实质性影响。被诉侵权产品与涉案专利的整体视觉效果无实质性差异,两者构成近似。被诉侵权产品落入涉案专利权的保护范围。

二审法院认为:浙江金美太电器有限公司主张被诉侵权产品与授权专利之间存在18处不同,是从专业设计人员的角度来分析的,其中还包括些许细微差别,已经超出了一般消费者的知识水平和认知能力。

根据《最高人民法院关于审理侵犯专利权纠纷案件应用法律若干问题的解释(二)》第14条的规定,由于涉案产品为吸油烟机,市面上的吸油烟机产品大多风格迥异,产品的整体外形设计空间大,被诉侵权产品与涉案专利之间的区别所占设计比例较小,一般消费者通常不容易注意到如风道的形状、按钮设计、风机箱及风道的高度比例等较小区别。以吸油烟机产品的一般消费者的知识水平和认知能力而言,从整体外形轮廓、各组成部分的单独形状及相互之间的整体搭配来看,被诉侵权产品与涉案授权专利的视觉效果并无实质性差异,都给人超薄贴墙、小巧优美、不占空间的整体视觉效果。根据《最高人民法院关于审理侵犯专利权纠纷案件应用法律若干问题的解释》第11条第3款的规定,可以认定被诉侵权产品与涉案专利在整体视觉效果上无

---

❶ 最高人民法院民事判决书(2018)最高法民再64号。

实质性差异，两者构成近似。被诉侵权产品落入涉案授权专利的保护范围。

再审法院认为：首先，本案中，将被诉侵权产品与涉案专利相比，二者主要相同点在于：两者自上而下均由风机箱、风道、集烟罩三部分组成，呈"倒T"形的设计；两者的风道均为比风机箱和集烟罩的厚度薄的内凹形设计；顶部设有出烟口。二者的不同点主要包括：（一）风机箱的结构不同。被诉侵权产品的风机箱正面为平面矩形设计，为单层结构；而涉案专利的风机箱正面左侧具有矩形凸块，呈非对称结构（简称"区别1"）。（二）风道的形状不同。被诉侵权产品的风道为上窄下宽的喇叭状，两侧为弧线形；涉案专利的风道自上而下为长方体，两侧为直线形（简称"区别2"）。（三）集烟罩吸风口的设计不同。被诉侵权产品的集烟罩吸风口设置在滤网的中部，左右对称；涉案专利的集烟罩吸风口的左右不同，为非对称设计（简称"区别3"）。（四）风机箱与风道的尺寸比例不同。被诉侵权产品的风机箱的高度明显大于风道的高度，而涉案专利的风机箱与风道的基本一致（简称"区别4"）。

其次，专利复审委员会作出的第32434号决定中明确认定"涉案专利与对比设计2相比……都包括烟罩、风道、风机箱和出烟口四部分，且风道均呈扁长方体形，但上述结构为吸油烟机类产品的基本机构"。因此，二审判决仅依据有关评价报告，认定"涉案专利的创新性设计特征是风机箱、风道与集烟罩三个部件搭配而成的整体形状"，与事实不符。

最后，在第32434号决定中，专利复审委员会依据涉案专利与对比设计在风机箱表面是否有矩形结构、风道形状，以及风机箱与风道的高度比例等方面的差异，维持涉案专利有效。本案中，被诉侵权产品与涉案专利的上述区别点同样涉及风机箱表面、风道形状及风机箱与风道的高度比例，故所述方面的区别应当予以充分考虑。被诉侵权产品与涉案专利虽均包括风机箱、风道与集烟罩三个部分，但是现有设计中已经公开了风机箱、风道与集烟罩三个部分组成的现有设计。被诉侵权产品与涉案专利的区别1~4均位于产品正面，是一般消费者使用、购买时容易观察和关注到的部位，对产品的整体形状和整体视觉效果具有显著影响。因此，被诉侵权产品与涉案专利的整体视觉效果具有明显差异，不属于相同或相近似的外观设计，没有落入涉案专利权的保护范围，浙江金美太电器有限公司的申请再审理由成立。

7.5.4.2 中山市荣星电器燃具有限公司、樱花生活厨电设备有限公司侵害外观设计专利权纠纷再审案的焦点问题[1]

1. 争议焦点

一审、二审及再审的争议焦点始终是被诉侵权产品的外观特征是否落入涉案专利的保护范围及如何构成侵权，侵权责任应如何确定。

---

[1] 最高人民法院民事判决书（2020）最高法民再267号。

2. 法院意见

关于如何认定被诉产品是否落入外观设计专利的保护范围，一审、二审法院的意见基本一致，而再审法院给出了不同的结论。

一审法院认为：从产品正面观察，被诉侵权产品同样具备风机箱正前方缺乏矩形凸块、风机箱与风道的比例明显不同及出烟口设置不同等方面的差异，而上述差异均是一般消费者使用及购买时容易观察和关注到的部位，对产品的整体形状和整体视觉效果具有显著影响。因此，基于整体观察、综合判断的原则，被诉侵权产品与涉案专利的整体视觉效果具有明显差异，不属于相同或近似的外观设计，没有落入涉案专利的保护范围。

二审法院认为：在被诉侵权产品与涉案专利的区别中，风机箱前表面是否有矩形凸块设计、风机箱和风道的尺寸比例及风道的形状，这些外观设计特征均位于产品的正面，是一般消费者购买、使用时容易关注及观察的部位，且作为授权性设计特征，对外观设计的整体视觉效果产生的影响更为显著。因此，根据整体观察、综合判断的原则，上述差异足以引起一般消费者的关注，使得两者在整体视觉效果上存在显著区别，不属于相同或相近似的外观设计，被控侵权设计未落入涉案专利权保护范围。

再审法院认为：二者的不同点主要体现在风机箱表面有不同。被诉侵权产品的风机箱正面左下角和右上角各有一个小圆形；而涉案专利的风机箱正面左侧有矩形凸块，呈非对称结构。风道的侧面形状不同，被诉侵权产品的风道为上窄下宽的形状，一侧略带有一定弧度；涉案专利的风道自上而下为长方体，两侧为直线形。集烟罩吸风口的设计不同，被诉侵权产品的集烟罩吸风口设置有可滑动的两块挡板，吸风口可以左右对称也可以不对称；涉案专利的集烟罩吸风口处设置有一块仿版，吸风口在过滤网一侧，为非对称设计。风机箱与风道的尺寸比例略有不同。虽然被诉侵权产品与涉案专利存在上述区别，但对于产品的整体形状和整体视觉效果并未产生显著影响，均属于局部或者细微的差异。因此，被诉侵权产品与涉案专利的整体视觉效果基本相同，属于相同或相近似的外观设计，落入涉案专利权的保护范围。因此，中山市荣星电器燃具有限公司的申请理由成立。

7.5.4.3 无效宣告请求审查决定第 29113 号

1. 请求的理由及证据

针对涉案专利，无效宣告请求人浙江金美太电器有限公司于 2016 年 3 月 9 日向专利复审委员会提出无效宣告请求，其理由是涉案专利不符合《专利法》第 23 条第 2 款的规定。

请求人提交了如下证据：

证据 1：专利号为 ZL200530029891.5 的中国外观设计专利授权公告文本打印件；

证据 2：注册号为 JPD1998-1037569 的日本外观设计专利文本打印件；

证据3：专利号为ZL200820099611.6的中国实用新型专利授权公告文本打印件；

证据4：专利号为ZL200820099745.8的中国实用新型专利授权公告文本打印件。

2. 决定的理由

涉案专利（见图7-5-3）涉及的产品是吸油烟机，证据3和4的附图分别公开了一种吸油烟机的外观设计（下分别称对比设计1和对比设计2，见图7-5-4），涉案专利与对比设计1和2所示产品用途相同，属于相同种类的产品。

涉案专利与对比设计1相比，两者主要的区别设计特征为：（1）集烟罩整体形状、顶面及正面的设计不同：涉案专利集烟罩整体近似直角三棱柱形，其顶面和背面垂直，正面呈梯形内凹，内凹面左侧设有网罩；对比设计1集烟罩整体呈不规则多边形，其正面两端部为近似三角形的片状结构，中部无网罩及其他设计，顶面具有一弧面，该弧面的顶部连接至位于集烟罩背面的安装板；（2）风机箱形状不同：涉案专利风机箱呈长方体

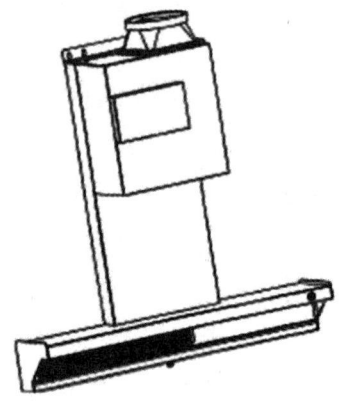

图 7-5-3　涉案专利附图

形，正面左侧有矩形凸出结构，其顶面右侧的出烟口朝向上部；对比设计1风机箱呈扁圆柱形，底部具有一小长方体接油杯，其顶面右侧的出烟口朝向右侧。

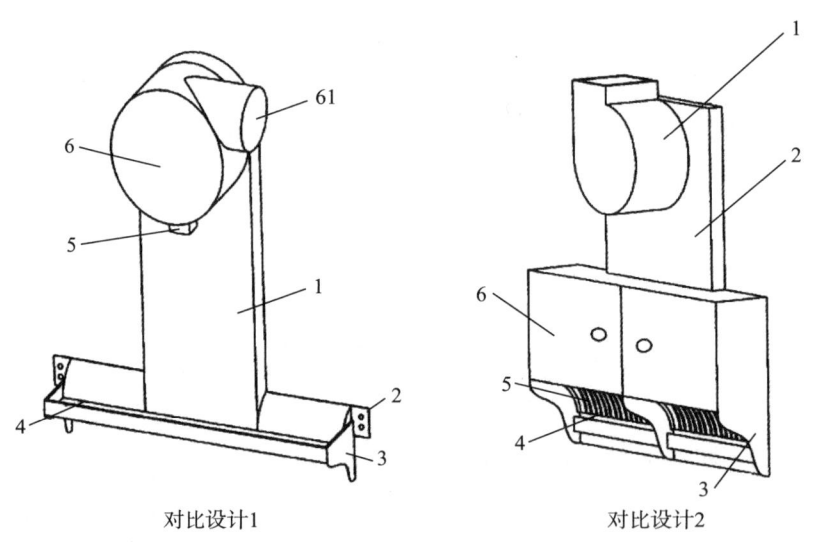

对比设计1　　　　对比设计2

图 7-5-4　对比设计1与对比设计2附图

对比设计2并未公开如涉案专利所示的整体近似直角三棱柱形的集烟罩整体形状及正面的设计，也未公开呈长方体形的风机箱。即使将对比设计1与2组合，涉案专利与组合后的设计相比仍然在集烟罩及风机箱的整体形状方面存在明显不同之处，且没有证据表明整体近似直角三棱柱形的集烟罩和呈长方体形的风机箱属于该类产品的

惯常设计。涉案专利产品采用了风机箱、风道及集烟罩的三体式设计,且集烟罩整体近似直角三棱柱形、风道呈扁长方体形状、风机箱呈长方体形,上述设计已经形成了涉案专利独特的整体设计风格,能够导致一般消费者对涉案专利与对比设计1和2留下明显不同的视觉印象。因此,涉案专利与对比设计1和2的组合相比仍然存在明显区别,符合《专利法》第23条第2款的规定。

3. 审查决定

维持ZL200930271924.5号外观设计专利权有效。

7.5.4.4 无效宣告请求审查决定第32434号

1. 请求的理由及证据

广东顺德家家喜电器有限公司(下称请求人)于2016年10月10日向专利复审委员会提出无效宣告请求,其理由是涉案专利不符合《专利法》第23条第2款的规定。

请求人提交了如下证据:

证据1:专利号为ZL200720147799.2的中国外观设计专利授权公告文本打印件;

证据2:专利号为ZL200820099611.6的中国外观设计专利授权公告文本打印件;

证据3:专利号为ZL00342638.6的中国外观设计专利授权公告文本打印件。

2. 决定的理由

(1) 相对证据1

涉案专利涉及的产品是吸油烟机,证据1的附图也公开了"一种双进风口吸油烟机"的外观设计(以下简称"对比设计1",见图7-5-5),二者所示产品用途相同,属于相同种类的产品。

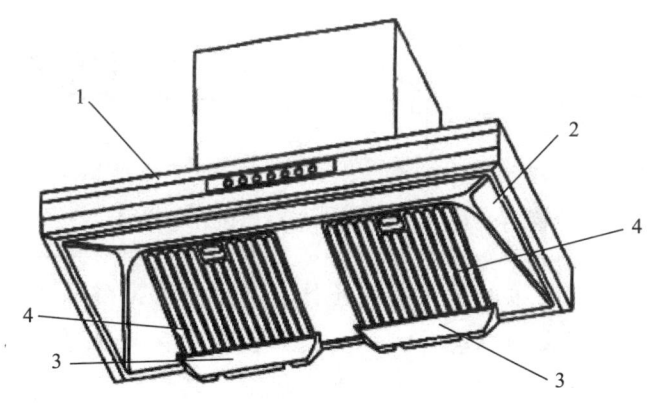

图7-5-5 对比设计1的附图

涉案专利与对比设计1相比,两者的主要相同点在于:都包括集烟罩、风机箱和出烟口,风机箱均呈近似长方体形。两者的主要不同点在于:①风道的设计不同,涉案专利的风道是外观能显露的单独部件,呈扁长方体形,风机箱和集烟罩之间由风道连接;对比设计1的风道位于风机箱内。②风机箱的设计不同,涉案专利的风机箱其正前方有矩形凸出结构，风机箱位于风道上半部分的正前方；对比设计1的风机箱呈长方体形，风机箱与集烟罩直接相连。③集烟罩的设计不同，涉案专利的集烟罩呈近似的直角三棱柱形，顶面和背面垂直，对比设计1的集烟罩呈近似的长方形，顶面和背面不垂直。

根据整体观察、综合判断的原则，涉案专利与对比设计1相比，尽管都包括集烟罩、风机箱和出烟口的结构，但这些是作为吸油烟机的基本结构，而且在风道、风机箱、集烟罩的设计上明显不同，特别是上述区别特征①的存在，使得涉案专利与对比设计1相比，集烟罩上方的空间变大，与对比设计1呈现了明显不同的视觉效果。此外区别点②③也对整体视觉效果产生了显著的影响。因此，涉案专利与对比设计1相比，具有明显区别，符合《专利法》第23条第2款的规定。

(2) 相对证据2和证据3的组合

证据2和3的附图分别公开了"一种吸油烟机"的外观设计（以下简称"对比设计2"和"对比设计3"，见图7-5-6），涉案专利与对比设计2和3所示产品用途相同，属于相同种类的产品。

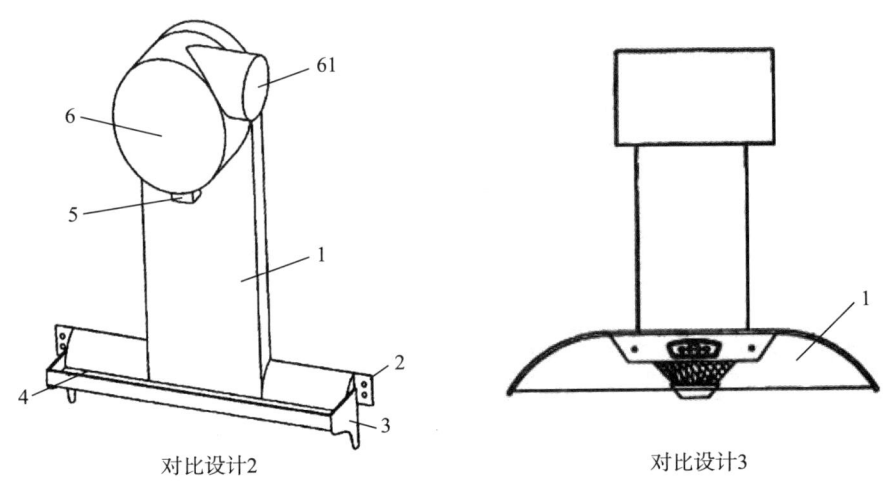

图7-5-6 对比设计2与对比设计3附图

涉案专利与对比设计2相比，主要的不同点在于：①集烟罩整体形状、顶面及正面的设计不同，涉案专利集烟罩整体近似直角三棱柱形，其顶面和背面垂直，正面呈梯形内凹；对比设计2集烟罩整体呈不规则多边形，其正面两端部为近似三角形的片状结构，中部无网罩及其他设计，顶面具有一弧面，该弧面的顶部连接至位于集烟罩背面的安装板。②风机箱的设计不同，涉案专利风机箱呈长方体形，其正前方有矩形凸出结构；对比设计2的风机箱呈扁圆柱形，底部具有一小长方体接油杯。而且两者相比，风机箱与整个风道的比例存在差别。③出烟口的设计不同，涉案专利的出烟口设于风机箱的顶部，出烟口朝向上部；对比设计2的出烟口设于风机箱顶面右侧，出烟口朝向右侧。

根据整体观察、综合判断的原则，涉案专利与对比设计 2 相比，尽管都包括烟罩、风道、风机箱和出烟口四部分，且风道均呈扁长方体形，但上述结构为吸油烟机类产品的基本结构，两者在集烟罩的整体形状、风机箱的形状、出烟口的设计及风机箱与整个风道的比例等方面均存在区别，进而对整体外观设计的视觉效果产生了显著影响。即使考虑到对比设计 3 的风机箱形状，但对比文件 3 的风机箱正前方没有矩形凸出结构，而且对比设计 3 的风机箱相对于整个风道的比例、尺寸也与涉案专利相比差别较大，呈现了明显不同的视觉效果。此外，将对比设计 2 的吸油烟机主体与对比设计 3 的风机箱形状组合后，也没有公开上述区别点①③。因此，涉案专利与对比设计 2 和 3 的组合相比，仍存在明显区别，符合《专利法》第 23 条第 2 款的规定。

3. 审查决定

维持 ZL200930271924.5 号外观设计专利权有效。

7.5.4.5 小结

1. 无效宣告中"明显区别"的判定

根据《专利法》第 23 条第 2 款的规定："授予专利权的外观设计与现有设计或者现有设计特征的组合相比，应当具有明显区别。"在判断外观设计是否与现有设计有明显区别时，既可以与单独一件现有设计进行比较，也可以与现有设计特征的组合相比。如果涉案专利是由现有设计或者现有设计特征组合得到的，所述现有设计与涉案专利的相应设计部分相同或者仅有细微差别，且该具体的组合手法在相同或者相近种类产品的现有设计中存在启示，则涉案专利不具有明显区别。❶ 其中，"不具有明显区别"不等于"实质上相同"，而是要综合考虑影响视觉效果的所有因素，采用整体观察、综合判断的原则，对整体视觉效果进行分析判断。❷

在第 29113 号无效宣告请求审查决定中，专利复审委员会认为若对于一般消费者而言，涉案专利与现有设计特征的组合相比仍存在显著的视觉差别，且没有证据表明上述差别属于该类产品的惯常设计，则应认定二者具有明显区别。涉案专利的集烟罩和风机箱的整体形状相对于对比设计 1 和 2 的组合仍有明显的不同，其具有整体近似直角三棱柱形的集烟罩和呈长方形的风机箱，以上设计形成了涉案专利的独特的整体设计，能够给消费者留下明显不同于现有设计的视觉印象。因此，涉案专利相对于现有设计存在明显区别，符合《专利法》第 23 条第 2 款的规定。

在第 32434 号无效宣告请求审查决定中，专利复审委员会认为涉案专利与对比设计 2 相比，两者相同的部分是吸油烟机类产品的基本结构，而两者的不同体现在集烟

---

❶ 《专利审查指南 2010》第 5 章第 4.5.6 节。

❷ 国家知识产权局专利复审委员会. 以案说法——专利复审、无效典型案例指引 [M]. 北京：知识产权出版社，2018：407.

罩的整体形状、风机箱的形状、出烟口的设计及风机箱与整个风道的比例等，由于这些区别特征对涉案专利整体外观设计的视觉效果产生了显著影响。对比设计3的风机箱相对于整个风道的比例、尺寸也与涉案专利相比差别较大，呈现了明显不同的视觉效果。因此，涉案专利与现有设计的组合相比，仍存在明显区别，符合《专利法》第23条第2款的规定。

在该案的两件无效宣告请求中，涉案专利与现有设计特征的不同组合进行对比均存在明显区别，产生的视觉效果有显著的不同。现有技术的设计具有其独特性，在产品的整体外观上产生了能够使消费者识别的突出效果，因此专利权维持有效。

2. 侵权诉讼中的相同或近似外观设计的认定

根据《最高人民法院关于审理侵犯专利权纠纷案件应用法律若干问题的解释》第11条的规定，判断是否侵权时，需要考虑涉案外观专利的设计特征，以整体视觉效果进行综合判断，这一点与专利无效中判断"明显区别"的方式相同，都需要考虑整体视觉效果。在侵权判定中，对整体视觉效果的认定遵循以下原则：①产品正常使用时容易被直接观察到的部位相对于其他部位更具有影响力；②授权外观设计区别于现有设计的设计特征相对于授权外观设计的其他设计特征更具有影响力。《最高人民法院关于审理侵犯专利权纠纷案件应用法律若干问题的解释》第8条规定，在与外观设计专利相同或者相近种类产品上，采用与授权外观设计相同或者近似的外观设计的，则判定被诉侵权产品落入外观设计专利权保护范围。其中，相同或者近似的外观设计的判断基于在整体视觉效果上差异性，若二者无差异则认定为相同，无实质性差异则认定为近似。❶

在整体视觉效果的判断中，应当结合现有设计的状况，考虑涉案专利与被诉侵权产品的相同点和区别点对整体视觉效果的影响。❷ 上述两个再审案件中影响整体视觉效果因素主要考虑了现有设计的状况、设计空间等。在现有设计中从未出现过的特征称为创新性设计特征。❸ 创新性设计特征比惯常的、常见的设计特征对整体视觉效果的影响权重更大。设计空间是指产品外观设计的自由度。在设计空间大的情况下，小的差

---

❶ 《专利法》（2008修订）第59条第2款规定："外观设计专利权的保护范围以表示在图片或者照片中的该产品的外观设计为准，简要说明可以用于解释图片或者照片所表示的该产品的外观设计。"《最高人民法院关于审理侵犯专利权纠纷案件应用法律若干问题的解释》第11条规定："是否相同或者近似时，应当根据授权外观设计、被诉侵权设计的设计特征，以外观设计的整体视觉效果进行综合判断；对于主要由技术功能决定的设计特征以及对整体视觉效果不产生影响的产品的材料、内部结构等特征，应当不予考虑。下列情形，通常对外观设计的整体视觉效果更具有影响：（一）产品正常使用时容易被直接观察到的部位相对于其他部位；（二）授权外观设计区别于现有设计的设计特征相对于授权外观设计的其他设计特征。被诉侵权设计与授权外观设计在整体视觉效果上无差异的，人民法院应当认定两者相同；在整体视觉效果上无实质性差异的，应当认定两者近似。"

❷ 国家知识产权局专利复审委员会. 以案说法——专利复审、无效典型案例指引［M］. 北京：知识产权出版社，2018：419.

❸ 同❷422.

别不会使整体视觉效果产生明显差异,而在设计空间小的情况下,即使差别不大也可能引起视觉效果的明显不同。法院在认定一般消费者对于外观设计所具有的知识水平和认知能力时,一般应当考虑设计空间。设计空间大,则一般消费者通常不容易注意较小区别;设计空间小,则一般消费者通常更容易注意到较小区别。❶

在中山市荣星电器燃具有限公司与浙江金美太电器有限公司的侵权纠纷中,中山市荣星电器燃具有限公司所主张的涉案专利权评价报告,可以认定涉案专利的创新性设计特征是风机箱、风道与集烟罩三个部件搭配而成的整体形状。最高人民法院认定上述评价报告的结论与事实不符,而认可了专利复审委员会在第32434号无效决定中指出的"涉案专利与对比设计2相比,……都包括烟罩、风道、风机箱和出烟口四部分,且风道均呈扁长方体形,但上述结构为吸油烟机类产品的基本机构"。也就是说,专利与被诉侵权产品的相同特征在无效宣告决定中,被认定为是吸油烟机类产品的基本机构,是现有技术,而不是涉案专利特有的结构,即不是涉案专利的创新性设计特征。然而,涉案专利与被诉侵权产品存在差异的部分,如矩形结构、风道形状,以及风机箱与风道的高度比例依据涉案专利与对比设计在风机箱表面是否有矩形结构、风道形状,以及风机箱与风道的高度比例等,是一般消费者容易关注到的部位,对产品的整体视觉效果具有显著影响。因此,最高人民法院判定被诉侵权产品没有落入涉案专利的保护范围。无效程序中,专利复审委员会对创新性设计特征的认定直接影响了诉讼中对被诉产品是否落入涉案专利保护范围的裁判结果。

在中山市荣星电器燃具有限公司与苏州樱花生活厨电设备有限公司的侵权诉讼中,最高人民法院认定,虽然被诉侵权产品与涉案专利存在一定区别,但这些区别特征对于产品的整体形状和整体视觉效果并未产生显著影响,均属于局部或者细微的差异。因此,被诉侵权产品与涉案专利的整体视觉效果基本相同,落入涉案专利权的保护范围。

通过上述两个再审案例的比较可知,在外观设计专利的侵权诉讼中,如果被诉侵权产品和涉案专利之间的主要共同点是涉案专利区别于现有设计的创新性设计特征,而且这些特征对整体视觉效果的影响权重更大。如果被诉侵权产品和涉案专利之间的主要共同点是同类别产品的基本构件而不是涉案专利的创新性设计特征,则二者不是相同或相似产品,不构成侵权。

侵权判定中,对产品区别的认定是以普通消费者的眼光为判断标准,而不是以专业技术人员的认识能力为标准。有些细微的差别专业技术人员能够识别,但是普通消费者无法识别,则不能认为被诉侵权产品相对于涉案专利有明显区别。❷

---

❶ 《最高人民法院关于审理侵犯专利权纠纷案件应用法律若干问题的解释(二)》第14条。
❷ 程永顺. 浅议外观设计的侵权判定[EB/OL]. [2022-06-03]. https://wenku.baidu.com/view/91f8ad4cf7ec4afe04a1df39.html? fr=xueshu.

7.5.5 案例启示

7.5.5.1 外观设计对家电产品有着重要意义

在家电行业中，外观设计的重要性不容忽视。优良的外观更能吸引消费者，提升"颜值"成为产品在市场上取得成功的一个捷径和突破口。有统计表明，当前消费者选购一个产品的关键因素中，外形是否好看占到了一半以上。也就是产品质量再好、售后再好，如果外形难看，就会大幅影响到销售。❶

核心技术的突破耗时较长，国内企业，尤其是中小企业，要与已经占据创新优势的国外巨头抗衡，可以通过改进产品外观在竞争中获得一席之地。❷ 外观设计耗时短，更迭快，创新的投入产出比较高。

对于吸油烟机而言，其重要的性能指标就是吸油烟效果，而吸油烟效果与烟机的外形设计有密切的关系，而且作为家用电器，其外形是否受消费者欢迎对烟机销量有直接影响。因此，吸油烟机厂商往往都比较重视外观设计。从专利申请的角度而言，有的吸油烟机企业仅有三种专利中的外观设计专利，如前面提到的浙江金美太电器有限公司和苏州樱花生活厨电设备有限公司。这也足以说明外观设计的成功与否对产品上市成功有着举足轻重的影响。

7.5.5.2 专利权人要通过专利制度来保护自身权益

厨电行业技术已经比较成熟，入行门槛低，创新产品比较容易被仿制，如何来保护创新成为困扰不少企业的难题。外观设计专利作为工业产权保护的一种有效途径，已经得到了国内创新主体的普遍认识。随着我国专利保护环境的逐步优化，家电行业越来越重视包括外观设计在内的专利保护。吸油烟机行业的知名品牌的外观专利申请数量普遍较多，越是家电行业聚集的省份，外观专利申请量越大。因此，通过外观设计专利来保护产品外形上的创新已经得到了国内企业的广泛重视。

遗憾的是，目前还有一些不利于专利保护的因素使得创新主体无力保护研发成果。例如，维权成本与获得赔偿之间存在巨大差异、企业对自身知识产权的保护意识不到位等原因，很多被侵权企业面对侵权事件都是轻拿轻放的，花费不起过多成本去保护自身利益，导致抄袭之风难止，对整个行业的发展、提升都有很大的阻碍。❸ 尽管如此，创新主体仍然应当积极作为，首先做好专利布局，当权益受到侵害时也要敢于运用专利利剑捍卫合法权益，作为专利权人和政府、社会公众一起携手营造良好的专利保护氛围，以此激励创新，推动技术不断进步。

---

❶ 张志明，李冀鹜. 浅谈汽车外观设计重要性及专利保护策略 [J]. 当代经济，2014 (13)：50-52.
❷ 邓晓亮，唐柱才. 冰箱设计的考虑因素 [J]. 现代机械，2007 (3)：72-74.
❸ 中国财经新闻网. 侵权零容忍荣星重拳出击李鬼 [EB/OL]. (2019-09-16) [2022-06-03]. https://www.163.com/dy/article/EP7AA9IH0518WSEB.html.

7.5.5.3 外观设计专利的保护范围的认定应充分考虑专利权人和社会公众的利益平衡

由浙江金美太电器有限公司与中山市荣星电器燃具有限公司的诉讼案件所引申的思考是,被诉侵权产品与涉案专利之间可能存在两种区别点。一是涉案专利采用现有设计特征,而被诉侵权产品采用的是其自创的独特设计;二是涉案专利具有创新性设计特征,而被诉侵权产品采用的是现有设计特征,不包含涉案专利的创新性特征。这两类区别点都可能对被诉侵权产品的整体视觉效果产生显著影响。❶ 如果被诉侵权产品与涉案专利的共同点是现有设计,而区别点在于被诉侵权产品自身具有独特设计,产生"明显区别"特征是被诉侵权产品所创新的,则不构成侵权。采用这样的判断标准有利于充分保护专利权人与保护公众权益的平衡,既要对专利权人的创新给予鼓励,又要防止专利权滥用,避免已有专利的权利过度扩张,给后续创新提供充分的空间,从而更好地激励全社会的创新热情。

7.6 迷你电风扇专利侵权诉讼案

7.6.1 产业背景

7.6.1.1 产业发展现状

1880年,美国发明家舒乐首次将叶片直接装在电动机上,世界第一台电风扇问世。1915年,中国第一台电风扇由民族工业家杨济川制造,后由其创办的上海华生电器有限公司于1924年实现电风扇批量生产。作为一款兼具功能性、价格、节能环保等诸多优势的家电产品,电风扇已经陪伴消费者走过了百年历史。

按照结构划分,电风扇主要由电动机、叶片、网罩和控制装置等部件组成。电动机是风扇的动力源,也是核心部件。按照送风的方式可以划分为径流风扇、混流风扇和轴流风扇。美国的沃拿多(VORNADO)、戴森(DYSON)、日本的巴慕达(BALMUDA)成为三种风扇的典型代表。

电风扇企业主要围绕电动机、扇叶、风扇外形及尺寸等方面展开技术创新,也成为企业的核心竞争力。在电动机方面,主要包含交流电机、直流电机两大类,使用直流电机降低噪音和能耗,是目前电风扇的发展趋势。在扇叶设计方面,除了传统的单层扇叶结构外,日本巴慕达推出双重结构叶片,中国艾美特(AIRMATE)推出七片羽翼减震扇叶,美国戴森推出无叶风扇。降低噪音、风感柔和成为电风扇改进的主流方向。

在风扇外形及尺寸方面,小型化便携性成为重要的发展方向之一。迷你家电的出

---

❶ 幕僚君. 再审逆转!解读荣星公司诉金美太外观设计专利侵权案![EB/OL]. [2022-06-03]. http://www.iprdaily.cn/news_19708.html.

现体现了家电市场个性化、定制化的发展趋势和消费需求。在京东、阿里巴巴等家电网络销售平台搜索"迷你小风扇"可以发现，价格区间一般在14~104元。其中，60%的用户选择了14~69元的价格区间。迷你小风扇让喜欢户外运动的消费者更加便捷，从而受到消费者的青睐。

7.6.1.2 产业发展特征

1. 电商购买成为主要渠道

电风扇属于免安装、轻服务产品，电商购买成为主要渠道，线下销售渠道受疫情影响严重。据奥维云网（AVC）线下市场监测数据显示，2022年2月小家电线下零售额规模同比降低43.5%。

2. 供给侧以价换量，国内品牌价格普遍低于国外

《2020年电风扇销年报告总结》显示，2020年1—8月电风扇零售额87亿元，同比下降14.9%。同时期零售量为4620万台，同比增长6.2%。销量增长而销售额明显下降，呈现出以价换量的状态。从国内外企业售价来看，以戴森为代表的国外品牌普遍定价在千元以上，而艾美特、美的等国内知名品牌售价主要集中在百元级别。国内外产品品牌认知度及服务客户形成明显差异。

3. 使用场景不断延展，无线充电占比显著提升

风扇的无线化打破传统围绕电源插口使用场景的局限性，提升了产品的使用便捷性，无线便捷化带动使用场景的延伸，为品类增长提供动力。

4. 折叠风扇和小风扇成近年爆款产品

近两年流行的以挂脖、手持为主要形式的迷你电风扇，是产品向便捷化发展的衍生品，在当下互联网社交平台、内容平台的快速传播下，迎来高速发展。未来细分领域产品的深度挖掘有望成为行业增长的新风口。

5. 产品功能不断融合成为技术发展的主流趋势之一

功能多样化成为电风扇企业寻求增长点，突破发展瓶颈的途径之一。空气净化扇附加驱蚊、加湿等功能，越来越多新产品、新技术的融合，正在逐步打破传统电风扇的局限性。

6. 产品外观创新成为影响消费者作出购买选择的关键因素之一

当产品功能一致的情况下，轻巧、靓丽的外观将会成为消费者为之心动的考量因素。结合专利申请数据来看，迷你电风扇专利申请类型中，外观设计专利申请比重超过50%，远高于实用新型和发明所占比重。结合申请年份来看，2014年以后外观设计专利以93.3%的年均增长率快速发展，实用新型和外观设计专利年均增长率分别为60.6%和22.3%（见图7-6-1）。外观设计专利增长势头显著也反映出产品外观在迷你电风扇领域的重要性。

7.6.1.3 迷你电风扇发展困境

2021年8月中央电视台《第一时间》栏目关注了迷你风扇的安全问题。在国家家用电器质量监督检验中心检测的70批次产品中，锂电池常温外部短路指标不合规率为17.1%。

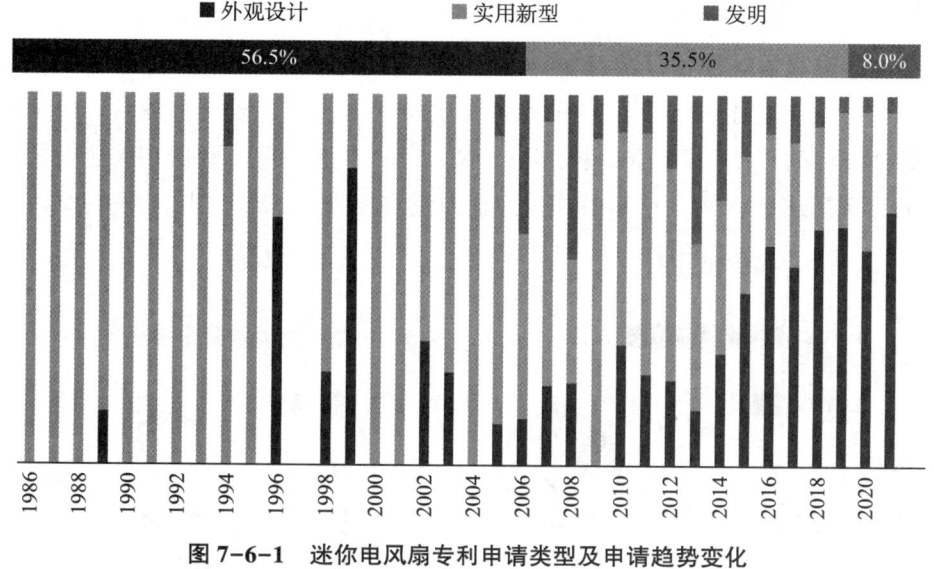

图7-6-1 迷你电风扇专利申请类型及申请趋势变化

专家指出，部分便携式电风扇使用了伪劣的锂电池零部件，有可能会造成爆炸或者起火。除了隐藏在便携式电风扇产品内部的风险不容忽视外，在产品的外观上也可能存在一些风险。产品设计的网罩缝隙过大，使得头发可以轻易接触到旋转的扇叶，最终导致头发被卷入。还有一个原因，它使用的材料不良好、不平滑，因而头发在意外被卷入的时候，不能轻易脱开。

《家用和类似用途电器通用要求健康安全》明确规定，器具外壳的形状和装饰，不应使器具容易被孩子当作玩具。虽然其合规率还不算低，但结合它对人体的伤害程度，最终判定这个项目风险等级比较高。

7.6.2 竞争格局

7.6.2.1 区域竞争格局

《2021—2026年中国电风扇市场供需现状及投资战略研究报告》显示，2020年中国家用电风扇产量第一的是广东，产量20 552.8万台，占比达到88.7%，在市场中占据绝对主导地位；其次是浙江，产量为1622.3万台；江苏、江西、河北依次是第三、第四、第五，产量分别为546.4万台、170.5万台、106.1万台。

从专利数据来看，中国家用电风扇相关专利量大约 2 万件，其中迷你电风扇❶相关专利量 3398 件，占比 16.6%。从专利申请隶属省份看，广东、浙江、江苏位居申请量前三，与市场数据基本吻合。其中，广东在迷你电风扇领域的专利占比略高，专利控制力更强。

7.6.2.2 创新主体竞争格局

企查查数据显示，经营范围包含"电风扇"的企业共计 16 005 家，其中注册地址位于广东省的企业共计 5706 家，注册地址位于浙江省、江苏省、福建省、山东省的企业分别为 2420 家、1253 家、469 家、1132 家。专利申请 TOP 5 省份相关企业数量占企业总量的比例高达 68.6%，广东省相关企业数量占比为 35.7%（见图 7-6-2）。

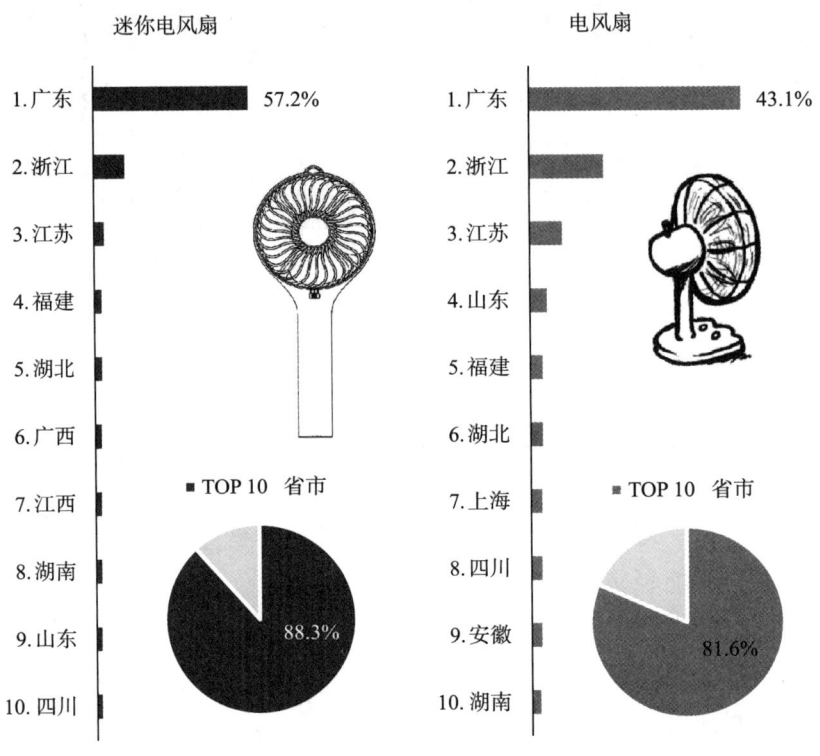

图 7-6-2　迷你电风扇与电风扇领域中国专利申请量省份排名（TOP 10）

针对电风扇领域，中国品牌格力、美的、艾美特，国外品牌戴森、大松等格局较为平稳，消费者认可度较高。奥维云网发布的《2020 电风扇销年报告总结》❷ 显示，美的在线上、线下渠道的销售额占比分别为 22.9%、43.3%，位列各品牌首位。针对迷你电风扇领域品牌分布情况，较难发现大企业和知名品牌的身影。中国小家电代表

---

❶ 包含折叠电风扇、手持电风扇、挂脖电风扇等具有便携特性的小型电风扇。

❷ 奥维云网. 2020 电风扇销年报告总结［EB/OL］.（2020-10-23）［2022-06-03］. https://www.avc-mr.com/article/detail?id=2284785881129640448.

品牌小熊，新兴品牌几素、家奈，日本品牌无印良品销量可观。

从专利数据来看，电风扇领域创新主体与市场情况基本一致，主要以大型企业为主，格力、美的、戴森、艾美特创新实力较强（见表7-6-1）。

表7-6-1 电风扇行业中国专利申请人排名（TOP 10）

排名	申请人	专利量/件	注册资本/万元	法定代表人	隶属国家/城市
1	珠海格力电器股份有限公司	776	601 573.087 8	董明珠	广东珠海
2	美的集团股份有限公司	503	698 130.857 1	方洪波	广东佛山
3	广东美的环境电器制造有限公司	336	38 000	傅蔚	广东中山
4	戴森技术有限公司	134	—	James Dyson	英国
5	艾美特电器（深圳）有限公司	116	20 350	史瑞斌	广东深圳
6	深圳市蓝禾技术有限公司	99	500	黄国文	广东深圳
7	深圳市沃趣科技有限公司	93	200	徐永红	广东深圳
8	LG电子株式会社	76	—	具光谟	韩国
9	任文华	76	—	—	浙江杭州
10	周锡祥	70	—	—	广东佛山

而迷你电风扇创新主体主要以小型企业和个人为主，深圳市沃趣科技有限公司、深圳市蓝禾技术有限公司、珠海格力电器股份有限公司位列前三（见表7-6-2）。

从TOP 10申请人专利申请量在该领域的占比看，电风扇领域TOP 10申请人专利比重为11.1%，迷你电风扇为6.0%。

表7-6-2 迷你电风扇行业中国专利申请人排名（TOP 10）

排名	申请人	专利量/件	注册资本/万元	法定代表人	隶属国家/城市
1	深圳市沃趣科技有限公司	30	200	徐永红	广东深圳
2	深圳市蓝禾技术有限公司	28	500	黄国文	广东深圳
3	珠海格力电器股份有限公司	24	601 573	董明珠	广东珠海
4	吕佳佳	22	—	—	广东揭阳
5	卢焕宏	21	—	—	广西南宁
6	深圳市同创创精密电子有限公司	18	500	许文龙	广东深圳
7	李坚	17	—	—	广东汕头
8	蔡超杰	15	—	—	广东汕头
9	拉斯科控股公司	15	—	—	美国
10	深圳市再玩科技有限公司	15	1000	陈丽芳	广东深圳

7.6.3 基本案情

7.6.3.1 基本信息

2018年5月28日，ZL201730076427.4号专利的专利权人时某以侵害其外观设计专利权为由将名创优品国际（广州）有限公司、名创优品股份有限公司、名创优选科技（广州）有限公司、广东赛曼投资有限公司等四位当事人诉至广州知识产权法院。2018年8月30日，案外人广东金莱特电器股份有限公司向国家知识产权局就该专利提起无效宣告请求，国家知识产权局作出第38324号无效审查决定，维持专利权有效。在此基础上，广州知识产权法院作出一审判决，专利权人胜诉，被告败诉，判赔金额为145万元；随后名创优选科技（广州）有限公司再次向国家知识产权局就该专利提起无效宣告请求，国家知识产权局作出第43968号无效审查决定，宣告专利权全部无效。2019年11月23日，名创优选科技（广州）有限公司不服一审判决向广东省高级人民法院提起上诉，由于涉案专利权已被宣告全部无效，广东省高级人民法院在二审判决中撤销一审判决（见图7-6-3）。

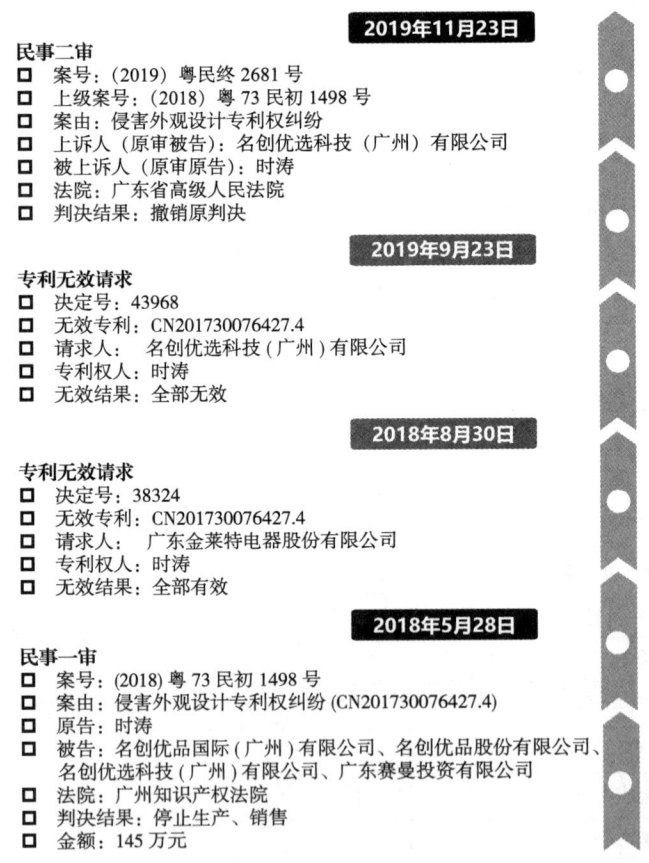

图7-6-3 折叠电风扇案件基本信息（专利侵权诉讼与专利无效请求）

7.6.3.2 涉案专利基本信息

涉案专利基本信息如表 7-6-3 所示。

表 7-6-3 涉案专利基本信息（CN201730076427.4/ZL201730076427.4）

申请（专利）号	CN201730076427.4/ZL201730076427.4	授权公告号	CN304271573S
申请日	2017.03.16	授权公告日	2017.09.05
申请（专利权）人	时某	发明（设计）人	时某
分类号	23-04（11）	国省代码	安徽；34
地址	安徽省淮南市寿县张李乡时寺村井沿队		
简要说明			
1. 本外观设计产品的名称：折叠风扇；			
2. 本外观设计产品的用途：本外观设计产品用于扇风；			
3. 本外观设计产品的设计要点：在于产品的形状；			
4. 最能表明本外观设计设计要点的图片或照片：主视图。			
附图			

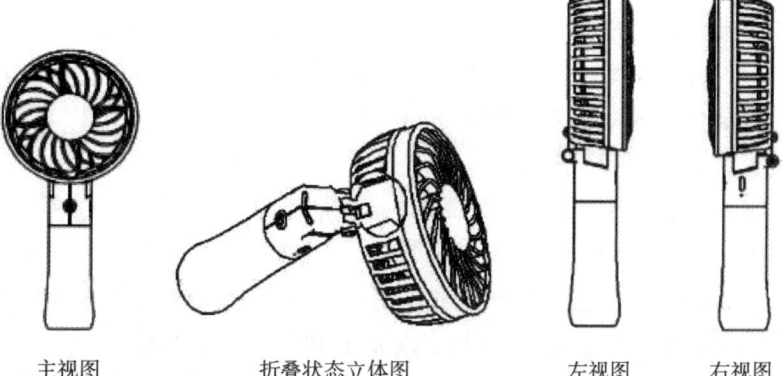

主视图　　折叠状态立体图　　左视图　　右视图

7.6.3.3 当事人基本信息

专利权人时某系深圳市仕玛电子技术有限公司最终受益人及股东，深圳市仕玛电子技术有限公司于 2013 年在深圳市宝安局登记注册，注册资金 100 万元人民币。深圳市仕玛电子技术有限公司是一家以孵化原创产品为主的创新型设计加工工厂，在模具制造、啤机注塑、工业产品设计实现及生产制造等领域拥有经验。

深圳市仕玛电子技术有限公司（含时某，下同）专利申请量共计 35 件，其中与电风扇相关专利申请共计 21 件，占比 60%（见图 7-6-4）。

深圳市仕玛电子技术有限公司自 2016 年起递交专利申请，此后持续地实施专利布局策略，2017—2019 年专利申请活跃度较高。与涉案专利相关的折叠电风扇技术自 2016 年起即开始布局，该领域专利申请趋势影响其整体布局趋势。

针对电风扇领域的专利布局，从结构形式看主要涉及迷你或小型电风扇，具体包

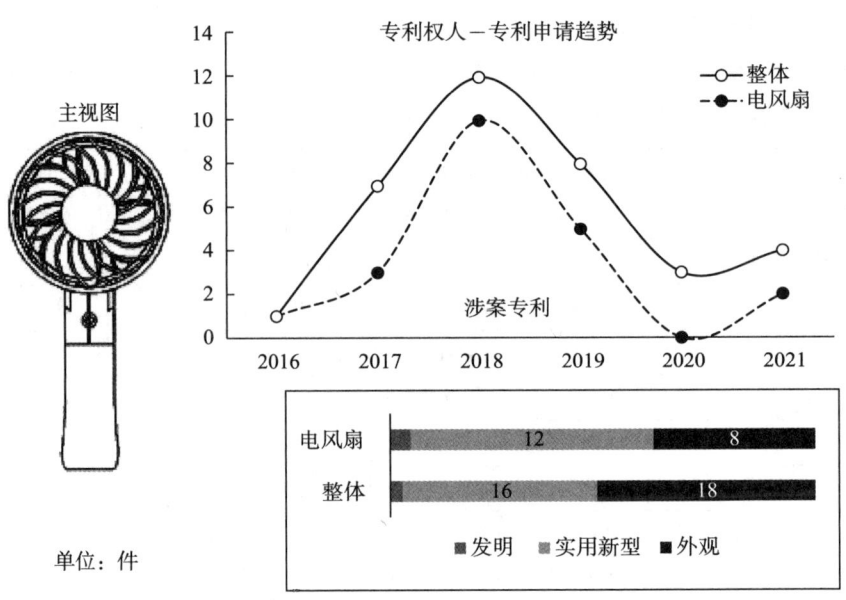

图 7-6-4 深圳市仕玛电子技术有限公司专利申请概况

含可折叠手持电风扇、挂脖式电风扇、小型台式风扇、夹扇。

自然人时某及其关联企业深圳市仕玛电子技术有限公司具备专利布局意识和布局能力，高度重视迷你电风扇领域专利布局。

被告/无效请求人/产品销售方名创优选科技（广州）有限公司，系名创优品（广州）有限责任公司全资子公司，2017年在广州市荔湾区市场监督管理局登记注册，注册资本1000万元人民币。

截至2021年12月，名创优选科技（广州）有限公司专利申请量共计334件，其中与风扇相关专利申请共计20件，占比6.0%（见图7-6-5）。

名创优选科技（广州）有限公司自2013年起递交专利申请，此后实施快速持续增长式的专利布局策略，2018—2019年专利申请活跃度较高。与涉案专利相关的折叠电风扇技术自2017年起即开始布局，专利布局趋势较为平缓。

针对电风扇领域的专利布局，从结构形式看主要涉及迷你或小型电风扇，具体包含可折叠手持电风扇、小型台式风扇。

产品制造方：广东金莱特电器股份有限公司。

广东金莱特电器股份有限公司于2007年在广东江门市市场监督管理局注册成立，注册资本19 215.8万元人民币。2014年1月在深圳证券交易所中小板正式挂牌上市，是备用照明及电器领域的专业制造商。

截至2021年12月31日，广东金莱特电器股份有限公司专利申请量共计915件，其中与风扇相关专利申请共计172件，占比18.8%。自2008年起即开始布局风扇领域，主要涉及常规尺寸的立式电风扇、台式电风扇、应急电风扇及迷你电风扇。从检索结果来看，并未涉及手持式电风扇。

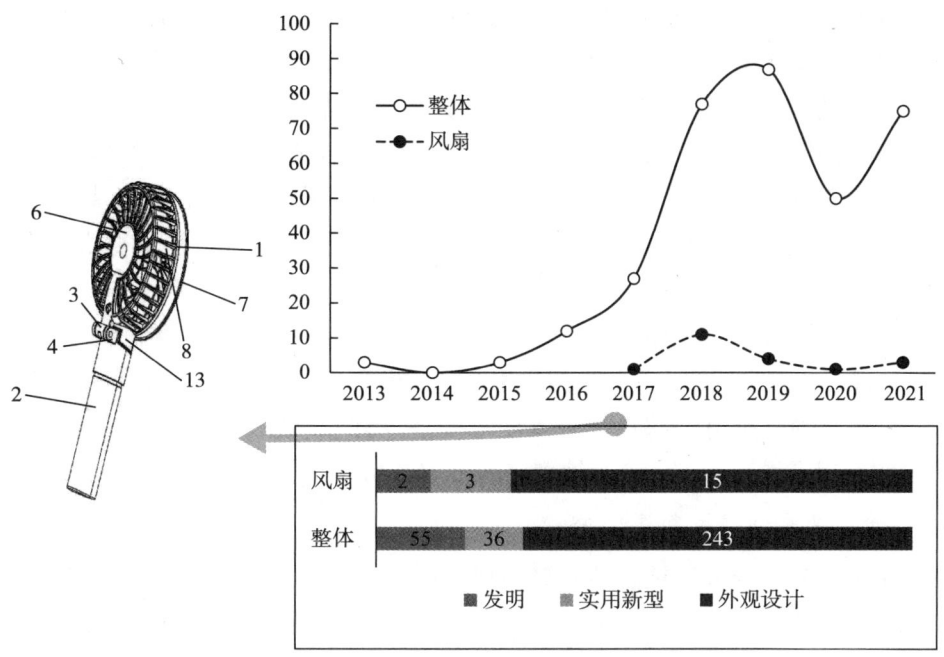

图 7-6-5　名创优选科技（广州）有限公司专利申请概况

7.6.4　核心问题

该案的核心问题包含四个：第一，被诉产品是否构成外观设计专利侵权？第二，谁来为专利侵权负责？第三，专利侵权判赔金额如何计算？第四，专利无效如何成了该案的关键环节？

7.6.4.1　被诉产品是否构成外观设计专利侵权

第一，被诉侵权设计是否落入涉案专利权保护范围。《专利法》（2008 年修订）第 59 条第 2 款规定，外观设计专利权的保护范围以表示在图片或者照片中的该产品的外观设计为准。《最高人民法院关于审理侵犯专利权纠纷案件应用法律若干问题的解释》第 11 条规定："人民法院认定外观设计是否相同或相近似时，应当根据授权外观设计、被诉侵权设计的设计特征，以外观设计整体视觉效果进行综合判断。被诉侵权设计与授权外观设计在整体视觉效果上无差异的，应当认定相同；在整体视觉效果上无实质性差异的，应当认定近似。"该案中，被诉侵权的折叠风扇与涉案专利用途相同，可进行侵权比对。经比对，被诉侵权设计与涉案专利主要区别在于手柄部分，四被告指出的两者的区别点虽是事实，但上述细微差异并不影响两者整体视觉效果近似。被诉侵权产品虽在网罩两侧增添了"猫耳"设计，但因涉案专利设计要点在被诉侵权产品中均得到了体现，四被告认为两者不相同不近似的意见不能成立。综上，专利权人认为被诉侵权设计落入涉案专利权保护范围合法有据。

第二，被告现有设计抗辩能否成立。《专利法》（2008 年修订）第 23 条第 4 款规定:"本法所称现有设计,是指申请日以前在国内外为公众所知的设计。四被告称被诉侵权产品外观使用的是 ZL201730076427.4 号专利所示设计。然而,现有技术抗辩所用的外观设计专利的公开日是 2017 年 6 月 9 日,迟于涉案专利的申请日 2017 年 3 月 16 日,不属于上述法律规定的在涉案专利申请日以前在国内外为公众所知的设计,四被告提出的现有设计抗辩不能成立。"《专利法》(2008 年修订)第 11 第 2 款规定:"外观设计专利权被授予后,任何单位或者个人未经专利权人许可,都不得实施其专利,即不得为生产经营目的制造、销售、进口其外观设计专利产品。"专利权人是涉案专利的专利权人,其权利应受法律保护。被诉侵权设计落入专利权人涉案专利权的保护范围,被诉侵权产品是未经专利权人许可,擅自生产、销售的产品,依法应判定为侵权产品。

经过侵权比对,被诉侵权设计落入涉案外观设计专利权保护范围。同时,四被告提供的专利非现有设计,被诉产品被判定为侵权产品。

7.6.4.2 谁来为专利侵权负责?

该案中,专利侵权诉讼被告涉及名创优品国际(广州)有限公司、名创优品股份有限公司、名创优选科技(广州)有限公司和广东赛曼投资有限公司四位。而上述四位谁来为承担赔偿责任成了该案的争议焦点之一。广州知识产权法院认为:"名创优品"是知名连锁零售店品牌,叶某某是品牌创始人之一;该品牌使用"MINISO""名创优品"等商业标识,"名创优品"销售的绝大部分商品是本品牌自产产品,拥有自主定价权,暗含"名创优品"实力雄厚,该品牌商品和服务质量均有保障之意。庭审中,四被告确认名创优选科技(广州)有限公司是所有侵权产品(包括购自网店和实体店的产品)的销售者,涉案两家实体店是"名创优品"授权加盟店,名创优选科技(广州)有限公司通过多个网络平台大量销售涉案侵权产品。尽管名创优选科技(广州)有限公司的经营范围不包括涉案产品的生产,但在无相反证据的情况下,仍可合理推定涉案产品是名创优选科技(广州)有限公司(或关联企业)自产的"名创优品"品牌产品。广东赛曼投资有限公司系"名创优品"品牌关联企业,与名创优选科技(广州)有限公司为关系紧密的商业伙伴,两公司合作使用"名创优品 MINISO""MINISO"等标识共同制造涉案产品并以自营或授权加盟的方式予以销售获利。广东赛曼投资有限公司与名创优选科技(广州)有限公司共同制造、销售涉案侵权产品已达高度盖然性。而名创优品股份有限公司对名创优品国际(广州)有限公司,名创优品国际(广州)有限公司对名创优选科技(广州)有限公司虽依次具有投资关系,但因三被告都是独立法人,仅凭全资持股关系要求母公司对子公司的债务承担连带责任并无法律依据。

综合上述分析,在外观设计专利权有效的情况下,名创优选科技(广州)有限公司和广东赛曼投资有限公司应承担制造、销售侵权产品的赔偿责任。

7.6.4.3 专利侵权判赔金额如何计算?

一审判决中,名创优选科技(广州)有限公司和广东赛曼投资有限公司共同生产、销售侵权产品，判决两被告停止侵权、赔偿损失。

关于赔偿数额，《专利法》（2008年修订）第65条规定："侵犯专利权的赔偿数额按照权利人因被侵权所受到的实际损失确定；实际损失难以确定的，可以按照侵权人因侵权所获得的利益确定。权利人的损失或者侵权人获得的利益难以确定的，参照该专利许可使用费的倍数合理确定。赔偿数额还应当包括权利人为制止侵权行为所支付的合理开支。权利人的损失、侵权人获得的利益和专利许可使用费均难以确定的，人民法院可以根据专利权的类型、侵权行为的性质和情节等因素，确定给予一万元以上一百万元以下的赔偿。"该案专利权人请求酌定侵权人赔偿数额，提供了专利许可使用费、专利产品的生产成本、被告方的经营规模及可能获利等证据作为参考。名创优选科技（广州）有限公司和广东赛曼投资有限公司拒绝提交与涉案产品获利相关的数据。

第一，名创优选科技（广州）有限公司和广东赛曼投资有限公司共同承担的赔偿责任。广东省知识产权法院认为，就现有证据而言，专利权人因被侵权所受到的实际损失，侵权人名创优选科技（广州）有限公司和广东赛曼投资有限公司共同生产、销售侵权产品的获利均难以确定。专利许可使用费方面，专利权人与深圳市金品多科技有限公司订立的《专利许可合同》清晰列明了许可实施的专利号及专利许可费计算方法。该合同虽无落款时间也未经备案，但基于涉案专利是2017年9月5日获得授权的专利，而深圳市金品多科技有限公司作为供应商与下游商户签订的《产品销售合同》及相关发票等证据显示，该公司早于2018年4月1日已开始大量销售"手持风扇"产品。上述证据可相互印证，足可认定专利权人与深圳市金品多科技有限公司《专利许可合同》及相关证据的真实性。该合同所涉的专利许可使用费可采信，可作为酌定该案侵权人名创优选科技（广州）有限公司和广东赛曼投资有限公司应付专利权人赔偿数额的参考。具体地，广州知识产权法院基于以下因素酌定赔偿数额。

1. 侵权获利持续时间。涉案专利申请日为2017年3月16日，授权公告日为同年9月5日，该案专利权人主张经济损失计至其2018年5月28日起诉时止。考虑到涉案产品为季节性热销产品，故侵权人因持续侵权获利的时间应以一年为计。

2. 侵权产品的销量。首先，侵权人的行为性质和经营规模。"名创优品"连锁店内销售的涉案侵权产品都是名创优选科技（广州）有限公司和广东赛曼投资有限公司共同生产的，故可以全部"名创优品"连锁店侵权产品的销量为基数评估侵权人制造、销售产品的获利情况。搜狐网2017年9月11日上传文章称"名创优品"在全球30多个国家门店超2000家；凤凰网2018年4月13日上传文章称"名创优品"4年开店近3000家。专利权人提出"名创优品"仅实体店已达2000家。考虑到店铺数量客观上存在增减的情形，而国内知名网络销售平台毕竟数量有限，故"名创优品"国内店铺（含实体店与网店）数量可暂以2000计算。其次，从生活常识出发，专利权人估算热销期每店每天售卖10个侵权产品（月销300个）尚属合理，可予采纳。最后，专利权人主张涉案迷你风扇产品热销期为5个月。参考国内市场对类型商品的需求度，广州知识产权法院认为应以3个月（6—8月）热销期计算为宜。上述数据相乘，可得出侵权人至专利权人起诉前一年内生产、销售侵权产品总量约180万个。

3. 侵权产品的售价（出厂价）。专利权人提交的涉案专利被许可人深圳市仕玛电子技术有限公司、深圳市金品多科技有限公司（供应商）以单价21~37.5元向销售商出售专利产品。被告方提交的《名创优品采购订单》显示销售商采购类似产品单价24.5元。参考当事人双方各自提交的上述证据的内容，以单价25元估算涉案侵权产品的出厂价较为合理。

4. 涉案专利对产品售价的贡献率。根据专利权人与深圳市金品多科技有限公司专利许可合同的内容，涉案专利与ZL20172050××××.3号实用新型专利施用于同一产品（即涉案的折叠迷你风扇产品），两件专利实施许可费为基础使用费8万元及该产品年销售额5%的提成费。上述约定可理解双方认可该两件专利对产品售价的贡献率为5%。通常情况下，外观设计专利知识产权含量低于实用新型专利，故以1.5%估算涉案专利对产品售价贡献率较为合理。

上述各项数据的乘积2000（店）×300（个）×3（月）×25（元）×1.5% = 67.5万元，应为侵权人，即名创优选科技（广州）有限公司和广东赛曼投资有限公司至专利权人起诉前一年内，实施涉案专利应付专利权人专利许可费的约数。按该专利许可使用费的两倍算，再加上专利权人因该案及另诉相同被告专利侵权两案共同发生的公证费、购买产品费及律师代理费等维权费用，广州知识产权法院酌定名创优选科技（广州）公司和广东赛曼投资有限公司应共同赔偿专利权人140万元。广州知识产权法院酌定其应就此单独实施的侵权行为另外赔偿专利权人5万元。

7.6.4.4 专利无效如何成了该案的关键环节？

针对涉案专利的无效宣告请求先后提出了两次。第一次为案外人广东金莱特电器股份有限公司请求，审查结果为维持有效。第二次则由该案被告人名创优选科技（广州）有限公司提出。由于第一次维持有效，在一审判决确定侵权成立并判决被告赔偿的情况下，第二次专利无效审查结果成了二审判决的关键。

名创优选科技（广州）有限公司提出无效请求的理由主要是涉案外观设计专利不符合《专利法》（2008年修订）第23条第2款的规定，证据7（CN201620370774.8）和证据3（KR30-2015-0031471）是用于评价涉案专利是否符合《专利法》（2008年修订）第23条第2款规定的两篇现有设计文献（见表7-6-4）。

经审查，合议组认为：涉案专利与对比设计1（证据7）、对比设计2（证据3）均为手持风扇，整体均由风扇头和手柄两部分组成，各部分属于整体产品中可分离且视觉上相对独立的部分，在手持风扇中风扇头与手柄间由铰链结构连接向后翻折的折叠方式较为常见（如证据3、证据4、证据8、证据9、证据10所示）。对于一般消费者而言，存在将对比设计1与对比设计2折叠结构组合的启示。

如前所述，涉案专利与对比设计1的整体比例、风扇头及手柄的形状基本相同，涉案专利折叠结构与对比设计2折叠结构的铰链结构侧面形状、风扇头与手柄间由形状相契合的卡接结构相同。因此，涉案专利与对比设计1及对比设计2折叠结构的组合相比，整体外观设计对一般消费者形成了较为一致的视觉效果。

表7-6-4 专利无效决定（43968号）的主要证据

证据	名称	当前法律状态	附图
证据3：KR3020150031471	手柄式充电便携风扇	—	
证据7：CN201620370774.8	一种通过套装硅胶件实现固定和不同造型效果的风扇	有效	

相对而言，涉案专利与对比设计1的区别点：

（1）位于产品背面，而手持风扇类产品使用时主要面对的为正面，背面形状的变化在使用时不容易被一般消费者观察到；

（2）涉案专利内部扇叶的设计为手持风扇中较为常见的设计，不容易被一般消费者所关注；

（3）占产品整体比例较小，不容易被一般消费者所关注，且相对于对比设计1表面带有动物四肢状小凸起的设计，涉案专利的平滑表面更为常见；

（4）中卡接结构的区别只有在折叠状态下才能显现，而手持风扇类产品在使用时一般为未折叠状态，因此该部分的区别不容易被一般消费者关注到；

涉案专利与对比设计2铰接结构具体形状的区别只有从产品背面才能看到，且铰接结构具体形状、卡接结构的形状占整体比例较小，属于局部细微变化，对整体视觉效果不足以产生显著影响（见图7-6-6）。

综上，涉案专利与对比设计1、对比设计2的组合相比不具有明显区别，涉案专利不符合《专利法》第23条第2款的规定。宣告ZL201730076427.4号外观设计专利权全部无效。

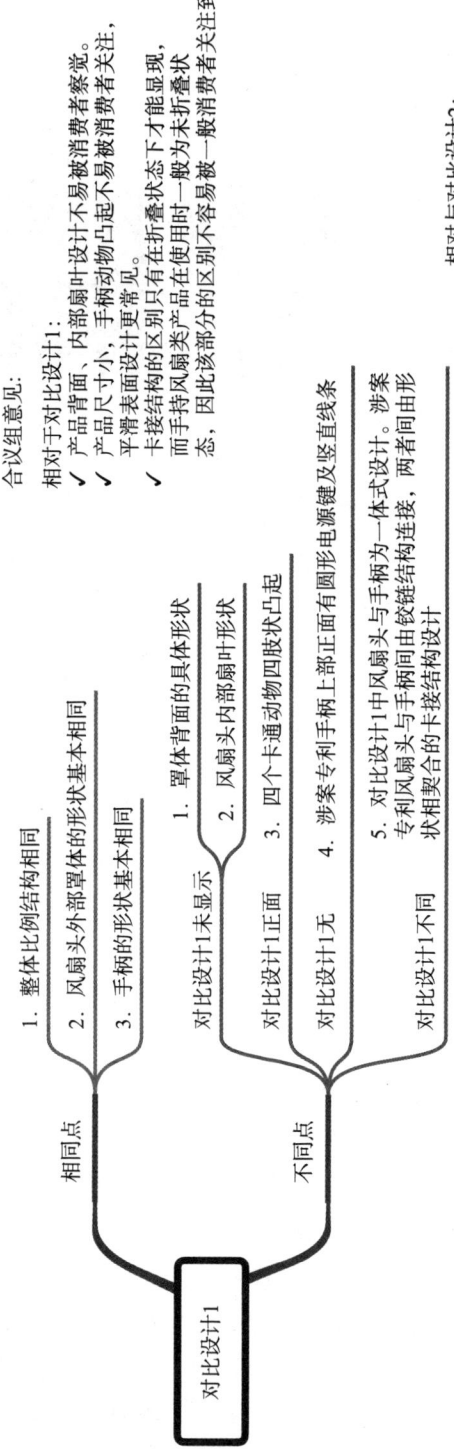

图 7-6-6 涉案专利与对比设计

7.6.5 案例启示

迷你电风扇专利侵权诉讼案件处理的过程让我们对专利侵权责任人的确定、专利侵权赔偿额的计算、专利无效宣告对专利诉讼的影响等问题有一些思考。

7.6.5.1 专利侵权责任人的确定

《专利法》第11条第2款规定："外观设计专利权被授予后，任何单位或个人未经专利权人许可，都不得实施其专利，即不得为生产经营目的制造、许诺销售、销售、进口其外观设计专利产品。"一审过程中，专利侵权产品为多个品牌为"MINISO"的"2000mAh可爱折叠风扇"，上述产品为专利权人从使用"miniso名创优品旗舰店"或"名创优品官方旗舰店"名称的网络平台和实体店购买。案件审理时重点分析了四被告的侵权行为，确定谁为该案的侵权行为负责。通过该案确定侵权人的过程中，我们可以获得如下启示。第一，确定专利侵权人先看产品包装或产品是否有生产商名称，如果有生产商名称则可以找到谁生产了该产品；如果没有找到生产商，在销售商没有产品采购来源的情况下，结合品牌标识和品牌产品制造、定价、服务等其他情况，也可以在一定程度上推定销售者是否生产了该侵权产品。尽管名创优选科技（广州）有限公司的经营范围不包括涉案产品的生产，但在无相反证据的情况下，仍可合理推定涉案产品是名创优选科技（广州）有限公司（或关联企业）自产的"名创优品"品牌产品。第二，确定谁在销售专利侵权产品，可以从实体店和网店由谁承担主体责任来确认。该案中四被告都和"MINISO""名创优品"有关联关系，虽然四被告确认名创优选科技（广州）有限公司是所有侵权产品（包括购自网店和实体店的产品）的销售者，但这种承认并不能直接成为法律确定的事实。拥有商标或品牌标识注册权的企业很可能参与了侵权产品的制造和销售。该案被诉侵权产品具有"MINISO""名创优品"等品牌标识，广东赛曼投资有限公司注册享有"MINISO""名创优品MINISO"等商标，与名创优选关系紧密，合作使用相关标识共同制造涉案产品并以自营或授权加盟方式予以销售获利具有高度盖然性。第三，母公司是否必然为子公司的侵权行为承担连带责任。根据法院判决，名创优品股份有限公司、名创优品国际（广州）有限公司及名创优选科技（广州）有限公司均是独立法人，仅凭全资持股关系要求母公司对子公司的债务承担连带责任并无法律依据。

7.6.5.2 专利侵权赔偿额计算

该案中，名创优选科技（广州）有限公司和广东赛曼投资有限公司拒绝提交与涉案产品获利相关的数据，专利权人提供了专利许可使用费、专利产品的生产成本、被告方的经营规模及可能获利等证据作为参考，请求法院酌定赔偿数额。酌定赔偿数额考虑的因素包括以下几个方面：第一是侵权获利持续时间，该案从授权公告日至发起诉讼作为参考；第二是侵权产品的销量，综合考虑了侵权人的行为性质和经营规模，以及推定销售量和热销产品的季节性等因素；第三是考虑侵权产品的出厂价和涉案专利对产品售价的贡献率。

综合来看，专利侵权赔偿数额的确定计算方法主要采取以下三种方法：①根据侵权人因侵权获得的利益计算。侵权人因侵权所获得的利益可以根据侵权产品在市场上销售的总数乘以每件侵权产品的合理利润所得之积计算。如果侵权人以侵权为业的，则按照销售利润计算。②根据被侵权人因为侵权而受到的损失计算。权利人因被侵权所受到的损失可以根据专利权人的专利产品因侵权所造成销售量减少的总数乘以每件专利产品的合理利润所得之积计算。③根据专利许可费的倍数确定赔偿数额。被侵权人的损失或者侵权人获得的利益难以确定，有专利许可使用费可以参照的，人民法院可以根据专利权的类别，侵权人侵权的性质和情节，专利许可使用费的数额，该专利许可的性质、范围、时间等因素，参照该专利许可使用费的1~3倍合理确定赔偿数额。

7.6.5.3 专利无效决定结果专利诉讼的成败

专利权合法有效是专利人获得法律保护的前提和基础。如果涉案专利被国家知识产权局宣告无效，则认为被宣告无效的专利权视为自始即不存在。此时，专利权人则丧失了提起专利侵权诉讼的权利基础，法院可以裁定驳回专利权人基于该无效权利要求的起诉等。

涉案专利经历了两次专利无效宣告请求程序。由于第一次专利宣告请求审查决定认为专利无效理由不成立，维持涉案专利权全部有效，在专利权维权有效的基础上，专利侵权一审民事诉讼判决认定被诉产品侵权并赔偿。被告在一审败诉较为被动的情况下，主动出击再次提出了无效宣告请求，这次请求的审查结果将决定最终专利侵权诉讼判决的走向。如果继续被维持有效，二审判决将可能维持一审判决；但如果专利权被宣告无效，则专利权人将会因丧失侵权诉讼的权利基础而无法获得法律保护，二审法院很可能据此驳回专利权人的起诉。

对于被告来说，其可以通过将专利权无效掉来避免在二审中败诉。从两次专利无效决定对比来看，第二次无效宣告请求要比第一次专利无效宣告请求准备得更加充分。从证据数量上看，第一次无效宣告请求提交了3份专利证据，第二次无效宣告请求共提交了9份专利证据，其中首次提交4份证据，补充5份专利证据。从提交专利证据类别来看，第一次无效宣告请求3份专利证据均为中国外观设计专利，而第二次无效宣告请求先是提交2份中国外观设计专利、1份中国实用新型专利和1份韩国外观设计专利，随后补充了2份外观设计专利、2份实用新型专利和1份韩国外观设计专利。从证据类型来看，再次无效宣告请求证据类型更加充分，既在外观设计专利数据中做了检索，还在发明和实用新型数据中进行了检索，并且做了外文检索。从最后的审查结果来看，1件实用新型+1件韩国外观设计的组合使外观设计不符合《专利法》第23条第2款的规定，被判定全部无效。

该案给出的启示是，无效宣告请求应尽可能地充分检索，除了本类型专利数据，还应考虑其他类型专利数据，同时加强外文专利数据的检索，使专利无效理由更加充分，提高专利无效的成功率。